思想的·睿智的·獨見的

經典名著文庫

學術評議

丘為君　吳惠林　宋鎮照　林玉体　邱燮友
洪漢鼎　孫效智　秦夢群　高明士　高宣揚
張光宇　張炳陽　陳秀蓉　陳思賢　陳清秀
陳鼓應　曾永義　黃光國　黃光雄　黃昆輝
黃政傑　楊維哲　葉海煙　葉國良　廖達琪
劉滄龍　黎建球　盧美貴　薛化元　謝宗林
簡成熙　顏厥安（以姓氏筆畫排序）

策劃　楊榮川

五南圖書出版公司 印行

經典名著文庫

學術評議者簡介（依姓氏筆畫排序）

- 丘為君　美國俄亥俄州立大學歷史研究所博士
- 吳惠林　美國芝加哥大學經濟系訪問研究、臺灣大學經濟系博士
- 宋鎮照　美國佛羅里達大學社會學博士
- 林玉体　美國愛荷華大學哲學博士
- 邱燮友　國立臺灣師範大學國文研究所文學碩士
- 洪漢鼎　德國杜塞爾多夫大學榮譽博士
- 孫效智　德國慕尼黑哲學院哲學博士
- 秦夢群　美國麥迪遜威斯康辛大學博士
- 高明士　日本東京大學歷史學博士
- 高宣揚　巴黎第一大學哲學系博士
- 張光宇　美國加州大學柏克萊校區語言學博士
- 張炳陽　國立臺灣大學哲學研究所博士
- 陳秀蓉　國立臺灣大學理學院心理學研究所臨床心理學組博士
- 陳思賢　美國約翰霍普金斯大學政治學博士
- 陳清秀　美國喬治城大學訪問研究、臺灣大學法學博士
- 陳鼓應　國立臺灣大學哲學研究所
- 曾永義　國家文學博士、中央研究院院士
- 黃光國　美國夏威夷大學社會心理學博士
- 黃光雄　國家教育學博士
- 黃昆輝　美國北科羅拉多州立大學博士
- 黃政傑　美國麥迪遜威斯康辛大學博士
- 楊維哲　美國普林斯頓大學數學博士
- 葉海煙　私立輔仁大學哲學研究所博士
- 葉國良　國立臺灣大學中文所博士
- 廖達琪　美國密西根大學政治學博士
- 劉滄龍　德國柏林洪堡大學哲學博士
- 黎建球　私立輔仁大學哲學研究所博士
- 盧美貴　國立臺灣師範大學教育學博士
- 薛化元　國立臺灣大學歷史學系博士
- 謝宗林　美國聖路易華盛頓大學經濟研究所博士候選人
- 簡成熙　國立高雄師範大學教育研究所博士
- 顏厥安　德國慕尼黑大學法學博士

經典名著文庫032

霸權興衰史

一五〇〇至二〇〇〇年的經濟變遷與軍事衝突

保羅・甘迺迪 著
(Paul Kennedy)
張春柏、陸乃聖 譯

經典永恆・名著常在

五十週年的獻禮・「經典名著文庫」出版緣起

總策劃 楊榮川

五南，五十年了。半個世紀，人生旅程的一大半，我們走過來了。不敢說有多大成就，至少沒有凋零。

五南忝爲學術出版的一員，在大專教材、學術專著、知識讀本出版已逾壹萬參仟種之後，面對著當今圖書界媚俗的追逐、淺碟化的內容以及碎片化的資訊圖景當中，我們思索著：邁向百年的未來歷程裡，我們能爲知識界、文化學術界做些什麼？在速食文化的生態下，有什麼值得讓人雋永品味的？

歷代經典・當今名著，經過時間的洗禮，千錘百鍊，流傳至今，光芒耀人；不僅使我們能領悟前人的智慧，同時也增深加廣我們思考的深度與視野。十九世紀唯意志論開創者叔本華，在其〈論閱讀和書籍〉文中指出：「對任何時代所謂的暢銷書要持謹慎的態度。」他覺得讀書應該精挑細選，把時間用來閱讀那些「古今中外的偉大人物的著作」，閱讀那些「站在人類之巔的著作及享受不朽聲譽的人們的作品」。閱讀就要「讀原著」，是他的體悟。他甚至認爲，閱讀經典原著，勝過於親炙教誨。他說：

「一個人的著作是這個人的思想菁華。所以，儘管一個人具有偉大的思想能力，但閱讀這個人的著作總會比與這個人的交往獲得更多的內容。就最重要的方面而言，閱讀這些著作的確可以取代，甚至遠遠超過與這個人的近身交往。」

爲什麼？原因正在於這些著作正是他思想的完整呈現，是他所有的思考、研究和學習的結果；而與這個人的交往卻是片斷的、支離的、隨機的。何況，想與之交談，如今時空，只能徒呼負負，空留神往而已。

三十歲就當芝加哥大學校長、四十六歲榮任名譽校長的赫欽斯（Robert M. Hutchins, 1899-1977），是力倡人文教育的大師。「教育要教眞理」，是其名言，強調「經典就是人文教育最佳的方式」。他認爲：

「西方學術思想傳遞下來的永恆學識，即那些不因時代變遷而有所減損其價值的古代經典及現代名著，乃是眞正的文化菁華所在。」

這些經典在一定程度上代表西方文明發展的軌跡，故而他爲大學擬訂了從柏拉圖的《理想國》，以至愛因斯坦的《相對論》，構成著名的「大學百本經典名著課程」。成爲大學通識教育課程的典範。

歷代經典·當今名著，超越了時空，價值永恆。五南跟業界一樣，過去已偶有引進，但都未系統化的完整舖陳。我們決心投入巨資，有計畫的系統梳選，成立「經典名著文庫」，希望收入古今中外思想性的、充滿睿智與獨見的經典、名著，包括：

- 歷經千百年的時間洗禮，依然耀明的著作。遠溯二千三百年前，亞里斯多德的《尼各馬科倫理學》、柏拉圖的《理想國》，還有奧古斯丁的《懺悔錄》。
- 聲震寰宇、澤流遐裔的著作。西方哲學不用說，東方哲學中，我國的孔孟、老莊哲學，古印度毗耶娑（Vyāsa）的《薄伽梵歌》、日本鈴木大拙的《禪與心理分析》，都不缺漏。
- 成就一家之言，獨領風騷之名著。諸如伽森狄（Pierre Gassendi）與笛卡兒論戰的《對笛卡兒沉思錄的詰難》、達爾文（Darwin）的《物種起源》、米塞斯（Mises）的《人的行爲》，以至當今印度獲得諾貝爾經濟學獎阿馬蒂亞·

森（Amartya Sen）的《貧困與饑荒》，及法國當代的哲學家及漢學家余蓮（François Jullien）的《功效論》。

梳選的書目已超過七百種，初期計劃首爲三百種。先從思想性的經典開始，漸次及於專業性的論著。「江山代有才人出，各領風騷數百年」，這是一項理想性的、永續性的巨大出版工程。不在意讀者的眾寡，只考慮它的學術價值，力求完整展現先哲思想的軌跡。雖然不符合商業經營模式的考量，但只要能爲知識界開啓一片智慧之窗，營造一座百花綻放的世界文明公園，任君遨遊、取菁吸蜜、嘉惠學子，於願足矣！

最後，要感謝學界的支持與熱心參與。擔任「學術評議」的專家，義務的提供建言；各書「導讀」的撰寫者，不計代價地導引讀者進入堂奧；而著譯者日以繼夜，伏案疾書，更是辛苦，感謝你們。也期待熱心文化傳承的智者參與耕耘，共同經營這座「世界文明公園」。如能得到廣大讀者的共鳴與滋潤，那麼經典永恆，名著常在。就不是夢想了！

二〇一七年八月一日 於

五南圖書出版公司

前言

本書論述近五個世紀（後文藝復興）以來世界列強的滄海桑田、興亡盛衰。無可避免地，本書將以大量篇幅來討論戰爭，尤其是列強間進行的聯盟戰爭，因爲這些戰爭對國際秩序有重大影響，但本書並不全然是一部軍事史。本書還追溯了一五〇〇年以來全球經濟均勢發生的變遷，但本書亦不是一部經濟史。本書旨在研討國際體系中的主要國家，在勵精圖治與富國強邦的過程中，經濟與戰略之間的互動關係。

因此，正如本書的副標題所示，書中的「軍事衝突」總是與「經濟變遷」相提並論。在這個期間，任何強權的偉大功績或者分崩離析，不但是其軍隊長期作戰的結果，而且也是這個國家能否在戰時有效利用本國經濟資源的結果。從更長遠的觀點看，這也是在戰爭爆發前數十年間這個國家與其他主要國家經濟實力相對變遷的結果。因此，研究和平時期一個強權國家地位的不斷改變，與研究它在戰爭時期的戰略戰術同等重要。

我們的觀點將在正文中詳細闡述，此處先概述如下：

各主要國家在世界事務中的相對實力，從來就不是一成不變的。這主要是由於不同國家社會發展速度的不平衡，及有些國家獲得科技和組織上的突破所致。例如，一五〇〇年之後出現的遠洋軍艦和大西洋貿易的繁榮就使歐洲各國的受益程度呈現極大差異。同樣地，後來發明的蒸汽動力及其依賴的煤鐵資源，大幅度提高了一些國家的相對國力，因而削弱了另一些國家的相對國力。一旦國家的生產力提高之後，便能夠在平時大規模擴充軍備，而在戰時維持和滿足龐大陸海軍的需求。

雖然這似乎有赤裸裸的重商主義味道，但是財富必須靠軍事力量來襯托，而要獲得及捍衛財富則非軍事力量莫屬。然而，一個國家如果將過多的資源用於軍事目的，而不是用於創造財富，那終將虛耗國力。同樣地，如果一個國家在戰略上擴張過度（如征服過多的領土或發動代價高昂的戰爭），結果也可能適得其反，得不償失。如果它的經濟正處在衰退時期，那麼它更會進退維谷。自從十六世紀西歐興起以來，西班牙、荷蘭、法國、英國和當前的美國等強權體系頭號國家之興衰史顯示，從長遠看，一個國家的生產力、開闢財源的能力和軍事力量之間有一種內在的相互關係。

本書各章論述的「霸權興衰」史，可簡述如下：第一章檢視了一五○○年前後的世界形勢，並分析了當時世界「權力中心」——明代中國、鄂圖曼帝國及其在印度的旁系（蒙兀兒帝國）、俄羅斯、幕府時期的日本以及中歐諸國——的優勢和弱點。十六世紀初，中歐諸國尚未露出將脫穎而出的明顯跡象。但是，有些東方帝國雖然貌似強大，但它們都深受中央集權制度之害。在這種制度下，國家強制其國民在宗教信仰、商業活動，甚至武器發展都要保持整齊劃一。歐洲由於沒有這種至高無上的權力機關，而且各城邦和公國衝突頻仍、烽火不斷，所以人們一直在追求軍事改革。這種軍事改革又與當時出現的新科技和商業升級相互激盪，共同推動發展。歐洲社會改革的阻力較小，因此它們的經濟成長迅速，軍事效能大幅提升。隨著時間的推進，歐洲的發展很快便凌駕世界其他地區。

科技的日新月異和軍事的競爭性，這雙重的動力加上版圖勢力慣有的彼此消長和各憑實力的競爭，雖然推動著歐洲各國向前發展，但是在這些互相競爭的國家中總會有一個國家因爲獲得了充足的資源而超過其他國家，進而稱霸歐洲大陸。在一五○○年以後的一個半世紀中，西班牙和奧地利的哈布斯堡家族所企圖達到的正是這個目標。第二章闡述的就是其他歐洲國家遏制哈布斯堡家族稱霸的種種努力。與本書的其他各章一樣，本章詳析了當時列強的相對優勢和弱點。讀者可以在影響整個西方社會的經濟和科技變遷之大背景下，更清楚地理解這個時期許多戰爭的結局。本章的主題是，雖然哈布斯堡的君主擁有豐富的資源，但由於他們窮兵黷武，連年征伐，戰線過長，最後，龐大的軍事支出終於使其日益衰弱的經濟基礎不勝負荷。在這些曠日持久的戰爭中，其他歐洲國家的損失雖然也很慘重，但它們在維持物質資源與軍事力量的平衡方面卻比哈布斯堡帝國略勝一籌。

第三章討論一六六〇年至一八一五年間的列強之爭。在此紛爭擾攘的時期，西班牙和荷蘭等一級強國逐漸淪爲二流國家，而法國、英國、俄國、奧地利和普魯士等五大國則逐漸崛起，主宰了十八世紀歐洲的外交和戰爭。它們忙於展開一連串的聯盟戰爭，但也因更換盟國而功敗垂成。在這一時期，路易十四和拿破崙的法國好幾次離歐洲霸主的寶座僅一步之遙，但每次都被其他列強的聯盟所阻擋。由於到了十八世紀初，常備軍隊和艦隊的開銷已迅速膨脹，因此，能夠建立先進的銀行和信貸體系的國家（如英國）較之金融體系落後的國家，擁有許多優勢。但是，地理位置也發揮了非常重要的作用。這就是爲什麼俄國和英國這兩個「邊陲」國家，在一八一五年後愈來愈重要的原因。兩國既可介入中西歐的戰爭，同時又不必擔心戰火燒及自身。在十八世紀中，兩國於維持歐陸均勢的情況下，都擴張到了歐洲之外。最後，在十八世紀後期，英國發生了工業革命。這大大提高了它開拓海外殖民地和阻撓拿破崙稱霸歐洲的能力。

相對之下，在一八一五年以後的整整一個世紀中，沒有發生過冗長的聯盟戰爭。「歐洲協調」（Concert of Europe）架構中各主要國家的努力下，歐洲的戰略均勢得以維持，因爲沒有一個國家能夠或甘冒天下之大不韙，試圖建立霸主地位。在一八一五年以後的數十年中，各國政府主要關注的是國內政局的穩定和跨出本洲而朝其他大陸展開領土擴張行動（如俄國和美國）。這種相對穩定的國際局勢，不僅使大英帝國在海軍、海外殖民和貿易領域等方面的聲勢達到登峰造極，而且也促進了由其獨家開發的以蒸汽爲動力的工業生產。然而，到了十九世紀下半葉，工業化擴展到了其他國家和地區，並開始使國際權力的平衡偏離了那些老字號國家，而有利於那些既擁有雄厚資源和組織又能充分利用新生產工具和科技的國家。這一時期發生的一些重要戰爭（如克里米亞戰爭、美國南北戰爭和普法戰爭等）顯示，大凡戰敗的一方，都沒有將軍事組織加以現代化，也欠缺完善的工業基礎設施來支援龐大的軍隊和製造更多昂貴、精密的武器裝備，而這些武器裝備正足以改變戰爭的性質。

因此，在二十世紀腳步逼近的時候，科技的進步和不平衡的成長速度使國際體系變得比五十年前更爲不穩定。這主要表現在以下幾個方面。其一，一八八〇年之後，全球列強紛紛在非洲、亞洲和太平洋地區爭奪更多的殖民地，它們唯恐落於人後而展開了瘋狂的競爭。其二，各國在陸上和海上的軍備競賽有增無減。其三，各國政府出於備戰的需要，紛紛建立穩固的軍事聯盟。然而，在一九一四年以前經常發生的殖民地紛爭和國際危機的背景下，全球權力的平衡正在發生根本性的變化。實際上，以歐洲爲中心的世界體系已持續了三個世紀之久，如今則受到了挑戰而光環漸褪。法國、奧匈帝國和剛完成統一的義大利等傳統歐洲強國漸漸地被拋在後面了。相形之下，美國和俄羅斯這兩個橫跨大陸的龐然大國卻後來居上，雖然沙皇俄國的效率仍非常低落。西歐各國中也許只有德國具有躋身未來世界強國之林的實力。而東方的日本一心一意要在東亞地區稱雄，並不想向遠處發展。因此，所有這些變遷必然帶給大英帝國相當大而終至無法承受的困難，使之更難以捍衛它的全球利益。

雖然一九〇〇年後的五十年可視爲兩極世界形成的時期，卻引起多次「中等強國」的危機（如第五章和第六章的章題），所以整個體系的蛻變絕非風平浪靜。相反地，在慘絕人寰的第一次世界大戰中，德意志帝國卻比沙皇俄國占有相當的優勢，因爲德國的工業組織和國民效率頗獲好評，而俄國雖然現代化的腳步很快，但仍很落後。然而，在戰爭初期的幾個月中，德軍在東部戰線取得了一些勝利之後，卻發現在西部戰線有被擊敗的危險，因爲它的盟國在義大利、巴爾幹和近東的戰場上被打得落花流水。後來由於美國的軍事援助，尤其是經濟援助，西方協約國終於戰勝了敵對的同盟國集團。但是，最初的參戰國都耗盡了元氣。奧匈帝國土崩瓦解；俄國發生了革命；德國戰敗投降；而法國、義大利，甚至英國也因損失慘重而雖勝猶敗。唯一的例外是日本和美國。日本進一步擴大了它在太平洋地區的地盤；而美國到了一九一八年則已成爲無可置疑的世界頭號強權。

一九一九年後，美國迅速從國外撤軍，俄國的布爾什維克政權也奉行孤立主義政策。這使得國際體系和基本的經濟現實比本書所涵蓋的五百年的其他時期都更不協調。戰後，英法兩國的國力雖然已經由盛而衰，但仍占據著國際外交舞臺的中心。可是，到了一九三〇年代，它們遭到了義大利、日本和德國等軍國主義國家的挑戰，其中德國稱霸歐洲的野心遠甚於一九一四年。然而，美國依舊是世界上最強大的工業國家，史達林的俄國也正在迅速成爲超級工業強國。因此，「中等」強國若不想處在這兩個大陸巨人的陰影之下，就必須盡快擴張。使這些國家進退維谷的是，擊退德日兩國挑戰的結果，很可能是兩敗俱傷。第二次世界大戰雖然跌宕起伏，卻注定了他們的進一步衰落。軸心國雖然在戰爭初期節節勝利，但是因爲他們與反法西斯同盟在生產資源方面的差距遠甚於第一次世界大戰，終究難逃戰敗的命運。但是在被同盟國軍隊打敗之前，他們卻占領了法國，並重創了英國。大英帝國的雄風從此一蹶不振。一九四三年，人們數十年前預言的兩極世界終於姍姍來遲，同時全球軍事力量的平衡再次趕上經濟資源的分布而趨於一致。

本書的最後兩章討論兩極世界時期。在此期間，世界的兩極在經濟、軍事和意識形態上的確涇渭分明，在政治上則表現爲多次的冷戰危機。美蘇兩個超級強權因掌握了核子武器和長程投射系統而實力倍增。這意味著目前的戰略景況和外交景況與一九〇〇年時已迥然不同，與一八〇〇年時更不可相提並論。

雖說如此，強權興衰的過程並未停止。各國在成長程度和科技變遷方面所顯現出來的差異，仍然影響著全球經濟的平衡，而這種經濟平衡又逐漸地衝擊著政治和軍事力量的平衡。在軍事上，美蘇兩強從一九六〇年代至一九八〇年代始終占有最重要的地位。實際上，由於兩國對國際問題的立場和看法南轅北轍，所以它們之間的軍備競賽不斷升級，這是其他中等強權無可匹敵的。然而，在這短短的數十年中，全球生產力平衡正以前所未有的速度改變著。在一九四五年之後的十年中，第三世界在全球製造業總產量和全球國民生產毛額中所占的比例極低，但此後卻不斷地膨脹。歐洲從戰時的大破壞中恢復過來，成立了歐洲經濟共同體，成爲全世界最大的貿易組織。現在，中國大陸也正以引人注目的速度向前發展。戰後日本經濟的成長更是突飛猛進。據估計，它的國民生產毛額（GNP）已經超過了蘇聯。相形之下，美蘇兩強的成長率卻愈來愈疲軟不振。一九六〇年代以後，他們在全球生產量和財富中所占的比例大幅縮水。因此，如果單從各種經濟指數上看，世界顯然又進入了一個新的多極（multipolar）時代。由於本書的主要目的是探討戰略和經濟之間的互動關係，所以最後一章適時探討了目前的列強在軍事平衡與生產力平衡之間的落差，同時還指出了中國大陸、日本、歐洲共同體、蘇聯和美國這五大政治經濟「權力中心」各自面臨的問題和機遇。此五大權力中心也要盡力解決這些目的與手段糾葛不清的古老問題。不言而喻，強權的興衰史一點兒也沒有劃上休止符的跡象。

由於本書涵蓋的範圍很廣，讀者顯然會基於不同的目的來閱讀本書。作者相信有些讀者將得到他們希望得到的內容，如對過去五個世紀以來的強權政治、經濟和科技的變遷對列強地位消長的影響，以及在平時和戰時戰略與經濟的互動關係做個廣泛又不失詳細的調查分析。顧名思義，本書對小國和小規模的雙邊戰爭不予討論。出於同樣的原因，本書（尤其是中間若干章）著重討論的是歐洲。這些都是本書的主題使然。

對其他讀者，尤其是關注「世界體系」或戰爭發生之週期性形態的政治科學家來說，本書可能不盡如人意。爲了避免誤解，在此必須釐清一點，本書不擬討論（諸如）康德拉季耶夫（Kondratieff）關於經濟循環之景氣或衰退與大規模（或曰「系統的」）戰爭之間關係的理論。此外，本書也不詳細討論關於戰爭起因的一般理論，或戰爭是否容易由強權的興衰所引起之類的問題。本書也不是一部關於帝國理論和帝國如何統治，或帝國統治是否有助於國力的增強之類的理論專著。最後，本書對哪些社會形態和社會／政府組成形式能在戰時最有效地利用資源，也沒有提出一般性理論。

反過來說，書中大量的資料對有關的學者無疑會有所幫助。但是，歷史學者（而不是政治學者）在進行理論探討時所面臨的問題是，由於史料浩若煙海，錯綜複雜，很難得出「健全的」（hard）科學結論。因此，雖然有些戰爭（如一九三九年爆發的第二次世界大戰）可以歸因於決策者害怕世界均勢正在發生的變化，但這一說明卻不適用於一七七五年（美國獨立戰爭）、一七九二年（法國革命戰爭）或一八五四年（克里米亞戰爭）發生的戰爭。同樣地，雖然我們可以說，一九一四年的奧匈帝國是「衰落中的」強權引發大規模戰爭的典型例子，但是我們還必須對當時「正在興起的」德俄兩個強權所扮演同等重要的角色提出說明。再者，由於史料常常是互相矛盾的，所以任何有關帝國的利弊得失和帝國統治是否受「權力／距離」比例的影響等一般理論，都可能產生時而肯定、時而否定的陳腔濫調。

儘管如此，如果我們擱置那些推測性的先驗理論，仔細地檢視過去五百年間「霸權興衰」的歷史紀錄，當能得出一些結論。這些結論通常是有確實根據的，不過要先承認任何時候都有個別的例外存在。例如，在國際體系中，各國的總體經濟實力和生產力平衡的變遷與他們的地位之間有一種明顯的因果關係。例如從十六世紀以後，世界貿易集中地由地中海轉向大西洋和西北歐，以及在一八九〇年後的數十年中，世界製造業產品的集中地從西歐轉向其他地區。這是兩個極佳的例證。這些例子顯示，經濟力量的變遷預告新強權國家的崛起，而這些新興強權國家終究會對全球的軍事和領土秩序產生決定性影響。這正足以說明在過去數十年中，全球生產力的平衡點轉向「太平洋邊緣」地區之趨勢，不僅僅引起經濟學人的關注。

歷史還告訴我們，從長遠看，一個強權國家在經濟上的起落和它成爲重要軍事強國（或世界性帝國）的興衰之間，有著明顯的關係。其原因有二：其一，龐大的軍事組織有賴於經濟資源的支持；其二，就國際體系而言，財富和國力總是相對的。早在三百年前，德國重商主義理論家馮・霍尼希（von Hornigk）就曾寫道：

> 一個國家富強與否，並不是看國家的富裕程度或財富的安全性而定，而端賴於其鄰國國力的大小和財富的多寡。

在本書中，這種觀點將一再地獲得證實。例如，十八世紀中葉的荷蘭絕對比一百年之前更富有，但那時它已算不上是強國了，因爲它的鄰國法國和英國已比它更富更強。一九一四年的法國也確實比一八五○年更強大，但是與強大得多的德國相比，就顯得黯然失色。同樣地，當今的英國所累積的鉅額財富及軍隊擁有的強大武器，皆非強盛的維多利亞女王時代中期所可比擬，但是這一點並無助於提高它的地位，因爲它的產品在世界生產量中的占有率已從百分之二十五跌至百分之三。總之，一個國家如果相對強大，就沒有問題；反之，就會有麻煩。

然而，這並不表示，一個國家的相對經濟實力和軍事力量的消長總是同時出現的。本書引述的史實顯示，一個國家相對經濟實力的拋物線和它的相對軍事／領土影響力的拋物線之間有一個明顯的「時間差」。這一點也不難理解。一個經濟正在發展中的強國（如一八六○年代的英國、一八九

○年代的美國和今天的日本）總希望先富裕起來，而不願在軍備上花太多的錢。但是再過半個世紀，國家投資的輕重緩急次序就可能發生變化，因爲經濟上的擴張必然會帶來許多海外義務（如對國外市場和原料、軍事聯盟的依賴，也許還仰賴軍事基地和殖民地）。另外，敵對強國的經濟可能正以更快的速度發展，並且也希望擴大在國外的影響力。於是，世界上的競爭愈演愈烈，市場上的股票價格不斷下跌，悲觀的觀察家預言經濟蕭條已經迫近，愛國的政治家則大聲疾呼民族「復興」。

在這種多事之秋，強權國家可能會設法增加更多的國防經費，比起兩個世代之前高出甚多，卻仍然感到不夠安全，這純粹是因爲其他強國成長得更快，愈來愈強大。例如，擾攘不安的一六三○年代和一六四○年代，西班牙帝國的軍費便遠遠超過了一五八○年代富裕的卡斯提爾時期。在愛德華七世（一九○一—一九一○）時代，英國在一九一○年的國防經費也遠高於英國經濟處於高峰時期的一八六五年，但是英國人並不覺得更安全。現在，美蘇兩強似乎也面臨著同樣的問題。相對衰落的強權國家總是本能地增加「安全」投資，因而必然導致「經濟投資」的減少，並造成惡性循環。

有關這五百年歷史的資料中，還可以得出另一個普遍性的結論，即爭奪歐洲或世界霸權的大規模聯盟的最終結局，與雙方所投入的生產資源的數量，有著非常密切的關係。各國對西班牙—奧地利哈布斯堡王朝的戰爭、十八世紀的西班牙王位繼承戰爭、七年戰爭和拿破崙戰爭，以及本世紀的兩次世界大戰都證明了這一點。最後，一場漫長難熬的戰爭是對交戰雙方相對力量的一種考驗。隨著戰爭時間和空間的延長，雙方資源的多寡將變得愈來愈重要。

然而，我們也不應陷入經濟決定論的錯誤。雖然本書主要探討過去五個世紀中世界事務發展的「重大趨勢」，但是這並不應該認爲，經濟決定一切，或者說經濟是決定每個國家成功與失敗的唯一因素，因爲諸多的證據顯示，包括地理位置、軍事組織、民族士氣和聯盟體系等許多其他因素也可能對各國的相對實力發生影響。例如，在十八世紀，荷蘭「聯合省」（United Provinces）曾是歐洲最富庶的地區，俄國則最爲貧窮，但是荷蘭衰落了，俄國卻崛起了。個人的愚行（如希特勒）和極強的戰鬥力（如十六世紀的西班牙步兵團和本世紀的德國步兵）也常常能影響一些戰鬥或戰役的勝負。但是，無可否認地，在一場曠日持久的強權國家戰爭中，勝利的果實往往屬於經濟基礎較爲雄厚的一方，或者說，打到戰爭結束時還掌握著最後一個銅板的一方。本書引述的諸多事實將證明，這種說法雖然有些冷嘲熱諷，但本質上卻是正確的。而且，正是由於在過去五個世紀中各主要國家的權力地位與它們的相對經濟地位之間有這種相互依存的關係，我們才有必要探討當今世界的經濟和科技發展趨勢對當前的均勢可能會產生什麼影響。無可置疑地，人們創造自己的歷史，但是，這只能是在一定的歷史環境限制下進行的。

本書最初的原型是來自於著名的普魯士史學家蘭克（Leopold von Ranke）一八三三年發表的一篇關於「列強」的論文。在這篇論文中，他概述了西班牙衰落之後國際權力平衡的起伏，並試圖說明有些國家異軍突起終至沉淪潦倒的原因。蘭克在文章的最後分析了當時的世界形勢，以及法國在拿破崙戰爭失敗後的國際事件。在史學家專業習慣的誘惑下，他在討論列強的「前途」時，也對不確知的未來世界提出了預測。

寫一篇論述「列強」的論文是一回事，而寫一本這樣的書則是另一回事。我的初衷是寫一本「小品文式」的小書。我以爲讀者都了解（至少粗略地了解）有關列強的各種背景知識。但是，當我把本書的前幾章草稿寄出去徵求意見，或與一些學者討論書中的一些主題時，才發現自己的想法有誤：大多數讀者最需要的是更多詳盡的背景知識，因爲當時還沒有關於列強經濟和戰略均勢演變的論著。由於經濟史學家和軍事史學家尚未涉足這一領域，歷史事實本身才遭到忽視。本書中大量的史實正是爲了填補這個重要的空白。

目次

第一篇　前工業社會的戰略與經濟

第一章　西方的興起

史學家通常把西元一五〇〇年做為劃分近代和現代兩個時代的分水嶺，但是在當時，身處其境的歐洲人卻並未意識到他們的大陸即將統治大部分的地球。他們對偉大的東方文明知之甚少，且主要來自旅行者往往是以訛傳訛的故事。然而，他們對廣袤的東方帝國所擁有的神話般的財富和龐大的軍隊的印象還算是準確的。當他們與這些國家初次接觸的時候，一定覺得它們比西歐更為得天獨厚。事實上，與這些偉大的經濟文化中心相比，歐洲確實有些自慚形穢。首先，它既非世界上最肥沃的地區，亦非人口最稠密的地區；這兩方面由印度和中國各領風騷。

其次，從地緣政治學上看，歐洲「大陸」的形狀亦不甚佳。它的北面和西面為冰雪和大海所環繞，東面極易招致陸路入侵，南面則易受到戰略包圍。在一五〇〇年前後，這些現象並非杞人之慮。僅僅八年以前，西班牙的最後一個伊斯蘭教徒地區格拉納達，剛剛被斐迪南和伊莎貝拉的軍隊征服，但是這僅僅表示地區性戰役的結束，而不是基督教和伊斯蘭教兩大勢力較量的結束。一四五三年君士坦丁堡陷落所引起的震撼仍然困擾著西方世界。該事件的意義似乎並不止於其本身，因為鄂圖曼土耳其人並未停止向前推進。到該世紀末，他們已經占領了希臘、愛奧尼亞群島、波士尼亞、阿爾巴尼亞和巴爾幹半島大部分地區。一五二〇年代形勢更趨惡化。土耳其軍隊正在逼近布達佩斯和維也納。在南部，鄂圖曼戰艦也時時威脅著義大利的港口。教皇開始擔心君士坦丁堡的厄運很快會降臨到羅馬頭上。

儘管上述威脅是穆罕默德二世及其繼承者的總體戰略的一部分，歐洲人卻從未做出一致且有效的反應。歐洲既不同於鄂圖曼帝國和中國，也不同於蒙兀兒人即將在印度建立的統治，從未有過統一的歐洲和公認的領袖。歐洲僅僅是一些小國、貴族領地和城邦的大雜燴。當時，一些比較強大的君主國，如西班牙、法國和英國正在西歐崛起，但是它們都忙於內部紛爭，同時又互相仇視，因而未能結成與伊斯蘭教國家相抗衡的聯盟。

與亞洲的偉大文明相比，歐洲在文化、數學、工程、航海和其他技術領域內也並不占明顯優勢。歐洲的文化和科學遺產有很大一部分是從伊斯蘭教世界「借」來的，正如伊斯蘭教國家在以前的幾個世紀中藉著貿易、征戰和殖民等手段從中國借用一樣。回顧歷史，人們可以看到，在十五世紀末葉，歐洲在貿易和技術方面正在加速發展；但是最客觀的評價也許是，當時世界各大文明中心正處於大致相似的發展階段，各有長處和短處。在技術和軍事上，鄂圖曼帝國、明朝時期的中國，以及稍晚時期的蒙兀兒人統治的北印度、歐洲國家體系及其俄羅斯旁支，都比非洲、美洲和大洋洲國家先進得多。雖然這些意味著在一五〇〇年歐洲已躋身於世界文化列強之林，但是當時並無它有一天要脫穎而出的端倪。因此，我們在研究歐洲興起的原因之前，有必要探討一下它的競爭對手的優勢和弱點。

明代中國

在近代以前，沒有任何國家的文明比中國更先進、更優越。它人口眾多（十五世紀時即達到一億至一億三千萬，而當時歐洲人口僅爲五千萬至五千五百萬）、文化發揚顯達、土地肥沃，並有一個由受過良好儒家教育的官吏管理的、統一的、等級森嚴的政府機構。因此，中國社會非常成熟，具有相當的連貫性；這一切令外國來訪者歆羨不已。誠然，這個文明在忽必烈入侵後曾受到蒙古游牧部族的嚴重破壞和統治；但是，中國一向同化征服者而不是被征服者同化，甚至到一三六八年明朝重新統一帝國並打敗蒙古人之時，許多舊的制度和知識都未曾有些許改變。

對於在「西方」科學的薰陶下成長的讀者來說，中國文明最顯著的特點莫過於其技術上的早熟。中國很早就有藏書豐富的圖書館。它在十一世紀就發明了活字印刷，不久便擁有大量書籍。在運河的開鑿和人口壓力的刺激下，它的貿易和工業也愈來愈發達。中國城市的規模遠非中世紀歐洲的城市可同日而語，它的商路也一樣四通八達。它很早就發行紙幣，大幅加速了商業的流通和市場的發展。到了十一世紀後半葉，中國北部已經擁有一個頗具規模的煉鐵業，年產生鐵約十二萬五千噸，主要供軍隊和政府使用——其總人數達一百萬的軍隊本身就是鐵製品的龐大市場。必須指出的是，這個產量甚至遠遠超過了幾世紀後英國工業革命早期的生鐵產量！中國是首先發明火藥的國家；十四世紀中葉，明朝推翻蒙古人的統治時就已經使用大砲。

了解中國文化和技術的進步之後，人們對於它開始著手進行海外發展和貿易的努力就不足為奇了。中國人還發明了指南針，建造了和西班牙大帆船一樣大的帆船。中國與印度洋和太平洋諸島的貿易和絲路上的貿易同樣有利可圖。中國在許多年以前就在長江江面上進行過水戰——早在一二六〇年代，為了擊敗宋朝的水軍，忽必烈不得不建立自己的配有發射投擲機械的龐大艦隊。十四世紀初，沿海的穀物貿易也已相當蓬勃。據記載，在一四二〇年，明朝的海軍擁有一千三百五十艘戰船，其中包括四百個大型浮動堡壘和二百五十艘遠洋船舶。這支部隊尚不包括已經與朝鮮半島、日本、東南亞、甚至東非有貿易往來的私人船隊。這支船隊為中國帶來了巨大財富。

最著名的海外遠征，是一四〇五年至一四三三年間鄭和將軍進行的七次遠航（譯者注：史書另有一種說法是八次），這些船隊有時多達數百艘船隻，擁有數萬名人員。他們遍訪從麻六甲和錫蘭至紅海口和東非尚吉巴的各個港口。他們一方面向恭順的統治者饋贈禮物，以收攬其心；另一方面又迫使桀驁不馴的部落首領承認北京的權威。曾經有一艘船從東非帶回長頸鹿，以取悅龍心；

還有一艘船曾帶回一位錫蘭的首領，因爲他竟然愚蠢到拒絕承認天子至高無上的權力（但是必須指出，中國人與葡萄牙人、荷蘭人等入侵印度洋的歐洲人不同，從不搶掠殺戮）。歷史學家和考古學家可以證明鄭和船隊的規模、實力和適航性（有些大寶船長達四百英呎，排水量達一百五十噸）。他們完全有能力在航海家亨利向休達（Ceuta）以南推進之前幾十年就繞過非洲並「發現」葡萄牙。

但是，中國人一四三三年的遠征成了這條航線的最後一次。三年之後，皇帝下了一道聖旨，禁止建造海船；不久又下了一道敕令，命令毀掉所有兩桅以上的船隻。此後海軍人員只得受僱於大運河上的小船。鄭和的大戰船就此遭到閒置，任其腐朽。就這樣，中國錯過了向海外發展的種種機會，決定轉過身去背對世界。

當然，中國的這項決定自有其言之成理的戰略原因。當時帝國的北部邊疆再度受到蒙古人的威脅，因此，把軍事資源集中到這個比較脆弱的地區似乎是有必要的。在這種情形之下，強大的海軍成了一種昂貴的奢侈品。此外，中國先前向安南（越南）的擴張不僅勞民傷財，而且屢遭挫折。但是，當後來縮編海軍的弊端逐漸顯露出來時，中國仍然沒有改弦易轍的打算。在約一個世紀的時間裡，中國沿海，甚至長江沿岸的城市不斷受到日本海盜的騷擾，然而中國仍沒有認眞重建帝國海軍的打算。甚至連葡萄牙艦隻在中國沿海的頻頻活動也未能促使當局有所反省。[1]在達官貴人們看來，既然中國的臣民已被禁止一切海上貿易，陸上防禦不就足夠了嗎？

由此可見，除了經費方面的考慮，中國倒退的一個關鍵因素在於其極端保守的儒家官僚政治。在明朝時期，出於對蒙古人早先強加給他們的種種變遷的憤恨，這種保守性更是變本加厲。在這種保守氣氛下，至關重要的官僚機器只熱中於維護和恢復過去，而不是藉由向海外擴張和貿易去開創更光明的未來。在儒家看來，戰爭本身是一種可悲的行動，軍隊只有在擔心外族入侵和國內叛亂時才有必要。官吏們對軍隊（包括海軍）的厭惡是與對商人的疑忌相伴而生的。私人資本的累積、賤買貴賣的行爲，和暴發戶商人的鋪張炫耀，都觸怒了這些權貴士大夫，正如他們激起了平民百姓的憤慨一樣。因此，儘管這些官吏並不想將整個市場經濟連根拔起，但他們卻經常沒收商人的財產或禁止他們經商，以此對他們進行干預。在權貴的眼裡，中國臣民進行對外貿易自然更令他們懷疑，因爲他們對此更無法控制。

這種對商業和私人資本的厭惡與上述科技上的重大成就並不衝突。明朝重修了萬里長城，發展了運河系統，重建了冶鐵廠和帝國海軍，因爲官吏們勸告皇帝說這一切都是「治國」必需的。但是，這些事業也並未受到眞正的重視。運河聽任衰敝損毀，軍隊則經常缺乏新裝備，（在一〇九〇年左右建造的）天文鐘被棄置不顧，冶鐵廠也漸漸相繼關閉。

中國經濟發展的障礙遠遠不止於此。印刷僅限於學術著作，未用於廣泛傳播實用的知識，更不用說社會批評了。紙幣被中止使用。中國城市從未得到西方城市享有的自治權；連首都也必須隨著皇宮的遷址而遷移。沒有官方的鼓勵，商人和企業家就不可能興旺發達；即使賺了錢，人們也寧可用來購置土地和興辦教育，而不是投資在發展基礎工業上。同樣地，禁止海外貿易和遠洋漁業，消除了刺激經濟持續發展的另一潛在動力。在以後的幾個世紀中，中國與葡萄牙和荷蘭等國尚有少量貿易，但僅限於奢侈品交易，且受官方的嚴格管制。

結果，明朝時期的中國較之四百年前的宋朝，活力和進取精神都已不可同日而語。誠然，在這個時期農業技術有了一定的進步，但是不久之後，連這種比較密集的農業和對邊際土地的開發利用

[1] 在一五〇〇年代的一個短時期裡，略有恢復的中國沿海艦隊曾幫助高麗人粉碎了日本兩次入侵的企圖，但是連這點殘餘的海軍力量隨後也衰頹了。

也跟不上人口的迅速增長了。甚至在一六四四年較有活力的滿族人取代了明朝之後，這種持續的衰落也未能加以遏制。

一七三六年，正當達比（Abraham Darby）在科爾布魯克德（Coalbrookdale）的冶鐵廠剛剛開始繁榮起來的時候，中國河南和河北的鼓風爐和煉焦爐卻完全被廢棄了。這些爐子早在征服者（即英王威廉一世——譯注）於哈斯丁斯（Hastings）登陸之前就已經發揮了相當大的功能，如今它們要等到二十世紀方能恢復生產了。

伊斯蘭教世界

早在十六世紀初期，第一批訪問中國的歐洲航海員可能就已注意到這是個閉關自守的國家，儘管它的幅員、人口和財富給他們留下了深刻的印象。當時的鄂圖曼帝國則非如此，那時它還處於擴張的高峰階段。由於鄂圖曼帝國離基督教國家較近，因而對它們更具威脅性。從更大的歷史地理背景來看，我們可以公正地說，伊斯蘭教國家是十六世紀世界事務中發展最迅速的力量。不僅鄂圖曼的土耳其人在向西推進，而且波斯的薩非（Safavid）王朝——尤其是在伊斯梅爾一世（Ismail I，一五〇〇—一五二四年）和阿巴斯一世（Abbas I，一五八七—一六二九年）時代——也正在重新崛起，文化繁榮，國力日盛。連續幾個強大的伊斯蘭教汗國仍然控制著經喀什和吐魯番到達中國的古「絲路」。它們與諸如博爾努、索科托和廷巴克圖等西非的伊斯蘭教國家極爲相似。十六世紀初，爪哇的印度教帝國被伊斯蘭教勢力推翻；喀布爾（Kabul）國王巴布爾（Babur）從西北部經由征服者的道路進入印度，並於一五二六年創建了蒙兀兒帝國（Mogul Empire）。最初對印度的控制並不穩固，但是巴布爾的孫子阿克巴（Akbar，一五五六—一六〇五年）成功地站穩了腳跟，並且開闢了一個東起孟加拉西至俾路東支（Baluchistan）的北印度帝國。在整個十七世紀，阿克巴的繼任者一直在向南推進，令信奉印度教的馬拉特人節節後退。在此同時，荷蘭人、英國人和法國人也從海上侵入印度半島，但是其規模自然要小得多。伊斯蘭教徒在世俗領域快速發展的同時，非洲和印度的伊斯蘭教信徒也在大量增加。與之相比較，基督教的傳教活動就黯然失色了。

但是，伊斯蘭教徒對早期近代歐洲的最大挑戰，自然當推鄂圖曼土耳其人，更具體地說，是他們那支可怕的、受過當時最精良的圍城訓練的軍隊。早在十六世紀以前，他們的疆域已經從克里米亞（他們在該地奪取了熱那亞人的商業據點）和愛琴海（他們在該地掃平了威尼斯帝國）延伸到利凡特（Levant）。一五一六年，鄂圖曼軍隊攻占了大馬士革。次年，他們用土耳其大砲摧毀了馬穆魯克（Mamluk）軍隊之後侵入埃及。在封鎖了印度通往歐洲的香料之路後，他們又溯尼羅河而上，經紅海一直推進到印度洋。在印度洋他們與葡萄牙入侵者遭遇，令那些來自伊比利半島的水手驚恐萬狀。但這點小事與土耳其軍隊帶給東歐和南歐的王公及人民的恐怖根本無法相提並論。當時土耳其已經占領了保加利亞和塞爾維亞，並在瓦拉齊亞（Wallachia）和整個黑海沿岸具有決定性的影響力。蘇里曼（Suleiman，一五二〇—一五六六年）時代，即在他們南進至埃及和阿拉伯半島以後，對歐洲的壓力又重新開始了。基督教世界最強大的東部堡壘（匈牙利）再也抵擋不住占優勢的土耳其軍隊，在一五二六年的莫哈奇（Mohacs）戰役後終於陷落。事有湊巧，巴布爾也恰好於這一年在巴尼伯德（Panipat）獲勝並建立了蒙兀兒帝國。整個歐洲是否很快將步北印度的後塵呢？在一五二九年土耳其人正在圍攻維也納的形勢下，有些人認爲這種可能性無疑是非常大的。事實上，當時戰線已穩定在匈牙利北部，神聖羅馬帝國因而得以保全。但此後土耳其人始終保持著不容忽視的軍事壓力。甚至遲至一六八三年，他們又再度圍困了維也納。

鄂圖曼海軍的擴張在許多方面同樣咄咄逼人。和中國的忽必烈一樣，土耳其人發展海軍的唯一目的便是爲了攻打四面環海的敵人堡壘。他們的目標之一便是君士坦丁堡。一四五三年，穆罕默德蘇丹曾動用大戰艦和數百艘小船對其進行封鎖，協助攻城。此後這支無敵艦隊還橫越黑海和揮軍南下參與敘利亞和埃及的戰役，以及爲了爭奪對愛琴海群島、羅德島、克里特島和塞浦路斯島的控制權而與威尼斯發生一連串的衝突。在十六世紀的最初十幾年中，鄂圖曼的海軍遭到了威尼斯、熱那亞和哈布斯堡艦隊的頑強抵禦；但是到了該世紀中葉，伊斯蘭教徒的海軍已縱橫於整個北非沿海，不斷襲擊義大利、西班牙和巴利亞利群島（the Balearics），一五七〇年至一五七一年間，他們終於攻占了塞浦路斯。這種氣勢直到勒班陀（Lepanto）戰役才受到遏止。

毋庸置疑，鄂圖曼帝國不僅僅是一部軍事機器。做爲征服者（如同中國的滿族人），鄂圖曼人在幅員比羅馬帝國還要大的地區和眾多的臣屬民族中，建立了統一的官方宗教信仰、文化和語言。在一五〇〇年之前的幾個世紀中，伊斯蘭教世界在文化和科技方面都領先歐洲。其城市規模宏大，照明設備良好，排水系統健全，其中不少城市還擁有大學、圖書館和令人嘆爲觀止的清真寺。在數學、製圖學、醫學以及科學和工業的許多方面（包括磨坊、鑄砲、燈塔、和馬匹的繁殖技術），伊斯蘭教徒都享有領先地位。鄂圖曼從巴爾幹基督教青年中招募禁衛軍的制度，產生了一支忠誠、齊一的軍團。對其他種族的寬容使許多有才能的希臘人、猶太人和基督徒甘心爲土耳其皇帝效命。穆罕默德攻打君士坦丁堡時的主要槍砲鑄造師就是匈牙利人。在蘇里曼一世這位英明領袖的領導下，一個強而有力的行政組織治理著一千四百萬臣民，而當時西班牙和英格蘭分別只有五百萬和二百五十萬居民。君士坦丁堡鼎盛時期的規模超過了任何歐洲城市，人口（在一六〇〇年）已達五十萬以上。

然而，鄂圖曼土耳其人後來也自我封閉起來，失去了宰制世界的機會。在某種程度上我們可以說，這一過程是早期土耳其勝利的必然結果：鄂圖曼軍隊雖然管理良好，能夠守住漫長的疆界，但是如果不付出浩繁的人力和物力的話，就無法繼續擴張；其次，鄂圖曼帝國主義與後來的西班牙、荷蘭和英國帝國主義又不同，並未因擴張而在經濟方面獲得巨大的利益。到了十六世紀下半葉，鄂圖曼帝國已經顯現出戰線過長的警號：一支龐大的陸軍駐紮在中歐；一支耗費龐大的海軍在地中海作戰；北非、愛琴海、塞浦路斯和紅海也都有軍隊在作戰；另外，在克里米亞的部隊也需要援軍以對付日益強盛的俄羅斯。甚至在近東，鄂圖曼帝國也沒有一個安寧的側翼。當先後以伊拉克和波斯為根據地的什葉派伊斯蘭教徒向居於主導地位的遜尼派（Sunni）發起挑戰時，伊斯蘭教世界發生了分裂。有時候，形勢就像當時日耳曼的宗教鬥爭一樣嚴重，伊斯蘭教君主不得不藉武力鎮壓什葉派異端來維持統治。但是，正如法國曾與「異教的」土耳其人聯合起來對抗神聖羅馬帝國一樣，阿巴斯（Abbas）大帝統治下的波斯什葉派王國已聯合了歐洲國家共同對抗鄂圖曼人。面對如此眾多的敵人，鄂圖曼帝國需要傑出的領袖來保持發展；但是一五六六年後相繼上臺的十三位伊斯蘭教蘇丹卻是庸碌之輩。

但是，外敵的威脅和個人的弱點並不足以說明全部的問題。和明朝時期的中國一樣，日益嚴重的專制集權和保守態度極大地破壞了帝國的制度。一位愚蠢的伊斯蘭教君主可以使整個帝國陷於癱瘓，而同樣的羅馬教皇或神聖羅馬帝國的皇帝卻絕對無法使歐洲這樣。由於沒有高層的明確指令，帝國的官僚機構變得僵化不堪，事事因循守舊，將一切革新扼殺於搖籃之中。因為一五五〇年之後停止了領土擴張，沒有了擴張所帶來的戰利品，加上物價普遍上漲，令憤憤不平的禁衛軍轉而對內燒殺劫掠。早先受到鼓勵的商人和企業家（他們幾乎全是外國人）現在被當局隨心所欲的徵稅和赤裸裸的奪取財產弄得苦不堪言。愈來愈多的苛捐雜稅使商業蕭條，民生凋敝，城市居民銳減。受害最大的也許是農民，他們的土地和牲畜遭到士兵無情掃蕩和劫掠。隨著形勢惡化，連文職官員也加入掠奪者的行列，他們公然收取賄賂、沒收百姓財產。高昂的戰爭開銷和喪失亞洲的貿易通路（在與波斯開戰期間）迫使政府更加肆無忌憚地搜括民脂民膏，這給了那些慣於巧取豪奪的租稅包收人更大的權力。

對什葉教派的挑戰做出的強烈反應，清楚地表達了官方對各種形式的自由思想將採取更強硬的態度。結果，印刷業被禁止，因爲它有可能被利用來傳播危險的主張。經濟觀念仍很原始：官方樂意進口西方商品，但卻禁止商品出口，而且支持同業公會遏止革新和「資本主義」生產者的崛起；教會對商人的抨擊日甚一日。土耳其人蔑視歐洲人的思想和經驗，拒絕採用控制瘟疫的新方法；結果，嚴重的流行病對他們的人口帶來了很大的危害。一五八〇年，在一次極端愚昧的行動中，一支土耳其部隊竟將一個國家天文臺夷爲平地，因爲他們聲稱這個天文臺是瘟疫的禍源。事實上，軍隊已經成了保守派的堡壘。儘管土耳其部隊早已注意到歐洲新式武器的威力並深受其苦，但是他們卻遲遲未致力於本身的裝備現代化。他們沒有用輕便的鐵砲取代笨重的大砲。勒班陀一役的戰敗也未能促使他們建造大型的歐式船艦。在南方，伊斯蘭教艦隊僅僅奉命停泊在平靜的紅海和波斯灣水域，因此在客觀上也無必要建造葡萄牙式遠洋船艦。也許這些決策部分是出於技術上的理由，但是文化和科技上的保守性也是一大原因（在此同時，巴巴利〔Barbary〕的海盜卻很快採用了快速戰艦）。

與鄂圖曼帝國相比，蒙兀兒帝國的保守性可以說有過之而無不及。儘管這個帝國的疆域正處於顛峰，它有幾位皇帝頗具軍事天才；儘管其宮殿富麗堂皇，奢侈品的生產工藝堪稱一絕；儘管它還有一個相當先進的銀行和信用貸款體系，但這個帝國在骨子裡卻是虛弱的。一個以征服者姿態出現的伊斯蘭教統治階層高高在上，統治著以印度教徒爲主的廣大赤貧農民。在城鎮裡有眾多的商人和繁榮的市場，而印度教商業家族對製造業、貿易和信用貸款的態度，即使用韋伯的新教倫理標準來衡量，也堪稱典範。在蒙兀兒帝國成爲英國帝國主義的犧牲品之前正準備經濟「起飛」的企業家社會的背景下，人們卻可以看到多幅由印度人生活中許多根深蒂固的阻礙因素構成的陰暗畫面。森嚴的印度教戒律妨礙了現代化：嚴禁殺害齧齒類動物和昆蟲，大量糧食因此遭到損失；處理垃圾和糞便的習俗造成了永久的環境髒亂，成爲鼠疫的溫床；種姓制度扼殺了創新精神並限制了市場的發展；婆羅門祭司對印度地方統治者的影響說明這種愚民政策正處於興盛時期。任何澈底的變革都將遇到根深蒂固的社會阻礙。難怪後來許多曾經起先大肆掠奪，而後又試圖根據功利主義原則來統治印度的英國人，在離開時仍然覺得這是個神祕莫測的國家。

但是，蒙兀兒王朝的統治根本無法與後來的印度行政官署相提並論。富麗堂皇的王宮是窮奢極侈的中心，其奢靡程度連凡爾賽宮的太陽王（路易十四）也望塵莫及。數以千計的僕侍和食客，奢華的服裝、珠寶、後宮、奇珍異獸和大批的衛士，這一切都得依靠一部有組織的掠奪機器來維持。收稅官吏必須向他們的主子上繳規定的款項，因此便無情地掠奪農民和商人；即使農業歉收、商業蕭條，錢財也必須進帳。除了造反之外，沒有憲法或其他任何東西能阻止這種掠奪。納稅之餘，百姓幾乎一無所剩，無怪乎當時人們給賦稅冠以「吃人」的稱號。交通沒有什麼改善，也沒有任何救援機構來處理經常發生的飢荒、洪水和瘟疫。相形之下，中國明朝顯得寬厚多了，簡直可以稱得上進步了。就技術面而言，蒙兀兒帝國注定要衰亡，因爲面對南方的馬拉特人（Marathas）、北方的阿富汗人，還有東印度公司，它已經愈來愈難以支撐下去。實際上，它沒落的內在因素大大超過了外在因素。

日本與俄國

到了十六世紀，有兩個國家已經顯露出政治統一和經濟發展的端倪，儘管該兩國的疆域和人口均遠遠不及明朝、鄂圖曼帝國、蒙兀兒帝國。在遠東地區的日本，當其龐大的鄰國中國開始衰落的時候，它正在蓬勃發展中。優越的地理位置賦予了日本人一筆可觀的戰略資產（如英國一樣），因爲島國地位使它免遭陸路的外患，而中國就不具備這一點。然而，日本列島和亞洲大陸之間的大海絕非不可跨越的障礙，日本的文化和宗教就大都是從中國文明採擷而來的。但是，中國是由一個統一的行政體系治理的，而日本的政權則掌握在一些封建氏族手中，天皇只不過是一種擺設。十四世紀一度出現過的中央集權統治已被氏族間無休止的仇殺所取代（這種同室操戈與蘇格蘭的氏族戰爭十分相似）。這雖然不是貿易經商的理想環境，但是它也未壓抑過多的經濟活動。和在陸上一樣，企業家在海上也與軍閥和軍事冒險家展開競爭，因爲大家都發現了東亞海上貿易的巨額利潤。日本海盜不斷騷擾中國和朝鮮半島海岸，大肆掠奪；而在此同時，其他日本人樂於與來自西方的葡萄牙和荷蘭訪客交換貨物。基督教傳教士和歐洲貨物對日本社會的滲透，遠比對冷漠而獨立自足的中國明朝容易得多。

這種混亂但卻充滿活力的局面很快便被大量湧入的歐洲武器改變了。和世界上的其他地方一樣，政權集中到擁有用步槍和大砲武裝起來的軍隊之個人和集團手中。結果，大軍閥豐臣秀吉統一並鞏固了政權。雄心勃勃的豐臣秀吉曾兩次征伐朝鮮，均遭失敗。他在一五九八年去世後，內亂再次威脅日本；但幾年以後，權力全部集中到了德川家康和德川幕府的將軍手中，從此建立了不可搖撼的中央集權的軍事統治。

德川幕府時代的日本在許多方面具有在前一世紀興起於西方的「新君主制」的特點。它們最重要的區別是，幕府放棄了海外擴張政策，從而斷絕了與外界的一切接觸。一六三六年，日本停止建造遠洋船舶，日本臣民也同時被禁止在公海航行。和歐洲人的貿易僅限於獲准停靠在長崎港外島的荷蘭船隻，其他船舶則全遭驅離。在此之前，幕府實際上已經下令殘殺所有本地和外國的基督教徒。這些極端措施的動機顯然是德川氏族決心讓其控制權不容受到挑戰；而外國人和基督徒都被視爲潛在的顛覆分子。但是其他封建貴族也同樣被認爲是顛覆勢力，所以他們每年必須在首都居住半年，而且於獲准住在自己領地上的半年中，必須將家屬留在江戶（即東京），實際上就是人質。

這種強制性的統一本身並未扼殺經濟的發展，也未妨礙傑出的藝術成就。國家的和平有益於貿易，也促進了城鎮和人口的成長；現金支付的增加大大地提高了商人和銀行業者的重要性。然而，商人和銀行家從未享有他們的義大利、荷蘭和英國同行享有的那般顯要的社會政治地位。日本人顯然未能了解和採擇其他地方正在發展的新科技和工業成就。和中國明朝一樣，德川幕府選擇了與世隔絕的道路，只有少數例外情況。這或許並未阻礙日本國內的經濟活動，但是卻削弱了日本的相對國力。由於鄙視經商、同時又被禁止外出旅行，那些依附主人的武士們過著刻板枯燥的生活。整個軍事體系就這樣僵化了整整兩個世紀，以至於一八五三年美國艦隊司令培利（Matthew C. Perry）率領名震天下的「黑船隊」叩關的時候，驚惶失措的日本政府不得不同意美國人加煤和獲得其他優惠的要求。

在某些方面，俄羅斯在政治統一和發展的初期與日本非常相似。它在地理上遠離西方，這部分是由於交通不便，部分是由於它與立陶宛、波蘭、瑞典以及鄂圖曼帝國經常發生衝突而中斷了業已存在的交通路線。但是，俄羅斯王國的歐洲傳統仍對它本身有著深刻的影響，這主要是透過俄羅斯東正教教會的關係。其次，爲了克服易受亞洲騎兵攻擊的先天弱點，俄羅斯從西方獲得了澈底的解決方法，那就是毛瑟槍和大砲。莫斯科用這種武器建立了一個「火藥帝國」，從而進行擴張。由於瑞典人和波蘭人也擁有這種武器，向西推進極其不易；但是這種軍事科技上的優勢在俄國對南方和東方的部落和汗國所進行的殖民擴張上則顯得容易得多。到了一五五六年，俄國軍隊已經到達裏海。伴隨這種軍事擴張而來的是探險家和拓荒者，他們的行動常常走在軍事行動之前。他們不斷向烏拉山脈以東推進，到了一六三八年，他們已經穿越西伯利亞，抵達太平洋海岸。儘管有對蒙古騎兵的軍事優勢，俄羅斯帝國的擴展並非一帆風順，因爲被征服的民族愈多，內部紛爭和叛亂的可能性就愈大。國內貴族常常很不安分，極難駕馭，即使被「恐怖的伊凡」大力整肅後也是如此。克里米亞的韃靼汗國仍然是個強敵，它曾於一五七一年剽掠了莫斯科，在十八世紀末之前一直保持著獨立狀態。來自西方的挑戰更具威脅性，如波蘭人曾在一六○八年和一六一三年之間兩度占領莫斯科。

俄國更深一層的弱點是，儘管它從西方借用了不少東西，但是它在技術和經濟上仍然是個落後的低度開發國家。這其中的原因除了氣候酷寒、距離過於偏遠、交通不便以外，還有嚴重的社會弊端，包括沙皇的軍事專制主義、東正教教會對教育的壟斷、官僚機構貪汙腐化和朝令夕改，以及使農業停滯不前的封建農奴制度。但是，這種相對落後性和種種挫折並未阻止俄國繼續擴張，並把強迫俄國人順從的軍事力量和專制統治把戲強加於新的領土。在爲了維護既存制度而向西方大量取經的同時，莫斯科堅決地排除了一切西方方式的社會和政治「現代化」的可能性。例如，他們把俄國境內的外國人與本地人加以隔離，以防止本地人受到顛覆份子的影響。與本章提到過的其他專制國家不同，沙皇帝國努力克服了困難，而且將成爲世界強國。但是在一五○○年，甚至一六五○年，許多法國人、荷蘭人和英國人並未注意到這一點。對英法人士來說，俄國沙皇就像傳說中的祭司王約翰（Prester John）[2]一樣遙遠神祕。

「歐洲的奇蹟」

爲什麼散居在歐亞大陸西部的、相對落後的民族會在經濟發展和科技創新上有不可阻擋的發展過程，並逐步成爲全球商業和軍事的領袖呢？學者和觀察家對此已研究了幾個世紀，在此我們所能做的僅僅是對現有的知識做一個綜合。但是，這種粗略的概述仍然能揭示本書的主要論點。其一，我們看到有一種由經濟和科技進步所驅策的精神動力（dynamic）在發揮作用，雖然這種精神動力總是與其他因素（如社會結構、地理和偶發事件）產生互動作用；其二，要理解世界政治的過程，就必須把焦點集中在物質的和長期的因素上，而不是在詭譎多變的統治者人格或瞬息萬變的外交政策和政治謀略上；其三，實力是相對的，只有透過國家間和社會間的經常比較方可描述或衡量。

我們只要凝視一下十六世紀世界「權力中心」的地圖（見地圖1-1、1-2），就會立刻注意到，歐洲的一個顯著特徵就是政治上的分裂。這與中國改朝換代時短暫出現的情形完全不一樣。歐洲在政治上始終是分裂的，連羅馬帝國強盛之時也未能征服萊茵河和多瑙河以北的大片土地。在羅馬陷落後的一千年裡，歐洲的基本政治單位始終是一塊塊小而局部化的地方，這與基督教信仰及其文化的持續擴張恰成鮮明對比。西方的查理曼大帝和東方的基輔公國都猶如曇花一現，不旋踵便因統治者的更迭、國內叛變或外國入侵而宣告終結。

歐洲政治上的多元化主要歸因於它的地理狀況。這裡既沒有騎兵可以馳騁統轄的大平原，也沒有像恆河、尼羅河、底格里斯河和幼發拉底河、黃河和長江流域那樣廣闊而肥沃的地區，爲勤勞而易於駕馭的農民供應糧食。歐洲的地形支離破碎，崇山峻嶺和大片森林把各個分散的人口中心隔離在山谷中；歐洲四面八方的氣候差異甚大。這一切造成了一些很重要的影響。首先，這使統一變得極爲困難，連強權軍閥也難以做到，不過這也將歐洲大陸遭游牧部落的蹂躪減至最低程度。

〔2〕祭司王約翰，傳說中的一位中世紀基督徒國王及僧人，據說曾經統治過遠東或非洲的阿比西尼亞王國。

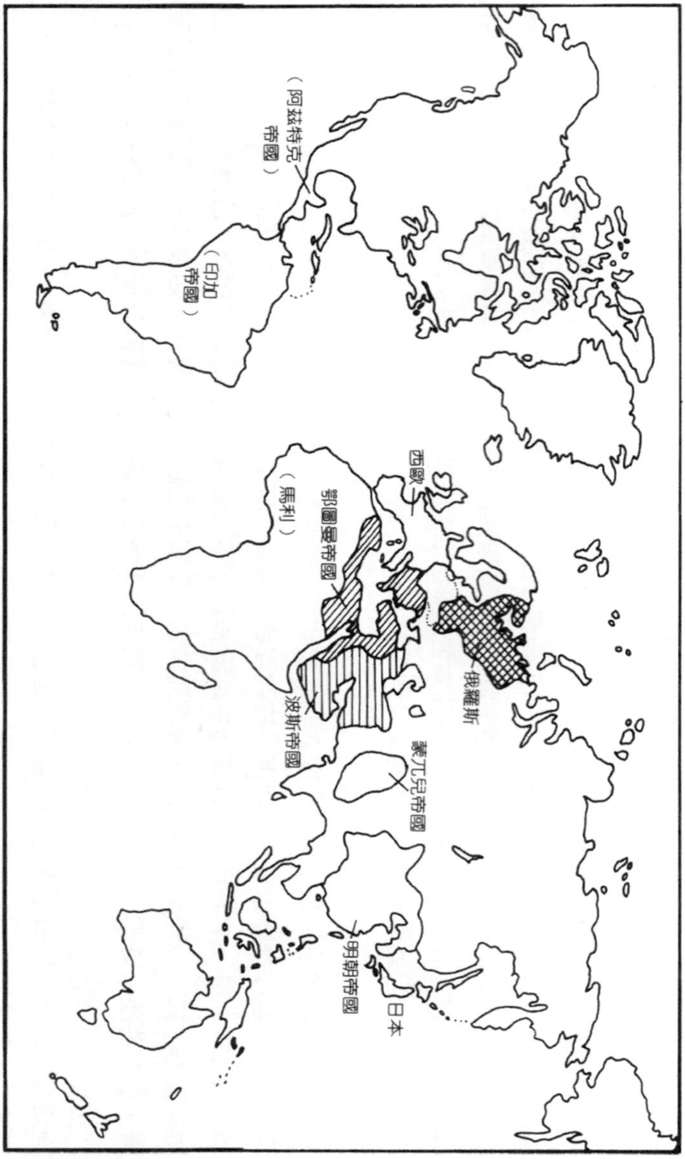

地圖1-1　十六世紀的世界權力中心區

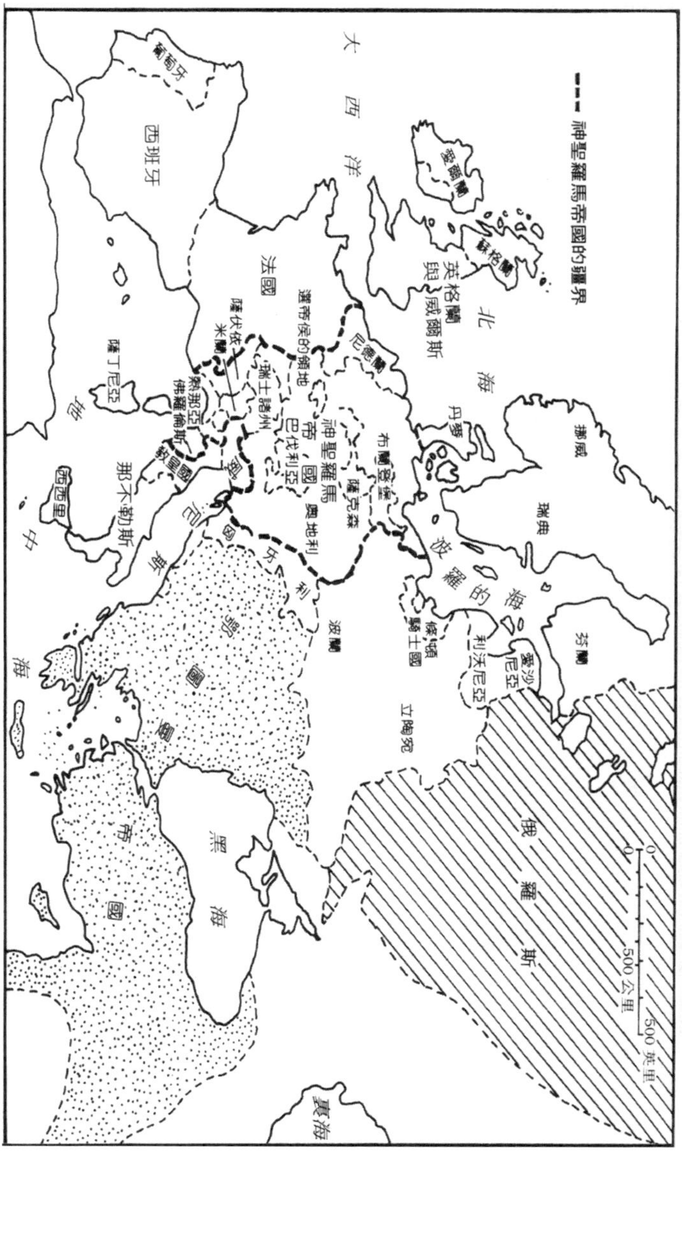

地圖1-2　十六世紀歐洲的政治分界線

其次，這種多樣化的地形有利於政權分散後的成長與繼續存在，以至於羅馬陷落後的歐洲政治地圖始終是由地區王國、貴族領地、高地氏族和低地城邦所構成，宛如一條雜色布片拼湊成的被單。這條被單上的圖案在每個世紀都有所不同，但是從來沒有任何單一的顏色能用來代表一個統一的帝國。

歐洲變化多端的氣候條件造成了適於交易的多種不同產品。隨著市場經濟的發展，這些產品沿著河流或穿過森林小道從一個地區運到另一個地區。這種貿易最重要的特點在於其主要是由大宗貨物的交換——包括木材、穀物、葡萄酒、羊毛和鯡魚等等，它們滿足了十五世紀歐洲日益增長的人口所需——而不是給東方商旅隊運輸的奢侈品。說到此，地理又扮演了關鍵角色，因為這些商品用水上運輸的方式要經濟得多，而歐洲又擁有許多可通航的河流。四面環海的地理形勢進一步刺激了命脈所繫的造船工業。到了中世紀晚期，波羅的海、北海、地中海和黑海之間的海上貿易已經相當繁忙了。雖然這種貿易常常被戰爭所中斷，並受到局部地區災害，如穀物歉收和瘟疫的影響，但大致上它仍不停地發展，促進了歐洲的繁榮，豐富了人民的食物並因而建立了新的財富中心，如漢薩（Hansa）同盟諸城和義大利各城市。定期性的長途貨物交易促進了國際匯票、信用制度和銀行業的成長。商業信用和保險票據的存在本身就代表了經濟形勢的某種可預測性，而在此之前世界上還沒有任何地方的商人享有過這種條件。

除此之外，由於這種貿易大多需要經過波濤滾滾的北海和比斯開灣（也由於遠洋漁業已經成了營養品和財富的重要來源），造船業者不得不建造堅固的、能運載大量貨物的船舶，並且找尋單獨在風中航行的原動力。雖然北海「小船」及其後繼者逐漸改良了帆、桅杆和尾舵，從而變得更易於操作，但是顯然它們仍然不像往來於東地中海和印度洋沿岸的輕型船那般令人印象深刻，但是我們從下述將會看到，從長遠來看，它們有著明顯的優勢。

上述貿易和市場發展所帶來的政治和社會影響，具有極爲重大的意義。首先，任何人都無法完全壓制這種經濟發展。這並不是說市場經濟的興起沒有引起許多當權者的不安。封建貴族懷疑城市是異端的中樞所在和農奴的避難所，因而處心積慮要剝奪城市的特權。和其他地方一樣，商人常遭到刧掠，貨物被偷竊，財產被沒收。天主教教皇對高利貸的看法在許多方面與儒家學說不謀而合。但是歐洲缺乏一個能夠有效阻止貿易的統一政權則是不爭的事實；沒有一個能夠對特定工業的興起或衰退掌握生殺大權的中央政府；也沒有稅務官員對商人和企業家予取予奪，這種掠奪曾經嚴重地阻礙了蒙兀兒帝國的經濟發展。一個顯而易見的例子是，我們很難想像，在歐洲宗教改革時代四分五裂的政治環境下，所有的人都會承認一四九四年教皇把海外世界劃分爲西班牙和葡萄牙的勢力範圍；更難以想像的是，禁止海外貿易的法令（如明代的中國和德川幕府時代的日本曾頒布過的那種法令）會產生任何實質效果。

事實上，每當歐洲某些王公貴族掠奪和驅逐商人的時候，總有一些其他王公貴族願意容忍商人及其行爲方式。如文獻所載，受壓迫的猶太商人、破產的法蘭德斯紡織工人和受迫害的法國胡格諾教派的新教徒，總能帶著他們的知識和專長從一個地方遷移到另一個地方。任何一位對過路的客商横徵暴歛的萊茵地區男爵一定會發現，商路連同他的收益都轉移到別處去了。一位拒不履行債務的君主，當再次面臨戰爭威脅而急需資金來裝備他的陸軍和艦隊時，將很難再借到一筆錢。銀行家、軍火商人和工匠都是社會不可或缺的重要成員，而不是聊備一格。隨著時間的推移，大部分歐洲政權先後與市場經濟形成了一種共生關係。它們爲市場經濟提供秩序和法律制度，同時以稅收方式分享一部分日益成長的商業利潤。早在亞當・史密斯創造出精確的辭句之前，西歐某些社會的統治者就已體認到，「要爲一個極度野蠻的社會帶來無比的繁榮，只需要和平、輕稅薄賦和可被接受的司法機關，僅此而已……」那些缺乏遠見的領導者，如西班牙卡斯提爾的君主和匆促上任的法國波旁王室國王，往往都想殺掉下金蛋的鵝，但結果適得其反，他們的財富每況愈下，軍事實力也隨之衰落，每個人都很容易明白這一點，當然，最魯鈍的人除外。

有可能導致權力集中的唯一因素，是某一個國家在火器技術上取得突破性成就，並以此征服或懾服所有的敵人。但是，當十五世紀的歐洲大陸，其人口剛從黑死病的肆虐下逐漸復原、義大利文藝復興欣欣向榮、經濟和科技發展腳步加快的情況下，這是根本不可能發生的。如前所述，就在一四五〇年到一六〇〇年這段時期內，「火藥帝國」在別處建立起來了。俄羅斯、德川幕府時期的日本和蒙兀兒王朝的印度都是極佳的例子，它們說明掌握了火器和大砲並迫使所有敵手臣服的領袖們，是如何塑造中央集權的大國。

此外，既然在中世紀晚期和近代早期，新的戰術比較頻繁地使用於歐洲，那麼，說這樣的突破性成就能夠使某個國家壓倒其競爭對手，似乎也不無道理。事實上，當時歐洲已經有了軍事實力日益集中的跡象。在義大利，弩手隊已經結束了騎士時代。不過，只有威尼斯和米蘭這樣的富裕國家才養得起這種由傭兵隊長統率的新式軍隊。其次，到了一五〇〇年左右，法國和英國的國王已經壟斷了國內大砲的數量。如有必要便能用此利器粉碎桀驁不馴的臣屬，連城堡的高牆也無堅不摧。但問題在於，這種趨勢是否終將導致某種縱橫整個歐洲的跨國壟斷呢？這無疑是一五五〇年前後許多人提出的疑問，因爲他們注意到了查理五世手中握著重兵，腳下踩著廣闊的土地。

關於哈布斯堡王朝稱霸歐洲的企圖及其失敗的原因，我們將在下章詳細討論。這裡只簡略地說明一下爲什麼不可能統一歐洲大陸的一般原因。我必須再次指出，歐洲的基本事實在於經濟和軍事實力中心的多元化。任何一個義大利城邦只要一冒出來，其他城邦就會出面干預，以保持均勢。任何一個「新君主政體」一擴大領地，它的競爭對手馬上就會尋求補償。到了宗教改革時期，傳統的均勢對抗之外又增加了宗教對立，這就使得政治統一的希望變得更加渺茫。在日本、印度和其他地方，競爭者的存在和交戰各方之間的仇恨都未曾阻止最後的統一。歐洲的不同之處在於，每一方敵對勢力都能獲得新的軍事技術，所以沒有一個政權擁有決定性的優勢。例如，瑞士軍隊及其他外籍傭兵就隨時準備爲僱得起他們的人馬效力。歐洲生產弩機或大砲的中心並非僅只一處；在南英格蘭維爾德礦區（the Weald）、中歐、馬拉加（Malaga）、米蘭、列日和瑞典的鐵礦附近都有這類武器的生產中心。同樣地，造船技術在波羅的海到黑海沿岸各個港口快速流傳，使任何國家都很難獨占海上軍力，這反而有助於防止任何武器生產中心征服和消滅大海彼岸的競爭對手。

由此可見，歐洲分散的國家體系是集權化的主要障礙。由於存在著許多相互競爭的政治實體，而它們大多擁有或能夠購買維護自身獨立的軍事資產，所以誰也無法稱霸歐洲大陸。

儘管歐洲國家之間的競爭關係似乎可以說明何以歐洲沒有成爲統一的「火藥帝國」，但這仍舊無法解釋它爲什麼會崛起並成爲世界領袖的原因。不管怎麼說，如果把一五〇〇年新君主國家擁有的軍隊用來與鄂圖曼帝國和中國明朝龐大的軍隊抗衡，豈不顯得太弱小了？當十六世紀初期，甚至十七世紀（在某些方面），情形確實如此。但在十七世紀，軍事實力的天秤正在迅速地朝有利於西方的方向傾斜。要說明這種變化，我們必須再次指出歐洲的權力分散這個因素。此一因素先是促使各個城邦、繼而又促使較大的王國進行原始的軍備競賽。在某種程度上說，這種競賽有著一定的社會經濟根源。因爲一旦義大利交戰各方的軍隊不再是由封建騎士及其扈從所構成，而是由商人出錢僱傭、由城市行政長官監督的長矛兵、弓箭手和騎兵所取代，這些城市必定會要求傭兵搏命演出以證明他們的價值。換言之，這些城市需要能夠迅速克敵致勝的武器和戰術，以降低戰爭的費用。同樣地，十五世紀末的法國君主一有了由自己支付薪水和直接控制的「國家」軍隊後，就急於看到這支武力能夠演出決定性的成績。

基於同樣的原因，這種自由市場體系不僅迫使無數的傭兵隊長爲了爭取契約而競爭，還激勵工匠和發明家改進他們的產品，以獲得新的訂單。雖然這種武器的日新月異在十五世紀初期的弩機和盔甲生產中已可見其端倪，但此後五十年中火藥武器試驗方面的競爭更是有增無減。有必要指出，當大砲剛剛問世的時候，西方和亞洲在大砲的設計和威力方面並無多大差別。發射石球並產生轟然巨響的超大口徑砲管確實發揮過相當的威力，如一四五三年土耳其人便使用這種巨砲來砲轟君士坦丁堡城牆。然而，似乎只有在歐洲才有不斷改進的原動力。這種改進包括：火藥粒、用銅和錫的合金鑄造比較小（但威力相同）的大砲、砲管和砲彈的形狀的改進，以及砲架和砲車的改進。這些改進大幅提高了大砲的火力和機動性，使這種武器的擁有者能夠摧毀最堅固的堡壘。因此，配備強大銅砲的法軍於一四九四年入侵義大利時，義大利城邦無不望風披靡。也因此發明家和文學家開始設計能夠與這種大砲相抗衡的武器（連同一時期達文西的筆記本中也有機關槍、原始坦克和蒸汽動力砲的草圖）。

這並不是說其他文明沒有改進他們原始的、粗糙的武器。有些文明確實曾經改進，通常是仿造歐洲式的武器或說服歐洲來的客卿（如在中國的耶穌會會員）教授他們的專長。但是，因爲明朝政府壟斷了大砲，俄國、日本和蒙兀兒印度的中央政府很快也取得了這種壟斷權，加以它們的政府已經十分鞏固，因此，改進這種武器的誘因自然要小得多。中國和日本轉而閉關自守以後，就忽視了武器裝備生產的發展。伊斯蘭教軍隊墨守傳統的作戰方式，對發展大砲嗤之以鼻，後來雖然力圖改進，但已經難以趕上歐洲的領先地位。同樣地，面對相對落後的民族，俄國和蒙兀兒軍隊的指揮官也沒有改進武器裝備的迫切需要，因爲他們擁有的軍備已經使敵人聞風喪膽了。就像在其他經濟領域一樣，歐洲在軍事科技這個特殊領域受到軍火貿易欣欣向榮的刺激，因而取得了對其他文明和權力中心的決定性領先地位。

上述武器的進步造成了兩個後果。其一，它確保了歐洲的政治多元化；其二，它使歐洲獲得了最後的海上霸權。第一個後果的背景很單純，可以簡單地加以論述，毋需多費筆墨。在一四九四年法國入侵義大利後的四分之一世紀裡，義大利人逐漸發現，城牆內側的土木工事能有效地減低大砲轟擊的威力；當砲彈射進堅實的土堤時便失去了對外牆的破壞力。如果在這些土木工事前再挖一道陡峭的壕溝（後來又有一連串構造精良的防禦堡壘，步槍和大砲能夠從堡壘中蜂擁發射，構成交叉火網），它們就會成爲圍城步兵幾乎無法跨越的障礙。這就恢復了義大利城邦的安全，也爲與土耳其人作戰的軍隊（如在馬爾他和匈牙利北部的基督教衛戍部隊）帶來了優勢。最重要的是，它使歐洲自大的強國無法輕而易舉地征服叛亂者和競爭對手。尼德蘭地區叛亂後發生的曠日持久的包圍戰就證明了這一點。如果荷蘭人有可以退守的堅固防禦工事，那麼，強大的西班牙步兵部隊在開闊的戰場所獲得的勝利，就不能說是決定性勝利。德川幕府及印度阿克巴靠火藥獲得了權力；西方沒有與之相同的例子。西方的特點依舊是政治的多元化以及必然衍生的武器競賽。

海上「火藥革命」的影響更爲廣泛。在中世紀晚期，西北歐、伊斯蘭教世界和遠東的造船業和海軍力量大抵相當。但一四〇〇年至一四五〇年間鄭和的遠航和土耳其艦隊在黑海和東地中海的迅速發展給人以一種假象，即海上發展的未來繫於這兩個強國。同樣地，這三個地區在製圖學、天文學，以及羅盤、觀星儀和象限儀等儀器的運用來說，也不相上下。他們之間的區別在於誰擁有持之以恆的組織。正如瓊斯（E. L. Jones）教授所說：「假定其他航海家（如玻里尼西亞人）和歐洲人做同樣的航行（如都航向伊比利半島），前者在使航行任務精妙合理和開發沿途資源方面的能力都遠遜於後者。」葡萄牙人有系統地蒐集地理資料、熱那亞商行對大西洋探險提供多次的資金支持（以期補償在黑海貿易方面的損失），以及紐芬蘭鱈魚漁場按部就班的開發，這一切都表示了歐洲始終不渝地向外發展的企圖心，這在當時的遠東和伊斯蘭教社會是不易見到的。

但是，「合理化」最重要的措施，也許是船上武器裝備的不斷改進。在海戰與陸戰愈來愈相似的時代，在帆船上安裝大砲是再自然不過的發展。就像中世紀城堡沿城牆和塔樓配置弓箭手以擊退敵軍的圍攻一樣，龐大的熱那亞、威尼斯和亞拉岡商船隊也用弩機加以武裝，裝置在船頭和船尾的「閣樓」裡，以防範地中海伊斯蘭教海盜的襲擊。這未必能夠完全拯救馴良的商人（如果和海盜硬拼的話），而且會造成船員的嚴重傷亡，可是一旦水手們發現陸上的槍砲有了長足的進步（即新的銅砲體積小多了，威力卻增加了，而且對砲手的危險性比笨重的鐵砲來得小），他們便會將這種武器裝在船上。畢竟，馳騁西方的軍艦已經裝備了石弩、投石機等投擲器械。即使大砲已不再那麼容易膛炸，對船員已不再那麼危險，它們仍然有相當多的問題。例如，假使他們使用威力較大的火藥，強大的後座力就可能使大砲本身滑出甲板而掉入海中（如果大砲未加固定的話）。由於這種武器很重，如果船舷上（特別是砲臺上）的砲裝多了，就足以使船身失去平衡。在這種情況下，堅固的、船殼呈圓形的全天候三桅帆船便大行其道，而在地中海、波羅的海和黑海等內海航行的修長型划船、阿拉伯式的單桅帆船、甚至中國式的平底大帆船都只能望其項背。它們能在任何情況下發射舷側砲火，並且保持船身的穩定。誠然，事故仍然時有發生，但是，一旦人們了解把這種武器裝在船身的中段要比裝在船樓上安全得多，這些大小帆船的「潛在威力」便充分顯現了出來。相比之下，那些小船則因載砲較少和易遭砲彈損傷而備受其苦。

這裡必須強調「潛在威力」這個語詞，因爲，帶砲遠洋帆船的演化是個緩慢的過程。在此之前，人們建造過許多混合型的船艦，有些裝有多根桅杆、多門大砲和多排的槳。十六世紀的英吉利海峽仍可見到大型划船，而且，當時確實有很多理由有利於繼續在地中海和黑海使用這種划船；它們快速而敏捷，在近海操作方便，又容易與陸上的軍事行動相配合。對土耳其人來說，這些優點遠勝於航程短和不能出遠海的缺點。

我們不能想像，當第一批葡萄牙船隻繞過好望角的時候，西方的海上霸權時代便開始了。歷史學家們所謂的「達伽馬時代」（Vasco da Gama epoch）和「哥倫布時代」（即一五〇〇年以後三至四個世紀的歐洲霸權）是個緩慢漸進的過程。葡萄牙探險家也許在一四九〇年代以前已經到過印度海岸，但他們的船舶仍然很小（通常僅爲三百噸），而且並非都有良好的武器裝備，遠不如一百年後航行於這些水域的荷屬東印度公司商船。事實上，葡萄牙人遲遲未能進入紅海，也不能在中國獲得像樣的立足點，連他們在東非的一些停靠站也於十六世紀末被阿拉伯人收復。

有人以爲歐洲以外的強國一遇到西方的擴張主義就像骨牌般地相繼倒下，這同樣是錯誤的。只有墨西哥、祕魯與其他西班牙探險家所發現的低度開發的「新世界」社會才發生過這種情況。在其他地方，事實並非如此。例如，由於中國政府已經主動放棄了海上貿易，所以，即使這種貿易落入蠻夷之手，中國也不會在乎。連一五五七年葡萄牙人在澳門建立的半官方商站，也沒有打擾北京的平靜，因爲這個商站只對地方絲綢商人和睜一眼閉一眼的地方官員有利。與此相反，日本人則粗魯得多。一六四〇年葡萄牙派遣使節團到日本抗議驅逐外國人時，幾乎所有團員都慘遭殺害，而里斯本對此卻無可奈何。最後，鄂圖曼帝國的海軍仍在東地中海巡弋，而其陸軍也仍然是中歐的一大威脅。的確，在十六世紀，「對大多數歐洲政治家來說，失去匈牙利的涵義遠甚於在東方建立幾座工廠；同樣，維也納受到的威脅也要比歐洲對亞丁、果阿和麻六甲的威脅更爲重要；只有瀕臨大西洋的政府才能忽視這一事實」。

然而，不管怎麼說，遠洋武裝帆船的發展顯然預示著歐洲在世界上的地位將有根本性的提升。有了這些船艦，西方海軍強權就能控制海上貿易通道並威嚇所有無力抵禦海上攻擊的地區。葡萄牙人與他們的伊斯蘭教敵人在印度洋上的幾次重大衝突，就足以說明這一點。達伽馬和阿布奎基（Albuquerque）在他們的航海日誌和報告中，描述了他們的戰艦摧枯拉朽般地橫掃他們在馬拉巴海岸附近、荷莫茲海峽和麻六甲海峽遭遇到的，由單桅帆船和其他小船組成的阿拉伯龐大艦隊的情景。儘管他們的描述顯然是誇張的，但是，我們從這些航海日誌和報告中可以得到這樣的印象；好像有一支外星超人部隊突然從天而降，襲擊了他們不幸的敵人。葡萄牙士兵由於遵循他們「只用砲遠攻，不登船近搏」的新戰術，結果百戰百勝、所向無敵。在陸上，如在亞丁、吉達和果阿等地方出現的激烈戰鬥，情況則全然不同，有時也會吃敗仗。但是，這些西方入侵者有如吃了秤砣鐵了心，而且十分殘暴，到了十六世紀中葉，他們已經從幾內亞灣到南中國海開拓了一條鏈狀要塞。雖然葡萄牙人從未能獨占印度的香料貿易（其中很大一部分繼續經由傳統通路流入威尼斯），但是他們也分食了相當可觀的一部分，並且因爲早期投入爭雄行列而獲利匪淺。

當然，征服者在西半球迅速建立的龐大陸上帝國裡，獲得了更大的利益。西班牙遠征軍從希斯帕紐拉島（Hispaniola）和古巴的早期殖民地出發，向大陸挺進，並分別於一五二〇年代和一五三〇年代征服了墨西哥和祕魯。在短短幾十年間，這塊領地便從南部的拉布拉他河（River Plate）擴展到北部的里奧格蘭德（Rio Grande）。來往於西海岸的西班牙大帆船和載著中國絲綢來交換祕魯白銀的菲律賓商船聯成一氣。在西班牙人建立的「新世界」裡，西班牙人清楚地表示了他們將永續經營的意願，他們建立了帝國行政機構、建造了教堂並致力於開發牧場和礦山。這些征服者充分利用當地的勞動力，攫取當地的自然資源，源源不斷地把糖、洋紅顏料、皮革和其他製品運送回國。最重要的是，他們把波多西（Potosi）礦區的白銀也運送回國。在長達一個多世紀的時間裡，該礦是全世界最大的銀礦。這一切導致了「大西洋的越洋貿易飛快成長，貿易總額在一五一〇年至一五五〇年間成長了八倍，從一五五〇年到一六一〇年又成長了兩倍。」

上述所有跡象顯示，這個帝國主義打算永久持續下去。與鄭和艦隊的短暫訪問不同的是，葡萄牙和西班牙探險家的行動目的在改變世界政治經濟的平衡。他們用載有大砲的戰艦和配備毛瑟槍的士兵實現了這一點。回顧起來，有時似乎很難理解：像葡萄牙這樣人口和資源都很有限的國家，爲何竟能涉足如此之遠、獲益如此之豐。但是正如前述，在歐洲軍隊（尤其是海軍）占盡優勢的特殊情況下，這絕非不可能。這一步一經邁出，帝國的豐厚利潤及其貪求無厭的本能便加速了擴張的過程。

迄今為止，史學家有關「歐洲擴張史」的描述，往往忽略了某些因素，或者僅僅是一筆帶過。例如，我們尚未對個人觀點方面進行探討。然而，這方面的內容是很豐富的：如航海家亨利等人受到的鼓勵；造船工匠、軍械工匠和文學家們的聰明才智；商人的進取精神等。最重要的是，那些參與遠航的人在汪洋大海、惡劣的氣候、荒蕪的地形和凶猛的敵人面前顯現出來堅忍不拔的勇氣。出於個人利益、國家榮譽、宗教狂熱以及冒險意識等複雜的動機，人們甘願去冒一切風險。史學家對歐洲征服者以驚人的殘酷行為強加給非洲、亞洲和美洲而造成的傷害也很少詳述。這是因為他們僅僅是歐洲國家用來統治世界的工具而已。這些歐洲的船長、船員和探險家與常人不同的是，他們來自充滿競爭、冒險和企業家精神的政治環境，並且擁有實現其野心的船舶和火力。

歐洲的擴張為其帶來了廣泛而生生不息的利益，而最重要者在於為初衷的精神動力加一把勁。他們的重點是獲取黃金、白銀、其他貴重金屬和香料。但是不管它們如何貴重，我們也不能忽視大量湧進歐洲港口的其他普通商品的價值。紐芬蘭的漁場帶來了取之不盡的食物；大西洋則供應鯨魚油、海豹油，這是照明、潤滑等用途所必需的。此外，食糖、靛藍豆、煙草、稻米、毛皮、木材和馬鈴薯、玉米等新植物，當然還有後來源源不斷的穀物、肉類和棉花，都大大地增加了歐洲的財富和福祉。但在此人們無需預想十九世紀的世界性經濟體系，以求了解葡萄牙人和西班牙人的新發現在短短數十年內對於增進西歐的繁榮與強權之偉大貢獻。像漁業這類大宗貿易在魚的捕撈和銷售方面都需要僱用大批人手，這就進一步促進了市場經濟的發展。這一切對歐洲的造船工業形成了最大的刺激，把大量的技工、供應商、銷售商和保險業者吸引到了倫敦、布里斯托、安特衛普和阿姆斯特丹等港口四周。其直接效果乃使爲數相當可觀的歐洲居民——而不僅是少數上層人物——成爲海外貿易的既得利益階級。

如果在上述商品清單上再加上俄國向歐陸貿易的發展——如運到西歐的毛皮、皮革、木材、大麻、鹽和穀物——那麼，學者就可稱這一時期爲「現代世界體系」的發端。起初是一些互不關聯的擴張，後來逐漸演化成一個不可分割的整體：幾內亞沿岸的黃金和祕魯的白銀被葡萄牙人、西班牙人和義大利人用來支付購自東方的香料和絲綢；俄國的冷杉和木材幫助它從英國購買鐵砲；穀物從波羅的海經阿姆斯特丹運到地中海。這一切產生了一種連續的互動關係——促進了歐洲的進一步擴張，帶來了新的發現和貿易機會，因而造成額外的收益，這些收益又刺激了新的擴張。當然這並不總是一帆風順的。歐洲因爲大戰和內亂有時會突然減少其海外活動。但是，殖民強權很少會放棄他們的既得利益，戰爭和內亂過去後，很快便會掀起新的擴張和探險浪潮。別忘了，如果已經建立橋頭堡的帝國主義國家不去開發其占領的陣地，別的國家就會想取而代之。

最後，使這個精神動力繼續發揮作用的最大原因是：歐洲國家之間原本已經相當尖銳的種種競爭，正逐漸擴展到大西洋彼岸地區。西班牙人和葡萄牙人根本無法保住教皇賜給他們在海外的獨占地位，特別是當人們明白了根本沒有從歐洲通向中國的東北通道或西北通道以後。早在一五六〇年以前，荷蘭、法國和英國的船隻已經冒險橫越大西洋，稍後又進入印度洋和太平洋。英國紡織業的沒落和尼德蘭地區的叛亂加速了這一過程。在皇室和貴族的支持下，在阿姆斯特丹和倫敦的巨商富賈的資助下，在宗教改革和反改革風潮造成之宗教和民族主義狂熱的驅使下，新的商業性和掠奪性遠征隊從西北歐出發，去獲取一份戰利品。這不但能獲得榮耀和財富、打擊競爭者和增加本國的資源，還能用世界上唯一眞正的信仰去教化新人類（指美洲原住民——譯注），那麼，還有什麼理由反對這種冒險呢？

這種日益增強的商業和殖民競爭也對科學和技術帶來同樣的快速發展。毫無疑問地，這一時期的許多進步都是軍備競賽和爭奪海外貿易的副產品，但是，他們的利益卻超越了它們不體面的開端。經過改進的製圖學、航海圖和新發明的望遠鏡、氣壓計、海平面高度儀和裝有平衡環的羅盤等儀器，以及更先進的造船技術，這都減少了海上旅行的風險。新的穀類和植物不僅帶來了更好的營養，而且促進了植物學和農業科學的發展。冶金技術、煉鐵工業和深層採礦技術都取得了長足的進步。天文學、醫學、物理學和工程學也獲益於正在加快的經濟步調和科學價值的提高。富於探索精神的理性主義者正在做更多的觀察和實驗。而印刷業除了印製本國語文版本的《聖經》和政治論文以外，也在傳播這些科學的研究結果。這種知識爆炸的累積效果進一步增強了歐洲的科技和軍事優勢。到了十六世紀末，甚至連強大的鄂圖曼人都感受到了這種科技進步的影響。在那些比較不積極的地區，這種影響自然更為嚴重。某些亞洲國家如果沒有受到外界干擾的話，是否會自發地進行商業和工業革命，相當值得懷疑。但是有一點很清楚：當比較進步的歐洲國家占據了世界強權階梯最高層的若干梯級以後，其他國家再想攀升上去簡直難於登天。

我們說這種困難是多方面的，似乎是公平的說法，因為要登上這個世界強權的階梯不僅需要獲得歐洲的裝備甚至技術，而且需要全盤接受西方社會的一般性特徵，而這些特徵正是西方社會與其他社會的不同之處。這表示必須有一個市場經濟體系，即使不是亞當・史密斯提出的那種市場經濟，至少也要保證商人和企業家不會經常受到刁難、干擾和掠奪。它還意味著權力中心的多元性，如可能的話，每個權力中心都應發展自己的經濟基礎，以避免出現東方式的專制政權——每一種進步的展望都能刺激競爭，雖然免不了喧囂擾攘，有時甚且是殘忍的。更進一步說，經濟和政治的寬鬆化意味著正統的文化和意識形態將難以維持。換言之，它意味著探索、爭論和實驗的自由；意味著相信一切事物都是可能改進的；意味著關心實際的而不是抽象的事物；還意味著藐視保守的禮儀、宗教信條和傳統民俗的理性主義。在大多數情況下，兩個國家或社會的優劣與其說取決於誰的積極因素更多，還不如說取決於誰阻礙經濟成長和政治多元化的障礙更多。歐洲最大的優勢就在於，它有較之其他文明更少的不利條件。

事實證明，歐洲的優勢是經濟自由競爭、政治和軍事多元化以及智性活動自由的一種結合。這些一般性特徵不斷地交互作用，產生了「歐洲的奇蹟」。因爲這種奇蹟具有歷史的獨特性，我們似可合理地假定，如果在其他地方複製其全部的構成要素，也可以產生相似的結果。由於明代中國、中東和亞洲的伊斯蘭教帝國都沒有這種關鍵要素的融合，所以，當歐洲登上世界舞臺的中心時，它們卻仍然停滯不前。

第二章　哈布斯堡家族爭霸史：一五一九—一六五九

如前所述，歐洲之所以能登上世界經濟和軍事霸主的寶座，十六世紀歐洲內部的權力鬥爭也有推波助瀾的效果。但在當時，歐洲列強之中誰能夠聚積充足的資源，壓倒群雄而成爲盟主，尙屬未定之天。在一五〇〇年之後的一個半世紀中，幾乎遍及整個歐洲大陸的王國、公國和省分，由哈布斯堡家族在西班牙和奧地利的成員統治，成爲主宰歐洲政治和宗教的勢力。本章的主題就是敘述這場曠日持久的鬥爭，以及在歐洲其他國家的聯合圍堵之下，哈布斯堡的野心終歸破滅的歷史。一六五九年，當西班牙終於在《庇里牛斯條約》簽字承認失敗之時，歐洲政治的多元化已是不容爭辯的事實。這個多元體系包括五或六個大國和一些小國。至於哪個大國在此後的強權體系屢次變動中獲益最大，我們將在下一章討論。但到了十七世紀中葉，至少有一點已經成爲定局：即沒有任何一個王朝或軍事集團能夠成爲歐洲的主人，而在此之前幾十年，卻有好幾次功敗垂成的紀錄。

在這一個半世紀裡，爲爭霸歐洲而出現合縱連橫式的戰爭，在規模與性質上均不同於一五〇〇年以前發生的戰爭，因爲在此之前一百年中擾亂歐洲和平的戰爭都是局部戰爭。義大利各邦國之間的衝突、英國和法國王室的對抗，以及條頓騎士與立陶宛人和波蘭人的戰爭均是典型的例子。十六世紀開始後，這種傳統的地區性鬥爭變成了爭霸歐洲的大規模戰爭的一部分。

戰爭的意義與年表

雖然每個捲入這場大規模鬥爭的國家都有其特殊原因，但是造成歐洲戰爭升級和範圍擴大的還有兩個概括性的原因。第一個是宗教改革。這場由一五一七年馬丁路德個人對教皇專制的反抗所引爆的改革，很快給歐陸傳統的王朝對抗添加了殘暴的新面向。由於特定的社會經濟原因，新教的宗教改革（還有其反面，即天主教對異教的反改革）也傾向於將歐洲分成南半部與北半部，把新興的城市中產階級與封建階級加以區別。儘管在這一分化整合的過程中，會有不少例外，但「基督教社會」終究是分裂了，許多人捲入爲了教義而展開的不分國界的鬥爭。直到十七世紀中葉，當胡作非爲和徒勞無益的宗教戰爭令人們望而生畏時，歐洲的分裂局面才勉強得到普遍的承認。

使一五〇〇年以後歐洲烽火連天而戰爭形態錯綜複雜的第二個原因，便是哈布斯堡王朝的建立。它的領土國從直布羅陀延伸到匈牙利，從西西里島伸展到阿姆斯特丹，其面積超過了七百年前查理曼大帝時代以後歐洲任何王國的領土。哈布斯堡的統治者從奧地利起家，他們常常設法使自己被選任爲神聖羅馬帝國的皇帝。雖然中世紀中期以後，這個尊位已不具有多少實權，但它依然是那些渴望在日耳曼和全歐事務中發揮更大影響力的王公貴族們垂涎的東西。

以務實的層面而言，哈布斯堡家族透過婚姻和繼承遺產來擴展領土的手段，可以說是舉世無雙的。奧地利的麥西米連一世（Maximiliam I），（一四九三—一五一九年，其中一五〇八年至一五一九年間出任神聖羅馬帝國的皇帝）就藉由這種手段獲得了勃艮第富饒的土地，另外在一四七七年取得荷蘭。另外，他還透過一五一五年簽訂的一紙婚約，得到了重要領土——匈牙利和波希米亞。儘管匈牙利不在神聖羅馬帝國的疆域內，而且擁有很多自由權，但哈布斯堡家族卻獲得了中歐的一大片土地。麥西米連影響最深遠的王室聯姻，是其子腓力與西班牙國王之女瓊安娜的結合。瓊安娜的父母斐迪南和伊莎貝拉自己早年的婚姻即把卡斯提爾和亞拉岡（包括那不勒斯和西西里）連爲一體。這兩次婚姻的「遺產承受人」是腓力和瓊安娜的長子查理。查理生於一五〇〇年，十五歲成爲勃艮第大公，翌年登基成了西班牙國王查理一世。一五一九年，他又繼承祖父麥西米連一世之位，成爲神聖羅馬帝國皇帝和哈布斯堡家族在奧地利世襲領地的統治者。於是，他又成了查理五世。一直到他在一五五五年至一五五六年間退位爲止，這四份遺產始終在他的名下（見地圖2-1）。一五二六年，無嗣的匈牙利國王路易在抵禦土耳其人的莫哈奇（Mohacs）戰役中陣亡，結果查理又摘下了匈牙利和波希米亞的兩頂王冠。

上述領地的極其多樣性和分散性，我們將在下面討論，但這本身便意味著哈布斯堡的統治主權永遠無法和亞洲中央集權的帝國相提並論。早在一五二〇年代，查理五世就把奧地利世襲領地和剛得到的匈牙利和波希米亞交給他的弟弟斐迪南管轄。這說明，查理五世退位之前早就已體認到西班牙和奧地利的世襲領地不可能由同一個人有效地統治。但是，其他國家對哈布斯堡家族的強力兼併行爲卻深感不安。對新近剛剛鞏固了國內政權並急欲擴張至富饒的義大利半島的法國瓦羅瓦（Valois）家族諸王來說，查理五世的地盤已經形成了對法國的包圍圈。因此，在此後的兩個世紀裡，法國在歐洲的主要目標就是突破哈布斯堡家族的影響力。同樣地，一貫反對皇帝在日耳曼擁有實權的日耳曼王公和選侯們，看到查理五世由於如此的廣納領地而實力大增，不免驚恐萬分，因爲這給了他遂行其主張和意志的資源。哈布斯堡家族權勢的膨脹，連多位教皇也頗不以爲然，儘管他們需要哈布斯堡家族與土耳其人和路德教派等敵對勢力抗衡。

由於歐洲國家體系充滿競爭的性質，這使得哈布斯堡家族不可能不受到挑戰。宗教改革引起的宗教紛爭使這種潛在的衝突成爲痛苦而持久的事實。在這一個半世紀中，哈布斯堡最英明、最有權勢的君主，如查理五世及其後代繼承人斐迪南二世（一六一九—一六三七年）、西班牙國王腓力二世（一五五六—一五九八年）和腓力四世（一六二一—一六六五年），都是天主教最堅強的捍衛者。結果，這時期使歐洲大陸受盡磨難的宗教鬥爭，根本不可能排除政治權力的因素。在當時，任誰都很清楚，如果查理五世能在一五四〇年代彌平信奉新教的日耳曼王公們，那將不僅僅是

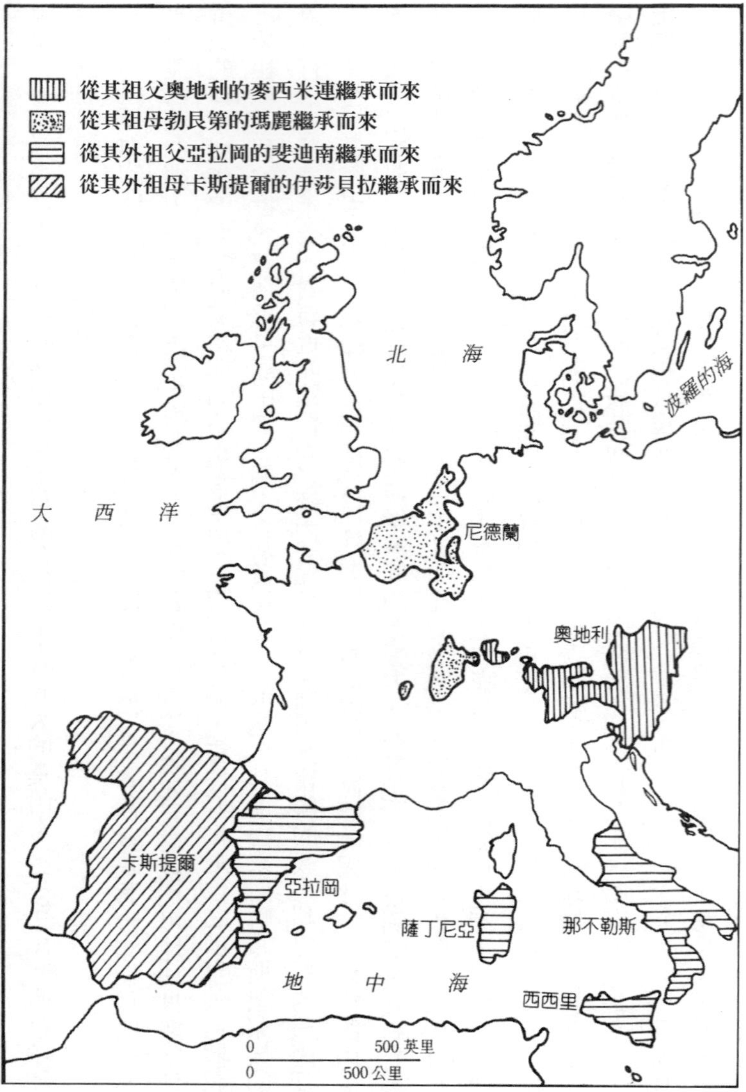

地圖2-1　1519 年查理五世所獲得的承認

天主教的勝利，而且也將是哈布斯堡的勝利。一五六六年腓力二世鎮壓尼德蘭地區的宗教動亂，和一五八八年派遣西班牙「無敵艦隊」入侵英格蘭，其中都不乏這種政治因素。總之，民族國家和王朝的對抗已與宗教狂熱融爲一體，促使人們發動戰爭去解決他們本來願意透過妥協解決的問題。

即使如此，本章章題「哈布斯堡家族爭霸史」——敘述一五一九年查理五世就任神聖羅馬帝國皇帝，至一六五九年西班牙在《庇里牛斯條約》上簽字承認失敗的整個時期——仍有值得商榷的餘地。哈布斯堡的敵人顯然堅信王朝的君主一心一意要建立絕對的統治權。伊麗莎白時代的作家培根（Francis Bacon）在一五九五年曾言辭凄厲地描述了「西班牙的野心與壓迫」：

> 法蘭西已經被搞得天翻地覆，……葡萄牙也被篡奪，……低地國家（荷比盧）遭戰火蹂躪，……亞拉岡也未能幸免，……可憐的印第安人則從自由人淪爲奴隸。

但是，儘管哈布斯堡的一些大臣在大放厥辭的時候，偶爾使用了「世界君主國」的字眼，他們卻從來不曾像拿破崙或希特勒那樣有控制歐洲的明確計畫。哈布斯堡王朝的某些王室聯姻和隨之得到的繼承權純屬偶然的天作之合，充其量是出於一時的靈感，而不是精心制定的長期擴張計畫的一部分。有些衝突與其說是哈布斯堡的統治者挑起的，還不如說是他們受到了挑釁。法國對義大利北部的頻頻侵略即爲一例。一五四〇年代以後，西班牙和神聖羅馬帝國駐紮於地中海的部隊在東山再起伊斯蘭教國家的進攻之下，也經常處於守勢。

但不管怎麼說，哈布斯堡的統治者只要能夠達到他們有限的地區性目標（包括防禦性目標），歐洲霸權實際上將是他們的囊中之物。鄂圖曼帝國終將被擊退，並且沿著北非海岸退出東地中海水域；日耳曼境內的異端邪說終將被鎮壓下去；尼德蘭地區的叛亂將被敉平；法蘭西和英格蘭的友好政權也將得以維持。只有斯堪的納維亞、波蘭、莫斯科公國和鄂圖曼帝國的殘餘領土，敢於抗拒哈布斯堡政權及其將取得的反宗教改革的勝利。儘管當時歐洲的統一程度仍無法和明代中國相比擬，但是，哈布斯堡在馬德里和維也納的兩個中心所支持的政治和宗教主張卻將嚴重腐蝕歐洲的（政治）多元性，而這種多元性是歐洲大陸長期以來的首要特徵。

這一個半世紀的戰爭年表可做如下摘要分析。對現代讀者來說，最引人注目的不是各個戰役的名稱和結果（如帕維亞之役和琉森之役），而是這些衝突的長期性。與土耳其的戰爭持續了幾十年；西班牙鎮壓尼德蘭叛亂的軍事行動從一五六〇年代一直延續到一六四八年，其間只有短暫停火，史稱「八十年戰爭」；奧地利和西班牙的哈布斯堡家族與其他歐洲敵對國家聯盟的戰爭，則從一六一八年延續到一六四八年簽定《西發里亞和約》爲止，史稱「三十年戰爭」。在這種戰爭中，每個國家的持續戰力遂成爲勝負的關鍵。這時，歐洲發生了一場「軍事革命」，改變了戰爭的性質，使戰費遽增，雄厚的財力與物力因此成爲更加舉足輕重的因素，到今天依然如此。這個變化的原因及其主要特徵，將在下面討論。但是在我們對事件進行概述之前，必須指出，當時（如一五二〇年代）的軍事衝突，在投入的人力和財力方面，與一六三〇年代的戰爭相比，可以說是小巫見大巫。

第一次連串的重大戰爭集中在義大利。早在一四九四年，義大利富庶而脆弱的城邦已遭法國帝王的入侵。接著，各種競爭勢力（包括西班牙、奧地利的哈布斯堡家族，甚至英格蘭）因而結成聯盟，逼迫法國人撤出這些城邦。一五一九年，當西班牙和法國還在對米蘭的歸屬爭吵不休時，查理五世登上了神聖羅馬帝國的寶座並繼承了哈布斯堡家族在西班牙和奧地利的領地。這一切促使他的主要競爭對手——即野心勃勃的法國國王法蘭西斯一世（一五一七—一五四七年）——不但在義大利而且在勃艮第邊境、西班牙和荷蘭南部挑起一連串對抗行動。法蘭西斯一世攻進義大利後，在帕維亞一役（一五二五年）中兵敗被俘，但四年後，這位法國君主又率軍征伐義大利，結果再次被哈布斯堡軍隊擊敗。儘管法蘭西斯在一五二九年的《康布雷條約》（Treaty of Cambrai）上再度宣布放棄對義大利的領土要求，但是在一五三〇年代和一五四〇年代，他還在繼續爲這些領地與查理五世交戰。

由於法國和哈布斯堡的實力懸殊，查理五世要封鎖法國的擴張並非難事，但是，因爲他在繼承神聖羅馬皇帝寶座的同時，也繼承了眾多的仇敵，所以這項使命顯得困難重重。最可怕的仇敵是土耳其人，他們不僅在一五二〇年代擴張到匈牙利平原（並在一五二九年包圍維也納），還對義大利構成了海上威脅。此外，他們還與北非海盜聯手構成了對西班牙本土沿海的威脅。更爲嚴重的是，在這幾十年中，鄂圖曼皇帝與法蘭西斯一世組成了一種心照不宣的反哈布斯堡聯盟：一五四二年，法國和鄂圖曼的艦隊聯手攻擊尼斯。

日耳曼是查理五世的另一困局所在。日耳曼已被宗教改革搞得支離破碎，路德對舊秩序的挑戰正獲得新教公國聯盟的支持。在內外交困的情況下，這就難怪查理五世直到一五四〇年代中期才集中力量對付路德派在日耳曼的挑戰。他的行動一開始非常順利，特別是在米爾貝格（Muhlberg）戰役（一五四七年）中擊敗了最大的新教公國的軍隊。但是，每當哈布斯堡和神聖羅馬帝國的權威略有擴大，查理五世的競爭對手就會立刻感到驚恐不安，於是，日耳曼北部的公侯們、土耳其人、法國的亨利二世（一五四七—一五五九年），甚至羅馬教皇，都不遺餘力地想削弱他的地位。到了一五五二年，法軍已公然開進日耳曼，支持新教公國抗拒皇帝的中央集權傾向。這一點在暫時結束日耳曼宗教戰爭的《奧格斯堡和約》（Peace of Augsburg）（一五五五年）和結束法國與西班牙衝突的《卡托—坎布雷布條約》（Treaty of Cateau-Cambresis）（一五五九年）中均獲得承認。查理五世本人的退位也可以說是一種無可奈何的承認。一五五五年他把神聖羅馬帝國皇帝的寶座讓給弟弟斐迪南一世（一五五五－一五六四年）；一五五六年他又將西班牙王位傳給兒子腓力二世（一五五六－一五九八年）。如果說此後哈布斯堡在奧地利和西班牙的兩個支脈依然關係密切的話，那麼，正如歷史學家馬瑪泰（V. S. Mamatey）所言：「從此，哈布斯堡就像帝國盾形紋徽上的黑色雙頭鷹，一個頭在維也納，另一個頭在馬德里；一個眈視著東方，另一個則注視著西方。」

正當東部分支的斐迪南一世及其接任者麥西米連二世（一五六四－一五七六年）在領地上過著比較和平的生活之時，西班牙腓力二世統治下的西部分支卻顯得沒有如此幸運。當時，北非海盜不斷攻擊葡萄牙和卡斯提爾海岸；土耳其人也捲土重來，意欲奪取地中海。結果，西班牙不得不與強大的鄂圖曼帝國重開戰火。從一五六〇年遠征傑爾巴（Djerba），經一五六五年和一五七一年的馬爾他戰役和勒班陀戰役，以及突尼斯的拉鋸戰，直至一五八一年才終於停戰。幾乎就在同時，腓力偏執的宗教政策和賦稅的提高終於激起尼德蘭地區哈布斯堡屬民的不滿，而釀成公開的叛變。一五六〇年代中期，西班牙在尼德蘭地區的統治能力式微，導致阿爾巴公爵率軍北上，強行軍事獨裁。這不但遭到了四面環海而且易守難攻的荷蘭省分和西蘭島（Zeeland）的全力抵抗，而且還引起了英格蘭、法蘭西和北日耳曼對西班牙之意圖的不安。一五八〇年腓力二世併呑鄰國葡萄牙及其殖民地和艦隊，英國人更是惶惶不可終日。但是，和哈布斯堡的其他擴張企圖一樣，這次擴張也迫使他們眾多的競爭對手必須挺身出面干預，以防止權力的天秤失去平衡。到了一五八〇年代，原先是荷蘭新教徒反抗西班牙統治的地方性叛亂，已經發展爲一場新的國際性鬥爭。在尼德蘭地區，包圍與反包圍的戰鬥持續不斷，雙方均無重大戰果。海峽彼岸的英格蘭，伊麗莎白一世排除了國內（受到西班牙和教皇支持的）對她的權力的威脅後，向荷蘭的反叛者伸出了軍事援助之手。在法國，君主制的衰落導致了一場激烈的宗教內戰，由西班牙支持的天主教聯盟與伊麗莎白和荷蘭人支持的法國新教徒（胡格諾教派）爲爭奪權力展開了殊死的搏鬥。在海上，荷蘭和英國的私掠船則切斷了西班牙至荷蘭的補給線，並將戰火延燒到西非和加勒比海。

在這場戰爭的某些階段，尤其是一五八〇年代晚期和一五九〇年代初期，強大的西班牙人似乎已經勝利在望了；例如，在一五九〇年九月，西班牙除了在朗格多克（Languedoc）和布列塔尼大舉進攻之外，另有一支軍隊在帕馬（Parma）公爵這位傑出指揮官的率領之下，正從北方進軍巴黎。但是，反西班牙的軍隊即使在那種壓力下，還是守住了他們的戰線。富有魅力的法蘭西王冠競爭者，即胡格諾教徒納瓦爾的亨利（Henry of Navarre），爲了加強他提出的王位要求，竟然搖身一變從新教徒皈依天主教。接著，他又領導法國人抵抗入侵的西班牙人和喪盡民心的天主教聯盟。根據一五九八年（即腓力二世去世那年）達成的《維爾萬和約》（Peace of Vervins），馬德里同意中止對法國的一切干涉行爲。這時候，伊麗莎白的英國也高枕無憂了。一五八八年，西班牙無敵艦隊慘遭滅頂；以後又兩次企圖入侵英格蘭，但都鎩羽而歸。同樣地，西班牙利用愛爾蘭天主教徒叛亂的如意算盤也落空了，因爲伊麗莎白的軍隊很快地收復愛爾蘭。一六〇四年，腓力二世和伊麗莎白一世先後去世，西班牙和英格蘭終於達成妥協言和。五年後，即一六〇九年，馬德里才和荷蘭的叛軍停戰並談判和平協議。但在此之前，西班牙無論從海上還是從陸上都早已無力鎭壓荷蘭人了，尤其在陸路方面，納蘇城（Nassau）有精銳的荷軍在摩里斯指揮之下堅守城池。法蘭西、英格蘭和尼德蘭聯邦這三個國家的繼續存在——而每一國都有與哈布斯堡爭雄的本錢——再一次證明，一六〇〇年的歐洲將是由眾多國家組成，而不是定於一尊的。

這一時期令整個歐洲震動的第三次大戰於一六一八年爆發，並且使得日耳曼元氣大傷。日耳曼在十六世紀晚期幸免於一場全面戰爭的蹂躪，純粹是由於魯道夫二世（Rudolf II）（一五七六—一六一二年任神聖羅馬帝國皇帝）大權旁落和他的昏庸無度，以及土耳其對多瑙河流域的再次侵犯（一五九三—一六〇六年）。然而，在日耳曼統一的表象背後，敵對的天主教和新教勢力都在處心積慮地充實本身的實力進而削弱對方。十七世紀剛開始，福音派聯盟（Evangelical Union，創於一六〇八年）和天主教聯盟（一六〇九年）之間的對抗日益惡化。由於西班牙的哈布斯堡家族堅決支持他們在奧地利的堂兄弟，而福音派聯盟的領袖腓特烈四世選侯與英格蘭和荷蘭君主有血緣關係，所以歐洲絕大多數國家都加入了兩個對立的陣營，準備爲他們的政治、宗教對抗的最後解決而決一死戰。

一六一八年，波希米亞的新教族群發動了叛亂活動，以反對他們新的天主教統治者斐迪南二世（一六一九－一六三七年在位），從而引發了另一回合殘酷的宗教戰爭：即一六一八年至一六四八年的「三十年戰爭」。起初，皇帝的軍隊在由史匹諾拉（Spinola）將軍統率的西班牙哈布斯堡聯軍的有效支援下，進展相當順利。但是後來，各派宗教和世俗力量的結合爲了恢復原來的均勢，又捲入了這場衝突。一六二一年，荷蘭人撕毀了一六〇九年與西班牙達成的停戰協定，開進了萊茵地區與史匹諾拉的軍隊作戰。一六二六年，丹麥君主克里斯欽四世（Christian IV）揮軍南下入侵日耳曼。在幕後，頗具影響力的法國政治家兼樞機主教李希留（Richelieu）也在千方百計地爲哈布斯堡製造麻煩。但是，這些軍事和外交上的反制行動均未十分奏效。到了一六二〇年代末期，斐迪南皇帝有權有勢的助手華倫斯坦（Wallenstein），差不多已經把一個中央集權的政府硬是套到日耳曼身上，其勢力範圍甚至向北延伸到波羅的海沿岸。

神聖羅馬帝國勢力的迅速膨脹，反而惹怒它眾多的敵人更竭盡全力地與帝國抗衡。一六三〇年代初期，其中最有魄力的人物首推瑞典國王古斯塔夫二世（一六一一－一六三二年）。一六三〇年，他訓練有素的軍隊開進了日耳曼北部。翌年，他又揮師南下，侵入萊茵地區巴伐利亞。雖然古斯塔夫本人在一六三二年的琉森戰役中陣亡，但是瑞典在日耳曼的重要角色和戰爭的總體規模並未因此有所減損。一六三四年，西班牙國王腓力四世（一六二一－一六六五年）和他的首相奧利瓦列斯（Olivares）公爵決定全力支援他們在奧地利的堂兄弟；但是，他們派赴萊茵地區，由樞機主教茵凡特（Infante）率領精銳的西班牙軍隊，反而迫使李希留決定法國要直接介入。一六三五年，茵凡特便命令軍隊分兵多路越過邊界進入日耳曼。在此之前好幾年，法國一直是反哈布斯堡聯盟心照不宣的領袖，始終在暗中資助所有反哈布斯堡的勢力。現在衝突既然已經公開化，各個敵對聯盟便開始竭盡所能地動員軍隊、武器和錢財，所使用的語言文字當然也愈來愈強硬。奧利瓦列斯在一六三五年擬訂翌年分兵三路入侵法國的計畫時寫道：「我們要破釜沉舟，使卡斯提爾雄踞世界之首。」

但是，要征服法國這個龐大的國家絕非哈布斯堡的軍力所能及。哈布斯堡的軍隊剛剛迫近巴黎，便不得不將戰線拉長到整個歐洲。瑞典和日耳曼的軍隊在北方壓制著帝國的軍隊；荷蘭人和法國人則「鉗住」了西屬尼德蘭。更糟的是，一六四〇年的葡萄牙叛亂使得一部分西班牙軍隊和物資陸續從北歐回到本土附近，儘管他們仍不足以重新統一這個半島。同一時期，受到法國人熱烈支持的加泰隆尼亞人（Catalans）的叛亂，有可能造成西班牙心臟地帶的分裂。在海外，荷蘭遠征艦隊襲擊了巴西、安哥拉和錫蘭，使衝突急遽升級，某些歷史學家稱之爲第一次世界大戰。如果說荷蘭在上述的一些行動中獲得了利益，其他交戰國則因連年征戰而耗盡了元氣。一六四〇年代，各國軍隊的規模較之一六三〇年代都明顯縮小，各國政府的財政狀況瀕臨絕地，人民已失去耐心，抗議之聲日趨暴戾。然而，由於交戰各方關係錯綜複雜，互相牽連，使得任何一方都難以退出這場戰爭。許多日耳曼新教邦國假如確信瑞典軍隊願意停火撤軍的話，他們應該也會這樣做。奧利瓦列斯和其他西班牙政治家願意與法國談判停火，但法國不願棄荷蘭人於不顧。祕密和談與軍事行動同時展開，交戰各方都期待著再打一場勝仗，以加強自己在和談中的籌碼。

因此，三十年戰爭結束得不太乾脆俐落。一六四八年初，西班牙突然與荷蘭議和，終於承認了荷蘭地位的完全獨立；但這只不過是爲了使法國失去一個盟友，而法國與哈布斯堡的鬥爭並未停止。同年稍晚，當《西發里亞和約》（一六四八年）終於帶給日耳曼寧靜時，奧地利的哈布斯堡家族也得以脫身，只剩下法西兩國還在纏鬥。《西發里亞和約》使各個國家和統治者均有所得有所失，但它主要是承認神聖羅馬帝國內部宗教與政治的均勢，從而確認帝國權威的局限性，這就使得西班牙和法國仍在進行的戰爭便是純粹民族間的戰爭，與宗教毫無關係。李希留的繼任者——法國首相馬薩林（Mazarin）——的行動就證明了這一點。一六五五年，馬薩林與克倫威爾治下信奉新教的英格蘭結盟，痛擊西班牙並終於迫使西班牙同意和談。一六五九年的《庇里牛斯條約》的條件並不苛刻，但西班牙被迫與其宿敵議和這件事本身便說明，哈布斯堡家族稱雄歐洲的時代已經一去不復返了。現在，腓力四世的政府只剩下了保全伊比利半島統一這個「戰爭目標」。但是到了一六六八年，當葡萄牙的獨立獲得正式承認時，連這個目標也不得不放棄了。至此，歐洲大陸的政治分裂局面又回到了一五一九年查理五世繼位時的狀況。不過，在十七世紀結束之前，西班牙還將繼續爲當初過分的擴張而付出代價，承受更多的叛亂和喪失更多的領土（見地圖2-2）。

哈布斯堡集團的優勢與劣勢

哈布斯堡家族爲什麼會失敗？這個問題太大了，其間的過程也太漫長了，因此很難用個人因素來解釋，譬如神聖羅馬皇帝魯道夫二世的昏昧，或西班牙腓力三世的無能。我們也難將它歸因於哈布斯堡王朝及其高層官員特別庸碌，同時代法國和英國的許多君主和某些日耳曼王侯也是同樣的不堪。如果回想一下哈布斯堡家族所累積和掌握的大量物質財富，就更令人困惑不解了：

地圖2-2　西班牙強權勢力在歐洲的衰落

查理五世繼承了四個主要王朝——卡斯提爾、亞拉岡、勃艮第和奧地利——的王冠；他的家族後來又得到波希米亞、匈牙利和葡萄牙的王冠；甚至在一個短時期中，他們也占有了英格蘭的王冠。而在此同時，西班牙在新世界的征服和掠奪也給哈布斯堡家族帶來了其他歐洲國家無法與之匹敵的財富資源。

由於現有的統計數字有缺漏和誤差，所以當時的人口數字不太可靠；但是我們有充分理由認爲當時歐洲人口的四分之一居住在哈布斯堡統治的領土上。然而，這些粗略的數字和哈布斯堡地區的財富相比，就顯得不太重要了。哈布斯堡所繼承的領地似乎特別富饒、特別得天獨厚。

哈布斯堡有五大財政來源，此外還有若干小筆收入，其中最重要的是在西班牙卡斯提爾的領地，因爲該地由王室直接統治並定期從議會和教會抽取營業稅、宗教財產「十字軍稅」等各項稅款。此外，義大利城邦和低地國家這兩個歐洲最富有的貿易區，也能夠從他們的商業財富和流動資本中提供可觀的資金。第四大財源便是來自美洲殖民帝國的收入；隨著時勢的變遷，此項收入的重要性與日俱增。在美洲所開採的黃金和白銀均須抽取五分之一上繳王室，人稱「五分之一王室稅」（royal fifth），此項稅收再加上營業稅、關稅，以及要求教會分攤的課稅，使得「新世界」爲西班牙國王帶來了巨額紅利。在緊急情況下，君主還可以向銀行業者大舉借貸，等運送白銀的船隊到達後即可清償債務。哈布斯堡家族領土上眾多的金融鉅子和商業大家族，如日耳曼南部、某些義大利城邦和安特衛普的那些富翁，應可算是額外的利益，而且可以算做第五大財源。這項財源絕對比日耳曼的賦稅收入更容易到手，因爲日耳曼國會中的那些王公貴族和自由城市的代表，只有當土耳其人兵臨城下時，才會議決撥款給皇帝。

封建時代過去以後，騎士（至少在大多數國家）已經不可能再從事個人的軍事勤務，沿海的城鎮也不會提供任何船隻，而對一個交戰國而言，擁有一筆隨時可動支的現款和良好的債信是至關重要的。在市場經濟體系中，只有直接付款（或付款的約定）才能得到必需的船隻、海軍裝備和食品來補給一支隨時備戰的艦隊。同樣地，只有不斷地給自己的軍隊充足的糧食和薪餉才能防止譁變，並使其奮力殺敵。此外，雖說這一時期是所謂的西歐「民族國家」產生的時期，但所有的政府都大力倚重外籍傭兵來擴大他們的軍隊。在這一點上，哈布斯堡家族又占盡了地利人和，他們不但在西班牙和日耳曼、而且在義大利和低地國家都能很容易地徵募到兵員。例如，著名的法蘭德斯軍就是由六個主要民族組成的，他們對天主教的信仰相當忠誠，但仍須按時付薪。至於海軍，哈布斯堡家族的財產足以羅致一大群各式戰艦，例如在腓力二世的晚年，地中海式軍艦、熱那亞和那不勒斯的大型帆船，以及龐大的葡萄牙艦隊，都可以補強卡斯提爾和亞拉岡的艦隊。

但是，在這一百四十年中，哈布斯堡家族所擁有的最大軍事優勢也許是西班牙訓練的步兵。卡斯提爾的社會結構和時代思潮使之成爲一個理想的募兵重地。正如林奇（J. Lynch）所言，在卡斯提爾「當兵是一種既合乎時尚又有利可圖的行業，這不僅對紳士階層爲然，而且對全體平民亦是如此。」十六世紀初，有「偉大的上尉」之稱的科多巴（Gonzalo de Cordoba）對步兵的編組也加以改革，從此，西班牙「三重軍」（tercio）便在歐洲戰場上所向無敵，直到「三十年戰爭」的中期才告衰落。這種每團由三千名矛兵、劍兵和火繩槍兵組成，熟練而互相支援配合的西班牙軍隊橫掃了無數的敵人，令法國騎兵和瑞士方陣步兵丟盡顏面，戰鬥力銳減。即使在後來的諾德林戰役（Battle of Nordlingen，一六三四年）中，茵凡特樞機主教的步兵仍可擋住瑞典軍隊十五波強大的攻勢，然後，像威靈頓的大軍在滑鐵盧戰場上一樣，不屈不撓地向前推進，並壓倒了敵人。在羅克魯瓦（Rocroi）（一六四三年），西班牙人雖被法軍重重包圍，但仍血戰至最後一兵一卒。這的確是哈布斯堡大廈最堅固的支柱之一，而西班牙帝國直到十七世紀中葉才出現明顯的裂痕，那時它的軍隊已主要由日耳曼、義大利和愛爾蘭的傭兵組成，出自卡斯提爾的戰士已是鳳毛麟角。

儘管西班牙與奧地利的聯合王朝擁有上述優勢，但是它卻從未能稱霸歐洲。這是因爲雖然它的財政和軍事資源在當時不可謂不雄厚，但是卻從未達到足以使它稱霸歐洲的程度。這個嚴重的缺陷起因於三個交互影響的因素。從廣義上講，這些因素爲軍事衝突的研究課題提供了重要啓示。

第一個因素前面已經簡略述及，就是近代早期歐洲的「軍事革命」，亦即一五二〇年代之後一百五十年間戰爭的規模、費用和組織編制的急遽增加。這種變化本身是戰術、政治和人口等因素交織在一起造成的結果。騎兵主控戰場的局面被打破了——首先向他們發起挑戰的是瑞士矛兵，然後是由操長矛、劍、弩和火繩槍的士兵組成的混合戰鬥隊形——這意味著現在步兵已經成了軍隊中最大也是最重要的角色。「義大利式戰略」（trace italien）的發展進一步加強了這個結論。這個戰略就是第一章中提到過的構造精良的城市防禦工事系統。無論是固守還是圍攻這個防禦系統都需要勞師動眾。誠然，在一場重大戰役中，一位有組織長才的指揮官能夠圓滿地調遣相當數量的騎兵和砲兵，但這兩個兵種畢竟不像步兵那麼機動靈活。因此，與其說各個國家裁廢他們的騎兵部隊，還不如說是步兵在軍隊中的比例顯著增加了。由於步兵的裝備和補給都比較經濟，而且歐洲的人口也在持續增長，因此各國能夠大量招募步兵。當然，所有這些給政府的組織工作帶來了極大的壓力，但這種壓力還不至於壓倒西方「新君主政體」下的官僚體系，就像軍隊人數的大量增加並不一定會使將領喪失領導統御能力一樣，只要他的部隊訓練有素並且有一個出色的指揮機構，他同樣能運籌帷幄、決勝千里。

西班牙帝國的軍隊也許是「軍事革命」的活範例。正如一位歷史學家所言，在一五二九年以前，法國和西班牙在爭奪義大利的鬥爭中，「任何一方未曾投入過三萬以上的兵力」，但是：

在一五三六至一五三七年間，查理五世爲了保衛剛剛征服的米蘭並入侵法蘭西的普羅旺斯，僅僅在倫巴底一地就動員了六萬兵員。一五五二年，由於神聖羅馬帝國在所有的戰線（包括義大利、日耳曼、荷蘭、西班牙、大西洋和地中海）上都同時遭到攻擊，查理五世在日耳曼和荷蘭共徵兵十萬九千人，在倫巴底徵兵兩萬四千人，同時還在西西里、那不勒斯和西班牙大肆徵兵。當時由皇帝指揮和供養的軍隊總計不下十五萬人。此後，軍隊人數只升不降。一五七四年，僅法蘭德斯一地的西班牙軍隊就達八萬六千人。半個世紀以後，腓力四世已經可以自豪地宣稱，一六二五年他麾下的軍隊已足足有三十萬之眾。在所有這些軍隊中，人數成長最快的是步兵，尤其是長矛兵。

在陸上發生的事情，在海上也能找到大致相同的例證。海上貿易（尤其是越洋貿易）的擴展，敵對國艦隊在英吉利海峽、印度洋或西班牙本土沿海的競爭，北非海盜船和鄂圖曼的大型划船艦隊所帶來的威脅，都無不與新的造船技術相互激盪，使船艦愈造愈大，武器裝備愈來愈精良。在那個時代，軍艦和商船尚無明確的區別；較大的商船幾乎都配備了槍砲，以擊退海盜。但各國君主爲了擁有若干的正規戰艦以做爲海上核心部隊，然後在戰時搭配武裝商船、三桅帆裝軍艦和二桅小帆船，因此，建立皇家海軍在當時已經蔚爲風氣。英格蘭的亨利八世對這個計畫給予大力支持，而查理五世卻寧可徵用西班牙和義大利領地的帆船和划船，卻不建立自己的海軍。腓力二世則因爲在地中海和大西洋受到沉重壓力而不可能再這麼做。他不得不撥款在巴塞隆納、那不勒斯和西西里創設一個龐大的造船計畫。到了一五七四年，他已經擁有一百四十六艘大帆船，差不多是十幾年前的三倍。在隨後的十年中，大西洋爆發的戰爭迫使他加倍努力擴充遠洋戰艦，以保護來往於西印度群島的航線和（在一五八〇年葡萄牙被吞併以後）來往於東方的航路，以及保護西班牙海岸免遭英國的侵犯，最後，載送遠征軍入侵英倫諸島。一六〇四年《英西和約》簽訂之後，西班牙仍需一支強大的艦隊，以抵禦荷蘭人在遠洋的攻擊，並維持與法蘭德斯的交通。數十年之間，這類軍艦武器裝備愈來愈笨重，費用也愈見昂貴。

扶搖直上的戰爭費用將哈布斯堡體制的眞正弱點暴露無遺。在一五〇〇年至一六三〇年之間，通貨膨脹使得食品和工業產品的價格分別上漲了五倍和三倍，狠狠打擊了政府的財政；陸海軍規模一而再、再而三地擴充則更是雪上加霜。結果，哈布斯堡家族爲了維護自己的償付能力而掙扎不已。一五四〇年代，在打完了對阿爾及爾、法國和日耳曼新教徒的各大戰役之後，查理五世發現他的日常收入和意外橫財均已入不敷出，而且他的總歲入早已抵押給了銀行家。因此，要維持與新教諸侯的戰爭，除了強行沒收西印度群島的金銀財寶和搜括西班牙的每一分錢之外，已別無他途。一五五二年，他僅在麥次（Metz）一役中就支出兩百五十萬達卡（ducat），約爲當年他在美洲正常收入的十倍之多。於是，他被迫不斷地舉債，但條件也愈來愈苛刻：由於王室的信用暴跌，銀行貸款利率自然急遽攀升，到後來日常賦稅收入的大部分只夠用來支付貸款的利息。查理退位時，他留給腓力二世的是一筆高達二千萬達卡的國債。

除此之外，腓力還繼承了與法國的戰爭。這場耗費不貲的戰爭最後迫使西班牙王室在一五五七年宣布破產。這使許多像富傑斯（Fuggers）銀行這樣的大銀行也隨之倒閉。差堪告慰的是，法國也於同年宣告破產。這便是在一五五九年將雙方帶到卡托—坎布雷奇（Cateau-Cambresis）的談判桌上的主要原因。緊接著，腓力馬上便要迎戰強大的土耳其敵軍。爲期二十年的地中海戰爭，對格拉那達的摩里斯科人（Moriscos of Granada）發動的戰役，然後在荷蘭、法國北部和英吉利海峽的軍事行動，都逼迫王室拚命搜尋財源。查理五世在位期間賦稅增加了兩倍，而腓力二世僅在一五五六年至一五七三年年間就增稅百分之百，到他統治末期又增加了一倍多。

但是，他的開銷增加得更快。據估計，在勒班陀戰役（一五七一年）中，基督教艦隊和士兵每年要花費四百多萬達卡，儘管其中一大部分是由威尼斯和教皇負擔的。到了一五七〇年代，法蘭德斯軍隊的薪餉已經十分可觀，而且常常跳票，結果激起了軍隊的反叛。一五七五年腓力中止向熱那亞銀行業者支付利息以後，此類事件更為頻繁。雖然來自美洲礦山的收入增加甚多，（到了一五八〇年代，已達到每年約二百萬達卡，大約是四十年前的十倍）這暫時紓解了王室的財政和信用危機；但是，一五八八年無敵艦隊的花費竟高達一千萬達卡，而它的覆滅不僅是海軍的災難，也是王室財政的災難。一五九六年，當腓力以空前高的利率發行公債之後，又一次宣告跳票。兩年後他去世的時候，他的債務總額高達一億達卡，僅利息的支出就相當於全部歲入的三分之二。雖然西班牙不久便相繼與法英兩國媾和，與荷蘭的戰爭卻一直延續到一六〇九年才達成停火，這種停火本身也是西班牙軍隊的叛變和一六〇七年財政的又一次破產而促成的。

在這以後幾年的和平時期，西班牙政府並未眞正縮減經費支出。巨額的利息支出姑且不論，地中海的緊張局勢仍未消除（因此需要大肆修築沿海的防禦工事），遼闊的西班牙帝國仍不斷受到私掠船的劫掠（因此在菲律賓、加勒比海和遠洋艦隊上皆需可觀的國防經費）。一六一〇年後，歐洲的武裝停火局面並未使傲慢的西班牙領袖們考慮削減軍費。一六一八年爆發的「三十年戰爭」只不過是將一場冷戰轉變為熱戰，並將更多的西班牙軍隊和金錢投入法蘭德斯和日耳曼而已。値得指出的是，這一時期，哈布斯堡初期在歐洲的勝利和在美洲成功的固守，大部分得力於從新世界大量運來的金錠和銀錠。同樣地，一六二六年以後西班牙國庫收入減少，翌年宣告破產，一六二八年它的運銀艦隊遭荷蘭人完全攫奪（西班牙因此損失一千萬達卡之鉅）。這一切迫使西班牙的戰爭機器停擺了好一段時間。日耳曼雖說是西班牙皇帝的盟友（華倫斯坦當權的短暫時期除外），但其歲入卻絕對不足以抵銷西班牙的虧空。

因此，在以後的三十年中，西班牙只能以下面這種方式來應付戰爭：東挪西借、開徵新稅、並充分利用來自美洲的每一筆橫財，來支持重要的軍事行動（如茵凡特樞機主教在一六三四年至一六三五年間對日耳曼的干預）。但這類短期收入終究只不過是杯水車薪，很快便會被浩繁的戰費消耗殆盡，不出幾年，財政狀況就每況愈下。到了一六四〇年代，受到加泰隆尼亞人和葡萄牙人叛亂之影響，以及來自美洲的金錢財寶急遽減少的情況下，一次長期而緩慢的衰落已經不可避免。一個國家如果一直由支出超過收入二、三倍的政府來治理（即使它擁有能征善戰的人馬），又如何會有什麼好結局呢？

綜上所述，西班牙和奧地利失敗的第二個主要原因是，哈布斯堡野心太大、樹敵過多、戰線太長。雖說西班牙軍隊十分勇猛善戰，但他們分別駐紮在本土、北非、西西里、義大利、美洲和荷蘭等地，難免顧此失彼、力不從心。正如三個世紀以後的大英帝國一樣，哈布斯堡王朝是由許多分散的領土組成的，是政治與王朝的代表作，而要使其在政治上凝聚在一起並正常運轉，需要極大的物質資源和超凡的智慧。因此，它本身便是歷史上過度擴張的最佳例證之一。占領廣大領土的代價就是樹立眾多的仇敵，同時代的鄂圖曼帝國也拖著同樣的包袱。

與此相關的重要問題是哈布斯堡的戰爭年表。誠然，由於歐洲衝突頻仍，各國都被沉重的財政負擔所拖累；但是，所有其他國家——包括法國、英國、瑞典，甚至鄂圖曼帝國——都有過一段和平與休養生息的時期。唯有哈布斯堡，尤其是西班牙，注定要與眾多的敵人輪流交戰；剛與法國人媾和，就和土耳其人開戰；地中海煙硝甫定，大西洋和西北歐戰火又起。在某些時期，西班牙帝國同時在三條戰線上作戰。它的敵人雖然沒有結成軍事同盟，卻在外交和貿易上互相支持，同舟共濟。用現代的話說，西班牙就像一隻掉進陷阱的大熊，本來對付任何一條狗都綽綽有餘，但它終究擋不住所有敵人的聯手進攻，結果必然是筋疲力盡，奄奄待斃。

那麼，哈布斯堡如何才能擺脫這種惡性循環呢？史學家們指出，查理五世和他的後任應當制定一整套明確的防禦計畫，並且明定優先順序。這意味著有些地區是可以放棄的，但是，他們指的是哪些地區呢？

回顧歷史，也許有人會認爲，奧地利的哈布斯堡家族，尤其是斐迪南二世，要是明智一點的話，就不該在日耳曼北部隨著反宗教改革勢力的音樂起舞，因爲此乃因小失大。然而，即使如此，皇帝仍然必須在日耳曼保留一支強大的軍隊，以防止諸侯的割據、法國人的陰謀和瑞典人的野心；而且，只要土耳其人仍在匈牙利橫行霸道，虎視著僅二百四十公里之外的維也納，哈布斯堡在奧地利的兵力就無法裁減。西班牙政府不能坐視他們的堂兄弟落入法國人、路德派或土耳其人手中，因爲這將危及西班牙在歐洲的地位。然而，奧地利似乎並未反過來考量西班牙的安危。一五五六年查理五世退位以後，奧地利雖然知道馬德里在西歐和海外作戰，卻一直袖手旁觀。而西班牙由於意識到這對其本身的利害攸關，遂始終忠於自己的承諾。這種不一致的感覺和態度所造成的長期影響頗耐人尋味。一方面，十七世紀中葉哈布斯堡的西班牙在歐洲之失敗與它本身的內部問題和相對的經濟衰退有很明顯的關係；由於勞民傷財的過度擴張，它已是金玉其外、敗絮其中了。反觀奧地利的哈布斯堡家族，其雖然未能擊敗日耳曼的新教徒，卻在其王朝的土地上（包括奧地利和波希米亞等等）鞏固了權力。以這塊廣闊的領土爲基礎，加上後來建立的職業常備軍，使哈布斯堡帝國在十七世紀後期得以東山再起，重新成爲歐洲強權大國。而在此同時西班牙的國力已是江河日下，一落千丈了。然而，到了那個時候，奧地利的復興對馬德里的政治家來說，幾乎已經不具有什麼意義，他們覺得必須到別處去尋找盟友了。

顯而易見，「新世界」的領土對西班牙是極爲重要的。一個多世紀以來，它們不斷地補充西班牙的財富，因而也加強了軍事力量。沒有這種補充，哈布斯堡家族就不能維持如此大規模的軍事行動。即使在英國人和荷蘭人攻打西班牙—葡萄牙殖民帝國，而海外艦隊與防禦工事的費用不斷膨脹的時候，西班牙王室從這些領土上獲取的直接和間接收益依然十分可觀。要他們放棄這些資產是不可思議的。

現在還可以考慮的只剩下哈布斯堡在義大利和法蘭德斯的領地了。相對而言，從義大利撤退似乎較不可取。十六世紀上半葉，如果哈布斯堡家族離開義大利，法國人就會塡補那裡的強權眞空，並利用義大利的財富實現自己的目標。這無疑要損害哈布斯堡的利益。在十六世紀的下半葉，義大利實際上是西班牙阻止鄂圖曼帝國向西擴張的外圍安全屏障。喪失這道屏障，就等於聽任土耳其人攻擊西西里、那不勒斯和羅馬，不但是對西班牙的威信和基督教的雙重打擊，在戰略上也是個嚴重的挫折。如此一來，西班牙就將不得不注入愈來愈多的金錢，修築沿海防禦工事、建設帆船艦隊，而這在腓力二世統治的初期已經占去了大部分軍事預算。因此，比較明智的選擇是把現有的軍事力量用來積極保衛地中海中部地區，與敵人決勝於千里之外。這樣做還有一個好處，那就是這類戰爭的費用是由哈布斯堡在義大利的領地和教皇、乃至威尼斯分擔的。因此，從這條戰線撤退不僅無利可圖，還會帶來許多潛在的危險。

這樣看來，哈布斯堡可以放棄的只剩下荷蘭了。不管怎麼說，由於地形地勢複雜和防禦工事上的改進，法蘭德斯軍在與荷蘭對抗的「八十年戰爭」中的戰費極爲驚人，遠超出其他任何戰線。即使在「三十年戰爭」最激烈的期間，法蘭德斯駐軍的開銷仍五、六倍於日耳曼駐軍。「在荷蘭的戰爭」，一位西班牙議員評論說，「是導致這個君主國澈底滅亡的禍首。」事實上，在一五六六年至一六五四年之間，西班牙至少向駐荷蘭軍隊的軍需庫輸送了二億一千八百萬達卡，遠遠超過了同時期王室在西印度群島的收入（總共一億二千一百萬達卡）。在戰略上，法蘭德斯易攻難守：海路經常處於法國人、英國人和荷蘭人的控制之下。一六三九年，荷蘭海軍元帥特隆普（Maarten Tromp）就曾率部隊在此消滅了一支載著增援部隊的西班牙艦隊。從倫巴底經瑞士山谷或薩伏依和法蘭琪孔德（Franche-Comte），沿法國東部邊境，到萊茵河下游的所謂「西班牙之路」也有幾處脆弱的咽喉。如果僅僅是爲了控制二百萬桀驁不馴的荷蘭人，維持遠在天邊的交通線，值得花如此驚人的代價嗎？爲什麼不聽從卡斯提爾國會代表的建議，讓反叛者在異教中墮落呢？上帝一定會懲罰他們，西班牙沒有必要再背負這個重擔。

雖然反對從荷蘭撤軍的理由不足以說服那些抱怨勞民傷財的人，但這些理由也並非毫無道理。首先，如果西班牙從法蘭德斯退出，法國或聯合省就會取而代之，這兩個哈布斯堡宿敵的實力和威望也會因此得到加強和提高。這一點是西班牙的決策者絕不能接受的。對他們來說，「聲望」重於一切。其二，腓力四世及其智囊認爲，那個地區的對峙至少使敵人無暇顧及更敏感的地區：「雖然在荷蘭的戰爭令我們國庫告罄，債臺高築，但它把我們的敵人也分散到該地區。否則，戰火早已燒至西班牙或其他鄰近地區了。」最後，是所謂的「骨牌理論」——如果荷蘭不保，那麼哈布斯堡在日耳曼的利益、法蘭琪孔德之類的小領地，甚至義大利，都將隨風而逝。當然，這僅僅是假設性的看法，眞正有趣的是，馬德里的政治家和他們在布魯塞爾的軍事指揮官看出一個不可分割的戰略整體，如果其中任何一部分陷落，都會導致整體的分崩離析。

> 最重要和最大的危險（在一六三五年的危機中人們做這樣的推論）是倫巴底、荷蘭和日耳曼受到威脅。其中任何一處的挫敗都將是對王國的致命打擊。如果這是個大挫敗，那麼王國的其餘部分就將崩潰；因爲日耳曼一旦失陷，義大利與荷蘭也難幸免，接著美洲就會步其後塵；同樣，倫巴底一旦陷落，那不勒斯和西西里也將唇亡齒寒。

西班牙王室接受了這個邏輯，將自己捲入了一場無止盡的消耗戰。這表示它若非取得最後勝利，就是達成和平妥協，否則撐至整個體系蕩然無存。

也許持續戰爭的巨額費用和同時在四條主戰線上作戰的決心，已經顯示西班牙與哈布斯堡帝國的野心注定要失敗。此外，還有一個相關的原因：即西班牙政府未能夠充分集結一切可用的資源，其荒唐的經濟行爲，更加速了政權的衰落。

許多外國人認爲查理五世或腓力二世的帝國是紀律嚴明、行動劃一的整體，而事實上它只不過是一些分散之領土的集合，每一部分各自擁有特權及引以爲榮的特色。除了立法和司法之外，沒有一個眞正的中央行政機構，它們之間唯一的紐帶便是君主本人。沒有什麼機構可以使人感到這個帝國是個整體，而且由於君主可能從未視察過整個帝國，因此很難在一部分領土上籌款用於其他領土上的戰爭。要西西里和那不勒斯的納稅者爲了抵禦土耳其人而出錢建立一支艦隊，他們是心甘情願的；但要他們掏腰包去支持西班牙在荷蘭的戰爭，他們卻怨氣衝天。同樣地，葡萄牙人看到了保衛「新世界」的意義，但對日耳曼的戰爭卻表現得毫不熱中。這種強烈的地方主義反映並助長了各地把財政權緊緊地掌握在手裡的傾向。譬如說，西西里領地很早就抗拒哈布斯堡提高賦稅的企圖；一五一六年和一五一七年他們又奮起反抗西班牙總督。西西里經濟上貧困、政治上呈現無政府狀態，而且又有一個議會，自然不可能爲保衛哈布斯堡的整體利益而出錢。而那不勒斯王國和剛剛獲得的米蘭，迫於馬德里的壓力，在查理五世統治時期，提供了相當可觀的財政援助。但是，爲了保住米蘭而進行的戰鬥和對土耳其的戰爭，皆意味著錢的流向實際上正好反其道而行。爲了守住地中海「屏障」，西班牙不得不向義大利輸送數百萬達卡，以彌補當地稅收的不足。在「三十年戰爭」期間，這種模式再次重演，但是方向相反：義大利的稅收支付了在日耳曼和荷蘭戰爭的一部分費用。但是總括而論，在一五一九年至一六五九年之間，哈布斯堡在義大利花的錢遠大於從當地徵得的款項。

毋庸置言，荷蘭愈來愈像是一個錢坑，消耗了帝國更多的總收入。查理五世統治初期，議會撥下的稅款不斷增加，儘管總是要為經費的額度討價還價，並堅持要皇帝承認他們的特權。到了皇帝的晚年，為了因應在義大利和日耳曼的戰爭需要而必須經常性的臨時撥款，國會因此極為憤怒，這與宗教不滿情緒和商業上的困難結合起來，引發了普遍反對西班牙統治的情緒。到了一五六五年，低地國家的債務已高達一千萬弗洛林（florin）。每年償還的債款加上一般行政費用已超過了他們的歲入，因此其赤字只能由西班牙來彌補。十年後，由於馬德里當局處理失當，這些地方的憤懣終於釀成公開的叛亂，荷蘭遂成為帝國財政的一大漏洞。在以後的幾十年中，六萬五千餘人的法蘭德斯軍消耗了西班牙政府總支出的四分之一。

但是，在動員資源方面最最糟糕的失敗卻發生在西班牙本土，因為國王的財政權實際上非常有限。亞拉岡國王的三塊領地（即亞拉岡、加泰隆尼亞和瓦倫西亞）都有自己的法律和稅制，擁有相當大的自主權。國王唯一有保障的收入來自王室的財產，很少能夠得到額外的款項，即使有也是勉為其難。例如，在一六四〇年，陷入窘境的腓力四世鋌而走險，為了迫使加泰隆尼亞付報酬給奉派到那裡保衛邊疆的西班牙軍隊，結果卻換來一場長期而著名的叛亂。葡萄牙雖然從一五八〇年至一六四〇年造反的六十年期間一直由西班牙統治，但在財政上卻是完全獨立的，從來不需為哈布斯堡的事業負擔經常性財源。那麼，剩下的卡斯提爾便是西班牙稅務體系中眞正的「搖錢樹」，儘管它所屬的巴斯克（Basque）諸省是免稅的。巴斯克的地主階層在卡斯提爾議會中頗有勢力，通常也很樂意投票贊成徵收他們自己不需支付的賦稅。此外，十分之一的營業稅（什一稅）、關稅這類日常收入，加上議會特准的服務稅、食品稅以及教會的各種攤派（後三者是主要的額外收益），所有這些都將會打擊商業、商品交換和窮人，造成普遍的貧窮和不滿情緒，最後導致居民外移而人口減少。

在美洲白銀流入給西班牙王室帶來大量的額外收入之前（約在一五六〇年代至一六三〇年代晚期），哈布斯堡戰爭機器的財政負擔主要落在卡斯提爾的農民和商人的肩上。即使王室在「新世界」的收入達到顛峰的時期，也僅及王室從卡斯提爾六百萬居民中獲取的四分之一至三分之一。除非將租稅負擔比較平均地分攤到卡斯提爾王國的所有人口，實際上就是分攤到整個哈布斯堡帝國，否則當時龐大的軍事開銷必將無以爲繼。

使這種本已捉襟見肘的狀況更趨惡化的，是在剝削卡斯提爾納稅人時所採取的經濟倒退措施。這個王國的社會風氣歷來輕視商業，但在十六世紀初期，該國的經濟繁榮卻數一數二，人口也持續增加，並出現了一些重要的工業。但是，反宗教改革運動的興起和哈布斯堡家族的征戰連連，在強化西班牙教會和軍隊地位的同時，卻大大地削弱了商業的地位。這種經濟誘因驅使人們紛紛尋求在教會謀得一薪半職，或者乾脆購買一份小貴族的特權。結果，西班牙長期缺乏熟練的技工，而且勞動力的流動和就業的彈性都受到了行會的阻礙。連農業的發展也受到牧羊主行會（Mesta）的阻礙，因爲他們的羊群獲准在全國各地放牧。十六世紀上半葉西班牙人口迅速增長，糧食進口亦隨之增加。由於牧羊主行會所支付的放牧權權利金必須繳送王室金庫，要廢除這種放牧權必然會激怒王室有權有勢的支持者，因此根本沒有希望改變這種制度。最後，雖然有一些顯著的例外，但是卡斯提爾的經濟制度大體上仍然相當依賴進口外國工業品和外國人（特別是熱那亞、葡萄牙和法蘭德斯企業）所提供的服務。它甚至還依賴荷蘭人，即使在敵對時期也是如此。「到了一六四〇年，西班牙各口岸四分之三的貨物都是荷蘭貨船載送的。」因此，西班牙的貿易長期出現逆差，不得不再開放輸出美洲的金和銀以維持平衡。

就這樣，一百四十年戰爭的巨額費用，硬是套在一個經濟百孔千瘡的社會身上。哈布斯堡君主無法用最有效的方式籌募歲收，因此只得求助於各種權宜之計。這種短線行爲雖然可圖個一時方便，但對國家的長遠利益卻造成災難性後果。各種租稅不斷上升，但卻很少落在最容易擔負的人的肩上，而且首當其衝的總是商業。需現款孔急的政府甚至不惜賣官鬻爵，出售各種特權、專賣權和榮譽。一種原始的赤字財政開始逐漸演進。一方面，西班牙以卡斯提爾未來的稅收或美洲的財富作抵押，向銀行家大舉借款；另一方面發行有息的政府債，這種債券吸收了原本可以投入貿易和工業的資金。但是政府的債務政策從不放眼將來，既沒有慎重的限制，也不受中央銀行的任何管制。因此，早在查理五世在位的後期，政府已經把幾年後的歲入抵押出去了。一五四三年，政府不得不將百分之六十五的日常稅收用來償付債券的利息。王室的「日常」收入挪用愈多，就愈加不擇手段地尋找額外收入和開徵新稅。例如，銀幣就一再被銅幣貶值。有時候，政府乾脆扣押預定運送給個人的美洲白銀，並強迫金主接受債券作爲補償。有時西班牙國王甚至會宣布短期破產，並停止償付利息。這種行動雖然不一定會毀掉金融機構，但它卻大大降低了馬德里的信用等級。

儘管摧殘卡斯提爾經濟的某些災禍並不是人爲的，但它們卻由於人的倒行逆施而危害倍增。十七世紀初的瘟疫使農村人口銳減，這本來是無法預料的，但加上正在侵害農業的其他因素，如敲詐性的地租、牧羊主行會的動作和兵役的束縛，這次瘟疫不啻是雪上加霜。美洲白銀的流入必定會引起經濟問題（特別是通貨膨脹），當時各國還沒有應付這個問題的經驗，但在西班牙，這種普遍的現象代表著對生產階級的危害超過對非生產階級的危害，同時也意味著白銀將很快地從塞維爾（Seville）地區流入外國銀行家和軍火商的囊中。因此，王室實際上是在揮霍大西洋彼岸所開發出來的新財源，而不是要建立「健全的財政」。無怪乎人們說，對西班牙而言，從西印度群島源源流入的貴重金屬，猶如澆在屋頂上的水，一澆上去就流掉了。

由此看來，西班牙衰落的主要原因是未能體察出，經濟的繁榮對於一個強大軍事機器的重要性。它一而再、再而三地採行錯誤的決策，如驅逐猶太人和摩里斯科人；中斷與外國大學的接

表2-1　1470-1660年各國兵力的成長

日　期	西班牙	聯合省	法　國	英　國	瑞　典
1470 年代	20,000		40,000	25,000	
1550 年代	150,000		50,000	20,000	
1590 年代	200,000	20,000	80,000	30,000	15,000
1630 年代	300,000	50,000	150,000		45,000
1650 年代	100,000		100,000	70,000	70,000

觸；政府命令比斯開造船廠傾力建造大型戰艦，而幾乎完全停止生產小型實用的商船；出售專賣權的結果卻限制了貿易；對羊毛出口課以重稅，使其在國外市場失去競爭力；西班牙各王國之間的關稅壁壘，損害了商業並造成物價上漲。所有這些只不過是略舉數例而已。從長遠來看，這些不適當的決策嚴重影響到西班牙在歐洲事務中扮演軍事強國的角色。雖然西班牙國力的衰落到一六四〇年代才充分顯露出來，但它的種子早在幾十年以前就已經埋下了。

各國的比較

這裡必須強調的是，哈布斯堡的失敗完全是相對的。不檢討其他歐洲強國的經歷就結束討論，未免不夠完整。正如一位史學家所言，戰爭「顯然是十六世紀國家面臨之最嚴苛的考驗」。軍事科技的變遷使陸軍規模大爲擴張，而幾乎同時發展起來的大規模海軍衝突，給組織嚴密的西方社會帶來了空前的新壓力。每個參戰國都不得不學習如何建立一個令人滿意的行政管理機構來應付這場「軍事革命」。同樣重要的是，他們必須尋找新的辦法來支付扶搖直上的戰爭費用。對哈布斯堡的統治者及其臣民來說，這種壓力可能更不尋常，因爲他們的軍隊經年累月地在作戰。但是，如表2-1所示，所有的國家都面臨著監督和供養大量軍隊的挑戰，其中很多國家的資源多半無法和西班牙帝國相比，那麼，它們是如何應付這個考驗的呢？

這張簡單的表格省略了哈布斯堡家族最頑強、威脅最大的敵人——鄂圖曼帝國，這主要是因爲它的實力和弱點已在前一章討論過了。値得回味的是，土耳其的許多問題和缺失與哈布斯堡極爲類似：在戰略上擴張過度、未能有效地開發利用各種資源，以及爲了宗教因素或軍事威望的目標而壓制商業上的進取精神。俄羅斯和普魯士的情況也被省略了，因爲當時它們尚未成爲歐洲的強國。被省略的還有波蘭—立陶宛，它雖然幅員遼闊，但是眾多的種族和封建主義的種種桎梏而妨礙了它發展成爲現代的民族國家。因此，我們這裡只討論法國、英國和瑞典這幾個「新君主國」，以及聯合省這個「資產階級共和國」。

鑑於法國後來取代西班牙成爲歐洲最大的軍事強國，史學家自然要著重研究它的許多優勢。但是，如果把法國的優勢時期提前那就錯了，因爲在本章涵蓋的絕大部分時間裡，法國無疑要比它南面的鄰國弱得多。義大利戰爭的結果一再顯示，法國企圖在該半島獲得立足之地的努力是多麼的短命和不幸（即使與威尼斯或土耳其結盟時也是如此），而且這種努力的代價也是極其高昂的。在多災多難的一五五七年，宣告破產的不僅有哈布斯堡家族，還有法國王室。早在那次破產之前，儘管人頭稅和諸如鹽稅和關稅之類的間接稅都提高了，法國君主早就已經在求助於高利貸（利率達百分之十至十六）和賣官鬻爵之類的權宜之計了。更糟糕的是，宗教的抗爭和豪門巨室的野心相互激盪，造成了曠日持久的血腥內戰。一五六〇年後的法國不僅稱不上是個強國，而且還隨時可能成爲歐洲的新戰場，像荷蘭和日耳曼一樣，遭到被他人按宗教領域加以永久分割的命運。

納瓦爾的亨利（Henry of Navarre）即位，成爲法國的亨利四世（一五八九—一六一〇年），登基之後他採取了對內妥協、對外與西班牙武力對抗的政策。至此，上述情況才開始好轉。一五九八年他與馬德里締結的和約使法國做爲一個獨立國家的地位獲得了確認。但是由於內戰頻仍、盜匪橫行、物價飛漲、商業和農業不受重視，加上支離破碎的財政制度，這個國家已極其羸弱。一五九六年，法國的債務已接近三億里弗爾（livre），而當年三千一百萬里弗爾的賦稅收入中的五分之四早就讓渡出去了。因此，在一段很長的時期內，法國只是個正在恢復元氣的國家。但是，法國的自然資源比較豐富，人口約有一千六百萬，是西班牙的兩倍、英格蘭的四倍。儘管在都市化、商業和金融方面也許不如荷蘭、北義大利和倫敦地區來得進步，但是法國的農業是多樣的和健全的，糧食通常自給有餘。在十七世紀初，亨利四世的得力大臣薩利（Sully）主管經濟和財政期間，法國的財富潛力便顯現出來。薩利除了出賣世襲官爵並向其課稅之外，並沒有提出任何新的財政方案，但是他澈底地整頓稅收機構，揪出了數千個非法的免稅戶口，恢復王室的土地和收入，並就國債的利息重新進行談判。一六〇〇年後不出幾年，國家預算已經達到了平衡。此外，薩利（比路易十四的財政大臣柯伯先發一著）還千方百計支持工業和農業，如降低人頭稅、造橋修路、開鑿運河、鼓勵布匹生產、建立王室工廠以生產奢侈品來取代進口貨等等。這些措施並非都能達到預期的效果，但和腓力三世的西班牙卻形成了鮮明的對照。

假如亨利四世在一六一〇年未遭暗殺，這種復元工作是否會繼續下去，實在很難斷言。但是毋庸置疑，「新君主國」若是沒有足以勝任的領導階層便無法正常運作。從亨利四世被刺到一六三〇年代李希留鞏固王權的這段時間裡，法國內部的政治鬥爭、胡格諾教徒的心懷不滿和貴族階層的陰謀不軌，再次削弱了它扮演歐洲大國的能力。而且，當法國公開投入「三十年戰爭」的時候，它並不像某些史學家描述的那樣，是個統一、健全的國家，而是個仍然舊病纏身的國家。貴族的陰謀活動仍很猖獗，在一六四八年至一六五三年間達到高潮；農民、都市失業工人和胡格諾教徒的叛亂此起彼落，加上地方官員妨礙議事的進行；所有這些都有害政府機構行使正常功能。另外，由於人口總數減少、惡劣的氣候、農業的減產，以及較歐洲其他地方來得高的瘟疫發生率，都嚴重地影響了它的經濟狀況，在在使得它難以支撐一場大戰。

由於上述原因，從一六三五年起，法國不得不多方設法增加稅收：不但加快賣官鬻爵的腳步，而且還大幅提高已經降低多年的人頭稅，使該項稅收到一六四三年就增加了一倍。但這仍不足以彌補對抗哈布斯堡的戰爭費用，這些費用包括維持一支十五萬人的軍隊和付給盟國的津貼。一六四三年，法國在羅克魯瓦（Rocroi）大敗西班牙，但是同年它的政府支出差不多是收入的兩倍。於是，李希留的後任馬薩林不得不加緊實施出售官爵和更加嚴格管制人頭稅這兩項很不得人心的政策。人民以抗稅的方式揭開一六四八年叛變的序幕，強烈反對馬薩林的新財政措施；這種動亂很快地使政府信用掃地，不得不宣告破產。

於是，在一六四八年《西發里亞和約》簽定後仍持續十一年的法西戰爭中，這兩個對手就像打得暈頭轉向的拳擊手，雖然雙方已疲憊不堪，誰也無法擊倒對方，卻緊緊地纏抱在一起。雙方都飽受國內叛亂、普遍貧窮和厭戰情緒的困擾，財政都瀕臨崩潰。誠然，在東居昂（d'Enghien）和圖雷納（Turenne）之流的將領和勒泰利葉（Le Tellier）這樣的軍事改革者的領導下，法國陸軍正逐步成為歐洲最強大的軍隊。但是，李希留創建的海軍卻因陸戰的需要而迅速解體。這說明，這個國家仍需鞏固它的經濟基礎。終於，法國的運氣來了。克倫威爾統治下的英格蘭重振海陸軍，決定要介入衝突，終於使權力的天秤傾斜，不利於厄運連連的西班牙。此後締結的《庇里牛斯條約》與其說象徵著法國的強大，還不如說象徵著西班牙的相對衰落。

換言之，每個歐洲國家都各有其長處和短處，重要的是如何揚己之長、避己之短。這點正好適用於西邊和北邊的「側翼」國家——英格蘭和瑞典。它們在某些關鍵時刻出面干預而遏制了哈布斯堡的野心。玫瑰戰爭後英格蘭得以復元的關鍵在於亨利七世致力於保持國內穩定和撙節開支。一四九二年，英格蘭與法國議和之後，這位都鐸王朝的開國君主便主動縮減自己的費用，還清債務，鼓勵羊毛貿易、捕漁業和一般商業，給這個飽受內戰和動亂之苦的國家一個喘息的機會。

接著，農業的多產、與低地國家的布匹貿易十分興盛、沿海漁場的擴大利用，以及繁榮的沿海貿易，使英格蘭很快恢復了元氣。在國家財政方面，亨利七世收復了王室的土地，並沒收了反叛者和王位競爭對手的財產，加上貿易成長帶來的關稅收入，以及星法院（Star Chamber）和其他法院的收益，這一切都使國家財政達到了健全的平衡。

但是，政治和財政的穩定並不等於強大。與法國和西班牙眾多的人口相比，英格蘭和威爾斯的三、四百萬居民根本不足掛齒。雖然「都鐸世紀」期間，工業有相當的成長，但是與義大利、日耳曼南部和低地國家相比，這個國家的金融機構和商業基礎設施還相當簡陋。在軍事方面，差距就更大了。亨利七世鞏固王位之後，便解散了自己的大部分軍隊，並禁止權貴豢養私人軍隊。當然，法國與哈布斯堡家族正在義大利進行著改變軍事衝突之性質和規模的較量，英格蘭卻只有「國王衛士」（Yeoman of the Guard）和少量守備部隊，連一支正規的常備部隊都沒有。因此，都鐸王朝初期的部隊仍舊使用傳統武器（長弓和漖矛）裝備，靠傳統方式徵募軍隊（如郡民兵、志願「連」等等）。但是，這種落後狀態既沒有阻礙他的繼承人亨利八世對蘇格蘭發動戰爭，也沒有阻止他在一五一三年和一五二二至一五二三年出兵干涉法國，因爲他可以從日耳曼僱用大量「現代」軍隊——矛兵、火繩槍兵和重騎兵。

上述兩次在法國的軍事行動，以及在一五二八年和一五四四年對法國的兩次入侵行動，給英格蘭的財政帶來了災難性後果。例如，一五一三年在財政部七十萬英鎊的總支出中，有六十三萬二千英鎊用來支付軍隊的薪餉、軍需品、戰艦以及其他軍事費用。於是，亨利七世辛辛苦苦累積起來的財富很快便被他野心勃勃的繼承人和亨利八世的首相華爾西（Wolsey）消耗殆盡，因強迫借貸、強行徵收「德稅」（benevolence）和其他蠻橫的籌款方式而招致普遍的不滿。直到一五三○年代克倫威爾襲奪了教會的地產後，英格蘭的財政狀況才趨於緩和。事實上，英格蘭的宗教改革使王室的收入成倍增加，使之能夠從事大規模的軍事建設，例如：沿英吉利海峽和蘇格蘭邊境興建的要塞、皇家海軍的新型大軍艦，以及鎮壓愛爾蘭的叛亂。但是，一五四〇年代對法國和蘇格蘭慘烈的戰爭耗費高達二百一十三萬五千英鎊，約爲同期王室正常收入的十倍。於是政府便被迫採取孤注一擲的權宜措施以解燃眉之急，如廉價出售教會的財產，羅織罪名沒收貴族的莊園地產，頻頻強行借貸，貨幣大幅度貶值，最後是求助於福格斯（Fuggers）和其他外國銀行家。因此，一五五〇年的英法和解對這個瀕臨破產的政府來說，眞有如釋重負的感覺。

這一切都表示，十六世紀上半葉英格蘭的國力仍然非常有限。它基本上是一個同質性很高的中央集權國家，但是邊境地區和愛爾蘭例外，因爲該地區總是分散了皇室的資源和注意力。不過，在亨利八世的勵精圖治之下，它的防禦能力非常強大，擁有現代化的堡壘、大砲、造船廠、規模相當可觀的軍工業，以及一支裝備精良的海軍，但是，陸軍的素質卻相當落後，而且經費匱乏，根本負擔不起一場大規模的戰爭。伊麗莎白一世在一五五八年登基時，對這一切缺失已瞭然於胸，並如履薄冰地完成她的目標。在一五七〇年以後的危機年代，當反宗教改革的浪潮達到高峰，而西班牙軍隊控制著荷蘭時，英格蘭的處境相當不利。由於英格蘭尙無法與任何歐洲「超級大國」抗衡，伊麗莎白便設法以外交手腕來保持英格蘭的獨立。即使當英西關係惡化時，她也盡力將與腓力二世的「冷戰」鎖定在海上進行。這樣不但可以省錢，偶爾還有利可圖。儘管她必須撥下大量款項以緊盯蘇格蘭和愛爾蘭這兩個側翼，在一五七〇年代晚年還得援助荷蘭的叛亂者，伊麗莎白和她的大臣在她統治的前二十五年中還成功地累積了相當可觀的盈餘。當一五八五年英格蘭決定派遣萊徹斯特（Leicester）將軍率師遠征荷蘭時，女王迫切需要一筆「戰爭基金」，這筆盈餘正好派上了用場。

一五八五年後與西班牙的衝突給伊麗莎白政府帶來了戰略上和財政上的雙重負擔。英格蘭究竟應採取何種最佳戰略，霍金斯（Hawkins）、雷利（Raleigh）和德雷克（Drake）等海軍將領一致力促女王採行攔截奪取西班牙的白銀貿易，並襲擊騷擾敵方沿海和殖民地的政策，亦即利用海上優勢打一場實惠戰爭的政策。這項主張在理論上似乎不錯，實行起來卻頗爲困難，因爲他們必須派遣軍隊到荷蘭和法國北部，支援那些與西班牙作戰的軍隊。採取這條計策並非出於對荷蘭叛亂者或法國新教徒的偏愛，而是正如伊麗莎白所說：「法國亡國之日，亦將是英格蘭毀滅之時。」換言之，保持歐洲的均勢是極爲重要的，如有必要，甚至可以訴諸主動積極的干涉。這種「對歐洲大陸的義務」一直持續到十七世紀初，因爲在一五九四年遠征軍併入聯合省的軍隊時，許多英國部隊都繼續駐留下來。

英國人一方面在陸上遏制腓力二世的野心，一方面在海上不斷騷擾他的帝國，對於保持歐洲政治的多元化貢獻良多。但是，維持一支八千人的海外作戰部隊對國家財政是一種很大的壓力。一五八六年和一五八七年駐荷蘭部隊的經費分別爲十萬英鎊和十七萬五千英鎊，都約爲當年政府總支出的一半。在與西班牙無敵艦隊決戰的那年（即一五八八年），僅英國艦隊所獲得的撥款就超過十五萬英鎊。結果，伊麗莎白政府的年度支出在一五八〇年代末期已經是一五八〇年代初期的二至三倍。在下一個十年裡，王室每年花費高達三十五萬英鎊以上。在女王統治的最後四年中，愛爾蘭戰爭又使每年的平均支出提高到五十萬英鎊以上。儘管政府費盡心思開拓新的財源，如出售王室地產和專賣權，但還是杯水車薪，因此不得不一再請求下議院額外撥款。由於伊麗莎白及其大臣的智慧與技巧，下議院總共核准了二百萬英鎊上下的款項，使英國政府不至於宣告破產，軍隊的薪餉也有了著落。但是戰事連連卻考驗了整個制度，留給斯圖亞特王朝的第一位君主一大筆債務，並使他和他的繼承者必須依賴一個不信任他們的下議院和一個小心謹慎的倫敦金融市場。

這裡我們不擬討論王室和議會之間節節上升的衝突。在一六〇三年以後的四十個年頭裡，這種以財政問題爲核心的衝突一直主宰著英國的政治界。英國軍隊在一六二〇年代對歐洲大陸（愚蠢和偶然）的干涉雖然耗資不小，但對「三十年戰爭」的影響卻微乎其微。在此其間，英格蘭的人口、貿易、海外殖民地和平均財富皆有所成長，但是由於內部不和諧，這些條件都無一能爲國家的實力構造一個堅實的基礎。王室與議會關於「船舶稅」——理論上，這種稅可以增強國家的武裝力量——等賦稅的爭吵很快導致了一場內戰，結果反而使英國在一六四〇年代的歐洲政治中自廢武功。一六五二年至一六五四年間，英國人重現江湖，與荷蘭人爆發了一場激烈的貿易戰爭。但不管交戰雙方的目標如何，這場戰爭對整個歐洲均勢的影響是微不足道的。

然而，克倫威爾治下的英吉利共和國在一六五〇年代卻成功地扮演了強國的角色。從內戰中脫穎而出的「新軍」，終於消除了英國軍隊和他們的歐洲對手之間存在已久的差距。按現代方法組織和訓練的英國陸軍，經過多年戰火的試煉，紀律嚴明，並能按期領餉，因此能夠對歐洲的均勢產生影響。一六五八年英國在大沙丘戰役（battle of the Dunes）中擊敗西班牙，即爲一例。不僅如此，英國海軍更爲先進，因爲它曾在內戰中宣布反對英王查理一世，所以備受下議院的青睞。在一六四〇年代後期，它的艦隊經歷了一場復興運動，其規模在一六四九年至一六五一年之間擴大了一倍，艦艇從三十九艘增加到八十艘。艦隊的薪餉增加、環境改善，造船廠與後勤支援也大有改進，所需的一切款項均由下議院如期撥付。海軍的這種擴充本身也是件順理成章的事，因爲它第一仗就碰到了荷蘭海軍這支勁旅，荷蘭的指揮官是與布雷克（Blake）和孟克（Monk）一樣出色的特隆普（Tromp）和德呂伊特（de Ruyter）將軍。因此，一六五五年以後英國在對西班牙的海戰中幾乎是戰無不勝，相繼占領了新斯科夏半島（Nova Scotia）和牙買加；一六五六年奪取了西班牙運送財寶的一部分艦隊；一六五七年又封鎖了加地斯港（Cadiz），並在聖大克魯斯（Santa Cruz）殲滅了一支西班牙艦隊。

英國的上述行動終於打破了平衡態勢，迫使西班牙在一六五九年結束與法國的戰爭。但在此同時，英國政府受到了來自內部的壓力。一六五五年以後，有利可圖的西班牙貿易讓中立的荷蘭人揀了便宜，而且許多英國商船在大西洋和地中海沿岸的航線上遭到敵人私掠船的擄掠。最重要的是，一支七萬餘人的陸軍和大規模的海軍必然所費不貲。據估計，一六五七年，在英國政府二百八十七萬八千英鎊的總支出中，陸軍和海軍分別占了一百九十萬英鎊和七十四萬二千英鎊。於是，政府不得不以前所未見的程度橫徵暴斂；但對於一個支出「相當於查理一世時代四倍」的政府來說，這仍然是杯水車薪，而查理一世時代的揮金如土，「早已讓人無法忍受」。結果，政府債臺高築，捉襟見肘，士兵的薪餉也每每是寅糧卯至。因此在西班牙戰爭的數年之間無疑地令民眾對克倫威爾的統治逐漸起反感，使得大多數商人階級企求和平。當然，英國並沒有被這場衝突拖垮。（幸好英國加入霸權競逐行列的時間，不如西班牙來得久，否則也難逃劫數）英國內陸和海外貿易的發展，以及在殖民地和海運業方面所獲得的利潤，正在開始營造一個倫敦政府在未來的戰爭中能夠依賴的堅實經濟基礎。而且，由於英國（還有荷蘭聯合省）建立了有效率的市場經濟體系，使之能夠在人口增加的同時也提高人民的生活水準，樹立了豐功偉績。但是，軍事建設與生聚養民兩者之間保持適當的平衡，仍是個極爲重要的問題。在克倫威爾攝政（一六五三年至一六五九年）結束時，這個平衡已經變得十分脆弱。

如果我們把英國的興起和瑞典的興起比較一下，治世經國才能的重要性就更爲突顯。在整個十六世紀，瑞典這個北方王國始終看不出有任何光明的遠景。盧比克（Lubeck）和丹麥阻斷了它自由進入西歐的通道；在東側與俄國戰爭不斷；與波蘭的關係也很緊張，因此，瑞典光是要維持生存已經相當不容易了。的確，在一六一一年至一六一三年的戰爭中，瑞典被丹麥打得落花流水，預示著這個國家注定要走向衰落。另外，內部的分裂（基於憲政的原因，而非宗教原因）也使這個國家苦不堪言，結果貴族的特權獲得了進一步擴充。但是瑞典最大的弱點在於其虛弱的經濟基礎，其廣袤的領土大半是位於北極圈內的不毛之地和森林。它的人口僅有九十萬，其中百分之九十五是分散的、自給自足的農民；即使加上芬蘭的人口，總共也不過一百二十五萬，比義大利的許多城邦還要少。它的城鎮寥若晨星，工業微不足道；「中產階級」幾乎無從談起，以物易物或以勞務易物仍然是主要的交易方式。因此，一六一一年年輕的古斯塔夫亞道夫（Gustavus Adolphus）繼承王位時，瑞典在軍事上和經濟上只是一個侏儒。

有兩個內外因素促使瑞典從這個前途不看好的基礎上迅速發展起來。外在的因素是外國企業家，特別是荷蘭、日耳曼和華隆（Walloon）的企業家。對他們來說，有著豐富的木材、鐵礦和銅礦等天然資源的瑞典是個極具潛力的「未開發」國家。這些外國企業家中最著名的是德吉爾（Louis de Geer）。他不但向瑞典人購買礦沙、出售製成品，還建立了木材工廠、鑄造工廠和其他工廠，並且貸款給瑞典國王，把瑞典人拉進了以阿姆斯特丹爲根據地的商業「世界體系」。於是，瑞典很快地變成了歐洲鐵和銅的最大產地。這類出口賺來的外匯有助於建設武裝力量。此外，由於外國的投資和技術，瑞典在軍備上也愈來愈能夠自給自足，這是十分了不起的功績。

而內在因素便是古斯塔夫亞道夫及其侍從推行的一連串改革。法院、國庫、租稅制度、高等法院，以及教育等領域在這個時期都大幅度提高了效率。熱中於派系鬥爭的貴族把精力轉向爲國家服務。宗教的團結也獲得鞏固。中央政府和地方政府的功能都得到充分的發揮。在這些堅實的基礎上，古斯塔夫得以建立一支瑞典海軍，來保護海岸線不受丹麥人和波蘭人的侵犯，並確保瑞典軍隊橫越波羅的海通道的安全。但是，古斯塔夫的名聲主要來自他的軍事改革。他運用徵兵制建立一支常備軍，用新式戰術來訓練部隊。他還改進了騎兵，並引進機動的輕砲兵。在他的領導下，軍隊士氣高昂、紀律嚴明。因此，在一六三〇年夏天，當古斯塔夫揮師進入日耳曼北部以支援新教運動時，他的部隊可能是全世界最精銳的部隊。

這種優勢是絕對必要的，因爲歐洲戰爭的規模和代價空前龐大，遠遠超過了瑞典以前經歷過的任何地區性戰爭。一六三〇年底，古斯塔夫的軍隊人數爲四萬二千人，一年以後就增加了一倍。在關鍵的琉森戰役之前，他的軍隊膨脹到將近十五萬人。雖然瑞典籍士兵是各大戰役的中堅力量，也常常用來守衛戰略要地，但是他們的人數並不足以組成一支如此龐大的軍隊。這支號稱十五萬的「瑞典」軍隊實際上有五分之四是外國傭兵，包括蘇格蘭人、英格蘭人和日耳曼人等等，僱用他們的代價是極爲高昂的。一六二〇年代對波蘭的戰爭就曾使得瑞典的國家財政吃緊，但與對日耳曼的戰爭相比就小巫見大巫了。然而，瑞典人卻成功地讓別人爲戰爭掏腰包。外國的資助、尤其是法國的資助，是眾所周知的，但這種資助是微不足道的。眞正的財政來源是日耳曼本身：各個公國和自由城市如果是友好的就必須資助這一事業，如果是敵對的則必須繳付贖金，以免遭到軍隊的劫掠。此外，這支由瑞典控制的龐大軍隊還從他們駐紮的領土上強行索取營舍、食品和糧秣。這個制度經皇帝的副官華倫斯坦（Wallenstein）加以改進後已趨於完善。華倫斯坦強行索取「獻金」的政策解決了十多萬大軍的經費問題。在此我們必須指出，從一六三〇年到一六四八年這一時期，瑞典人並未動用自己的錢財讓這支大軍幫忙擊退哈布斯堡家族。就在簽署《西發里亞和約》的那個月，瑞典軍隊還在波希米亞大肆劫掠，因爲在他們看來，於撤兵之前索取一筆巨額「補償」，完全是天經地義的事。

雖然這是瑞典人的一個非凡成就，但它在許多方面使人對瑞典在歐洲的眞正地位產生了一種錯覺。瑞典強大的戰爭機器有極高度的寄生性質。駐在日耳曼的瑞典軍隊要活下去就只能靠劫掠，不然部隊就會譁變，而這對日耳曼人傷害更大。當然，瑞典人必須自己掏錢供養海軍，維持本土國防以及支持從其他地區僱用來的軍隊。跟其他國家的情形一樣，這幾乎竭盡了政府的財政，迫使其不顧一切地向貴族出售王室的土地和賦稅權，從而使長期收入急遽減少。「三十年戰爭」造成人員慘重的傷亡，而沉重的稅捐令農民不堪負荷。此外，瑞典的軍事勝利固然爲其帶來了許多波羅的海彼岸的土地——包括愛沙尼亞、利沃尼亞（Livonia）、不來梅，以及大部分的波美拉尼亞（Pomerania）領土——這固然也有商業和財政上的利益，但是在和平時期瑞典得花錢經營它們，在戰時則須保衛它們，以免落入敵人手中，這給瑞典政府帶來的財政負擔遠遠超過一六三〇年代和一六四〇年代遍及整個日耳曼的大規模戰爭。

即使在一六四八年以後，瑞典仍然是一個相當強大的國家，但只是個地區性強國。瑞典在查理十世（一六五四—一六六〇年）和查理十一世（一六六〇—一六九七年）在位期間，無疑地正是它的黃金時期，活躍於波羅的海舞臺上，猗猗盛哉。它成功地遏止了丹麥、波蘭、俄羅斯和正在興起的普魯士的擴張。查理十一世的專制統治擴張了王室的財源，使之得以在和平時期維持一支龐大的常備軍。然而，這些只不過是瑞典在逐漸降爲二流國家時的補強措施而已。正如羅伯斯（M. Roberts）教授所言：

> 在整整一代的時間裡，瑞典陶醉在勝利之中，被戰利品衝昏了頭。查理十一世把它帶回到殘酷的現實中，制定了符合它眞正國力和眞正利益的政策，使它能夠實行這些政策，並爲它指出了合乎二等強國身分和尊嚴的前途。

瑞典的上述成就不能算小，但在歐洲的大範圍內它們的意義卻很有限。必須指出，在十七世紀下半葉，波羅的海的勢力平衡（即瑞典、丹麥、波蘭、布蘭登堡之間的權力平衡）主要是受到法國、荷蘭，甚至英格蘭的影響和「操縱」，其方式是財政補助、外交干預，以及荷蘭艦隊在一六四四年和一六五九年的出兵干預。最後，儘管瑞典在這場外交賽局中並不是個「傀儡」國家，但與西方新興的強權相比，它在經濟上仍是個侏儒，常常要依賴這些強權的補助。在一七〇〇年前後，瑞典對外貿易額只是聯合省或英國的一個零頭；其國家預算僅爲法國的五十分之一。因此，雖然瑞典的社會和政治極爲穩定，但由於它物質基礎脆弱，又沒有海外殖民地，根本不可能保持古斯塔夫亞道夫統治時期那種曇花一現的軍事優勢。事實上，在以後的幾十年中，它就不得不設法阻止南方的普魯士和東方的俄羅斯向前推進。

最後一個例子是這一時期的荷蘭聯合省（United Provinces）。它與瑞典恰成鮮明的對照。荷蘭是在革命的混亂局面中產生的國家，由七個省分組成，與哈布斯堡所屬的尼德蘭地區其餘部分以一條不規則的邊界爲界。儘管它原來只是一個大帝國中一小部分的一隅，人口和領土都很有限，但卻迅速崛起，躋身歐洲強國之列，同時也在歐洲以外的地方稱雄，且持續了近一個世紀。和其他國家（義大利的前身威尼斯除外）不同的是，它有一個實行寡頭政治的共和政府；但它最鮮明的特點是，它的實力基礎深深地植基於貿易、工業和金融方面。它是個難以對付的軍事強國，至少在防守上是如此。在十七世紀後期英國海軍興起之前，它一直是最有戰鬥力的海上強國。但這些武裝力量的表現只是荷蘭實力和影響力的結果，而非其本質。

當然，在七萬人發動叛變的最初幾年中，荷蘭在歐洲事務中的影響力是無足輕重的。事實上，幾十年後他們才把自己當作是獨立的國家。它的邊界也是到十七世紀初才慢慢確定的。所謂的「尼德蘭地區的叛亂」一開始只是些零星的事件，這期間既有反對哈布斯堡統治的戰鬥，也有各社會團體和地區之間的衝突。在一五八〇年代帕瑪（Parma）公爵爲西班牙執行收復失地的政策，有好幾次眼看已接近勝利的邊緣，若非英國和其他新教國家提供財力支援和軍事援助，若非從英國輸入大量槍砲，若非西班牙軍隊常常被抽調往法國，則叛亂可能早就已經落幕。但是，由於荷蘭的港口和造船廠大都在叛軍手裡，西班牙無法獲得制海權，帕瑪只得採取曠日費時的陸上包圍戰術來收復失地。每當他接到命令開赴法國，這種攻勢就只好前功盡棄。

就這樣，聯合省終於熬過來了，而且還可能光復東部的大多數省分和城鎮。到了一五九〇年代，它的軍隊已經相當訓練有素，指揮官是以戰術革新、擅長沼澤地作戰而聞名的一代名將納蘇的莫里斯（Maurice of Nassau）。我們稱莫里斯的軍隊爲「荷蘭」軍隊其實並不恰當，因爲一六〇〇年時，它有四十三個英格蘭人連隊（company）、三十二個法國人連隊、二十個蘇格蘭人連隊、十一個華隆人連隊和九個日耳曼人連隊，而荷蘭人的連隊卻只有七個。儘管軍隊的民族成分十分複雜，莫里斯仍然成功地將它訓練成一支團結的勁旅，積健爲雄。毫無疑問地，他得到了荷蘭政府的財力支援。與歐洲大部分軍隊相比，他的軍隊更能按期領到薪餉，正如荷蘭政府一貫支持它強大的海軍一樣。

但是，我們不應過分誇大荷蘭共和國的財富和財政穩定性。在聯合省的東部和南部，戰爭造成慘重的損失，使商業貿易凋敝，人口減少，連繁榮的荷蘭省也不堪承受沉重的稅負。一五七九年它必須拿出九十六萬弗洛林充作戰費，一五九九年則幾近五百五十萬弗洛林。到了十七世紀初，它與西班牙的戰爭費用已突破每年一千萬弗洛林。很多人擔心，它會因財政困難而支撐不了多久。幸運的是，西班牙的經濟情況相形見絀，而且還要應付忠誠度不佳的法蘭德斯軍。一六〇九年，馬德里終於被迫同意停火。

戰爭雖然考驗荷蘭的國力，但並未讓國庫枯竭。事實上，從一五九〇年代開始，荷蘭的經濟開始蓬勃發展，因此，當荷蘭政府需要向金融市場舉債時，已經有了一個穩固的「信用」基礎。促進這種經濟繁榮的主要原因是人口的增長，和擺脫哈布斯堡統治以後人民旺盛的進取精神。除了人口的自然增長以外，還有從南方和歐洲其他地區成千上萬的難民移入。這些移民中有許多技術工人、教師、手工業者和資本家，他們都對荷蘭社會貢獻良多。一五七六年西班牙軍隊攻陷安特衛普，這給阿姆斯特丹很好的機會以提高其在國際貿易體系中的地位，而荷蘭人也充分利用這個天賜良機，大力發展對外貿易。他們控制了豐富的鯡魚貿易，而且塡海拓地，使得手中資源大增。他們大型的商船隊，特別是短小精悍的三桅貨船，到一六〇〇年時已承攬了歐洲的大部分水上運輸業務，包括木材、糧食、布匹，鹽和鯡魚在內。荷蘭船隻縱橫於每一條航路，但令荷蘭的英國盟友和荷蘭國內的喀爾文教派牧師感到嘔氣的是，利慾薰心的阿姆斯特丹商人竟願意爲他們不共戴天的敵人西班牙運送這類物資。荷蘭進口大量的原料，然後由阿姆斯特丹、臺夫特（Delft）和萊頓（Leyden）等地的工廠「加工」。荷蘭的工業主要包括製糖、冶金、蒸餾製酒、釀酒、捲煙、繅絲、製陶、玻璃、軍火、印刷和造紙等等。到了一六二二年，荷蘭的六十七萬人口有百分之五十六居住在中型城鎮裡，使得世界上任何其他地區都相形失色。

荷蘭的經濟在兩個方面增強了本身的軍事實力。其一是海外擴張。儘管這類貿易不能與歐洲便宜又大碗的大宗買賣相提並論，但是爲共和國開闢了一個新的財源。在一五九八年至一六〇五年間，平均每年有二十五艘船到西非，二十艘船到巴西，十艘船到東印度群島，一百五十艘船到加勒比海。在一六〇五年和一六〇七年，荷蘭分別在安汶（Amboina）和德那地（Ternate）建立了殖民地；此外，在印度洋周圍、亞馬遜河口附近和日本（一六〇九年）也都建立了工廠和商棧。和英國一樣，聯合省在經濟活動逐漸從地中海地區向大西洋地區轉移的過程中獲益匪淺，而這個轉移是一五〇〇年到一七〇〇年間的世界潮流之一。起先葡萄牙和西班牙從中得益頗豐，後來它就爲那些更善於從全球貿易中獲利的社團注入了活力。

另一個特點是阿姆斯特丹正日漸成爲國際金融的中心，這當然是因爲共和國具有海運商、交易商、期貨商等功能的緣故。荷蘭金融業者和金融機構提供的服務（放利吸收存款、匯兌、流動短期貸款等）與他們的威尼斯和熱那亞同行並無不同之處，但規模更大，也更有保障。這給聯合省帶來貿易財富。由於政府是主要的投資者，它自然希望保持貨幣穩定和良好的債信，於是，這個金融界中心的規模便日益龐大，錢財淹腳目，總是有錢可借貸給政府。因此，荷蘭共和國擁有它的敵人無可比擬的優勢，而且信用可靠，償付及時，總能以比別國政府更優惠的利息得到貸款。這在十七世紀是個很重要的優勢。（老實說，任何時期都一樣！）

一六二一年，荷蘭與西班牙重啓戰端以後，這種輕易舉債的能力便更加凸顯其重要性。因爲軍費支出不斷上升，從一六二二年的一千三百四十萬弗洛林迅速增至一六四〇年的一千八百八十萬弗洛林，即使對一個人口眾多的國家來說，這也不是個小數目。因此，荷蘭政府不得不發行公債以融通戰爭費用。儘管這導致公債數額激增，但國家的經濟實力和償付利息的負責態度表示它的信用體系不虞崩潰。這進一步證明：雖然富裕國家對於高昂的戰費也退避三舍，但只要戰爭的勝利取決於充實的荷包，荷蘭總能熬過它的對手。

戰爭、金錢和民族國家

現在我們來概述一下本章的結論。一四五〇年以後的戰爭和「民族國家的誕生」是密切相關的。在十五世紀後期到十七世紀後期這段時期內，絕大多數歐洲國家經歷了政治和軍事權力向中央集中的過程。在君主統治之下，隨著國家稅收的增加，方法增多，官僚機構也更趨複雜。

歐洲民族國家的發展有著萬般因素，例如，經濟變遷破壞了舊的封建秩序，各個社會團體不得不透過契約和債券等新的形式來建立關係。宗教改革把基督教世界劃分爲許多教派、將世俗和宗教相互融合，從而把世俗主義擴及整個民族。拉丁語日漸衰落，政治家、律師、官吏和詩人愈來愈普遍使用本國語言，進一步推動了這股世俗化的潮流。交通工具的改進、財貨交易的發展、印刷術的發明，以及大西洋彼岸新大陸的發現等等，使人們不僅注意到其他種族的存在，還使他們意識到各民族的語言、品味、文化習慣和宗教之間的差異。因此，當時的許多哲學家和作家都認爲民族國家是最好、最自然的政治組織形式，並認爲它的權力應該加強，它的利益應該得到保護，它的統治者和被統治者都應該爲民族的共同利益而和諧地努力工作。

但是，對民族國家的形成發揮更大作用的是戰爭和戰爭引起的後果。軍事實力使許多歐洲王朝世家得以凌駕於國內的土豪巨室，取得政治統一和政治權威（雖然他們常常不得不對貴族有所讓步）。頻繁的戰爭激發了各國人民的民族意識，使英國人學會憎恨西班牙人，瑞典人學會憎恨丹麥人，荷蘭叛軍憎恨他們從前的大封主——哈布斯堡家族。最重要的是，戰爭和新戰術迫使所有的參戰國支出更多的費用，而不得不增加稅收來彌補虧空。不論是在伊麗莎白一世末期的英格蘭，或是腓力二世的西班牙，政府經費的四分之三被用於戰爭和償還戰爭債務。雖然陸海軍的努力並不一定是新民族國家存在的理由，但無疑是這些國家耗費最大，而且最爲緊迫的行動。

不過，十六世紀和十七世紀的軍事行動自然不能與一九四四年的諾曼第登陸同日而語。近代早期歐洲的軍事機器可說是極爲笨重而效率低落。當時募集和控制軍隊都非常艱難：烏合之眾的部隊、忠誠度不夠的傭兵、後勤補給不足、運輸的問題，以及沒有統一標準的武器，這些都是令大多數指揮官深感失望的問題，即使有了足夠的撥款，貪汙和浪費也常常使軍事目的大打折扣。

因此，軍隊並不是國家能一手掌控的可靠工具。一旦後勤補給短缺，尤其是發不出薪餉的時候，大批士兵便很容易失去控制。在一五七二年至一六〇七年間，法蘭德斯軍隊至少發生了四十六次叛變。其他勁旅——如克倫威爾的「新軍」和駐在日耳曼的瑞典軍隊——也不例外，只是次數較少而已。李希留曾在他的《政治宣言》中無奈地指出：

> 只有歷史明白究竟有多少支軍隊毀於物資匱乏和紀律廢弛，而不是被敵人的炮火所敗。我曾親眼目睹從我們時代開始的所有雄圖偉業，均因此而前功盡棄。

薪餉和補給的問題對軍事行動有著深遠的影響。有位史學家證實，古斯塔夫亞道夫在日耳曼十分具有機動性的軍事行動，並不是如克勞塞維茲觀念中的軍事戰略計畫的一部分，而是被迫爲他龐大的人馬尋找糧秣。在拿破崙說出那句名言之前，指揮官們早就知道，一支軍隊只有塡飽了肚子才能打仗。

這些物質條件的限制適用於每個國家，尤其是在籌措戰費的問題上。這個時期的國家無論多麼繁榮，沒有一個拿得出足夠的現金儲備來支付一場持久衝突的費用。不管開徵什麼新賦稅，這些政府總是入不敷出，只能靠借貸來彌補。然而，不斷上升的費用迫使君主們多次跳票，無力償債，貨幣貶值，或採用其他不得已的措施。這類措施雖然有一定的短期效果，但是以長遠來看卻後患無窮。

因此，本章的論點不是說，哈布斯堡家族完全沒有達到其他強國的輝煌成就。他們之間並沒有如此鮮明的對照；他們的成功和失敗只有一線之隔。包括聯合省在內的所有國家都由於常年不斷的軍事行動而承受著嚴重的財政壓力，每個國家都經歷了財政困難、軍隊叛變、補給匱乏和國內反對增稅的情形。像二十世紀第一次世界大戰時期一樣，每個參戰國差不多都到了民窮財盡的地步。到了「三十年戰爭」的最後十年，雙方都已耗盡了人力和物力，再推不出古斯塔夫和華倫斯坦曾經統率過的那種大規模的野戰軍了。因此，反哈布斯堡勢力的勝利只是相對性的慘勝。他們只不過在維持物質基礎和軍事實力的平衡方面比哈布斯堡略勝一籌罷了。至少有一些勝利者已經明白，在一場持久的衝突中，必須謹慎地利用，而不是濫用國家的財富和資源。他們也可能不得不承認商人、製造商和農民與騎兵軍官和矛兵同樣重要。但是，他們對這一切道理的評價和處理經濟問題的方法，並不比哈布斯堡高明多少。用威靈頓公爵的話說，這是場「該死的，勢均力敵的」衝突。歷史上的大規模衝突大都如此。

第三章　財政、地理和戰爭的勝利：一六六〇—一八一五

不言而喻，《庇里牛斯條約》的簽訂並沒有消除歐洲列強之間的競爭和他們透過戰爭解決爭端的習慣。但是，一六六〇年之後一個半世紀所發生的國際紛爭與前一個世紀有很大的差別。這些變遷反映了國際政治演進過程中的一個階段。

一六六〇年以後，群雄爭霸的舞臺上最重要的特徵是歐洲列強間多極體系的成熟。各國對戰爭或和平的態度，不再爲跨越國界的宗教理由所左右，而是取決於「民族利益」。毋庸置疑，這種變化並不是在瞬間完成的，也不是絕對的。一六六〇年之前，各國的行動當然也曾考慮到其本身的世俗利益；同樣，十八世紀的許多國際糾紛仍然是宗教偏見煽風引火的。儘管如此，從一五一九至一六五九年間，歐洲政治的主要特徵是奧地利和西班牙的哈布斯堡家族與新教國家和法國的戰爭。現在這一特徵消失了，取而代之的是不斷重新組合的鬆散聯盟和各國之間忽友忽敵的關係。這些國家制定政策的基點已經從堅定的宗教信仰轉爲爾虞我詐的「實力政治」。

在這個變幻無常的多極體系中，外交和戰爭自然是詭譎多變的，而某些國家的興衰則使這種局面更趨複雜化。從一六六〇年至一六六一年路易十四在法國建立絕對權威開始，到一八一五年拿破崙在滑鐵盧戰敗爲止，一個半世紀的國際對抗期間，先前的一些主要國家（鄂圖曼帝國、西班牙、荷蘭、瑞典）淪爲二等國家，波蘭更是黯淡無光。奧地利的哈布斯堡王朝對於其世襲領地，無論在疆域上和結構上皆進行了諸多調整，方得勉強保住一等大國的地位。這時，在日耳曼北部，布蘭登堡的普魯士已躋身一等強國之列。法國爲了成爲歐洲的頭號強國，在一六六〇年後迅速地擴張軍事實力，使之幾乎與半世紀前哈布斯堡的軍事實力相伯仲。爲此，法國的鄰國在一連串漫

長的戰爭中（一六八九年至一六九七年；一七〇二年至一七一四年；一七三九年至一七四八年；一七五六年至一七六三年）不斷地結成同盟，才遏制了法國統治西歐的野心。在拿破崙時期，法國再展雄風，取得了一連串輝煌的軍事勝利，也是因爲另外四大強國的聯手合作而功敗垂成。但即使在一八一五年戰敗後，法國依舊是個一等強國。在十八世紀中，歐洲大陸西部的法國和東部的普魯士、哈布斯堡帝國這兩個日耳曼國家，漸漸形成了三足鼎立的局面。

但是，在十八世紀中，強權體系裡更大的變化發生在歐洲的邊陲，甚至更遠的國家。有些西歐國家逐步地將它們在熱帶地區（尤其是印度、東印度群島、非洲南部、澳洲）的飛地擴展爲大片的領土。在這些殖民國家中最成功的是英國。一六八八年光榮革命之後，英國國內局勢已「穩定」下來，於是，伊麗莎白一世時代蓄積的潛力得以充分發揮，而成爲歐洲最強大的海上帝國。雖然英國在一七七〇年代失去了繁榮的北美殖民地，但是它的全球影響力仍在繼續擴張。在此同時，俄國也取得了令人矚目的成就。在整個十八世紀中，俄國不斷地向東、向南擴張，並橫越亞細亞大草原。此外，英俄兩國雖然地處歐洲的東西邊陲地帶，但對中歐的命運卻都頗感興趣。英國由於與漢諾威王室的血緣關係（從一七一四年喬治一世登基開始）而捲入日耳曼的事務；俄國則決心在鄰國波蘭取得主宰地位。倫敦和聖彼得堡都試圖在歐洲大陸建立一種符合本身利益的均勢，並樂於三番兩次地干預他國事務。換言之，歐洲國家體系正在演變成五大強權——法國、哈布斯堡帝國、普魯士、英國和俄國——加上一些諸如薩伏依之類次要國家的國家體系。

爲什麼這五個實力顯然不相等的國家能夠加入這個「大國聯盟」或在其中有一席之地呢？純粹從軍事的角度分析，勢必找不到令人滿意的答案。譬如說，人們很難相信，這段時期內強權的興衰主要原因在於陸海軍科技的革新程度。誠然，武器裝備確實有許多小規模的改進：燧發槍取代柔槍，大砲愈來愈具有機動性，以及新式的海軍艦砲等等。戰術思想也有所進步，在人口和農業生產穩定增加的情況下，各國輕而易舉地能夠編組和維持龐大的軍事單位（如師、軍）。但是，一八一五年威靈頓的大軍與一七一〇年馬博羅（Marlborough）的軍隊在裝備上並無多大差別；同樣，納爾遜（Nelson）的艦隊也不見得比與路易十四交手的英國艦隊先進多少。

事實上，由於國家活動的日益頻繁，在十八世紀中，陸海軍軍種的最大變化主要發生在組織方面。其中最典型的是路易十四時代的法國（一六六一－一七一五年）。他的大臣，如柯伯（Colbert）、勒泰利葉（Le Tellier），都決心加強國王在國內外的權力和威望。法國設立了戰爭部，下設各級管理單位，負責監督部隊的資金籌措、補給和組織工作，而且總監馬丁內（Martinet）頒布了一系列新的訓練和軍紀規範。爲了維持「太陽王」的龐大軍隊，他們興建了兵營、醫院、閱兵場和彈藥庫，並建立了一支集中指揮的龐大艦隊。這一切都迫使其他國家起而效尤，以免落於法國之後。因爲國家機關對軍隊壟斷和層層節制是「立國」的基礎，所以，國家權力的提升和國力的增強必然使軍隊成爲常備軍。這種情況在一個世紀之前是很少出現的。現在不僅有「職業的」「常備軍」和「皇家」海軍，還有更先進的軍事學院、兵營、修船廠等基礎設施，同時也培養一批專業主管。現在，權力是國家的權力，東歐的開明專制政體、英國的議會內閣制，以及法國大革命時期蠱惑人心的團體，無一不體現了這種權力。另一方面，這種體制上的改進雖然不一定能維持一個國家的強權地位，但其他國家很快便能仿而效之，一六九八年後的數十年中，彼得大帝對俄國軍隊的改革便是最富戲劇性的一例。

和軍事上的發展相比，財政和地理因素顯然重要得多。只有把這些縱橫交錯的因素綜合起來，才可能對一六六〇年至一八一五年間許多令人費解的勝敗模式提出更合理的解釋。

「金融革命」

如前一章所述，早在文藝復興時期，諸侯便已清楚地看到了財政與生產性經濟基礎的重要性。十八世紀興起的舊制君主政體擁有龐大的軍事組織和艦隊，這些機構接著又促使政府發展經濟，以及建立機構以籌措和管理資金。與第一次世界大戰一樣，諸如一六八九至一八一五年間的七次英法大戰之類的衝突，都是比耐久力的戰爭。因此，勝利總是屬於較能保持信用和後勤補給無虞的國家。更確切說，由於英法雙方都有盟國，勝利通常屬於較能持良好信譽和後勤補給的大國聯盟。這種聯盟使戰爭更趨持久，因爲交戰一方如耗盡了財力，還可以向更強大的盟國尋求貸款和支援，以立於不敗之地。在這種所費不貲的消耗戰中，每一方都迫切需要「錢，錢，除了錢還是錢。」這種對金錢的需要便是十七世紀末和十八世紀初「金融革命」的背景。當時有些西歐國家爲了支付戰爭費用，便發展了一套相當複雜的銀行業務和信貸系統。

這個時期的金融變革還有個非軍事的原因，那就是硬幣的長期短缺，尤其是在一六九三年葡屬巴西發現金礦之前。在十七世紀和十八世紀，隨著歐洲與東方貿易的發展，愈來愈多的白銀因貿易逆差而外流，各地商人紛紛抱怨缺乏硬幣。此外，歐洲的貿易——尤其是布匹和航海用品等必需品的貿易——持續成長，中世紀歐洲季節性市集愈來愈爲永久性的交易中心所取代。這大大增強了財務結算的規律性和可靠性，因而增加了匯票和信用票據的使用率。以阿姆斯特丹爲首，還有倫敦、里昂和法蘭克福等城市，出現了一大群錢莊、期貨商、金匠、證券商和股份公司的股權經紀人。這些人和金融號子採行義大利文藝復興時期銀行業務的操作方式，逐步建立起一套國內和國際的信貸制度，奠定了近代早期世界經濟體制的基礎。

但是，這場歐洲「金融革命」的最大動力顯然是戰爭。拿破崙時代的財政負擔較之腓力二世時代簡直有天壤之別。在十六世紀打一場戰爭只需要幾百萬英鎊；到了十七世紀末便上升至幾千萬英鎊。在拿破崙戰爭即將落幕之時，各主要交戰國的戰爭費用有時一年就達一億英鎊。從經濟角度看，大國之間這些兵連禍結的局面對西方工商業發展的利弊得失很難下一定論，不過，答案大部分取決於人們如何評估漫長衝突之前前後後的兩個相對變項，即國家的絕對成長與國家的相對繁榮和實力。

各國政府為戰爭籌措資金的唯一辦法是借貸。有了錢，官員才能支付軍火商、糧食供應商、造船商和軍隊的官餉。從許多意義上說，這種一手大量借錢一手揮金如土的體制就像個風箱，為西方資本主義制度和民族國家的發展產生了煽風吹火的效用。

但是，這件在後人看來順理成章的事情，卻需要依賴兩個重要的因素：一個是要有高效率的機構以籌措貸款；另一個則是維持政府在金融市場上的「信譽」。在這兩方面，做得最出色的首推聯合省，因為荷蘭商人是政府的一部分，他們自然希望用管理股份公司的財政原理來管理國家事務。聯合省政府經常加緊稽徵稅收來滿足政府的支出，而且將利率調得很低，以減少償債額度。這一體制受到了阿姆斯特丹金融界的全力支持，使聯合省很快地獲得了票據交換、貼現和授信的國際聲譽。這自然而然形成了一種機制和環境，使國家能夠穩定地向民間籌措長期貸款，並按時付息。就這樣，阿姆斯特丹成了荷蘭「過剩資本」的中心，不久之後便可以投資到外國公司。最重要的是，它能夠認購外國政府發行的各類債券，尤其是在戰時。

這些活動對聯合省的經濟帶來了重大影響，因為如果沒有一個繁榮的商業和生產基礎，阿姆斯特丹就不可能成為歐洲大陸的金融之都。不過，從長遠來看可能是不利的，因為商人逐漸脫離生產事業，反而靠貸款的孳息做為主要的營生工具。銀行家對於投資高風險的大規模工業事業興趣缺缺。借錢的方便終於使得荷蘭政府負債累累。為了償債，政府不得不開徵國產稅，這又引發了工資和物價的上漲。

荷蘭人在承諾給外國政府貸款時，最關心的並不是客戶的宗教信仰和意識形態，而是他們財政上的穩定性和可靠性。因此，我們可以把荷蘭貸款給俄國、西班牙、奧地利、波蘭和瑞典等國的條件視爲衡量各國經濟實力的指標，這些條件包括：各國設定給銀行的抵押品、償付利息和獎金的紀錄，最後是在群雄戰爭中脫穎而出的展望。例如，十八世紀末波蘭政府公債的暴跌，和奧地利數十年如一日堅挺的債信能力，便反映了這兩個國家的相對實力。

但是，財政實力反映在具體國力上的最佳例子，要數這個時期兩個最大的競爭對手：英國和法國。鑑於他們之間的衝突影響著整個歐洲的均勢，因此有必要做一較爲深入的探討。有人認爲，十八世紀的大不列顛是工商業發展蒸蒸日上的典範，有著穩固的財政信用和良性流動的社會結構；相較之下，舊制度的法國在軍事上狂妄自大，經濟上停滯落後，階級制度過於僵化，整個國家缺乏牢固的基礎。這種觀點似乎是站不住腳的。在某些方面，法國的租稅制度比英國更爲公平。另外，儘管法國的重要資源（例如煤）的蘊藏量不及英國，但是十八世紀的法國經濟仍然呈現出向著工業革命「起飛」的種種跡象。法國的軍火生產量十分可觀，而且還擁有爲數眾多的技術工人和一批傑出的企業家。與英國相比，法國的人口較多，農業較發達，因此也較爲富裕。法國政府的收入和軍隊規模令所有其他西歐國家都無法望其項背。法國的統制性政體比英國的政黨政治具有更大的連貫性和可預知性。因此，當十八世紀的英國人遙望海峽彼岸時，更加意識到本身的劣勢而不是優勢。

儘管如此，英國在財政領域上擁有關鍵性的優勢，這個財政體制在戰時能提高國力，在平時則能加強政治的穩定性和促進經濟的成長；稅制上對間接稅的依賴遠大於對直接稅的依賴，因此，民眾的不滿情緒比法國小得多。英國不像法國有那麼多的包稅人、收稅員和其他經紀人。英國的許多稅是「隱形的」（如一些初級產品的國內消費稅），或者僅僅是針對外國人的（關稅）。英國沒有那種令法國商人深惡痛絕並阻礙國內商業發展的國內通行稅。十八世紀英國主要的直接稅是土地稅，這種稅不允許任何人有豁免權。土地稅對大部分人來說也是「隱形的」。這些五花八門的稅收均由選舉產生的國會討論決定，而這個國會儘管有不少缺陷，但仍比法國的舊政權更具代表性。到了一七〇〇年，英國的每人平均所得已高於法國，因此這個島國的人民自然願意而且也有能力繳納較多的稅捐。最後，英國較輕的直接稅不但鼓勵中上階層的儲蓄意願（從而在和平時期有利於投資本的累積），而且還爲戰時的需要聚積了大量的儲備稅源，使國家能夠在急需之時開徵更高的土地稅和直接稅（一七九九年）。於是，到了拿破崙戰爭時期，英國的賦稅收入首次超過了法國，雖然其人口還不到法國的一半。

但是，相較而言，英國在政府的信貸制度方面更具決定性的優勢。事實上，在十八世紀絕大多數的戰爭中，一切的超額支出幾乎有四分之三是以貸款的方式取得。一六九四年創建的英國國家銀行（最初是戰時的一項權宜措施）、稍後對國債的規範，以及證券市場的蓬勃發展和「地區銀行」的成長都爲政府和商人擴展了取得資金的來源。在硬幣匱乏的時代，各類紙幣的發行只要不引發嚴重的通貨膨脹或信用掃地，自然是一本萬利。但是，倘若國家的債務缺乏擁有增稅大權的國會作擔保；倘若政府無法使銀行家和民眾相信他們毋需承擔太大的風險；倘若沒有工商業的穩定發展或顯著成就，以及關稅和國內消費稅的同步成長，那麼這場「金融革命」是不可能成功的。只要皇家海軍能夠保護英國的海外貿易，並且壓制敵人，則戰爭也未能阻遏這種成長。英國的「信譽」就是建立在這些堅實的基礎之上的。有位英國史學家曾經指出：「儘管英國在處理國家財政方面有不少弊端，但仍比其他歐洲國家更有信譽、更有效率。」

這一切不僅使利率持續下降，而且使英國公債債券吸引了愈來愈多的外來投資者，特別是荷蘭人。因此，阿姆斯特丹金融市場上的英國公債債券交易就成為英荷兩國商業和金融關係的重要紐帶，為兩國經濟帶來了重大的效益。以強權政治的觀點而言，上述關係的價值在於：聯合省的資金多次幫助了英國的戰爭機器，即使當荷蘭已從反法聯盟的一員轉變為侷促不安的中立國時依然如此。唯一的例外是在美國獨立戰爭時期。由於英國在此次衝突中澈底暴露了陸軍、海軍、外交和貿易的弱點，債信能力降到了谷底，荷蘭的資金才對它敬而遠之，雖然倫敦願意出更高的利息，卻已覆水難收了。到一七八〇年，當荷蘭人與法國一起對英作戰時，英國政府發現自己的經濟實力已遠非昔日可比，因為其所需要的國內可用資金，幾乎完全由國內投資者提供。

當時英國籌措戰爭貸款的能力可歸納為表3-1：

表3-1　英國戰爭時期的支出和收入（1688-1815年）

（單位：英鎊）

年度	總支出	總收入	借款補差額	借款占支出的百分比
1688-1697	49,320,145	32,766,754	16,553,391	33.6
1702-1713	93,644,560	64,239,477	29,405,083	31.4
1739-1748	95,628,159	65,903,964	29,724,195	31.1
1756-1763	160,573,366	100,555,123	60,018,243	37.4
1776-1783	236,462,689	141,902,620	94,560,069	39.9
1793-1815	1,657,854,518	1,217,556,439	440,298,079	26.6
總計	2,293,483,437	1,622,924,377	670,559,060	33.3

表格中的數字顯示英國「投入戰爭的費用遠遠超出了它的賦稅收入，換言之，它能夠將具有決定性優勢的戰艦和人力投入對法國和其他國家的戰爭。如果沒有這種優勢，先前投入的資源便會付諸東流。」雖然十八世紀的英國評論家提起英國龐大的債務及其可能造成的後果無不悸慄不已，但事實上，（引用伯克萊主教的話說）信貸正是「英國對法國的主要優勢」所在。最後，國家支出的巨額成長和海軍部龐大而持續的物資需求，形成了一個良性循環，刺激了英國的工業生產和一連串技術上的突破。這是英國對法國的另一

大優勢。

那麼，爲什麼法國不能效法英國呢？首先，法國沒有一個適當的公共財政體系。從中世紀起，法國的財政工作就一直由各個地方自治政府、神職人員、地方士紳以及包稅人「經營」。他們負責爲國王徵集賦稅，督辦王室專賣，並從中獲得報酬，同時，他們還以很高的利率貸款給法國政府。在這個制度下，各種貪汙腐敗的現象便應運而生。不要說徵收菸草稅和鹽稅的包稅人，就連徵收人頭稅等直接稅的教區收稅官員，和地方收款官員也不能潔身自好，個個都「雁過拔毛」，在上繳稅款之前層層截留，中飽私囊。當初買官的人還要加收百分之五的利息。許多高層官員還因爲在將稅款上繳王室之前就直接付給政府承包商而遭指責。這些承包商也向王室放款取息。

在這種腐敗的體系下，納稅人所繳納的稅款有很大一部分便流進私人的荷包。雖然政府偶爾也會對這些資本家展開調查，並勒令他們「賠償」或降低利率，但這些舉動只是象徵性的。有位史學家指出：「眞正的禍首是這個制度本身。」這種無效率造成的第二個影響是，直到一七七〇年代內克（Necker）的改革，法國才出現國家會計制度的全盤觀念，國家收支的年度清算和財政赤字問題並未受到重視。只要能弄到錢應付軍隊和王室的眼前需要，國家日益高築的債臺似乎是無關緊要的。

雖然英國早期的斯圖亞特王室也抱持同樣不負責任的態度，但到了十八世紀英國國會便掌管了國家財政大權。這給了英國很大的優勢。英國政府的開銷和國債不但沒有傷害，反而促進了工商界的投資；法國則傾向於鼓勵有剩餘資本的人出錢買官職或養老金保險，而非從事商業投資。有人曾經試圖建立法國國家銀行，以便有效地管理國債，並提供低利貸款，但這些計畫都遭到了既得利益者的抵制。因此，法國政府的所謂財政政策始終是只顧眼前的短視政策，過一天算一天。

法國商業的發展也是命途多舛。例如，比較一下處於劣勢的法國港口城市拉羅舍爾（La

Rochelle）與居於優勢的英國利物浦或格拉斯哥，是很有意義的事。這三座城市都努力在十八世紀的「大西洋經濟」圈中一展身手。拉羅舍爾地處通向西非和西印度群島的三角貿易線上，占盡了地理上的優勢。可惜的是，這個港口不斷遭到法國王室「貪得無厭、冷酷無情」的掠奪，使該市商人空有一腔豪情和熱望。各種「沉重的、不公平的、巧取豪奪的稅收」阻礙了經濟發展；賣官鬻爵的行徑吞噬了大量原本可以投資於貿易的資金，貪官汙吏私自徵收的苛捐雜稅又使這種趨勢更形惡化；專賣公司限制了自由企業的發展。一七六○年代，王室強迫拉羅舍爾花費鉅資建造了一座大兵工廠（否則將沒收全城所有的收入），但當戰爭發生時，卻棄之不顧。由於法國政府只注重軍事目標而忽略海上貿易，因此與占優勢的英國皇家海軍的頻繁衝突給拉羅舍爾帶來了接二連三的大災難，這些大慘事包括商船被劫掠、利潤豐厚的奴隸買賣被迫中斷，而且在加拿大和路易西安那（Louisiana）的海外市場也喪失殆盡。相較之下，英國大西洋區域的經濟在整個十八世紀都處於穩定發展的狀態。英國的貿易和海外領地是戰時英國政府政策下的獲益者。

法國不健全的財政體制的最大惡果是，它以種種方式破壞了陸海軍的戰爭努力。由於體制的無效率和不可靠性使法國軍隊需要更多的時間獲得輜重和補給，軍火商也不得不開出比對英國與荷蘭主顧更高的價格。籌措龐大的戰爭費用始終是法國君主政權的一大難題，（儘管到了一七七○年代和一七八○年代它已經愈來愈依賴荷蘭的資金）因爲它的貨幣值不斷浮動、債信很差，所以金融界對法國要求的利率遠遠高於給英國和許多其他歐洲國家的貸款利率。告貸無門、走投無路的法國政府也不得不接受這種苛刻條件。儘管如此，波旁王朝還是無法籌集到足夠的資金，以支持它在長期戰爭中全面的軍事行動。

法國的上述劣勢在美國獨立戰爭後的幾年中暴露得最爲明顯。在這場不體面的戰爭中，英國人喪失了最大的一塊殖民地，國債也上升至兩億兩千萬英鎊；但由於這些款項的貸款利率僅爲百分之三，每年只需償還七百三十三萬英鎊的本息。在這場戰爭中，法國的實際耗費要少得多，畢竟它是在戰爭進行到一半才加入的，也就是在內克全力平衡國家預算之後，而且不需派遣一支龐大的陸軍。然而，法國政府卻付出了十億多里弗爾，而所有這些款項幾乎都是以英國政府貸款的兩倍浮動利率借來的。兩國政府都不得不將年支出的一半用於償還債務，但是一七八三年以後，英國採取了一連串措施（如設立統一收支的公債基金，即「償債基金」）以穩定債務和提高債信。這也許是小皮特（Pitt）政府的最大貢獻。相反地，法國由於在和平時期的「正常」收入也總是入不敷出，每年都要發行新的公債。不斷膨脹的財政赤字，進一步削弱了法國政府的債信。

令人驚駭的統計數字顯示，到了一七八〇年代末期，法國國債的總額已與英國相當，約爲兩億一千五百萬英鎊。但法國每年要支付一千四百萬英鎊的利息，幾乎是英國的兩倍。更糟的是，歷任財政大臣開徵新稅的企圖都遭到了民眾日益強硬的抗拒。這種情況一直到法國大革命爆發都未見改善，最後導致了舊體制的崩潰。國家的破產和大革命爆發之間的關係是非常明顯的。在一七八九年後的危機中，法國政府不得不印發更多的鈔票（一七八九年發行一億里弗爾，一七九〇年發行兩億里弗爾）。這種手段後來被制憲會議的權宜措施所取代，該會議決定沒收教會的地產，並按其估計價值發行紙幣。這一切措施導致更嚴重的通貨膨脹，而一七九二年發動的對外戰爭則使得通貨膨脹更形惡化。雖然稍後建立的革命政府之行政改革成立了一個類似英國的稅務機關，但持續到一八一五年的內亂和過度的對外擴張使法國的經濟狀況遠遠落後於其頭號敵人——英國。

然而，不是只有法國政府才面臨財政上的困難。即使在和平時期，各國爲了維持軍隊通常運作也要耗費政府支出的百分之四十至五十，在戰爭時期則高達百分之八十至九十。歐洲各國的政體不論是君主專制、君主立憲，還是共和政體，都面臨著同樣的困難。每一回合戰鬥之後（尤其是在一七一四年和一七六三年後），絕大多數國家都迫切需要休養生息、恢復經濟秩序，並且極力撫平戰爭和重稅所引起的情緒反彈。然而，歐洲國家好強和自我中心的特性使得和平只是暫時的現象，過不了幾年，各國便又在爲新的戰爭摩拳擦掌了。如果說連英法荷這歐洲三大富國尙且不堪此種財政負擔，其他國家又如何擔負得起呢？

這個問題的答案非常簡單：他們根本擔負不起。就連擁有廣闊而經營有方的王室領地和專賣公司的腓特烈大帝的普魯士，如果不是靠貶值貨幣、掠奪鄰國（如薩克森和梅克倫堡），以及一七五七年後富裕的盟國（英國）慷慨解囊，則在奧地利王位爭奪戰和七年戰爭中根本無法支撐下去。對效率低落、權力分散的哈布斯堡帝國來說，支付戰爭費用更是一大難題。俄國和西班牙的情況也同樣糟糕。這兩個國家只能靠加緊壓榨農民和貧困的中產階級來籌措資金。由於舊制度各社會階層（如匈牙利的貴族和西班牙的神職人員）都要求免稅，儘管各國都發明了複雜的間接稅，將貨幣貶值，並發行大量的紙幣，仍然難以維持軍隊和王室在和平時期的需要。於是，戰事伊始，各國只得採取非常的財政措施來因應國家的緊急需要。這意味著他們爲了獲得購買傭兵和軍需的金錢，不得不更加依賴西歐的金融市場或來自倫敦、阿姆斯特丹或巴黎的直接援助。「沒有錢就沒有瑞士傭兵」也許是文藝復興時期諸侯的一句口頭禪，但在腓特烈和拿破崙時代這依然是個無可避免的現實問題。

然而，這並不等於說財政因素總是決定一切。例如在十八世紀的大部分時間裡，阿姆斯特丹一直是全球最大的金融中心，但是光憑這一點實在無法阻擋聯合省強國地位劃下句點的命運。相反地，俄國儘管經濟落後，國家資金匱乏，但該國在歐洲事務中的影響力和實力卻與日俱增。因此，我們不得不再考慮另一個制約因素，即地緣的因素，也就是地理位置對國家戰略的影響。

地緣政治

由於歐洲強權政治所固有的競爭性和十八世紀變幻無常的同盟關係，國家之間忽敵忽友是司空見慣的現象。祕密條約和「外交革命」產生了不斷變化的國家集團，也因此歐洲均勢的變化有如星馳。這不但使各國必須大力倚重外交的才智及武裝力量的效能，還顯示了地理因素的重要性。此處所謂的地理因素不僅包括一個國家的氣候、自然資源、農業生產力以及便捷的通商路線，還包括國家在多國間的戰爭中所處的戰略位置。某個國家是否能將全部力量集中到一條戰線上，還是不得不分散到數條戰線上？是與弱國還是與強國接壤？它主要是個陸上大國還是海上強國，抑或兼而有之？這又給它帶來何種有利因素和不利因素？如有必要，它是否能夠輕易地從一場歐陸大戰中脫身？最後，它是否能從海外獲得另外的資源？

聯合省在此期間的興衰是地理因素影響政治的典型例子。十七世紀初，聯合省具有國家發展的許多國內要素，如經濟繁榮、社會安定和強大的陸海軍。而且地理位置在當時也看不出有什麼缺點，其縱橫交錯的河道是抵禦西班牙軍隊的天然屏障。而瀕臨北海的位置又使聯合省便於獲得豐富的鯡魚資源。但是一個世紀以後，荷蘭卻在腹背受敵的困境中掙扎。克倫威爾的英國和柯伯的法國雙雙採取重商政策，此舉嚴重傷害了荷蘭的商業和航運業。在英荷海戰期間，即使有善戰的特隆普和勒伊特把關，荷蘭商人仍只有兩條路可走，其一是咬緊牙關闖過敵艦環繞的英吉利海峽，其二是繞遠道而行，經過波濤洶湧的蘇格蘭海域，而走後一條路線同樣可能在北海遭到攻擊。強勁的西風使英國海軍在戰鬥中占了上風，而荷蘭沿岸的淺海則限制了荷蘭戰艦的吃水深度和噸位，因此影響到它們的火力。在荷蘭與美洲和西印度群島的貿易逐漸受到英國海軍威脅的同時，曾經是它早期繁榮的一大根基的波羅的海轉口貿易也遭到了瑞典人和沿岸競爭對手的侵奪。雖然荷蘭人可以派遣一支龐大的艦隊到受威脅地區示威幾天，但他們卻無法長期這麼做。

從一六六〇年代末期開始，路易十四的法國在陸上的威脅使得荷蘭處境更爲艱困。由於此一威脅遠甚於一個世紀前西班牙的威脅，荷蘭不得不擴充自己的陸軍（到一六九三年的九萬三千人），並且投入更多的人力物力加強鎮守南部邊境的要塞。這對荷蘭國力的消耗是雙重的：第一，國家將大量資金挪至軍事費用，引發了戰債、利息、國內消費稅和工資的急遽攀升，因而削弱了本國商業的長期競爭力；其二，戰爭造成了慘重的人命損失，使荷蘭人口在這一時期始終停滯在兩百萬左右。因此，在西班牙王位繼承戰爭（一七〇二－一七一三年）期間，當馬博羅指揮的英荷聯軍不顧一切地對法軍防線發動正面進攻而遭到慘重的人員傷亡時，荷蘭國內一片譁然。

威廉三世在一六八九年締造的英荷聯盟一方面拯救了聯合省，一方面卻又促成了荷蘭從獨立大國的地位衰落下去。無獨有偶，兩百五十年後的「武器租借法案」和英美聯盟既拯救又削弱了邱吉爾領導下浴血苦戰的大英帝國。在一六八八年至一七四八年間與法國的數次戰爭中，荷蘭由於缺乏資源，不得不將四分之三的國防經費用於陸軍，因此忽略了他們的艦隊，而在此同時，英國的海上貿易和殖民活動卻大有斬獲，並從中得到了豐厚的商業利益。換言之，倫敦和布里斯托的商人財運亨通之日，正是阿姆斯特丹商人流年不利時。由於英國大力阻撓的關係，戰爭期間荷蘭與法國的貿易往來陷於全面停頓，這對荷蘭來說不啻是雪上加霜，同時這也顯示出當時荷蘭對國際貿易和金融往來的依賴程度。相較之下，英國的經濟是相當自給自足的，即使到了「七年戰爭」時期，聯合省已經宣布中立，情況也沒有多少改觀。不可一世的英國皇家海軍拒絕接受「自由商船，自由貨物」的原則，決心堵住法國利用中立國船隻進行海外貿易的機會。英荷兩國在一七五八年和一七五九年間因這一問題而發生了多次外交糾紛，同時在美國獨立戰爭初期又一再重演，終於在一七八〇年以後釀成兵戎相見的慘禍，使他們的海上貿易兩敗俱傷。到了法國大革命和拿破崙戰爭期間，荷蘭人已深深地陷入了英法兩國的夾縫中間，常常遭受到賴債的損失，加以國內四分五裂，在食之無味、棄之可惜的世界競爭環境中，他們一步步失去了殖民地和海外貿易。在這種困境中，任何金融專家和「剩餘資本」都不足以挽狂瀾於既倒。

與此相類似，法國在十八世紀中更是內外交困，焦頭爛額。它既要達到其在歐陸的目標，又想實現其海上和殖民的野心，未免有些力不從心。在路易十四在位初期，這種戰略上的雙重價值尚不十分顯著。法國的實力完全寄託於其本身固有的資源，包括廣闊而完整的領土、自給自足的農業和約達兩千萬的人口。這使路易十四得以將他的軍隊從一六五九年的三萬人擴充至一六六六年的九萬七千人，以及一七一〇年的三十五萬人。這位太陽王的外交政策目標也是尋求在歐洲大陸的擴張。爲了進一步蠶食哈布斯堡帝國的地位，他向南挺進到西班牙，向東向北攻打西班牙與哈布斯堡防線鬆弛的聯絡孔道和日耳曼領土法蘭琪—孔德（Franche-Comte）、洛林、亞爾薩斯、盧森堡和荷蘭南部。由於西班牙已經是強弩之末，奧地利面臨土耳其的威脅已自顧不暇，而英國起初則保持中立或友好的態度，路易十四得以在外交上享有二十年的豐收。但後來法國過度的驕橫引起了其他大國的恐慌。

法國的戰略問題主要是，雖然它擁有強大的防衛力量，但是它的地理位置卻不適於當作對外征服的決勝地帶：從任何方向看，它都是被包圍的，不是受到地理障礙的限制，就是和其他大國的利益發生衝突。例如，法國如果要進攻哈布斯堡所控制的荷蘭南部，就必須奮力通過星羅棋布的要塞和縱橫交錯的河流。這不僅將招致哈布斯堡的反擊，而且將激起英國和荷蘭的強烈反應。法國入侵日耳曼的軍事行動也是困難重重：雖然要突破邊界防線並不難，但補給線卻拉得很長，而且還不可避免地要面對奧地利、荷蘭、英國和普魯士因此而結成的同盟，尤其是一七一四年英國漢諾威王室繼承以後更是如此。到了十八世紀中葉，每當法國欲與一個日耳曼大國（如奧地利或普魯士）結盟，另一個日耳曼大國必然會與之爲敵，並盡力爭取英俄兩國的支持，以消除法國的野心。

不僅如此，法國與海權國家的每一場戰爭，都分散了本身的力量，使自己更難在歐陸戰爭中取勝。法國在法蘭德斯、日耳曼和義大利北部作戰的同時，在英吉利海峽、西印度群島、加拿大南部和印度洋各有一條戰線，依違於這兩個方向的結果乃是常常顧此失彼，甚至「多頭落空」。雖然法國政府從來不像英國政府那樣捨得在海軍建設上投注大量資本，但還是將一部分原本可以用來強化陸軍的經費分配給海軍，因爲法國不再完全是一個陸權國家。只有在一七七八至一七八三年的戰爭中，法國支持了西半球的美國反叛者，同時又避免插足日耳曼，才得到了一個向英國雪恥的機會。在所有其他戰爭中，法國無不因爲戰線太長而屢遭敗績。

總之，舊制度下的法國雖然在人口、幅員和財富方面均是歐洲第一大國，但這些再加上團隊精神都還不足以使它成爲「超級強國」，而且它在海上和陸上受到種種牽制以致疲於奔命，因此無法戰勝它所樹立的眾多敵人。法國的行動就這樣強化（而不是破壞）了歐洲權力的多元體系。只有當大革命爆發後再加上拿破崙的雄才大略，法國才得以主宰歐洲大陸。但是法國的勝利只不過是曇花一現而已。任何軍事天才都無法使法國永久控制日耳曼、義大利和西班牙，更不用說俄國和英國了。

四面受敵並非法國特有的問題，只不過由於法國長期以來缺乏明確的目標，到處擴張以致精力分散，而顯得特別嚴重。在這一時期中，哈布斯堡帝國和布蘭登堡—普魯士這兩個日耳曼大國也面臨著同樣的麻煩。對於奧地利的哈布斯堡家族來說，這已經不是什麼新問題了。他們統轄的領土極不規則，分散在各地（奧地利、波希米亞、西里西亞、摩拉維亞、匈牙利、米蘭、那不勒斯、西西里，以及一七一四年後控制的荷蘭南部）（參見地圖3-1），而周邊的其他大國又虎視眈眈，只爲了維持現狀他們就必須在外交和軍事謀略上費盡心機。要擴大這份遺產則需要天才或運氣，或兩者皆

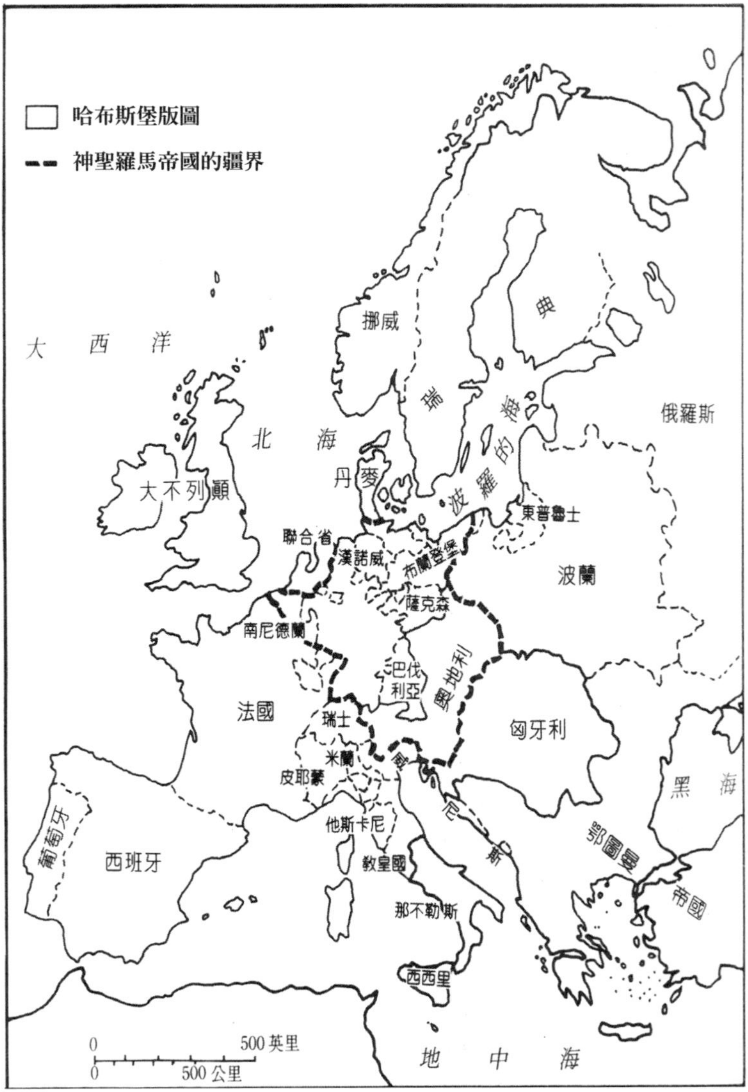

地圖3-1　1721 年的歐洲

不可缺。

雖然在對土耳其的幾次戰爭（一六六三年至一六六四年、一六八三年至一六九九年、一七一六年至一七一八年、一七三七年至一七三九年、一七八八年至一七九一年）中，哈布斯堡大體上鞏固了在巴爾幹的地位，但這些戰爭也幾乎耗盡了維也納的力量。例如，一六八三年土耳其人兵臨帝國首都城下時，利奧波（Leopold）一世不得不容忍路易十四「光復」亞爾薩斯和盧森堡這一挑釁行動，而對法國保持中立。在「九年戰爭」（一六八九年至一六九七年）和隨後的西班牙王位繼承爭奪戰（一七〇二年至一七一三年）期間，因爲維也納已加入了龐大的反法聯盟，這才收起曖昧的心態而全力對抗法國。儘管如此，哈布斯堡仍須騰出一分力量用在別的地方。由於哈布斯堡既要維護它在歐洲的一般利益，在普魯士興起後又要維護它在日耳曼內部的特殊利益，因此，十八世紀後期戰爭的過程就變得更加捉摸不定了。至少在一七四〇年普魯士奪取西里西亞省以後，維也納在推行外交和軍事政策時總是不得不緊盯著柏林。這使得哈布斯堡的外交政策比以前更加用心良苦：一方面，爲了遏制日耳曼大家庭內正在崛起的普魯士，奧地利經常需要法俄兩國的協助，尤其是俄國。另一方面，由於法國本身也是不可靠的，因此又常常（如一七四四年至一七四八年間）需要藉著英奧聯盟來加以制衡。此外，俄國的迅速崛起也需要加以關注，特別是在沙皇的擴張政策威脅到鄂圖曼帝國控制下的巴爾幹地區的時候，因爲維也納對該地區早已垂涎三尺。最後，當拿破崙帝國主義威脅到歐洲所有其他國家的獨立時，哈布斯堡帝國除了義無反顧地加入反法同盟之外，已別無選擇。

奧地利的弱點在和普魯士漫長的爭雄期間暴露無遺，尤其是一七四〇年以後。雖然哈布斯堡從事了軍事、財政和行政管理的改革，但仍未能戰勝比較小的日耳曼國家普魯士。普魯士在軍事財政和行政組織方面的效率要比奧地利高得多。另外，法、英、俄等非日耳曼國家的立場愈來愈明朗，它們既不希望奧地利消滅普魯士，也不希望普魯士消滅奧地利。就大範圍的歐洲情勢而論，哈布斯堡帝國已降格爲一流大國中的小兄弟，而且這種情況一直維持到一九一八年方才改變。當然，哈布斯堡的行情不像西班牙和瑞典等國家跌得那麼慘，並且幸運地逃過如波蘭所遭受的惡運，但是，由於帝國的權力分散、民族眾多、經濟落後，維也納當局想要將帝國變成頭號強國的企圖一再化爲泡影。然而，要說它已是明日黃花，未免也有此言過其實。正如赫夫頓（Olwen Hufton）所言：「奧地利帝國雖然歷盡滄桑，仍未順勢瓦解」，說明帝國仍然頗具潛力。每一次的災難總是伴隨著一番新的改革，即所謂「重建」。這顯示帝國仍然擁有相當可觀的力量，儘管維也納已很難發揮這種力量了。每一位研究哈布斯堡衰亡史的學者都必須對於一七九二年至一八一五年間，奧地利面對強大的法蘭西帝國主義軍隊而能與之周旋長達十四年的毅力提出解釋。

普魯士在地緣政治上的條件與奧地利十分相似，只是國內的情形大不相同。普魯士迅速崛起成爲日耳曼北部最強大王國的原因是眾所周知的，這包括三位重要領袖的組織和軍事長才、耗費國家賦稅收入五分之四的軍隊、立基於遼闊的王室領地及政府鼓勵工商業所帶來穩定的財政、利用外國士兵和企業家，以及在普魯士軍需總處督導下的一群官僚。此外，瑞典的影響力式微、波蘭王國分崩離析，而維也納又被十八世紀上半葉的多場戰爭和哈布斯堡的王位繼承問題弄得抓狂不已，普魯士在此時興起可謂占盡了天時之利。事實上，普魯士君主還有許多絕佳的機會。它不僅填補了一七七〇年後中北歐出現的「權力眞空」，而比起其他大國，它也從所處的地理位置獲益不少。俄國的興起大大地牽制了瑞典、波蘭和鄂圖曼帝國；而遠在西方的法國又無法形成嚴重威脅，老實說，有時甚至還是它與奧地利相抗衡的盟友。另一方面，如果法國長驅直入日耳曼，與之抗衡的除了普魯士以外，還將會有哈布斯堡、漢諾威（因此還有英國）和荷蘭的軍隊。萬一這個聯盟失敗了，普魯士要比其他國家更容易與法國媾和。對柏林而言，反法聯盟雖然有時不無用處，但棄之亦無大礙。

普魯士早期的君主充分利用了上述外交和地理優勢。他們先是取得人們稱之爲東部工業區的西里西亞，從而大大增強了普魯士的軍事和經濟實力。但是，在一七五六年至一七六三年的「七年戰爭」中，當它強大的鄰國決心對腓特烈大帝的狡詐進行懲罰時，普魯士的弱點（諸如人口和版圖的限制及其在歐洲事務中的分量）便暴露無遺了。幸好這位普魯士君主及其訓練有素的軍隊同心協力，救困扶危，加上他的敵人普遍缺乏合作精神，腓特烈才得以在這可怕的「包圍圈」中免遭滅頂之災。儘管如此，普魯士在這場戰爭中人員和物資的損失極爲慘重，加上一七七〇年代以後它的軍隊又日趨保守僵化，柏林已無力抗拒俄國的外交壓力，更不用說抵禦一八〇六年拿破崙的瘋狂入侵了。到了一八一三年至一八一五年間，普魯士仍然難以擺脫國力不足的陰影。在軍事上，普魯士與俄國相比顯得黯然失色；在經濟上，普魯士則相當依賴英國的援助。總之，普魯士仍然無法獨自與法國對陣。如同奧地利一樣，腓特烈威廉三世（一七九七—一八四〇年）的王國在大國的行列中只能敬陪末座，而且這種情形一直持續到一八六〇年代的工業和軍事變革爲止。

相較而言，俄國和美國這兩個遠方國家可說是穩如泰山，因爲它們沒有在兩條戰線上同時作戰的困擾。雖然這兩個未來的超級大國都有「一條正在崩潰的疆界」需要防守，但是，無論是美國越過阿利根尼山脈（Alleghenies）和大平原的擴張行動，還是俄國跨越亞洲西伯利亞大草原的擴張行動，都沒有任何後顧之憂。它們在與西歐打交道時，大都只是一對一的態勢。它們分別能夠對一些強國構成挑戰或者牽制的作用，而且由於它們遠離歐洲戰場，因此本土無虞受到攻擊，可謂進可攻退可守。

當然，我們必須強調指出，在一六六〇年到一八一五年這段期間，美俄兩國的影響力愈來愈明顯。實際上，在一六六〇年代和一六七〇年代，歐洲人所謂的「美洲」只不過是散落在沿海地帶的一些殖民地；而彼得大帝（一六八九—一七二五年）登基前的莫斯科公國幾乎和美洲同樣遙遠，而且是更落後的地方。在貿易條件上，兩者都是「低度開發的」國家。兩國都生產木材、大麻等等原料，同時都從英國和聯合省購買製成品。在這一時期的大部分時間中，美洲僅是歐洲各國爭相搶食的一塊肥肉，還算不上一個權力因子。英國在「七年戰爭」中的壓倒性勝利改變了這種局面。戰爭結束時（一七六三年）法國被逐出了新斯科夏省（Nova Scotia）和加拿大，而西班牙則被趕出了西佛羅里達。一旦外來的威脅消失之後，美洲殖民地的人民就開始強調，他們與英國之間僅僅是名義上的關聯。況且，到了一七七六年，北美殖民地已經有了極大的發展：人口每三十年增加一倍、不斷向西擴張、經濟繁榮，糧食等商品均能自給自足。這意味著英國人不管從海上或陸上都很難征服這些叛變的州。

美國的獨立對世界權力的形態產生了兩種重大影響。其一，一七八三年以後，歐洲以外出現了一個在經濟和軍事皆舉足輕重的權力中心，它對全球權力均衡產生的深遠影響遠非經濟沒落的中國和印度所能企及。到了十八世紀中葉，美洲殖民地已經在海上貿易中占有重要地位，並開始步入工業化的初級階段。資料顯示，這個新興國家的生鐵和鐵錠產量在一七七六年就已經超過了英國；此後，它的「製造業產量成長了將近五十倍，到一八三〇年一躍成爲世界第六大工業國」，這樣的成長速度，無怪乎在一七九〇年代就有觀察家預言，美國將在下個世紀扮演更大的角色。其二，各國，特別是英國，幾乎立刻就感受到大西洋對岸出現了一個潛在的勁敵，這個敵國威脅著英國在加拿大和西印度的屬地。不過，由於距離遙遠及美國本身的孤立主義，倫敦毋需像維也納對待土耳其人和俄國人那樣認眞地對待美國人。然而，一七七九年至一七八三年間和一八一二年至一八一四年間發生的兩次英美戰爭使英國人充分感受到，有美國的牽制，他們就很難騰出手來全力在歐洲競逐。

沙皇俄國的崛起對國際的均勢產生了更爲直接的影響。俄國在波塔瓦（Poltava）（一七〇九年）大敗瑞典軍隊以後，其他大國便意識到，遙遠而帶有野蠻氣息的莫斯科公國決心在歐洲事務中占有一席之地。而雄心勃勃的彼得大帝迅速地建立起一支海軍以鞏固他在波羅的海獲得的據點（卡累利亞〔Karelia〕、愛沙尼亞、利沃尼亞）時，深恐被這個東方巨人侵占的瑞典人慌忙向英國皇家海軍求援。但是實際上首當其衝的卻是土耳其人和波蘭人。在一七九六年凱薩琳女皇去世前，她又爲她那龐大的帝國增添了二十萬平方英里的疆域，不過，俄國軍隊不時入侵西方似乎更令人畏懼。俄軍在「七年戰爭」期間表現的殘暴和頑強特性，不僅使得他們在一七六〇年一度占領柏林，還使腓特烈大帝不得不對他的這個鄰國刮目相看。四十年之後，蘇沃洛夫（Suvorov）將軍統率的俄國軍隊在第二次反法同盟戰爭中（一七九八年至一八〇二年）的義大利戰役和阿爾卑斯戰役，表現出旺盛的活力。此次遠征可以說是一八一二年至一八一四年間俄國軍隊進軍巴黎的前兆。

我們很難論斷俄國在十八世紀的國際地位。它的軍隊規模常常超過法國；在重要的工業製品（紡織品、生鐵）方面正在取得長足的發展。它是很難、或者說幾乎是不可能被征服的。這個「火藥帝國」打敗了東方的遊牧部落，獲得了大量的人力、原料和可耕地等資源，從而進一步加強了它在列強中的地位。在政府的管理之下，俄國上下一心一意地致力於現代化建設，不過此一政策的推展和成就往往被誇大了。落後的現象仍然比比皆是，包括可怕的貧窮和野蠻、極低的平均所得、閉塞的交通、惡劣的氣候、落後的科學技術和教育，以及羅曼諾夫王室一些低能殘暴的君主。連一代女皇凱薩琳在經濟和財政方面也沒有多少建樹。

儘管如此，由於十八世紀歐洲的軍事組織和技術發展比較緩慢，俄國採用了外國的專門知識而得以趕上並且超過了資源較少的國家，這種原始的數量優勢一直保持到十九世紀，因工業革命改變了戰爭的規模和速度才逐漸消失。在一八四〇年代以前，俄國雖然有上述種種弱點，它的軍隊仍然是一支令人畏懼的攻擊武力。如此鉅額的軍事預算（約占政府支出的四分之三）加上眾多刻苦耐勞的士兵，使得俄國軍隊能夠發動其他國家的軍隊無法發動的長程軍事行動。的確，俄軍的後勤基礎常常不足（因爲馬匹欠佳、補給系統效率低、軍官無能），無法獨自在大規模戰役中維持下去。俄國在一八一三年至一八一四年間進軍法國，主要是借道友好國家的領土和仰仗英國的鉅額援助；但這些軍事行動已經足以使俄國令人生畏了。因此到了「七年戰爭」時期，俄國已經在歐洲事務中贏得了舉足輕重的地位。就大戰略的觀點而言，另一個大國走進歐洲均勢中，絕對有助於阻止當時法國想主宰歐陸的圖謀。

十九世紀初的一些學者，如托克維爾（de Tocqueville）就曾經指出，俄國和美國似乎是「上帝指派來支配半個地球命運的國家」。但他們指的是遙遠的將來。在一六六〇年到一八一五年這段時期，取得決定性進步、並且取代法國霸主地位的是海上強權英國，而不是美俄等陸權國家。地理因素在這裡又扮演了極重要的角色。約一百年以前，馬漢（Mahan）就在他的經典著作《制海權對歷史的影響》（*The Influence of Sea Power upon History*, 1890）中，描述了英國地理位置的優越性。

> 倘若一個國家的地理位置使之既不必在陸上做防禦工作，也不會被誘導在從陸上進行領土擴張，而是全心全力地將目標指向海洋，那麼，與具有大陸邊界的國家相比，這個國家就擁有一種優勢。

當然，馬漢的論點有以下幾個前提條件。首先，英國政府不必爲它的腹翼操心。在征服愛爾蘭及英格蘭與蘇格蘭聯合（一七〇七年）之後，英國的腹翼基本上是安全的，儘管倫敦一度把法國偶爾在塞爾特人居住區挑起的麻煩看得很嚴重。雖然愛爾蘭人的叛變比起美國叛亂者的暴動離英國本土要近得多，但值得英國人慶幸的是，其敵人未能充分利用此一弱點。

馬漢論點的第二個前提是，海戰和海權的地位優於陸戰和陸權。這就是「海權主義」戰略學派的信條。一五〇〇年以後的世界經濟和政治潮流似乎充分證實了這一點。世界的主要通商航路從地中海逐漸轉移到了大西洋，而且歐洲國家在西印度群島、北美洲、印度次大陸和遠東的殖民和商業活動獲利極其豐厚，這使得位於歐洲大陸西側的英國自然從中獲益匪淺。當然，這必需國家能夠明白海上貿易的重要性，並願意維持一支強大的艦隊。在這個先決條件下，英國的政治領導層在十八世紀找到了增進國家財富和實力的良方。繁榮的海外貿易不但推動了英國經濟的發展，活絡了航海業和造船業，爲國庫累積資金，而且還是通向海外殖民地的生命線。殖民地不僅是英國產品的市場所在，而且是許多原料的來源，包括食糖、煙草、白棉布和日益重要的航海用品。皇家海軍在和平時期維護英國商人的尊嚴，在戰爭時期則保護他們的貿易活動並奪取更多的殖民地，一切以國家的政治和經濟利益爲至上。於是，貿易、殖民地和海軍便形成了一個「鐵三角」，環環相扣而確保了英國的長期優勢。

馬漢的這種解釋雖然不無道理，但是還不夠全面。像許多重商主義者的著作一樣，馬漢的著作往往過於強調英國對外貿易的重要性，特別是誇大「殖民地」貿易的重要性，而忽視了國內生產的重要性。在整個十八世紀中，農業始終是英國經濟的基礎；而出口（在一七八〇年代之前也許不及國家總收入的百分之十）則常遭到外國強大的競爭和關稅障礙。這樣的缺失是任何強大海軍都無法補償的。海權主義者也刻意忽略英國與波羅的海、日耳曼和地中海地區的貿易對英國經濟仍有不可磨滅的重要性，雖然其成長速度較慢。因此，如果法國長期稱霸歐洲，如一八〇六年至一八一二年間所發生的情況一樣，就可能給英國的製造業帶來嚴重打擊。在這種情況下，對歐洲大陸採取孤立主義政策是極不明智的。

那些將目光掃向西印度群島、加拿大和印度的人士還忽視了在英國大戰略中至爲重要的「大陸」因素。在一六五二年至一六五四年、一六六五年至一六六七年和一六七二年至一六七四年間的英荷衝突中，由於這兩個海上強國對抗的根本原因就是爭奪海上貿易，因此，進行純粹的海戰是合乎邏輯的。但是在一六八八年的光榮革命之後，英國的戰略形勢發生了很大變化。在一六八九年至一八一五年間發生的七次戰爭中，對英國的利益構成威脅的主要是大陸國家的法國。誠然，法國人確實把戰火引燃到了西半球、印度洋和埃及等地方，而且儘管那些戰役對倫敦和利物浦的商人非常重要，可是從未直接威脅到英國的國家安全。只有當法國戰勝荷蘭、漢諾威和普魯士，主宰中、西歐，並且聚積了足以動搖英國海上霸權的造船物資時，才會對英國的國家安全構成直接威脅。因此，當時英國對歐洲大陸的多次軍事干預，並非僅僅出於威廉三世與聯合省或漢諾威王室之間的私人關係。另外還有一個令人注目的論點，即要維護英國自身的長遠利益，就必須遏制波旁王朝和拿破崙的野心，方式是不斷援助法國在歐洲大陸的敵人，這個觀點也印證了當年伊麗莎白一世對西班牙的恐懼之情。根據這個觀點，「海上」戰略和「陸上」戰略並不相互對立，而是相輔相成的。

一七四二年，紐加索（Newcastle）公爵精闢地表達了這一戰略構想的精髓：

> 法國一旦在大陸上解除了後顧之憂，就必將在海上擊敗我們。因此，我一向認爲我國海軍應當保護我們在歐洲大陸上的盟國，藉著轉移法國的力量來確保我國的海上優勢。

英國主要是透過兩種方式來「轉移法國的力量」，一種是以外圍的突襲或派遣遠征軍支援盟國等方法進行直接的軍事行動。突襲策略因花費較少而受到一些大臣的偏愛，但這種策略收效甚微，偶爾甚至會因爲天災而中途收場，一八〇九年的瓦克藍島（Walcheren）戰役即爲一例。而派遣遠征軍雖然要耗費較多的人力和財力，但能更有效地維持歐洲的均勢，如馬博羅、威靈頓等名將指揮的戰役即爲明證。

英國牽制法國力量的另一種方式是財政援助。具體的方法是出錢僱用外籍傭兵與法國作戰或直接資助盟國。例如，在一七五七年至一七六〇年間，腓特烈大帝就每年從英國獲得六十七萬五千英鎊的援助。在拿破崙戰爭末期，英國的對外援助數額更是大幅增加，僅一八一三年就輸送了一千一百萬英鎊給各個盟國，在戰爭期間全部的援助總額高達六千五百萬英鎊。英國之所以能夠如此的慷慨解囊，主要是因爲它的商業和貿易、特別是海外市場的日益擴展，其所帶來的豐厚利潤使得英國政府能夠以空前的大手筆舉債和徵稅，而且老神在在。因此，雖然英國爲了把法國的力量分散到歐洲大陸各地而破費了不少錢財，但也使得法國無法對英國的海上貿易發動持久的攻勢，更無法宰制歐洲大陸，自然也就無法騰出手來進攻英國本土，而這又讓倫敦有機可趁，既可籌措本身的戰費又可經援盟國。就這樣，地理優勢和經濟利益結合在一起，使英國得以巧妙地施展其兩手策略：「一面朝向歐洲大陸，以維持歐洲的均勢；另一面對著海洋，以強化它在海上的優勢地位。」

我們只有了解上述財政因素和地理因素的重要性之後，才能充分理解此一時期各國人口和陸海軍軍力成長的統計數字之具體涵義（見表3-2至表3-4）。

熟悉統計學的讀者應該明白，我們解讀這些簡略的數字必須格外謹慎。表格中關於人口的數字，特別是早期的人口數，僅僅是推測而已，可能會有很大的誤差。軍隊的規模波動很大，端視所選定的日期是在某一場戰爭的初期、中期還是最高潮階段而定。軍隊總數中還常常包括相當數量的傭兵和（拿破崙大軍中）勉強參戰的盟國軍隊。軍艦的數量則既不表示它們的戰備狀態，也不證明

表3-2　列強的人口（1700-1800 年）

（單位：百萬人）

國家＼年代	1700 年	1750 年	1800 年
不列顛群島	9.0	10.5	16.0
法國	19.0	21.5	28.0
哈布斯堡帝國	8.0	18.0	28.0
普魯士	2.0	6.0	9.5
俄國	17.5	20.0	37.0
西班牙	6.0	9.0	11.0
瑞典		1.7	2.3
聯合省	1.8	1.9	2.0
美國	—	2.0	4.0

表3-3　陸軍規模（1690-1814 年）

（人數）

國家＼年代	1690 年	1710 年	1756／1760年	1778年	1789年	1812／1814年
英國	70,000	75,000	200,000		40,000	250,000
法國	400,000	350,000	330,000	170,000	180,000	600,000
哈布斯堡帝國	50,000	100,000	200,000	200,000	300,000	250,000
普魯士	30,000	39,000	195,000	160,000	190,000	270,000
俄國	170,000	220,000	330,000		300,000	500,000
西班牙		30,000			50,000	
瑞典		110,000				
聯合省	73,000	130,000	40,000			
美國	—	—	—	35,000	—	—

表3-4　海軍規模（1689-1815 年）

（主力艦數量）

國家＼年代	1689 年	1739 年	1756 年	1779 年	1709 年	1815 年
英國	100	124	105	90	195	214
丹麥	29	—	—	—	38	—
法國	120	50	70	63	81	80
俄國	—	30	—	40	67	40
西班牙	—	34	—	48	72	25
瑞典	40	—	—	—	27	—
聯合省	66	49	—	20	44	—

它們配備有經過正規訓練的水兵。再者，這些數字並不包括官兵的領導統御能力或航海技術、敬業精神、愛國熱忱以及英勇程度等因素。不過，儘管如此，這些數字至少大致上反映了這個時代強權政治的主要發展趨勢：法俄兩國在人口總數和陸軍規模上居於列強之首；英國的海上實力獨占鰲頭；普魯士趕上了西班牙、瑞典和聯合省；在路易十四和拿破崙時期，擁有強大軍隊的法國比任何時候都更接近歐洲霸主的寶座。

但是，在了解了這一個半世紀裡列強爭霸中的財政和地理因素之後，我們還必須對這些圖表做進一步的解析，以領悟其中的深層意義。例如，聯合省軍事力量的迅速衰落並非出於財政的原因；相反地，它的金融勢力還維持了很長一段時間。美國之非軍事大國的地位則掩蓋了它的戰略牽制作用。同樣，上述數字低估了英國的軍事貢獻。因爲在一八一三年至一八一四年間，它除了擁有自己的陸軍和一支十四萬人的海軍之外，還資助了約十萬人的盟國軍隊（一八一三年時曾多達四十五萬人！）。相反地，如果我們只考慮到普魯士和哈布斯堡帝國軍隊的規模，而不考慮它們對外國財政援助的過度依賴，就很容易誇大它們的實力。如前所述，龐大的法國軍隊由於財政虛弱和地緣戰略上的障礙，戰鬥力因而大打折扣；俄國軍隊則因經濟落後和距離遙遠而實力大減。當我們接下去研究戰爭本身的時候，必須首先記住這些大國各自的優勢和弱點。

贏得戰爭：一六六〇—一七六三

當路易十四在一六六一年三月獲得了對法國政府的絕對控制時，歐洲的局勢對這位決心稱霸的君主極爲有利。在南方，西班牙仍在爲光復葡萄牙而白費力氣。在海峽對岸，查理二世的復辟王朝尚未鞏固陣腳，而荷蘭人卻極欲染指英國的商業勢力範圍。在北方，一場大戰使丹麥和瑞典兩敗俱傷。在日耳曼，新教親王們對於哈布斯堡王室任何增進自己地位的意圖皆頗有疑慮；而在此同時，維也納的帝國政府已經被匈牙利、外西凡尼亞（Transylvania）的麻煩事和鄂圖曼帝國的復興弄得焦頭爛額了。波蘭則因瑞典和俄國的掠奪而日趨衰落。如此一來，繼承李希留傳統的法國外交策略便充分地利用這種情況，使葡萄牙人和西班牙互鬥，挑起馬扎兒（Magyars）人、土耳其人和日耳曼親王與奧地利互鬥，還挑撥英國人和荷蘭人爭鬥，以坐收漁翁之利，而一六六三年與瑞士各州簽訂的條約則加強了法國本身的地位。這一切都使得路易十四好整以暇地使自己成爲專制帝王，並且使法國政府擺脫了國內敵對勢力長久以來的挑戰。更重要的是，柯伯、勒泰利葉等國王的親信臣僚抓住了這個天賜良機，澈底整頓了行政機構，並爲太陽王的雄圖大業而不吝於將大量資源投入陸海軍的建設。

因此，路易十四登基不久便輕而易舉地將法國的邊界「化零爲整」。在一六六五年第二次英荷戰爭期間，法國雖然誓言支持聯合省，但是事實上它在海戰中扮演的角色只能說是聊勝於無。法國眞正的目標是西班牙控制下的荷蘭南部。一六六七年五月，法國人終於揮師入侵，所到之處，勢如破竹，接下來的一連串事件便是這一百餘年外交關係迅速變化的先例。英荷兩國爲這場互不蒙其利的戰爭感到厭倦，加以擔心法國乘機漁利，便於七月在布拉達（Breda）締結了和約，而爲了遏制路易十四，英荷邀請瑞典加入共同「調停」法西爭端。一六六八年的《亞琛（Aixla-Chapelle）和約》雖然使它們如願以償，但卻激怒了路易十四。路易十四下定決心報復聯合省，他認爲聯合省是他大展鴻圖的主要障礙。此後數年，法國一面擴充軍備，一面對聯合省發動關稅大戰。法國還用祕密外交的手段離間了英國、瑞典與聯合省的聯盟關係，安撫了奧地利和日耳曼各邦。到了一六七二年，法國的戰爭機器有了英國人來自海上的協助，已做好開戰的準備。

首先向聯合省宣戰的是倫敦，但是英國在一六七二年至一六七四年的第三次英荷戰爭中表現不佳。英軍在海上屢屢受挫於善戰的勒伊特，也因此在陸上的戰事毫無建樹。查理二世的政府因此在國內成爲眾矢之的。政治上的表裡不一、財政管理的紊亂，以及與信奉天主教並且專制的法國結盟，使人們對英國政府極度反感，政府被迫在一六七四年退出戰爭。這說明斯圖亞特王朝後期，英國在政治、財政和行政管理方面仍然很不成熟。然而，倫敦政策的改變至少反映了路易十四的野心正在引起整個歐洲的普遍不安。在一六七五年中，荷蘭人憑藉著外交手腕和資金援助，很快就找到了許多願意共同對付法國人的帶槍投靠者，包括日耳曼各公國、布蘭登堡、丹麥、西班牙和哈布斯堡帝國。由於反法聯盟各國的軍隊規模較小，實力尚不足以壓倒法國，而且其核心仍然是由新領導人奧倫支的威廉（William of Orange）統治下的聯合省，但是，聯盟在北方水路上對法軍形成的障礙和在萊茵區對法軍的嚴重威脅，卻使得路易十四處處受制，難以有所作爲。同樣地，雙方在海上也是僵持不下。法國海軍控制著地中海，荷蘭和丹麥的艦隊則占據了波羅的海，雙方在西印度群島也是勢均力敵。在這場戰爭期間，法國和荷蘭的貿易可謂兩敗俱傷，中立的英國則坐收漁利。時至一六七八年，阿姆斯特丹當局在商人的壓力下與法國單獨媾和。於是，依賴聯合省經濟援助的日耳曼各邦國也只好鳴金收兵。

雖然在一六七八年至一六七九年間簽訂的《尼曼根（Nymegen）和約》使得公開的戰鬥告一段落，但是路易十四的野心絲毫未減。他仍舊想將法國北部疆界外的領土連成一氣；他還自命爲

「歐洲仲裁人」，並在和平時期維持著一支二十萬的大軍。這些事實都令日耳曼人、荷蘭人、西班牙人和英國人惶恐不安。但這並不表示戰爭會立刻再度爆發。荷蘭商人希望在和平的環境中從事貿易。日耳曼各親王則和英王查理二世一樣被巴黎的援助束縛了手腳。哈布斯堡帝國則正在和土耳其人展開殊死的戰爭，根本無暇旁顧。因此，一六八三年西班牙為了盡力保衛盧森堡而與法國開戰，終因勢單力薄而難逃失敗的命運。

然而，從一六八五年起，形勢開始轉為不利於法國。法國對胡格諾教派的迫害震驚了信奉新教的歐洲國家。在以後的兩年之間，土耳其人澈底戰敗並被逐出維也納。利奧波皇帝的聲望如日中天，軍事實力也日盛一日，這時，他終於將一部分注意力轉到了西方。一六八八年九月，心煩意亂的法國國王決定入侵日耳曼，將「冷戰」轉為「熱戰」。法國的行動不僅促使歐陸國家向它宣戰，而且還使奧倫支的威廉得以趁機悄悄地渡過英吉利海峽，取代聲名掃地的詹姆斯二世，登上了英王的寶座。

到了一六八九年年底，法國便被迫獨自與聯合省、英格蘭、哈布斯堡帝國、西班牙、薩伏依和主要的日耳曼公國作戰。不過，此一反法聯盟並不像表面看來那麼可怕。大聯盟的「核心」只有英荷聯軍和各日耳曼公國。雖然在某些方面此一聯盟是一個本質完全不同的烏合之眾，但是，它擁有充足的決心、財力、陸軍和戰艦，可與太陽王的法國一較長短。要是這種情況發生在十年之前，路易十四也許能夠獲勝，但是在柯伯去世後，法國的財政和貿易狀況已大不如前。它的陸海軍雖然在人數上占有極大優勢，但都無法打一場持久的和遠程的戰爭。如能迅速擊敗一個主要敵國，也許可以突破僵局，但到底應選擇哪個國家作為攻擊目標？路易十四本人又敢不敢破釜沉舟呢？他為此躊躇了整整三年，最後終於在一六九二年召集了一支二萬四千人的軍隊橫渡英吉利海峽進犯英國。可是，號稱「海上大國」的英國實在太強大了，巴爾弗勒爾．拉豪格（Barfleur-La Hogue）一戰便一舉殲滅了各型法國戰艦。

從一六九二年以後，英法海上衝突轉變爲互相破壞對方貿易的持久戰。法國政府在縮減海軍預算的同時，鼓勵私掠船劫掠英荷兩國的商船，也就採取貿易和突襲並行的策略。同盟國海軍則對法國進行貿易封鎖，以此對法國的經濟施加壓力，連荷蘭人也放棄了與敵國貿易的習慣性做法。但是，這種做法不但未能使對方屈服，反而增加了各自的戰爭負擔，使這場戰爭遭到了商人和農民的反對，尤其是農民已連年歉收。陸上爭奪要塞和水道的戰役也是既耗時又費錢：法國的防禦工事簡直攻不破，但是荷蘭或巴拉丁領地所設下的工事也讓法國難以越雷池一步。雙方各自維持一支二十五萬多人的軍隊，即使富國也不堪負擔這種令人咋舌的開銷。雙方在歐洲以外（西印度群島、紐芬蘭、阿卡迪亞〔Acadia〕、龐地治里〔Pondicherry〕）的戰鬥也不足以扭轉歐洲大陸和海上的均勢。到了一六九六年，由於英國保守黨（Tory）的鄉紳和阿姆斯特丹的市民對苛捐雜稅怨憤，而法國則受到飢荒的影響，因此，威廉和路易十四不得不達成妥協。

結果，《雷斯威克（Ryswick）條約》（一六九七年）使歐洲基本上恢復了戰前的狀態，但是路易十四得以保留一部分早先奪取的邊境領土。儘管如此，一六八九年至一六九七年的「九年戰爭」並非如現今有些評論家所說的那般無關緊要。該戰爭顯然使法國在歐陸的野心受挫，法國的海軍實力也折損不少。一六八八年光榮革命的成果因此得以維護，而且英格蘭也保護其腹翼愛爾蘭，這都強化了它的財政制度，並改造陸軍和海軍的體質。於是，英國、荷蘭和日耳曼聯手排拒法國於法蘭德斯和萊茵區之外的傳統終告確立。儘管代價高昂，但歐洲的多元政治體系再度得到維護。

由於厭戰情緒籠罩著歐洲大多數國家的首都，重燃戰火似乎是不可能的。然而，當一七〇〇年西班牙王位繼承權落到路易十四孫子手中的時候，太陽王覺得這是個提升法國影響力的良機。路易十四拒絕與未來的敵人妥協，並以他孫子的名義迅速占領了荷蘭南部，還幫法國商人取得西班牙在西半球龐大的帝國境內的貿易特許權。他的這種種行爲強烈地激怒了英荷兩國。英荷在一七〇一年與奧地利結盟，以遏阻路易十四的野心，史稱西班牙王位繼承戰爭。

在這次戰爭中，雙方的軍事力量和財政資源仍然不相上下，雙方都有能力重創對方，但卻無法壓倒對方。就某些方面而言，路易十四在這次戰爭中比在一六八九至一六九七年的九年戰爭中處於更有利的地位。西班牙人竭誠歡迎他的孫子出任西班牙國王，也就是腓力五世，而且兩個「波旁王國」可以在許多戰區展開合作。從西班牙輸入的白銀當然對於法國的財政狀況有很大幫助，使法國的戰爭機器得以加足馬力。法國軍隊一度竟達五十萬人之眾。但是，奧地利人在此次戰爭中扮演的角色遠比九年戰爭期間的角色更重要，因爲他們在巴爾幹半島的苦難已大爲減緩。更重要的是，英國政府將大量國家資源投入了這場戰爭，其方式是對日耳曼盟國提供大量援助款，保持一支強大的艦隊，還特別指派名將馬博羅將軍率領一支龐大的陸軍遠征歐陸。這支由四至七萬英國大兵和傭兵組成的軍隊，與十萬荷蘭精兵及人數也大約是十萬的哈布斯堡軍隊聯手合作，足以使路易十四玩弄歐洲於股掌之上的野心受挫。

但是，反過來說，這個大聯盟也未必能制服法國或西班牙。在法西兩國領土之外，戰局確實有利於盟國。一七〇四年，馬博羅將軍在布倫亨（Blenheim）大破法國和巴伐利亞的聯軍，使奧地利解除了法軍入侵的威脅。在一七〇六年的拉米耶（Ramillies）戰役中，英荷聯軍收復了荷蘭南部的大部分領土；而一七〇八的奧德納爾德（Oudenaarde）一役則澈底粉碎了法國奪回荷蘭南部的企圖。

自從一七〇四年的馬拉加（Malaga）戰役之後，皇家海軍和荷蘭海軍在海上已無可匹敵。它們充分展現了優勢海軍的機動性。新的盟國葡萄牙可以獲得海上支援，而里斯本則爲英荷艦隊提供了一座前進基地，巴西則供應黃金給大聯盟。因此，盟國可以派遣陸軍去西半球進攻法國在西印度群島和北美洲的殖民地；海軍的突襲分遣艦隊則四處追擊西班牙運送金銀的艦隊。英荷艦隊還攻占直布羅陀，此舉不僅讓皇家海軍控制了地中海出海口的基地，並且使得法國和西班牙的艦隊無家可歸。英國艦隊也鞏固米諾卡島（Minorca）和薩丁尼亞島（Sardinia）的戰果，守衛薩伏依和義大利海岸免遭法國的攻擊。當盟國轉守爲攻時，英國艦隊護送並支援入侵西班牙的大軍，以及掩護土倫（Toulon）攻擊行動的部隊。

但是，盟國的海上優勢並未能防止法國恢復貿易襲擾策略。一七〇八年，皇家海軍被迫設立護航制度，以減少商船隊的損失。正如英國驅逐艦無法杜絕法國私掠船暗渡敦克爾克和吉倫特灣（the Gironde）一樣，盟國也無法實行有效的貿易封鎖，因爲那必須對法國和西班牙海岸線全線布防。雖然一七〇九年要命的冬季，皇家海軍在法國港口附近捕獲了許多運糧船，也未能使路易十四俯首稱臣。

盟國的陸戰態勢比之海戰更加吃力。一七〇九年，盟國軍隊在短暫地占領馬德里之後，抵擋不住西班牙一波接一波的猛烈攻勢，不得不節節敗退。在法國北部，英荷聯軍再也無捷可報，反倒是戰爭變得血腥難捱，而且花錢如流水。此外，一七一〇年上臺的英國保守黨政府則急於達成一項既能節省戰爭支出，又能確保英國利益的和平協議。更重要的是，被盟國內定爲西班牙國王人選的查理大公出人意料地登上了奧地利皇帝的寶座，這等於對熱中擁護統治西班牙的盟國澆了一盆冷水。一七一二年初，英國片面退出戰爭，荷蘭也隨即跟進。於是，夢想成爲西班牙的「卡洛斯三世」（Carlos III）的查理大帝在經過一年徒勞無益的戰爭後也不得不退而求和。

分別於一七一三年和一七一四年簽訂的《烏特勒克（Utrecht）條約》和《拉施達特（Rastadt）條約》，結束了西班牙王位繼承戰。綜合來看，英國無疑是最大的獲益者。雖然英國已經得到了直布羅陀、米諾卡島、新斯科夏、紐芬蘭、哈德孫灣以及西屬新大陸的貿易特許權，但它並不敢對歐陸的均勢置之不理。實際上，由十一個個別條約組成的和解方案巧妙地鞏固了歐洲的均勢。法國和西班牙永遠不得合併，而英國新教徒的王位繼承權卻獲得正式承認。哈布斯堡帝國雖然在西班牙遭到失敗，但卻得到了荷蘭南部、米蘭、那不勒斯和薩丁尼亞。荷蘭人雖然保住了獨立的地位，但是聯合省之海軍強權和貿易大國的雄風已不復存在，而此刻其南部邊區的衛戍工作卻硬是消耗了它大半的能量。最重要的是，路易十四的擴張野心終於被有效地遏制住。法蘭西民族也因駭人的戰爭費用而受到嚴懲，單單法國政府的債務總額就增加了七倍。現在，歐陸的均勢得以維持，但在海上則是英國獨霸天下。一七一四年喬治一世繼位後，東山再起的維新黨（Whigs）人，為了維護《烏特勒克條約》的成果，於次年路易十四死後便急於與法國展開友好協商。

在這歷時半個世紀的戰爭期間，東歐的權力洗牌較之西歐更具戲劇性。東歐的邊界比西歐更不穩定，遼闊的土地不是由開明君主的正規軍所掌握，而是控制在邊疆貴族、克羅埃西亞游擊隊和哥薩克軍隊手中。東歐的民族國家打仗的方式通常是動用游擊隊和輕騎兵進行長程作戰行動。不同於低地國家的作戰行動，東歐戰爭的勝敗招致了土地的大規模轉移，突顯了某些國家的興衰。例如，土耳其人就在這幾十年中對維也納構成最後一次大規模的軍事威脅，但旋即遭到慘敗，從此便一蹶不振。一六八三年奧地利、日耳曼和波蘭軍隊的反擊不但化解了土耳其人對維也納的圍攻，而且導致擴大的神聖同盟從事更大規模的戰鬥。哈摩赤（Homacs）大戰役（一六八七年）澈底摧毀了土耳其在匈牙利平原的勢力。一六九一年的扎蘭克曼（Zalankemen）戰役和一六九七年的森塔（Zenta）戰役更加速了戰線的南移。現在，哈布斯堡只要能將力量集中在巴爾幹戰線，並且擁有尤金親王（Prince Eugene）那樣的將才，就足以抵擋土耳其的入侵。雖然哈布斯堡不能像西歐的君主那樣有效地治理形形色色的土地，但它的大國地位已然確立。

相形之下，瑞典的運氣就差了一些。當一六九七年年輕的查理十二剛剛即位，鄰國的掠奪便隨之而來。一六九九年秋天，對瑞典的波羅的海區領土覬覦已久的丹麥、波蘭和俄國終於結合成了反瑞聯盟。但是，在戰爭初期，瑞典強大的陸軍、國王的軍事才能和英荷海軍的支援皆彌補了它的弱點。這三個因素使得查理十二甚至一度對哥本哈根造成威脅，並迫使丹麥人於一七○○年八月退出戰爭。緊接著，他揮師渡過波羅的海並於三個月後在納爾瓦（Narva）大敗俄軍。查理十二食髓知味，在隨後的幾年中他又致力於征服波蘭和進犯薩克森。

有些史學家認爲，查理十二專注於波蘭和薩克森的問題是一大失策，因爲他忽視了納爾瓦戰敗後彼得大帝在俄國推行的改革。彼得大帝廣羅外國顧問，欣然採納西方的軍事技術，並以在沼澤地中創建聖彼得堡的奮發精神，建立了一支龐大的陸軍和海軍。當查理十二於一七○八年率領一支四萬人的軍隊回過頭來對付彼得大帝的時候，俄國已經成了氣候。雖然瑞典士兵英勇善戰，但損失極爲慘重，根本無力摧毀俄軍主力。後勤補給的不足更是礙手礙腳。當查理十二率軍南下烏克蘭並在當地忍受著一七○八年至一七○九年的嚴冬時，這些困難倍加嚴重。當一七○九年七月，波塔瓦大戰役（Poltava）爆發時，俄軍在人數和防守陣勢上都占盡優勢。結果，瑞典全軍覆沒，查理十二倉惶逃到土耳其，過著長期的流亡生活；鄰近瑞典的敵國則趁火打劫。一七一五年十二月，當查理十二回到瑞典時，他在波羅的海沿岸的全部領土早已被瓜分殆盡，芬蘭的一部分則落入俄國手中。

此後，瑞典又打了幾年的戰爭，查理十二本人也在一七一八年與丹麥人的一場戰鬥中陣亡。一七二一年，在財盡力竭、孤立無援的情況下，瑞典被迫簽訂《尼斯塔特（Nystad）和約》，放棄了它在波羅的海沿岸的大部分省分。自此瑞典淪爲二等國家，而俄國則躋身一流強國之列。同年，彼得正式稱帝，以慶祝對瑞典戰爭的勝利。雖然沙皇的艦隊逐漸衰落，他的國家也極爲落後，但這已經清楚地顯示出，它和英法兩國一樣，「有獨立進入世界強國之林的實力」。用德西歐（Dehio）的話說，在歐洲的東部出現了一個「與歐洲中心相抗衡的力量」。

上述歐陸政治、軍事和經濟的權力平衡，主要有賴於一七一五年以後英法之間維持了近二十年的緩和氣氛。在經歷一場勞民傷財的戰爭之後，法國迫切需要休養生息。而且，倫敦和巴黎的君主政體都因各自的王位繼承問題而耽驚受怕，因此不希望改變現狀，同時發現在許多問題上相互合作對雙方都有好處，例如，一七一九年雙方動用武力阻止了西班牙在義大利的擴張企圖。然而，到了一七三〇年代，國際關係的形態再度發生變化。此一階段法國人對法英關係不再一頭熱，反而一心想重溫昔日歐洲頭號強國的榮耀。當然，這時法國的王位繼承問題已獲解決，而且十幾年的和平歲月促進了其國內經濟的繁榮和海外貿易的極大發展，因此躍躍欲試地想要向海上強國挑戰。當傅樂禮（Fleury）首相掌權下的法國迅速與西班牙修好，並將其外交活動擴張至東歐的時候，在謹言慎行的孤立主義者華爾波爾（Walpole）掌舵下的英國卻竭力置身歐陸事務之外，連一七三三年法軍對奧地利的領地洛林和米蘭的進犯和對萊茵區的入侵，英國竟也視若無睹。由於奉行孤立主義的華爾波爾和驚惶失措的荷蘭人皆袖手旁觀，維也納被迫於一七三八年與巴黎簽訂城下之盟。由於軍事和外交的勝利、有法西聯盟作爲後盾、聯合省的畏懼，以及瑞典甚至奧地利的屈從，皆使法國威望大增，甚至可與路易十四在位初期相媲美。次年，在法國的外交斡旋之下，俄奧兩國與鄂圖曼帝國之間的戰爭（一七三五年至一七三九年）宣告結束，並使得這兩個東歐君主國所奪取的許多領土歸還土耳其，法國的威望於是到達了頂點。

在華爾波爾政府對歐洲發生的這些事件不關痛癢之時，英國的商業利益團體和政治反對派人士卻十分關心英國與（法國的盟國）西班牙在西半球愈來愈多的衝突。一七三九年十月，華爾波爾政府勉強同意向西班牙宣戰。較之一七〇二年至一七一三年的西班牙王位繼承戰，波旁王朝的海軍實力已不可同日而語；而英國陸海軍的實力則不像其國內專家的看法那般令人樂觀，並不足以征服西班牙的殖民地。

神聖羅馬帝國皇帝查理六世去世之後，瑪麗亞德蕾莎（Maria Theresa）繼承皇位。普魯士的腓特烈大帝趁機於一七四〇年和一七四一年之交的冬季奪取西里西亞，使局勢爲之不變，然後他又回過頭專注於歐陸事務。普魯士和巴伐利亞奪取哈布斯堡遺產的暴行獲得法國國內反奧集團的全力支持。這接著又促使英奧重新結盟，並對焦頭爛額的瑪麗亞德蕾莎挹注鉅額援助。英國政府透過金錢和斡旋的管道促使普魯士和薩克森退出戰爭，然後又藉著一七四三年在德廷根（Dettingen）的軍事行動解救了奧地利，保護了漢諾威，並拔除法國在日耳曼的影響力。一七四四年，英法對抗更趨激烈，終於演變成正規的戰爭。法國揮軍北上，穿過奧屬荷蘭的邊境要塞，直搗驚惶失措的聯合省。在海上，英國皇家海軍則加強了對法國的貿易封鎖，波旁王朝的艦隊根本無可奈何。在海外，英法於西印度群島、聖勞倫斯河上游、馬德拉斯附近、通往利凡特商路的沿線進行拉鋸戰。一七四三年，普魯士與奧地利重燃戰火，但是兩年後，經英國的勸說，又退出了戰爭。奧地利可以運用英國的援助來維持國內秩序，收買傭兵以保衛漢諾威，甚至僱請俄國軍隊保衛荷蘭。由於這場戰爭耗資太大，使賦稅和國債呈倍數成長，導致英國民怨沸騰；但與之相比，法國更是筋疲力盡，最後不得不謀求和平妥協。

於是，地理和財政這兩大因素終於迫使英法兩國簽訂了《亞琛和約》（一七四八年）以解決紛爭。這時，法國已控制了荷蘭；英國則占領了聖勞倫斯河岸的路易斯堡等地。但是，經過外交談判，除了西里西亞仍歸腓特烈之外，一切都恢復了原狀。不論在當時或今日來看，《亞琛和約》實際上只是個停戰協定，而不是個永久的和平條約。瑪麗亞德蕾莎仍一心想報復普魯士；法國仍在研究如何在海上擊敗英國；而英國則決心於下一場戰爭中在海上、陸上和殖民地戰爭中取得全面性的勝利。

在北美洲的殖民地（見地圖3-2），英法兩國的移民（雙方都有印地安人和駐軍的援助）在一七五〇年代初期衝突不斷，甚至連「停火」都談不上。兩國政府幾乎不可能控制北美的戰火，因爲英法本國國內皆有一「愛國的遊說團體」，促使政府支持本國殖民者。雙方拼死爭奪的不僅僅是俄亥俄河和密西西比河流域，而是歐洲以外的世界，包括加拿大、加勒比海地區和印度。至一七五五年，雙方已是戰雲密布，不斷派軍增援前線，海軍也處於戰時編制。迫在眉睫的戰爭迫使其他國家調整各自的戰略。已經淪爲二等國家的西班牙和聯合省擔心被這兩個巨人碾碎，只得選擇中立這條唯一的出路。

但是，東部的君主國奧地利、普魯士和俄國，在一七五〇年代中期卻無法避免捲入英法戰爭。這首先是因爲巴黎的自然意向認爲要進攻英國必然先要攻擊漢諾威這個英國戰略上的要害，儘管有些法國人認爲戰鬥應該在海上和殖民地進行。這不僅會引起日耳曼各國的驚恐，還會迫使英國在歐陸尋找盟國來共同遏制法國。另一個更重要的原因是，奧地利決心從普魯士人手中奪回西里西亞，女沙皇伊麗莎白統治下的俄國也在尋找機會修理驕橫狂妄的腓特烈。這些大國個個擁有龐大的軍隊（普魯士逾十五萬人，奧地利近二十萬人，俄國則約達三十三萬之眾），且都在秣馬厲兵，枕戈待旦；但他們都需要西方的援助來維持軍隊的規模。最後，倘若其中一國與巴黎或倫敦結盟，其他國家必將被迫加入對立的陣營。

因此，從戰略角度看，所謂一七五六年的「外交革命」充其量只是兩大陣營各種勢力的重新洗牌而已。法國勾銷了與哈布斯堡的宿怨，而加入奧地利和俄國的陣營聯手對付普魯士；柏林則取代維也納，成了倫敦在歐陸的盟邦。乍看起來，法—奧—俄聯盟似乎占了上風。它的軍隊在規模上占絕對優勢，所以到了一七五七年，腓特烈已經喪失了早先奪取的全部領土，而且坎伯蘭

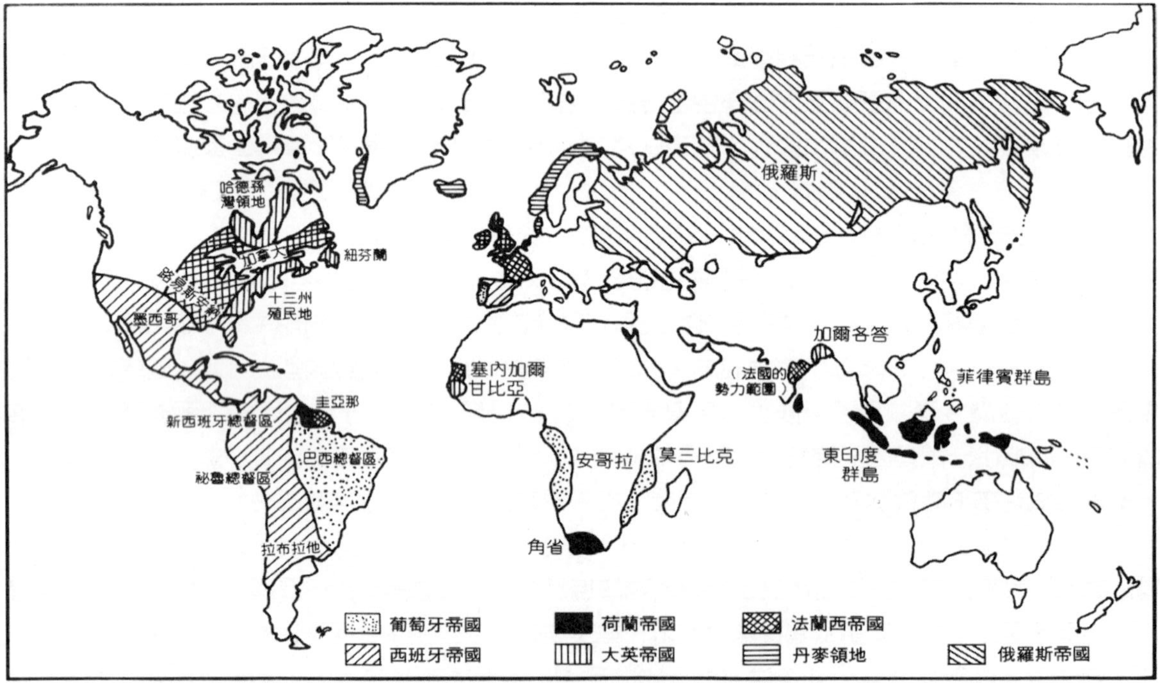

地圖3-2　1750 年前後的歐洲殖民帝國

（Cumberland）公爵統率的英普聯軍已經投降。漢諾威乃至整個普魯士的形勢岌岌可危。法軍攻陷了米諾卡島，在比較遠的戰區裡，法軍及其盟軍也是捷報頻傳。法國撕毀《烏特勒克條約》和奧國撕毀《亞琛和約》都似乎已是指日可待的事情。

但是，事實上法奧俄聯盟並未得逞。這是因爲英普聯軍在領導才能、財政的持久力、和陸海軍的戰術等三方面仍然占有優勢。腓特烈的文韜武略是眾所公認的，他傾全國之力贏得軍事上的勝利，並在戰場上充分發揮他的用兵術。但眞正建立曠世偉業者，當推英國首相皮特（Pitt）。他在和朝野政治環境周旋之下所獲得的成就，不只是奪取幾個產糖的島嶼或推翻幾個法國支持的印度土著總督，因爲一旦敵人占領了漢諾威並消滅了普魯士，那麼任何的勝利都是毫無意義的。皮特逐漸了解，獲得廣泛支持的「海上戰略」只有輔之以成功的「大陸戰略」，方能取得決定性勝利。因此，他對腓特烈提供了大規模軍事援助，並在日耳曼培養一支「監視大軍」，以保護漢諾威並且牽制法國。

但是奉行這種政策務必有充足的資金作後盾。儘管腓特烈和稅務官員千方百計籌集資金，但普魯士的實力終究無法與英國相匹敵。英國在戰爭高潮時期擁有一百二十多艘戰艦和二十餘萬名士兵（包括日耳曼傭兵）。同時，英國也對普魯士提供援助。「七年戰爭」期間，國庫支出高達一億六千萬英鎊，其中的六千萬英鎊（占總支出的百分之三十七）是在金融市場上籌集的。雖然國債的膨脹使皮特的同僚們大爲恐慌，並且在一七六一年十月被迫下臺，但是英國的海外貿易卻年年成長，帶來了可觀的關稅收入和經濟繁榮。這是利潤轉化爲實力，而實力又進一步促使利潤成長的極佳範例。正如當時皮特對英國駐普魯士大使所說的：「要當個好軍人必須首先當個好商人……貿易與海軍實力總是攜手並進，……本國眞正的財富資源離不開貿易。」相反地，其他各交戰國的經濟在這場戰爭中都遭浩劫。法國首相舒瓦澤爾（Choiseul）曾私下發出悲嘆：

現在歐陸均勢的決定性因素是殖民地、貿易，當然還有海權。奧地利王室、俄羅斯王室和普魯士國王，與其他依賴貿易大國的援助才得以打仗的國家一樣，充其量不過是二流國家。

在戰爭初期的挫折之後，英普聯軍高超的軍事藝術逐漸發揮出來。在海上，安森（Anson）指揮的皇家海軍始終封鎖著法國的大西洋沿岸港口，並且監視、騷擾土倫港，也重新奪回了在地中海的優勢。在卡他基那（Cartagena）和拉哥斯外海的海戰中，以及霍克將軍（Hawke）的艦隊以秋風掃落葉之勢，將康弗倫（Conflan）將軍的艦隊一直追到魁伯龍灣（Quiberon Bay），都充分顯示了英國海軍在航海技術上的優勢。英國對法國的全天候封鎖不僅壓制了法國的大部分海上貿易，也因此保護了英國的領土安全和對外貿易，而且還使法國無法派遣大批的增援部隊到西印度群島、加拿大和印度。在風雨飄搖的一七五九年，英普聯軍在明登（Minden）兵分二路大敗法軍。隨後，法國在全世界的殖民地紛紛落入英國手中。一七六二年，西班牙愚蠢地加入戰爭，結果使自己在加勒比海和菲律賓的殖民地遭到了同樣的命運。

在此同時，布蘭登堡王室也反守爲攻。在羅斯巴赫（Rossbach）戰役和勒森（Leuthen）戰役中，腓特烈不但摧毀了一支法國軍隊和一支奧地利軍隊，而且還使這兩國入侵北日耳曼的企圖化爲泡影。一七六〇年，腓特烈在利格尼茨（Liegnitz）和托爾高（Torgau）再次重創奧地利人。這時維也納幾乎已是山窮水盡。但是同時，戰爭的消耗也在侵蝕著普魯士的國力。單在一七五九年，普國就折損了六萬名士兵，相較之下，它的宿敵俄國卻強勁得多——有部分原因是女沙皇伊麗莎白對腓特烈恨之入骨，但主因在於俄普之間的每次戰鬥都像殺紅了眼睛一樣充滿血腥味。不過，由於法國求和心切（此時英國也有意謀和），普魯士遂還有餘力得以阻止奧地利和俄國向前推進。一七六二年伊麗莎白死後，新沙皇彼得很快便退出戰爭。如此一來，奧地利和法國只得接受恢復戰前原狀的和平方案。這實際上意味著企圖扳倒普魯士的國家的挫敗。

一七六二年至一七六三年和約的最大受益者顯然又是英國。雖然英國把奪取的領土交還法國和西班牙，但它在西印度群島和西非仍大有斬獲。英國幾乎拔除了法國在印度的影響力，並且在北美洲大陸唯我獨尊。於是，英國便順理成章地擁有了遠比歐陸國家拼死爭奪的洛林和西里西亞等地遼闊而富庶的土地。此外，英國還遏阻了法國在歐洲的外交和軍事野心，維持了歐陸的權力平衡。相較之下，法國在海外和歐洲都遭到慘重的失敗。法國在軍事上乏善可陳的表現，意味著歐洲的重心從西歐轉移到了東歐。事實上，一七七二年俄普奧第一次瓜分波蘭時，法國的主張已根本無人理睬。這一切正合英國人的心意，他們對於自己在歐洲以外的霸主地位感到滿意，而無意再度捲入歐陸的糾紛。

贏得戰爭：一七六三—一八一五

在下一階段的英法爭鬥到來之前，有個十多年的「喘息時期」，這段時期預示著英國未來命運的轉折。「七年戰爭」使列強的財力和社會結構不堪負擔，因此各國領袖對外大多採取較爲溫和的外交政策，對內則進行反省和改革。普魯士在戰爭期間的損失（五十萬人喪生，包括十八萬名軍人）令腓特烈感到震驚，戰後則渴望過比較安定的日子。哈布斯堡的軍隊雖然傷亡三十萬，但戰績尚差強人意；但是，整個政府體制顯然需要改變，而這些變革必然招致各地方的憤恨不滿（尤其是匈牙利人），瑪麗亞德蕾莎和她的大臣們只得大費周章地加以解決。在俄國，凱薩琳二世則忙於從事立法與行政機構的改革，以及鎮壓普加契夫（Pugachev）的叛亂（一七七三年至一七七五年）。雖然俄國並未停止進一步向南擴張和征服波蘭的計畫，但是這些只不過是地區性問題，根本不能與

「七年戰爭」時全歐纏鬥成一團的情形相提並論。東方君主國與西方君主國的關係至此已漸失其重要性。

在英國和法國，國內事務也居於中心地位。高築的債臺迫使兩國政府積極開闢新的財源，同時進行行政機構的改革。這些措施所引起的爭端分別使得英王喬治三世與反對派，和法國王室與大理院之間的緊張關係雪上加霜。自顧不暇的英國無力關注歐陸事務，不得不奉行較爲隨機應變和收斂的外交政策，這不同於皮特時代。英國與美洲殖民地愈見激烈的爭執更加強了這種傾向。但是，在法國方面，國內事務並未完全凌駕於外交政策之上。舒瓦澤爾及其後任記取一七六三年慘敗的教訓，並且採取種種措施以加強法國的地位。在撙節開支的壓力下，法國政府仍在不斷地加強海軍實力。和西班牙之間的「家族紐帶」也更進一步強化。法國高舉反英大旗及亟思從英國在海外所遇到的一丁點麻煩中獲取利益，這一切都是爲了對抗其主要敵人英國。

這一切意味著當倫敦與北美殖民地之間的爭端轉變成公開的對抗時，英國的處境比一七三九年或一七五六年還要糟糕得多。這大部分要歸咎於個人因素。不論是諾斯（North）、謝爾本（Shelburne），還是任何其他政治家都無法擔負起領導整個國家的責任，也提不出一個一以貫之的大戰略。由於喬治三世事事躬親，以及有關美洲殖民地事件是非曲直的激辯，造成政治派系的鬥爭，使國家陷於分裂。此外，英國國力的兩大支柱（經濟和海軍）也遭受侵害。「七年戰爭」結束後一直停滯不前的出口，在一七七〇年代，由於殖民地的杯葛和英國與法國、西班牙以及荷蘭之間的衝突逐漸惡化而日益萎縮。在十五年的和平時期，皇家海軍全面退化，就連一些艦隊司令都沒有任何戰鬥經驗。一七七八年，當法國參戰時，英國爲了減少戰艦的損失而放棄對法國嚴密封鎖的策略。實際上，這無異於拱手交出制海權。派遣遠征軍到直布羅陀、西印度群島和北美沿海，並不如對法國海岸的「出入通道」施行嚴格管制來得有效，因爲控制這些通道即可防止法國派遣艦隊到遠方戰場去。等到一七八二年，英軍在聖徒島（the Saints）大捷並解除直布羅陀之圍以後，皇家海軍方才重振雄風，奪回了海權。但是此時美洲的戰爭已近尾聲。

話說回來，即使皇家海軍的裝備愈加精良，國家有更好的領袖，一七七六年至一七八三年的戰爭還是涉及到兩個英國前所未遇的戰略問題。其一，美國人的反抗一旦蔓延開來，英國軍隊就必須在遠離本土三千英里的地方展開大規模的「陸上」戰鬥。僅僅憑海上優勢並不能使基本上自給自足的殖民地人民屈服。即使對拿破崙的大軍來說攻克並守住整個美國東部也非易事，更不用說一七七〇年代英國人帶領的陸軍了。遙遠的路途和遲緩的交通條件不但妨礙了倫敦甚至紐約的戰略指揮，而且使得後勤補給的困難更形惡化；「駐美英軍需要的每一塊餅乾、每一名士兵、每一顆子彈，無不遠自三千英里之外的大洋彼岸運來」。雖經國防部多方努力，後來有了不少改進，但對於龐大的物資缺口來說，仍是緩不濟急。此外，因爲殖民地的社會權力相當分散，所以，攻陷一城一鎭並無濟於事。要樹立英國的權威，只有派正規軍占領全部領土，而一旦軍隊撤出，叛亂分子便會再度壓制帝國的順民。如果二十年前攻克法屬加拿大尚需動用五萬英軍及殖民地的大規模支援，現在要恢復帝國的統治則需動用多少軍隊？十五萬？二十五萬？

英國從未遇到過的第二個戰略難題在於這次是孤軍作戰，因爲得不到任何可牽制的歐陸國家的幫助。當然，這與其說是個軍事問題，還不如說是個外交問題。在此之前，英國人在一七六二年之後與普魯士斷交，對西班牙頤指氣使，並嚴厲地對待丹麥和聯合省等中立國的船隻。此外，英國也未能獲取俄國的支持。現在到了他們爲此付出代價的時候。倫敦發現自己不但在歐洲煢煢孑立、形單影隻，而且在窮於對付北美的暴動和法西聯合艦隊的同時，（一七八〇年）還要面對一個怪異的武裝中立聯盟（俄國、丹麥、葡萄牙）和充滿敵意的聯合省。但是問題不僅僅是英國外交上的愚蠢作爲。如前所述，在一七六〇年代和一七七〇年代，東歐各君主國的利益已經與西歐漸行漸遠了。東歐國家比較關注的是波蘭的前途、巴伐利亞的王位繼承問題，以及與土耳其人的關係。如果有個「歐洲仲裁者」的話（像路易十四時代的法國），也許能阻止東西歐的分離。但是，在「七年戰爭」之後，法國軍隊已不復往日之雄風，更無力插手東歐政治，如此英國對一七七九年以後法國野心的嚴重關切之情便無法得到從前的東歐盟國的支持。最同情英國的恐怕要數凱薩琳二世統治下的俄國了。但是，只要英國沒有被澈底摧毀之虞，俄國也絕不會出手相助。

最後，特別值得一提的是，法國這次沉住氣沒有進攻漢諾威或欺負荷蘭，而是把對英國的戰爭局限在海外，因而造成英國傳統的「海上」戰略與「歐陸」戰略脫臼，陣腳大亂。這是法國首次將資源集中在海軍的海外殖民地戰爭上。

法國的這項決定具有重大意義，而且使得英國孤立主義者的論點令人感到迷惑，他們認爲這樣不受歐陸盟國和歐陸戰爭牽累的衝突最適合於島國。在整個「七年戰爭」期間，法國海軍每年的軍費只有三千萬里弗爾，僅爲同期陸軍軍費的四分之一，或英國皇家海軍軍費的五分之一。打從一七七〇年代中期開始，法國海軍的預算開始不斷上升；到了一七八〇年，其總額約爲一億五千萬里弗爾，一七八二年則達到令人難以置信的二億里弗爾。當法國加入戰局的時候，海軍已擁有五十二艘主力艦，不久又增加到六十六艘，其中許多比英國的同類戰艦還要大。與法國並肩作戰的還有一支擁有五十八艘主力艦的西班牙艦隊，而且在一七八〇年，一支擁有近二十艘戰艦的荷蘭艦隊也加入法西陣營。雖然英國皇家海軍仍然勝過任何對手（一七七八年擁有六十六艘主力艦，一七七九年擁有九十艘），但它現在卻常常是寡不敵眾。一七七九年，英國甚至失去了對英吉利海峽的控制，而且險遭法國和西班牙的入侵。一七八一年，格雷夫（Grave）將軍與德格拉斯（de Grasse）指揮的英法艦隊在美國的奇沙比克灣（Chesapeake）發生激戰。結果，數量上占優勢的法國艦隊大獲全勝，導致康瓦利斯（Cornwallis）在約克鎮兵敗投降，因而實際上結束了美國的戰爭。即使在英國皇家海軍規模擴大，對手規模卻縮小的時候，差距仍然太小而不敷所需，即根本無法在為北大西洋的英國商船護航的同時，定期接濟直布羅陀、保衛波羅的海的出海通道、派分遣艦隊到印度洋，並奧援加勒比海地區的軍事行動。總之，英國海軍已經不再是一支天下無敵的雄師了，其制海權只是暫時性和區域性的保有。這種慘相與法國陸軍避免在歐陸作戰大有關係。

到了一七八二年，龐大的海軍軍費造成的財政壓力，已經打擊了法國經濟並迫使法國政府開始減少某些支出。海軍軍需品和水兵的嚴重短缺，使得情勢雪上加霜。另外，有些法國大臣擔心，這場戰爭會使法國將過多的精力和資源投入歐洲以外的地區，因而妨礙它在歐陸發揮作用。這種政治上的考慮，以及擔心英美可能會很快的媾和，皆促使巴黎希望儘早結束戰爭。在經濟上，荷蘭和西班牙這兩個法國盟友的情況同樣悽慘。但是，儘管英國財政的底子比較雄厚，皇家海軍的狀況也在不斷改善，但終究無法挽回敗局和失去美國的命運。雖然英國在一七八三年的《凡爾賽和約》中所作的讓步（米諾卡島、佛羅里達、托貝哥），與一七六三年英國取得的龐大利益不成比例，但是美國的獨立和英國的世界地位遭到打擊已使法國稱心如意，因為「七年戰爭」所破壞的戰略平衡至此已顯著恢復過來。

與此相對照，在一七六三年以後數十年間，東歐地區的戰略均勢尚稱穩定。柏林、維也納和聖彼得堡已呈三足鼎立之勢，誰也不想刺激另外兩方聯手來對付自己，更無意捲入像「七年戰爭」那般規模的大戰。在一七七八年至一七七九年的巴伐利亞王位繼承戰爭中，雖然普魯士對奧地利的擴張企圖加以短暫的反擊，但雙方都格外謹慎，沒有大打出手，以避免因介入強權之間的廝打而付出代價。因此，它們要擴張領土只能靠外交的「交易」而犧牲較弱的國家——特別是犧牲波蘭——來實現。在一七七二年至一七七三年、一七九三年和一七九五年波蘭三次遭豆剖瓜分。之後，波蘭的命運受到法國大革命很大的影響，那就是俄皇凱薩琳二世決心鎮壓華沙的「雅各賓黨人」

（Jacobins）；普魯士和奧地利則因在西歐敗於法國手下而急欲在東歐獲得補償，但即使是法國大革命這樣的新焦點，對普奧俄三國之間的形勢和政策仍未有根本的改變。

由於地理因素和外交因素界定這個三角關係，所以，俄國的地位繼續得到加強，自是順理成章。雖然俄國經濟落後，但它所受到的威脅卻比西鄰的普奧兩國小得多，也因此普奧兩國都極力安撫令人畏懼的凱薩琳。這種情況加上俄國對波蘭的傳統影響力，使得俄國在瓜分波蘭的時候獲利最多。此外，俄國在南方擁有一條開放且「正在崩潰」的疆界，因此在一七七〇年代初它得以吞併土耳其的大片領土；一七八三年，俄國正式兼併克里米亞；一七九二年，它又蠶食了黑海北岸的一些地區。這一切無異宣告鄂圖曼帝國已日暮途窮，不堪一擊。面對俄國的擴張主義，普奧兩國憂心忡忡，還有些國家（包括一七八八年的瑞典和一七九一年小皮特掌權下的英國）則處處掣肘，以挫其鋒。但是，由於維也納和柏林的曲意逢迎聖彼得堡，西方列強又心有旁騖，無法在東歐扮演永久和實質的角色，沙俄因此得以國運昌盛，蒸蒸日上。

在這種情形下，一七九二年之前大約十年的國際關係結構似乎沒有什麼太大的變動。大國之間偶爾發生的爭端也僅僅是互不相關的地區性事務，威脅不到世界均勢的格局。當時，東方各大國正忙於確定波蘭和鄂圖曼帝國的未來，西方列強則傳統上操縱著低地國家和「貿易帝國」的命運。一七九〇年，英國和西班牙爲了爭奪努科塔海峽（Nookta Sound）而發生衝突，到戰爭迫在眉睫的時候，西班牙才勉強讓步。一七八三年以後，由於英法疲憊不堪使得兩國的關係表面上略有緩和，但是兩國的貿易競爭卻有增無減。一七八七年與一七八八年間，荷蘭國內發生危機，小皮特趁機慫恿普魯士出兵，將親法的「愛國黨」政權趕下臺。英法之間相互猜疑的情節再度搬上檯面。

小皮特內閣積極的外交手腕不僅反映出他本人的個性，而且顯示英國的國力正在從一七八三年的挫折迅速恢復當中。美國殖民地的喪失並沒有損害英國的大西洋貿易；事實上，英國對美國的出口仍有增無減。英國在美國和印度的市場遠遠大於法國所擁有的市場。在一七八二年至一七八八年這六年中，英國商船隊足足增加了一倍多。工業革命方興未艾，這是受到本國和海外消費需求的刺激，也是受到一籮筐的新發明所助長；農業生產力與國家人口和糧食需求同步成長。小皮特的財政改革成績斐然，使國家財政日益好轉，信用穩固如初。英國海軍所獲得的撥款一向可觀，不但戰艦如雲，而且管理有方。英國政府深信，一旦國家利益有需要，這些堅實的基礎就能使英國在海外扮演更積極的角色。不過，英國的政治領袖並不認爲歐洲列強很快會再次大動干戈。

當時，歐洲之所以能免遭另一場大戰的蹂躪，主要是因爲法國的情形每況愈下。一七八三年勝利後的數年當中，法國外交地位一度曾空前穩固，國內經濟欣欣向榮，與西印度群島和利凡特（Levant）的貿易也迅速成長。但是，一七七八年至一七八三年間戰爭的龐大支出（總額超過前三次戰爭的總和）、財政改革的失敗，以及由此引起的政治不滿、經濟蕭條和社會混亂，諸多因素相激相盪使法國的「舊體制」名譽掃地。一七八七年以後，由於國內危機日益惡化，法國在外交事務上更無法扮演決定性的角色。法國在荷蘭的外交挫敗就主要是因爲法國政府體認到，國家的財政擔負不起對英國和普魯士兩國的戰爭；而法國在努科塔海峽問題上出爾反爾，撤回對西班牙的支持，則是因爲國民議會剝奪了路易十六的宣戰權。這一切都不足以顯示法國在短期內將會尋求推翻歐洲的「舊秩序」。

由於上述原因，後來歷時二十多年而且令大多歐陸國家人仰馬翻的戰爭，只好緩慢而時起時伏地展開。巴士底監獄陷落後，法國只忙於國內的鬥爭，無暇他顧；雖然法國政治氣氛愈來愈狂熱，嚇到了一些外國政府，但是巴黎市和其他省分的動亂顯示出，法國在歐洲的權力政治中已沒有什麼分量。英國的皮特政府甚至在一七九二年二月還設法刪減軍事預算。而在此同時，東歐的三大君主國則更熱中於瓜分波蘭。一直到法國流亡者推動王室復辟風吹草動，而且革命有向外蔓延的趨勢時，各國才匆匆組成一支反法聯軍。但是，由於缺乏準備，聯軍在進入法國領土時優柔寡斷，行動遲緩，結果在一七九二年九月的瓦勒密（Valmy）一仗中，打得一敗塗地。到了第二年，路易十六被處死，法軍節節勝利，已威脅到萊茵區、低地國家和義大利的安全，也表露了巴黎新政權的極端共和主義本質，戰爭於是全面展開。這時，以英俄兩國爲首的許多國家，包括法國的所有鄰國，都加入了普魯士和哈布斯堡帝國的反法陣營。

現在看來，第一次反法同盟（一七九三年至一七九五年）慘敗的原因是顯而易見的，但這在當時卻是人們始料未及的，因爲不管怎麼說，雙方戰力的懸殊是史無前例的。在這場戰爭中，法國大革命排山倒海的氣勢使得革命黨人採取孤注一擲的戰法——全民皆兵，而且動員一切可用的資源與眾多強敵決一死戰。此外，在一七八九年之前的二、三十年間，法國軍隊在組織、參謀作業、砲兵佈陣和作戰戰術等方面推動了大規模改革，這是非常重要的時期。大革命掃除了保守貴族這道障礙；而該場戰爭則使得這些改革者有了用武之地。他們在國內採用「總體戰」方法，在戰場上則推出嶄新的戰術，一方面反映了大革命在法國民眾中掀起的狂熱活力；另一方面也說明，同盟國軍隊臨深履薄、缺乏鬥志的狀況正好是歐陸舊秩序的寫照。因此，六十五萬（一七九三年七月）鬥志昂揚、義無反顧的法國雄師很快便馳騁在鄰國的疆土之上。此後，這支龐大軍隊的糧草輜重和軍餉薪俸便成了其他國家人民的負擔，法國經濟因而得到相當程度的恢復。

顯而易見，要遏制這種猛烈的擴張，就必須針鋒相對，用新的戰略戰術來對付這種令人傷腦筋的作戰形式。這並非是不可能的。法軍無論在狄慕里葉（Dumouriez）或拿破崙的指揮下，在部隊組織、訓練、後勤補給和通訊聯絡等方面都有不少缺失和弱點。一支訓練有素的敵對勁旅可以輕易利用這些缺失和弱點，可惜這支勁旅當時並不存在。聯軍的將領年事已高、部隊行動緩慢，加上戰術不當，根本無法抵擋機動性高的法軍一波接一波的攻擊。更重要的是，法國的對手缺乏堅定的政治信念和明確的戰略方針。由於舊制度沒有超凡的政治意識形態鼓舞士氣、激勵民眾，使許多人都被大革命醉人的思想所吸引，一直到後來拿破崙軍隊由「解放」搖身變爲征服和掠奪的時候，愛國主義才成爲遏制法國霸權的旗幟。

此外，在戰爭初期，只有少數幾個同盟國對法國的威脅看得很認眞。各成員國之間欠缺團結的精神，更沒有共同的戰略方針和作戰目的。聯盟各國不斷向英國要求財政援助，造成不穩定的團結，更重要的是，這場「革命戰爭」最初幾年正好與波蘭的滅亡同時出現而被淡化了。凱薩琳二世雖然對法國大革命恨之入骨，但她更關心的卻是撲滅波蘭的獨立，而不是出兵萊茵區。這迫使在西部戰場頻頻失利的普魯士政府，從萊茵區抽調更多的軍隊至維斯杜拉河（Vistula River）流域。這接著又迫使奧地利在北部邊疆留駐六萬大軍，以防俄普兩國吃掉剩下的波蘭領土。一七九五年，波蘭第三次、也是最後一次被瓜分。顯然，波蘭的滅亡可以說幫了法國一個大忙。這時，普魯士轉向法國求和，並將萊茵河左岸地區割讓給法國。於是，多數日耳曼小國只好跟著普魯士向法國低頭稱臣。隨後，荷蘭政府慘遭推翻，改名爲巴達維亞（Batavia）共和國。西班牙則背棄反法同盟，重回早年聯法反英的陣線。

現在反法陣營只剩下薩丁尼亞的皮耶蒙（Sardinia-Piedmont）、哈布斯堡帝國和英國了。薩丁尼亞的皮耶蒙於一七九六年初被拿破崙征服；倒楣的哈布斯堡帝國被趕出義大利的大分領土，並被迫簽訂《康坡福米奧和約》（一七九七年十月）（Peace of Campo Formio）。而英國也缺乏與法國血戰到底的決心和明確的戰略，儘管小皮特本人有心仿效其父親遏制法國擴張的做法。英國在一七九三年至一七九五年派往法蘭德斯和荷蘭的遠征軍，終因實力不濟、謀略遜人一籌而不敵法軍，殘部轉進不來梅後打道回府。此外，包括鄧達斯（Dundas）和小皮特在內的英國大臣對所謂「英國式的作戰」（如殖民戰爭、海上封鎖和襲擊敵人的海岸線）情有獨鍾，而不願在歐陸進行大規模戰爭。在皇家海軍占壓倒性優勢的情況下，這種選擇自然頗具吸引力而且切實可行。但是一七九三年至一七九六年間，英軍在西印度群島的軍事行動中，由於疾病流行而折損不少實力，顯示倫敦爲這種聲東擊西的戰略付出了高昂代價。疾病使四萬人死亡，四萬人喪失戰鬥力，超過了英軍在西班牙半島戰爭期間的傷亡總數。此外，這些軍事行動至少耗費了一千六百萬英鎊。然而，令人懷疑的是英國對歐洲以外戰區加強主控權，或者是對敦克爾克和土倫的包圍戰，是否抵得過法國勢力在歐洲不斷的成長。最後，普奧兩國獅子大開口，要求提供大筆軍費援助，英國自是不堪負擔。換言之，這個戰略使得英國勞民傷財、得不償失。一七九七年，英格蘭銀行暫停支付現金；同年，在斯比特海德（Spithead）和諾爾（the Nore）的皇家海軍發生叛變。這些事件動搖了整個英國戰略體系的基礎。在這個多事之秋，山窮水盡的奧地利終於向巴黎求和，與其他國家共同承認法國在西歐的宰制地位。

雖然英國未能戰勝法國，但是法國的革命政府也無力扭轉英國的海上霸主地位。法國曾經幾次企圖入侵愛爾蘭和襲擊英格蘭的西海岸，但每次都因英國防衛森嚴和氣候惡劣以致無功而返。儘管英格蘭銀行因暫停支付現金一事而引起過短暫的恐慌，但英國的信貸系統仍很堅挺。西班牙和荷蘭加入法方陣營後，英國於一七九七年二月在聖文森角擊潰西班牙艦隊。同年十月，又在坎帕當（Camperdown）重創荷蘭海軍。此外，法國的這兩個新盟國也逐漸喪失它們在東印度群島、西印度群島、可倫坡、麻六甲和好望角的殖民地。這些殖民地都成了英國的貿易市場和海軍基地。小皮特內閣拒絕了法國獅子大開口般的議和條件。在法國重兵壓境，英國民族到了生死存亡的關頭，英國於是由政府開徵所得稅，並籌借新的貸款，決心繼續戰鬥下去。

當時，英法兩國在戰略上都處於進退兩難的境地。兩個就好比是大象和鯨魚，在各自的天地裡都是無可匹敵的龐然大物。但是，正如英國單憑控制海路並不能毀滅法國在歐陸的霸權一樣，拿破崙也無法以其陸軍優勢迫使英倫三島的人民屈膝投降。此外，雖然法國的鄰國對法國的領土擴張舉動和政治威嚇行徑敢怒而不敢言，但是，只要英國仍然保持獨立，還能向他國施以援手，甚至出兵干涉，巴黎政府就無法令其他歐陸國家永遠甘於臣服。拿破崙顯然也了解這一點，他在一七九七年曾經說過：「讓我們全力以赴建設我們的艦隊。我們摧毀英格蘭之日，便是整個歐洲澈底臣服之時。」正如英國要擊敗拿破崙就必須對他在歐陸的宰制地位發起挑戰一樣，法國的目標要實現就必須對英國進行成功的海上戰爭和貿易戰略。只要它們仍各霸一方，雙方就都不能高枕無憂，都會不遺餘力地尋求新的盟國和新的手段來打破這種平衡。

拿破崙爲改變均勢所做的努力極爲大膽，也極富冒險性。一七九八年夏，他利用英國在地中海防務空虛之機，率師三萬一千入侵埃及，占領了這個可以扼制利凡特、鄂圖曼帝國和通往印度航路的咽喉要地。而在此同時，另一支遠征愛爾蘭的法國軍隊正牽制著英國。法國的這些行動如果完全成功，將是對搖搖欲墜的英國的致命打擊。但是，法軍入侵愛爾蘭的規模太小，且已爲時過晚，到九月初便遭圍堵而宣告失敗。這時候，英國名將納爾遜（Nelson）在阿布基爾灣（Aboukir Bay）打敗法國艦隊和拿破崙在埃及被困的消息早已傳遍了整個歐洲。那些痛恨法國統治的中立國都歡欣鼓舞，紛紛加入了第二次反法同盟（一七九八年至一八〇〇年）。俄國、奧地利和土耳其以及葡萄牙和那不勒斯等小國如今都帶槍投靠英國。他們一面集結軍隊，一面和英國談判援助的事宜。法軍很快便喪失了米諾卡島和馬爾他島，繼而又在瑞士和義大利爲奧俄聯軍所敗。拿破崙自己在利凡特則猶如困獸，一籌莫展。法國似乎要倒大楣了。

然而，與第一次反法同盟一樣，第二次反法同盟並無穩固的政治和戰略基礎。由於普魯士這次沒有加入同盟，因此聯軍無法在北日耳曼開闢新的戰線。那不勒斯國王按捺不住而發動一場不合時機的戰役，結果以慘敗收場。英俄聯軍遠征荷蘭的行動，則因準備不足，無法激起當地民眾的共鳴，不得不無功而返。英國政府清楚地意識到，再募集一支龐大的軍隊，擴大歐陸軍事行動的規模，勢必面臨許多嚴重的財政困難和政治障礙，因此便求助於「襲擊」敵人海岸線的傳統政策。但是，他們在貝爾島海峽（Strait of Belle-Isle）、費羅爾（Ferrol）和加地斯（Cadiz）等地發動的攻擊卻因規模太小而對戰略目標的實現收效甚微。更糟糕的是，在保衛瑞士的戰役中，由於奧俄兩國各懷鬼胎，互不合作，導致俄軍一潰千里，終而被趕出東部山區。俄國沙皇對盟國失望之餘，對英國的政策更懷戒心，不久便與從埃及潛回法國的拿破崙休戰言和。俄國退出戰爭後，法軍的壓力便全部落到了奧地利的頭上。在一八〇〇年六月的馬倫哥（Marengo）戰役和霍施塔特（Hochstadt）戰役，以及六個月後的霍亨林登（Hohenlinden）戰役中，奧軍屢戰屢敗，潰不成軍。維也納被迫再次求和。到了一八〇一年，由於普魯士和丹麥乘人之危攫取了漢諾威，加上西班牙入侵葡萄牙，第二次反法同盟因此分崩離析。於是，英國和三年前一樣，又是孤掌難鳴。在北歐，俄國、丹麥、瑞典和普魯士又組成了一個新的「武裝中立聯盟」。

但是，在海上和歐洲以外的戰爭中，英國仍表現得相當不錯。英國又奪回馬爾他島，使皇家海軍擁有一個極重要的戰略基地。皇家海軍也在哥本哈根的外海擊潰丹麥艦隊，從而粉碎了「武裝中立聯盟」把英國趕出波羅的海的企圖。也是一八〇一年三月，英軍在亞歷山卓港擊敗法軍，迫使法軍完全撤出埃及。同時，英軍在印度邁索爾（Mysore）大破法國支持的蘇丹鐵普（Tipu）的軍隊並乘勝北上。法國、荷蘭、丹麥和瑞典在西印度的屬地也落入英國人手中。

然而，到了一八〇一年，由於英國在歐陸已無可靠的盟國，與法國的戰爭也難有勝負，於是許多英國政治家開始考慮議和的問題。深受地中海和波羅的海戰事之苦的英國商界對此極力支持。皮特首相因解放天主教徒的問題辭職，從而使英國加速走向和談之路。老謀深算的拿破崙覺得，短暫的和平對法國有百利而無一弊，因爲法國將能繼續鞏固其對衛星國的影響力；而英國人則已無法恢復在這些地區的貿易和外交特權。分散在各港口的法國海軍可以集中起來展開重建工作，法國的經濟也能喘口氣，以利再戰。由此看來，英國輿論在一八〇二年三月《亞眠和約》（Peace of Amiens）簽訂時，對政府尚稱寬容；但是當英國人注意到法國仍在以其他方式從事戰爭努力時，輿論對政府的批評之聲便日益翻騰。英國的商業被歐洲許多地區拒於門外。倫敦被鄭重警告勿插手荷蘭、瑞士和義大利的事務。而在此同時，從馬斯喀特（Muscat）到西印度、從土耳其到皮耶蒙（Piedmont），都不斷傳來法國人侵略顛覆的行動和陰謀詭計。這一切報導，加上法國大舉建造軍艦的證據，促使英國的阿丁頓（Addington）政府拒絕將馬爾他歸還法國。一八〇三年五月，英法之間的冷戰變成了熱戰。

這場戰爭持續了十二年，是一六八九年至一八一五年間七次英法大戰中，最後也是最嚴酷的一次。和以前一樣，雙方各有所長，也各有所短。皇家海軍艦隊儘管有所縮編，但仍占有相當大的優勢。英國一面用強大的艦隊封鎖法國海岸，一面將法國的海外屬地和附庸國一個個奪回。在一八〇五年十月的特拉法加戰役之前，英軍占領了聖皮耶和密克隆（St. Pierre et Miquelon）、聖盧西亞、托貝哥（Tobago）以及荷屬圭亞那，並在印度繼續向北推進。一八〇六年英軍奪取好望角，一八〇七年又占領了古拉索島（Curacao）和丹麥在西印度群島的屬地；一八〇八年占領摩鹿加群島的一部分；一八〇九年攻占卡葉納（Cayenne）、法屬圭亞那、聖多明各、塞內加爾（Senegal）和馬丁尼克島；一八一〇年攻占法屬瓜達洛普島（Guadeloupe）、模里西斯、安汶島（Amboina）和班達（Banda）；一八一一年攻占瓜哇。和以前一樣，這些勝利對歐陸的均勢並無直接影響，但它們加強了英國在海外的宰制地位，也爲英國的出口品打開新的市場，進入安特衛普和來亨等地，並且在開戰初期促使拿破崙比以往任何時候都更認眞地考慮入侵英格蘭南部的問題。一八〇四年，法國在布隆港（Boulogne）一帶集結大軍；強硬果斷的小皮特也於同年重任首相。雙方擺開了生死決戰的架勢。

事實上，一八〇五年至一八〇八年間的各次陸海戰役，再度暴露了雙方戰略上的弱點。法國陸軍規模至少是英國的三倍大，作戰經驗也豐富得多，但是想要在英格蘭安全登陸，還必須掌握制海權。從數量上看，法國海軍擁有約七十艘主力艦，實力亦非等閒。一八〇四年年底，西班牙參戰。擁有二十多艘主力艦的西班牙艦隊，使得法國海軍的實力如虎添翼。但是，法西聯合艦隊分散在好幾個海港，想要連成一氣，就必須冒險和經驗更爲豐富的皇家海軍遭遇。一八〇五年十月，法西聯合艦隊在特拉法加戰役中潰不成軍，雙方海軍在素質上的優劣由此可見一斑。然而，英國驚人的勝利雖然保障了英倫三島的安全，卻未能動搖拿破崙在歐陸的優勢。爲此，小皮特竭力將俄國和奧地利拉進第三次反法同盟，他向俄奧兩國提供了大量援助，每出兵十萬人就援助一百七十五萬英鎊。但是，早在特拉法加戰役之前，拿破崙已經將部隊從布隆調至多瑙河上游，並在烏爾木（Ulm）殲滅奧地利軍隊。緊接著，他繼續揮師東進，於一八〇五年十二月在奧斯德立茲（Austerlitz）擊潰八萬五千餘人的奧俄聯軍。維也納無心戀戰，只得第三次求和。法國重新奪回了對義大利半島的控制權，並迫使英俄聯軍倉皇撤退。

雖然，這些重大打擊並不一定是一八〇六年小皮特逝世的原因，但是事實再一次證明，要扳倒拿破崙那樣的軍事天才簡直難於登天。在隨後的幾年中，法國在歐洲的優勢正處於登峰造極的境地。（見地圖3-3）一八〇六年十月，普魯士又輕率地向法國宣戰，結果在當月便被撂倒。龐大的俄國軍隊雖然十分頑強，但是，一八〇七年六月弗里德蘭（Friedland）一戰的慘敗也使它一蹶不振。根據該年簽訂的《提爾西特和約》（Peace treaties of Tilsit），普魯士形同淪爲法國的附庸國；俄國則同意斷絕和英國的貿易往來，並保證加入法國聯盟。隨著日耳曼南部和西部的一大半併入「萊茵聯邦」，波蘭西部成了華沙大公國；西班牙、義大利和低地國家無不望風披靡；神聖羅馬帝國壽

地圖3-3　1810年拿破崙權勢達到顛峰時的歐洲

終正寢；至此，從葡萄牙到瑞典已無獨立國家可言。英國的盟國自然也不復存在。拿破崙乘此機會試圖斷絕英國向歐陸的出口貿易，以打擊英國的經濟，同時，他積極收購原木、桅杆和其他造船材料，不讓皇家海軍獲得。間接地，在法國發動下一回合攻勢之前，英國的力量將相對削弱。由於英國的出口工業依賴歐洲市場，同時它的艦隊也依賴波羅的海出產的桅杆和達爾馬希亞（Dalmatia）地區的橡木，所以這是很嚴重的威脅。此外，出口收入的縮減還將使倫敦無錢收買盟國和購買軍需物資。

由此可見，在這場戰爭中經濟因素比過去任何時候都更為重要，雙方都積極想從經濟上毀滅對方。因此，當我們談論從一八〇六年至一八〇七年拿破崙頒布對英貿易禁運的法令，到一八一二年法軍從莫斯科撤退期間英法爭霸的歷史時，有必要進一步分析兩國制度各自的優劣點。

毫無疑問，由於拿破崙的「大陸封鎖令」政策實行了貿易禁運，結果極度依賴海外貿易的英國顯得異常脆弱。一八〇八年和一八一一年至一八一二年，法國及其部分附庸國發動的貿易戰對英國的出口貿易造成了危機。碼頭和倉庫裡的貨品堆積如山。城市工人失業，鄉村農民騷亂，商人陷入一片恐慌，國債直線上升，這一切促使許多經濟學家大聲疾呼和平停戰。一八一一年後，英美關係急遽惡化，導致英國對美國的出口銳減。英國的經濟壓力到了幾乎無法承受的地步。

但是，英國終究還是承受住了這種經濟壓力，主要是因為這種壓力從未持續很長的時間。西班牙為了反抗法國霸權統治而爆發的革命，紓解了英國一八〇八年的經濟危機。同樣地，俄國與拿破崙的決裂使英國貨物得以湧入波羅的海和北歐國家，暫時減輕了英國在一八一一年至一八一二年間的經濟不景氣。此外，在整個戰爭時期，英國產品和殖民地轉口貨物一直源源不斷地走私到歐洲大陸。從黑爾格蘭島（Helgoland）到薩羅尼加（Salonika），違禁貨物總能透過各種途徑迂迴運到急需的買主手中，就如同一八一二年英美戰爭期間這類貨物在加拿大和新英格蘭之間流通一樣。最後，英國與亞洲、非洲、西印度群島、拉丁美洲和近東等地區的貿易大幅度成長，這也是英國的出口經濟得以維持的一個重要原因。由於上述原因，雖然英國在某些時候和某些市場的貿易遭嚴重阻斷，但是英國的出口總額卻仍然從一七九四年至一七九六年間的二千一百七十萬英鎊上升至一八〇四年至一八〇六年間的三千七百五十萬英鎊、和一八一四年至一八一六年間的四千四百四十萬英鎊。

英國經濟面對外在壓力而沒有崩潰的另一個主要原因是，它已經進入工業革命的成熟期。戰爭和工業革命這兩大歷史事件以多種奇特的方式相互作用：政府採購軍火刺激了鐵、鋼、煤和木材行業，國家的鉅額開銷（約占國民生產毛額的百分之二十九）影響了金融業，而新的出口市場則刺激一部分工廠的生產量。法國大革命和拿破崙戰爭究竟對整個英國經濟的成長產生了何種影響，目前尚無定論。如今許多史學家覺得這幾十年中，英國工業化的迅速發展被早期的人們過於誇張了。但是毋庸置疑，該時期英國的經濟一直在成長。一七八八年英國的生鐵產量僅為六萬八千噸，到一八〇六年激增為二十四萬四千噸，及至一八一一年時已達三十二萬五千噸。在戰前出現的棉紡織新興工業，在往後二十年間有突飛猛進的擴展，使用了大量的機器、蒸汽動力、煤和勞工。到了一八一五年，棉紡織產品已成為英國最主要的出口產品。新的碼頭、運河、道路和鐵路星羅棋布，除了改善交通設施，也進一步刺激生產量。如果沒有對法國開戰，英國經濟成長是否會更快些，尚不得而知。但不論如何，英國的生產力和財富的的確確在迅速成長，因而有助於承受沉重的戰爭負擔。例如，其關稅和消費稅收入就從一七九三年的一千三百五十萬英鎊躍增至一八一五年的四千四百八十萬英鎊；而新開徵的所得稅和財產稅的收入，則從一七九九年的一百六十七萬英鎊增加到戰爭結束那一年的一千四百六十萬英鎊。事實上，從一七九三年至一八一五年間，英國政府的直接稅和間接稅總額高達十二億一千七百萬英鎊。除此之外，英國政府還靠良好的債信在金融市場籌集到四億四千萬英鎊的貸款。這一切令奉行保守的財政政策的拿破崙驚愕不已。在戰爭最後幾個關鍵的年頭，英國政府每年貸款超過二千五百萬英鎊，從此在資金方面獲得了決定性的優勢。毋庸置疑，英國人承受的稅捐遠遠超出十八世紀行政官僚的想像空間；而且英國的國債幾乎增加了兩倍。但是，新創造的財富也在同步成長。因此，儘管英國的版圖和人口都無法與龐大的拿破崙帝國相提並論，但它卻更能承受戰爭的消耗。

一七八九年至一八一五年間法國的經濟狀況，及其支撐大規模戰爭的能力更是個難解的謎。舊體制的崩潰及其引起的動亂的確對法國的經濟活動造成短暫的萎縮。但是，法國民眾對大革命的狂熱之情以及外敵當前而動員起來的資源，使得大砲和輕武器等軍事裝備生產迅速增加，而軍火工業的增產又接著刺激了鋼鐵和紡織工業的成長。此外，大革命還掃除了包括國內關稅在內的一些經濟障礙。拿破崙在法律和行政方面的改革措施更加快了現代化的腳步。儘管執政政府（Consulate）的出現和拿破崙稱帝使舊君主體制的許多特徵得以捲土重來，但這並未阻止法國由於人口增長、政府支出的刺激、關稅保護的升級和新科技的引進等等所帶來的經濟成長趨勢。

然而，較之英國，法國經濟的成長速度無疑要慢得多，根本的原因是法國經濟的最大部門——農業部門——改進甚少。農民推翻封建諸侯並不等於農業革命已經大功告成。大肆推動的農業政策（如種植甜菜用以取代英國殖民地生產的蔗糖）收效甚微。交通不便使得農民仍然依賴地方市場，而且極欠缺澈底革新的誘因。即使在新興的工業部門，保守的思想仍隨處可見，例如，新機器的使用和大型企業都只是鳳毛麟角而已。國民經濟的某些方面雖然取得了長足的進展，但它們大多是在戰爭和英國的海上封鎖影響之下發展起來的。例如，法國的棉紡工業就是因爲「大陸封鎖令」排除了優勢的英國棉紡業的競爭才得以發展起來。由於拿破崙對鄰國的征服，「法國的人口」從一七八九年的二千五百萬驟增至一八一〇年的四千四百萬，國內市場因此迅速擴大，法國的棉紡業從中也獲益匪淺。但是，因爲原棉匱乏，且價格高昂，加以從英國引進新技術的速度日趨緩慢，所以上述有利因素都被抵銷了。從總體上說，由於戰時受到保護，戰後的法國工業普遍缺乏競爭力。

英國海軍的封鎖加速了法國經濟的轉變。在十八世紀中成長最快的法國大西洋貿易，原本可以成爲法國工業化的主要催化劑，現在卻由於皇家海軍的封鎖而備受限制。聖多明各的喪失對法國的大西洋貿易更是雪上加霜。緊接著，其他的海外殖民地和投資項目噩耗頻傳。一八〇六年後，甚至連透過中立國船隻進行的貿易也被掐斷了。波爾多港遭到猛烈攻擊，幾乎癱瘓。南特港（Nantes）利潤豐厚的奴隸貿易則完全停止。馬賽的工業生產量在一八一三年竟跌到了一七八九年的四分之一。與此相反，法國東部和北部的一些地區，如亞爾薩斯的陸上貿易則比較安全。但是，雖然這些地區因受到保護而獲益匪淺，但全國的整體情況還是難以令人滿意。法國的大西洋沿岸被「非工業化」，與外在世界的往來也大部分遭到切斷，於是，法國經濟只好朝向小規模的國內市場發展。

法國在經濟發展停滯不前的情況下，居然能支撐幾十年的戰爭開銷，這不能不說是個奇蹟。一七九〇年代初期至中期的全民動員固然是個主要原因，但這仍不足以說明，在整個拿破崙時代，法國有何能耐長期供養一支逾五十萬人的軍隊（每年約需招募十五萬名新兵）。法國的軍事經費在一八〇七年已高達四億六千二百萬法郎。到了一八一三年飆漲至八億一千七百萬法郎。毫無疑問，正常的收入根本無法應付如此龐大的支出。由於直接稅太不得人心，拿破崙只得走舊體制的回頭路，對菸草、食鹽和其他商品開徵間接稅。但是不論是間接稅，還是印花稅或關稅，要消除每年數十億法郎的財政赤字，都無異於杯水車薪。法蘭西銀行以及其他一些金融機構和制度的設立，促使法國政府推行一項變相的紙幣政策，從而使自己免於信用破產。然而即使如此，法國仍須用其他方法來彌補財政上的虧空。

事實上，拿破崙帝國主要是靠掠奪來維持的。這種掠奪始於國內。拿破崙首先充公並拍賣了

「革命敵人」的財產。當他爲了捍衛革命的成果而將戰火延燒到鄰國的土地上時，鄰國的居民自然必須爲這種戰爭掏腰包。換言之，他是以戰養戰。他沒收戰敗國王室和封建領主的財產，直接掠奪敵軍的輜重補給和敵國的博物館、國庫，強行索取戰爭賠款，並且要附庸國負責法國駐軍的補給。這一切不僅滿足了法國龐大的軍事開銷，而且還充實了法國的國庫和拿破崙個人的私囊。法國鼎盛時期聚斂的財富極爲可觀，在有些方面甚至可以與第二次世界大戰時期的納粹德國相提並論。例如，耶拿（Jena）戰役後，普魯士被迫向法國支付三億一千一百萬法郎的賠款，這相當於法國政府常年收入的一半。哈布斯堡帝國每次戰敗後都被迫割地賠款。一八○五至一八一二年間，義大利稅收的一半進入了法國國庫。這不但使法國能夠將龐大的軍隊駐紮在國外，而且減輕了法國納稅人的負擔。只要法國軍隊在它卓越的統帥統御之下能始終立於不敗之地，這一體系似乎是無懈可擊的。正如拿破崙經常自詡的：

> 我的權力仰賴我的榮耀，而我的榮耀則仰賴我的軍事勝利。一旦沒有了新的勝利和榮耀，我的權力便會旁落。征服造就了我，也只有征服才能使我大權永握。

那麼，怎樣才能扳倒拿破崙呢？英國勢單力孤，斷難獨當此任。其他歐陸國家如果單槍匹馬地發動攻擊，也絕非法國的對手。一八○六年普魯士的慘敗即爲一例。奧地利在一八○九年的艾克繆爾（Eckmuhl）和阿斯彭（Aspern）戰役中的表現尚且差強人意，但在瓦格拉姆（Wagram）一役中一敗如故，維也納被迫再次割地求和。拿破崙旋即長驅直入西班牙，平定叛亂。一時之間，這位皇帝大有順我者昌、逆我者亡的氣勢。

然而，就在拿破崙的帝國看來似乎是打遍天下無敵手的時候，這座大廈開始出現了嚴重的裂縫。法軍雖然連戰皆捷，但是傷亡也很慘重。埃盧（Eylau）戰役和佛里德蘭（Friedland）戰役分別損失了一萬五千人和一萬二千人。巴伊倫（Bailen）一役中陣亡和投降的士兵達二萬三千人。阿斯彭戰役傷亡高達四萬四千人。瓦格拉姆戰役也折損三萬餘人。就這樣，有作戰經驗的士兵漸漸成爲稀有動物。例如，在一八〇九年日耳曼軍團（Armee de l' Allemagne）的十四萬八千名士兵中竟有四萬七千人是未成年的新兵。儘管拿破崙的軍隊在被征服的領土和附庸國裡徵募了許多士兵，但是法國的人力資源仍然日益枯竭。另一方面，神祕莫測的俄國沙皇卻仍然擁有雄厚的後備力量，連心存怨恨的奧地利人在瓦格拉姆戰敗之後，仍保存著一支可觀的軍隊。這一切的含義不久之後便會顯現出來。

此外，一八〇八年冬，拿破崙進兵西班牙並沒有像他原先盤算的那樣輕易「擺平」他的對手。他順利地擊潰西班牙正規軍，不料卻激起當地民眾的憤慨而訴諸游擊戰，這使得法軍疲於奔命也更加重法軍後勤補給的困難。由於無法從當地獲得糧食，法軍只得更加依賴本身十分脆弱的補給線。再者，拿破崙在開闢西班牙戰場和葡萄牙戰場的時候，萬萬沒有想到，他無意間給了英國人絕佳的反擊戰場。起初，英國的軍事行動只是試探性的，但隨後威靈頓有效地利用當地人民的同情心、伊比利半島的地形、英國的制海權和日漸強盛的職業軍團，屢屢挫敗了法軍的銳氣。一八一〇年至一八一一年間，馬塞納（Massena）率法軍進犯里斯本，結果卻扔下二萬五千傷亡士卒，無功而返。這證明法國要切除所謂的「西班牙毒瘤」已經是心有餘力不足，即使三十萬大軍也不爲功。

西班牙戰爭不但使法國元氣大傷，而且也在戰略上和商業上緩和了英國的負擔。在以前的數次英法戰爭中，西班牙幾乎一直是法國的盟國，這不僅威脅到直布羅陀和英國海軍的主宰地位，而且還威脅到英國在伊比利半島、拉丁美洲和地中海地區的市場。現在，這種壓力已不復存在了。隨著蘭開夏（Lancashire）和英格蘭中部諸郡（Midlands）的產品重返過去的市場，大陸封鎖令對英國貿易造成的損害也大大地減輕了。一八一〇年，英國的出口總額便暴增到創紀錄的四千八百萬英鎊（一八〇八年僅爲三千七百萬英鎊）。儘管這種紓解僅僅是暫時的，後來由於法國封閉波羅的海和英美兩國發生爭端而使形勢又日趨惡化，但它已產生了不容忽視的作用。正當歐洲大陸奮起反抗拿破崙的時候，這種紓解使英國——拿破崙在歐陸之外的最大勁敵——得到了喘息之機。

實際上，拿破崙的體系本身充滿了矛盾。大革命在法國國內的是非功過姑且不論，這個以自由、平等和博愛自我標榜的民族現在卻奉皇帝的御令而征服其他民族，占人家園、掠人財物、毀人貿易、擄人子弟，強徵苛捐雜稅，不一而足。拿破崙對英國的經濟戰不僅損害了南特和波爾多的經濟，而且還損害了阿姆斯特丹、漢堡和的里雅斯德（Trieste）的經濟，因此，歐陸國家對大陸封鎖令無不懷恨在心。雖然初期很少人敢像西班牙人一樣公開反抗，或者像俄國人那樣退出大陸封鎖令（一八一〇年十月），但是，在拿破崙兵敗莫斯科和法軍被逐回庇里牛斯山脈以北之後，他們掙脫法國霸權的機會終於向他們招手了。這時，普魯士人、俄國人、瑞典人、奧地利人和其他民族無不摩拳擦掌。他們所需要的僅僅是步槍、皮靴和制服——當然還有金錢，而這些東西英國人早已不斷輸送給葡萄牙和西班牙人。就這樣，英倫三島的安穩和相對繁榮與法國的過度擴張和日益貪婪，這兩大因素最後導致了拿破崙帝國的崩潰。

此外，拿破崙本人日益嚴重的懈怠和錯覺也是因素之一。事實上，即使在戰爭的最後一年，勝負仍在未定之天，如果法國堅持不懈，甚至還有足夠的資源可建造一支龐大的海軍。英國的出口經濟在一八一二年之前並未遇到過眞正嚴格的考驗。另外，在一八一三年十月的萊比錫戰役之前，拿破崙一直有很好的機會對東方國家的聯軍予以各個擊破。

但是，法國的戰線實在太長了，此時已經到了極限，所以，任何一次大的挫折必然會影響到整個體系，這正是拿破崙過度驕傲的必然結果。一八一一年，法國在西班牙的駐軍約爲三十五萬三千人，但是，正如威靈頓所說的，他們能夠控制的僅僅是他們的駐地。由於法軍的兵力除了保衛交通線已所剩無幾，因此面對英、葡、西聯軍的聯手進襲只有束手挨打的份。所以，當一八一二年拿破崙決定東征俄國時，只從西班牙抽調二萬七千人加入前進莫斯科的行列。在六十餘萬侵俄大軍中，只有二十七萬是法國人，與被迫滯留在伊比利半島的法軍人數相等。而且，這裡所謂「本土的」法國人實際上包括許多以前的比利時人、荷蘭人和義大利人。在征俄戰役的軍隊中，從一七八九年之前的法國疆界內招募來的士兵只占極小部分。這一點在戰爭初期法軍節節勝利的階段似乎無關緊要，但在後來兵敗如山倒的時候，其重要性就彰顯出來了。

侵俄法軍的損失是極爲慘重的：約有二十七萬人陣亡，二十萬人被俘，另外還損失了一千門大砲和二十萬匹戰馬。東方戰線的失利嚴重打擊了法軍的士氣。然而重要的是，要了解自一八一三年起東歐和伊比利半島上的戰役是如何相互影響，並且最後造成拿破崙帝國的崩潰，因爲當時俄軍也無力跨越日耳曼地區追擊法軍。而英國人則受到美國戰爭的牽制，一時抽不出更多的力量打擊法國人。一八一三年初夏，拿破崙得以徵集到一支十四萬五千人的新軍，守住了薩克森的防線，並透過談判簽訂一個停戰協定。雖然普魯士倒向了俄國，奧國首相梅特涅（Metternich）也威脅要派兵二十五萬進行干涉，但是東歐各國仍然無法協調，因此逡巡不前。後來，威靈頓在西班牙大獲全勝（一八一三年六月）的消息傳來，奧地利人方才鼓起勇氣向法國宣戰，並且爲了將法國人逐出日耳曼而與俄國、瑞典和普魯士軍隊並肩作戰。同年十月萊比錫發生了空前的激戰，在四天的戰鬥後，十九萬五千人的法軍被三十六萬五千人的盟軍澈底壓倒。在這次戰役中，盟軍得到了英國的大量援助，其中包括十二萬五千支步槍、兩百一十八門大砲和其他軍事裝備。

法軍在萊比錫的慘敗反而鼓勵威靈頓向巴約納（Bayonne）和土魯斯（Toulouse）進軍。一八一四年初，拿破崙運用出色的戰術，成功地擊潰了蜂擁渡過萊茵河的普奧聯軍和入侵荷蘭的哥薩克軍隊，使法國的東北部轉危爲安，但是他的軍隊已經筋疲力竭，而且新兵太多。正如威靈頓所預言的那樣，當戰火延燒到法國本土時，法國民眾的戰爭狂熱已煙消雲散。由於英國力主將法國人趕回原來的邊界，並且在三月九日簽訂的《紹蒙條約》（Chaumont Treaty）中許諾給盟國追加五百萬英鎊的援助，因此盟國政府始終對法國保持著強大的壓力。到了一八一四年三月三十日，連拿破崙的元帥們也表示不願再繼續打下去了。一星期後，這位皇帝終於宣告遜位。

與這些劃時代的事件相比，一八一二年至一八一四年間的英美戰爭只能算是戰略上的餘興秀，實在是因爲這場戰爭與大陸封鎖令崩潰的時間相當，而且非常倚賴英美貿易的新英格蘭各州，在戰爭中表現得很冷淡（經常保持中立），所以英國經濟並未受到嚴重傷害。美國軍隊起初揚言要「前進加拿大」，可是不久便偃旗息鼓。雙方都了解繼續打下去最多兩敗俱傷，誰也無法打敗對方。對英國來說，這場戰爭不但證明了英美貿易的重要性，而且還顯示出要同時在歐洲戰場和海外維持兩支龐大的陸海軍，是很困難的。和在印度的情形一樣，英國在大西洋對岸的殖民地和貿易雖然加強了本身的權勢，但同時也受到戰略上的牽制。

拿破崙在一八一五年三月至六月發動的最後一次戰役，給歐洲大戰下了一個絕妙的註腳。他突然從流放中返回法國，打斷了戰勝國關於波蘭和薩克森等地歸屬權的爭吵，但這並沒有動搖反法同盟。即使倉促集結的法軍未遭滑鐵盧之慘敗，也很難想像它如何抵擋得住正在向比利時推進的盟國大軍，更難想像法國經濟如何能維持以後的大戰。不過，拿破崙最後一次膽大妄爲的政治意義卻十分重大。它不但強化了英國在歐洲的地位，還強化了在法國周圍扶植若干強大的「緩衝國家」的主張。它還顯示出普魯士軍隊在耶拿戰役之後已重振雄風，東歐的均勢從而得以局部調整。此外，它還迫使各國在維也納捐棄歧見，以獲致均勢原則下的和平。在持續了二十年的戰亂，及一百多年來強權之間的緊張和衝突之後，歐洲的權力平衡終於穩定了下來。

一八一五年的維也納會議並未決定瓜分法國。但是，根據最後達成的條約，路易十八的王國處在許多國家的包圍之中——北方有荷蘭王國；東南方有擴大了的薩丁尼亞王國（即皮耶蒙）；萊茵區有普魯士。西班牙雖然重回波旁王朝的統治之下，但是它的領土完整得到了與會各國的保證。在經過激烈的爭吵之後，均勢的原則在東方也能夠貫徹實施。在奧地利的反對之下，普魯士未能吞併薩克森，但卻得到了波森（Posen）和萊茵區。同樣地，奧地利雖然失去了除加里西亞（Galicia）以外的波蘭領土，但卻在義大利和日耳曼東南部得到了補償。俄國終獲得列強的讓步而吞併了波蘭的大部分，但卻未能染指薩克森。一八一五年初，懾於英法奧三國的威脅，俄國很快便放棄了指揮薩克森前途的念頭。至此，已無任何國家能效法拿破崙，凌駕歐洲爲所欲爲了。雖然各主要國家的利己主義並未隨著一七九三年至一八一五年的戰爭而煙消雲散，但是，「圍堵與相互補償」的原則已然獲得公認，一國獨霸歐洲的可能性已不復存在。即使是小規模的領土調整，也必須得到多數歐洲國家的認可。

有必要指出，戰後所謂的「五角政治」與一七五〇年甚至一七八九年時的五大國關係已不可同日而語。一方面，俄國的迅速崛起並未打破拿破崙垮臺時歐陸的權力平衡；另一方面，在海上卻無均勢可言，因爲英國海軍幾乎享有壟斷的地位。這種壟斷地位受到了它的經濟實力的支持，反過來又強化它的經濟優勢。在印度等地方，這是它不斷進行軍事擴張和掠奪的結果。到了十八世紀末，英國終於訴諸戰爭和經濟掠奪這兩種手段將印度次大陸完全納入自己的軌道。同樣地，英軍對聖多明各的占領使之在一七九〇年代後期成爲英國貨物的重要市場和英國轉口貿易的一大來源。在法國大革命之前，聖多明各在法國的殖民地貿易中占了四分之三。此外，英國在北美洲、西印度群島、拉丁美洲、印度和東方的海外市場不僅比在歐洲的市場成長更快，而且這種長途貿易利潤更爲可觀，並對英國航運業、商品交易、海事保險、票據交換和銀行活動的發展皆有很大的刺激作用。這一切大大地提高了倫敦的地位，使之成爲新的世界金融中心。近來有人對十八世紀英國經濟的成長速度和外貿在經濟成長中的角色提出種種質疑，但有一點是不容置疑的，那就是海外擴張使英國得以攫取大量新的財富，而它的競爭對手卻只能望洋興嘆。到了一八一五年，英國已控制了歐洲的絕大部分海外殖民地，並且扼住海上航路和利潤豐厚的轉口貿易。它的工業化程度遙遙領先，平均國民所得已居歐洲之首。我們將在下一章中看到，在下半個世紀中，英國將成爲「超級經濟強國」，英國人也將更加富裕。對英國來說，皮特和卡斯爾雷（Castlereagh）奉爲天條的均勢原則僅僅適用於歐洲的領土糾紛解決，在殖民地和貿易領域則另當別論。

所有這一切早在十九世紀初期的有識之士盤算之中，連自命不凡、目空一切的拿破崙也時時爲英國所困擾。拿破崙對英國的實力、海上霸權、銀行和信貸系統不無妒意，甚且渴望親眼目睹英國的崩潰，但是又何奈。西班牙人、荷蘭人和其他眼睜睜看著英國人獨霸海外的人們或多或少都有這種妒嫉和憎恨交織的心理。一八一二年，俄軍剛剛將法軍逐出國土時，庫圖佐夫將軍（Kutusov）就欲停止西進，他認爲澈底摧毀拿破崙將是不明智的，因爲「取代拿破崙的絕不會是俄國或其他歐陸國家，必然是已經控制了海洋的英國。這將是無法容忍的。」顯然，他的這番話道出了許多人的共同心聲。但是，戰爭結束後的結果卻是不可避免的。拿破崙的剛愎傲慢和拒絕妥協不僅使他自己跌進萬丈深淵，而且還讓他的頭號敵人大獲其利。正如另一位頗具遠見的格奈澤瑙將軍（Gneisenau）所說的：

> 沒有誰比這個亡命之徒（指拿破崙）更值得大不列顛感恩了，由於他的所作所爲，英格蘭才有今天的強盛、繁榮和財富。它（指英國）是海洋的主人。現在，不論在海上還是在世界貿易領域，都已無足以令它畏懼的對手了。

第二篇　工業時代的戰略與經濟

第四章　工業化與全球均勢的變遷：一八一五—一八八五

拿破崙敗亡後半個多世紀中形成的國際體系具有一連串不同於以往的特點。它們有的旋踵即逝，有的則成了貫穿整個近代史的特徵。

第一個特點是全球經濟體系的整合逐漸出現，並在一八四〇年代之後有壯觀的成長。在英國享有經濟霸權的這幾十年中，全世界的交通運輸得到了極大的改善，工業技術的轉移愈來愈快，產品產量迅速成長，這一切又促進了對新的農業耕地和原料產地的開發。關稅壁壘和其他重商主義措施逐漸沒落，而自由貿易和國際合作的思想觀念則日益深入人心，這顯示一種與十八世紀群雄爭霸的局面迥然不同的國際新秩序已然誕生。一七九三年至一八一五年戰爭的動盪不安及其代價，使得保守主義者和自由主義者共同努力尋求和平與穩定。歐洲協調組織（Concert of Europe）的建立和自由貿易條約的簽訂進一步鞏固了這種局面。毋庸贅言，這一切自然鼓勵了長期的工商業投資，並且促進全球經濟的發展。

第二，國與國之間的衝突並沒有因爲大國戰爭的結束而告終。在此期間，歐洲和北美加緊對落後民族的征服。這類軍事征服總是少不了對海外世界的經濟滲透，結果使這些地區的工業產量在世界經濟中所占的比重急遽下降。此外，歐洲各國間由於民族問題和領土爭端而引起的區域性衝突仍時有發生；但是，我們下面將會看到，諸如一八五九年的法奧戰爭和一八六〇年代的德國統一戰爭之類的公開衝突都是短期的地區性衝突。甚至連克里米亞戰爭也算不上大規模衝突，唯一的例外是美國的南北戰爭。

第三，工業革命帶來的新科技正在開始對戰爭產生影響，但是這種變化遠非人們想像的那麼快。一直到十九世紀下半葉，鐵路、電報、速射武器、蒸汽機和裝甲戰艦才眞正成爲軍力的決定性指標。雖然新科技加強了歐洲各國在海外的領先地位，但是陸海軍將領對於如何指揮歐洲戰爭的觀念卻過了好幾十年才得以修正。儘管如此，技術的進步和工業的發展不僅對陸海軍的戰略戰術產生影響，而且正在改變各國間的相對力量。

上述工業和技術變遷對十九世紀中葉戰爭的結局所產生的影響，很可能超過各國的財政和信用所造成的影響。其主要原因是十九世紀國家和國際銀行業的快速發展，以及各國行政組織的擴充，使得大多數政府都能很容易地在金融市場籌措到資金。但是由於當時的戰爭大多較爲短暫，所以各國更注重利用現成的軍事力量速戰速決，而不是長期動員國家的資源和開闢新的財源。例如，奧地利不論籌措到多少資金，都不可能逃脫一八五九年和一八六六年戰敗的厄運。同樣地，法軍於一八七〇年的普法戰爭中被壓服後，再多的金錢也無法挽狂瀾於既倒。誠然，在美國南北戰爭中，北方的勝利部分歸功於它在財政上的優勢；克里米亞戰爭的結局與英法兩國比瀕臨破產的俄國更有財力打得起戰爭也不無關係。但是，英法的優勢在於整體的經濟實力，而非財政或者信用方面的優勢。因此，十九世紀戰時財政的功用和以前已不可相提並論。

上述種種因素——包括國際經濟的成長、工業革命激發的生產力、歐洲的相對穩定、持續的軍事科技現代化，以及爆發的戰爭僅僅限於局部的短期戰爭等——對各個大國產生了不同的影響。其中獲益最多的是英國。一八一五年之後，由於經濟和地緣政治的變化，使英國成爲獨領風騷的超級強國，其他國家的相對實力則遭遇不同程度的削弱。但是到了一八六〇年代，工業化的進一步傳布再一次開始改變世界武力的平衡。

這裡需要指出的是，雖然十九世紀初以後的統計資料（尤其是經濟方面的數字）有助於我們探索各國實力對比的變化，但是我們必須了解，許多統計資料是很不精確的，其中有些是許多年後統計學者估算出來的。更重要的是，經濟財富並不總是能直接轉化爲軍事力量。這些統計數字僅僅表示一個國家物質潛力的大致情形和它在世界上的地位。

大多數經濟史學家都再三強調「工業革命」不是一蹴而就的。與一七七六年、一七八九年和一九一七年的政治「革命」相比，它是個緩慢的過程。它僅僅影響到一部分製造業和生產方法，並且是從一些地區逐漸推廣，而不是在全國各地同時發生的。但是，有個事實是不容迴避的，即一七八〇年前後人類的經濟生活開始發生了翻天覆地的變革，其重要性絕不下於舊石器時代的獵人演化爲新石器時代的農人（這無疑要緩慢得多）。工業革命（尤其是蒸汽機）乃用非生物的能源代替生物的能源。人類透過機器的使用將熱轉化爲功，獲得了大量的新能源。新機器的使用產生了驚人的效益。到了一八二〇年代，操作紡織機的工人的產量已相當於手工工人的二十倍。一臺動力紡紗機的產能則相當於兩百臺手紡車的產能。一鐵路機關車能運輸需要數百匹馱馬才能運送的貨物，而且速度要快得多。工業革命還有許許多多很重要的方面（如工廠制度或分工制度），但是對我們來說，最重要的是生產力的重大成長，尤其是紡織工業。

此外，正如蘭德斯（Landes）教授所說的，人類生產力的空前提升完全是自食其力的：

> 在此以前，人類生存條件的改善和經濟機會的增加總是會帶來人口的增長，終將使所獲得的成就化爲烏有。現在，人類經濟和知識的迅速發展導致了不斷的投資和技術創新，其速度首次超越了馬爾薩斯的想像空間。

上引最後一句話非常重要。從十八世紀起，世界人口的增長開始加快。歐洲人口從一七五〇年的一億四千萬增加到一八〇〇年的一億八千七百萬和一八五〇年的兩億六千六百萬；亞洲人口則從一七五〇年的四億激增到一個世紀後的七億。不論原因何在，這種增長速度是驚人的。雖然十八世紀歐洲和亞洲的農業產量也增加了（這亦是人口增長的原因之一），但是，增長的人口很有可能將農業產量的增加所帶來的利益全部抵銷掉。十八世紀晚期，不毛之地承受的壓力、農村的失業大軍，以及大批家庭湧向本已擁擠不堪的歐洲城市等現象，只不過是人口暴增浪潮的幾個表徵而已。

用非常生硬的總體經濟學術語來說，英國的工業革命使生產力保持高速發展，從而使國家財富和人民購買力的成長始終超過人口的成長速度。雖然英國的人口以百分之一點二六的年平均成長率，從一八〇一年的一千零五十萬增加到一九一一年的四千一百八十萬，但是它的國民生產成長得更快，十九世紀末期比初期增加了約十四倍。國民生產毛額的年平均成長率在百分之二至百分之二點二五之間。僅在維多利亞女王在位時期平均產值就增加了兩倍半。

較之一九四五年後許多國家的成長率，上述數字並不稀奇。正如社會歷史學家提醒我們的那樣，工業革命使新的無產階級付出了可怕的代價。這些新無產階級居住在骯髒、擁擠和殘破不堪的城市中，在工廠和礦坑出賣苦力。然而，這個「機器時代」生產力的持續成長仍然帶來了無窮的利益。從一八一五年至一八五〇年，英國的平均實質工資增加了百分之十五至百分之二十五，在以後的半個世紀中又增加了非常可觀的百分之八十。艾希頓（Ashton）提醒那些批評工業化是一場災禍的人說：「這個時代的核心問題是如何爲數目遠遠超過以往任何時代的兒童提供食物、衣服和工作。」新的機器不僅僱用愈來愈多的人，而且也提高了整體的國民所得。蒸汽機引發的交通革命很快滿足了都市工人對糧食和其他生活必需品的需求，因爲鐵路和輪船從新大陸運來了大量的剩餘農產品。

我們還可以借用蘭德教授的推算方式來了解這一點。他指出，一八七〇年的時候，聯合王國用掉了一億噸煤，「相當於八百兆卡路里的能量，足夠八億五千萬名成年男子一年的需要，而當時的實際人口約爲三千一百萬。」另外，一八七〇年英國蒸汽機的總功率約爲四百萬馬力，相當於四千萬男子產生的力量，但是「這麼多男子一年要吃掉三億二千萬蒲式耳的小麥，是整個聯合王國一八六七年至一八七一年間小麥年產量的三倍多。」由於非生物能源的使用，工業時代的人類得以超越生物學的限制和克服人口迅速增長的壓力，驚人地提高生產力和財富。與此相對照，正如艾希頓在一九四七年特別提到的：

> 在印度和中國的平原上至今仍瘟疫肆虐、飢民遍野。人們的生活與跟他們同地辛勤工作、同室而臥的畜牲，除了外表之外幾無任何不同。這種亞細亞式的生活標準便是人口增加而工業停滯造成的厄運。

非歐洲世界的厄運

在討論工業革命對歐洲大國體系的影響之前，我們不妨先了解一下它對歐洲以外地區的影響。這些地區所蒙受的損失既是相對的，又是絕對的。在西方開始影響亞洲、非洲和拉丁美洲以前，這些地區的人民並非如某些人想像的那樣過著幸福理想的生活。事實是他們原本就處於極度貧窮的境地。但在另一方面，一八〇〇年以前歐洲和這些地區的平均所得並無很大差別，都是以農業生產作爲社會的基礎。例如，一個印度手織機織工的收入可能是工業革命前歐洲織工收入的一半。這即表示，在蒸汽機和動力紡織機改變世界的均勢以前，由於亞洲農民和工匠的人數比歐洲多得多，因此他們在全世界製造業成品中所占的比例也比歐洲高出許多。

勢。

從表4-1和表4-2中我們可以看出，歐洲的工業化和擴張是如何戲劇性地改變了歐洲和亞洲的均勢。

顯而易見，這種變化的根本原因就是工業革命所激發出來的生產力揚升。例如，從一七五〇年代到一八三〇年代，英國紡紗業的機械化就使這個部門的生產力提高了三百至四百倍。就這樣，英國逐漸成爲獨占鰲頭的工業國家，順理成章地稱爲「首號工業國家」。當美國和其他歐洲國家也走上工業化之路時，它們的生產力、工業化層級和國家財富都穩定成長。而中國和印度的情形則完全不同。不僅它們在世界製造業中所占的比重相對減少（這純粹是因爲西方產量的激增），它們經濟的某些方面甚至完全沒落，換言之，它們被非工業化了，因爲傳統市場被價廉物美的英國紡織品攻占。一八一三年後，印度棉織品進口激增，導致許多國內生產者破產倒閉。最後，中國、印度和其他第三世界國家人口的急遽膨脹也使得它們的國民所得逐年下降。一七五〇年，歐洲和第三世界的每人平均工業化水準相差還不太大，但是到了一九〇〇年，後者僅爲前者的十八分之一，更是聯合王國的五十分之一。

無論從哪個方面說，「西方人的衝擊」都是十九世紀世界權力變遷最顯著的表現之一。它不但表現在各種經濟關係方面（包括從沿海商人、航運業者和領事等的「非正式影響」到大農莊主人、鐵路營建商和採礦公司的直接控制），而且還表現在探險家、冒險家和傳教士的滲透，以及西方疾病的傳入和西方信仰的傳播等方面。從各大洲的腹地——西起密蘇里河，北至鹹海以南——到非洲各河流的河口和環太平洋的各個群島，這種衝擊隨處可見。如果說西方在殖民地（例如印度）建造的公路、鐵路網、電信、港口和民用建築等設施是這種衝擊的豐碑，那麼，碑的另一面便記載著殖民戰爭時期燒殺擄掠的駭人場面。誠然，自從征服墨西哥的西班牙軍人柯狄茲（Hernando Cortez）時代起，武力和征服這兩大特徵就已經存在，但現在速度不斷在加快。一八〇〇年，歐洲

表4-1　世界製造業產出的相對占有率（1750-1900 年）

國家＼年代	1750	1800	1830	1860	1880	1900
（全歐洲）	23.2	28.1	34.2	53.2	61.3	6.2
聯合王國	1.9	4.3	9.5	19.9	22.9	18.5
哈布斯堡帝國	2.9	3.2	3.2	4.2	4.4	4.7
法國	4.0	4.2	5.2	7.9	7.8	6.8
日耳曼邦聯／德國	2.9	3.5	3.5	4.9	8.5	13.2
義大利邦國／義大利	2.4	2.5	2.3	2.5	2.5	2.5
俄國	5.0	5.6	5.6	7.0	7.6	8.8
美國	0.1	0.8	2.4	7.2	14.7	23.6
日本	3.8	3.5	2.8	2.6	2.4	2.4
第三世界	73.0	67.7	60.5	36.6	20.9	11.0
中國	32.8	33.3	29.8	19.7	12.5	6.2
印度／巴基斯坦	24.5	19.7	17.6	8.6	2.8	1.7

表4-2　國民平均工業化水準（1750-1900年）

（以1900 年聯合王國爲100）

國家＼年代	1750	1800	1830	1860	1880	1900
（全歐洲）	8	8	11	16	24	35
聯合王國	10	16	25	64	87	[100]
哈布斯堡帝國	7	7	8	11	15	23
法國	9	9	12	20	28	39
日耳曼邦聯／德國	8	8	9	15	25	52
義大利邦國／義大利	8	8	8	10	12	17
俄國	6	6	7	8	10	15
美國	4	9	14	21	38	69
日本	7	7	7	7	9	12
第三世界	7	6	6	4	3	2
中國	8	6	6	4	4	3
印度	7	6	6	3	2	1

人占領或控制了全世界陸地面積的百分之三十五；一八七八年這個數字上升到百分之六十七；到了一九一四年已超過百分之八十四。

蒸汽機和機器製造的工具等先進技術使歐洲擁有決定性的經濟和軍事優勢。前膛式槍砲的改進（雷管、來福線等）已是個不祥的徵兆；而火力更強的後膛式槍砲的發明又向前跨進了一大步。加特林機關槍、馬克沁重機槍和輕型野戰砲的誕生則給這場新的「火力革命」添上了最後幾筆點綴。這場火力革命使得依靠陳舊武器的殖民地人民根本沒有機會在抗戰中獲勝。此外，蒸汽動力的砲艦意味著歐洲的海上強國將能把它們的海上霸權循著尼日河、印度河和長江等大河流向內地延伸。於是，在一八四一年到一八四二年鴉片戰爭的幾次戰役中，「復仇女神號」裝甲艦憑藉它的機動性和火力，橫掃中國守軍如風捲殘雲一般。誠然，險要的地形（如阿富汗）也曾經阻擋過西方軍事帝國主義的入侵。那些採用新式武器和新戰術的非歐洲軍隊（如一八四〇年代的錫克教徒和阿爾及利亞人）的抵抗能力也很強。但是，在西方國家能部署機關槍和重武器的開闊地帶，戰鬥的結果就完全是一面倒了。也許十九世紀末最爲懸殊的戰鬥要數一八九八年的奧士曼（Omdurman）戰役了。在那場戰鬥中，配備馬克沁機關槍和新式步槍的基欽納（Kitchener）部隊只消半個上午便擊斃了一萬一千名伊斯蘭教士兵，而自己只損失了四十八人。因此，與工業生產力方面的差距一樣，火力的差距意味著先進國家和最落後國家的國力相差五十至一百倍。西方自達伽馬（Vasco da Gama，一四六九—一五二四年）時代起，便逐步享有全球的宰制權，此時幾乎已經沒有止境了。

英國充當盟主？

在十九世紀初西方擴張的浪潮中，如果說印度旁遮普人、安南人、北美蘇族印第安人和非洲班圖人是「輸家」的話，那麼英國人無疑是「贏家」。如前一章所述，到了一八一五年，英國人已經利用制海權、財政信用、商業技巧和結盟外交等方面的優勢取得了耀眼的全球地位。工業革命確實提高了英國在十八世紀工業革命之前的重商主義鬥爭中取得的國家地位，並且將它轉變成另一種強國。雖說這種變化是漸進的，而非革命性的，但它的結果卻令人刮目。從一七六〇年至一八三〇年間，「歐洲工業產量的成長有三分之二屬於聯合王國」；同期英國在世界製造業生產量所占的比重從百分之一點九躍升爲百分之九點五；在以後的三十年中，工業的擴充又使這個數字上升到百分之十九點五，儘管新科技已經傳布到了其他西方國家。一八六〇年前後，聯合王國達到了鼎盛時期，它的鐵產量占全世界的百分之五十三，煤和褐煤的產量占全世界的百分之五十，而它消耗的原棉也接近全世界產量的一半。「聯合王國的人口僅爲全世界的百分之二，或歐洲的百分之十，但是它的現代工業能力卻占全世界的百分之四十至四十五或歐洲的百分之五十五至六十。」一八六〇年，英國消耗掉的現代能源（煤、褐煤和石油）是美國或普魯士/德國的五倍、法國的六倍或俄國的一百五十五倍！英國的商業占全世界的五分之一，而占有全世界製成品貿易的五分之二。全世界三分之一以上的商船飄揚著英國國旗，而且這個比例還在不斷增加。難怪，維多利亞女王時代中期的英國人無不爲他們無與倫比的國家成就感到雀躍不已，這時的英國是世界貿易的中心

北美和俄國的平原是我們的玉米產地；芝加哥和敖得薩（Odessa）是我們的糧倉；加拿大和波羅的海地區是我們的林場；澳大拉西亞有我們的牧羊場，阿根廷和北美西部的草原則是我們的牧牛場；祕魯的白銀和南非、澳洲的黃金都流入倫敦；印度人和中國人爲我們種植茶葉，而我們所需要的咖啡、蔗糖和香料都產自西印度群島屬地。西班牙和法國是我們的葡萄園，地中海地區則是我們的果園；我們的棉田過去一直在美國南部，現在正逐漸擴展到地球每個溫暖的角落。

英國人的自信心表露在上述的工商統計數字，這似乎顯示了英國無可匹敵的宰制地位，但我們覺得有必要再做些補充，以免有失偏頗。首先，在一八一五年以後的幾十年中，英國的國民生產毛額（GNP）不可能始終保持世界首位。鑑於中國（和後來的俄國）龐大的人口，以及農業的生產和分配是世界各地（甚至包括一八五〇年之前的英國）國民財富的基礎這個顯而易見的事實，英國全部的國民生產毛額從來沒有像它的每人平均產量或工業化階段那麼引人注目。然而，「全部國民生產毛額的數額本身並不重要」，數億農民的物質產量必然遠遠超過五百萬工廠工人的產量。但是由於他們生產的東西絕大部分被立即消費掉了，不太可能轉化爲剩餘財富或決定性的軍事打擊力量。一八五〇年，英國確實強大得找不到對手，而其雄厚的實力就在於其現代的、創造財富的工業及所帶來的種種利益。

在另一方面，一八一五年以後幾十年中，英國迅速成長的工業並沒有做良好的規劃，未使國家能夠隨時獲得軍火和兵員。相反地，當時放任主義思想盛行，許多人鼓吹永久和平、降低政府支出（尤其是國防支出），以及減少國家對經濟和個人的控制等。亞當・史密斯曾經在《國富論》（一七七六年）承認，也許必須維持一支陸軍和海軍，以使英國社會「免受其他獨立國家的侵擾」；但他又認爲，由於武裝部隊本身是「非生產性的」，不像工廠或農場那樣能增加國家的財富，所以應當盡可能把它們裁減到剛好符合國家安全的需要。史密斯的門徒，尤其是柯布敦（Richard Cobden）的信徒們相信戰爭是迫不得已才採取的手段，而且發生的可能性將愈來愈小，對於把國家動員起來準備戰爭的觀念一定會膽戰心驚。因此，在一八一五年之後的幾十年中，英國軍隊的進步未能與工業和交通的「現代化」保持同步，而是一直停滯不前。

因此，在維多利亞女王時代的中期，儘管英國經濟成就輝煌，但它可能是自從斯圖亞特王朝以來對戰爭缺乏動員的時期。強調國民財富與國家安全密不可分的各種重商主義措施被逐一排除了，其中包括保護性關稅、先進科技的出口禁令、爲了保持大批英國商船和海員以備戰爭之需而制定的航海法，以及大英帝國的「特惠關稅」。在此同時，國防經費已被凍結在谷底的水準上，一八四〇年代平均每年約爲一千五百萬英鎊；即使在危機頻仍的一八六〇年代，也從未超過二千七百萬英鎊，而一八六〇年代英國的國民生產毛額已高達十億英鎊。實際上，在一八一五年之後的半個多世紀中，英國的軍費支出僅占國民生產毛額的百分之二至百分之三。同期中央政府的總支出金額遠不及國民生產毛額的百分之十，遠低於十八世紀或二十世紀時的比例。這些數字即使對一個實力有限、野心亦不大的國家來說也是很低的。對於一個亟欲「統御四海」而且保持歐洲均勢對其利益攸關的龐大帝國來說，實在是了不起的成就。

因此，與一九二〇年代早期的美國一樣，當時英國的經濟規模並未反映在國家的戰鬥力上。放任主義的體制和日益脫離工商業的微不足道的官僚組織，使得英國根本不能動員資源去打一場全面戰爭。下面我們將會看到，即使像克里米亞戰爭那樣有限的戰爭，也嚴重地動搖了英國的體制。可是，那些暴露出來的問題所引起的憂慮很快便煙消雲散了。維多利亞女王時代中期的英國人不但對於在歐陸進行軍事干預毫無興趣，而且還認爲在一八一五年之後的六十年中，歐陸大體上保持了均勢，英國再去承擔全面的義務完全是多此一舉。因此，雖然英國也曾努力透過外交手段和艦隊行動對歐洲邊緣要衝（如葡萄牙、比利時和達達尼爾海峽）的政治事件施加影響力，卻一直盡力避免干預其他地方的事務。到了一八五〇年代後期和六〇年代初期，人們甚至普遍認爲克里米亞戰爭也是個錯誤。正因爲英國缺乏干涉歐陸事務的意願和實力，所以在一八五九年的危機中，它對皮耶蒙的命運無從扮演重要角色。一八六四年，英國政府不贊成首相帕瑪斯頓（Palmerston）和羅素（Russel）「插手」什列斯威——霍爾斯坦（Schleswig-Holstein）事件。在一八六六年的普奧戰爭和四年後的普法戰爭中，英國都是袖手旁觀，看著普魯士將對手一個個擊倒。這一時期英國的軍事

表4-3　列強的軍事人員（1816-1880 年）

國家 ＼ 年代	1816	1830	1860	1880
聯合王國	255,000	140,000	347,000	248,000
法國	132,000	259,000	608,000	544,000
俄國	800,000	826,000	862,000	909,000
普魯士／德國	130,000	130,000	201,000	430,000
哈布斯堡帝國	220,000	273,000	306,000	273,000
美國	16,000	11,000	26,000	36,000

實力反映在它不大不小的軍隊規模上，因此不難明白，一旦歐洲戰場需要，它將沒有多少兵力可動用。

即使在印度等有英國軍團派駐的其他地方，軍政官員也總是抱怨兵力不足。雖然英國在世界地圖上看上去儼然是個泱泱帝國，但是地方官員都很明白它不過是小本經營。然而這一切僅僅意味著到了十九世紀初期和中期，英國已成爲另一種強國，它的影響力不能用傳統的軍事霸權標準去衡量。英國的實力表現在其他領域當中。在英國人看來，這些領域的價值遠遠超過一支龐大而又昂貴的常備陸軍。

第一個是海軍領域。當然，在一八一五年以前的一個多世紀中，皇家海軍通常是全世界最龐大的海軍。但是這種海上霸權常常遭到對手的競爭，尤其是波旁王朝的競爭。特拉法加海戰之後有整整八十年時間，再也沒有任何國家能夠對英國的制海權構成嚴重挑戰。雖然英國偶爾還有點「恐」法症，而且海軍部也密切監視著俄國的造船計畫和美國建造大型戰艦的情況。但是這種挑戰很快便風流雲散，而用勞埃（Lloyd）教授的話說，英國則繼續發揮著「比有史以來任何其他海上帝國更廣泛的影響」。儘管皇家海軍在一八一五年以後不斷裁減兵員，但是它的實際戰鬥力卻常常與排名在其後的三、四支海軍的總和相當。英國的大艦隊足以左右歐洲的政治情勢：它停泊在太加斯河的分遣艦隊保護著葡萄牙的君主政體；它在地中海的海軍部隊不但令阿爾及爾的海盜望風而逃（一八一六年），而且在納瓦里諾大破土耳其人（一八二七年）；在阿卡（Acre）拒退埃及總督阿里（一八四〇年）；每當「東方問題」尖銳化之際，它就蓄意地派遣艦隊到達達尼爾海峽巡弋。所有這一切都是英國海權的最佳告白。地理上的限制並未減輕英國在歐洲各國政府心目中的分量。在歐洲以外的地方，皇家海軍的小型船隊，甚至是單獨的艦隻，忙於許多活動，包括取締海盜行爲、攔截奴隸船、運送陸戰隊和威懾從廣東到尙吉巴的地方統治者——在這些地方，皇家海軍的影響也許更具決定性。

英國影響力的第二個重要領域在於它日益擴大的殖民帝國。在這個領域裡，整體的形勢不像前兩個世紀那樣充滿競爭，因爲那時英國曾經不得不與西班牙、法國和其他歐洲國家多次交戰。現在，除了法國在太平洋上的行動或者俄國在中亞地區的蠶食行動偶爾還拉一拉警報之外，英國已經沒有重量級的對手了。因此，我們可以毫不誇張地說，在一八一五年到一八八〇年之間，大英帝國有很大一部分實際上是處在一種強權政治的眞空當中。正因爲這樣，它的殖民軍隊才能夠保持在較低的數量上。毋需諱言，大英帝國主義有其自身的局限性，而且東半球的法俄兩國和西半球擴張中的美利堅合眾國也對它構成了一定的威脅。但是，在熱帶的許多地區，除了原住民族以外，英國利益團體（商人、農園主人、探險家和傳教士）在相當長的一段時期裡不曾遇到過任何外國人。

由於缺乏外在的壓力和國內放任的自由主義思想氾濫，使得許多評論家反對殖民政策，認爲殖民地無異於掛在本已不堪負擔的英國納稅者脖子上的「石磨」。但是，儘管英國國內反帝國主義的聲浪甚囂塵上，大英帝國仍我行我素，在一八一五年至一八六五年間繼續以平均每年十萬平方英里的速度擴張。有些地方，如新加坡、亞丁、福克蘭群島、香港和拉哥斯是因其戰略或商業上的重要性而被攫取的；其他新殖民地則是白人殖民者領土擴張慾的結果，他們來到南非草原、加拿大的大草原和澳洲人煙稀少的內陸地區，這些行動激起了當地人的反抗，最後常常不得不從英國本土或英屬印度派軍隊去鎭壓。即使由於殖民政府不願承擔一些新的責任而反對正式吞併，但從烏拉圭到利凡特，從剛果到長江，人們仍能感覺到英國的「非正式影響力」。相較於法國人時斷時續的殖民活動，以及美國人和俄國人具有地方色彩的國內殖民活動，十九世紀的大英帝國主義者可以說是獨樹一幟。

英國表現其特殊性和國力的第三個方面在於財政領域上。誠然，這個因素與國家的整體工商業發展幾乎是不可分割的。工業革命需要金錢的扶持，而工業革命又以投資獲益的方式創造更多的金錢。如前一章所述，英國政府很早就知道如何利用它在金融和股票市場上的信譽。但是到了十九世紀中葉，財政領域的發展在質和量兩個方面都已遠非昔日可比。乍看之下，較引人注目的是量的變化。長期的和平和充裕的資金，加上財政體制的改良，促使英國人以前所未有的規模向海外投資。在滑鐵盧戰役之後的十年中，英國平均每年輸出的資本約爲六百萬英鎊，到十九世紀中葉上升到三千萬英鎊，在一八七〇年至一八七五年間躍升到七千五百萬英鎊之鉅。一八三〇年代後期，英國從中坐收的利息和紅利收入爲每年八百萬英鎊，到一八七〇年代則每年超過五千萬英鎊；但是這種收入很快又投資海外，周而復始，呈螺旋形上升的狀態，如此不僅使英國的財富愈滾愈大，而且不斷地刺激全球貿易和交通的發展。

這種大規模的資本輸出帶來了一些極其重要的結果。首先，海外投資的收益大大地減少了英國有形商品的貿易差額。同時，這種投資收益大大地增加了英國本已相當可觀的無形收入，諸如航運、保險、銀行、商品交易等等。這些有形無形的收益不僅確保了英國絕無收支失衡之虞，而且使英國變得愈來愈富有。其次，英國的經濟如同一個龐大的風箱，一邊吸進大量的原料和食品，一邊吐出大量的紡織品、鐵製品和其他製成品。這種有形貿易形態與航運網路、保險業務和銀行連線同時發展，並且相輔相成。在整個十九世紀中，上述諸項業務不斷地從倫敦、利物浦、格拉斯哥等城市向各地輻射。

由於英國的國內市場是個開放的市場，而且倫敦願意將海外收入投資於世界各地的鐵路、港口、公用事業和農業等方面的建設，因此，在有形的貿易流向與投資類型之間有一種互為補充的關係。此外，金本位逐漸爲人們所接受，而且以向倫敦兌取的票據爲基礎的國際匯兌業務和支付機制迅速發展起來，難怪維多利亞女王時代中期的英國人深信，他們已經遵循古典政治經濟的原理，發現了確保經濟繁榮與世界和諧的祕訣。雖然還有不少人（如保王黨的保護主義者、東方的專制君主和喜愛標新立異的社會主義者）過於短視而昧於這個事實，但是每個人遲早都得承認，放任主義的經濟體制和政府的功利主義律令是放諸四海皆準的眞理。

從短期來看，這一切固然使英國人空前富有，但是從長遠看，其中是否有戰略上的危險因素？我們只要仔細回顧就不難發現，這些結構性的經濟變化至少有兩個重要結果對英國在未來世界中的實力消長產生影響。其一，英國促成了其他國家的長遠發展。英國不斷注入的資金扶植了外國的工業和農業；同時，英國在海外建造的鐵路、港口和輪船使得當地的生產商在以後的幾十年中逐漸成爲母國的競爭對手。這裡有必要指出，蒸汽機、工廠制度、鐵路以及電力的相繼發明，固然使英國得以克服天然障礙和物質的障礙而提高了生產力，從此國家的財富和實力大增，但是從這些發明中獲益更多的卻是美國、俄國及中歐等內陸國家和地區，因爲它們的天然障礙更大。簡言之，工業化使得各國利用本地資源的機會均等，從而將那些海軍兼商業之幅員較小的邊緣國家的既得優勢轉到了內陸大國手中。

英國第二個潛在的戰略弱點在於它的經濟愈來愈依賴國際貿易和（尤其是）國際金融。在十九世紀中葉的幾十年中，英國的出口已占國家總收入的五分之一，遠遠超出了華爾波爾（Walpole）和皮特時代出口額在國家總收入中的比重；它龐大的棉紡織工業更離不開海外市場。隨著英國從一個農業國轉變爲都市化的工業國，從國外的進口——不論是原料還是食品——也愈來愈成爲必要了。銀行、保險、商品交易和海外投資等成長最快的部門對世界市場的依賴尤爲殷切。全世界都是倫敦的盤中飧，這在和平時期固然不成問題；但是如果再發生列強間的戰爭，情形又會怎樣呢？英國的出口市場是否受到比一八〇九年和一八一一年至一八一二年更糟的影響？它的整個經濟和國內人口對進口貨物是否過於依賴？而這些進口貨物的來源很容易遭到戰火切斷。倘若發生另一場世界大戰，由於市場可能關閉、保險業務停止、國際資金移轉遲緩，加上信用制度破產，則以倫敦爲根據地的全球銀行和金融體系會不會崩潰？在這些情況下，進步的英國經濟受到的損害也許將遠甚於不太「成熟」、但也不太依賴國際貿易和國際金融的國家。

如果關於國際和諧及持續繁榮的自由主義前提能夠成立的話，上述擔心自然是杞人憂天。只要政治家理智行事，避免和其他國家發生紛爭，便會平安無事。實際上，主張政府不介入經濟活動之自由主義者認爲，英國工商業與全球經濟的結合愈是密切、對它的依賴性愈大，就愈不可能實行會導致衝突的政策。同理，金融部門的發展也應受到歡迎，因爲它不但促成了十九世紀中葉的繁榮，而且也顯示英國的先進和進步。即使其他國家步它的後塵，實行工業化，它也可以將它的力氣轉化到對這種發展有助益的地方，從而獲取更多的利潤。用波特（Bernard Porter）的話說，英國是第一個長出腿的青蛙卵、第一隻變成青蛙的蝌蚪、第一隻跳出池塘的青蛙。它在經濟上之所以與眾不同，只不過是因爲它已遙遙領先於其他國家。在這種一片大好的形勢下，似乎不必擔心什麼戰略上的弱點。正如一八五一年金斯利（Kingsley）在水晶宮大博覽會中含著自豪的熱淚發表的演說中所顯示的，維多利亞女王時代中期的英國人大多深信，一切都是天命不可違：

> 我認爲紡紗機和鐵路、庫納德（Cunard）的班輪和電報都是我們和宇宙調和一致的跡象。有個強大的神靈——我們萬能的上帝——在安排這一切。

因此，與其他受到幸運之神眷顧的文明社會一樣，英國人有理由相信他們的地位「受之於天」，而且必將與世長存。和其他文明社會一樣，他們將會遭到強烈的衝擊，不過那是以後的事。在帕瑪斯頓（Palmerston）和麥考萊（Macaulay）時代，人們見到的多半是英國的強大實力，而不是它的弱點。

「中等強國」的情形

在一八一五年以後的半個世紀中，經濟和科技的變遷對歐陸列強相對地位的影響比對英國要小得多。這主要是因爲它們起動工業化的基礎遠遠低於英國。愈是東面的國家，其經濟體制就含有愈多的封建和農業的成分。一七九〇年以前，西歐各國在商業和科技發展的許多方面和英國已相差無幾，但是二十年的戰爭留下了深刻的創傷：西歐人口大量減少、關稅壁壘發生變化、國內稅賦不斷提高、大西洋沿岸一帶「田園化」、海外市場和原料逐步喪失、引進英國的最新發明也愈來愈困難。西歐經濟因此出現倒退現象，儘管在拿破崙戰爭期間某些地區和貿易領域已經相當繁榮。雖然和平的來臨使正常貿易得以恢復，並且使歐陸企業家看到歐陸已遠遠落後於大不列顛，但是它卻沒有爆發現代化的浪潮。這種變革不僅缺乏足夠的資金、地方的需求和官方的熱烈支持，而且還遭到許多歐陸商人、手工業者和手織機織工的強烈反對，因爲他們感受到了英國技術對他們固有生活方式的威脅。結果，雖然蒸汽機、動力織布機和鐵路在歐洲大陸取得某些進展，但是：

> 在一八一五年至一八四八年期間，歐洲經濟仍然是傳統型的：農業的地位高於工業，消費品的生產優先於重工業；而且沒有廉價和便捷的運輸工具。

如前面的表4-2所示，在一七五〇年以後的一個世紀裡，歐陸的每人平均工業化水準之消長並不明顯，到了一八五〇年代和一八六〇年代，情況才有所改觀。

此外，「復興的歐洲」之政治外交形勢也不允許現有的國際秩序發生大的變化。由於法國大革命曾經使得歐洲的社會結構和傳統的國家體系飽受驚嚇，現在以梅特涅爲首的各國保守派對任何新的發展都投以疑慮的目光。可能導致全面戰爭的外交冒險活動與爭取民族自決或憲政改革運動一樣不受歡迎。整個來說，這些政治領袖單單應付國內的動亂和安撫各部門利益團體的騷動已深感力有未逮，因爲新機器的出現、都市化的發展，和各行會、手工業及前工業社會的保護性法規所受到的挑戰已經對許多利益團體構成了威脅。被一八三〇年的大暴動和許多大大小小的叛亂弄得焦頭爛額的政治家根本無心捲入國外的衝突，因爲這種衝突可能危及本身的政權。

關於這一點值得指出的是，當時的許多軍事行動正是爲了使現存的社會政治秩序免遭革命的威脅——例如，一八二三年奧地利軍隊平定了皮耶蒙的反抗運動，同年，法國軍隊開進西班牙，讓斐迪南國王復辟；一八四八年俄國軍隊鎮壓了匈牙利的革命。這些行動都是爲了上述目的。這種反動舉措雖然遭到英國輿論日益強烈的不滿，但是英國的島國特性也明白顯示不至於爲了拯救自由勢力而出面干預。當時歐洲內部的領土變動只有在歐洲列強協調同意後方可進行。因此與以前的拿破崙時代和以後的俾斯麥時代不同，一八一五年至一八六五年這段時期內的絕大多數微妙的政治問題（如比利時和希臘問題）都被國際化了，連片面行動也不受歡迎。這使現存的國家體系得以維持一種基本的（即使是不確定的）穩定性。

在一八一五年之後的幾十年裡，普魯士的國際地位顯然受到了上述政治和社會情勢的影響。這個在霍亨索倫王室（Hohenzollerm）統治下的國家雖因取得萊茵區而大大地擴張了它的版圖，但仍無法和腓特烈大帝時代同日而語。直到一八五〇年代和一八六〇年代，普魯士的經濟發展情況方才脫穎而出，領先其他歐洲國家。也就是說，它在十九世紀上半葉還是個工業侏儒，它每年五萬噸的生鐵產量不但無法與英、法、俄三國相提並論，就是跟哈布斯堡帝國相比也有小巫大巫之別。此外，萊茵區的併入不但在地理上分割了普魯士，而且使得比較「自由的」西部諸省和比較「封建的」東部諸省之間的政治分裂更形惡化。在這段時期的大部分時間裡，國內的緊張關係始終是最重要的政治問題。儘管反動勢力通常占有優勢，但是他們對一八一〇年至一八一九年的革新主義傾向深具戒心，而一八四八年至一八四九年間的革命使他們惶惶不可終日。即使在軍方把一個極為偏執器小的政權再度扶植上臺後，擔心國內出現動亂的普魯士領導階層仍不敢進行外交冒險。相反地，保守派認為他們必須盡可能與歐洲其他地方（特別是俄國和奧地利）的穩定勢力融為一體。

使普魯士的國內政治爭端更趨複雜化的是有關「日耳曼問題」的爭論，也就是有關三十九個日耳曼邦國最後達成統一的可能性，以及達到這一目標之途徑的爭論。因為這個問題不僅將使具有自由主義和民族主義思想的資產階級脫離保守派陣營，而且還牽涉到與日耳曼中部和南部各國微妙的談判。最重要的是，它還將重演和哈布斯堡帝國的對抗局面，這種局面是指一八一四年以來就薩克森問題的激烈爭吵。儘管普魯士是日耳曼關稅同盟當然的領袖，奧地利則因為受到本國工業界保護主義的壓力而未加入該同盟，但是維也納在政治上卻一直占上風。首先，腓特烈威廉三世（一七九七—一八四〇年）和腓特烈威廉四世（一八四〇—一八六一年）對於與哈布斯堡帝國發生衝突的恐懼感更甚於梅特涅及其後任舒華貞堡（Schwarzenberg）對於與他們的北方鄰國發生衝突的恐懼感。此外，奧地利是在法蘭克福召開的歷次日耳曼邦聯會議的主席國；它獲得許多日耳曼小國的同情。普魯士老派的保守分子對奧國的同情自不待言。總之，奧地利無疑是個歐洲大國，而普魯士只能算日耳曼大國。最能呈現維也納分量的徵象，莫過於一八五〇年達成的《厄爾繆茲（Oelmuetz）協議》了，根據該項協議，普魯士同意遣散軍隊並放棄自己所主張的統一計畫，也就是暫時停止運用一切謀取利益的策略。腓特烈四世認爲，在一八四八年革命風潮甫平息的大環境下，外交上的屈辱總比冒險發動戰爭強一些。甚至如俾斯麥之流的普魯士民族主義者對於在奧地利的予取予求之下撤退雖然感到憤慨，但也感到無可奈何，唯有等待「稱霸日耳曼的鬥爭」獲致最後解決之後再作良圖。

迫使腓特烈威廉在厄爾繆茲屈服的一個極重要因素是，俄國沙皇在「日耳曼問題」上支持奧地利的立場。事實上，從一八一二年至一八七一年這整個時期內，柏林一直在盡力避免觸怒這個東方軍事巨人。這種曲意逢迎的態度固然有意識形態和歷史的原因，但它卻掩蓋不了普魯士的自卑感。俄國在一八一四年獲得波蘭的大部分領土，使得這種自卑感更明顯。聖彼得堡當局對普魯士任何自由化舉動的反對態度、尼古拉一世關於日耳曼統一是烏托邦式胡扯的著名論調，以及《厄爾繆茲協議》簽訂之前俄國對奧地利的支持，在在都顯示了外國影響力的強大。也因此，在一八五四年克里米亞戰爭爆發時，普魯士政府堅決保持中立，以免和俄國交戰，儘管它也擔心這樣做會失去奧地利和西方列強的重視。普魯士的瞻前顧後不僅失歡於俄國，也令英國和奧地利深感不滿。因此，一八五六年巴黎和會一開始並沒有邀請普魯士參加，即使中途獲邀，普國也只被視爲周邊國家。

在其他地區，普魯士也受到列強的逼迫。帕瑪斯頓對普軍侵入什列斯威—霍爾斯坦所發出的譴責尚在其次，最令人不安的是法國對萊茵區一直虎視眈眈，從一八三○年至一八六○年代莫不如此。這進一步證實，在十九世紀上半葉，普魯士在強國的排行榜上處於墊底的位置。由於它地理位置差、周圍都是更強的大國，加以國內和日耳曼問題的困擾，因此很難在國際事務中扮演更大的角色。這個見解也許有些尖刻，因爲普魯士也有不少優勢；它的教育體系（從教區學校到大學）在歐洲首屈一指；它的行政機構效率頗高；它的軍隊和令人生畏的參謀本部在對戰略戰術的研究改革方面更是領先於其他國家。但問題在於，直到克服了自由派和保守派之間的國內政治危機，直到優柔寡斷的腓特烈威廉四世被堅定果決的最高行政階層所取代，而且直到普魯士的工業基礎發展起來以後，這種潛力才可能充分發揮。因此，這個霍亨索倫王室統治下的國家在一八六〇年以後才從近乎二等強國的地位脫穎而出。

然而，和生活中的許多其他事情一樣，戰略上的弱點也是相對的。較之南方的哈布斯堡帝國，普魯士的問題也許還不算太糟糕。如果說在一六四八年至一八一五年期間人們看到了一個正在「興起」和「自我標榜」的帝國，那麼人們也許沒有注意到維也納在努力扮演好大國的角色時所遇到的困難。相反地，一八一五年的和解使得這些困難雪上加霜，至少從長期的角度來看是如此。舉例來說，奧地利人曾多次與拿破崙交戰，並且贏得最後勝利，因此在一八一四年和一八一五年間的談判桌上，他們要求在邊界的調整中得到「補償」。儘管哈布斯堡明智地同意撤出荷蘭南部、日耳曼西南部和波蘭的部分地區，但是這些損失卻由於他們對義大利的大規模擴張和在新成立的日耳曼聯邦裡的領導地位而取得平衡。

按照歐洲平衡的一般理論，尤其是梅特涅等人的理論，奧地利的東山再起是値得讚揚的。橫跨歐陸、從義大利北部平原一直延伸到加里西亞的哈布斯堡帝國，是歐洲平衡的中心支點。它在西歐和義大利遏阻了法國的野心；它反對「大日耳曼」民族主義和普魯士的擴張主義，因而維持了日耳曼的現狀；同時，它又構成了俄國向巴爾幹半島滲透的一道障礙。奧國的這些使命自然得到了有關列強的支持，但問題在於：哈布斯堡帝國在這盤複雜的五方攻王棋局中扮演著最關鍵的角色，因爲一八一五年的協議如能得到維護，它將是最大的獲益者——而法國、普魯士和俄國遲早會要求改變現狀。英國人則在一八二〇年代以後，出於戰略和意識形態上的原因，愈來愈覺得沒有必要支持梅特涅，於是對於奧地利維持現狀的努力伸出援手的意願也愈來愈低。有些史學家認爲，一八一五年以後歐洲維持了幾十年的和平，主要歸功於哈布斯堡帝國的地位和作用。因此，在一八六〇年代，當哈布斯堡無法再從其他列強手中獲得維持義大利和日耳曼的現狀所必需的軍事援助時，它就被逐出了那兩個地區；一九〇〇年之後，當它自己也已經日薄西山、氣息奄奄之時，一場爭奪哈布斯堡霸權的繼承戰爭便不可避免了。

只要歐洲的保守國家努力團結一致以維持現狀，反對法國的再起（或曰法國「革命」），哈布斯堡的這個弱點就不致暴露。梅特涅訴諸神聖同盟（Holy Alliance）的意識形態大團結，他通常能得到俄國和普魯士的支持。於是，哈布斯堡就能騰出手來干涉自由主義者的騷亂——或直接派兵鎮壓一八二一年那不勒斯的暴動，或准許法國在西班牙採取軍事行動支持波旁政權，或透過巧妙安排，將反動的卡爾斯巴德決議（Carlsbad Decrees）（一八一九年）硬套在日耳曼邦聯各邦國的頭上。同樣地，哈布斯堡帝國與聖彼得堡和柏林的關係也因爲它們在鎮壓波蘭的民族主義方面有著共同利益而獲益。對俄國政府來說，波蘭的民族主義問題遠比其偶爾在希臘問題和博斯普魯斯、達達尼爾海峽的問題上發生的爭執重要得多。三國聯手在加里西亞對波蘭叛亂進行的鎮壓，以及一八四六年奧地利經俄普兩國的同意而併吞克拉科自由市（Free City of Kracow），都說明了君主國之間的團結一致所能帶來的利益。

但是從長遠看，梅特涅的戰略有著嚴重的缺陷。在十九世紀的歐洲，要遏止一場激進的社會革命可謂輕而易舉。每當發生這種革命（如一八三〇年革命、一八四八年革命和一八七一年的巴黎公社）時，驚慌失措的中產階級總會叛離革命而倒向「法律和秩序」一邊。但是法國大革命和十九世紀初的許多場解放戰爭所激發出來的民族自決思想和運動已廣爲傳布並且深入人心，是不可能永遠被壓制的。梅特涅鎮壓獨立運動的種種努力，結果卻是不斷地消耗哈布斯堡帝國的元氣。由於奧地利對任何民族獨立的騷動都毫不留情地鎮壓，所以很快便失去了它的老盟友英國的同情。它在義大利三番兩次地使用武力，結果卻使各階層人士團結起來，反抗哈布斯堡這個「獄吏」。後來拿破崙三世利用這種有利形勢，幫助加富爾（Cavour）把奧地利人逐出了義大利北部。由於奧地利出於經濟上的原因沒有加入日耳曼關稅同盟，而憲法和地理上的限制又使它不可能成爲「大日耳曼」的一部分，許多日耳曼民族主義者失望之餘，開始把領導日耳曼的希望寄託在普魯士身上。甚至連通常支持維也納鎮壓革命的沙俄政權，偶爾也覺得自己處理民族問題比奧地利更行：一八二〇年代晚期，亞歷山大一世不顧梅特涅的堅決反對，採取與英國合作支持希臘獨立的政策便是明證。

事實上，在這個民族日益覺醒的時代，哈布斯堡帝國顯得愈來愈不合時宜了。曾經有人指出，在所有其他大國裡：

> 大多數人民操同一種語言，信奉同一種宗教。例如在法國，至少百分之九十的人是講法語的天主教徒。十分之八的普魯士人民是日耳曼人（其餘多爲波蘭人），而十分之七的日耳曼人又是新教徒。在沙皇的七千萬臣民中雖然有一些著名的少數民族（包括五百萬波蘭人、三百五十萬芬蘭人、愛沙尼亞人、立陶宛人和拉脫維亞人，以及三百萬混雜的高加索人），但仍有五千萬信奉東正教的俄羅斯人。英倫三島的居民百分之九十操英語，百分之七十爲新教徒。這種國家本身具有內在的凝聚力，用不著去人爲的團結。與此相反，奧地利皇帝統治的是個民族的大雜燴，每想到這個境況，他必定會有如履薄冰如臨深淵的感覺，也是他心中永遠的痛楚。他本人和八百萬臣民是日耳曼人，但斯拉夫民族的人數卻兩倍於此（包括捷克人、斯洛伐克人、波蘭人、羅塞尼亞人、斯洛維尼亞人、克羅埃西亞人和塞爾維亞人），另外還有五百萬匈牙利人、五百萬義大利人和兩百萬羅馬尼亞人。
>
> 他們組成的是個什麼樣的國家呢？

答案是：無解。

最後，連哈布斯堡的軍隊也反映出這種民族的複雜性。「一八六五年（也就是普奧兩國爲爭奪日耳曼霸主而決戰的前一年），奧地利軍隊的名冊上有十二萬八千二百八十六名日耳曼人、九萬六千三百名捷克人和斯洛伐克人、五萬二千七百名義大利人、二萬二千七百名斯洛維尼亞人、二萬零七百名羅馬尼亞人、一萬九千名塞爾維亞人、五萬零一百名羅塞尼亞人（Ruthene）、三萬七千七百名波蘭人、三萬二千五百名馬扎兒人、二萬七千六百名克羅埃西亞人和五千一百名其他民族的人」。雖然這支軍隊看上去就像印度土王指揮的英印聯合軍團一樣五色斑斕，但是和法國和普魯士同質性高的軍隊一比，它的劣勢便暴露無遺了。

這種潛在的軍事弱點由於缺乏資金而益形嚴重，這和帝國國內徵稅的困難有部分關係，但主要還是因爲它的工商業基礎過於薄弱。現在有些史學家常常提到一七六〇年至一九一四年間「哈布斯堡帝國的經濟繁榮」，而實際上，在十九世紀上半葉期間，工業化僅僅發生在波希米亞、阿爾卑斯山地區和維也納周圍地區等西部區域，帝國的大部分地區依然沒有什麼動靜。因此，奧地利本土雖然開發程度較高，但整個帝國在每人平均工業化程度、生鐵和鋼鐵產量、蒸汽動力的能量等方面卻落在英國、法國和普魯士後面。

更有甚者，哈布斯堡帝國因爲拿破崙戰爭的開銷而「耗盡了財政元氣，沉重的債務纏身」。這迫使政府將軍事預算縮減到最低的水準。一八三〇年，撥給軍隊的經費僅占總歲入的百分之二十三（一八一七年是百分之五十）；一八四八年進一步降至百分之二十。每逢出現危機（如一八四八年至一八四九年、一八五四年至一八五五年、一八五九年至一八六〇年，以及一八六四年的危機），軍隊通常能得到額外撥款，但從未達到使軍隊編制足額的程度，而且一俟危機結束，經費旋即緊縮。例如，一八六〇年的軍事預算是一億七千九百萬弗洛林，一八六三年降至一億一千八百萬弗洛林，一八六四年因與丹麥發生衝突而升至一億五千五百萬弗洛林，但在一八六五年即驟減至九千六百萬弗洛林。上開數字均低於法英俄三國同期的軍事預算、或隨後的普魯士軍事預算。此外，由於奧地利軍政腐敗、效率低落，因此許多公帑往往是用非所需。總之，哈布斯堡的武裝力量跟它所要擔綱的戰爭角色一點兒也不相稱。

這一切並不意味著這個帝國會提前覆亡。正如許多史學家所說的，它的耐力是相當驚人的。它順利度過了宗教改革，從土耳其人和法國大革命的衝擊下死裡逃生，也平安地熬過了一八四八年至一八四九年間的政治風暴和一八六六年的軍事挫敗，以及第一次世界大戰初期的嚴重困境，直到戰爭接近尾聲時才宣告垮臺。雖然這個君主國有著明顯的弱點，但是它也有自己的長處。例如，不但日耳曼民族的臣民對哈布斯堡帝國忠貞不二，而且帝國內其他民族的貴族也對它俯首貼耳、甘心效勞。較之俄國和普魯士，它對波蘭的統治算是相當寬厚的。帝國民族眾多，地方山頭林立，情勢錯綜複雜，因此它可以從中央到地方分化而統治之。這一點從帝國煞費苦心地部署軍隊的情況便可見一斑：它把匈牙利軍團駐紮在義大利和奧地利，同時又把義大利軍團部署在匈牙利，另外，它還把一半的匈牙利輕騎兵團駐防在國外。

最後，它還擁有一種其他敵對的大國無可奈何的消極優勢。沙皇尼古拉一世雖然因奧地利覬覦巴爾幹半島而切齒痛恨，但卻很樂意出兵幫助它鎮壓一八四八年的匈牙利革命。拿破崙三世在密謀將哈布斯堡家族趕出義大利的同時，也曉得維也納可能是自己將來對抗普魯士或俄國時用得著的盟友。俾斯麥雖然決心將奧地利在日耳曼的影響力澈底逐出，可是一八六六年哈布斯堡帝國投降之後，他反而盡力維護它的存在。只要這種情況不改變，哈布斯堡帝國就能繼續苟延殘喘，換言之，大家都捨不得拋棄一個潛在的盟友。

法國雖然在拿破崙戰爭中遭到了慘重的失敗，但在一八一五年以後的半個世紀中，它在許多方面仍明顯強於普魯士或哈布斯堡帝國。它的國民所得遠遠超過普魯士和哈布斯堡，資金也充裕得多；它的人口比普魯士多得多，其民族構成則比哈布斯堡帝國單純；同時，它更有能力供養一支龐大的陸軍和海軍。這裡我們把法國當作「中等強國」來討論，完全是因爲戰略、外交和經濟環境諸方面的綜合因素使它無法集中力量在任何領域中取得決定性的領先地位。

在一八一四年與一八一五年間歐洲強權政治的舞臺上，其他大國都表明了阻止法國維持霸權的決心。倫敦、維也納、柏林和聖彼得堡爲了擊敗拿破崙的垂死掙扎，都停止了關於其他問題（如薩克森問題）的爭吵。它們還決心建立一種戰後體系，以阻斷法國傳統的擴張路線。於是，當普魯士成了萊茵區之守護神的時候，奧地利加強了其在義大利北部的地位，英國則順理成章地在伊比利半島擴張勢力。在這一切行動的背後還潛藏著一支龐大的俄國軍隊，隨時準備西進，以維護一八一五年的協議。結果，儘管法國人不分黨派均要求實行「復興」政策，但它的地位顯然仍不可能有戲劇性的改善。最好的結果是在「歐洲協調」的架構內被承認爲平起平坐的夥伴，並且共同恢復在鄰國的政治影響力。但是，即便法國能在伊比利半島達到與英國分庭抗禮的程度，並且重新在利凡特（Levant）扮演主要角色，它仍必須時刻提防激起另一個反法同盟。到了一八二〇年代和一八三〇年代，法國對低地國家的任何入侵行動都會立即促使英普兩國結成堅強無比的聯盟。

法國可以打的另一張牌是與某個大國建立密切的關係，並利用它來達到自己的目標。由於其他大國彼此勾心鬥角，而且與法國結盟可獲得相當大的利益（如在金錢、軍隊和武器方面），這種假設似不無道理，但它有三個漏洞。其一，這個假想的盟國可能會反過來利用法國而不是被法國利用。例如，在一八三〇年代中期，梅特涅接受法國的結盟建議純粹是爲了離間法國和英國的關係。其二，這幾十年來法國政權的頻頻更迭不可避免地影響到它的對外關係，因爲這是一個意識形態掛帥的時期。例如，由於一八三〇年法國革命的來臨，原本相當被看好的法俄聯盟便告胎死腹中。最後還有一個傷腦筋的問題，即有些大國有時也想與法國合作，但是它們此時此刻都不願改變現狀。換言之，它們最多只能對法國伸出外交友誼之手，而不是領土方面的承諾。直到克里米亞戰爭以後，各國才普遍出現要求重新劃定一八一五年邊界的呼聲。

假如法國像路易十四或拿破崙的鼎盛時期那樣強大，足以與歐洲的其餘部分抗衡，則上述障礙也許不足掛齒。但事實上，一八一五年以後的法國已經今非昔比。在一七九三年至一八一五年的戰爭中，多達一百五十萬名法國男子死於戰火。更重要的是，在整個十九世紀中，法國的人口增加率始終低於其他大國。不僅長期的衝突以上述提到的種種方式扭曲了法國的經濟，（見第三章最後一節）而且和平時期它又面臨強大的對手英國的商業挑戰。「對絕大多數一八一五年以後的法國生產商來說，一個最重要的事實是：有個占壓倒性優勢的工業生產者恰好是他們的隔壁鄰居。這位鄰居不但在所有的國外市場上、而且甚至在他們嚴加保護的國內市場上都是一股強大的力量。」由於缺乏競爭力，而且國內存在著一些現代化的障礙，加以喪失了海外市場的刺激，使得一八一五年至一八五〇年間法國的工業成長率遠低於英國。十九世紀初期，英國製造業的產量與法國尚在伯仲之間；但到了一八三〇年它是法國的百分之一百八十二點五；到一八六〇年又增加到百分之二百五十一。此外，在十九世紀後半葉，當法國的鐵路建設和全面工業化速度開始加快時，它這才驚慌地發現，普魯士德國的發展更爲迅速。

可是，令當代的史學家感到迷惑的是，十九世紀的法國經濟竟被輕描淡寫地稱之爲「落後的」和「令人失望的」。法國人與英國人走向國家繁榮的道路雖然完全不同，但在許多方面卻同樣合乎邏輯。在法國，工業革命所引起的社會恐懼並不如在英國那般地擴展開來，但是，由於法國人專注於提高產品的品質，而不是大量生產貨品，結果每件產品的平均附加價值就比英國產品高得多。雖然法國人並未在國內投資興辦很多大型企業，但這常常是精打細算的結果，而不是因爲貧窮或蕭條的緣故。事實上，法國有相當可觀的剩餘資本，其中大部分投資在歐洲其他國家的工業上。法國政府不大可能出現資金短缺的困窘，而且它在軍火工業和與之相關的冶金工業上均有投資。在派克斯漢（Paixhans）將軍督導下，法國的發明家發明了平射砲。他們還設計了船舶設計史上「劃時代」的傑作——「拿破崙號」和「光榮號」，並造出了米尼埃（Minie）子彈和來福線（rifling）。

儘管如此，法國的相對實力仍持續減弱。雖然它的領土大於普魯士和哈布斯堡帝國，但是它已不在任何領域中享有決定性的優勢了。它的陸軍人數不及俄國；它的海軍雖然僅次於英國皇家海軍，但兩者之間仍有很大的差距，它的工業產量和國民產值也落在具有開拓精神的英國之後。

「光榮號」的下水很快便因皇家海軍推出「戰士號」而黯然失色。雖然法國仍在歐洲之外扮演某些角色，但是它的領地和影響力已無法望英國之項背。

這一切說明了另一個棘手的問題，這個問題使人們很難估量法國確實的實力。法國仍然是個傳統而複雜的大國，常常依違於它的歐洲和非歐洲利益之間。這種情況接著又對它的外交策略產生不利影響，此種外交策略已經因爲意識形態和均勢原則等方面的因素而變得十分複雜。例如，是阻止俄國向君士坦丁堡進逼還是阻擋英國在利凡特的野心比較重要？它應該努力將奧地利逐出義大利呢，還是應該向英吉利海峽的皇家海軍挑戰？另外，它應該鼓勵還是反對德國跨出統一的第一步？由於對每一種選擇、每一項政策都有贊成和反對兩種意見，所以法國人常常左右爲難、舉棋不定，即使當他們被視爲「歐洲協調」的正式會員時也是如此。

但是，從另一方面說，我們不要忘記法國在受制於當時的整體形勢的同時，對其他大國也產生某種遏制功用。在拿破崙三世時期是如此，其實早在一八二〇年代晚期就已初露端倪。由於法國幅員遼闊，單單這一點就意味著它的復興對伊比利半島、義大利半島、低地國家、甚至更遠的地方都有重要影響。英俄兩國在試圖影響鄂圖曼帝國的事務時，都必須考慮法國的存在。在克里米亞戰爭期間，法國比搖擺不定的哈布斯堡帝國，甚至比英國，對俄國發揮更大的軍事遏制作用。破壞奧地利在義大利之地位的是法國，防止大英帝國壟斷非洲和在中國沿海地位的主要也是法國。最後一點，當奧地利和普魯士爭奪日耳曼霸主的鬥爭白熱化的時候，雙方對拿破崙三世的動向都表示了深深的關切。總而言之，隨著一八一五年之後的復興，法國在以後的幾十年中仍然是個舉足輕重的國家。它在外交上極爲活躍，軍事上雄風猶在，與之爲敵不如與之爲友——儘管它自己的領袖心裡很明白，它已不能再像前兩個世紀那樣傲視天下了。

克里米亞戰爭與俄國的衰落

在一八一五年之後幾十年的國際和平與工業化時期中，俄國的相對實力衰落得最快——雖然這在克里米亞戰爭中（一八五四至一八五六年）才充分顯現出來。一八一四年俄國軍隊挺進西歐時，整個歐洲曾爲之懾服。當沙皇在哥薩克軍團的前導下進入巴黎的時候，城裡的百姓也曾違心地喊過「亞歷山大皇帝萬歲！」以維持領土和政治現狀爲宗旨的和平條約得到了八十萬俄國大軍的背書。這支軍隊在陸上根本找不到可以與之匹敵的對手，就像海上的英國皇家海軍一樣。奧地利和普魯士在這個實力雄厚的東方巨人面前都相形見絀，甚至當他們宣布三皇同盟時也時時刻刻心懷戒懼。專橫霸道的尼古拉一世（一八二五年至一八五五年）繼承了以救世主自居的亞歷山大一世後，俄國扮演歐洲憲兵的角色分量加重。一八四八年與一八四九年間的革命事件更鞏固了尼古拉一世的地位，因爲正如帕瑪斯頓所指出的，當時只有俄英兩國仍「屹然挺立」。哈布斯堡政府發出協助鎮壓匈牙利叛亂的緊急要求獲得俄國的回應，俄國派出三個軍的部隊。相反地，普魯士的腓特烈

表4-4　歐洲列強的國民生產毛額（1830-1890年）

（以1960年美元和物價的市場價格為標準；單位：10億）

國家＼年代	1830	1840	1850	1860	1870	1880	1890
俄國	10.5	11.2	12.7	14.4	22.9	23.2	21.1
法國	8.5	10.3	11.8	13.3	16.8	17.3	19.7
英國	8.2	10.4	12.5	16.0	19.6	23.5	29.4
德國	7.2	8.3	10.3	12.7	16.6	19.9	26.4
哈布斯堡帝國	7.2	8.3	9.1	9.9	11.3	12.2	15.3
義大利	5.5	5.9	6.6	7.4	8.2	8.7	9.4

威廉四世則因對國內改革運動的態度搖擺不定，而且還提出一些計畫，要求改變日耳曼邦聯的現狀，結果招致俄國無情的施壓，直到柏林朝廷和大臣同意在國內實行反動政策和在厄爾繆茲做出外交讓步為止。至於一八四八年以後的「變革勢力」，他們所有的人，不論是功敗垂成的波蘭和匈牙利民族主義分子，還是心灰意冷的資產階級自由主義者，抑或馬克思主義者，都將沙皇的帝國視為反對歐洲進步的主要堡壘。

但是，在一八一五年至一八八〇年期間，俄國的經濟和科技水準卻以驚人的情況失去優勢，至少相對其他大國而言是如此。誠然，它的經濟並非沒有任何進步，即使在尼古拉一世時代，許多官員竭力反對市場經濟和任何現代化事物的情況下，也還是取得了一些成就。例如，它的人口在迅速地增加（從一八一六年的五千一百萬增至一八六〇年的七千六百萬和一八八〇年的一億），其中城鎮人口成長最快。它的鐵產量也增加了，紡織工業的規模則更是呈倍數成長。據稱，在一八〇四年至一八六〇年間，它的工廠或工業企業的數目從二千四百家增加到了一萬五千家。隨著蒸汽機和現代機械的輸入，它從一八三〇年代開始逐漸形成一個鐵路網。史學界關於這幾十年中俄國是否發生過「工業革命」的爭論本身便說明它並沒有停止發展。

但是問題在於，其他歐洲國家的發展要比俄國快得多，因此它正在失去優勢。在十九世紀初期，由於俄國的人口遠遠超過其他國家，因此它的國民生產毛額穩居歐洲之冠。但是，正如表4-4所示，兩個世代以後，情況起了變化。

至於每人平均國民生產毛額，差距就更驚人了。（見表4-5）

上述數字顯示，這些年俄國國民生產毛額的成長主要是因爲人口的增加所致，與生產力（尤其是工業生產力）的實質提高沒有什麼關係。俄國的平均國民所得和國民產值本來就一直落在西歐後面，現在差距更大了。例如，它在一八三〇年的平均國民所得是英國的一半，六十年後滑落到英國的四分之一。

表4-5 歐洲列強的平均國民生產毛額（1830-1890年）

（以1960年美元和物價爲標準）

國家＼年代	1830	1840	1850	1860	1870	1880	1890
英國	346	394	458	558	628	680	785
義大利	265	270	277	301	312	311	311
法國	264	302	332	365	437	464	515
德國	245	267	308	354	426	443	537
哈布斯堡帝國	250	266	283	288	305	315	361
俄國	170	170	175	178	250	224	182

同樣地，在十九世紀初期俄國的鐵產量僅增加一倍而已，與同期英國三十倍的成長率根本不可同日而語。在兩個世代的時間內，俄國從歐洲最大的鐵生產國和出口國變成了日益依賴西方進口產品的國家。它的鐵路和輪船運輸的發展也是如此。到了一八五〇年，俄國的鐵路里程僅爲五百多英里，而美國則爲八千五百英里；它在大河流和黑海、波羅的海輪船貿易的成長，主要是爲了運輸國內急速膨脹的人口所需要的糧食，和運送小麥到英國用來支付進口的工業產品。由於工業技術的新成就大都掌握在外國商人和企業家手中，因此俄國愈發成爲先進工業國家的原料供應國。資料顯示，當時俄國所謂的新「工廠」和「企業」僱用的員工大都不到十六人，而且根本談不上機械化。由於資金短缺、消費需求低落、中產階級力量薄弱、距離遙遠和氣候酷寒等原因，加以政府的專制和殘暴，俄國工業「起飛」的前途比歐

洲任何其他地方都更爲黯淡。

在很長的一段時期內，俄國這些險惡的經濟趨勢並沒有轉變爲明顯的軍事弱點。相反地，一八一五年以後列強對「舊制度」的結構表現出一種偏愛。這一點在它們軍隊的社會成分、武器和戰術中表現得再清楚不過了。因爲法國大革命的陰影尚未消散，各國政府更關注的是它們軍隊的政治和社會忠誠度，而不是軍事改革。大戰的考驗過去之後，將軍們開始注重階層制度、服從和謹慎——尼古拉一世著迷於閱兵和大行軍等形式而更助長了這種特性。由於這些情況，俄國軍隊的規模和它大量而穩定的兵源往往給人以深刻的印象。更重要的是，俄國軍隊非常活躍，並且常常在向高加索和中亞地區擴張的戰役中大獲全勝。這些動作使在印度的英國人開始感到不安，十九世紀的英俄關係因此比十八世紀緊張得多。對外國人來說，同樣予人印象深刻的是，一八四八年和一八四九年間俄國派兵鎮壓匈牙利的叛亂，沙皇本人還揚言，他隨時準備派遣一支四十萬人的大軍去敉平當時在巴黎發生的叛亂。但是，觀察家忽視了一個不顯眼的事實：俄國的大部分軍隊已用於國內的守衛任務和在波蘭、烏克蘭的「警察」行動，以及邊境巡邏和軍事殖民活動，始終無法抽身執行其他軍事任務；其餘的部隊都沒有什麼戰鬥力。例如，在匈牙利戰役中，俄軍傷亡人數總共爲一萬一千人，但其中陣亡的僅爲一千人，其餘都是因毫無效率的後勤補給和醫療勤務所致。

一八五四年至一八五五年的克里米亞戰爭將俄國落後的實質暴露無遺。沙皇的部隊竟然無法集結起來。盟軍在波羅的海的軍事行動和瑞典威脅要介入，皆使俄國在北方的二十萬大軍動彈不得。戰爭初期在多瑙河流域的戰役和奧地利威脅要做實質干涉的危險，對比薩拉比亞（Bessarabia）、烏克蘭西部和俄屬波蘭都構成了嚴重威脅。在高加索地區與土耳其人的戰爭必須仰賴大批的軍隊和後勤補給，遠東地區俄國領土的防務也是如此。當英法聯軍把攻擊的矛頭從克里米亞轉向俄國本土的高度敏感區域時，沙皇的武裝力量已無力抵禦這種入侵行爲。

在海上，俄國擁有一支相當規模的海軍，而且海軍將領也堪負重任。一八五三年十一月，它在錫諾普（Sinope）澈底摧毀了實力較弱的土耳其艦隊；但是一和英法艦隊交鋒，形勢便顛倒過來了。俄國艦隻多為樅木所造，不耐風浪，火力不足，而且船員都缺乏訓練。相反地，盟軍則擁有很多蒸汽動力戰艦，其中有些還配備了榴霰彈和大型砲彈。最重要的是，俄國的敵人擁有工業能力，足以建造更新型的艦隻（包括數十艘汽動力砲艇），因此，戰爭拖得愈久，它們的優勢就愈明顯。

但是，俄國陸軍的境況更糟糕。它的正規步兵打仗還算出色。納希莫夫（Nakhimov）海軍上將的卓越領導和披德爾本（Todtleben）上校的工程天才使俄軍在塞瓦斯托波耳（Sevastopol）持久的防禦戰中創造了了不起的戰績。但是在其他方面，這支陸軍根本無法勝任。它的騎兵謹慎有餘，勇猛不足；他們的馬匹也不能勝任艱苦的實戰，還不如非正規的哥薩克部隊。更糟的是，俄國士兵的武器裝備極差。他們使用的老式燧發毛瑟槍射程僅為兩百碼，而盟軍的來福槍卻能有效地發射至一千碼。因此，俄國的傷亡要慘重得多。

最糟糕的是，當情勢日趨嚴重的時候，俄國大而無當的體制竟然不能對此顯出良好的反應。俄國陸軍的領導階層表現拙劣，從未能拿出一套前後一貫的戰略，但卻熱中於互相傾軋。這反映了整個沙皇政府的無能。它的中級軍官很少受過良好的訓練和教育，與普魯士陸軍的情形正好相反。令人驚訝的是，在全國進入緊急狀態的時候，可以徵召的後備軍人竟寥寥無幾，因為如果廣泛採用徵兵制的話，必將導致農奴制的告終。結果，俄國陸軍中的許多士兵都是超齡服役的。另一個更致命的後果是，戰爭開始時匆匆應召入伍的新兵之中有四十萬人根本沒有受過任何訓練——因為沒有足夠的軍官可以訓練他們。此外，從農奴市場抽調那麼多人，嚴重地損害到俄國的經濟。

最後是俄國在後勤和經濟上的弱點。由於莫斯科以南沒有鐵路，因此不得不用馬車穿過數百英里的草原運輸軍事物質，這片草原在冰雪消融的春季和秋天的雨季都是廣大的泥濘地。此外，由於馬匹本身也需要大量的飼料（這些飼料也必須用馬匹來馱運），所以龐大的後勤作業取得的卻是事倍功半的效果：盟軍及其增援部隊循海路從法國和英國到達克里米亞僅需三星期，而俄軍有時要三個月才能從莫斯科到達前線。更可怕的是俄軍裝備庫存的枯竭。「戰爭開始時它擁有一百萬件槍砲的儲存量。到了一八五五年年底只剩下了九萬件。在它的一千六百五十六門野戰砲中，堪用的僅有二百五十三門。彈藥的庫存情況更是等而下之。」因爲英軍的封鎖阻止了新武器的輸入，所以戰爭拖得愈久，盟軍的優勢愈大。

但是，英國封鎖的效果還不止於此。封鎖切斷了俄國糧食等商品的進出口通道，迫使俄國政府以巨額借貸來維持戰爭。在和平時期就占國家歲入五分之四的軍事支出，從一八五三年的二億二千萬盧布驟增至一八五四年和一八五五年的五億盧布左右。爲了彌補龐大的赤字，俄國財政部先後向柏林和阿姆斯特丹借貸，但是由於盧布已經貶值，它只得大量印製紙幣以補其不足，結果導致高度的通貨膨脹和農民暴亂。在此以前，財政部不畏艱險地努力建立銀本位盧布和查禁任何形式的期票，因爲這些期票從拿破崙戰爭以來屢次破壞「健全的財政」。現在這一切措施全被克里米亞戰爭破壞殆盡。在一八五六年一月十五日的御前會議中有人提出警告說，如果俄國一意孤行，繼續這場徒勞無益的戰爭，國家將會破產。避免這種悲慘結局的唯一出路是與敵國談判。

但是，對盟國來說，取得克里米亞戰爭的勝利並非舉手之勞，事實上，它們也有自己的困難，也遭受過挫折。有趣的是，受不利影響最小的是法國，這是因爲它在工業和經濟上不像俄國那麼落後，而在戰備程度上則超過英國。由聖阿諾將軍（General Saint-Arnaud）指揮的東進部隊曾經在北非打過仗，所以裝備精良、訓練有素，而且具有豐富的海外作戰經驗。他們的後勤和醫療系統效率在十九世紀中葉絕不亞於任何其他國家。法國軍官對他們的英國同僚背著一大堆行李作戰的外行做法百思不得其解。法國遠征軍的規模遠遠超過其他國家，並且在戰爭中的大多數重大的突破性戰役裡立下了汗馬功勞。因此，法國在這次戰役中，多少有助於重振拿破崙時代的雄風。

然而，到了戰爭後期，法國開始顯露出力不從心的種種跡象。雖然它是個富國，但是它的政府卻不得不與國內的企業家爭奪資金。由於黃金外流到克里米亞和君士坦丁堡，導致國內物價上漲；穀物的欠收更是雪上加霜。雖然法國人民對戰爭的全部損失不得而知，但他們當初對這場衝突的狂熱很快便煙消雲散了。塞瓦斯托波耳陷落後，許多人便指出，這場拖泥帶水的戰爭只是爲了迎合英國的利益和野心；通貨膨脹引起的騷亂進一步加強了這種論點。到了這時候，連拿破崙三世本人也急於要結束這場戰爭，他看得出俄國已經受到嚴厲懲罰，法國的威望已經大爲提高。現在更重要的是，不能再把黑海周圍的衝突進一步升級，因爲那樣會過於分散法國對日耳曼和義大利事務的注意力。雖然拿破崙三世無力在一八五六年重繪歐洲的地圖，但他一定感受得到法國的前途比滑鐵盧戰役以來的任何時候都更加光明。克里米亞戰爭後，由於舊「歐洲協調」的內部分歧，這種幻想又維持了十年才告破滅。

相形之下，英國人對克里米亞戰爭卻大表不滿。英國陸軍雖然有過一些改革，但仍不脫威靈頓的窠臼。事實上，陸軍總司令拉格倫（Raglan）就曾經是威靈頓的軍事幕僚。英國騎兵雖然能征善戰，但卻常常使用不當，而且鮮少部署在塞瓦斯托波耳的攻防戰中。英軍雖然多是勇敢威猛的老兵，但是由於克里米亞的雨季和冬季極度缺乏保溫掩體，陸軍簡單的醫療勤務根本無法遏止痢疾和霍亂的蔓延，加以陸路運輸不足，導致了許多不必要的傷亡和挫敗，國內因此一片譁然。此外，英國陸軍和俄國陸軍一樣，是主要用於守衛任務的常備軍，所以它沒有受過訓練的後備軍在戰時可供調用。但是，俄國至少還能強制徵召數十萬新兵，而自由放任的英國卻不能，這使得英國政府陷於困窘境地，因此只得廣爲招募外國傭兵，以填補克里米亞部隊的缺額。可是，當英國陸軍始終處於

表4-6　克里米亞戰爭中列強的軍費

（單位：百萬英鎊）

國家＼年代	1852	1853	1854	1855	1856
俄國	15.6	19.9	31.3	39.8	37.9
法國	17.2	17.5	30.3	43.8	36.3
英國	10.1	9.1	76.3	36.5	32.3
土耳其	2.8	?	?	3.0	?
薩丁尼亞	1.4	1.4	1.4	2.2	2.5

法國陸軍的小夥件地位的時候，英國海軍卻苦於沒有機會再創納爾遜時代的輝煌戰果，因爲它敵人的艦隊謹慎地龜縮在重兵守衛的港口之內。

關於倫敦《泰晤士報》將陸軍的低效無能和傷病士兵飽受折磨的情況公諸於眾之後激起的民憤，這裡只能附帶地提一下；它不僅導致內閣的改組，而且還引起了一場關於「自由國家在戰爭中」所遭遇之先天困難的熱列討論。更重要的是，整個事件顯示，英國特有的長處（如較寬鬆的行政管理、小規模的陸軍、對海權的重大依賴、對人民自由和新聞自由的重視，以及議會和大臣擁有實權的情況）在經年累月的大規模戰爭時期很容易變成短處。

英國對這次戰爭考驗的因應之道（很像美國人在二十世紀對戰爭的反應）是撥給軍隊大量款項，以彌補過去的疏於照顧。下面關於各交戰國軍費支出的一些粗略的統計數字（見表4-6），相當有助於說明這場衝突的最後結果。

但是，即使在英國發奮圖強的時候，它也無法迅速地實現戰爭勝利的景象。它可以加倍擴增軍費、訂購數百艘蒸汽動力輪船，到了一八五五年還可以供給遠征軍多得用不完的帳蓬、毛毯和彈藥，強硬的帕瑪斯頓甚至主張必要時可以瓜分俄國。但是，假如法國傾向和平而奧地利又保持中立，英國那支小小的陸軍是不可能有所作爲的。因此，當英國人感覺到受騙，無法取得他們企求的那種勝利時，也變得願意妥協了。這不但使英國大眾更加厭惡捲入歐陸事務，而且還使許多歐洲人（包括法國人、奧地利人和俄國人）對英國的意圖和可靠性產生了疑問。因此，在一八五六年拿破崙三世的法國盤據了歐洲舞臺的中心時，英國只好逐漸退居邊陲。一八五七年的印度兵變和國內的改革運動更加速了這種趨勢。

如果說克里米亞戰爭打擊了英國人，那麼這種打擊根本無法與俄國的實力和自尊心受到的打擊相提並論，更不用說四十八萬人的死亡帶來的巨大損失了。尼古拉耶維奇（Konstantin Nikolayevich）大公直率地說：「我們不能再欺騙自己……和一流強國相比，我們是貧弱的。我們在物質資源和精神資源，尤其是國家的行政管理方面都不如它們。」這種理解促使俄國的改革者進行了一連串激烈的變革，其中最重要的是廢除農奴制。此外，亞歷山大二世對鐵路建設和工業化的鼓勵遠超過他父親。從一八六〇年代開始，煤和鋼鐵的產量、大規模公用事業和大型工業企業都有長足的發展。乍看起來，俄國經濟史中的統計數字確實讓人留下深刻的印象。

但是，如果我們換一個角度看就會得出不同的判斷。例如，這個現代化跟得上（且不說超過）貧窮愚昧的農民人口的大量增加嗎？它比得上戰後二十年間英格蘭中西部、魯爾區、西里西亞和匹茲堡等地鋼鐵和工業產品的劇增嗎？它能與普魯士即將問世的、強調以質取勝而不是以量取勝的「軍事革命」並駕齊驅嗎？這些問題的答案將會使俄羅斯民族主義者失望，因爲他們都曉得他們的國家在歐洲的地位與一八一五年和一八四八年時相比已一落千丈，雄風難再。

美國與南北戰爭

如前所述，托克維爾之後的全球政治觀察家都把俄羅斯帝國的崛起和美國的崛起相提並論。誠然，任誰都知道兩國的政治文化和國家體制根本不同，但是，從世界強權的角度看，它們在領土面積、「開放」而不斷擴張的邊界、迅速增加的人口和幾乎尙未開發的資源等方面卻極爲相似。儘管這些大都是事實，但在整個十九世紀中，俄美兩國在經濟上仍然存在著一些重要的差異。這些差異後來對它們的國力產生了愈來愈大的影響。第一個影響是人口數量上的差異，儘管這種差距在一八一六年（俄國爲五千一百二十萬，美國爲八百五十萬）到一八六〇年（俄國爲七千六百萬，美國爲三千一百四十萬）期間顯著地縮小了。但是，更切要的是人口素質上的差距；俄國人口大部分是低收入和低生產力的農奴，而美國人（不包括黑奴和印第安人）則享有較高的生活水準和國民產值。早在一八〇〇年，美國人的工資已經比西歐人多出三分之一。在整個十九世紀中，他們始終保持著這種優勢。到了一八五〇年代，雖然歐洲移民大量湧入美國，但是由於美國的土地遼闊，加以工業不斷成長，使得勞動力相對缺乏而工資也比較高。這兩個因素促使製造商投資購買或研發機器以節省勞動力，因而進一步刺激了國家生產力的提高。這個年輕的共和國與歐洲的權力鬥爭相隔絕，英國皇家海軍（而非門羅主義）又在新世界和舊世界之間布下了一道警戒線。這意味著能對美國未來的繁榮構成威脅的只有英國。但是，儘管有一七七六年和一八一二年戰爭的痛苦回憶和西北邊境的爭端，英美兩國之間是不大可能發生戰爭的。英國資本和工業產品流向美國而美國原料（尤其是棉花）回流英國，使得兩個經濟體的關係益趨密切，並且進一步刺激了美國經濟的成長。因此，在戰略上高枕無憂的美國不必投注鉅額的國防經費，而可以集中本身的（和英國的）資金去開發其雄厚的經濟潛力。與印第安人的衝突和一八四六年的美墨戰爭都未使這種生產性投資消耗過多。

結果，早在一八六一年四月南北戰爭爆發以前，美國已經成爲一個經濟巨人。儘管它遠離歐洲，又專注於國內的發展（而非外貿），加上鄉民粗野的性格，不過終究是瑕不掩瑜。雖然美國在一八六〇年的世界工業品產量中所占的比例仍遠遠落後於英國，但卻已經把德國和俄國拋諸其後，並且已接近法國。一八六〇年，美國的人口僅爲俄國的百分之四十，但它的都市人口卻是俄國的兩倍；它的鐵產量是八十三萬噸，而俄國僅爲三十五萬噸；它的現代能源消費量是俄國的十五倍，鐵路里程是俄國的三十一倍（比英國還多三倍）。相反地，美國的正規軍人數僅爲二萬六千，而俄國部隊卻有八十六萬二千之眾。這兩個龐大的國家在經濟指標和軍事指標上的差距，這時也許達到了空前懸殊的程度。

眾所周知，不到一年之後所爆發的南北戰爭使得美國人將大量國家資源投入軍事用途。這場衝突的遠因和近因皆不在我們的討論範圍之內，但是由於雙方的領導階層都決心作戰到底，雙方又都能動員數十萬兵力，由此戰鬥得以持續下去。使戰爭如此曠日持久的另一個因素是漫長的戰線——席捲了從維吉尼亞州沿海到密西西比河，甚至往西直至密蘇里州和阿肯色州在內的廣大地區，其中大部分地區是森林、山脈和沼澤。另外，北方的海軍還封鎖了南方的港口。北軍巡邏的海岸線相當於漢堡和熱那亞之間的距離。換言之，對以前一直把軍力維持在最低限度，而且又沒有大規模戰爭經驗的北方人民來說，欲擺平南方，無論在後勤和軍事上都是極其困難的任務。

雖然這四年的交戰造成了可怕的流血傷亡，也使美國元氣大傷（北方聯盟損失三十六萬名士兵，南方聯盟損失二十五萬八千名士兵），但是戰爭卻使美國的潛力迅速地發揮出來，並使美國一度成爲地球上的頭號軍事大國。雙方的武裝力量一開始只是些烏合的民兵，後來都成了擁有現代化大砲和輕型武器的龐大正規軍。他們在維吉尼亞州北部的包圍戰中拼死廝殺或乘坐火車開赴西部戰場時，都用電報與司令部保持聯絡。雙方都充分地利用動員起來的戰時經濟資源。此外，他們在海戰中首次使用了鐵甲艦、旋轉砲塔、初期的魚雷和水雷，以及專門劫掠商船的蒸汽快艇。與克里米亞戰爭和普魯士發動的德國統一戰爭相比，這場衝突更有資格號稱二十世紀之前第一次眞正工業化的「總體戰」。因此，我們有必要探討一下北方獲勝的原因。

第一個最明顯的原因是南北雙方在資源和人口方面的懸殊差距（假設雙方的意志力保持不變）。南方軍隊在自己的土地上爲自己的生存而戰，因此士氣比較高昂。它能徵召的白人男子占人口的比例也高於北方。另外它還擁有一批堅定和出色的將領。在很長的一段時期，它還可以進口軍火和其他物資，以彌補物資的短缺。但是，這些都不足以塡補雙方數量上的不平衡。當時，北方擁有近兩千萬白人人口，而南方只有六百萬。北方由於移民不斷湧入和徵募黑人軍隊（南方直到最後才這樣做），使得北方實力大增。約有兩百萬人曾經在北方軍隊中服役，最多時達一百萬（一八六四年至一八六五年）；而在南方軍隊中服過役的人數僅爲九十萬，最「高峰」時也沒有超過四十六萬四千五百人（一八六三年年底）。

除了軍隊人數以外，還有其他影響戰爭勝負的因素。爲了使軍隊達到一定的規模，南方政府從農業、礦井和鑄造廠抽調了過多的男子，因而使得長期的作戰能力更加捉襟見肘。事實上，南方人一開始便已發覺自己在經濟上處於劣勢。一八六〇年，北方擁有十一萬個從事製造業的機構，而南方只有一萬八千個（其中許多還依靠北方的專業技術和熟練勞工）。整個南方的生鐵產量僅爲三萬六千七百噸，而北方僅賓夕法尼亞一州的產量即達五十八萬噸。紐約州的產值近三億美元，比維吉尼亞、阿拉巴馬、路易斯安納和密西西比四州生產量的總和還高出三倍多。雙方在經濟基礎方面的這種驚人差距不斷地轉化成爲軍事上的差距。

例如，南方只能製造少量步槍，因此不得不依賴進口；而北方卻能大規模自製步槍，其產量總共將近一百七十萬支。北方的鐵路系統（總長約兩萬兩千英里）在戰爭期間得以繼續存在，甚至擴充；而南方僅有九千英里的鐵路，機車和車皮也很缺乏，都任其磨損報廢。同樣地，雖然戰爭初期雙方都談不上有什麼海軍，但是南方沒有製造船舶發動機的機械工廠，而北方則有幾十家這樣的廠商。因此，儘管北方要形成明顯的海上優勢還有待時日，但是封鎖網卻慢慢地在南方的港口周圍緊收。到了一八六四年十二月，北方海軍已擁有六百七十一艘戰艦，其中包括二百三十六艘是戰爭開始後才建造的汽船。北方的海軍也幫助陸軍控制內陸的大河，尤其是在密西西比河與田納西河流域。鐵路和水路運輸的密切配合運用，使西部戰場上的北方軍隊如虎添翼。

最後，南方人擔負不起戰爭的費用。在和平時期，他們的收入主要來自棉花的出口；當這項貿易逐漸中止而歐洲列強仍未出面干預時，他們根本不能彌補這種損失。南方的銀行寥若晨星，流動資本也微不足道。由於戰爭嚴重地打擊了土地和奴隸的生產力，稅收自然銳減。因為向外國告貸無門，所以難以進口重要物資。南方的財政部門因此不可避免地求助於印鈔機。但是，過多的紙幣和商品的奇缺必然導致物價飛漲，這又接著沉重地打擊了老百姓的鬥志。與此相對照，北方總能以稅收和借貸的方式籌集到足夠的戰爭費用；它印發的美鈔在某種程度上刺激了工業和經濟的成長。在整個戰爭期間，北方的生產力不但在軍火生產、鐵路建設和鐵甲艦的建造方面，而且在農業生產方面有突飛猛進的提升。到戰爭結束時，北方軍隊的伙食和補給也許比歷史上任何一支軍隊都要好。如果說世界上將會特別出現一種有關軍事衝突的美國方法（韋格利〔Weigley〕教授稱之為「美國式的戰爭」），那麼它首先是在這場戰爭中形成的，亦即在北方動員和發揮其龐大的工業和科技潛能克敵制勝的過程中形成的。

如果上面對這場拖了近四年的拉鋸戰的解釋聽起來失之武斷，那麼也許有必要強調一下南方當時面對的基本戰略問題。由於雙方面積和人口的差距過於懸殊，南方根本不可能占領北方，充其量只能挫一挫北方軍隊的銳氣，瓦解其鬥志，並迫使北方放棄高壓政策和承認南方要求的權利（維持奴隸制，或者分治，或者兩者兼要）。假如邊緣各州（如馬里蘭和肯塔基）能以壓倒性的投票結果而加入南方聯盟，這種策略也許會成功，可是這種事情完全未發生。假如有一個像英國這樣的國家出面干預，事情也會好得多。但是如果做這種假設，那就太不了解一八六〇年代初期英國政治的優先事項了。排除了這兩種可能會使總體的軍事平衡轉向有利於南方的情況以後，南方人在背水一戰的同時，就只能寄望大多數北方人厭戰和罷戰了。但是，這必然意味著戰爭要拖很久，而戰爭拖得愈久，北方政府就能動員愈多的資源，生產愈多的軍火、建造數以百計的戰艦。北方將運用海軍的封鎖、藉由不斷對維吉尼亞北部施加軍事壓力、在西部進行持久戰和雪曼（Sherman）將軍對南方腹地勢如破竹的進攻，這一連串的行動無情地壓垮南方。隨著南方的經濟奄奄一息，士氣低迷，前線部隊戰力癱瘓（到了一八六五年初，它還「堅守崗位」的兵員只剩下十五萬五千人），它除了投降已別無選擇。

德國統一戰爭

在美國南北戰爭期間，歐洲的局勢也發生了重大變化。克里米亞戰爭不但破壞了舊式「歐洲協調」架構下的外交活動，而且使「兩翼」的大國體認到毋須干涉中歐事務。俄國需要許多年才能從戰敗的屈辱中恢復過來，英國人則寧願關注大英帝國和本國內部的問題。於是，歐洲事務遂又爲法國所支配。克里米亞戰爭期間，腓特烈威廉四世統治下的普魯士處於不太光彩的地位，現在又被他的繼承人威廉一世與議會之間的憲政之爭搞得動盪不安。至於哈布斯堡帝國，則仍在玩弄故伎，爲了維護它在義大利和日耳曼的利益而反對皮耶蒙和普魯士，同時在帝國內部則竭力壓制匈牙利人的不滿情緒。

相形之下，拿破崙三世統治下的法國卻顯得繁榮富強，躊躇滿志。一八五〇年代初以後，法國的銀行業、鐵路和工業都有長足的發展。它的殖民帝國在西非、印度支那和太平洋進一步擴張。它的艦隊也大大地增強了，有時（如一八五九年）甚至引起英吉利海峽對岸的恐慌。在軍事和外交上，無論是在解決日耳曼問題還是義大利問題的時候，法國似乎都是具有決定性影響的第三勢力。一八五九年，法國以保護皮耶蒙爲名迅速出面干預而與奧地利發生短暫的戰爭便充分顯示了這一點。

但是，一八五九年敏銳的觀察家就已經指出，不管馬眞塔（Magenta）戰役和索爾費里諾（Solferino）戰役在迫使哈布斯堡帝國放棄倫巴底的事情上扮演如何重要的角色，決定戰爭結局的，與其說是法國人的軍事天才，還不如說是奧地利人的無能。法軍擁有的步槍確實遠遠超過奧軍，這造成了奧軍的重大傷亡。然而，法軍也有顯著的弱點：醫療和軍火補給極其匱乏；軍事動員毫無計畫。拿破崙三世的領導才能也不過爾爾。但是由於哈布斯堡的軍隊更弱，居萊伊（Gyulai）將軍的領導更優柔寡斷，法國的這些缺陷尚無大礙。軍事實力畢竟是相對的——後來哈布斯堡的軍隊在陸上（一八六六年在庫斯托薩〔Custozza〕）和海上（在利薩〔Lissa〕）大敗義大利人的戰役可以充分說明這一點。進而言之，這也意味著，將來法國在與另一個敵人的戰爭中不一定能占到優勢。這場戰爭的結局將取決於雙方所擁有的不同層次的軍事領導才能、武器系統和生產力基礎。

由於在一八五〇年代和一八六〇年代工業革命引起的科技爆炸開始影響戰爭的方式，因此各國軍隊都在努力解決新的作戰問題。例如，在戰鬥中，配備新式後膛裝彈步槍的士兵和配備新式鋼砲筒機動砲的砲兵相比，哪個比較重要？鐵路和電報對戰地指揮會產生什麼影響？新的戰爭科技對進攻的軍隊還是對防守的軍隊比較有利？這些問題的正確答案當然是：端視具體情況而定。換言之，影響戰爭結局的不僅有新式的武器，還有這些武器使用的地點、部隊的士氣和戰術運用能力、補給系統的效力，以及其他許多因素。由於戰爭風雲詭譎，變幻莫測，最重要的是要擁有一個能對各種因素長袖善舞的軍政領導階層和善於隨機應變的軍事手段。在這些方面，哈布斯堡帝國和法國都沒有普魯士來得成功。

一八六〇年代普魯士的「軍事革命」——它很快便導致狄斯累利所謂的歐洲事務中的「日耳曼革命」——是建立在許多互相關連的因素之上的。其中第一個因素是它獨一無二的兵役制度，這是威廉一世和他的陸軍大臣不顧自由黨反對而大力推行的一項制度，其內容包括：每個男子必須在常備軍中服義務役三年，再服四年預備役，然後才能轉入後備役。這表示一旦普魯士軍隊充分動員起來，每個人都必須服役七年。由於不容許頂替，而且後備軍可以承擔絕大多數的衛戍任務和「後方」的勤務，這項制度使普魯士第一線的陸軍比例遠遠多於其他大國。而這又必須大多數人民擁有初等教育以上的知識水準，因爲專家大都認爲這種兵役制在未開化的農民國家是難以實行的。此外，還需要一個卓越的機構來協調指揮如此眾多的兵員。如果一支五十萬或一百萬的軍隊得不到充分的訓練、服裝、武器和糧食，或不能被運往決戰地區，那麼徵集這樣一支軍隊就毫無意義了。如果軍隊指揮官無法與這些官兵保持溝通並有效地控制他們，人力物力的浪費就更大了。

對這支軍隊施加控制的機構便是普魯士的參謀本部。一八六〇年代初，參謀部在老毛奇元帥（elder Moltke）的英明領導下脫穎而出，成爲「陸軍的智囊」。在此之前，和平時期的各國陸軍大多由戰鬥部隊以及軍需、人事和工程等後勤單位組成；軍事參謀部只是在戰鬥伊始、指揮部成立時才臨時拼湊起來的。但是在普魯士，毛奇早已吸收了一批軍事學院的最優秀畢業生，並教導他們爲將來可能發生的戰爭做好籌劃準備的工作。他認爲，在戰爭爆發之前必須未雨綢繆，及早制定好作戰計畫並不斷加以修改。另外，還必須認眞做好沙盤推演和實兵演習，並仔細研究歷史上其他大國的一些重要戰役和軍事行動。毛奇建立了一個專門監督普魯士鐵路系統的機構，以確保軍隊和物資能被迅速地運到目的地。最重要的是，毛奇的參謀體系努力教導軍官如何帶領大兵團作戰，如何獨立移防和作戰，並隨時準備集結在決勝的戰役上。前線將領如果無法與後方的毛奇司令部保持聯絡，他們有權根據地面作戰的基本準則，發揮主動性，制敵機先。

當然，上面談的是個理想的模式，但普魯士軍隊並非是十全十美的，即使是在一八六〇年代的改革之後，它在實際戰鬥中仍遭遇不少料想不到的麻煩和困難。許多戰地指揮官對毛奇的建議置若罔聞，在時機不成熟時就發動攻擊，盲目推進，造成不少損失，一八六六年的奧地利戰役中即犯下不少大錯。在戰術上也是如此。一八七〇年，普魯士近衛軍在格拉夫洛特——聖普里瓦（Gravelotte-St. Privaat）愚蠢地發動正面進攻，結果招致重大傷亡。它的鐵路補給系統本身也不能保證勝利。常見的情形是當大量物資運抵前線的時候，需要這些物資的部隊已經調離鐵路補給線範圍。同樣，普魯士的科學計畫也未能確保它的軍隊擁有最先進的武器。在一八六六年，奧地利的大砲顯然勝過普魯士大砲；一八七〇年時法國的夏士波（Chassepot）步槍也明顯優於普魯士標槍。

問題的關鍵不在於普魯士的制度本身有沒有缺陷或錯誤，而在於參謀本部對這些過去犯下的錯誤仔細地加以研究，並且對訓練、組織和武器做必要的調整。例如，當其大砲的弱點在一八六六年的戰爭中暴露出來後，普魯士陸軍很快便改用新式的克魯伯（Krupp）後膛砲，這種大砲後來在一八七〇年的戰爭中發揮了巨大的威力。鐵路運輸的延誤狀況也由於新成立專門機構而獲得改進。最後，毛奇極爲重視幾個集團軍的部署和運籌，強調它們既要能各自爲戰，又要能互相支援。這樣的用意是，即使某一個集團軍遭到重創，也不至於兵敗如山倒，導致整個戰局的瓦解。

由於普魯士人擁有上述眾多的優勢，所以，一八六六年夏天他們能以摧枯拉朽之勢打得奧地利人潰不成軍，令觀察家爲之愕然。儘管漢諾威、薩克森和其他日耳曼北部諸邦投入哈布斯堡的陣營，但是，憑著俾斯麥的外交手腕，其他大國在戰爭初期都不願意出面干預，毛奇因此得以派遣三個軍團分別通過幾條山路集結到波希米亞平原，並且對薩多瓦的奧地利軍隊發動攻擊。現在看來，當時戰爭的結果是不難預料的。哈布斯堡有超過四分之一的軍隊被牽制在義大利，而普魯士的人口雖然還不到它好幾個敵國的一半，但它的徵兵制度卻使毛奇能在第一線部署數量差不多相等的軍隊。哈布斯堡的陸軍不但缺乏經費，而且沒有眞正的參謀系統，它的統帥貝內德克（Benedek）又一無是處，因此，不論個別部隊如何勇敢，在曠野的戰鬥中面對相當精良的普魯士步槍，也難逃被消滅的厄運。到了一八六六年十月，哈布斯堡不得不割讓威尼西亞（Venetia），並且放棄在日耳曼的一切利益。這時候的德國正處在俾斯麥領導的北日耳曼邦聯架構下加快整合的工作。

日耳曼內部的鬥爭基本上結束了，但是角逐西歐霸權的鬥爭已然蓄勢待發。一八六〇年代後期，普魯士和法國都在估算自己取勝的機會。從表面上看，法國似乎略勝一籌。法國的人口遠遠超過普魯士（雖然歐洲使用德語的總人數較多）。法國的軍隊經過克里米亞、義大利和殖民地的考驗，有著豐富的戰鬥經驗。它擁有全世界性能最好的夏士波步槍，其射程比普魯士步槍遠得多；另外，它還擁有一種新式的祕密武器，一種每分鐘能發射一百五十發子彈的機槍。它的海軍不但占絕對優勢，而且還預期會得到奧匈帝國和義大利的幫助。因此，一八七〇年七月當戰爭爆發時，大多數人都認爲法國的勝利是指日可待的。

然而，法國卻迅速和澈底地崩潰——到了九月四日，潰敗的軍隊已經在色當投降，拿破崙三世也成了階下囚。法蘭西帝國政權也已在巴黎被推翻。事實上，奧匈帝國和義大利都來不及出手相助，法國海軍則形同廢鐵。因此，一切都取決於雙方陸軍的數量，在這方面，普魯士人證明了他們無可懷疑的優勢。雖然雙方都利用鐵路網將大批部隊開赴前線，但是法國人的動員效率卻低落得多。應召的後備軍人常常無法及時向指定的團隊報到，因爲這些軍團已經開赴前線。它的砲兵部隊分散在全國各地，很難集中起來。相反地，宣戰十五天後，總數逾三十萬人的三個普魯士軍團便已開進薩爾區和亞爾薩斯。法國的夏士波步槍常常被普魯士的機動快砲戰術廢了武功。法軍的新式機槍則躺在後方，從未充分利用過。巴贊（Bazaine）元帥的怠惰無能簡直到了不可思議的地步，拿破崙三世本人也好不了多少。相形之下，在戰爭的迷霧中，有些普魯士部隊雖然犯了大錯誤並蒙受嚴重的損失，但是毛奇始終遙控著各路大軍，並根據實際情況不斷地調整作戰計畫，使入侵的氣勢一直保持到法國崩潰爲止。儘管法國部隊的抵抗又延續了幾個月，但普魯士軍隊對巴黎和法國東北部的包圍卻收得愈來愈緊。羅亞爾（Loire）軍團徒勞無效的反攻和游擊隊的騷擾都挽救不了法國被澈底打垮的命運。

顯而易見，普魯士的勝利是它的軍事體制的勝利，但是，正如郝爾（Michael Howard）所言：「一個國家的軍事體制不能獨立於它的社會體制之外，而是整體的一個環節。」這些橫掃千軍的普魯士各路縱隊和負責指揮調度的參謀本部，是以強大的國家做爲後盾。它無論在武器裝備方面或者是在對現代戰爭的準備程度方面，都是其他歐洲國家所望塵莫及的。一八七〇年，日耳曼諸邦的總人口已經超過法國，只是它們的分裂狀態掩蓋了這個事實。日耳曼的鐵路里程也長於法國，且更適合於軍事目的。它的國民生產毛額和鋼鐵產量也正好趕上法國。它的煤產量是法國的二倍半，所消耗的現代能源則是法國的一倍半。日耳曼的工業革命正在建立更多的大型企業，如克魯伯鋼鐵與武器聯合體。這些大型企業大大地增強了普魯士的軍事和工業力量。普魯士的兵役制度遭到國內外自由派人士的一致抨擊（稱之爲「普魯士軍國主義」），但它的動員效率卻是有目共睹的。這一切的後盾，便是這樣一個民族。它的初等教育和技術教育水準遠高於其他國家，它的大學、科學機構、化學實驗室和學術研究機構都是無與倫比的。

當時流行著一句譏諷語：歐洲失去了一個女主人，卻得到了一個男主人。在一八七〇年後的整整二十年中，俾斯麥巧施權術，將整個歐洲玩弄於股掌之上。這時眞可謂條條道路通柏林。然而，大多數人都能了解，使德國成爲歐陸最重要國家的因素，除了這位帝國宰相的聰明和殘酷之外，還有德國的工業和科技、科學、教育、地方行政，以及強大的普魯士軍隊。至於德意志第二帝國內部的一些缺陷（俾斯麥時時爲之感到苦惱），則很少爲外人所察覺。包括孤立主義的英國在內的所有歐洲國家，現在都感受到了新崛起的巨人的影響。在一八七〇年至一八七一年的普法戰爭期間，俄國曾友好地保持中立，並利用西歐的危機加強自己在黑海的地位。戰後俄國對柏林成為歐洲的中心也怨恨不已，並對德國的一舉一動深懷憂慮。一八七〇年，義大利人趁法國（教宗的保護者）在洛林慘敗之機占領了羅馬，並且逐漸倒向柏林。奧匈帝國（一八六七年之後的名稱）也是如此。奧匈希望它在德國和義大利遭到的損失能在巴爾幹地區找到補償，但同時又很害怕這可能會招致俄國的反彈。最後，法國人痛定思痛，對政府和社會的許多重大領域推行檢討與改革運動，企圖重新獲得與萊茵河對岸的強鄰平起平坐的地位。因此，不論從當時還是後來的觀點來看，一八七〇年都被視為歐洲歷史的一個分水嶺。

經歷了一八六〇年代的擾攘不安之後，大多數國家都迫切需要喘一口氣，而且政治家在新的國際秩序下都不敢貿然行事，因此，一八七一年之後大約十年的強權國家外交史是一段尋求穩定的歷史。美日兩國因為分別關注著自己的內戰戰後重建和明治維新的影響，所以還不是強權「體系」的成員。雖然現在歐洲出現了一個新的「五強政治局面」，但一八一五年以來的均勢已發生了很大的變化。俾斯麥掌舵下的第二帝國取代了原先五強中最弱的普魯士，成了歐洲的龍頭。另一個新的國家即統一後的義大利，雖然在歐洲外交棋局中的地位顯然比西班牙和瑞典等國重要得多，但由於它的經濟極端落後，所以不可能躋身強國之林。不過，它對地中海地區和北非的領土要求使它日益成為與法國對抗的國家。它牽制了法國的力量，從而成為德國可以善加利用的盟友。其次，由於義大利曾經發動反抗維也納統治的解放戰爭，以及它對巴爾幹半島西部的野心，義大利也令奧匈帝國惶恐不安，至少在一八八二年俾斯麥湊合奧德義「三國同盟」之前是如此。這表示德國崛起的兩個主要「受害者」——奧匈帝國和法國——都因後方有個蠢蠢欲動的義大利而無法集中力量對付柏林。這使奧地利更有理由隨著德國的旋律起舞，成為它的準衛星國，而法國的復仇主義也因為義大利的存在而不得不暫時擱在一邊。

由於法國處境孤立，奧匈帝國猶有餘悸，日耳曼南部和義大利的各「緩衝邦國」已經合併成統一的大國家，因此，能夠遏制德國擴張氣勢的國家，似乎只剩下「側翼」的俄國和英國了。英國政府始終在葛拉斯頓（Gladstone）強調內政改革的政策（一八六八年至一八七四年）和狄斯累利強調「帝國」和「亞洲」命運的政策（一八七四年至一八八〇年）之間游移不定，無暇顧及歐洲均勢這個還不太緊迫的問題。俄國的情況略有不同。戈恰科夫（Gorchakov）首相及其同僚眼看著他們的保護國（普魯士）變成了強大的德意志帝國，心中自然不無憤恨。但是，由於一八七一年之後聖彼得堡和波茨坦王室之間的密切關係和相同的意識形態，由於俄國更迫切需要從克里米亞的災難中恢復元氣，由於俄國希望柏林支持它在巴爾幹地區的利益，由於它想恢復其在中亞地區的利益，因此，這種憤恨情緒不可能付諸行動。但是，整個來說，英俄兩國是否會出面干預西歐和中歐的事務，大部分要看德意志帝國本身的所作所為。如果德國滿足於已經獲得的利益，英俄當然毫無必要再捲入糾紛。

事實上，俾斯麥本人在一八七一年以後十分願意做上述的承諾，因為他無意建立一個包括幾百萬奧地利天主教徒的「大日耳曼帝國」，無意摧毀奧匈帝國，更不想孤立於復仇心強烈的法國和疑心重重的俄國之間。因此，他覺得建立一個「三皇同盟」（Three Emperors' League）（一八七三年）來得安全多了。這個半結盟性質的同盟強調東方君主國（相對西方的法蘭西共和國而言）在意識形態上的團結，並且暫時將奧地利和俄國在巴爾幹地區的利益衝突束之高閣。在一八七五年「戰雲密布」的危機中，當德國政府打算對法國發動一場先發制人的戰爭時，倫敦和聖彼得堡都向俾斯麥發出警告，表明他們將強烈反對任何改變歐洲均勢的企圖。因此，出於國內政治和外交上雙重的原因，德國並未突破一八七一年的疆界。用某些史學家的話說，德國只是個「半霸權國家」。這種情形一直持續到它的軍事和工業之成長和俾斯麥以後的領導階層之政治野心促使它再次對歐洲版圖的現狀提出挑戰時爲止。

但是，研究這種轉變將是下一章的事。在一八七〇年代至一八八〇年代，俾斯麥的外交政策是維持現狀，他認爲這對德國的利益是絕對必要的。在這方面，俾斯麥部分地得助於一八七六年的一場突發事件，背景是由來已久的「東方問題」。當時土耳其屠殺了許多保加利亞的基督教徒，接著俄國人迅速對此做出了軍事反應。這個事件把各國的注意力從萊茵河轉到了君士坦丁堡和黑海。當然，在多瑙河下游或達達尼爾海峽的衝突如果升級爲全面的大國戰爭，也可能危及德國。這在一八七八年年初是非常有可能的。但是，俾斯麥這個「誠實的掮客」巧妙地發揮了他的外交手腕，使所有的大國在柏林會議中達成妥協，這場危機從而得以和平解決。這件事再次突顯了德國在歐洲事務中的核心地位和充當一股安定的力量。

一八七六年至一八七八年的東方危機大大地加強了德國的地位。雖然俄國在黑海的小型艦隊與土耳其人作戰時表現頗爲出色，但是它的陸軍在一八七七年的戰役中卻暴露出它在克里米亞戰爭後的改革並未眞正產生效果。儘管在保加利亞和高加索的戰役中，俄軍靠士兵的英勇作戰和人數上的優勢打敗了土耳其人，但是，他們「對敵軍陣地的偵察極不充分、各部隊間缺乏協調合作，以及高級指揮系統一片混亂」之類的例子實在是不勝枚舉。最後，由於英國和奧地利爲土耳其撐腰，威脅要進行干預，俄國政府深恐再次破產而在一八七七年後期不得不同意妥協。雖然有些俄國人對俾斯麥十分不滿，但是事實上俄國非常需要德國的善意。因此繼一八七三年之後，俄國於一八八一年再次加入三皇同盟。同樣地，雖然奧地利在一八七九年危機最熾烈的時候曾經威脅要擺脫俾斯麥的控制，但次年建立的奧德祕密同盟又把它束縛在德國的繩索上，就像一八八一年的三皇同盟和一八八二年的柏林、維也納和義大利的三國同盟（Triple Alliance）將它和德國捆在一起一樣。此外，所有這些協定都有使簽字國疏遠法國的效果，而且更加依賴德國。

最後，一八七〇年代後期的一些事件再次突顯了英俄兩國在近東和亞洲的長期對抗。這些事件不但促使兩國都討好柏林，以謀求它善意的中立，而且還轉移了大眾對亞爾薩斯、洛林和中歐的注意力。這一傾向在一八八〇年代愈來愈強烈。在此期間，法國占領了突尼斯（一八八一年）、英國出兵干涉埃及（一八八二年），各國紛紛「爭先恐後搶奪」赤道非洲（一八八四年起），英俄兩國因阿富汗問題再次劍拔弩張（一八八五年）。這些事件標明「新帝國主義」時代的開始。雖然西方這個新殖民浪潮的長期影響將會深刻地改變許多大國的地位，但是在當時它卻加強了德國在歐洲的外交影響力，並有助於俾斯麥維持現狀的努力。俾斯麥在一八八〇年代所設計的那套居心叵測的條約和反制條約體系，雖然不可能產生持久的穩定，但它至少確保了歐洲能有一個短時期的和平。

結論

在一八一五年至一八八五年期間，除了美國的南北戰爭以外，沒有發生過任何持久而兩敗俱傷的戰爭。這個時期的小戰役，如一八五九年的法奧衝突或一八七七年俄國對土耳其的攻擊，都沒有對大國體系產生什麼影響。即使那些比較重要的戰爭其影響也十分有限，如克里米亞戰爭主要是地區性衝突，而且在英國決定全力參戰之前便結束了；普奧戰爭和普法戰爭都未超過三個月。這與十八世紀曠日持久的戰鬥恰成鮮明對照。因此，當時的軍事領袖和戰略權威都認為未來的大國戰爭將會速戰速決，和一八七〇年的普法戰爭一樣。

所有這些戰爭都得出了同樣的結論，即那些戰敗國都未採納十九世紀中葉的「軍事革命」原則。它們都未能獲得新式武器，沒有學會動員和裝備龐大的軍隊，也沒能充分利用鐵路、輪船、電報等先進的交通通訊設施，也缺少有生產力的國防工業基礎。在所有這些衝突中，戰勝國的將領和軍隊都曾犯過嚴重的錯誤，但這些錯誤都不足以抵銷它們在訓練有素的人力、物資補給、組織和經濟基礎方面所占的優勢。

最後我們有必要對一八六〇年以後的這段時期做一些概括性的總結。如本章開頭所說，滑鐵盧之戰以後半個世紀的主要特點是：國際經濟穩定成長，工業發展和技術變遷導致了大規模生產的增進，強權體系相對穩定下來，爆發的戰爭都是局部的短期戰爭。此外，雖然陸海軍的武器都有一定程度的現代化，但是軍隊的新發展仍遠不如受工業革命和憲政改革直接影響的民間事業的發展。這場半個世紀變遷的主要受益者是英國；到了一八六〇年代後期，它在生產力和在世界的影響力兩個項目上都達到了鼎盛時期。而主要的輸家當然是歐洲以外的農業社會，因爲它們抵擋不住西方工業品的湧入和軍事入侵。由於同樣的原因，工業化程度較低的歐洲大國（如俄國和哈布斯堡帝國）也逐漸喪失往日的榮耀和地位，而新的統一國家義大利則從未擠進一流大國之列。

此外，一八六〇年代以後，這種趨勢將進一步激化。國際貿易總額和工業品的產量都在迅速增加。原先侷限於英國、歐陸某些地區和北美洲的工業化進程正在開始改變其他的地區，其中受惠最大的是德國和美國。到了一八七〇年，德國的工業產量已占全世界的百分之十三，而美國更高達百分之二十三。因此，十九世紀末葉正在浮現的新國際體系已初露端倪，儘管當時很少有人注意到這一點。在另一方面，一八一五年以後「歐洲協調」架構下相對穩定的五角政治正在解體。這不僅是因爲到了一八六〇年代它的成員國愈來愈好戰，而且還因爲有些國家的實力已二、三倍於其他國家。另外，歐洲對現代工業生產的壟斷正在被大西洋彼岸的美國打破。任何國家，只要有意志力和自主權，都可以利用蒸汽動力、鐵路、電力和其他現代化工具爲自己造福。

一八七一年以後，俾斯麥宰制歐洲外交的這段時期，歐洲無大戰這個事實也許已經說明，繼一八五〇年代和一八六〇年代的分裂之後，一種新的平衡已經建立起來。但是在陸海軍和外交領域之外，影響深遠的工業和科技發展正以前所未有的速度改變著全球的經濟均勢。用不了多久，這些生產基礎和工業基礎的循環交替，就將對大國的軍事能力和外交政策產生影響。

第五章　兩極世界的來臨與「中等強國」的危機（一）：一八八五—一九一八

一八八四年與一八八五年交會之冬季，世界列強邀集一些小國，共同在柏林集會商議，希望就貿易、航海、西非與剛果的邊界，以及有效占領非洲的原則等更廣泛的問題達成協議。從許多方面看，這次柏林西非會議都可看作是舊歐洲在全球事務中居於說一不二地位的象徵。日本未能與會；儘管它正在加快現代化的腳步，但仍被西方看作是個古怪而落後的國家。相對之下，美國在柏林會議上露了面，這是因爲華盛頓認爲會中討論的貿易與航海問題關係到美國在海外的利益；但在其他多數問題上，美國仍被摒除在國際舞臺之外，而且直到一八九二年，歐洲列強才把它們駐華盛頓的外交使節從公使升格爲大使——這是對待一等國家的標準。俄國也參加了會議，雖然它在亞洲的利益頗爲可觀，在非洲卻微乎其微。事實上，在受邀與會的國家名單中，俄國被列爲二流國家，而且在會上它除了大體上支持法國反對英國外，也沒扮演任何角色，因此，局勢的中心點是倫敦—巴黎—柏林之三角關係，而俾斯麥正處於睥睨左右的中心位置。跟過去的一個多世紀一樣，地球的命運似乎仍是操在歐洲各國的首相府手中。可以肯定的是，如果這次會議的議題是決定鄂圖曼帝國而不是剛果盆地的未來的話，像奧匈帝國和俄國這樣的國家也許會發揮更大的作用，但這仍無法否認當時被認爲是一條無可置辯的眞理：歐洲是世界的中心。就在這同一時期，俄國的德拉基米羅夫（Dragimirov）將軍才會宣稱「遠東事務是在歐洲決定的」。

三十年以後（這對強權體系來說只不過是段很短的時間），同一塊歐洲大陸將會分崩離析，並且其中幾個成員將會處於崩潰的邊緣。再過三十年，結局終將完成：歐洲大部分地區經濟將一蹶不振，有的地區將變成一片廢墟，而歐洲的前途將由華盛頓和莫斯科的掌權者來決定。

一八八五年的時候，當然沒有人能精確地預測到六十年後滿目蕭然的歐洲，但一些目光敏銳的觀察家在十九世紀末仍感受到了強權政治動力的發展趨向。不但是知識分子和新聞記者，就是短視的政客，也在用一種庸俗的進化論論調來談論或寫作，大談世界鬥爭和成敗興衰。更有甚者，至少到一八九五年或一九〇〇年，已有人看出了未來世界秩序的端倪。

所有這些預言中，最值得注意的是托克維爾觀點的再度流行。按照這種觀點，美國和俄國將成爲未來的兩大世界強國。由於俄國在克里米亞吃了大敗仗以及一八七七年對土耳其戰爭中的差勁表現，加上美國的內戰及其後數十年生聚教訓般的重建與向西部開拓，曾一度使這種論調失勢，這是不足爲奇的。然而，到了十九世紀晚期，美國工業和農業的發展與俄國在亞洲的軍事擴張，使得一些歐洲觀察家擔心，到了二十世紀可能會如人們所說過的，出現一個俄國皮鞭加美國大財主宰制下的世界新秩序。也許是由於新重商主義者的經商思想又一次壓倒了建立一個和平的、全球性的自由貿易體系的思想，有一種比以前更強烈的觀點認爲，經濟實力的演變將導致政治和領土的變化。甚至連一向比較謹慎的英國首相沙利斯伯里（Salisbury）也在一八九八年承認世界分成「生機蓬勃的」和「垂死邊緣的」兩類強國。一八九四年和一八九五年間中日甲午戰爭中中國戰敗，一八九八年美西的短暫衝突使西班牙遭到屈辱，一八九八年至一八九九年在尼羅河上游地區的法紹達（Fashoda）事件中法國懾於英國的壓力而退卻。這三件例子都被引作證據，顯示國家命運如同物種的命運，都存在著「適者生存」的法則。大國間的爭端已不再像一八三〇年甚或一八六〇年那樣，僅僅局限於歐洲問題，而是關涉到全球的市場與領土問題。

但是，如果美俄兩國由於其面積及人口，彷彿注定會成爲未來的世界強國的話，那與之作伴的將是誰呢？人們普遍相信一種「世界三強論」——即世界上只有三個（或說四個）最大最強的民族國家能保持眞正的獨立的理論——曾使許多帝國的政治家憂心忡忡。英國主管殖民事務的大臣張伯倫（Joseph Chamberlain）於一八九七年對一群聽眾說：「據我看，時代的潮流是要將權力集中於幾個大帝國之手。那些落伍的小王國，看來正淪爲二流和從屬的角色。」德國海軍上將鐵必制（Tirpitz）則敦促威廉皇帝建立一支強大的海軍。這對德國來說是生死攸關的，因爲如此才能躋身成爲俄、英、美、德世界四強之一。在法國，達西先生（Monsieur Darcy）警告說，法國也必須躋身世界強國之列，因爲「不進則退，而倒退便意味著滅亡」。對於英、法和奧匈帝國這類歷史悠久的大國來說，問題在於面對國際現狀的新挑戰時能否保住自己的現有地位。對於德、義、日等這類新興強國來說，問題卻在於它們是否能夠及時突破約束，達到《柏林條約》上所說的「世界政治的自由」。

在十九世紀行將結束之際，並非人人都持這種觀點。多數人更關心的是國內的社會問題。還有許多人念念不忘國際間自由放任、互不干涉的和平合作理想。但在統治階層、軍方和帝國組織中存在著一種更占上風的觀點，認爲要建立世界秩序，必須強調鬥爭，強調變革，強調競爭，強調使用武力，並動員全國資源以增強國力。地球上一些低度開發的地區正在迅速地被瓜分，但這僅僅是故事的開始。地緣政治學家麥金德（Halford Mackinder）指出，隨著可併吞的領土愈來愈少，現代國家的主要目標必須提高效率和致力於國內發展，以取代擴張主義。「在範圍更廣泛的地理和歷史通則之間」，彼此的相互關係將比任何時候都更爲密切，也就是說，如果資源利用得當，其規模和數量將會在國際均勢中更精確地反映出來。一個國家縱使有數億農民，但仍是毫不足取。另一方面，如果缺乏一個足夠強大的工業生產基礎，即使一個現代國家也會黯然無光。英國的帝國主義者艾默里（Leo Amery）警告說，「只有工業基礎最強大的國家才會成功。擁有工業能力和科技發明能力的民族必將戰勝所有其他民族。」

接下去五十年國際事務發展的歷史事實，看來證實了這些預言。歐洲內外，權力的平衡發生了戲劇性的變化。古老的帝國崩潰，新興的帝國出現了。一八八五年的多極世界如同一九四三年一樣，為兩極世界所取代。國際鬥爭加劇，終至爆發了與十九世紀歐洲的有限衝突完全不同的戰爭。工業生產力加上科學技術，在國力的構成要素中益顯重要。在世界工業生產中所占比例的變化，會反映在國際軍事力量和外交影響力的變化中。個人的作用依然存在。在列寧、希特勒、史達林的時代，誰能說他們的角色不重要呢？但個人的作用只有在強權政治中才能充分顯現，因為他們有能力控制和重組一個大國家的生產力。而且，正如納粹德國本身的命運所顯示的，戰爭對世界大國的考驗是毫不留情的。任何國家，如果缺乏工業技術的實力，因而缺乏實現其領袖的野心所必須的軍事武器，終將遭到摒棄。

如果說，這六十年間大國鬥爭的概略輪廓早在一八九〇年代就已被勾勒出來，那麼，個別國家的成敗尚在未定之天。顯然，這往往取決於一個國家是否能夠保持或增加其製造業產量，另一方面也依賴地理上的某些不變因素。某個國家是處在世界危機的中心抑或邊緣？它能否免受侵略？它是否必須同時面對兩條或三條戰線？國民的凝聚力、愛國精神及國家對人民的控制能力也很重要。一個社會是否承受得了戰爭的嚴厲考驗，大部分要視其內部的體質而定。另外，成敗也可能要看聯盟政治和決策的情形而定。一個國家是為一個大聯盟集團而戰還是為自己而單打獨鬥？它是在戰爭一開始就參戰還是中途加入？以前保持中立的大國後來是否加入了對方陣營？

這些問題顯示，要認眞分析「兩極世界之來臨與『中等強國』之危機」的問題，必須考慮到三個不同而又相互影響的因果關係。第一，是軍事和工業生產基礎的變化，結果有些國家實力大增，另有些國家則衰敝不振；第二，是地緣政治、戰略和社會文化的因素，這些因素影響著個別國家對世界均勢發生變化的不同因應之道；第三，是外交和政治局勢的變遷，這種變遷也影響了二十世紀初大聯盟戰爭中或成或敗的機會。

世界武力均勢的變動

十九世紀末的國際事務觀察家都同意，經濟和政治的變化步調正在加快，因而國際秩序也比以往更不穩定。武力均勢的變更總會導致動亂情事並經常引發戰爭。修昔底德在《伯羅奔尼撒戰爭史》一書中寫道：「雅典勢力的成長及由此而造成斯巴達的不安，將使戰爭不可避免」。但在十九世紀最後二十五年，影響強權體系的諸多變化比以往任何時候都來得普遍，而且通常更加迅速。全球性的貿易和電報、輪船、鐵路、現代化的印刷機等通訊網路的建立，代表著科技的突破或工業生產的新進展將會在數年之內從一個洲傳播和轉移到另一個洲。吉爾克里斯特（Gilcrist）和湯瑪斯（Thomas）在一八七九年發明了一種方法，可以把廉價的磷礦轉化爲鹼性鋼，不到五年，西歐和中歐就有八十四座鹼性煉鋼轉化爐，而且這種方法還傳到大西洋彼岸。其結果是，不僅各國在鋼鐵產量上的占有率發生了很多變化，而且還隱含著軍事潛力的重大變動。

但是，軍事潛力不等於軍事實力。出於政治文化或地理安全的考量，一個經濟巨人可能寧願當個軍事侏儒；而一個沒有豐富經濟資源的國家卻有可能把它的社會編組成一個可怕的軍事大國。「經濟實力＝軍事實力」這一過分簡化的方程式，在這個時期有其例外，在其他時期也有例外，需要在下文加以討論。然而，在工業化戰爭的現代，經濟和戰略的關係變得愈來愈密切。爲了理解從一八八〇年代到第二次世界大戰期間影響國際均勢的長期變動因素，我們必須檢視經濟上的數據資料。選擇這些資料是爲了評估某一國家的競爭潛力，因此沒有列入某些廣爲人知，但在這方面卻

表5-1　1890-1938 年列強的總人口

（單位：百萬）

國家＼年代	1890	1900	1910	1913	1920	1928	1938	
1　俄國	116.8	135.6	159.3	175.1	126.6	150.4	180.6	1
2　美國	62.6	75.9	91.9	97.3	105.7	119.1	138.3	2
3　德國	49.2	56.0	64.5	66.9	42.8	55.4	68.5	4
4　奧匈帝國	42.6	46.7	50.8	52.1	—	—	—	
5　日本	39.9	43.8	49.1	51.3	55.9	62.1	72.2	3
6　法國	38.3	38.9	39.5	39.7	39.0	41.0	41.9	7
7　英國	37.4	41.1	44.9	45.6	44.4	45.7	47.6	5
8　義大利	30.0	32.2	34.4	35.1	37.7	40.3	43.8	6

沒有多大幫助的經濟指數。

人口數量本身絕不是一個說明實力的可靠指標，但表5-1確實說明了——至少從人口統計學的角度看——爲什麼俄國和美國應當被看成與其他大國不同的另一類大國，而德國和後來的日本也開始與別的國家漸行漸遠。

但是，對於表5-1呈現的粗糙資料，有兩種方法可加以「控制」。其一如表5-2，將一個國家的總人口與其都市地區的人口作比較，因爲後者通常是工商業現代化的重要指標。其二如表5-3，以英國爲「基準」，將這些數字與每人平均工業化水準貫通起來。兩種做法都頗具啓發性，而且可以彼此印證。

目前還用不著對表5-2和表5-3中的數字進行詳細分析，但已可做成一些粗略的概括。一旦援用都市人口規模和工業化程度這樣的衡量「現代化」的尺度，表5-1中多數國家的地位馬上會發生顯著的變化：至少在一九三〇年代的工業大發展之前，俄國從第一名跌到了最後一名；英國和德國的地位增強了；而美國得天獨厚，既擁有眾多人口，又有高度工業化的社會，所以出類拔萃。即使在這段時期的開端，最強和最弱的大國之間的差距已經蠻大的，不管是絕對差距還是相對差距均是如此。到了第二次世界大戰前夕，差異之處仍然很大。現代化進程也許能使所有這些國家經歷同樣的「階段」，但這並不表示——就實力而言——它

表5-2　1890-1938 年列強的都市人口及其在總人口中所占的百分比

（以百萬計）

	年代 / 國家	1890	1900	1910	1913	1920	1928	1938	
1	英國	2.2	13.5	15.3	15.8	16.6	17.5	18.7	5
	（1）	（29.9%）	（32.8%）	（34.9%）	（34.6%）	（37.3%）	（38.2%）	（39.2%）	（1）
2	美國	9.6	14.2	20.3	22.5	27.4	34.3	45.1	1
	（2）	（15.3%）	（18.7%）	（22.0%）	（23.1%）	（25.9%）	（28.7%）	（32.8%）	（2）
3	德國	5.6	8.7	12.9	14.1	15.3	19.1	20.7	3
	（4）	（11.3%）	（15.5%）	（20.0%）	（21.0%）	（35.7%）	（34.4%）	（30.2%）	（3）
4	法國	4.5	5.2	5.7	5.9	5.9	6.3	6.3	7
	（3）	（11.7%）	（13.3%）	（14.4%）	（14.8%）	（15.1%）	（15.3%）	（15.0%）	（7）
5	俄國	4.3	6.6	10.2	12.3	4.0	10.7	36.5	2
	（8）	（3.6%）	（4.8%）	（6.4%）	（7.0%）	（3.1%）	（7.1%）	（20.2%）	（5）
6	義大利	2.7	3.1	3.8	4.1	5.0	6.5	8.0	6
	（5）	（9.0%）	（9.6%）	（11.0%）	（11.6%）	（13.2%）	（16.1%）	（18.2%）	（6）
7	日本	2.5	3.8	5.8	6.6	6.4	9.7	20.7	3
	（6）	（6.3%）	（8.6%）	（10.3%）	（12.8%）	（11.6%）	（15.6%）	（28.6%）	（4）
8	奧匈帝國	2.4	3.1	4.2	4.6	—	—	—	
	（7）	（5.6%）	（6.6%）	（8.2%）	（8.8%）				

表5-3　1880-1938 年的國民平均工業化水準

（以1900 年的大不列顚爲100）

	年代 / 國家	1880	1900	1913	1928	1938	
1	大不列顚	87	[100]	115	122	157	2
2	美國	38	69	126	182	167	1
3	法國	28	39	59	82	73	4
4	德國	25	52	85	128	144	3
5	義大利	12	17	26	44	61	5
6	奧地利	15	23	32	—	—	
7	俄國	10	15	20	20	38	6
8	日本	9	12	20	30	51	7

們獲益的程度是相同的。

如果我們檢視有關工業生產力的詳細資料，那麼大國間的重要差異就可以更清楚地顯現出來。由於鋼鐵產量常被用來當作衡量這一時期潛在的軍事實力以及工業化本身水準的指標，表5-4列出了有關的數字。

表5-4　1890-1938年列強的生鐵和鋼鐵產量

（單位：百萬噸；1890是生鐵產量，以後是鋼鐵產量）

國家＼年代	1890	1900	1910	1913	1920	1930	1938
美國	9.3	10.3	26.5	31.8	42.3	41.3	28.8
英國	8.0	5.0	6.5	7.7	9.2	7.4	10.5
德國	4.1	6.3	13.6	17.6	7.6	11.3	23.2
法國	1.9	1.5	3.4	4.6	2.7	9.4	6.1
奧匈帝國	0.97	1.1	2.1	2.6	—	—	—
俄國	0.95	2.2	3.5	4.8	0.16	5.7	18.0
日本	0.02	—	0.16	0.25	0.84	2.3	7.0
義大利	0.01	0.11	0.73	0.93	0.73	1.7	2.3

但是，衡量一個國家工業化程度的最佳標準是它對現代能源的消耗（所謂現代能源，指的是煤、石油、天然氣和水力發電，而不是指燃燒木柴），因爲它既能顯現一個國家開發非生命能源的技術能力，又能顯示其經濟發展的脈動。表5-5就呈現了這一類資料。

表5-4和表5-5都從絕對數量上證實了某些大國在特定時期快速的工業變遷，如一九一四年之前的德國、一九三〇年代的俄國與日本等；同時也顯示出英國、法國與義大利在發展速度上的牛步化。我們還可以用相對的方式來呈現一個國家在這段時期內工業化程度的相對地位（見表5-6）。

最後，不妨再看一看表5-7，這是貝羅克（Bairoch）關於世界工業生產比例分配的數字，從中可以看出上一章關於十九世紀權力均衡的分析以來所發生的變化。

表5-5　1890-1938 年列強的能源消耗量

（相當於百萬噸煤）

國家＼年代	1890	1900	1910	1913	1920	1930	1938
美國	147	248	483	541	694	762	697
英國	145	171	185	195	212	184	196
德國	71	112	158	187	159	177	228
法國	36	47.9	55	62.5	65	97.5	84
奧匈帝國	19.7	29	40	49.4	—	—	—
俄國	10.9	30	41	54	14.3	65	177
日本	4.6	4.6	15.4	23	34	55.8	96.5
義大利	4.5	5	9.6	11	14.3	24	27.8

表5-6　1880-1938 年列強整體工業潛力的消長

（1900 年時的英國爲 100）

國家＼年代	1880	1900	1913	1928	1938
英國	73.3	[100]	127.2	135	181
美國	46.9	127.8	298.1	533	528
德國	27.4	71.2	137.7	158	214
法國	25.1	36.8	57.3	82	74
俄國	24.5	47.5	76.6	72	152
奧匈帝國	14	25.6	40.7	—	—
義大利	8.1	13.6	22.5	37	46
日本	7.6	13	25.1	45	88

表5-7　1880-1938 年列強在世界製造業產量中占有率的消長（%）

國家＼年代	1880	1900	1913	1928	1938
英國	22.9	18.5	13.6	9.9	10.7
美國	14.7	23.6	32.0	39.3	31.4
德國	8.5	13.2	14.8	11.6	12.7
法國	7.8	6.8	6.1	6.0	4.4
俄國	7.6	8.8	8.2	5.3	9.0
奧匈帝國	4.4	4.7	4.4	—	—
義大利	2.5	2.5	2.4	2.7	2.8

一八八五—一九一四年列強的地位

面對這些使氣餒不已的數字（例如某國在一九一三年占世界工業生產的百分之二點七，或某國在一九二八年的工業潛力只及一九〇〇年英國工業水準的百分之四十五），我們必須再次強調這些數字是抽象的，只有把這些數字放進明確的歷史和地緣政治環境中去加以檢視，它們才有具體的意義。由於有關國家國內的社會凝聚力不同，動員國家資源的能力不同，地緣政治地位上的差異，外交能力不同，這種種因素使得工業產量幾乎相同的國家，在強權實力的等級分類上，很可能有相當不同的結果。限於篇幅，本章不可能像巴內特幾年前對英國所做的大規模研究那樣，把所有的大國也巡禮一番。但下面的論述將盡量接近巴內特較大的研究架構。巴內特指出：

> 一個民族國家的力量不僅僅在於武裝部隊，還在於經濟和科技資源；在於制定外交政策時的機敏、果斷和洞燭機先；在於社會組織和政治組織的效率。而更重要的是在於這一國家本身，也就是在於它的人民，人民的技能、精力、雄心、紀律和主動性；人民的信仰、神話和幻想。力量還在於所有這些因素彼此聯結的方式。此外，考量一個國家的力量時，不僅要考量其本身，考量其絕對的大小，還要與其承擔的國外的和帝國的義務成比例；必須與其他國家的實力做相對的比較。

要說明大戰略效果的多樣性，最好的方法莫過於檢視國際體系的三個新興的成員——義大利、德國和日本。前兩個直至一八七〇年和一八七一年才分別成爲統一的國家；日本則在一八六八年明治維新以後才擺脫自我封閉的孤立狀態而嶄露頭角。這三個國家都有一股衝動要效法現有的大國，並且與之角逐一番。到一八八〇年代和一八九〇年代，這些國家都在積極攫取海外領土；它們也都建立了現代化艦隊以補充其常備軍之不足。從當時的外交角度看，它們都是重要的一員，而最遲到一九〇二年，它們都成了原有某個大國的聯盟夥伴。但是，所有這些共同點都無法掩蓋它們在眞正實力上的根本差異。

義大利

乍看之下，一個統一的義大利國家的出現，象徵著歐洲均勢的一項大變動。它不再是部分主權操在外國手中，和經常受到外來威脅的互相敵對的一群小邦國，而是一個擁有三千萬人口的實體，其人口增長異常迅速，到一九一四年時已接近法國的總人口。在這一階段，它的陸海軍並不特別龐大，但正如表5-8和表5-9所示，仍是相當可觀的。

以外交的說法來看，義大利的崛起對它的兩個鄰近大國——法國和奧匈帝國——當然是一個衝擊；而當它於一八八二年加入三國同盟，從表面上「解決」了義奧的對抗問題之後，孤立的法國兩面受敵的形勢就更加明朗了。因此，義大利統一之後剛過十年，它就成了歐洲強權體系中的正式一員，羅馬也與其他主要首都如倫敦、巴黎、柏林、聖彼得堡、維也納和君士坦丁堡等一樣，成爲外國派遣全權大使駐節的地方。

但是，義大利大國地位的表象卻掩蓋了一些致命弱點，首先是國家經濟發展的遲緩，尤其是

表5-8　1880-1914年列強的陸海軍人數

國家＼年代	1880	1890	1900	1910	1914
俄國	791,000	677,000	1,162,000	1,285,000	1,352,000
法國	543,000	542,000	715,000	769,000	910,000
德國	426,000	504,000	524,000	694,000	891,000
英國	367,000	420,000	624,000	571,000	532,000
奧匈帝國	246,000	346,000	385,000	425,000	444,000
義大利	216,000	284,000	255,000	322,000	345,000
日本	71,000	84,000	234,000	271,000	306,000
美國	34,000	39,000	96,000	127,000	164,000

表5-9　1880-1914 年列強的戰艦噸位

國家＼年代	1880	1890	1900	1910	1914
英國	650,000	679,000	1,065,000	2,174,000	2,714,000
法國	271,000	319,000	499,000	725,000	900,000
俄國	200,000	180,000	383,000	401,000	679,000
美國	169,000	?240,000	333,000	824,000	985,000
義大利	100,000	242,000	245,000	327,000	498,000
德國	88,000	190,000	285,000	964,000	1,305,000
奧匈帝國	60,000	66,000	87,000	210,000	372,000
日本	15,000	41,000	187,000	496,000	700,000

南部農村地區。它的文盲率——在全國是百分之三十七點六，在南部則遠遠不止——比任何西歐和北歐國家要高出許多，這反映出義大利多數農村地區的落後度：小自耕農地、土壤貧瘠、投資稀少、租地耕作，以及不足的運輸工具等等。義大利的總產出和每人平均財富只能跟西班牙及東歐的農業社會相比，而不及荷蘭或西發里亞。義大利不產煤，儘管已轉而求助水力發電，但它百分之八十八的能源仍來自英國的煤，這就成了它維持收支平衡的一大負擔，也成了它戰略上的可怕弱點。在這種情況下，義大利的人口增加而其工業卻沒有相對的重大發展，這對其他大國來說就是一件憂喜參半的事情，因爲與其他西方大國相比，它延緩了義大利的每人平均工業成長率。要不是每年有幾十萬義大利人（通常是機伶而能幹的人民）向大西洋彼岸移民，這一對比將會更不利。所有這一切，使義大利成了如肯普（T. Kemp）所說的「不利的新來者」。

這並不是說在義大利就沒有現代化。事實上，正是這個時期，許多歷史學家稱之爲「焦利蒂時代的工業革命」，「我國經濟生活發生了決定性的變化。至少在北方，已經朝著重工業方向有了重大改變，建立了鋼鐵工業、造船工業、汽車製造工業以及紡織工業等。」格斯倫康（Gerschrenkon）認爲，一八九六年到一九〇八年，義大利向工業化方向「推進了一大步」。確實，義大利的工業成長速度比歐洲任何地方要快，農村人口大量湧向城市的情形頗爲嚴重，銀行體系重新進行自我調整，以提供信用貸款給工業界，實質國民所得迅速上升。皮耶蒙地區的農業也有類似的發展腳步。

然而，一旦把義大利的統計數字與其他地方做比較，它馬上就失去了光彩。不錯，義大利是建立了鋼鐵工業，但在一九一三年，它的鋼鐵產量只及英國的八分之一、德國的十七分之一，甚至只有比利時的五分之二；義大利的工業成長率確實很快，但由於起始水準非常低，所以其實際成果並不顯著。第一次世界大戰爆發時，它的工業實力甚至還不到英國一九〇〇年水準的四分之一，它在世界工業生產中的比例實際上還是下降了，從一九〇〇年的百分之二點五下跌到一九一三年的百分之二點四。儘管義大利勉強擠進大國的行列，但值得注意的是，除日本以外，其他大國的工業實力都要比它強個二至三倍，有的國家如德國和英國是它的六倍，美國更是它的十三倍多。

義大利人口眾多，要是有較強的民族凝聚力和意志，工業實力不足這一點也許還多少能得到一點彌補，但是連這些也沒有。義大利政治實體中有對家族的忠誠，有對地方的忠誠，也許還有對地區的忠誠，偏偏就沒有對國家的忠誠。義大利北方和南方一向就有差距，北方的工業化則使這一差距更加拉大。在半島上大部分地區的村落社區，人們與外在世界幾乎沒有什麼重要的接觸，而天主教教會與政府的對立於此絲毫無補，教會甚至禁止教徒為國家效力。受到本國人歡迎和外國自由派羨慕的復興運動之崇高理想在社會中的宣揚並不澈底。徵兵不容易，駐兵要做到按照戰略原則（而不是出於地區政治考量）又難以實現。高層文武關係的特點是互不信任。義大利社會中普遍的反軍國主義情緒、軍官素質的低落、製造或購買現代武器裝備的資金不足，這一切早在一九一七年卡波雷托（Caporetto）戰役慘敗或一九四〇年的埃及戰役慘敗之前，就招致了人們對義大利軍隊戰鬥力的懷疑。義大利的統一戰爭先是多虧法國的干涉，然後是普魯士對奧匈帝國的威脅。一八九六年在阿比西尼亞的阿杜瓦（Adowa）的大敗使義大利名譽掃地，這是唯一一次歐洲軍隊被非洲人修理得毫無還手之力。一九一一年到一九一二年，義大利政府決定在利比亞發動戰爭，連其參謀本部都大吃一驚，結果造成了財政上的禍事連連。在一八九〇年軍容似乎頗為壯盛的義大利海軍，其相對規模卻在一步步縮小，而且其戰鬥力常常是靠不住的。英國皇家海軍地中海艦隊的前後幾任總司令總是希望，要是英法在這一時期發生戰爭的話，義大利艦隊能保持中立，而不要與誰結盟。

所有這一切對義大利的戰略和外交地位造成的影響是令人沮喪。義大利參謀本部清楚地意識到，不僅其軍隊人數和裝備與奧匈帝國和法國相比處於劣勢，而且其鐵路網的不足和根深蒂固的地方主義，使之不能像普魯士那樣大規模而靈活地部署軍隊。不但義大利海軍覺察到本身力量的不足，而且義大利脆弱而漫長的海岸線使得它的結盟政策舉棋難定，從而使戰略的規劃空前地雜亂無章。一八八二年，義大利與柏林簽訂的盟約一度頗使人寬慰，特別是俾斯麥眼看就要令法國跪地求饒了；但即使在那時候，義大利政府也努力想跟英國建立更密切的關係，因爲只要英國一個國家就能抵銷掉法國艦隊的力量。一九〇〇年以後，英法兩國益趨密切，而英德兩國則由合作變爲敵對，這時義大利感到別無選擇，只得搶風調向新的英法聯盟。對奧匈帝國殘存的厭惡情緒，加快了這一行動；而義大利對德國的尊敬與德國工業金融在義大利的重要性，皆使它不致與之公開決裂。於是，到了一九一四年，義大利的地位又跟一八七一年時一樣。它是「大國中的小弟弟」，在鄰國的眼裡，它難以捉摸，又厚顏無恥，而且對阿爾卑斯山地區、巴爾幹地區、北非及更遠的地區有商業及領土擴張的野心，遂與敵友的利益均發生衝突。義大利的經濟與社會境況不斷削弱它對重大事件的影響力，但它卻總是競技場上的玩家。總之，大多數國家政府的看法是，與義大利爲敵當然不如與其爲友，但利害之間相差無幾。

日本

一八九〇年，義大利是強權體系中的一個周邊成員，而日本甚至還不在這個俱樂部裡。幾個世紀以來，日本一直被由領主（大名）與武士組成的封建割據軍閥統治著。由於缺乏自然資源，境內地形多山，因而只有百分之二十的土地適合耕種，日本缺少經濟發展通常應具備的各種先決條件。日本的語言複雜，沒有別的語言與之相近，加上日本民族有強烈的文化獨特意識，這一切使它長期與世界其他地區隔絕，在十九世紀下半葉之前，一直閉關自守，拒絕接受外來的影響。這種種原因似乎使日本注定——從世界大國的標準來衡量——只能是一個政治上幼稚、經濟上落後、軍事上軟弱的國家。然而，不過兩個世代的時間，它已經崛起成爲遠東國際政治中的一個主要角色。

這一轉變是從一八六八年明治維新開始的，其原因是日本的有志之士眼看亞洲其他地方似乎都正被西方國家所宰制並淪爲其殖民地，乃決心不讓日本也走上這條道路，因而冒著使封建秩序瓦解的危險和武士門閥的激烈反對而推行改革。日本必須現代化，這不是個別企業家的意願，而是「國家」的需要。在最初的反對勢力被彌平以後，現代化以「國家計畫」的形式推進著，使柯伯（Colbert）或腓特烈大帝的努力也相形見絀。以普魯士——德國模式爲範本的新憲法誕生了，法律制度改革了，教育制度大力展開，使國家的國民識字率達到了非常高的程度。曆法和服裝都改變了。現代的銀行體制也逐漸形成。從英國皇家海軍延聘來的專家幫助建立一支最新式的日本艦隊，從普魯士參謀本部請來的專家則爲陸軍的現代化助一臂之力；日本的軍官被送到西方的陸軍與海軍學院受訓；儘管本土的軍事工業已經建立，但仍須從國外購買新型武器；國家鼓勵鐵路網、電信網路和海運航線的建設，並與新興的日本企業家共同發展重工業、鋼鐵和造船工業，使紡織工業現代化。政府的補助使出口商獲益，也使海運業獲得鼓舞，進一步建立新的工業。日本的出口商品，特別是絲綢和紡織品成長迅速。在所有這些舉動的背後，有著實現「富國強兵」號召的強烈政治使命感。對日本人來說，經濟力量和陸海軍兵力是攜手並進的。

但所有這些發展都需要時間，而且阻力仍然很大。儘管從一八九〇年到一九一三年間都市人口增加了一倍多，但農業人口仍跟原來相差無幾。直至第一次世界大戰前夕，日本從事農業、林業和漁業的人口仍占總人口的五分之三以上。儘管農業技術有了很大改進，但多山的地形和大多數人持有的耕地面積過小，這樣的事實使日本不可能出現如英國那樣的「農業革命」。有了這樣一個「頭輕腳重」的農業基礎，因而與列強相比，不管是工業潛力還是每人平均工業化水準都必然在強國排行榜中敬陪末座或接近尾端（見表5-3、表5-6）。雖然從現代燃料的能源消耗量之大幅成長和在世界製造業產量中所占比例的提高，可以清楚地看出日本在一九一四年以前的工業可謂突飛猛進，但在其他方面仍很薄弱。它的鋼鐵產量不多，因而甚爲倚重進口；同樣，儘管它的造船工業已經有很大發展，它仍得向其他國家訂購軍艦。它的資金嚴重短缺，需要不斷向國外借款，但總借不到足夠的資金來投資於工業、基礎建設及三軍部隊。在經濟上，它創造了奇蹟，成爲在帝國主義甚囂塵上的時代能夠完成工業革命的唯一非西方國家；然而與英國、美國和德國相比，它在工業和財政上仍然是無足輕重的。

然而，有兩個因素協助日本晉級大國的地位，並有助於解釋爲什麼它能夠凌駕義大利那樣的國家。第一個因素是它在地理上的隔絕狀態。占有鄰近大陸海岸的是腐朽沒落的中華帝國，對日本構成不了威脅。當中國、中國東北，尤其是朝鮮有可能落入另一個大國之手的時候，地理位置使日本比任何其他帝國主義國家都更接近這些地區。一九〇四年和一九〇五年間，當俄國沿著六千英里鐵路線運送軍需補給的時候就嘗到了苦頭。幾十年之後，美國和英國的海軍爲解救菲律賓、香港和馬來亞，也爲了後勤補給的問題而大傷腦筋。假定日本在東亞的勢力持續穩定成長的話，總有一天，其他國家就必須使出全力以阻止它成爲該地區的霸主。

第二個因素是士氣。無可爭辯地，日本人強烈的文化獨特意識、天皇崇拜和國家至上的傳統，武士道精神造成的軍人榮譽感和作戰勇氣，對紀律和意志力的強調，在日本一度形成了一種狂熱的愛國情操和不畏犧牲的政治文化，也強化了日本爲建立「大東亞共榮圈」的衝力，以確保日本戰略安全，進而爭奪市場和原料。這從一八九四年日本爲與中國爭奪對朝鮮的主權而發動成功的陸海軍戰爭中可以看得很清楚。無論在陸上還是在海上，裝備精良的日本軍隊似乎爲一種必勝信念所驅使。戰爭結束時，俄、法、德「三國干預」的威脅迫使心不甘情不願的日本政府放棄了對大連和遼東半島的領土要求，但這只是增強了東京的決心，有朝一日再算這筆帳。在政府中，不同意林權助男爵下述這一頑強結論的人恐怕不多：

> 如果需要建造新的軍艦，我們將不惜一切代價建造；如果軍隊的組織還不夠完善，我們從今天起就著手整頓；如果需要，我們整個軍事體制都可以改變……日本目前不宜輕舉妄動，以平息人們的猜疑。在此同時，必須進一步加強國力，並且嚴密注視，等待東方形勢發生變化，這一天終將到來。到那時候，日本就將自己決定自己的命運……

十年之後，日本對朝鮮和滿洲的覬覦與沙皇俄國的野心發生了衝突，復仇的時機來臨了。海軍上將東鄉平八郎指揮的艦隊在對馬海峽的決戰中大敗俄國海軍，海軍專家因而對他的艦隊留下了深刻的印象。此外，日本社會的整個精神狀態也使其他觀察家深受震動。西方社會讚賞日軍對大連的偷襲（這種偷襲始於一八九四年的對華戰爭，一九四一年只是故計重演），他們同樣讚賞日本民族主義者對於不惜一切代價取得澈底勝利所表現出的狂熱。日軍將士在大連和瀋陽附近陸戰中的表現更是出眾。他們穿過布雷區，越過鐵絲網，衝殺在重機槍的彈雨火網中，最後攻克俄軍的戰壕，有數萬名士兵在這次戰役中喪生。即使到了大工業化的戰爭年代，武士道精神加上刺刀似乎仍可在戰爭上獲勝。如果像當代所有軍事專家所說的那樣，士氣和軍紀仍然是衡量國力的先決條件，那麼日本在這一方面則具備了優越的條件。

但是，此時的日本還算不上是一個羽翼豐滿的大國。日本運氣不錯，打敗的對象是更爲落後的中國以及軍心不穩和客觀條件不利的沙俄。此外，一九〇二年締結的英日同盟也使它得以在不受第三國干涉的情況下在自己熟悉的區域裡作戰。其海軍依靠的是英國製造的戰艦，陸軍憑藉的是德國克魯伯兵工廠生產的槍砲。最重要的是，它發現本國財力不勝負擔這場戰爭的巨額費用，但卻設法在英國和美國籌措到了貸款。結果竟然是到一九〇五年底日俄和談進行時，日本的經濟已處於崩潰的邊緣。東京的一般大眾也許並未察覺到這一點，反而是條約中對俄國較爲寬容的處置使他們怒不可遏。但是，日本的勝利已成定局，它的軍隊受到國民的稱頌與崇拜，其經濟開始復甦，其（地區性的）大國地位也獲得各國的承認，日本的時代來臨了。在遠東地區，誰都得看它的臉色行事；但是如果它想進一步擴張，那些老資格的大國是否會不聞不問，這個問題還是有得瞧。

德國

德意志帝國的崛起將比其「新秀」夥伴對大國間的勢力均衡產生更直接、更重大的影響，這是由兩個因素造成的。首先，德國一點兒也不像日本那樣從一個孤立的地緣政治狀態中興起，而是崛起於舊的歐洲國家體系的正中心；它的建立直接侵害到奧匈帝國和法國的利益，它的存在也打破了當時歐洲列強的勢力格局。其次，德國在工業、商業和陸海軍等方面正飛速發展。到第一次世界大戰前夕，它的國力不僅已是義大利和日本的三到四倍，而且領先了法國或俄國，很可能還追上了英國。一九一四年六月，八十多歲的韋爾比勛爵（Lord Welby）回憶說，「他們記得一八五〇年代的德國是一群在身分卑微的小君主統治下的無足輕重的小邦」；如今，在一個人的有生之年裡，它已變成歐洲最強大的國家，並且仍在成長中。單是這一點就使得「德國問題」成爲一八九〇年以後半個多世紀裡諸多世界政治風雲的中心。

這裡只能提供幾個有關德國經濟爆炸性發展的細節。它的人口從一八九〇年的四千九百萬激增到一九一三年的六千六百萬，在歐洲僅次於俄國——但由於德國在教育水準、社會供給和平均所得等方面都比俄國高得多，所以這個國家的人口不僅數量多，而且素質好。另一方面，一份義大利的資料顯示，義大利軍隊徵募的每千名新兵中就有三百三十名文盲，奧匈帝國是每千人中有二百二十名，法國每千人中有六十八名，令人吃驚的是德國每千人中只有一名文盲。受益者不僅僅是普魯士軍隊，而且還有需要熟練工人的工廠、缺乏受過良好訓練的工程師的企業、尋覓化學家的實驗室、渴求管理人員和推銷員的公司——德國的學校體制、工藝講習所和各大學都能夠大量培養上述人才。這些知識的成果被運用到農業上，德國農民使用化學肥料，大規模地實行現代化生產，每公頃的農作物產量比其他任何一個大國都高得多。爲了安撫貴族保守集團和農民聯盟組織，德國政府對農業採取了許多關稅保護措施，以抵擋美國和俄國成本較低的農業品。但由於效率較高，德國龐大的農業部門並不像農業在歐洲大陸其他大國那樣嚴重拖累平均國民所得和產量的成長。

但是這些年裡德國眞正令人刮目相看的是其工業發展。德國煤產量從一八九〇年的八千九百萬噸上升到一九一四年的二億七千七百萬噸，僅次於英國的二億九千二百萬噸，但遠遠超過奧匈帝國的四千七百萬噸、法國的四千萬噸和俄國的三千六百萬噸。鋼的成長更是壯觀，一九一四年德國生產一千七百六十萬噸鋼，高於英、法、俄三國產量的總和。更令人難忘的還是德國在電力、光學和化學等二十世紀新興工業中所取得的進展。像西門子和通用電器這樣的巨型企業僱用十四萬二千名工人，它們操控著歐洲的電力工業。德國以拜耳和赫斯特（Hoechst）爲首的化學公司，生產出占世界百分之九十的工業染料。這段飛黃騰達的歷史自然反映在德國的外貿數額中，從一八九〇年到一九一三年，它的出口成長了兩倍，已接近世界最大出口國英國。毫不令人意外地，它的商船數量也大大增加了，並在大戰爆發前夕成爲世界第二大商船擁有國。當時，它在世界製造業產量中所占的比例（百分之十四點八）高於英國（百分之十三點六），是法國（百分之六點一）的二點五倍。它已成爲歐洲經濟的動力源泉。甚至它常掛在嘴上的所謂資本短缺也沒有減緩它的發展速度。對於這些成長的具體成果及其爲德國在世界上的地位貢獻良多，怪不得像瑙曼（Friedrich Naumann）這樣的民族主義者們感到雀躍不已。瑙曼寫道：「日耳曼民族帶來了這一切，這一切又帶來了陸軍、海軍、金錢和權力……。只有當一個活躍的民族在它的器官裡感覺到春天的滋潤時，才可能產生現代化而又龐大的權力工具。」

在這種形勢下，接受和叫囂德國之對外擴張似乎是再自然不過的事了。在此「新帝國主義」時代，在其他任何一個大國裡都能聽到類似的呼聲。茂雷（Gilbert Murray）就曾在一九〇〇年尖刻地指出，每一個國家似乎都認爲「我們是世界民族的上上之選，……最有資格統治其他民族」。也許更重要的是，一八九五年以後的德國統治階層似乎也相信有必要在時機成熟時進行大規模的領土擴張：海軍上將鐵必制深深相信，德國的工業化和海外征服「像自然法則一樣不可抗拒」；首相比洛（Bulow）宣稱，「問題不是我們是否要殖民，而是我們必須殖民，不管我們想不想這樣做」；威廉皇帝自己也揚揚得意地宣布，德國「要在舊歐洲狹窄的邊界之外完成重大的使命」，雖然他也曾對德國在歐洲大陸實踐一種和平意義上的「拿破崙式霸權」有所憧憬。所有這些言論與俾斯麥的論調大相逕庭，俾斯麥一再聲稱，德國是一個「飽和的」大國，渴望維持歐洲的現狀，對海外領地的取得並不熱中（儘管一八八四年與一八八五年間有過殖民企圖）。不過，我們也不必過分誇大德國的侵略性，因爲當時列強個個都是野心勃勃，只是不如德國那麼狂熱罷了。

關於德國的擴張主義，重要的一點是這個國家若非已掌握了改變現狀的實力工具，要不然就是已擁有了創造這種工具的物質資源。這種能力的最有力證明是，一八九八年之後德國迅速建設海軍，在鐵必制的統率之下，其規模從世界第六位變成僅次於英國的皇家海軍。到大戰前夕，由十三艘無畏型戰鬥艦、十六艘舊式戰鬥艦和五艘戰鬥巡洋艦組成的這支強大的艦隊，迫使英國海軍部逐漸把駐紮在海外的主力艦隊撤回北海；而且有跡象顯示，德國艦艇在各方面（內部結構、砲彈、光學裝備、射控技術、夜間訓練等等）都占優勢。鐵必制一直想創建一支「與英國一樣強大」的艦隊，雖然他始終未能籌集到足夠的資金以實現這一目標，但他確實建立起了一支對敵對的法國和俄國艦隊構成相當威脅的海軍。

在某些觀察家看來，德國的陸戰能力並不很強。的確，在一九一四年之前的十年裡，普魯士軍隊與規模大得多的沙俄軍隊相比就相形見絀了，而與法國軍隊則旗鼓相當。但這只是一種假象。由於國內複雜的政治原因，德國政府決定把陸軍限制在一定的規模上，而允許鐵必制的艦隊大幅增加其在整個國防預算中的比例。當一九一一年和一九一二年的國際緊張局勢致使柏林決定大規模擴充其陸軍時，裝備上的急遽變化非常顯著。一九一○年到一九一四年之間，其陸軍的預算從二億零四百萬美元增至四億四千二百萬美元，而法國只從一億八千八百萬美元增至一億九千七百萬美元——但法國的擴軍是把百分之八十九的適齡青年徵召入伍，而德國只徵募了百分之五十三就達到建軍的要求。到一九一四年，俄國雖然花費了三億二千四百萬美元於陸軍身上，但卻倍感吃力。國防經費占去了俄國國民所得的百分之六點三，而在德國只占百分之四點六。除英國外，德國比歐洲其他任何國家都更能承受「軍備負擔」。此外，普魯士軍隊能夠動員和裝備數百萬後備軍人，而且——由於他們受過較好的教育和訓練——眞正地可以把他們派往前線作戰，但是法國和俄國卻做不到。法國的軍事參謀部門認爲其後備軍人只能在後方服役；而俄國既沒有武器、靴子和軍服來裝備其數百萬理論上存在的後備軍，也沒有軍官來指揮他們。但即使這樣還是無法探究德國的軍事力量究竟有多強，因爲還有許多無法用數量來衡量的因素，諸如良好的國內交通路線、快速的軍事動員計畫、優良的參謀訓練、先進的科技等等。

但是德意志帝國卻受到了其地理環境和其外交策略的掣肘。由於它位於歐洲大陸的中心，所以其發展顯然會同時威脅到其他幾個大國。其軍事機器的效能，加上以重新劃定歐洲邊界爲訴求的大日耳曼號召，使法國和俄國感到恐慌，並迫使它們彼此的關係更密切。德國海軍的迅速擴張使英國感到極度不安，就像德國對低地國家和法國北部潛藏著威脅一樣。引用一位學者的話來說，德國是「先天被包圍的國家」。即使德國的擴張政策是對準著海外地區，但它如果不侵入其他列強的勢力範圍又能往哪裡去呢？到拉丁美洲冒險的代價就是準備與美國作戰。一八九〇年代的對華擴張一直遭到俄國和英國的阻撓，而一九〇五年日本打敗俄國後就更加不可能了。建造巴格達鐵路的意圖使倫敦和聖彼得堡都感到驚恐不安。想把葡萄牙殖民地據爲己有的努力受到英國人的阻攔。當美國可以名正言順地在西半球擴大自己的勢力時，日本也侵入中國，俄國和英國勢力滲透到中東，法國則努力將非洲西北部的據點「化零爲整」，而此時的德國卻兩手空空。比洛（Bulow）在其一八九九年有名的「鐵鎚或鐵砧」的演說中憤怒地宣稱：「我們不能讓任何外國或任何外國的戰神來對我們說，『你們還能做什麼呢？世界已經瓜分完畢。』」，他表達了一種普遍存在的不滿情緒。難怪德國叫囂要重新分割世界！

可以確定的是，所有新興大國都要求改變對老牌大國有利的既定的國際秩序。從現實政治的觀點來看，問題在於這個挑戰者能否改變舊秩序而不招致太多的反對。雖然地理環境扮演著重要角色，但是外交的角色同樣重要；也就是說，因爲德國沒有日本那樣的地緣政治形勢，所以它就必須有高超的治理國家的手腕。俾斯麥了解第二帝國的突然出現已引起了不安和妒忌，於是他在一八七一年以後一直努力使其他大國（尤其是側翼的俄國和英國）相信德國並沒有進一步擴張領土的野心。相形之下，急功心切的威廉皇帝及其幕僚們太不謹慎了。他們不僅公開表示對現有秩序不滿，而且柏林的決策過程顯得雜亂無章，令知道內情的人士大感驚愕。這主要是威廉二世個人的性格弱點造成的，但又因俾斯麥的憲政制度上的缺陷而更形惡化。由於沒有任何機構（如內閣）對政府的總體政策負起全部責任，不同的部門和利益團體都在追求各自的目標，上級根本不加以制約，工作也不分輕重緩急。海軍方面完全只思考將來如何與英國打仗；陸軍方面則設計如何消滅法國；金融家和商人希望進入巴爾幹、土耳其和近東，同時排除俄國的勢力。首相霍爾韋格（Bethmann Hollweg）在一九一四年七月埋怨說，結果是「向每一方挑戰，妨礙每一方，而實際上在這個過程中卻傷害不了任何一方」。在一個充滿了自私自利、互存戒心的民族國家的世界裡，這不是成功的祕訣。

最後還存在一種危險，即如果不能在外交上或領土上取勝，那將會影響威廉治下的德國微妙的國內政治，因爲那些土地貴族保守集團擔心的是農業利益的（相對）減少、有組織的勞工的興起，以及工業景氣時期社會民主黨的壯大。一八九七年以後熱中於國際政治確實在相當程度上出於下述一個考量，即它將在政治上受到歡迎，並能轉移民眾對德國國內政治紛爭的注意力。但柏林當局一直冒著雙重危險：如果它不敢與「外國戰神」對抗，德國的民族主義勢力可能會痛罵和譴責這位皇帝及其幕僚；而如果舉國投入戰爭，又不清楚龐大的工人、士兵和水兵們自發的愛國情操是否將超過他們對這個極端保守的普魯士——德國的厭惡。有些觀察家認爲一場戰爭將使全國團結起來支持皇帝，而另一些人卻擔心戰爭會進一步扭曲德國社會政治的結構。這個問題同樣需要全面地來看待——例如，德國國內的弱點難謂如俄國或奧匈帝國的問題那樣嚴重，但又確實存在，而且它們當然會影響這個國家從事一場持久的「總體」戰爭的能力。

許多歷史學家堅稱，德意志帝國的「情況特殊」，它走的是一條有朝一日將在國家社會主義的暴行中達到最高點的「特殊路徑」。純粹從一九〇〇年前後的政治文化和浮誇的文辭來看，這是一個很難檢驗的主張。俄國和奧地利的反猶太主義與德國不相上下；法國的沙文主義與德國的同樣有名；日本的文化獨特意識和天命論與德國所持的主張一樣有市場。此處檢視的每個大國都是「特殊的」，在這樣一個帝國主義時代，它們都太急於表白自己的特殊性了。然而，從強權政治的標準來看，德國的確具有極其重要的獨特性。它是唯一集西方民主國家的現代化、工業化實力和東方君主國家的獨斷專橫（有人會說是不負責任）於一身的大國。它是除美國之外唯一眞正有力量向現有秩序挑戰的強權「新秀」。它是一個成長中的大國，只要它向東或向西擴張，就必定會犧牲其強大鄰國的利益——用卡利奧（Calleo）的話說，這個國家將來的發展會「直接」而不是「間接」地破壞歐洲的均勢。按照鐵必制的說法，德國認爲「收復失地……是一個生死存亡的問題」，對於這樣一個國家來說，這個問題是充滿爆炸性的化合物。

對於新興國家來說，突破重圍是一個極爲重要的問題，而那些此刻正承受著壓力的老牌強國則更是迫切地想要維護其既得利益。有必要再次指出，這裡所說的奧匈帝國、法國和英國等三大強國之間存在著懸殊的差異——也許奧匈帝國與英國之間的差異尤其大。然而，有關它們在世界事務中實力消長的圖表顯示，到十九世紀末，三國的國力比之五六十年前都已明顯的衰落了，儘管此時它們的國防預算更高，殖民帝國的版圖更大，儘管它們（指法國和奧匈帝國）對歐洲還存有領土野心。不僅如此，這些國家的領導階層都知道，與他們的前人相比，他們所處的國際情勢更爲複雜和更爲險惡，而這種理解迫使他們考慮澈底改弦更張，以努力適應新的情勢。

奧匈帝國

雖然奧匈帝國顯然是老牌強國中最弱的一個（用泰勒的話來說，它正悄悄淡出強國的行列），但是粗略地從總體經濟的統計數據上來看，這一點並不明顯。儘管境外移民爲數可觀，但它的人口仍然在一八九〇年的四千一百萬增加到一九一四年的五千二百萬，遠遠超過法國和義大利，而且比英國略多。在這二十幾年裡，帝國還經歷了高度工業化的洗禮。到了一九一四年，它的煤產量已相當可觀，達到四千七百萬噸，比法國和俄國都要高。甚至在鋼產量和能源消耗方面，它也絕不比這兩個協約國中的任何一國遜色多少。它的紡織工業產量達到了高峰，釀酒和甜菜的產量有所上升，加利西亞的油田已開採，匈牙利的農園出現了機械化，斯科達（Skoda）兵工廠的規模成長迅速，主要城市完成了電氣化，政府還積極鼓勵鐵路建設。根據貝羅克（Bairoch）的一項統計，奧匈帝國在一九一三年的國民生產毛額幾乎與法國相同，這看起來有些可疑——就如同法拉（Farrar）發布的資料也令人懷疑。法拉說一八九〇年時帝國在「歐洲強國」裡所占的比重爲百分之四，到一九一〇年時上升爲百分之七點二。然而，帝國從一八七〇年到一九一三年的成長率在歐洲顯然屬於最高之列，它的「工業潛力」甚至比俄國成長得更快。

但是，人們一旦對奧匈帝國的經濟和社會狀況做細部的檢視，就會發現它存在著重大的缺陷。其中最根本的缺陷也許是每人平均所得和產量存在著極大的地區性差異，這在很大程度上顯示了從瑞士阿爾卑斯山到布科維納（Bukovina）這一廣大地區裡的社會經濟差距和種族差異。事實不僅僅是加里西亞和布科維納在一九一〇年時有百分之七十三的人口從事農業生產，而整個帝國的農業人口只占百分之五十五；更重要也更驚人的是嚴重的貧富不均；下奧地利地區（八百五十克朗）和波希米亞（七百六十一克朗）的平均所得遠遠高於加里西亞（三百一十六克朗）、布科維納（三百一十克朗）和達爾馬提亞（Dalmatia，二百六十四克朗）。然而，當奧地利行省和捷克土地上的工業「起飛」正在發生，和匈牙利的農業改良正在進行時，極度窮苦的斯拉夫地區卻是人口增長最快的地區。結果，奧匈帝國的工業化平均水準仍然遠遠落後於其他主要強國。在這幾十年中，儘管它的產量有了絕對的成長，但它在世界製造業的總產量所占的比例總是徘徊於百分之四點五左右。對於肩負著戰略任務的奧匈帝國來說，這樣的經濟基礎並不雄厚。

像日本或法國具有的那種高度的民族文化凝聚力也許能夠彌補這種相對的落後性。但是，維也納卻統治著歐洲最眾多的民族，例如，當一九一四年大戰來臨時，動員令就用了十五種不同的語言下達。波希米亞地區說德語和說捷克語的人之間由來已久的緊張關係，並不是約瑟夫皇帝及其幕僚所面臨的最嚴重問題。雖然匈牙利在一八六七年以後獲得了平等的夥伴地位，但它還是在關稅、少數民族的待遇、軍隊的「匈牙利化」等問題上不斷與維也納發生衝突，雙方的關係達到了一觸即發的緊張程度，以至於到一八九九年時，西方的觀察家曾擔心整個帝國就要瓦解了。法國外長德爾卡塞（Delcasse）爲此與俄國就兩國結盟的問題重開祕密談判，以防止德國趁機接管奧地利國土和占據亞德里亞海岸。到了一九〇五年，維也納的參謀本部確實在準備應變計畫，一旦危機惡化，便出兵占領匈牙利。維也納面臨的民族問題並不止於捷克人和匈牙利人的問題，南部的義大利人也厭惡在他們的地盤上強硬推行日耳曼化，並盼望邊界那邊的羅馬伸出援手。相比之下，波蘭人較爲平靜，一部分原因是他們在哈布斯堡帝國統治下比那些在德國和俄國統治區的人享有較多的權利。但是，對帝國的統一構成最大威脅的顯然是南斯拉夫人，因爲帝國內部的分離分子傾向於塞爾維亞，甚至更遠的俄國。在維也納，自由主義人士時常敦促政府與南斯拉夫人的要求達成妥協，但是遭到匈牙利貴族的峻拒。這些貴族既不願匈牙利的特殊地位受到任何貶損，卻又在匈牙利境內對少數民族嚴加歧視。由於政府拒絕採納溫和人士提出的從政治上解決這一問題的建議，這就爲諸如參謀總長康拉德將軍（General Conrad）這樣的民族主義者打開了方便之門。他們叫囂用武力對付塞爾維亞人及其支持者是唯一的途徑。雖然約瑟夫皇帝本人不願這樣做，但是如果帝國的生存果眞受到威脅，最後的辦法只有訴諸武力。

所有這些因素確實在很多方面影響到奧匈帝國的實力，這並不是說多民族必然會導致軍事上的脆弱。帝國軍隊仍然有一個統一的建制，而且多種語言的指揮系統也運用自如；它在調兵遣將時慣用的「分而治之」手法仍未失靈。但是，在某些情況下要依靠捷克或匈牙利部隊並與之全力合作，卻愈來愈困難，甚至一向忠誠的克羅埃西亞人（幾個世紀以來一直駐守「軍事邊界」），也因受匈牙利人迫害而動搖了。而且，對於這些地區山頭主義者的不滿，維也納的一貫做法是設立專門委員會，提供就業機會，減免稅收，增建鐵路支線等等，以此來安撫他們。「一九一四年時，文職公務員的人數超過三百萬，他們管理著學校、醫院、社會福利、稅務、鐵路、郵電等各種機構，……於是分配給軍隊的錢便所剩無幾了。」根據賴特（Wright）的統計，奧匈帝國的國防經費在「國家（即中央政府）預算」中所占的比例，比其他任何強國都少得多。結果，它的艦隊從來沒有足夠的資金以趕上地中海的義大利海軍，更不用說法國海軍了；而陸軍的分配額度也只有俄國和普魯士軍隊的三分之一到二分之一。陸軍的武器，尤其是大砲都是過時的，而且少得可憐。由於缺乏資金，只有百分之三十的役男應徵入伍，他們之中有許多被給以「長假」，或者只受過八週的訓練。這種制度難以配合戰時所需的大量的合格後備軍。

一九〇〇年以後大約十年的時間，國際緊張局勢緊繃，奧匈帝國的戰略地位愈加岌岌可危。內部分裂使國家面臨分崩離析的危險，同時使它與大多數鄰國的關係變得複雜。奧匈的經濟成長雖然顯著，卻無法趕上英、德這些主要強國。它用在國防上的人事費用比許多其他大國要少，應徵入伍的青年在全部役男中所占的比例，比其他任何大陸國家都小得多。最糟糕的是，它似乎有許多潛在的敵人，因而帝國的參謀本部不得不爲眾多的戰役運籌帷幄——其他大國很少要爲這件麻煩事分心。

奧匈帝國之所以樹立如此之多的潛在敵人，是因爲它本身具有獨特的地理位置和多民族的國情。雖然有「三國聯盟」，但它與義大利的關係在一九〇〇年以後日趨緊張，康拉德多次鼓吹要向這個南方鄰國發動軍事攻擊；儘管他的建議遭到外交部和皇帝的堅定拒絕，但是帝國還是不斷加強在義大利邊境的駐軍和防務。維也納還要提防較遠處的羅馬尼亞，因爲羅馬尼亞於一九一二年加入了敵對陣營，已經對奧匈構成了明顯的威脅。但是最具有敵意的國家是塞爾維亞，它與蒙特尼哥羅（Montenegro）就像是帝國境內吸引南斯拉夫人的一塊磁鐵，因而帝國必須除掉這一毒瘤。唯一的難題是，攻打塞爾維亞很可能會激起最可怕的敵人——沙皇俄國的軍事反應。當奧匈帝國的大批軍隊經過貝爾格勒向南挺進時，沙俄可能會入侵其東北邊境。雖然極端好戰的康拉德聲稱，使帝國避免同時與所有的敵人開戰，那是「外交官們的事」，但是他在一九一四年之前擬好的作戰計畫就已經揭露了軍隊必須準備進行軍事欺敵行動。由九個軍組成的主力部隊（A梯隊）做好了戰鬥部署，準備對付義大利或俄國，而一支由三個軍組成的較小的集團軍（巴爾幹小分隊）也將被調往塞爾維亞——蒙特尼哥羅作戰。此外，一支由四個軍組成的戰略預備部隊（B梯隊）將「隨時待命增援A梯隊，使之變成一支強大的攻擊力量，如果沒有來自義大利或俄國的威脅，它就加入巴爾幹小分隊攻打塞爾維亞」。

有人認爲，「事情的核心完全在於奧匈帝國企圖憑二流國家的物力扮演一流強國的角色」。這種不顧一切的逞強舉動，使帝國蒙受欲振乏力的嚴重風險，至少給帝國的鐵路系統和管理該系統的官員們施加了難以承受的壓力。不僅如此，這種軍事上的進退維谷證實了維也納大多數觀察家自一八七〇年以來所不願接受的推測：一旦大國戰爭爆發，奧匈帝國就必須求助於德國。如果只是純粹的奧義戰爭，情況也許還不致如此。但是如果奧匈帝國與塞爾維亞作戰，而塞國又得到俄國的援助，那麼德國的軍事援助當然是必需的。因此在一九一四年以前，康拉德就再三努力，以得到柏林對這一問題的承諾。奧匈帝國一旦瓦解，歐洲的均勢就注定要被打破。

法國

一九一四年時的法國擁有比奧匈帝國更爲有利的地位，也許最重要的一點是它只有一個敵人——德國。它可以傾全國的力量對付德國。然而在一八八〇年代後期，情況並非如此，當時的法國正在埃及和西非向英國挑戰，並與英國皇家海軍展開軍備競賽，它與義大利的糾紛也幾乎達到了大動干戈的地步，而同時還準備對德國進行報復。即使當較爲謹慎的政治家把國家從戰爭邊緣拉回來，然後進入與俄國結盟的早期階段時，法國面臨的戰略困境仍然很嚴重。它最可怕的敵人德意志帝國此刻顯然比以往更強大了。但是，義大利的海軍和殖民擴張方面的挑戰也使法國人深感不安，這倒不僅僅是由於義大利的緣故，而是因爲與義大利作戰幾乎一定會使其盟友德國捲進來。對於法國陸軍來說，這意味著它將必須派遣重兵駐防在東南邊境。對海軍來說，一個由來已久的戰略問題——是把艦隊集中在地中海或大西洋的港口，或者是冒險將艦隊一分爲二——將因此而變得更加棘手。

所有這些都因一八八二年英國占領埃及、英法關係隨之迅速惡化而益增複雜。從一八八四年起，兩國暗中進行著逐步升級的海軍軍備競賽，對英國來說，它不外乎擔心喪失其地中海的交通航線，同時也害怕法國會越過英吉利海峽入侵英國。更長久和更危險的是英法爭奪殖民地的頻繁衝突。在一八八四年至一八八五年，英法爲爭奪剛果而發生爭吵。在整個一八八〇年代和一八九〇年代，兩國爲控制西非而鬧得不可開交。一八九三年爲搶奪泰國，兩國幾乎開戰。一八九八年時出現了最大的危機，當時基奇納（Kitchener）的軍隊與馬爾尚（Marchand）的特遣隊在法紹達發生遭遇戰，使兩國爲爭奪尼羅河流域控制權進行長達十六年之久的對抗到了最高潮。雖然法國人暫時退讓，但他們並未有所收斂，情勢依然十分緊張。從一八七一年到一九〇〇年，法國的殖民地又增加了三百五十萬平方英里，它毫無疑問地成為僅次於英國的海外殖民帝國。雖然那些地區的商業價值平平，法國仍在達喀爾到西貢之間的擴大範圍內建立起了龐大的殖民軍隊和一些優良的海軍基地。即使在法國沒有開拓為殖民地的地區，如地中海東部沿岸以及中國南部，它的影響力也很大。

有人認為，法國之所以能夠貫徹這樣充滿活力的殖民政策，是因為其政府機構容許少數官員、殖民地總督和半殖民地的狂熱擁護者推行「前進」策略，而第三共和時期更迭頻繁的內閣幾乎沒有機會對這些策略加以控制。法國議會政治不安定的狀況無意中鞏固了它的帝國政策——把帝國政策交給常務官員以及他們在殖民地問題「國會外遊說團體」裡的朋友們來掌握。但政治的多變對海軍和陸軍事務卻產生了不利的影響。例如，政府的更迭猶如星馳，使海軍部長不斷換人，他們之中有的只是「做官」，有的對海軍的戰略觀點堅持己見，但又各不相同。結果，政府在這幾十年裡撥給海軍的鉅額款項大都未被善加利用，這從建設計畫中可看出，有的負責官員偏愛海上劫掠（商業攘奪）戰略，有的則堅決主張建造戰鬥艦。最後留給海軍的是各類船隻的大雜燴，根本無法與英國或後來的德國海軍匹敵。政治對海軍的影響與對陸軍的影響相比較，顯得相形見絀。在陸軍中，軍官團對共和國的政客們表現出強烈的反感，文官與軍人之間發生了許多衝突，這樣就動搖到法國的國本，並使人們對軍隊的忠誠和戰鬥力產生懷疑。只有當一九一一年後國內民族主義勢力再興時，這一爭端才暫時擱置一邊，以對抗共同的敵人——德國。但是仍有很多人想知道，政治猛藥是否曾給法國軍隊帶來無法彌補的損害。

另一個拘束法國軍事力量的國內因素是其經濟狀況。這裡的情況也比較複雜，其中有利的因素有：

在這一時期，參與工業投資和對外貸款的銀行和金融機構有了重大的發展。鋼鐵工業已經建立起現代化的生產線，新的大型工廠紛紛設立，尤其是在洛林鐵礦區。法國北部的煤礦區出現了工業社會常見的醜陋景象。工程技術和新興工業都取得了重大的進展……。法國有著名的企業家和革新者，十九世紀末和二十世紀初，他們在鋼鐵、工程、汽車和飛機製造等方面居於領先地位。施奈德、標緻、米其林和雷諾等大企業均是時代的先驅。

的確，在亨利・福特發明大量生產的方法之前，法國一直是世界汽車工業的重鎮。一八八〇年代鐵路建設突飛猛進，加上改良後的電信、郵政體系和內河航運，共同推動著國內市場的形成。農業受到一八九二年梅利納關稅（Meline tariff）的保護，並繼續注重生產高品質產品，每人平均產值大增。由於這幾十年裡經濟指數的無限成長和法國人口的緩慢增加，產量與人口的對比統計不由得令人肅然起敬，例如每人平均成長率和出口產品的平均值等等，都是如此。

最後，一個不容否認的事實是，法國的流動資本極為雄厚，這些資本可以有系統地用來滿足國家的外交和戰略要求。最令人難忘的例子是法國很快便償清了一八七一年對德國的賠款，而照俾斯麥的統計，這筆賠款將讓法國的元氣大傷，要癱瘓多年。但是在此後的一段時期裡，法國仍有大量資本湧向世界各地。到一九一四年為止，法國的對外投資總額達九十億美元，僅次於英國。包括西班牙和義大利在內的歐洲大部分地區，都在法國資金的幫助下實現了工業化，而法國本身也因此獲得了豐富的政治和外交利益。二十世紀初，義大利逐漸脫離「三國同盟」，資本短缺即使不是主要原因，至少也是一個附帶因素。目的在換取築路權和其他特權的法俄對華貸款，差不多總是在巴黎籌集的，聖彼得堡只是其中途站。法國對土耳其和巴爾幹的大規模投資——這是飽受挫折的德國人在一九一四年之前難望其項背的——不僅在政治文化方面占了優勢，而且爭取到更多購買法國武器而不是德國武器的契約。最重要的是，法國人出錢幫助他們的俄國盟友推行現代化，從一八八八年十月在巴黎流動資本市場上第一次貸款，直到一九一三年提供五億法郎的緊急貸款——條件是俄國要在波蘭各行省擴大延伸其戰略鐵路網，以便能把「俄國的強大壓力」更迅速地動員起來擊潰德國。法國善於利用其財力以增強自己的戰略力量，上述例子又是一個最有力的證明。（儘管俄國的軍事機器效率愈高，德國人就愈要準備對法國進行閃電攻擊。這眞是一個諷刺。）

然而，當我們再次利用比較性的經濟資料，法國經濟成長的正面形象便失去了光彩。雖然它確實是一海外投資大國，但鮮少證據能夠證明這些資本曾給國家帶來最佳的收益，無論是就賺得的利潤而言，或者是就外國增加對法國產品的採購方面都是如此。甚至在俄國，德國商人往往攫取俄國進口貿易的最大比例。在一八八〇年代初期，歐洲出口製造商中德國所占的比例已經超過法國；到一九一一年幾乎已是法國的兩倍。但是，這接著又反映出一個令人難堪的事實，即早在一個世代或兩個世代之前，法國的經濟就遭逢英國工業的激烈競爭，而這時德國工業工人的崛起又使它受到衝擊。除了像汽車工業這樣極個別的例外，比較統計數據一再顯示法國經濟黯然失色。到大戰前夕，它的工業總潛力只相當於德國的百分之四十左右，鋼產量是德國的六分之一多一點，煤產量不及德國的七分之一。由於煤炭和鋼鐵出產於小廠和貧瘠的礦區，其成本通常較高。同樣地，由於法國的化學工業有待發展，因而化工產品大都從德國進口。工廠小，生產方法過時，再加上過度依賴受到保護的國內市場，無怪乎十九世紀法國工業的發展飽受有識之士的批評。

當此時刻，法國式田園生活的魅力也不能令人得到慰藉。受天然災害打擊的絲綢和釀酒工業從未眞正完全復甦。旨在保護農業收入、維護社會穩定的梅利納關稅法只是延緩了土地的轉移，並且扶植了無效率的生產者。一九一〇年前後，法國的就業人口中有百分之四十從事農業，而他們之中絕大多數是小自耕農，這對法國的生產力和全盤的富裕顯然是個拖累。貝羅克的統計資料顯示，一九一三年法國的國民生產毛額相當於德國的百分之五十五，它在世界製造業中的占有率只相當於德國的百分之四十左右。賴特的統計指出，一九一四年法國的國民總所得爲六十億美元，而德國爲一百二十億美元。如果法國單與其東鄰作戰，極可能重演一八七〇年至一八七一年普法戰爭的結局。

從眾多的比較數據中可以看出，法國不但落後於德國，而且也大幅落後於美國、英國和俄國，所以到二十世紀初，法國在列強中只居於第五位。由於法德關係的惡化，法國國力的日漸式微才成爲令人擔憂的問題。德國在一八九〇年至一九一四年之間人口增加了約一千八百萬，而法國只增加了一百餘萬。這個事實，再加上德國擁有較雄厚的財力，意味著無論法國如何繼續加強軍事力量，它都遙遙落後於德國。法國徵召了百分之八十的役男入伍，就其人口而言，這實際上是一個過高的比例，至少從某些統計數據來看的確是如此：例如，法國要從四千萬人口中動員八十個師，奧地利只從五千二百萬人口中動員了四十八個師。但法國軍隊要與德國對抗仍是無濟於事。普魯士參謀本部不僅能調動大約一百多個師，而且它還能徵調龐大的後備兵力。德國有一千萬役齡青年，而法國只有五百萬。德國擁有十一萬二千名訓練有素的士官（NCO），這是擴充軍隊的關鍵要素，相比之下，法國只有四萬八千名士官。此外，德國雖然只把國民所得的較小部分用於軍費支出，但它投入的絕對金額要多得多。在第一次世界大戰前夕，「德國擁有四千五百挺機槍，而法國只有二千五百挺；德國擁有六千門七十七釐米口徑的大砲，而法國只有三千八百門七十五釐米口徑的大砲，重砲兵部隊幾乎是德國的天下」。尤其是最後一項更顯示了法國最致命的弱點。

然而，法國軍隊卻抱著必勝的信念投入了一九一四年的戰鬥。他們拋棄防禦的策略，改爲全面攻擊。人們懷疑他們是想從心理上彌補物質上的弱點。梅辛（Messing）將軍鼓吹道：「決定戰爭勝利的不是軍隊的人數或精良的武器，而是士兵的勇猛和素質，這裡我指的是卓越的生理上的耐力和心理上的攻擊毅力。」這種論調與一九一一年以後法國之「愛國情操的恢宏」有密切關係，而且顯示法國在這場戰爭中的表現將遠比一八七〇年的戰爭來得出色。大多數軍事專家認爲，即將到來的戰爭是短暫的。因此，重要的是有多少個師能立刻投入戰鬥。至於德國是否擁有規模宏大的鋼鐵和化學工業以及幾百萬潛在兵力，這些問題並不重要。

這種民族自信心的復甦可能最受到法國國際地位改善的影響，這樣的國際地位是外交部長德爾卡塞（Delcasse）以及他的外交官在二十世紀初爭得的。他們不僅建立並維持與聖彼得堡的重要關係（儘管德皇政府利用種種外交手段來打擊此一關係），而且還逐步地改善與義大利的關係，幾乎把它從「三國同盟」裡分離出來，從而緩和了在薩伏衣與洛林兩地同時作戰的戰略問題。最重要的是，法國得以在一九〇四年的協約中調解與英國關於殖民地問題的糾紛，然後使倫敦的自由黨政府相信法國的安全符合英國的利益。雖然英國國內的政治因素排除了兩國結盟的可能性，但隨著德國加強公海艦隊以及有跡象顯示德國將穿過中立的比利時向西進擊，法國得到英國援助的可能性自然就增加了。如果英國介入，德國不僅擔心俄國涉入的問題，而且要爲英國皇家艦隊的威脅發愁。自一八七一年以來，法國一直夢想與俄、英兩國聯合起來向德國開戰；現在看來這將會成爲事實。

法國當時還沒有足夠的力量單獨與德國作戰，法國歷屆政府也都避免這樣做。如果強權國家的標準就是願意並且能夠與任何一個強國作戰，那麼法國便像奧匈帝國一樣降爲二流國家。但一九一四年時這個定義對於法國來說未免顯得太抽象了，因爲法國人在心理上做好了戰爭的準備，軍事上也比以往更強大，最重要的是，它已擁有了強大的盟國。即使這些因素結合起來，法國是否能與德國抗衡還是一個未知數；但大多數法國人似乎認爲這一點能夠做到。

英國

乍看之下，英國確實威風凜凜。當一九〇〇年時，它是有史以來最大的帝國，面積約爲一千二百萬平方英里，人口或許占了世界的四分之一。（見地圖5-1）僅僅在此之前的三十年裡，帝國版圖就擴大了四百二十五萬平方英里，人口增加了六千六百萬。不僅是後代吹毛求疵的史學家發出了下述感慨，連當時的法國人、德國人、阿仙蒂人（Ashanti）和緬甸人等也均有同感：

> 在（一九一四年）大戰之前半個世紀左右的時間裡，英國的國力有了極大的擴充，但它對抱有類似野心的其他國家卻毫不假以詞色。……如果說確實有國家曾經企圖稱霸世界，那這個國家就是英國。事實上，它何止是企圖，根本已經稱霸了世界。德國人只是把要修築鐵路通往巴格達的計畫掛在嘴上，而英國女王已是實際上的印度女皇。如果說有個國家破壞了世界權力的均衡，那這個國家就是英國。

英國的實力還表現在其他方面。英國皇家海軍發展神速，其勢力已相當於排名第二與第三之海軍艦隊的總和；它的海軍基地和海底電報電信局已遍布全球；它那規模遙遙領先於世界其他國家的商船隊，運送著當時世界頭號貿易國的貨物。倫敦商業中心的金融服務業使英國成爲世界經濟體系中最大的投資商、銀行家、保險公司和貨品交易商。那些在一八九七年維多利亞女王即位六十週年慶典期間狂熱歡呼的英國人也的確值得自豪。每當人們談論下個世紀（二十世紀）世界上最大的三或四個帝國時，英國總是名列精選名單中，但是法國或奧匈帝國等國家都得靠邊站。

但是，如果從其他人的角度來觀察，比如從務實的英國官員或日後研究大英帝國衰落史的歷史

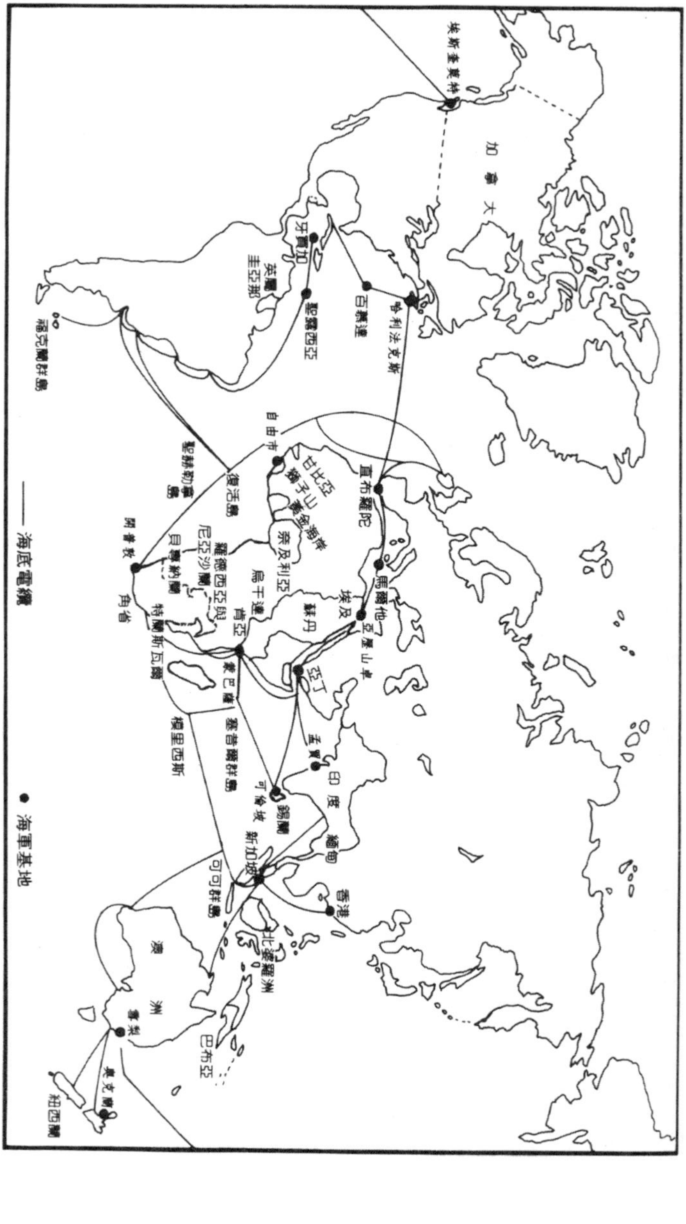

地圖5-1 1900年前後大英帝國的重要屬地、海軍基地和海底電纜

學家的角度分析，十九世紀後期絕對不是英帝國致力於稱霸世界的時代。相反地，這個時代在一個世紀之前就已開始，並於一八一五年達到最高潮。英帝國在那一年的勝利使它在以後的半個世紀中享盡幾乎是絕對的海上霸主和帝國之王的榮耀。然而，一八七○年以後，世界武力均勢的變遷開始以兩種險惡又互相影響的方式侵蝕英國的霸主地位。首先，其他國家工業化的普及和隨之而來的陸、海軍力量的增強，對大英帝國國力的此消彼長大於任何其他國家。這是因爲英國已是體制內的超級強權，現狀如有任何重大改變，其所失必然大於所得。強大而統一的德國的出現，並未使英國受到像法國和奧匈帝國那樣的直接影響（只有在一九○四年到一九○五年後，倫敦才眞正需要應付這一局勢）。但是因美國崛起而受衝擊最大的則是英國，因爲英國在西半球的利益遠超過任何其他歐洲國家。它在加拿大有利益，在加勒比海有海軍基地，在拉丁美洲有貿易和投資。受俄國在中亞擴張國境和興築戰略鐵路之影響最大的也是英國，因爲人人都能看到這些舉動對英國在近東和波斯灣的勢力構成威脅，而且最後可能會威脅英國對印度次大陸的控制權。英國又因占有中國對外貿易的最大部分，它的商業利益有可能因天朝帝國被瓜分或該地區出現新的外國勢力而受到最嚴重的損害。同樣地，在非洲和太平洋地區的勢力消長，因一八八○年以後的殖民地之爭而受影響最大的也是英國。用霍布斯邦（Hobsbawm）的話來說，英國用「一個包括大部分低度開發國家的非正式帝國去換取一個面積僅及四分之一的正式帝國」。這是虧本的買賣，儘管維多利亞女王當時還在繼續奪取新的殖民地。

上述問題中有些（例如在非洲和中國的問題）是新出現的，但另一些（與俄國爭奪亞洲，和美國爭奪西半球）則已經困擾了好幾屆英國政府。現在不同的是眾多的挑戰國家的相對國力比以往大爲增強，它們幾乎是在同時構成威脅。正如當時奧匈帝國因爲必須對付歐洲的許多敵國而疲於奔命一樣，英國的政治家也不得不在全球性的外交和戰略活動中像雜技演員同時耍弄手中的許多球一樣窮於應付。例如在危機重重的一八九五年，英國內閣需要同時擔心下述問題：中日戰爭後中國可能四分五裂；亞美尼亞危機可能導致鄂圖曼帝國崩潰；在與美國就委內瑞拉和英屬圭亞那之間的邊界問題發生爭執的同時，英國和德國因南非問題而衝突的危險正逐漸迫近；法國對赤道非洲的軍事遠征；俄國長驅直入興都庫什山脈地區等等。在海軍方面也往往必須顧此失彼，因爲無論皇家海軍的預算如何不斷地增加，面對著一八九〇年代發展起來的五、六支外國艦隊，它再也不能像十九世紀中葉那樣「統治海洋」了。海軍部一再強調，皇家海軍有能力在西半球應付美國的挑戰，但必須把歐洲海域上的戰艦調過來；皇家海軍也同樣可以增加在遠東地區的規模，但必須縮減它在地中海的艦隊。它不可能處處都很強大。在陸軍活動中也必須挖東牆補西牆，例如，把部隊從奧爾德肖特（Aldershot）調至開羅，或從印度遣往香港，以應付該地的緊急狀況。而且所有這些任務只由小規模的志願部隊來執行，它們和普魯士形態的大軍團部隊相比顯得何等渺小。

第二種削弱英國的方式雖不像第一種那樣直接和引人注目，卻可能更爲嚴重。那就是對英國的工業和商業優勢的侵蝕，而這些優勢是英國海軍、陸軍和帝國力量賴以生存的最後憑藉。在這幾十年中，已經建立起來的諸如煤炭、紡織和五金等工業的絕對產量雖有增加，但占世界總產量的相對比例卻不斷縮小；在鋼鐵、化學、機具、電器等日益重要的新興工業中，英國很快失去了它早期的領先地位。工業產量成長速度在一八二〇年至一八四〇年間一般爲每年百分之四，在一八四〇年至一八七〇年間爲每年百分之三，往後則愈來愈緩慢；一八七五年至一八九四年間的年成長率僅爲百分之一點五多一點，遠遠落後於它的主要對手。工業霸主地位的喪失很快就影響到爲爭奪市場而展開的激烈競爭。起先，英國出口品因報價太高而失去了在工業化的歐洲和北美市場中的優勢地位，這些市場往往受高額關稅的保護；接著又失去了某些殖民地市場，因爲其他列強不僅在這些地區從事商業上的競爭，而且在它們新兼併的領土上徵收關稅。最後，由於外國工業品排山倒海地湧向未設防的本土市場，英國工業再度受到重創。這一點完全說明了英國已喪失競爭力。

在經濟史中，人們研究最多的課題之一是十九世紀晚期英國生產力的低迷和競爭力的衰退。這種研究涉及許多複雜的問題，諸如民族性格、世代差異、社會風氣、教育制度，以及更爲具體的經濟原因，如投資過少、設備陳舊、勞資關係不睦、推銷無術等等。對於從大戰略及相關情勢之比較研究的學者來說，這些解釋不太重要，重要的是英國從整體上來說正在持續衰弱。一八八〇年聯合王國的工業總產量還占世界的百分之二十二點九，到一九一三年則退縮到百分之十三點六。一八八〇年它在世界貿易中的占有率爲百分之二十三點二，而一九一一至一九一三年間則縮減到百分之十四點一。就工業實力而言，美國和德國均已超前。昔日的「世界工廠」現在已退居第三位，這倒不是因爲它不長進，而是因爲其他國家發展得更快。

沒有比這種經濟實力的此消彼長更使大英帝國主義者感到心驚肉跳的了，實在是因爲這對英國的國力影響深遠。「假如受（外國競爭）威脅的工業是國防體制賴以維繫的基礎，那麼國家將如何自處？」休因斯（Hewins）教授於一九〇四年提出這樣的問題。「沒有鋼鐵工業，沒有強大的工程技術行業，你就無法出頭，因爲你在現代戰爭中將無法建設你的艦隊和軍隊，並使其保持戰鬥力。」和這一形勢相比，爲西非殖民地疆界或薩摩亞島的歸屬問題而發生的爭執就顯得無足輕重了。這就是爲什麼英國帝國主義者把注意力轉向關稅改革（放棄自由貿易的陳規以保護英國的工業）和加強與白人自治領的關係（以使它們既分擔國防經費又營造一個排他性的帝國市場）。用約瑟夫張伯倫的話來說，英國已經成了「疲憊不堪的泰坦」（the weary Titan），在命運賦予的過於龐大的王座寶珠的重壓之下（搖晃著走）」。海軍大臣警告說，在未來幾年中，「聯合王國單憑自己的力量是無法保住自己本來的地位，而和美國與俄國並駕齊驅，甚至可能保不住與德國並排的地位。我們將純粹因實力不足而被拋開」。

帝國主義者的這些預言從長遠來看無疑是正確的。例如，有影響力的新聞記者加文（Garvin）在一九〇五年以悲觀的口吻問道：「正在慶祝特拉法加海戰勝利一百週年的大英帝國能否再保持一百年？」他們幾乎毫無例外地誇大了當時的危機。英國的鋼鐵和機具工業在許多市場上被超越，但絕對還沒有到掃地出門的地步。在一九一四年以前的多年中，它的紡織工業出口激增，這一時期只有在後來被人回顧時才被認爲是「夕陽無限好」的時期。英國皇家海軍及其欣欣向榮的商船隊所不可或缺的是它的造船工業，此時英國的造船業仍是舉世無雙的，在這數十年中下水的商船之噸位占了世界商船總噸位的百分之六十，戰艦則是世界的百分之三十三。這些事實給那些擔憂英國在戰時過分依賴進口食品和原料的人一些安慰。的確，如果英國捲入一場列強之間曠日持久的、大規模依賴工業化的戰爭，它將發現許多軍事工業是不合乎需求的（例如彈藥、大砲、飛機、滾珠軸承、光學設備、磁電機和染料等）。這也反映了一種傳統的看法，即英國軍隊的部署和裝備只能應付小規模的殖民地戰爭，而不能應付大規模的歐洲大陸戰爭。然而，在這一時期的大部分時間中，英國軍隊投入的正是這種大陸戰爭。而且，假如某些權威人士在一八九八年已經預言的那種漫長而消耗性的戰壕加機關槍的「現代」戰爭果眞發生的話，那麼缺乏必要物資和裝備的將不僅僅是英國。

因此，在這時期中英國仍具有經濟實力，這一事實應該是一個警訊，要我們勿對英國存在的問題作過於悲觀或以一概全的描述。回想起來，我們可以認爲：「一八七〇年到一九七〇年的英國史是這個國家相對於其他國家來說，在經濟、軍事和政治上持續不斷走下坡的一個時期。它由十九世紀中葉的工業革命帶來的繁榮和權力的最高點滑落下來。」但是我們不應誇大和預期這種下滑的速度，而忽視了英國所擁有的龐大資財，甚至包括非工業領域中的資財。首先，它無論在國內或是在國外仍然擁有龐大的財富。由於新科技使戰艦的造價倍增，因而英國財政部在一九一四年之前的二十年中一直備感壓力沉重。另外，選民人數的增加首度造成了龐大的「社會」支出。但是如果為了「軍事和經濟並重」而在絕對項目上增加的費用令人恐慌的話，那是因為英國徵收的個人所得稅一向偏低，而且國家收入中用於政府日常支出者又少得可憐。例如，即使在一九一三年，中央政府和地方政府的全部經費僅占國民生產毛額的百分之十二點三。所以說，雖然在一九一四年之前英國一直是國防支出最大的國家之一，但比起任何其他歐洲強國，它只需要從國家收入中撥出較小的比例於國防用途。英國帝國主義者們在宣揚工業實力時，刻意貶抑英國的財政實力，但事實上英國當時在海外的投資額卻高達一百九十五億美元左右的驚人數目，約占全世界對外投資總額的百分之四十三，這無疑是國家的財源。如果需要的話，英國絕對打得起一場大規模和高消費的戰爭。問題反而在於如果英國被迫將更多的國家資源投入軍備和工業化的現代戰爭，它能否維持其開放的政治文化，諸如自由貿易、較低的政府經費、免徵兵役、倚重海軍等特點。但有一點是毋庸置疑的，那就是它的荷包依然是麥克麥克。

某些其他因素也提升英國在列強中的地位。在戰略鐵路的興建和大軍團作戰方式正威脅著印度和其他殖民地的地緣政治安全的時代，雖然捍衛陸地的國境顯得愈來愈困難，但不列顛群島的島國特性卻依然維持著此一有利條件。它的國民不必擔心鄰國軍隊的突然入侵，國家能夠重點發展海軍而不是陸軍，它的國家領導人在戰爭與和平的問題上比其他歐洲國家有更大的行動自由。此外，一個遼闊的、難以防衛的殖民帝國雖然潛藏著極大的戰略難題，但是這個帝國也同時帶來了相當可觀的戰略優勢。英國在各地有大批駐軍、加煤港和艦隊基地，它們很容易由海路獲得增援，這使英國在歐洲以外的地方與歐洲列強的任何交戰中處於特別有利的地位。正如英國可以增援海外殖民地一樣，海外殖民地（特別是各個自治領和印度）也能夠以部隊、船隻、原料和現金來協助帝國本土，況且那時英國的政治領袖正在為建立更有組織的「帝國防衛」事業而精心培植海外親信。具有諷刺意義的是，正因爲英國的勢力在早期擴展得如此之大，它現在反而擁有許多緩衝地帶和許多利益上無關緊要的地區，也因此擁有更多的妥協餘地，特別是在其所謂的「非正式帝國」範圍內。

大英帝國主義者的許多公開言論指出，退讓不是當時的流行做法。但是人們年復一年地仔細研究當時英國的戰略優先目標，把每個問題就英國的全球責任加以檢視，以確定究竟是一種妥協政策還是強硬政策。當然，這些政策目標是在當時英國政府各部門間的協商和內閣決策制度允許的範圍內確定的。例如研究發現，既然英美戰爭會帶來經濟災難，政治上不得人心，戰略上又困難重重，英國寧願在委內瑞拉問題、巴拿馬運河、阿拉斯加邊界等問題上對美國有所讓步。相反地，儘管一八九〇年代英國很願意與法國就西非、東南亞和太平洋地區的殖民地爭端展開談判，但它在捍衛尼羅河流域控制權的問題上卻不惜訴諸武力。十年後，英國爲化解英德對立而表現出積極的態度（它建議就海軍比例、葡萄牙的殖民地、巴格達鐵路等問題達成協議），但是它是否願意保證一旦爆發歐陸戰爭時保持中立就大有疑問了。外交大臣格雷（Grey）在一九一四年前積極對德國交涉，和稍早沙利斯伯里試圖在亞洲問題上與俄國達成諒解的努力均很成功，這兩位大人物都認爲國際事務中的大部分問題可以透過外交途徑解決。一方面，這令人聯想到英國於一九〇〇年前後在世界中的地位與一九三〇年代後期的虛弱狀態沒有兩樣，另一方面，人們認爲一九一四年之前英國國力的急遽擴張，打破了世界均勢。這兩種看法均是對一個極其複雜的形勢的片面描述。

在第一次世界大戰之前的幾十年中，英國在工業上被美國和德國趕上，在商業、殖民和海上貿易領域被迫處於激烈的競爭之中。但是，綜合它的財源、生產能力、帝國殖民地以及海軍實力等方面，它仍然是頭號世界大國，儘管領先地位已遠不如一八五〇年時那般明顯。然而，頭號強國的地位又構成英國的根本問題。它已經是個充分發展的國家，對保持現狀有一種固有的利益關係，或至少希望形勢的變化能夠和緩一些，事緩則圓嘛！它將爲一些明確的目標而戰，諸如保衛印度、維持海軍——尤其是在本土海域內——的優勢地位，或許還包括維護歐洲的均勢。但是每個問題都得以大局爲重，都得對照國家的其他利益加以評估。正因爲如此，沙利斯伯里在一八八九年和一八九八年至一九○一年間反對與德國簽訂軍事同盟協定，而格雷在一九○六年至一九一四年間又竭力避免簽訂與德國爲敵的軍事協定。這使巴黎和柏林的決策者們對英國的未來政策含糊性和捉摸不定感到灰心喪氣，也同時證實了帕瑪斯頓歷久彌新的宣言，即英國只有永恆的利益，沒有永恆的盟友。雖然說隨著十九世紀的結束，允許這種自由抉擇的情勢正在消失，然而，英國在諸多利益之間（例如大英帝國的利益卯上歐洲大陸的利益，戰略利益，經濟利益）盤旋玩弄的老套做法卻依舊不變。

俄國

大多數人認爲在即將來臨的二十世紀，沙俄帝國將會自動成爲「世界強權」俱樂部的少數會員之一。僅它的面積和龐大而迅速增長的人口，就使這一點確信無疑。它西起芬蘭，東至海參崴；它的人口幾乎是德國的三倍、英國的四倍。它向西、向南、向東整整擴張了四個世紀，儘管其間曾遭到一些挫敗，至今依然沒有表現出放棄擴張的跡象。它有一百三十萬前線部隊，並自稱有五百萬部隊在後方待命。這支常備軍在整個十九世紀中一直是歐洲最大的部隊；即使在臨近第一次世界大戰之際，其規模也比任何其他國家的部隊大得多。俄國的軍事預算也高得驚人，除了迅速飆漲的「正常」經費外，還有「臨時」撥款，因此總金額很可能和德國的軍費不相上下。其鐵路建設在一九一四年之前以飛快的速度進行著，幾乎使德國首先向西發動襲擊的計畫（即所謂的「施利芬計畫」）頓時化爲泡影。日俄戰爭後，俄國在建設一支新的艦隊方面也投入了大量資金。連普魯士參謀總長都表示對俄國武力的如此擴張感到驚恐。小毛奇甚至斷言，到了一九一六年或一九一七年普魯士「敵人的軍事力量將大到他不知如何對付的地步。」然而，某些法國觀察家們則滿懷喜悅地期待著，俄國將有一天會像「壓路機」一樣向西隆隆而來，把德國壓扁。另有一些英國人，特別是那些和俄國大使館有某種關係的人，極力敦促自己的政府首長：「俄國的實力正在迅速膨脹，我們必須不惜任何代價與它維持友好關係。」從加里西亞地區到伊朗到北京，對俄國武力的成長普遍感到憂慮。

難道俄國眞的如這些人所言的那樣，將要再度成爲歐洲憲兵了嗎？從十八世紀直到現在，評估俄國的實力一直是西方觀察家們的一個難題。由於缺少可資對照的可靠資料，也由於俄國人對外國人說的是一套，對國人說的是另一套，加上人們往往慣於使用概括的主觀說法代替客觀事實，這些都使這一難題難上加難。關於「歐洲人如何評斷一九一四年以前的俄國」的調查再深入，還不如對「俄國的力量」本身做一次準確的分析。

根據現存的、看似眞實的資料來分析，一九一四年之前幾十年中的俄國彷彿既強大又軟弱。這當然要看你從望遠鏡的哪一端來觀察。首先，現在的俄國工業要比克里米亞戰爭時期強得多。從一八六〇年到一九一三年的這段漫長時期中，俄國的工業產量一直以年平均百分之五的驚人速度成長，而在一八九〇年代接近百分之八。它的鋼產量在第一次世界大戰前夕已經超過法國和奧匈帝國，並遙遙領先義大利和日本。它的煤產量成長更迅速，一八九〇年爲六百萬噸，到一九一四年已達三千六百萬噸。它又是世界第二大石油生產國。它傳統的紡織工業也有所擴增；其紡錘數量遠遠超過法國和奧匈帝國。它的化學和電力工業也後來居上，更不用說軍事工業了。規模龐大、擁有數千名員工的工廠，如雨後春筍般地出現在聖彼得堡、莫斯科和其他大城市。俄國的鐵路網在一九〇〇年已長達三萬一千英里，經不斷擴建，到一九一四年時已接近四萬六千英里。由於俄國在一八九二年採行金本位制，它的對外貿易額從一八九〇年到一九一四年之間成長了將近二倍，使俄國成爲世界第六大貿易國。由於俄國政府和鐵路發行債券，更由於在俄國有投資潛力，鉅額外國資金被吸引進來用於俄國經濟的現代化。這股鉅額資金與國家已經投入的資金洪流匯合（當時國家正因成長的關稅收益和從伏特加酒等等消費品中徵得的稅收而成爲暴發戶），被用於俄國的經濟基本建設。如不少歷史學家指出的那樣，到一九一四年時俄國已成爲世界第四大工業國。如果情勢持續發展下去，最後，俄國很可能擁有和它的遼闊領土和眾多人口相對稱的工業實力，執世界之牛耳。

然而，從望遠鏡另一端看到的卻是一幅全然不同的景色。雖然一九一四年時俄國各工廠大約有三百萬工人，在人口總數中卻只占極低的百分之一點七五；有的大企業光是在一家紡織廠就僱用了一萬名工人，這數字看上去很驚人，但大多數研究專家現在認爲這種數字是灌水的，因爲在這個勞力過剩但科技落後的國家，紡錘是由通宵輪班的男女工人重複使用。更重要的是儘管俄國有一些本土企業家，但是其工業化主要卻是由外國人完成的，或者說不少企業是外國投資者建立的，例如，像勝家（Singer）公司那樣成功的國際性企業和許多英國工程師參與了它的工業化過程。到了一九一四年，俄國百分之九十的採礦業、幾乎全部的煉油廠、百分之四十的冶金工業、百分之五十的化學工業、甚至百分之二十八的紡織工業都操在外國人手中。這事情本身並不是罕有的事，因爲類似情況也發生在義大利，但這確實揭示了俄國在其工業發展過程中過度依賴外國企業家和資金，而不是依靠本國的資源。外國企業家和資金可能自始至終興趣不減，但也可能逐漸失去對俄國的興趣（例如在一八九九年和一九〇五年）。二十世紀初，俄國的外債已居世界之首，而且爲了吸引更多的外資，不得不給予投資者平均水準之上的市場利率，而不斷支付的利息數額日漸高於「看得見的」貿易差額。總之，俄國的處境岌岌可危。

這或許又是一個經濟「不成熟」的徵候。另外一個事實就是俄國工業的最大部分爲紡織業和食品加工業（而不是工程技術和化學等工業）。爲了保護發展中而缺乏效率的工業，俄國的關稅是歐洲最高的，然而，進口的產品還是隨著每一次國防預算和鐵路建設的增加而增加。直到一九一三年，農產品和木材仍然分別占了俄國出口貨的百分之六十三和百分之十一。這一點或許最能說明俄國的低度開發狀態。這兩種出口品急需用來購買美國的農業機械和德國的機具設備，以及支付龐大的外債利息，但是又應付不了。

如果拿俄國的生產量和其他國家作一比較，情況就更不樂觀。雖說俄國在一九一四年以前是第四大工業國，但它落後於美國、英國和德國一大段距離。如果拿它的鋼產量、能源消耗、工業產量在世界中的比例、工業總潛力等指數與英國或德國一比，俄國便黯然失色了。如果再把這些數字和人口規模連起來計算每人的平均產值，則差距更是懸殊。一九一三年俄國的每人平均工業化水準不足德國的四分之一，連英國的六分之一也不到。

儘管俄國在一九一四年令小毛奇和英國駐俄大使感到恐慌，它基本上卻是一個農業國家。約百分之八十的人民以農業爲生，其餘的相當一部分人還與農莊公社保持關係。這一可怕的事實還需要與另外兩個事實連貫起來看待。第一，俄國人口增長極快，僅一八九〇年至一九一四年間就有六千一百萬新生兒降生，其中大部分出生在農村和最落後的（包括非俄羅斯族的）地區，這些地區土地貧瘠，缺少肥料，而且普遍使用木犁耕地。第二，這一時期所有與其他國家作橫向比較的資料顯示，俄國的農業毫無效率可言：它的小麥產量不到英國或德國的三分之一，馬鈴薯產量只及英、德的一半。雖然在波羅的海地區有一些現代化的不動產和農場，但是在遼闊的其他地區，土地公有以及由中世紀沿襲下來的耕作條件，使個人的積極性誘因喪失殆盡。經常性的土地重新分配也造成這種影響。爲了讓家庭分配到更多的土地，最好的辦法就是在下次土地重新分配之前多多養育幾個兒子。在這體制性的問題之上，還有交通設施落後、氣候捉摸不定對農作物造成可怕的影響、南北之間的差距等問題；南方省分自給有餘，而舊俄羅斯本土的一些省分則人口密集，土地貧瘠，必須依靠「進口」。因此，儘管農業產量在這幾十年中確實不斷地成長（每年大約成長百分之二），卻大都被每年以百分之一點五的速度增長的人口消耗掉。而且由於在這個龐大的農業國家每年的人口平均農業產出僅成長百分之零點五，俄羅斯的平均實質國民生產毛額也僅僅每年成長百分之一。這個數字遠低於德國、美國、日本、加拿大和瑞典。當然，這與經常被引用的百分之五或百分之八的工業年成長率相比，天壤之別自不待言。

任何對俄國實力的評估還必須考慮到上述一切對俄國社會產生的影響。格羅斯曼（Grossman）教授說：「俄國工業的快速成長往往和其他方面——特別是農業和個人消費方面——的緩慢成長、甚至大倒退同時存在。工業的成長還往往超越社會的現代化進程，如果這樣說恰當的話。」其實這是最恰當不過的說法了。俄國是一個經濟極端落後的國家，由於它的當權者一味追求「獲得並保持歐洲強權的地位」，而硬是被推入現代化的時代。於是，雖然人們能發現相當多自力更生的企業家活動，但是現代化的主要推動力在於國家，而且是出於軍事的需要，例如建鐵路、開鋼鐵廠、生產武器等等。為了支付大量的進口產品和鉅額的外債利息，俄國政府必須確保農產品（尤其是小麥）出口的穩定成長，即使如一八九一年那樣的大饑荒時期也必須這樣。對於貧窮和營養不良的廣大農民來說，多年來農業產量的緩慢上升，並不表示生活水準的提高。同理，國家為了應付工業和國防建設中的鉅額投資，不得不一再大幅度地提高稅收（主要是間接稅）和排擠個人消費。按照經濟史學家的說法，沙皇政府是在強迫無依無靠的老百姓交出儲蓄。於是到了一九一三年，俄國的國民所得雖然只有英國的百分之二十七，但每個人所被迫分擔的國防費用卻比英國人多百分之五十。這一事實夠觸目驚心的了。

一方面是落後的農業，另一方面是工業化和頭重腳輕的軍費支出，兩者不健全地結合在一起，所付出之慘重社會成本是可想而知的。一九一三年，俄國政府撥給軍隊九億七千萬盧布，但用於衛生和教育的經費只有一億五千四百萬盧布；而且由於中央政府機構不把財政權下放給地方政府，像美國各州政府和英國地方政府所擁有的那樣，所以經費不足就無法從其他方面獲得彌補。在迅速膨脹的各大城市中，工人們必須與沒有下水道的環境、危害健康的因素、極惡劣的居住條件和高昂的房租搏鬥。酗酒是一種暫時逃避殘酷現實的行爲，到處可見。俄國的死亡率居歐洲之冠。如此的境地，加上工廠對工人的管制，以及生活水準沒有絲毫實質的提升，皆使人們開始對社會制度鬱鬱不滿，這又進一步爲民粹分子、布爾什維克分子、無政府工團主義者、激進分子，以及任何主張澈底變革的人（儘管當局禁止這種言論）提供了求之不得的發展溫床。一九〇五年那場聲勢浩大的騷亂之後，社會平息了一段時期；但一九一二年到一九一四年三年之中，罷工事件、群眾抗議活動、警察搜捕及殺戮層出不窮，逐漸達到令人驚恐的程度。但是和這種騷動比較，農民問題顯得更爲嚴重。從凱薩琳女皇到現在的政權，「農民問題」一直使俄國當局膽戰心驚。當農作歉收和價格上漲時，農民挾著對高地租和惡劣工作環境的強烈不滿而發動大規模的農民暴動。下面是史學家史東（Norman Stone）在一九〇〇年以後所作的記載：

> 波爾塔瓦（Poltyra）和坦波夫（Tambov）兩省的大部分田地遭到蹂躪，莊園內的領主宅邸被焚毀，牲畜慘遭肢解。一八九八年一年中，軍隊僅出動三十六次，一九〇一年則高達一百五十五次；一九〇三年一年中，軍隊出兵竟達三百二十二次，動用了二百九十五個騎兵中隊和三百個步兵營，有些還配備大砲。一九〇二年是事態最嚴重的一年，軍隊用來鎮壓農民達三百六十五次。一九〇三年，爲了國內的穩定，政府召集了一支規模遠超過一八一二年軍隊的武力……。在中部黑土地

帶的七十五個區中，有六十八個區出現「麻煩」，五十四個大莊園被毀。事態最嚴重的地區是薩拉托夫（Saratov）。

當內政部長史托雷平（Stolypin）在一九○八年以後企圖解散農民公社以壓制不滿時，他反而激起了新的動亂。這些動亂有些是決心捍衛社區體制的村民所發動的，有些則是剛剛獲得自由即宣告破產的農民製造的。因此，「一九○九年僅一月份中，部隊就出動了一萬三千五百零七次，全年出動十一萬四千一百零八次。到了一九一三年，因『抨擊國家政權』而遭逮捕的人已達十萬之多」。軍隊還同時忙於鎮壓心懷不滿情緒的少數民族，包括波蘭人、芬蘭人、喬治亞人、拉脫維亞人、愛沙尼亞人和亞美尼亞人。這些少數民族要求維持一九○五至一九○六年間俄羅斯中央政權虛弱時向他們勉強所做的有關「俄羅斯化」問題的讓步。毫無疑問，所有這一切使這支不情願的軍隊疲於奔命，任何軍事上的挫敗將會導致這些少數民族再次尋求擺脫莫斯科的控制。我們沒有精確的分類數據，但是在一九一四年八月份爲逃避徵兵而結婚的總數高達兩百萬的俄國人中，少數民族無疑占了很大一部分。

總之，人們可以看到，一九一四年以前的俄國是一個社會和政治的火藥庫，只要出現更嚴重的歉收，或者工人的生活水準繼續下降，就很有可能引起大火，或許是一場大戰。這並不完全是從布爾什維克革命以後的角度看問題得出的結論。此處人們必定會使用「很有可能」這一字眼，因爲有這些不滿情緒的同時，在許多地區還有對沙皇和國家忠誠不渝的人，還有一個民族主義意識日益高漲的議會，還有對泛斯拉夫主義（Pan-Slavic）的普遍同情和對外國人的仇視。如一九○四年的情況一樣，在一九一四年還有許多蹩腳的宣傳人員和諂媚者，他們極力鼓吹俄國政權在重大國際問題上不能保持沉默；他們力言如果俄國捲入戰爭，全體國民將會堅決支持它取得勝利。

但是如果考慮到一九一四年俄國可能面臨的交戰對手，它有把握會贏得勝利嗎？如同在克里米亞戰爭和一八七七年的對土耳其戰爭中一樣，俄國士兵在對日戰爭中也表現得勇敢沉著，但參謀作業毫無效率，後勤支援不足，戰術呆板，這些都影響到了戰爭的結局。俄軍如果現在就要與奧匈帝國決一雌雄，特別是與擁有強大軍事和工業實力的德意志帝國較量，會有好的結局嗎？儘管這一時期俄國的工業產量有絕對的成長，但可怕的事實是，與德國相比，俄國的生產能力實際上是在衰退當中。例如，從一九〇〇年到一九一三年，俄國的鋼產量由二百二十萬噸上升到四百八十萬噸，但德國的鋼產量卻從六百三十萬噸躍增至一千七百六十萬噸。同樣地，俄國的能源消耗和工業總潛力無論從絕對數字看還是比較上而言，都不如德國。最後，人們應注意到，由於德國，尤其是美國，在世界工業總產量中所占比例的擴展，俄國從一九〇〇年到一九一三年所占的比例反而由百分之八點八下降到百分之八點二。由此實在看不出有任何令人鼓舞的發展。

但是也有人認爲，「用一九一四年時評判軍隊的標準來衡量」，俄國應該說是強大的，因爲當時的軍事專家並不認爲可能發生一場「既考驗軍隊又考驗經濟和國家行政體制的戰爭」。如果眞是這樣的話，人們不禁要問，爲什麼現在凡是討論到當時德國的軍力，人們總是不僅將焦點放在駐在前線的德軍，還留意到德國的克魯伯鋼鐵廠、造船廠、染料工業和高效率的鐵路系統呢？但是，如果要緊的僅僅是軍事方面的統計數字的話，則當時俄國正在創建有史以來最多的步兵師、砲兵連、戰略鐵路線和軍艦，這個事實確實給人以深刻印象。假定戰爭會是短暫的，那麼此類統計數字都指出俄國的力量在增強中。

但是，一旦摒棄這些皮毛的統計數據，連軍事方面都成問題了。在這裡，決定性的因素依然是俄國在社會經濟和科技上的落後。由於農業人口空前龐大，因此實際上每年只有五分之一的合格青年應徵入伍。如果把每一個強壯的男子召入部隊，就會造成農村混亂而崩潰。但那些被徵召入伍的農民簡直不是打現代工業化戰爭的理想料子。俄國的人員素質水準非常落後，這是因爲它草率地把注意力過度集中在武器裝備上，而不去注意代表國家實力的更普遍和更精細的方面，像是整體教育水準、專業技術知識、行政組織效率等。直到一九一三年，它的國民識字率也只有百分之三十。正如一位專家曾經一針見血地指出，「這一教育普及率比十八世紀中葉的英國還要落後甚多。」決議通過將大筆款項用於照顧新兵，立意雖好，但是如果部隊中訓練有素的士官過少，這些錢能發揮多大作用呢？俄國參謀本部的專家以「自卑又羨慕」的眼光看著德國部隊在這方面的優勢，他們認爲花這些錢是徒勞無益的。他們也像某些外國觀察家一樣，意識到俄國嚴重缺乏優秀軍官。從現有的資料來看，俄國軍方確實已敏銳地感覺到自己在各個方面幾乎都有所不足，這些方面包括重砲兵、機關槍、對眾多步兵的指揮管理、技術訓練水準、通訊聯絡、甚至龐大的空軍機群。

如果詳細檢視俄國的動員計畫和戰略鐵路體系，可以得出同樣悲觀的結論。雖然在一九一四年俄國鐵路網的總里程數還是相當可觀的，但是如果對照沙俄帝國的遼闊疆土，或是和西歐更密集的鐵路網相比，其不足性就很明顯了。無論如何，由於許多鐵路線的造價低廉，因而鐵軌通常都太輕，路基也太脆弱，儲水槽和平交道均太少。有些機車燒煤，有些燃油，另有一些以木頭爲燃料，這些都使事情更加複雜化。不過，比較起來這還是個小問題。更棘手的問題是，部隊在和平時期的駐地和在戰時部署的區域相去甚遠，而且受俄國有意的分散政策的影響（波蘭人在亞洲服役、高加索人駐紮在波羅的海各省等）。一旦大戰爆發，大批的戰鬥部隊必須由兵員不足的鐵路勤務部隊設法迅速完成運送任務，但這些鐵路勤務部隊中「有三分之一以上的人是文盲或半文盲，四分之三的軍官對技術一竅不通」。

俄國對法國和塞爾維亞的承諾進一步給部隊的動員和部署課題製造了無法克服的困難。鑑於俄國的鐵路系統效率低落，部署在波蘭突角戰線上的兵力易受來自東普魯士和加里西亞地區的「鉗形」夾擊，俄軍最高統帥部在一九〇〇年以前一直審愼地認爲，戰爭剛爆發時俄軍應取守勢，然後逐步集結軍力；事實上，某些戰略專家直到一九一二年還爲這個議題爭論不休。但是更多的將領則急於擊潰奧匈帝國（他們對勝利充滿信心），而且隨著維也納和貝爾格勒之間緊張關係的升級，這些將領又急於在一旦奧匈帝國入侵塞爾維亞時出兵幫助塞國。但是，由於恐懼德國可能採取報復行動，使得俄國不可能把部隊集中在南方戰線上。從一八七一年起的數十年中，俄軍策士一直認爲，一場俄德戰爭將會以德國向東發動大規模閃電攻擊而拉開序幕。但是當施利芬計畫的內容被逐漸披露後，法國向俄國施以巨大壓力，要求它盡快向德國發動攻擊以減輕其西方盟國所受的威脅。由於擔心法國被消滅，加之巴黎方面強硬要求進一步的貸款要以俄國加強其攻擊能力爲條件，這些情況迫使俄軍策士同意盡速向西展開攻擊行動。上述一連串的發展在一九一四年以前的幾年中引起了參謀本部內部的激烈爭論。和南線相比較，在北線應該部署多少個軍團？是否應該拆毀波蘭境內的舊防禦工事（荒唐的是，這些工事中才剛剛安裝了許多大砲）？只發布局部而不是全面動員令是否可行？各派意見就上述這些問題分歧嚴重。考慮到俄國的外交承諾，矛盾的情結也許是可以理解的；但這無助於達到使軍事機器順利運轉的目的，並依靠它迅速取得對敵勝利。

這類問題還可以列出許許多多。俄國符合現代化標準的道路極少，騎兵被認爲是命脈所繫。它的五十個騎兵師擁有約一百萬匹馬，僅運送飼料這一項就足以使鐵路系統癱瘓。糧秣的補給任務必然會影響到一波接一波的攻擊行動，甚至後備隊的調動都會因此而減慢。由於運輸系統落後，軍隊又負有維持國內治安的任務，俄國軍隊號稱數百萬的士兵在戰時根本不能作爲前線打仗的部隊。雖然在一九一四年以前撥給軍隊的款項似乎很多，但絕大部分被食品、服裝、飼料等基本需求耗盡了。海軍艦隊的情況也類似。儘管艦隊規模擴大了許多，而且有不少新設計的艦艇被評爲「性能優良」，但是海軍必須接受更高層次的技術訓練，其人員必須實施經常性的戰術實戰訓練，才能眞正脫胎換骨。既然俄國都不具備上述兩項條件（水兵們主要還是駐紮在岸上），而且還必須把艦隊分駐在波羅的海和黑海兩個地區，那麼俄國的海軍力量除非僅對土耳其作戰，否則前途不樂觀。

最後，任何對俄國總體實力的估量都不可能不涉及它的政體本身。雖然某些外國保守主義者非常讚賞俄國的專制政治和中央集權體制，認為俄羅斯比起西方民主國家，在國家政策方面更具一貫性和號召力；但是只要稍加詳細檢視就可發現它有數不清的缺陷。沙皇尼古拉二世看上去像個村夫，頭腦簡單又深居簡出，不喜歡處理難以決定的事情，而且盲目地相信他自己和俄國人民有一種天賦的關係（當然，他對他們的真正福利並未表現出絲毫興趣）。政府高層的決策方式足以證明「拜占廷精神」的腐朽。不負責任的大公爵、情緒多變的皇后、保守的將軍、腐敗的投機份子，這些人的人數遠遠超過沙俄政府所能甄拔任用的勤勉而有才智的大臣的人數，而且這些大臣難得有機會上達天聽。各部之間，例如外交部和國防部之間，缺乏協商和理解的狀況有時達至令人驚駭的地步。宮廷對議會（稱「杜馬」）採取公開鄙視的態度。在貴族們只注意自己的特權、沙皇只求心境安寧的氣氛中，任何澈底的改革都不可能達成。所謂的統治階層無時無刻不在擔心工人和農民的騷亂。雖然政府支出的絕對數字為世界之冠，它卻把對富人課徵的直接稅維持在最低限度（僅占國家歲入的百分之六），而把稅收重擔加諸糧食和伏特加酒之上（約占百分之四十）。這是一個收支勉強平衡的國家，但對俄國貴族在國外出手闊綽造成的鉅額資金外流卻無力阻止，也無力課稅。由於有高壓的獨裁政治傳統，又由於有極不正常的階級制度，更由於教育和薪資水準低落，俄國缺乏使德國、英國、日本的行政體系運轉的那種幹練的文官幹部。俄國實在不是一個強國；而且由於領導層的放任，它不會記取一九〇四年的教訓，卻仍會在毫無精神準備的情況下笨手笨腳地捲入國際糾紛。

那麼應該如何評定俄國在這幾年中的實力呢？在工業和軍事方面，它年年都有成長，這是確實的。同樣確實的是它還擁有其他方面的優點：它的軍隊龐大；某些社會階層仍具有愛國精神和使命感；它的莫斯科中心地帶幾乎是固若金湯。在對奧匈帝國和土耳其，也許加上現在對日本的戰爭中，俄國獲勝的希望很大。但可怕的是它和德國日益浮現的衝突來得過早，俄國尚無能力應付。一九〇九年史托雷平誇口說：「如果給俄國二十年時間的國際與國內和平環境，你就會認不出俄國了。」這話也許不錯，即使在同一時期中德國的國力也可能增加。但根據多蘭和帕森斯教授提出的資料顯示（見圖5-1），在這幾十年中，俄國的「相對國力」正在由一八九四年後的船底往上爬升，而德國則已經接近頂峰。

這樣的說明對大多數讀者來說可能過於圖式化，但事實確實是如前所述的那樣，即十九世紀的大部分時間中，俄國實力和影響力的衰頹與它日益落後的經濟大致成正比。每一次重大戰役（例如克里米亞戰爭、日俄戰爭）都暴露出了它軍事上的新、舊弱點，並迫使當權者努力彌補俄國和西方國家之間的差距。在某些觀察家看來，一九一四年之前的幾年中，這種差距似乎再度接近，儘管另一些人認為，俄國仍存在著多方面的弱點。既然它不可能獲得史托雷平要求的二十

注：
L＝低點年度
H＝高點年度
I ＝彎曲點年度

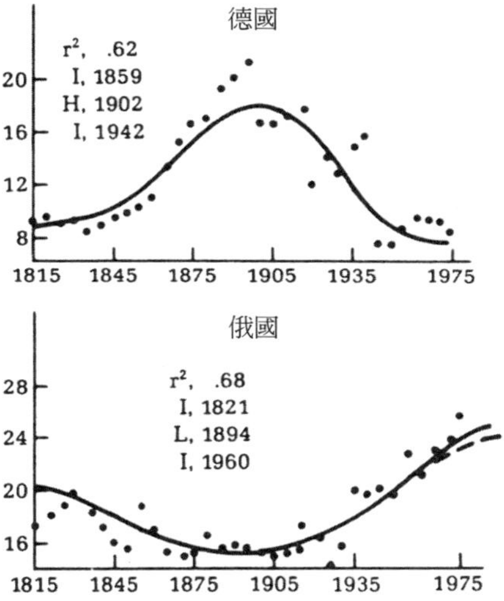

資料來源：多蘭與帕森斯

圖5-1　俄國與德國國力之比

年和平時間，它將必須再一次經歷戰爭的考驗，以證明它是否恢復到了一八一五年和一八四八年時，在歐洲強權政治中所擁有的地位。

美國

毫無疑問地，在十九世紀晚期到二十世紀初期這段時間內，全球權力均衡過程中所發生的最具關鍵性的變化乃是美國的崛起。隨著南北戰爭的結束，美國能夠利用前述許多優勢，對肥沃的農業土地和豐腴的原料進行開發，並且化腐朽為神奇般地發展現代科技（鐵路、蒸汽機及採礦設備）；另外，美國少有社會和地理上的限制，也沒有明顯的外患，因此，外國資本源源流入，帶動國內資本投資的日漸增加——使美國發生了驚天動地的變化。譬如，從一八六五年南北戰爭結束到一八九八年美西戰爭爆發，美國的小麥產量增加了百分之二百五十六，玉米增加了百分之二百二十二，砂糖增產百分之四百六十，煤百分之八百，鋼軌百分之五百二十三，營運的鐵路里程則增加了百分之五百六十七以上。「在較新的工業領域中，美國的成長速度異常之快，但由於它們幾乎是從平地而起，所以用百分比來衡量顯得毫無意義。它的原油產量從一八六五年的三百萬桶增加到一八九八年的五千五百萬桶以上；鋼錠和鑄件的產量從不到兩萬英噸增加到將近九百萬英噸。」然而，這種成長沒有因美西戰爭而停滯下來，反而在整個二十世紀初期狂飆疾進。實際上，上述優勢貫穿於整個發展過程，這有其必然性，也就是說，除非人們一貫碌碌無能或內戰連綿不斷，或自然災害發生，不然就很難阻止這種大發展——就很難阻止數百萬移民漂渡大西洋來美國淘金，並且加入勞動生產的行列。

有些強國擁有一部分的經濟優勢，美國則似乎擁有全部的經濟優勢，但沒有它們的任何劣勢。

美國幅員遼闊，到了一九一四年，二十五萬英里長的鐵路已橫貫全國（俄國當時只有四萬六千英里鐵路，而且所分布的面積比美國大二點五倍）。美國農業的每英畝產量一直高於俄國；雖然美國的產量不比西歐集約化農業地區的產量高，但是由於美國耕地面積廣、農耕機械效率高、運輸成本不斷降低（因其鐵路和航運業發達），美國的小麥、玉米、豬肉、牛肉等產品比歐洲任何國家便宜。就工業技術而言，美國的一些主要公司如國際農業機械製造公司、勝家、杜邦、貝爾、科爾特，以及標準石油公司都趕上甚至超過世界上其他國家。這些公司擁有龐大的國內市場和巨大的經濟規模，這些都是德國、英國和瑞士等競爭對手所不具備的。在俄國，採用「大集團」（gigantism）方式的生產規模來提高工業效益並未見靈效，而這在美國通常是好方法。例如，卡內基（Andrew Carnegie）在一九〇一年把美國鋼鐵公司出售給摩根（J. P. Morgan）財團時，其鋼產量比整個英國的鋼產量還高。著名的英國戰艦設計師懷特（William White）爵士於一九〇四年環遊美國時，驚訝地發現美國造船廠正在同時建造十四艘戰艦和十三艘裝甲巡洋艦（奇怪的是，儘管美國的商船隊規模仍然不大）。在工業、農業和交通運輸業方面，美國的規模大，效率也高，難怪到了一九一四年，其按絕對指數和平均值統計的國民所得都遠超出上述各國。

表5-10及相關的比較統計數字反映了美國經濟迅速發展的

表5-10　1914 年列強國民所得、人口以及平均所得對照表

國家＼項目	國民所得（億美元）	人口	平均所得（美元）
美國	370	9,800萬	377
英國	110	4,500萬	244
法國	60	3,900萬	153
日本	20	5,500萬	36
德國	120	6,500萬	184
義大利	40	3,700萬	108
俄國	70	17,100萬	41
奧匈帝國	30	5,200萬	57

結果。一九一四年，美國的煤產量爲四億五千五百萬噸，遠超過英國的兩億九千二百萬噸和德國的兩億七千七百萬噸。美國也是世界上最大的石油生產國和銅的最大消費國。美國的生鐵產量比排名緊跟在後的三個國家（德國、英國、法國）之總和還要多；鋼產量幾乎與排名緊跟在後的四國（德國、英國、俄國和法國）並駕齊驅。一九一三年，美國現代燃料的能源消費量等於英國、德國、法國、俄國及奧匈帝國的總和。它生產和擁有的汽車比世界上其他國家的總和還要多。事實上，美國已經成爲整個歐洲大陸的競爭對手，而且它發展如此之快，已經接近或超過整個歐洲。根據某些人的估計，若成長率繼續上升，並且能夠避免一場世界大戰的話，則到一九二五年美國就會壓倒歐洲，而成爲世界上產量最巨的經濟大國。但是，由於第一次世界大戰的爆發使老字號大國遭受了經濟損失和經濟混亂，這樣就使這一時間提前了六年，即一九一九年。甚至在一九一四年大災難降臨之前，歐洲宰制世界長達四個世紀的歷史——達伽馬時代——就宣告結束了。

美國的經濟發展中對外貿易所占的比重確實很小（一九一三年外貿約占其國民生產毛額的百分之八。相比之下，英國則占百分之二十六），但美國的經濟對其他國家影響頗大。傳統上，美國是以出口原料（尤其是棉花）、進口成品，以及輸出黃金來彌補「有形」貿易中的虧空。但南北戰爭後的工業化景氣完全改變了這種模式。美國逐漸把農場機器、鋼鐵製品、工作母機、電子設備和其他產品紛紛打入國際市場，迅速成爲世界最大的工業產品生產國。同時，北方實業家的國會遊說團體的造勢活動強大，以課徵節節上升的關稅，來達到排斥外國貨進入國內市場的目的。另一方面，原料或特殊物資（如德國的染料）卻大宗進口，以應付美國工業之需求。美國的工業產品源源不斷地出口，這是最重大的變化，同時「運輸革命」也促進了美國農產品的外銷。在一九〇〇年之前的半個世紀裡，從芝加哥到倫敦的小麥運費，由原來一蒲式耳四十美分降爲十美分，使美國的農產品得以大量銷往大西洋彼岸。一八九七年的玉米出口爲兩億一千二百萬蒲式耳，達到了歷史性的高峰；小麥出口達到了一九〇一年的兩億三千九百萬蒲式耳；這一波出口浪潮也包括穀類、麵粉、肉類，以及肉類製品。

當然，這些商業轉變的重要性主要是在經濟方面，但也開始影響國際關係。美國許多工廠和農場的產品過剩引起了普遍的恐懼，人們擔心就連龐大的國內市場也很快會無力吸納這些產品，從而迫使強大的利益團體（中西部農場經營者以及一些匹茲堡鋼鐵廠商）向政府施壓，以求伸出各種援手，打開海外市場，或至少使其保持開放。美國拓展世界貿易比重的兩種突出表現手法是：鼓動中國保持「門戶開放」政策和使自己成爲拉丁美洲經濟力量的主宰，以獲取巨大利益。一八六〇年至一九一四年間，美國的出口額成長達七倍之多（從三億三千四百萬美元增至二十三億六千五百萬美元）；而爲了大力保護其國內市場，進口量僅增加了五倍（從三億五千六百萬美元增至十八億九千六百萬美元）。歐洲大陸的農民面臨美國低廉食品排山倒海般地湧入而騷動著要求提高關稅——他們通常能達到目的。英國爲了自由貿易已經犧牲了穀類農民的利益，但美國機器和鋼鐵的大量湧入又引起英國的恐慌。新聞記者史泰德（W. T. Stead）用陰森恐怖的口氣提到了「世界的美國化」。一九〇二年他出版的一本著作就借用了這一短語作書名。同時，德皇威廉與其他歐洲領袖發出暗示，必要時將會聯手對付「不公平的」美國貿易巨人。

更大的不穩定因素也許是美國對世界金融體系和貨幣流通的衝擊。當時的人們還沒有充分意識到這一點。由於美國在對歐貿易中享有巨大的貿易順差，因此歐洲必須以資本轉移的方式來彌補其貿易逆差——直接投入美國工業、公用事業與服務業（到一九一四年投資總額約七十億美元）的滾滾洪流之中。儘管西流的金條可經由歐洲投資者的獲利和美國支付諸如海運、保險等服務費用而回收一些，但外流情形仍然嚴重，而且日益擴大。美國財政部要積蓄世界黃金儲備近三分之一的政策（當時正在討論）則使上述狀況惡化。另外，當時美國雖已成爲全球貿易體系中絕對必要的一環——與原料供應國之間的貿易出現赤字，而與歐洲的貿易又有很奇怪的順差——但它的財政結構的發展並不完全。例如，美國大部分對外貿易是以英鎊付款，倫敦則以黃金作爲最後結算。由於沒有中央銀行可以管制金融市場，紐約和密西西比河沿岸各州之間巨額資金的季節性流動完全受到穀物收成的限制，也由於投機商人不僅擾亂了國內貨幣體系，而且還擾亂了倫敦黃金市場消息的傳遞，因此在一九一四年以前的幾年中，美國已成爲一個巨大而不可捉摸的風箱，時而興風作浪，時而又能夠對世界貿易體系發揮降溫的作用。一九〇七年波及倫敦、阿姆斯特丹和漢堡的美國銀行業危機（此乃投機商人企圖壟斷銅市場而引發的），僅僅是第一次世界大戰前美國對其他大國的經濟生活產生影響的一個例子。

美國工業實力和對外貿易的成長必然與比較專橫的外交和美國式的強權政治風格同時發生。美國人聲稱，美利堅民族有一種道義上的天賦，使美國的外交政策比「舊世界」各國的外交政策更爲優越。這種論調夾雜著社會達爾文主義和種族主義，並且與美國工業農業壓力團體謀取海外市場的迫切要求交錯著。美國人在誇大門羅主義受到威脅的同時，常常要求美國跨越太平洋，去完成「上天安排」的使命。美國一方面必須規避糾葛不清的結盟問題，另一方面在國內許多團體的敦促下必須開展更爲積極的外交活動。在麥金萊（McKinley）、尤其是在老羅斯福當政時，美國的外交活動的確非常積極。一八九五年，英美兩國因委內瑞拉邊界事端發生爭執——就門羅主義而論，美國的理由是充分的，但三年後，古巴問題又觸發了更富戲劇性的美西戰爭。華盛頓要求單獨管理巴拿馬運河，摒棄過去那種與英國共同管理的安排。美國不顧加拿大的抗議，堅持要重新劃定阿拉斯加邊界；德國對委內瑞拉採取行動後，美國在一九〇二年至一九〇三年間將其艦隊部署在加勒比海。這一切都顯示美國決心在西半球排除任何一個強權國家的挑戰。然而，由此產生的必然結果是，美國政府乾脆表態要用外交壓力和軍事手段干預尼加拉瓜、海地、墨西哥、多明尼加共和國等拉丁美洲國家，如果這些國家的行爲不符合美國標準的話。

這個時期美國對外政策中眞正新穎的特點是干涉和參與西半球以外所發生的事件。一八八四年至一八八五年，美國出席了在柏林舉行的西非會議。這個舉動令人有不按牌理出牌和撲朔迷離的感覺：美國代表團發表了支持自由貿易和門戶開放的一番冠冕堂皇的論調，而後來大會締結的條約卻從未獲得其國會的批准。甚至到了一八九二年，《紐約前鋒報》（*New York Herald*）還提議廢除美國國務院，因爲它在海外無所建樹。一八九八年的美西戰爭改變了這一切，不僅使美國在西太平洋（菲律賓）獲得了立足之地，可說已是一個亞洲殖民大國，而且那些主張蠻橫政策的人也從此官運亨通。國務卿海約翰（John Hay）在次年所發布有關「門戶開放」的外交文件中表示，美國希望在中國有發言權。據此，美國在一九〇〇年派遣了兩千五百名軍人加入八國聯軍，以恢復中國的秩序。老羅斯福對推動「大國政治」更感興趣，在結束日俄戰爭的和談中扮演調停者的角色，堅持要美國參加一九〇六年討論摩洛哥問題的會議，以及與日本和其他強國展開談判，企圖維持中國的「門戶開放」政策。後來的一些學者認爲，上述許多事件的發展顯示美國對其本身在世界上的眞正利益沒有穩健務實的考慮，更反映了外交政策的不成熟、天眞的民族優越感，以及想讓國內外支持者留下深刻印象的願望。這些特徵將來會使美國「現實主義的」外交政策變得複雜。不過即使如此，在那種帝國主義耀武揚威和民族主義甚囂塵上的時代，美國可謂其道不孤。無論如何，除了中國事務以外，老羅斯福的繼任者並未維持這種外交行動主義，他們寧願對西半球以外所發生的國際事件保持一種超然態度。

隨著外交行動的開展，軍備經費也水漲船高。在陸海軍之中要數海軍軍費增加最多，因爲一旦遇到外來的進犯（可能是對門羅主義的挑戰），海軍負有美國國防的最大責任，它也是支持美國在拉丁美洲、太平洋地區及其他地方開展外交和通商最有效的工具。一八八〇年代後期，整建艦隊的工作已著手進行，而在美西戰爭期間達到高峰。在那次戰鬥中，海戰的大勝利似乎可以證明馬漢（Mahan）海軍上將的觀點和主張建立「大海軍」者是正確的。由於戰略專家們擔心可能與英國作戰，從一八九八年起也擔心可能與德國作戰，所以加緊建造戰鬥艦隊。取得夏威夷、薩摩亞群島、菲律賓和加勒比海的海軍基地，使用海軍船艦在拉丁美洲扮演「國際警察」，以及一九〇七年羅斯福派遣「白色大艦隊」環遊世界的壯舉，似乎都重申了海權的重要性。

一八九〇年，美國海軍的經費僅爲兩千二百萬美元，占聯邦總支出的百分之六點九；一九一四年便上升至一億三千九百萬美元，占聯邦總支出的百分之十九。雖然這些錢並非都花在刀口上（國內艦隊基地太多，而且護衛艦太少），但其成果仍然令人肅然起敬。儘管美國海軍的規模遠比英國皇家海軍小，無畏型戰艦數量也比德國少，但美國在一九一四年是世界第三大海軍強國。美國雖然控制著巴拿馬運河的施工建造權，美國的策士們卻仍然爲下述的戰略難題大傷腦筋：把艦隊分散在兩大洋，或是讓美國的某一側海岸線暴露在敵人的攻擊範圍內？近年來從某些官員的檔案中顯示出美國人對外國力懷有類似偏執狂的猜疑。實際上，隨著二十世紀與英國的重修舊好，美國是非常安全的；即使害怕德國海權的崛起，也極無必要像其他強權那樣憂心忡忡。

美國軍隊規模不大，在很多方面影響到其安全狀況。陸軍是在美西戰爭時壯大起來的，它至少使民眾了解它實際上是很小的，國民兵則鬆散不堪，早年在古巴的戰役就好像是一場災難。一九〇〇年之後美國的正規軍擴充到三倍，而且在菲律賓和其他地方擔負駐防任務；不過，美國陸軍即使與塞爾維亞或保加利亞這樣的歐洲中等國家相比，仍顯得微不足道。美國比英國更厭惡維持龐大的常備軍，並且避免對盟國負擔固定的軍事義務，因此，國民生產毛額用於國防經費者不到百分之一。儘管美國在一八九八年至一九一四年間曾從事一些帝國主義活動，社會學家史賓塞（Herbert Spener）仍然喜歡稱美國社會爲「工業」社會，而不稱它爲俄國那樣的「軍事」社會。由於許多歷史學家指出「超級強權的崛起」始於這段時間，因此值得注意的是第一次世界大戰前夕，俄國與美國之間存在著驚人的差異。俄國擁有的前線部隊是美國的十倍左右，但是美國的鋼產量卻是俄國的六倍（按平均值計算，生產力是俄國的六倍）。毫無疑問地，如果從投入大批現役部隊進行速戰速決的角度看，歐洲的參謀本部會認爲俄國似乎比較強大，但以其他所有的標準來衡量，則強弱正好相反。

美國的確已成爲強權，但它並非強權體系的成員。總統與國會之間的分權使得積極的結盟政策不可能實現，而且很顯然無人贊成放棄現在安逸的孤立狀態。美國與其他列強有數千英里的大洋隔開，只擁有一支微不足道的軍隊，因此只要獲得西半球的宰制地位就心滿意足了，而且從老羅斯福卸任後，美國對全世界的外交事務不太感興趣，到一九一三年仍徘徊在強權體系的邊緣。因爲一九〇六年以後大多數國家把注意力的焦點從亞洲、非洲轉移到開發巴爾幹和北海，所以人們見到下列事實也許不會覺得意外：與剛進入二十世紀初的美國相比，他們比較不願把美國看成是影響國際權力均衡的一個因素，這是一九一四年以前的普遍看法，但第一次世界大戰本身證明這種看法是錯誤的。

結盟與走向戰爭，一八九〇—一九一四年

我們要充分了解這幾十年來強權體系的風雲變幻，就要檢視第三個也就是最後一個因素——即從俾斯麥的逝世到第一次世界大戰爆發期間反覆無常的結盟外交。儘管一八九〇年代曾發生一些規模較小的衝突（中日戰爭、美西戰爭、布耳戰爭），稍後又有較大規模的局部性會戰——日俄戰爭，但以後的普遍趨勢正如吉伯特（Felix Gilbert）所說的是聯盟集團的「固定化」。同時，大多

數政府期待如果下一次大戰爆發他們就會成爲某一同盟的成員。結盟所帶來的得失利弊又會使相對國力的評估問題複雜化。

當然，結盟外交的趨勢當時尚未影響到遙遠的美國。對於日本來說，一九〇二年和一九〇五年的英日結盟，影響也只是局部性的。但是這些年來由於彼此間的恐懼和競爭，結盟外交逐漸加深對歐洲列強的影響，連英倫三島也不例外。一八七九年，俾斯麥開始建立和平時期固定的軍事聯盟，並藉著締結奧德同盟謀求「控制」維也納的外交政策，同時對聖彼得堡發出警告。根據這位德國首相的如意算盤，此舉的目的也在於誘使俄國放棄其「反覆無常」的政策，回到三皇同盟的陣營（俄國人曾參加過）。但俾斯麥的行動帶來的長遠影響是：倘若奧匈帝國遭到俄國攻打，德國保證予以支援。一八八二年，柏林和羅馬針對法國的可能攻擊而簽訂一個類似的互助條約。一八八三年，德國和奧匈帝國又提出另一個祕密盟約，內容是幫助羅馬尼亞反抗俄國的侵略行爲。研究這種外交手段的學者們強調，俾斯麥的意圖主要是短期和防衛性的，目的在安撫緊張不安的維也納、羅馬和布加勒斯特盟友；使法國在外交上受到孤立；萬一俄國入侵巴爾幹，這就是預先準備好的「退路」。這種做法無疑是正確的，但眼前的事實是俾斯麥已提出保證，而且即使這些密約的精確性不爲世人所知，也足以使法國和俄國爲各自受到的孤立而擔憂，使兩國好像覺得柏林這個強大的幕後操縱者已建立起一個令人可怕的同盟，隨時會在戰爭時輕易壓倒它們。

雖然俾斯麥藉著個人與聖彼得堡之間的「祕密管道」（所謂一八八七年再保條約）防止了德俄關係的正式破裂，但爲了阻止一八八〇年代後期法俄逐步走向聯盟，這位德國首相出了怪誕的兩手策略，其中不乏主觀武斷和瘋狂冒險的因素。主要出於德國的畏懼，法國想收復亞爾薩斯——洛林，以及俄國向東歐擴張的圖謀都落空了。法國和俄國在歐洲大陸無其他可以結盟的夥伴；因此，法國提供貸款和武器給俄國，俄國則對法國施以軍事援助，兩國互蒙其利。雖然資產階級的法國和反動的沙俄政權之間存在著意識形態的分歧，使得結盟的腳步放慢，但一八九〇年俾斯麥的退隱和威廉二世政府更具脅迫性的行動敲定了法俄聯盟。到了一八九四年，德奧義三國同盟與法俄同盟的對峙局面於焉形成。只要三國同盟存在，法俄之間的政治和軍事約定就將延續下去。

從幾方面看來，形勢的新發展似乎已將歐洲局勢穩定下來。兩個聯盟集團之間勢均力敵，強權之間交戰的勝負難以逆料，所以交戰的可能性愈來愈小。當法國和俄國擺脫孤立狀態後就分頭轉而關心非洲和亞洲的事務，當然，亞爾薩斯和保加利亞危機的減緩也有助於法俄的行動。實際上，到了一八九七年，維也納和聖彼得堡已同意擱置巴爾幹問題。另外，德國正轉向強權政治的道路，而義大利則以其獨特的方式捲入阿比西尼亞的紛爭。到了一八九〇年代中期，南非、遠東、尼羅河流域和波斯地區又吸引人們的注目。當時「新海軍至上主義」盛行，人們相信海軍和殖民地的關係是密不可分的，於是所有的大國都全力建立自己的艦隊。因此，在這十年中，儘管大英帝國通常超然獨處於歐洲爭端之外，仍感覺到自己的壓力最爲沉重，其壓力不但來自法國和俄國這樣的老對手，而且還來自德國、日本和美國這些新的挑戰者。在這種情勢下，歐洲各聯盟集團的軍事條款似乎愈來愈不切實際了，因爲諸如英法一八九八年的法紹達衝突、布耳戰爭以及在中國搶奪租界等事件根本不會在歐洲引發一場全面戰爭。

然而，從較爲長遠的眼光來看，這些帝國主義的競爭必將影響列強之間的關係。本世紀初，大英帝國深感壓力沉重。這促使殖民大臣約瑟夫張伯倫周圍的一些人要求結束「光榮孤立」，而與柏林結盟；同時，貝爾福（Balfour）和蘭斯多恩（Lansdowne）等英國大臣則逐漸認爲需要在外交上做一些妥協。在英美「重歸舊好」的幌子下，英國在一連串的問題上對美國做了全盤讓步，其中包括巴拿馬運河、阿拉斯加邊界和海豹獵捕等問題。這樣一來，英國擺脫了在西半球戰略上的薄弱地位，且更重要的是大幅改變了十九世紀政治家們的成見——即英美關係將永遠是冷淡、勉強的，偶爾甚至是相互敵對的。在簽下一九〇二年《英日同盟協定》時，縱令在某種情況下要以支持日本為代價，英國政治家仍希望減輕它在中國艱困的戰略負擔。到了一九〇二年和一九〇三年間，一些有影響力的英國人士不排除與法國在殖民地問題上達成妥協的可能性。此一妥協情緒早在法紹達危機時即可看出，當時英國不願為尼羅河問題而走向戰爭。

雖然這些協商協起初似乎只涉及到歐洲以外的事務，但它們對列強在歐洲的地位產生了間接的影響。英國在西半球擺脫了戰略困境，在遠東則得到日本海軍艦隊的支援，在戰事爆發時可減輕英國皇家海軍的作戰部署壓力，也可提升聯合作戰的展望。英國和法國之間爭端的解決，意味著英國海軍的安全獲得進一步的加強。所有這些也影響到了義大利，因其海岸線極易受到攻擊，使得義大利不能參加與英法聯盟為敵的陣營。不論如何，在二十世紀初期，法國和義大利有充分的理由（財政上和北非事務上）好好地改善兩國的關係。然而，如果義大利脫離三國聯盟，就必然會影響到它和奧匈帝國已半公開化的爭執。最後，連遠在天邊的英日聯盟也必定會對歐洲的國家體系產生影響，因為在日本決定於一九〇四年就朝鮮和滿洲里的前途問題向俄國挑戰時，英日聯盟使得任何第三國的干預都被排除在外。此外，當日俄戰爭爆發時，英日條約和法俄同盟裡的某些特殊條款促使英法兩國分頭極力勸說兩個「二流國家」，以避免公開捲入這場衝突。因此，很自然地，遠東戰事的爆發促成兩國盡快結束對殖民地的爭奪，並於一九〇四年四月締結友好協定。由是，英國在一八八二年占領埃及而挑起的英法長期對抗，終於告一段落。

假如沒有另外兩個因素，即使如上述的情況也不可能觸發一九〇四年和一九〇五年間著名的「外交革命」。第一個因素是英法兩國對德國的疑懼不斷加深，由於德國首相比洛（Bulow）與德皇威廉二世宣稱「德國人的世紀」正在降臨，儘管其目標並不明確，但已足見其野心勃勃，而且十分危險。一九〇二年至一九〇三年間，德國「公海艦隊」的活動範圍和結構顯示出，它的建造主要是針對英國而來，這使得英國海軍部開始沉思對策。此外，德國意欲染指奧匈帝國也引起法國的不安；德國對美索不達米亞的野心又遭到大英帝國主義者的厭惡。英法兩國眼看著比洛用盡外交手段鼓動一九〇四年遠東戰爭的爆發，並迫使英法捲入，愈來愈感到惱火，因爲柏林想從中漁利。

日俄戰爭期間日本海軍有出色表現及輝煌的軍事勝利，而同時俄國在一九〇五年出現極度不穩定，兩者皆對歐洲的均勢和國家間的關係產生了更大的影響。隨著俄國出人意料地在以後幾年中降爲二流國家，歐洲的軍事平衡局面明顯地轉而對德國有利，這種形勢使法國的前途比一八七〇年時更黯淡。假如德國有向西發動攻擊的良機，那可能是在一九〇五年夏天。但是德皇關切的是國內的社會動盪，也希望與俄國改善關係，他對英國的態度則是舉棋不定，因爲當時英國人正在從中國到英國本土的廣大區域裡重新部署戰艦，而且正在考慮當德國攻擊法國時的對法援助事宜。所有這一切都影響到德國的政策。柏林並不想陷入戰爭的泥淖，只想在外交上取勝；德國迫使其主要敵人法國外長德爾卡塞辭職，並堅持要召開一個國際會議以阻止法國對摩洛哥的許多要求。但是，阿爾赫西拉斯會議（Algeciras meeting）的結果是，與會各國大多支持法國在摩洛哥可擁有特權的要求，這顯然證明了自從俾斯麥時代以來，即使德國的工業、海軍及陸軍實力不斷增強，但其外交影響力卻每況愈下。

第一次摩洛哥危機使國際間的對抗從非洲延伸回到歐洲大陸，這種趨勢很快地便因三個更重要的事件而愈演愈烈。第一個事件是一九〇七年英俄簽下了有關波斯、西藏和阿富汗問題的協定。簽協定本身是區域性的事情，但從廣義上來看，它不僅將十九世紀所有列強都視爲理所當然的英俄亞洲糾紛一體加以解決，同時減輕了英國在印度的防務負擔，而且引起心煩意亂的德國人對於自己在歐洲「被包圍」的問題議論紛紛。當時有許多英國人，特別是自由黨政府的人士，並未把他自己看成是反德聯盟的一分子，但由於第二個事件的發生使他們的理由不能成立。這個事件就是一九〇八年至一九〇九年間英德兩國激烈的「海軍競賽」，接著是德國首相鐵必制的造船大計畫，使英國害怕自己在北海的海軍優勢將蝕去老本。當英國千方百計地試圖在以後的三年中緩和這種競爭局面時，德國卻提出一個要求，謂一旦歐洲發生戰爭，英國應保持中立。於是，多疑的英國人又退卻了。英法一齊緊張地監視著一九〇八年至一九〇九年間的巴爾幹危機，而俄國對於奧匈帝國正式併吞波士尼亞——墨塞哥維納的幾個省分感到非常憤慨，這又使德國要求俄國接受「既成事實」，否則就應對後果負責。在剛剛結束的日俄戰爭中被打得鼻青臉腫的俄國人最後還是屈服了。但這一外交屈辱在俄國國內引起反彈而出現愛國運動，使得俄國增列國防經費，並決心更緊抱自己的盟國。

儘管一九〇九年以後各個國家的首都之間偶爾出現緊張關係的緩和，但「固定化」的趨勢卻有增無已。一九一一年第二次摩洛哥危機爆發時，英國出面干涉，強力為法國撐腰以對抗德國。這次危機使法國和德國的愛國情緒高揚；而且由於民族主義者對於即將來臨的衝突言之鑿鑿，於是兩國又瘋狂地展開擴軍行動。這次危機也促使英國政府制定出與以前不同的陸海軍行動計畫，以備參與歐洲戰爭所需。一年以後，英國大臣霍爾丹（Haldane）勛爵訪德的外交使命失敗，同時德國的海軍艦隊日趨強大，迫使英國於一九一二年十一月簽署了妥協性的英法海軍協定。就在此時，義大利乘機向土耳其發動武裝攻擊，「巴爾幹同盟」國家也紛紛跟進。這個同盟等於是把鄂圖曼帝國逐出了歐洲，但後來同盟的成員國卻爲戰利品而鬧翻了。其中最嚴重的事件是古老的「東方問題」再度復活，原因之一是列強未能對互相爭競的巴爾幹國家爭奪優勢的激烈動作行使有效的控制，另一方面是事態的發展似乎威脅到了某些列強的重要利益，譬如：塞爾維亞的崛起引起維也納的恐慌；德國對土耳其軍事影響力的不斷擴大使聖彼得堡惶惶不安。一九一四年六月斐迪南大公遇刺，激起奧匈帝國對塞爾維亞採取行動，俄國也隨即採取反制措施；一般都認爲大公之死是引爆火藥桶的火花，這實在是很有道理的。

一九一四年六月的暗殺事件是一個最著名的實例，因爲這一歷史上的特殊事件引發了一場全面危機，後來又造成了世界大戰。奧匈帝國對塞爾維亞的苛刻要求，其對塞爾維亞的修好性回應加以拒絕，以及對貝爾格勒的襲擊，導致俄國的全國總動員以援助塞爾維亞盟友。但這接著又促使德國參謀本部強烈要求立刻實行「施利芬計畫」——即向西經由比利時對法國發動先發制人的閃電攻擊。德國此舉又招致英國人的捲入。

在危機中，雖然列強是按它們各自認知的國家利益而有所行動，但是它們參戰的決定也受到目前的作戰行動計畫的影響。從一九〇九年開始，德國對奧匈帝國所作的外交和軍事承諾已達到了俾斯麥從未料想到的程度。再者，不論戰爭的特定原因是什麼，德國現在的行動計畫是經由比利時對法國發動大規模的閃電攻擊。相較之下，維也納的軍事計畫制定者卻仍然在幾條戰線的選擇中猶豫不決，但首先下手打擊塞爾維亞的決心逐漸增強。俄國在法國的經濟援助督促之下，保證一旦戰爭爆發就以最快的速度全面動員並向西發動攻擊；同時，法國不由分說地於一九一一年採納了著名的「十七號計畫」，其中包括輕率急躁地進入亞爾薩斯——洛林地區。另一方面，義大利與其「三國同盟」之盟友並肩作戰的可能性大爲減小，而如果德國進攻比利時和法國，英國在歐洲大陸的軍事介入則愈加有可能（見地圖5-2）。無庸置疑，在各國參謀本部中，人們都認爲「速度」是關鍵，亦即只要衝突很有可能發生，最重要的是動員並派遣己方的部隊搶在對手之前抵達和越過邊界。這種戰略戰術對柏林尤其如此，因爲它的軍隊必須先對西方施加毀滅性的打擊，然後回歸東方去迎戰行動遲緩的俄國人。這類想法在其他地方也很盛行。如果一場眞正的大危機爆發，在戰略智囊接手之前，外交官們將不會有太多時間處理問題。

現在看來，當時的這些戰爭計畫就像一列骨牌，萬一第一項計畫失敗，其餘的計畫都將付諸東

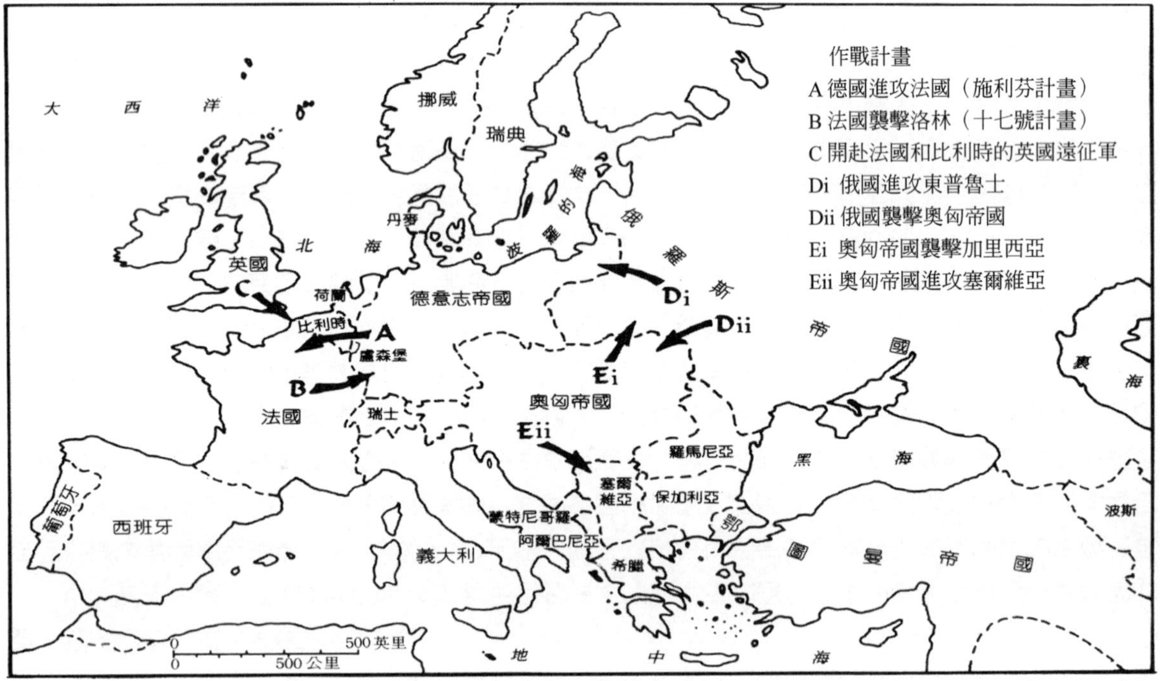

地圖5-2　1914 年歐洲列強及其作戰計畫

流。同樣重要的是，由於發生聯盟戰爭的可能性已大於以往，如一八五九年和一八七〇年，所以戰爭很可能會持續得很久，規模也會大得多，儘管當時很少人了解到了這一點。人們普遍認爲在一九一四年七、八月間開打的戰爭將會在這一年的「聖誕節前夕結束」。現在對這種離譜的判斷通常是這樣解釋的：人們未能預料到速射的大砲和機槍已經使機動戰成爲過去式，而且迫使大批部隊進入戰壕，而一旦進入戰壕，就很難被逐出；而後來採取的持久砲轟和大規模的步兵攻勢之所以未能奏效，是因爲砲轟除了攪動地面以外，也會把攻擊的來源所在告訴敵人。同樣地，人們可以認爲歐洲各國的海軍將領也誤解了這場即將爆發的戰爭。他們只準備進行艦隊決戰，而沒有正確地了解北海和地中海的地理環境及新式武器諸如水雷、魚雷和潛艇，將會使傳統作戰方式的艦隊戰非常困難。因此，由於技術上的原因，不論在海上還是在陸地，速戰速勝是不可能的。

當然，上述所發生的一切都是眞實的，但我們還必須從聯盟體系的大環境來加以考量。畢竟，假如讓俄國人單獨攻打奧匈帝國，或容許德國人像一八七〇年那樣再次對法國開戰而其他大國保持中立，那麼勝利的希望（即使會稍爲延後一些時候出現）似乎是無可置疑的。但這些聯盟意味著，即使一個交戰國在某次戰役中遭到重創，或者已經沒有足夠的資源再支撐下去了，它也不會輕言退出戰爭，因爲它還有希望得到盟國的支援。我們不難想像，如果沒有盟國的及時援助，法國在尼維爾（Nivelle）攻勢的慘敗和一九一七年的兵變之後是無法撐下去的；義大利在一九一七年的卡波雷托（Caporetto）戰敗之後必定崩潰；奧匈帝國在一九一六年蒙受慘重的傷亡（甚至在一九一四年加里西亞和塞爾維亞的失敗）之後也不可能繼續苟延殘喘。因此，聯盟體系本身便表示戰爭不會很快有結果。正如十八世紀的許多大聯盟戰爭所顯示的那樣，戰爭的最後勝利屬於陸海軍力量和財政、工業、科技等方面的綜合實力最強大的那一方。

總體戰與國際均勢：一九一四—一九一八

在從兩大聯盟的大戰略及其可利用的軍事和工業資源的觀點對第一次世界大戰加以檢討之前，先回顧一下列強在一九一四年國際體系內的地位，或許是有益的。美國處於旁觀者的地位——縱然它與英國及法國間密切的商業和金融上的來往，將使威爾遜（Woodrow Wilson）的「在思想和行動上均保持中立」的口號成爲不可能。日本對「英日同盟」的條款作任意的解釋，進而侵占德國在中國及中太平洋的屬地。但是，這一點以及日本艦隊對遠洋區域的護航都不具有明顯意義，對協約國來說，一個友好的日本顯然要比一個敵對的日本好得多。相對之下，義大利在一九一四年選擇了中立，而且鑑於其軍事和社會經濟的脆弱性，它繼續維持這一政策可能更明智些。所以，義大利於一九一五年決定加入對抗同盟國的戰爭雖然說對奧匈帝國是個打擊，但很難說這給英國、法國和俄國帶來了協約國的外交官所希望的那種重大的益處。同樣地，也很難說誰從土耳其於一九一四年十一月決定參戰，並加入柏林陣營這一事件中獲益最多。確實，土耳其封鎖了博斯普魯斯和達達尼爾海峽，連帶也封鎖了俄國穀物的出口和武器的進口，但是，到一九一五年，俄國將無小麥可運輸到「任何地方」，西方也不再有「多餘的」軍火可賣到俄國。另一方面，土耳其的這一決定使得近東地區向法國和（特別是）英國的帝國擴張敞開了大門。

因此，眞正具有舉足輕重地位的是歐洲的「五大」強國。到這個階段，再把奧匈帝國當作完全獨立於德國的國家是昧於事實的，因爲在許多問題上維也納的目標雖然常常與柏林有所分歧，但是，維也納只有在其強大盟國的指令之下方能決定是戰還是和，因此可以說它是以一個半獨立強國的身分殘存著。奧德的結合是難以對付的，雖然其前線部隊遠比法國和俄國來得少，但是它們在十分有效率的國內交通網路的配合之下運轉靈活，而且能夠得到源源不斷的新兵補充。從表5-11中可以看到，它們也擁有比「二元聯盟」強大得多的工業和科技實力。

當然，法國與俄國的情形截然相反。由於彼此被大半個歐洲隔開，法俄兩國要協調其軍事戰略是（至少可以說是）困難的。儘管戰爭初期在軍隊實力方面似乎占盡優勢，但此一優勢隨著精明的德國人動用訓練有素的後備部隊投入前線戰鬥而逐漸喪失。一九一四年秋季，法俄發動不顧一切的攻勢之後，這一優勢更進一步衰落。由於勝利不可能速戰速決，形勢愈來愈可能是勝利將屬於實力強大者，而法俄兩國的工業指數並不令人樂觀。如果由法俄兩國單獨與同盟國陣營進行這場持久的「總體」戰，很難想像如何打贏這次戰爭。

然而事實是，德國決定取道比利時對法國發動一場先發制人的攻擊，這就使英國的干涉主義者占了上風。無論是出於傳統的「均勢」理由，還是爲了保護「可憐的小比利時」，英國決定對德宣戰這一點才是至關重要的，儘管英國這支小規模的、實行長期兵役制的陸軍只能對整個軍事均衡產生不大重要的影響——至少在這支軍隊轉化成爲歐洲大陸戰場上的大規模徵兵部隊之前是如此。但是，由於這場戰爭將持續幾個月以上，英國的實力還是相當可觀的。英國的海軍可以遏制德國的艦隊，並對同盟國陣營實施封鎖，這雖然不能迫使同盟國屈服，但可以阻止其從歐洲大陸以外獲得資源補給，同時保障協約國可以隨意地取得資源補給（除了後來因德國發動潛艇戰而告中斷之外）。這一優勢還爲以下事實所加強：英國眞是一個極富裕的貿易國，它在全球有廣大的觸角，擁有鉅額的海外投資，其中有些至少可以清理用來支付所購買的東西。從外交上說，這些海外關係意味著，英國的決定參戰影響了日本在遠東的行動、義大利宣布中立（後來帶槍投靠協約國一方）以及美國樂善好施的態度，當然也意味著英國得到各自治領和印度的更爲直接的海外支援，它們的軍隊迅速進占德國的殖民地，後來又與土耳其作戰。

此外，英國依然龐大的工業和財政資源可以在歐洲發揮作用，既可用來籌措貸款，也可運送軍

表5-11　1914 年兩大聯盟的工業和科技比較表

（摘自本書表5-4—5-7）

國家 數字 項目	德國和奧匈帝國	法國、俄國＋英國
在世界製造業產量中的百分比（1913年）	19.2%	14.3% + 13.6% = 27.9%
能源消耗（1913年），折合成煤計算，百萬噸	236.4	116.8 + 195.0 = 311.8
鋼產量（1913 年），百萬噸	20.2	9.4 + 7.7 = 17.1
總體工業潛力指數（以英國1900年爲100爲準）	178.4	133.9 + 127.2 = 261.1

火給法國、比利時、俄國及義大利，還可用來補給和支付西線大軍的費用。表5-11所列的經濟指數從國力角度顯示了英國參戰的重要意義。

當然，這一切使協約國在物質力量上占有較大優勢，而不是處於絕對優勢。一九一五年義大利加入協約國陣營，但這並未使力量的彼消此長對協約國有特別的偏愛。然而，如果說在一場曠日持久的列強戰爭中，勝利通常屬於擁有最大生產基地的聯盟，那麼人們不禁要問：爲什麼協約國甚至經過二、三年作戰仍然未能取得優勢，反而在一九一七年時還有輸掉的危險？爲什麼它們那時發覺促使美國參戰是生死攸關的事情？

答案之一是，協約國強大的方面不太可能使其迅速地或決定性地戰勝同盟國。在一九一四年，德國殖民地在經濟上是無足輕重的，因此殖民地的喪失（諾魯的磷酸鹽除外）對德國不痛不癢。當然，德國海外貿易的喪失會帶來較大的損失，但並不如英國「海權影響力」的信徒們想像的那麼大，因爲德國戰時生產的需要重新調整了其出口貿易結構，只要同盟國集團內的運輸體系能夠維持，那麼集團的糧食需要就能完全自給自足。軍事征服（如取得盧森堡的礦產、羅馬尼亞的小麥和石油）抵銷了許多原料短缺的窘境，其他補給則可經由中立的鄰國獲得。海上封鎖有一定的效果，但是只有把海上封鎖和所有戰線上的軍事壓力結合起來同時施加時，這種效果才能真正顯現，即使這樣，發揮的效果也是極其緩慢的。最後，英國兵工廠中的另一傳統武器——一八〇八年至一八一四年伊比利半島戰爭中各戰線上所採用的外圍作戰行動——不可能用於攻擊德國的海岸線，因爲德國的海上和陸上防禦設施太難對付了。當這類作戰行動用來對付較弱小的國家時（如加里波利戰役或薩羅尼加戰役），協約國方面的攻擊作戰失敗和守方的新式武器（布雷區、海岸快砲組）都使期望的效果大打折扣。像第二次世界大戰中一樣，每一次力求打擊敵方聯盟「薄弱部位」的行動，都把協約國部隊調離法國去他處作戰。

上述這些觀點也同樣適用於對協約國海軍絕對優勢的看法。北海和地中海的地形意味著協約國的主要海上交通線是安全的，沒有必要去搜尋停泊在港口的敵艦或者對敵人的海岸發動危險的近距離封鎖。反之，如果德國和奧匈帝國想要取得「制海權」的話，它們的艦隊必須出來向英法義海軍挑戰，因爲停泊在港口是毫無用處的。然而，同盟國的海軍戰艦都不希望被派出去攻擊遠比它們強大的敵國海軍，因爲這樣做等於自尋毀滅。因此，所發生過的幾次海戰純屬遭遇戰，如多格邊（Dogger Bank）海戰和日德蘭（Jutland）海戰，在戰略上無多大意義，充其量只是鞏固協約國對海上通道的控制權。繼續發生海上遭遇戰的機會也減少了，因爲軍艦受到水雷、潛艇和齊柏林式偵蒐飛船的威脅，這使雙方的指揮官都愈來愈謹慎，除非他們獲悉敵艦正逼近其海岸線（這種情況發生的可能性極小），否則絕不輕易派艦隊出海作戰。同盟國鑑於自己在海面作戰中的劣勢，便逐漸轉而利用潛艇來攻擊協約國的商船，這種威脅顯然嚴重得多。但是，專爲打擊敵方貿易的潛艇戰，其本質決定了它收效緩慢，而且過程艱苦，它的成功與否只能由協約國的商船損失噸位，與下水的新船噸位，以及被摧毀的德國潛艇數對比起來才能看出。總之，潛艇戰不可能帶來快速的勝利。

協約國兵員數和工業方面的優勢未能發揮應有效用的第二個原因，在於軍事鬥爭本身的性質。當各方擁有的數百萬軍隊雜亂地布滿在幾百英里長的戰線上時，要取得像耶拿戰役或薩多華戰役那樣的決定性勝利是很困難的（在西歐，則是不可能的）。即使精心策劃和準備了幾個月之後發動的一次「猛烈攻勢」，通常也只能分解成幾百個梯次的小規模戰場行動，而且相互間的通訊聯絡幾乎完全中斷。儘管某些前線地區出現拉鋸戰，但是缺乏取得眞正突破的方法，如果有這樣的突破，雙方就能及時動員和調集預備部隊，運來大批砲彈、有刺鐵絲網和大砲等，以準備下一回合的僵局。直至戰爭末期，仍沒有任何一方能夠突破敵方約四英里縱深的陣地防線而不遭到毀滅性反擊火力的砲轟，或者能通過被砲火轟得翻騰扭曲而難以通行的地面向前推進。即使有時發動一次突襲而往前攻占了敵軍的幾道戰壕，但是仍沒有特殊裝備來利用這種優勢以擴大戰果。鐵路遠在幾英里的後方，騎兵太容易受到攻擊（並且受飼料補給的限制），負載過重的步兵無法做遠距離推進，而極重要的砲兵部隊則受長長的運補馬車所限制。

欲取得戰場上快速的勝利，除了上述這個一般性問題外，還因爲德國擁有下面兩個特殊的優勢。第一個優勢是，一九一四年八、九月間德軍在法國和比利時的勢如破竹使它占領了好幾處可以俯視西線戰場的高地山脊。從那時起，除了像凡爾登（Verdun）戰役這樣極少數的例外情況之外，德軍一直在西線採取守勢，迫使英法軍隊在諸多不利的情況下進攻，因此，儘管英法軍隊在兵員上占有優勢，但仍無法克服這一基本的不利條件。德國的第二個優勢是德國優越的地理位置，再加上東西線之間有良好的國內交通設施，使得法金漢（Falkenhayn）和魯登道夫（Ludendorff）這樣的將領能把幾個師從一條戰線調到另一條戰線，有一次甚至在一個星期內讓整整一個軍的部隊穿越中歐，如此一來，在某種程度上抵銷了協約國對德國的「包圍」。

因此，在一九一四年，甚至當陸軍主力在西線攻打敵人時，普魯士參謀本部就緊張地抽調兩個軍的兵力增援其遭到攻擊的東線。這一行動並未對西線的攻擊造成致命影響（因為從後勤支援的角度而言，西線攻擊無論如何是不合理的），但確實有助於德軍反擊俄軍匆促的入侵東普魯士（德軍在馬蘇里恩湖〔Masurian Lakes〕一帶展開軍事行動）。一九一四年十一月在伊普爾（Ypres）展開的血腥戰鬥，已使法金漢相信不可能在西線取得快速的勝利，於是他又抽調了八個師的德軍去東線。由於奧匈帝國的軍隊在塞爾維亞戰役中遭到了屈辱性的打擊，同時由於一九一四年法國實施不切實際的十七號作戰計畫，造成六十萬軍隊的傷亡，而且還受阻於洛林，看來只有在俄屬波蘭和加里西亞等開闊地帶發動突圍才可能收效。至於這次突圍是否將重演俄軍在倫貝格（Lemberg）戰勝奧匈帝國的戰果，或者德軍是否將重演其在坦能堡/馬蘇里恩湖的勝利，則有待觀察。當英法聯軍於一九一五年全年在西線連續不斷地發動猛烈攻勢之時（在這些攻勢中法國又有一百五十萬軍隊傷亡，英國則折損三十萬軍隊），德國人正準備沿著東線戰場發動一波接一波野心勃勃的攻擊，一方面是為了營救被圍困在喀爾巴阡山地區的奧匈軍隊，但主要還是為了殲滅戰場上的俄軍。事實上，俄軍仍然十分龐大（而且一直不斷增兵），所以要殲滅它是不可能的。不過，到了一九一五年年底，在戰術運用方面和後勤補給方面都表現優越的德軍，對俄軍施展一連串的痛擊，並將俄軍趕出立陶宛、波蘭和加里西亞。在南方，德軍的後援部隊與奧軍會師，並與投機的保加利亞軍隊一起出擊，最後終於攻陷塞爾維亞。一九一五年協約國所做的一切努力——無論是指揮不當的加里波利（Gallipoli）戰役和白忙一場的薩羅尼加（Salonika）登陸戰役，或是誘使義大利參戰——都對俄國人沒有真正的幫助，或者對牢固的同盟國集團構成什麼挑戰。

一九一六年，法金漢愚蠢地將德國的戰略做了一百八十度掉轉，把軍隊調往西線，瞄準凡爾登發動連番猛攻，想置法軍於死地，結果證明還是先前的政策正確。德軍在凡爾登戰役中折損很多個師，而且讓東線的俄國趁機在一九一六年六月由布魯西洛夫（Brusilov）將軍指揮發動絕地大反攻，把潰不成軍的哈布斯堡軍隊一路趕到喀爾巴阡山區，使之面臨滅頂之災。幾乎在此同時，由海格（Haig）指揮的英軍在松姆河域發動大規模的攻勢，一連幾個月對據守在高地山脊上的德軍施加巨大的壓力。協約國的這次東西並進的作戰行動造成凡爾登戰役逐漸結束，加上一九一六年八月下旬法金漢被興登堡和魯登道夫所取代，德國的戰略地位也隨之獲得改善。德軍在松姆河戰役中的傷亡可謂慘重，但比起海格軍隊的傷亡則是小巫見大巫。西線再度回復到守勢，使德軍再次移師東線，也使奧匈軍隊振作起來，接著侵占羅馬尼亞，然後援助南方的保加利亞。

德軍除了擁有內側作戰、有效率的鐵路網和優越的防禦陣地等有利條件外，也在相關的時間安排（timing）方面處於有利地位。協約國擁有較多的資源，但不可能在一九一四年即刻動員起來爭取勝利。俄軍當局始終能夠徵召一批又一批的新兵來補充戰場上不斷傷亡的兵員，但是既沒有武器也沒有參謀人員來擴充這支軍隊，使其超越一定的限度。在西線，直到一九一六年海格的軍隊才超過一百萬。即使在當時，英國仍然很想將其軍隊轉移到歐洲以外的戰場上，如此勢必減輕對德國的潛在壓力。這表示在戰爭的頭兩年，俄國和法國擔負著遏阻德國軍事機器的大部分責任。各方之間的戰鬥極爲激烈，但到一九一七年初，均開始顯得力不從心。法軍在凡爾登戰役之後已接近其實力的極限，一九一七年尼維勒（Nivelle）魯莽的攻擊行動更顯出其疲態；而布魯西洛夫的攻擊雖然幾乎已摧毀了哈布斯堡軍隊，使之成爲一支喪失戰鬥力的部隊，但對德國本身沒有造成損害，反而給俄國的鐵路運輸、糧食庫存和國家財政帶來了更大的壓力，並消耗了許多訓練有素的人力資源。雖然海格的新軍彌補了法軍的日益虛耗，但這並不是協約國將在西線贏得勝利的前兆，而且如果這些兵力被濫用於正面攻擊，德軍可能仍然固守法蘭德斯的陣地，而在東線繼續加緊其勢如破竹的軍事行動。最後，協約國也不能期望從阿爾卑斯山脈以南得到什麼幫助，因爲該地區的義大利軍隊正拚命要求支援。

這種雙方均要付出愈來愈大的軍事犧牲的情況，勢必也發生在財政和工業領域中，而且都產生束手無策的局面（至少到一九一七年時是如此）。在最近的一些研究中，人們就第一次世界大戰刺激國民經濟發展的方式進行了深入的探討。大戰把現代工業帶入許多領域，並使得軍火生產大幅度成長。然而仔細想想，這的確不令人意外。儘管自由主義者和其他人曾對一九一四年之前軍備競賽的代價發出哀鳴，但當時只有國家財政收入的極小部分（平均爲百分之四強）用於軍備生產。當「總體戰」來臨之後，戰時政府牢牢掌握了國家的工業、勞動力和財政，軍火生產量就勢必節節高升，使上述的數字上漲到百分之二十五或百分之三十三。由於一九一四年末和一九一五年初，每支部隊的將領拚命抱怨長期的「砲彈不足」，政治人物們害怕前線砲彈不足的情況一被發現後所帶來的影響，所以也勢必開始與實業界和勞工聯手加緊生產軍需物資。由於現代官僚國家擁有發行公債和提高稅收的權力，曾使十八世紀國家陷於癱瘓的那種支撐長期戰爭的財政收支障礙已不復存在。因此，度過了對這些新情況的適應期後，各國的軍備生產量勢必暴增。

因此，研究各參戰國的戰時經濟在哪些方面顯現出弱點是很重要的，因爲要是沒有情況較爲良好的盟國伸出援手，這些弱點很有可能導致整個經濟崩潰。在這方面，我們將不詳細探討這些大國中最弱的兩個國家——奧匈帝國和義大利，雖然奧匈帝國在長期的戰事中支撐得相當不錯（尤其是在義大利戰線），但要不是德國一再的軍事支援，使其愈來愈像是柏林的衛星國，哈布斯堡帝國早就慘遭俄國的毒手而覆亡了。至於義大利，雖然在卡波雷托慘敗之前還不需要盟國的直接軍事援助，但是它愈來愈依賴其較爲富裕和強大的盟國供應重要物資，如糧食、煤碳、原料、船舶以及二十九億六千萬美元的貸款（用來支付軍需品和其他產品）。義大利在一九一八年的最後「勝利」，就像哈布斯堡帝國最後的敗北和解體，基本上要看其他國家的行動和決議而定。

有人認爲，到了一九一七年，義大利、奧匈帝國和俄國好像在比賽誰最先崩潰。事實上，俄國應該最先崩潰，這主要是因爲俄國面臨羅馬和維也納都沒有的兩個問題。第一個問題是，俄國幾百英里長的邊界地區遭受戰鬥力甚爲強大的德國軍隊的猛烈攻擊。第二個問題是，即使在一九一四年八月時，當然更不用說土耳其參戰以後，俄國在戰略上處於孤立的地位，所以從未能獲得盟國足夠的軍事或經濟援助，以維持其龐大戰鬥機器的運轉。當俄國像其他參戰國一樣很快就知道其彈藥的消耗速度比戰前估計的要快上十倍左右時，它不得不大規模地擴大國內的軍火生產。即使這意味著把資源交給利慾薰心的莫斯科工業家手中，但結果證明這樣做遠比等待延誤多時的海外採購要可靠得多。在戰爭的頭兩年半時間裡，俄國的軍火生產量和工業農業生產量都取得了令人印象深刻的成長，然而這一成長卻使得不良的運輸系統負荷過重而傷痕累累，這個運輸系統愈來愈不堪承受運送兵員、馬料等的繁重負擔。因此，砲彈堆積在遠離前線的地方；糧食無法運到缺糧地區，尤其是城市的缺糧地區；協約國的補給物資在莫曼斯克（Murmansk）和阿爾漢格爾斯克（Archangel）港口一放就是幾個月。地位卑微而且辦事效率低落的俄國行政官僚無法克服這些基層組織的缺陷；而爭吵不休和麻木不仁的高層政治領導階層也沒有對基層有多少幫助。相反地，沙皇政府不顧一切地採取失去平衡的財政政策，實際上是在自掘墳墓。沙皇政府禁止烈酒的買賣（酒類占其財政收入的三分之一），鐵路運輸設施（和平時另一項重要的收入來源）損失慘重，而且——與英國的勞合喬治（Lloyd George）背道而馳——拒絕對較富裕階級提高所得稅，國家以拚命發行公債和印行更多紙幣的方法來支付戰費，結果物價指數一路攀升，從一九一四年六月名目上的一百點上升到一九一六年十二月的三百九十八點，然後上升到一九一七年六月的七百零二點，這時，糧食供應嚴重短缺，加上通貨極度膨脹，引發了一波接一波的罷工浪潮。

和工業生產一樣，在大戰的頭兩、三年間，俄國的軍事成就是值得稱道的，儘管情況並沒有像戰前想像的那樣——「俄國蒸汽壓路機」將碾平整個歐洲——然而它的軍隊忍受著西方人聞所未聞的艱難困苦和紀律約束，以其慣有之堅韌不拔的方式頑強作戰。俄軍與奧匈軍隊作戰可謂節節勝利，從一九一四年九月在倫貝格初傳捷報，到布魯西洛夫輝煌的攻擊行動，其成就與對土耳其作戰的高加索戰役非常相似。但是，俄軍與裝備精良、機動力強的德軍作戰時，其戰績卻完全相反。即使這種情況也需通盤地加以觀察，因爲一次戰役（如一九一四年的坦能堡和馬蘇里恩湖戰役或者一九一五年的喀爾巴阡山戰役）中的傷亡可以由每年徵召入伍的新兵得到補充，同時爲下一季的作戰行動隨時待命。當然，在一段時間之後，軍隊的素質和士氣勢必受到這些慘重傷亡的影響：俄軍在坦能堡和馬蘇里恩湖戰役中損失二十五萬人，在一九一五年年初的喀爾巴阡山戰役中損失了一百萬人，當馬肯森（Mackensen）攻擊波蘭中部時損失了四十萬人，在一九一六年的戰鬥中（始於布魯西洛夫的攻勢，終止於在羅馬尼亞的潰敗）又足足損失了一百萬人。因而，到了一九一六年年底，俄軍的傷亡人數總共達三百六十萬左右，另有二百十萬人被同盟國俘虜。也在那時，俄國決定徵召第二類新兵（即家庭中唯一負擔生計的男性），這不僅在農村引發了可怕的農民暴動，而且把成千上萬怨氣沖天的新兵招進軍隊。與上述同等重要的因素還有：訓練有素的士官人數逐漸減少，前線武器、彈藥和食物供應不足，以及與德國戰爭機器相比所出現之日益嚴重的自卑意識。德軍似乎事先知道俄國人的所有意圖，而且擁有占絕對優勢的砲火，行動也比任何人迅速。到一九一七年年初，戰場上的連番挫敗，加上城市中的動亂和謠傳分配土地的推波助瀾，造成了兵敗如山倒的局面。克倫斯基（Kerensky）於一九一七年七月發動的攻勢可謂是最後一擊，與先前一樣，一開始對奧軍的攻勢很順利，但後來被馬肯森的反攻打得七零八落。俄軍最高統帥部對自己的軍隊下了這樣的結論：「這簡直是一大群憤怒的烏合之眾，而且衣衫襤褸、營養不良、疲憊不堪。共同的渴望和平與共同的失望使他們結合在一起。」現在俄國所能等待的只是戰敗，和一場比一九〇五年革命嚴重得多的國內革命。

一九一七年年中，法國對尼維勒發動毫無意義的攻勢之後，成千上萬的士兵譁變，法國差點也遭到與俄國相似的命運。至於去推測究竟相差多少，那是沒有意義的，因爲事實是，儘管法國的情況表面上與俄國相似，但是法國有許多重要的有利條件使其繼續參戰。第一個有利條件是，法國舉國一致的團結心遠比俄國強得多。而且全國上下決心要把德國侵略者驅趕回萊茵河。當然，如果法國單獨作戰，這種決心可能會漸漸消失。第二個有利條件，也可能是關係最重大的條件是，法國能從聯合作戰中獲益，而俄國則不能。自一八七一年以來，法國人深知他們不能和德國單獨作戰，一九一四年至一九一八年的戰事完全證實了這一判斷。這並不是要貶低法國在軍事或經濟上對這場戰爭的貢獻，而只是把它的貢獻放在歷史背景中加以檢視。假定法國百分之六十四的生鐵產能、百分之二十四的鋼產能，和百分之四十的煤產能迅速落入德國人手裡，則一九一四年後法國的工業復興是很了不起的（請聯想一下，如果這種政治承諾放在十九世紀，法國能有什麼表現呢）。大大小小的工廠在法國全國各地開辦起來，緊接著僱用婦女、兒童和退伍軍人，甚至把應徵入伍的熟練工人從前線壕溝中調回來投入生產。科技主義的決策者、實業家和工會聯合起來傾全力爲國家生產砲彈、重砲、飛機、卡車和坦克，結果使產量劇增。因而有位學者認爲，「不是英國，更不是美國，而是法國成了第一次世界大戰中民主國家的最大兵工廠。」

然而，如果法國不依靠英國和美國的援助，則要傾全力於軍火生產是絕不可能的，因爲機槍的產量增加到原來的一百七十倍，步槍的產量增加了二百九十倍。英美的援助包括：不斷對法國輸出煤、焦炭、生鐵、鋼和機具等新軍火工業不可或缺的物資；對法國貸放三十六億美元的款項，使法國能夠支付從海外購買原料的費用；英國船舶撥給法國使用的總噸數也不斷增加，而如果沒有這一援助行動，大多數的法國貨物是動彈不得的；最後還供應糧食給法國。這最後一項援助似乎有點奇怪，因爲在和平時期法國的農業生產歷來是自給有餘的。然而事實是，和歐洲的其他參戰國（英國除外）一樣，法國由於從農業領域中抽調了過多的人力，把馬匹轉用於騎兵或軍需運輸任務，把原來用於肥料和農機生產的資金投入炸藥和大砲的生產，以致農業受到了損害。不幸地，一九一七年是個歉收年，到處糧食匱乏，價格節節攀升，而法軍自己的糧食貯備只夠兩天的使用量。這是革命的導火線（尤其是在剛剛發生過士兵叛變之後），幸虧法國緊急調用英國商船把美國的糧食運來，才扭轉了這種形勢。

同樣地，在整個西線，法國需要依靠英國和美國軍事援助的數量愈來愈多。在戰爭的頭兩、三年間，法軍在戰場上首當其衝，傷亡慘重，甚至在一九一七年尼維勒攻勢之前就傷亡了三百萬人以上。由於法國不像德國、俄國和大英帝國那樣擁有龐大而未經訓練的後備人員，所以要替補傷亡的兵員就難得多。不過，到一九一六年至一九一七年間，西線方面海格的軍隊已擴大至法軍總兵力的三分之二，並且固守著八十多英里的戰線。雖然英軍的最高統帥部不顧一切地渴望繼續發動攻勢，但是松姆河戰役確實有助於減輕德軍對凡爾登的壓力。這和一九一七年的帕森代爾（Passchendaele）戰役情況一樣，那次戰役迫使德軍從法國負責的戰線上調走兵力，而當時貝當（Petain）正竭力對法軍在叛變後的士氣重整旗鼓，等待新的卡車、飛機和重砲來完成步兵集結作戰所不能完成的任務。最後，在一九一八年三月到八月間沿西線進行的慘烈的拉鋸戰中，法軍不僅可以依靠大英帝國的軍隊，而且可以依靠源源而來的美國軍隊，當一九一八年九月福煦（Foch）指揮最後的反攻時，可供他調遣的兵力有一百零二個法國師、六十個大英帝國師、四十二個美國師（編制比正規師大一倍）和十二個比利時師，而跟他作戰的德軍只有一百九十七個編制不全的師。唯有靠著這些國家軍隊的聯合作戰，才使得難纏的德軍終於被逐出法國國土，使法國重新獲得自由。

當一九一四年八月英國參戰時，它根本沒有考慮到，爲了取得最後勝利，它也要依靠另一個大國。從英國戰前的計畫和準備的情況推斷，其戰略專家們想像，當皇家海軍消滅德國商船隊（或許加上公海艦隊）於遠洋之時，當英國的自治領和印度軍隊奪取德國的殖民地之時，英國可派一小支精銳的遠征部隊跨過英吉利海峽「堵住」法軍和比利時軍之間的缺口地帶，擋住德軍的攻勢，直到俄國「壓路機」轟隆而來和法國的十七號攻擊計畫成功，就可以長驅直入德國本土。像其他國家一樣，英國也沒有準備打一場長期戰爭，雖然它採取了某些措施防止其脆弱的國際信用貸款和商業網路陷入突發的危機。但是，和其他國家不同的是，英國也沒有準備在歐洲大陸發動大規模的軍事行動。因此，毫不奇怪地，經過一、兩年緊鑼密鼓的準備才有一支一百萬人的英國大軍出現在法國領土上參戰。英國爲了生產步槍、大砲、機槍、飛機、卡車和彈藥使政府的耗費激增，這暴露了生產方面的許多缺失，這些缺失唯有靠勞合喬治的軍需部慢慢去解決。這裡我們又看到軍火生產量極大的成長，請看表5-12。

表5-12　英國軍火產量一覽表（1914-1918年）

項目 ＼ 數量 ＼ 時間	1914年	1915年	1916年	1917年	1918年
大砲（門）	91	3,390	4,314	5,137	8,039
坦克（輛）	—	—	150	1,110	1,359
飛機（架）	200	1,900	6,100	14,700	32,000
機槍（挺）	300	6,100	33,500	79,700	120,900

但是，只要我們了解到英國的國防經費從一九一三年的九千一百萬英鎊增加到一九一八年的十九億五千六百萬英鎊，上述巨幅成長就不足爲怪了。到一九一八年英國的國防經費占政府總支出的百分之八十，占國民生產毛額的百分之五十二。

因此，指出英國在第一次世界大戰中所暴露出來的戰略弱點，要比詳述大英帝國的師團，飛機中隊和重砲連在數量上的增加重要得多。它的第一個戰略弱點是，雖然它在地理位置和戰艦的數量上占有優勢，這使協約國保持著水面作戰的制海權，但是皇家海軍對於德國在一九一七年初發動的無限制潛艇戰，完全沒有做好還擊的準備。它的第二個弱點是，雖然英國一連串比較廉價的戰略手段（封鎖、軍事占領對方的殖民地和海陸兩棲作戰）對擁有豐富資源的同盟國收效似乎不大，但是如果採取與德國軍隊直接會戰的戰略也未必有成效，而且這樣做還得以龐大人員的傷亡為代價。到一九一六年十一月驚天地泣鬼神的松姆河戰役接近尾聲時，英軍的傷亡已超過四十萬人。雖然英國最精銳的志願部隊被消滅殆盡，政界人士震驚不已，但是，海格對最後的勝利仍然充滿信心。到了一九一七年年中，他又積極準備從伊普雷向東北方的帕森代爾推進。這波攻勢有如泥沼中的惡夢，又使英軍平添了三十萬人的傷亡，而且嚴重地打擊了法國境內多數英軍的士氣。因此，勞合喬治和充滿帝國主義思想的戰時內閣不顧海格和羅伯森（Robertson）將軍的抗議，把更多的英軍調往近東，以奪取更多的領土，因為在近東可能遭到的損失遠比強攻德軍固若金湯的戰壕來得小。

但是，在帕森代爾戰役之前，英國就已經承擔了對德戰爭的領導者角色。法俄兩國在戰場上的陸軍人數雖然仍超過英國，但是他們已經被損失慘重的尼維爾攻勢和德軍的反擊打得焦頭爛額、筋疲力盡。在經濟領域中，英國的領導角色尤為明顯，它在國際信貸市場上扮演著銀行家和債權人的角色，它不僅為自己也為俄國、義大利，甚至法國充任貸款擔保，因為這幾個協約國盟邦有限的黃金儲備或國外投資債券無法償付它們大量進口軍火和原料所需的鉅額款項。事實上，到了一九一七年四月一日，協約國之間的戰爭貸款已上升到四十三億美元，其中的百分之八十八都由英國政府作保。雖然，英國好像又重演「聯盟銀行家」的角色，但這次與十八世紀不同的是，英國與美國的貿易存在著巨額赤字。這是因為美國供給協約國價值數十億美元的軍火和糧食（由於海上封鎖，沒有對同盟國供應），但卻很少要求用實物形式來償付。英國鉅額的黃金儲備和美元債券都不足以彌合這個差距，唯有向紐約或芝加哥的金融市場借貸美元，支付現款給軍火商，才能做成買賣，因此這意味著協約國的戰爭行動將更加依賴美國的財政援助。一九一六年十月，英國財政大臣警告說：「最遲到明年六月，美利堅合眾國總統就將能隨心所欲地對我們發號施令了。」這些「獨立的」大國因此深感不安。

那麼，德國的情況又如何呢？它在戰爭中的表現一直是驚人的。正如諾塞奇（Northedge）教授所說的，它「雖然沒有盟邦的大力援助，但卻成功地迫使所有的對手都陷入困境。它打敗了俄國，並將稱雄兩個多世紀的歐洲軍事巨人法國逼入絕境。一九一七年，它只差一點就將迫使饑腸轆轆的英國俯首稱臣。」這一方面是由於上面提到過的優勢：良好的國內交通網路、西線易守難攻的陣地、和東線的開闊地帶有利於打機動戰對付效率低劣的敵人；另一方面歸功於德軍優異的戰鬥素質。這支軍隊擁有一大批足智多謀的參謀軍官，他們在戰場上的應變能力遠勝於其他國家的軍官，而且到了一九一六年，他們對防禦戰和攻擊戰的性質又重新加以研究。

最後，德國還有眾多的人口和龐大的工業基礎作爲「總體戰」的強大後盾。事實上，德國動員的男子超過了俄國（一千三百二十五萬人對一千三百萬人），由於兩國的總人口數不同，這是項了不起的成就；而且它在戰場上投入的兵力也始終多於俄國。在德國最高統帥部和諸如拉特瑙（Walther Rathenau）那樣聰明的官員兼商人嚴密監督之下，它的軍火生產量激增。這些官商人員建立了卡特爾組織，負責調配重要物資，避免出現生產瓶頸。內行的化學家爲那些由於英國海軍的封鎖而斷絕來源的原料（如智利的硝酸鹽）發明了代用品。德國占領的盧森堡和法國北部地區成爲德國開發礦沙和煤炭的重地，比利時的工人被徵集到德國工廠中工作，羅馬尼亞的石油和小麥則在德軍於一九一六年入侵後遭到了有計畫的掠奪。如同拿破崙和希特勒一樣，當時的德國軍方領導階層採取的是以戰養戰的策略，到了一九一七年上半年，俄國澈底崩潰，法國氣喘吁吁，英國則在德國潛艇的「反封鎖」之下掙扎，德國似乎已經勝利在望。倫敦和巴黎的政治家們雖然嘴上還在高呼

「血戰到底」的口號，心裡卻在焦急地盤算達成和平妥協的可能性。這種情況持續了十二個月，直至形勢逆轉爲止。

然而，在條頓民族這種強大的軍事——工業的外表背後，卻潛伏著一些相當嚴重的問題。在一九一六年夏季之前，德軍在西線處於守勢而在東線節節勝利的時候，這些問題還不太明顯。但是，在凡爾登戰役和松姆河戰役中，情況發生了重大變化。一九一五年，德軍在西線的傷亡爲八十五萬人左右，一九一六年則躍增到一百二十萬人。在松姆河戰役中，英國人動員了全國的資源傾巢而出，抵死廝拚，令德國人爲之震撼。這一場戰役後接著於一九一六年八月產生所謂的興登堡計畫，該項計畫宣稱要大規模擴充軍火生產量，並對德國經濟和社會施行更嚴格的控制，以迎合總體戰的需要。由於獨裁政權對人民的嚴密控制，加上政府大舉借債和浮濫發行紙幣造成嚴重的通貨膨脹，這對民心士氣是沉重的打擊。而民心士氣是整個大戰略的一環，對於其重要性，魯登道夫顯然沒有勞合喬治和克里蒙梭（Clemenceau）理解得深刻。

即使作爲一項經濟指標，興登堡計畫的問題也不少。爲了滿足異想天開的增產計畫（炸藥增產一倍，機關槍增產兩倍），德國工業界拚命努力達成目標，但仍處處受阻礙。這些指標不但意味著需要增加許多工人，而且還意味著需要大量投資以擴充基礎設施，包括新的鼓風爐和跨越萊茵河的橋樑，這使德國的人力物力更趨短缺。因此，不久以後，情況就愈來愈明朗了：要完成這一計畫必須從軍隊中調回大批熟練的技術工人。所以，德國在一九一六年九月讓一百二十萬人退伍，在一九一七年七月又解除了一百九十萬人的兵役義務。德軍在東西兩條戰線都有嚴重傷亡的情況下，再釋出這麼多人力，意味著德國大量強壯的男性人口即將達到使用的極限。從這個角度看，帕森代爾戰役不僅是英國軍隊的大災難，也是魯登道夫的大失敗，因爲這次戰役使他的四十萬軍隊失去作戰能力。到了一九一七年十二月，德軍總人數一直低於六個月以前的最高人數——五百三十八萬人。

興登堡計畫的最後一個錯誤，就是長期忽視農業。這一點甚至比法俄兩國有過之而無不及。大量的人員、馬匹和燃料從農地上被徵募或挪用，以滿足軍隊或軍火工業的需要。這是一種瘋狂的失衡，因爲德國不能（像法國那樣）用進口糧食的辦法來彌補這個錯誤的決策。當德國農業產量猛然下降的時候，食品價格便飛漲，於是人民無不怨聲載道。一位學者一針見血地指出：「掌理德國經濟的軍事當局一面倒地擴充軍火生產量，到了一九一八年年底已將整個國家推到了飢餓的邊緣。」

但是，在一九一七年初人們還看不到上述危機，因爲當時承受著戰爭打擊的是協約國；而且事實上，俄國正在土崩瓦解，法國和義大利也是朝不保夕。雙方集團都已打得筋疲力盡，但是德國仍然占有總體的軍事優勢。這時，德國最高統帥部卻對美國採取了極不明智的政策。當時美國的政策偏向協約國，這原本就是公開的祕密。雖然在海軍封鎖的問題上，雙方偶有爭執，但是由於美國在意識形態上同情協約國，而且出口商也愈來愈依賴西歐市場，因此，華盛頓對德國的政策不得不抹上一定的歧視色彩。但是，最後迫使威爾遜和美國國會參戰的因素在於兩個事件上：德國宣布對所有商船運輸實施無限制的潛艇戰，和德國祕密提議與墨西哥結盟之事機外洩。

至少在一九一七年四月以後的十二至十五個月裡，美國參戰的重要意義主要不在軍事方面，因爲當時它的軍隊對現代化戰爭還缺乏準備，甚至還不如一九一四年歐洲各國的軍隊。但是，它那被數十億美元的協約國軍事訂單刺激起來的生產能力卻是無可匹敵的。它的工業總潛力和在世界製造業產量中的占有率，是正逢過度吃緊的德國經濟的二點五倍。它能夠讓數百艘的新商船下水使用。在德國潛艇平均每月擊沉五十萬噸英國和其他協約國商船的情況下，這不啻是雪中送炭。它還能在短短的三個月內建造完成許多艘驅逐艦。它的糧食出口量占全世界的一半。現在它不但可以把這些糧食運往英國市場，還可以輸往法國和義大利。

因此，從經濟力量的角度說，美國之參戰扭轉了當時的均衡狀態，彌補俄國崩潰的影響還綽綽有餘。正如表5-13所顯示的（應該與表5-11對照來看），現在協約國可祭出用以對敵作戰的生產資源是無以倫比的。

表5-13　減去俄國加上美國之後兩大集團的工業和科技力量比較表

項目／數字／國家集團	英／美／法三國（%）	德國／奧匈帝國（%）
在世界製造業產量中所占的百分比（1913年）	51.7	19.2
能源消耗（1913年），折算成煤炭，百萬噸	798.8	236.4
鋼產量（1913年），百萬噸	44.1	20.2
總體工業潛力指數（以英國1900年爲100爲準）	472.6	178.4

由於把這種經濟潛力轉化爲精銳的戰鬥力還有一段「時差」，所以美國參戰之初，效果不甚明顯。美國人不可能在很短的時間內生產出自己所需要的坦克、野戰砲和飛機（事實上美國必須向法國和英國調借這類重型武器）；但是，美國能夠源源不斷地向倫敦、巴黎和羅馬傾注它們所急需的輕型武器和彈藥以及其他物資。它還能夠接收銀行業者的私人信用貸款合約以支付這些貨物，並將之轉化爲政府間的債務。此外，過一段較長的時間以後，美國軍隊還將擴充成一支數百萬人的大軍，不僅精神飽滿、信心十足，而且裝備齊全，投入戰場後可澈底改變歐洲的均勢。而在此同時，英國人必須從帕森代爾的羞辱中掙脫出來；俄軍已經潰不成軍；德國的援軍幫助同盟國軍隊在卡波雷托痛殲義大利軍隊；魯登道夫則正在把東線的部分德軍調至西線，準備對脆弱的英法聯軍戰線發動決定性一擊。誠然，英國在近東地區與土耳其的戰

爭中獲得輝煌的戰績，占領了耶路撒冷和大馬士革，但是如果德國人在西線也大獲全勝，並占領法國，那麼近東的勝利根本無法補償這種損失於萬一。

正因爲如此，各主要交戰國的領導階層都把一九一八年即將開打的戰役看作是整個戰爭的大決戰。雖然德國必須將一百多萬兵力留在東方新征服的龐大帝國內——此一帝國在《布列斯特立托夫斯克和約》（the Treaty of Brest-Litovsk）（一九一八年三月）中終於得到布爾什維克黨承認——但魯登道夫從一九一七年十一月起即以平均每月抽調十個師的速度從東線向西線增兵。一九一八年三月底，當德國的戰爭機器已經擺好陣勢準備發動攻擊時，德軍兵力比英法聯軍占有近三十個師的優勢，其中許多部隊接受過布魯赫穆勒（Bruchmuller）等參謀軍官執教的「暴風突擊隊」式的突擊戰術訓練。如果他們能突破協約國防線，並且挺進至巴黎或英吉利海峽，那將是這次大戰中最大的軍事勝利。但是，所冒風險也是非常恐怖的，因爲魯登道夫正在動員德國剩餘的全部資源，準備進行孤注一擲的豪賭。在這一切背後，德國經濟正無可奈何地衰落下去。它的工業產量已降至一九一三年水準的百分之五十七；農業備受忽視，加上惡劣的氣候，產量直線下滑，導致食品價格飛漲，國內民怨沸騰。超負荷的鐵路車輛已經無法按計畫將東部的原料運到西部。魯登道夫一共在西線部署了一百九十二個師，其中有五十六個師被指定爲「攻擊師」。這意味著德軍正迅速遞減的武器彈藥貯備將有一大部分供給這些部隊使用。這是德軍最高統帥部只許成功不許失敗的一次賭博。萬一失敗了，德國的資源將無以爲繼，而且到了這時候美國已能夠每個月將三十萬部隊投入法國戰場，德國的無限制潛艇戰也將被協約國的護航艦隊完全化解。

魯登道夫的初期攻勢很成功，他摧毀了兵力上占優勢的英國第五軍，將英法聯軍一分爲二，並在一九一八年六月初推進至距巴黎僅三十七英里的地方。驚惶失措的協約國一方面授權福煦（Foch）指揮全部的西線部隊，一方面從英國、義大利和近東增調援兵。同時，它們（在私底下）又開始爲和平妥協而憂心忡忡。但是，德軍也因爲戰線過長，和轉守爲攻而付出慘重代價。例如，在對英國防區發動的最初兩波猛烈攻勢中，英軍和法軍分別傷亡二十四萬人和九萬二千人，但德軍自己的損失也增加到三十四萬八千人。到了七月份，「德軍的傷亡共達九十七萬三千人，掛病號的人數也超過一百萬人。到十月份，西線的總兵力只剩下兩百五十萬人，而且兵源已幾近枯竭。」七月中旬以後，協約國軍隊不僅在生力軍方面，而且在大砲、坦克和飛機等武器裝備方面都占了上風。福煦因此開始調度一連串的攻勢，由英美法三國軍隊或協同作戰、或輪番進攻，皆使日趨衰弱的德軍毫無喘息的機會。而在此同時，協約國軍隊於敘利亞、保加利亞和義大利也傳出大捷報。到了一九一八年九、十月份，驚慌失措的魯登道夫再也回天乏術了，整個德國的領導中心正在崩潰。國內民眾的不滿情緒和革命活動，加上戰場上的挫敗，終於導致了投降、混亂和政治動盪。因此，不但德國的軍事企圖化爲泡影，整個歐洲的舊秩序也蕩然無存。

鑑於第一次世界大戰帶給人們極端的傷亡、苦難和破壞，也鑑於它是歐洲文明的自我摧殘及其對世界的影響，那麼表5-14中列出的統

表5-14　戰爭經費與動員起來的總兵力一覽表（1914-1919年）

國家與集團 ＼ 數字 ＼ 項目	戰爭經費：按1913年物價計算（單位：10億美元）	動員起來的兵力（百萬人）
大英帝國	23.0	9.5
法國	9.3	8.2
俄國	5.4	13.0
義大利	3.2	5.6
美國	17.1	3.8
其他協約國	–0.3	2.6
協約國總計	57.7	40.7
德國	19.9	13.25
奧匈帝國	4.7	9.00
保加利亞、土耳其	0.1	2.85
同盟國總計	24.7	25.10

計數字未免有些太唯物論了。但事實上表中的數字正好說明了我們上面闡述過的觀點：同盟國所擁有的優勢（包括良好的國內交通線、德軍的優良素質、對大片領土的占領和開發利用，以及成功地孤立和戰勝俄國）統統加起來也不足以抵銷它們在經濟實力和總兵力上的極大劣勢。如果說魯登道夫在一九一八年七月對德軍兵員無以爲繼深感失望，那麼一般的德國士兵對於剛在同年春天被他們擊敗的協約國部隊有如此好的物資補給所表現出來的驚訝態度，則顯示了雙方生產能力上的差距。雖然第一次世界大戰的結局並不是預先注定的，但是，這裡的證據顯示，這場衝突的全部過程（從初期的僵持階段、義大利參戰微乎其微的效益、俄國國力的衰竭、美國參戰的決定性意義，一直到同盟國的終於崩潰）與雙方在衝突各階段的經濟狀況、工業生產能力以及能有效地動員的兵力是密切吻合的。毋庸置疑，將軍仍須運籌帷幄，士兵仍須衝鋒陷陣，水兵仍須搏擊海浪；但是，歷史證明，這些素質和才能是雙方所共有的，沒有一方享有絕對的優勢。其中一方所獨享的（特別是在一九一七年以後）是在生產力方面的明顯優勢。與以往的長期聯盟戰爭一樣，最後發揮決定性作用的，正是這個因素。

第六章　兩極世界的來臨與「中等強國」的危機（二）：一九一九—一九四二

戰後的世界秩序

一九一九年初，大大小小國家的政治家雲集巴黎，謀求一個和平解決爭端的辦法。然而，他們面臨的卻是一道道難題。這些問題比前人在一八五六年、一八一四年至一八一五年間以及一七六三年所遇到的還要廣泛與棘手。儘管議程上的許多項目在當時就得到了解決，並列入《凡爾賽和約》（一九一九年六月二十八日簽訂），但是還有不少問題一直拖到一九二〇年才得以解決，有的甚至拖到一九二三年，如東歐各敵對民族集團爭相獨立而造成的混亂局面，俄國的內戰和外國干涉以及土耳其民族主義者對西方瓜分小亞細亞所採取的抵制行動等等。爲了方便起見，我們權且把這些先後簽訂的協議看作一個整體，而不是按照編年順序逐一加以討論。

從版圖來看，歐洲最顯著的變化是出現了一系列民族國家——波蘭、捷克斯洛伐克、奧地利、匈牙利、南斯拉夫、芬蘭、愛沙尼亞、拉脫維亞和立陶宛（見地圖6-1）。這些國家原先都屬於哈布斯堡王朝、羅曼諾夫王朝和霍亨索倫王朝的領地。而民族凝聚力較強的德國，在東歐喪失的領土則比蘇聯和分崩離析的奧匈帝國少得多。雖然如此，德國的力量仍在其他地區遭到大幅削減：亞爾薩斯——洛林區歸還了法國；和比利時與丹麥接壤的邊界被重劃；萊茵河西部地區爲盟軍所占領；薩爾區遭到法國的經濟剝削；整個國家受到史無前例的「非軍事化」條款的約束（例如，條款

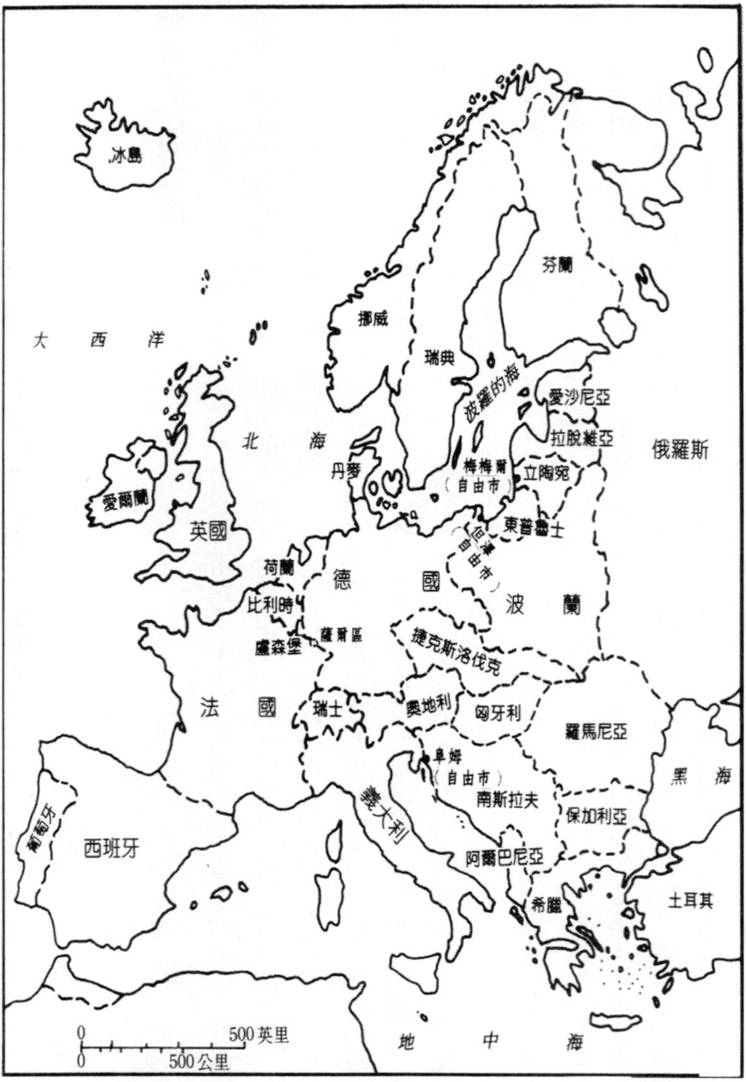

地圖6-1　第一次世界大戰後的歐洲

規定德國只能保留規模極小的陸軍和近岸防衛海軍，不得擁有空軍、坦克或潛艇，裁撤普魯士參謀本部等）；另外還必須承擔巨額賠款。除此以外，德國也失去廣大的殖民地，統歸英國和法國管轄，或成爲自治區。土耳其的情況跟德國相似，它的近東領土成了托管地，由英國和法國在新成立的國際聯盟監督下統治。在遠東地區，日本雖然在一九二二年將山東歸還了中國，但卻接管了原本屬於德國、位於赤道以北的島嶼群。在一九二一年至一九二二年召開的華盛頓會議上，與會各國承認太平洋和遠東地區的領土現狀，並同意對各自的戰艦數量設限，以阻止英、美、日三國的海上勢力競爭。因此，到了一九二〇年代初，無論在西方還是在東方，世界秩序總算趨於穩定。剩下的問題，或今後可能出現的問題，都可以留待國際聯盟來處理。雖然美國意外地改變初衷沒有加入國聯，該組織仍然定期在日內瓦召開例行會議。

一九二〇年以後，美國突然奉行外交孤立主義，這項奇特的舉動似乎與世界列強的發展趨勢相悖。如前文所述，這一發展趨勢自一八九〇年代以來就已經形成。當時的世界政治預言家指出，國際局勢將日漸受到三個新興強國德國、俄國和美國的影響（如果不是宰制的話）。然而事實是，德國已注定遭到失敗的命運；俄國在革命的狂流中掙扎，陷入布爾什維克黨領導的孤立狀態之中；美國雖然在一九一九年已儼然成爲世界上最強大的國家，但卻寧願退出外交舞臺的中心。結果，一九二〇年代和其後一段時間內，國際事務的重心仍然集中在英國和法國的行動上，儘管這兩個國家在一次大戰後實力大不如前；或是以國際聯盟馬首是瞻，而在國際聯盟中居主導地位的還是英、法兩國的政治家。奧匈帝國已經不復存在。義大利則平靜無波，墨索里尼領導的「國家法西斯黨」（the National Fascist Party）在一九二二年奪取政權後正加緊鞏固統治地位。日本亦同，規規矩矩地奉行一九二一年至一九二二年華盛頓會議的決議。

因此，這還是一個以歐洲爲中心的世界。這不免令人費解，其中似乎存在人爲的因素（而以後的事實也證明了此一推測）。這一時期的外交重心是以法國「尋求安全」以對抗可能出現的德國復興爲主。當時，由於美國參議院否決《凡爾賽和約》，法國因此失去了英美的特殊軍事保證，所以法國試圖尋求各種補救措施，例如：慫恿東歐國家組成「反修正主義」集團（一九二一年成立的所謂小協約國Little Entente）；與比利時（一九二○年）、波蘭（一九二一年）、捷克斯洛伐克（一九二四年）、羅馬尼亞（一九二六年）和南斯拉夫（一九二七年）等國個別結盟；維持一支龐大的陸軍和空軍以嚇阻德國，並在德國不交出賠款時加以干預——就像一九二三年魯爾危機那樣；竭力說服英國政府爲法國邊界提供新的軍事保證，不過直到一九二五年簽訂《羅加諾公約》（the Locarno Treaty）時才得以如願。這也是財政外交的緊張時期，因爲德國賠款和協約國的戰爭債務形成一個錯綜複雜的問題，不僅攪亂了勝利者和被征服者之間的關係，同時也破壞了美國和其以前的歐洲盟邦之間的關係。《道威斯計畫》（the Dawes Plan，一九二四年）的財政妥協大幅緩和了此一緊張狀態，也爲第二年《羅加諾公約》的簽訂打下了基礎。接著，德國加入國際聯盟，《楊格計畫》（the Young Plan，一九二九年）出爐，提出了解決財政糾紛的修正方案。到了一九二○年代後期，歐洲再度欣欣向榮，國際聯盟成爲國際體系中一個新的重要因素，許多國家同意遵守一九二八年《巴黎公約》的規定，不以武力解決未來的爭端。至此，國際外交舞臺似乎已經恢復了常態。施特萊斯曼（Gustav Stresemann）、白里安（Aristide Briand）和張伯倫（Austen Chamberlain）等政治家，如同現代的梅特涅和俾斯麥，各自出現在歐洲舞臺上，磋商解決世界事務。

不過，這些都是表面現象，一九一九年以後眞正的國際結構完全不同於半個世紀以前那種能夠左右外交的國際結構，甚至脆弱得多。首先，這場延續四年半之久的「整體」戰爭造成了巨大的傷亡和經濟破壞。在實際戰鬥中死亡人數約八百萬，另外還造成七百萬人殘廢，一千五百萬人輕重傷。傷亡者之中，絕大多數都是處在盛年。其次，由於那些被稱之爲「因戰爭而誘發的原因」，即「戰爭和軍事衝突所造成的疾病、飢荒和貧困」，歐洲（除俄國外）的傷亡平民可能超過五百萬；俄國的傷亡總人數，包括內戰在內，則遠超過這個數字。戰時的「生育赤字」也是極高的，因爲大批男性被調往前線，人口成長率遠低戰前的正常比率。最後，邊界衝突和零星戰鬥在大戰後仍時有所聞，屠殺行動並沒有停止，如東歐、亞美尼亞和波蘭；這些受到戰爭凌虐的地區，沒有一個能夠倖免於一九一八年至一九一九年間那場可怕的流行性感冒的襲擊，數以百萬計的人因此又被奪走了生命。總之，這場曠日持久的戰爭所造成的傷亡總數高達六千萬，其中俄國占近半數，法國、德國和義大利也損失慘重。至於在這場人類浩劫中個人所蒙受的痛苦和心理創傷，則是無法估量的。不過，有一點我們可以清楚地看到，所有戰爭的參與者，不管是農民還是政治家，都受到了深刻的影響。

這場戰爭的物質損失也是空前的。如果你親眼看到法國北部、波蘭和塞爾維亞慘遭蹂躪的景象，會發現那裡的破壞更令人觸目驚心。無數幢房屋被摧毀，田野一片荒蕪，公路、鐵路和電報線路被炸斷，牲畜遭屠殺，森林被澈底毀滅，大片田地因埋有大量未爆炸的炸彈和地雷而無法耕種。這些損失，再加上航運耗費、動員所需的直接和間接費用以及爲打仗而募集的款項，可謂達到令人不可思議的數字——二千六百億美元左右。有人估算，這個數字「相當於從十八世紀末到第一次世界大戰前夕世界上所有國家債務總和的六點五倍」。世界製造業在經歷了數十年持續成長之後，產量急遽下降，到一九二〇年仍不及一九一三年的百分之七。一九二〇年的農業產量也低於平常的三分之一，出口額只及戰前的一半左右。整個歐洲經濟在長達近八年的時間裡處於停滯狀態，個別國家所受到的影響更嚴重。不難想像，在一九二〇年，陷於混亂狀態中的俄國創下了工業產量的最低紀錄，只及一九一三年水準的百分之十三；德國、法國、比利時和多數東歐國家的工業產量比戰前至少低了百分之三十。

在這場戰爭中，有一些國家受到了嚴重破壞，當然也有一些國家並未蒙受其害，甚至還有不少國家從中得利。事實上，現代戰爭以及由現代戰爭所激發的工業生產力也具有正面作用。從經濟和科技角度來說，在汽車和卡車製造業、飛機製造業、煉油和化學品製造業、電力工業、染料工業、合金鋼工業、冷藏和罐頭食品製造業以及其他許多工業方面，這些年都有長足的進步。如果一個國家的經濟遠離前線的破壞，自然能從這些進展中獲得商業利益，並且發展本身的經濟。美國、加拿大、澳洲、南非、印度和南美洲部分國家即是如此。飽受消耗戰之苦的歐洲對於工業品、原料和糧食的強烈需求刺激了這些國家的經濟發展。歷史上的商業戰也是如此，有一方受損，便有另一方獲利，只要後者能夠避免戰爭消耗，或者至少不捲入大規模交戰。

表6-1所顯示的世界製造業生產指數很清楚地說明了這種情況，因爲它一方面記錄了歐洲（尤其是蘇聯）在這場戰爭中受損的程度，另一方面也顯示了其他地區所獲得的利益。

表6-1　世界製造業生產指數（1913-1925年）

國家＼年代	1913	1920	1925
世界	100	93.6	121.6
歐洲*	100	77.3	103.5
蘇聯	100	12.8	70.1
美國	100	122.2	148.0
世界其他地區	100	109.5	138.1

* 包括：英國、法國、比利時、荷蘭、德國、丹麥、挪威、瑞典、芬蘭、瑞士、奧地利、義大利、捷克、匈牙利、波蘭、羅馬尼亞、希臘以及西班牙。

我們可以得知：工業化從歐洲擴展到美洲、日本、印度和大洋洲，以及這些地區在世界貿易中比重的日益增加，在一定程度上是十九世紀後期開始的世界經濟發展趨勢的後續。因此，如果按照前述的方法來計算，美國經濟在一九一四年以前已經開始突飛猛進，那麼到了一九二五年將會超過整個歐洲的產量總和，但這場戰爭卻加速了此一過程，使得美國提早六年超前了歐洲，在一九一九年便已實現。從另外一個角度來看，這些全球經濟均勢的變化不同於一八八〇年到一九一三年，當時的變化發生在已持續數十年的和平時期，而且符合市場規律，而這一回卻是由於戰爭和經濟的封鎖造成各種緊急需求，因而大幅破壞了世界生產和貿易的自然模式。例如，在戰爭中期，為了彌補大量船隻被德國潛艇擊沉而造成的不足，造船工業得以急遽發展，尤其是在美國。但是，在一九一九年（或一九二〇年）以後，全球出現了船隻過剩的現象。又如，戰時歐洲大陸的鋼產量大幅度下降，而美國和英國的鋼產量卻迅速膨脹，但是當歐洲鋼鐵生產恢復元氣之後，鋼鐵生產便嚴重過剩了。這一現象也出現在另一個更大的經濟產業——農業之中。戰爭時期，歐洲大陸的農業減產，俄國的戰前穀物出口貿易突然失去蹤影，而南北美洲和大洋洲的農業卻拚命增加產量，那裡的農民成了奧國皇太子之死的當然受益人——如果他們不是預謀的話。然而，當歐洲農業在一九二〇年代後期恢復之後，整個世界的農業生產者便面臨需求量減少和價格下跌的困境了。自然結構的破壞影響到世界各個地區，受害最深的要數東歐和中歐，許多基礎薄弱的「新興國家」為了解決新的邊界糾紛、混亂的市場和通訊問題而疲於奔命。甚至在凡爾賽進行的和平努力以及按民族界線重新劃定歐洲版圖，都無法確保世界經濟恢復穩定。

最後，這場戰爭的財政支出引發了空前複雜的經濟問題，以及隨之而來的政治問題。幾乎沒有一個交戰國（美國和英國除外）願意增加國內稅收來支付一部分戰爭費用；大多數國家幾乎完全依賴貸款，以為可以迫使戰敗國代為償還這些債務——和一八七一年法國的遭遇一樣。於是公債直線上升，卻沒有黃金以為屏障；紙幣源源不斷從財政部拋出，導致物價飛漲。由於經濟受到破壞，領土遭到分割，沒有一個歐洲國家有能力跟隨美國在一九一九年恢復金本位。鬆散的貨幣和財政政策造成通貨膨脹持續惡化，在中歐和東歐產生了災難性的後果。為了刺激出口，各國競相貶值本國貨幣，卻只是造成經濟更不穩定，政治上的敵對狀態更爲嚴重。再加上協約國內部的貸款問題，戰勝國（尤其是法國）要求德國巨額賠款，以及相關的種種棘手問題，使整個形勢更趨複雜化。所有的歐洲協約國都欠了英國的債，一部分也欠了法國的債，而英國和法國又都向美國巨額貸款；俄國共黨拒絕承認沙皇欠下的三十六億美元；美國急於收回借款；法國、義大利和其他國家拒絕在得到德國賠款之前還債；而德國則宣稱無力支付這麼多的款項。這一切使得國際舞臺年復一年陷於激烈爭吵的狀態之中，也擴大了西歐和忿忿不平的美國之間政治態度上的鴻溝。

即使一九二四年的《道威斯計畫》可以平息這些爭執，但是這種混亂局面仍然造成了嚴重的政治和社會影響，尤其是在一九二三年德國陷於惡性通貨膨脹時更是如此。令人不安的是，一九二〇年代中期世界經濟的財政與商業方面雖趨於穩定，卻是建立在一個比第一次世界大戰前更不穩定的基礎上——然而這一點當時人們並不十分清楚。雖然那時候大多數國家已恢復金本位，但是，一九一四年以前以倫敦爲中心的靈活的（幾乎是自我調節）國際貿易和貨幣流通機制卻已不復存在。事實上，倫敦曾爲重新取得這個地位而付出相當的代價，其中包括一九二五年把英鎊的匯率固定在戰前一英鎊兌換四點八六美元的水準上，完全不顧英國出口商所遭受的嚴重打擊；另外也恢復向海外大規模貸款。然而，在一九一四年到一九一九年間，世界金融中心已經自動移往大西洋彼岸，因爲歐洲債臺高築之際，美國已變成世界上最大的債權國。在另一方面，美國的經濟結構有其獨特性；它較不依賴對外貿易，與世界經濟的融合度亦低；主要實行經濟保護主義（尤其是農業），而不是自由貿易；它缺乏像英格蘭銀行那樣的調節機構，所以經濟會大起大落；其政治人物更直接地受到本國遊說團體的影響等等。這意味著國際金融和商業體系正圍繞著一個易變而且有缺陷的中心運轉。現在不會再有人願意提供長期貸款來發展世界經濟的基礎設施或平衡國際財政收支了。

在一九二〇年代後期，這些經濟結構缺陷都被成功地加以掩飾，巨額美元以短期貸款的形式從美國流向歐洲各國和城市，誰都願意付出高額利息以取得這些資金（雖然其用途不一定明智），來推動建設和彌補財政赤字。由於短期貸款被用於長期計畫，而且相當數目的投資（尤其在中歐和東歐）仍然用在農業生產上，因此造成農產品價格持續下跌；而貸款的龐大利息以驚人的速度增加，這些利息無法以出口來償還，只得繼續借錢來維持經濟運作，所以到了一九二八年夏季，正值美國國內景氣過熱（聯邦準備銀行也適時提高了利率），資金外流緊縮，上述世界經濟體系便隨之崩潰了。

這次景氣繁榮以一九二九年十月的「經濟大恐慌」告終。美國進一步縮減對外貸款，引起失控的連鎖反應；由於缺乏現成的資金，投資和消費便減少了；工業化國家降低了需求率，對糧食和原料生產國造成衝擊，於是後者拚命增加生產，導致價格體系瀕於崩潰，結果他們自己也無力購買工業製品。迫於形勢，各式各樣權宜之計相繼出籠：緊縮通貨、拋售黃金、貶值貨幣、對商業和資本設限，以及拖欠國際債務等等。每一項計策都是對世界貿易和信用體系的進一步打擊。旨在幫助美國農民的典型保護主義的史穆特——霍利關稅法案（the Smoot-Hawley Tariff），在世界上唯一擁有巨額貿易盈餘的國家裡獲得通過，使其他國家更難賺到美元，因此也不可避免地遭到其他國家的報復，從而破壞了美國的商品出口。到一九三二年夏季，許多國家的工業產量只達到一九二八年的一半，世界貿易量減少了三分之一。歐洲貿易額持續下降，從一九二八年的五百八十億美元降到一九三五年的二百零八億美元，這一來又使海運業、造船業和保險業等受到嚴重打擊。

世界性的經濟大蕭條和因此引發的大規模失業造成嚴重後果，勢必影響到國際政治的運作。製造業、原料和農產品等方面的激烈競爭，加深了國家間的宿怨，許多政治家們爲安撫選民的不滿情緒，企圖把一切嫁禍於他國；更極端的政治集團，尤其是右翼，則趁機詆毀整個自由資本主義制度，鼓吹以武力爲後盾的保護性「國家」政策。而那些較爲脆弱的民主國家，特別是威瑪德國，還有西班牙、羅馬尼亞等國，也在政治和經濟的壓力下屈服。在日本，保守主義者被民族主義者和軍閥趕下政治舞臺。西方民主國家如要平安度過這場風暴，政治家只好棄左鄰右舍的困境於不顧，集中力量加強管理國內經濟。美國和法國這兩個主要黃金剩餘國都不願意幫助債務國擺脫困境，事實上法國運用其財力來控制德國的企圖日益明顯（這只會加深萊茵河彼岸的怨恨），並以此加強歐洲外交活動。還有，旨在協助德國戰後復興的「胡佛延期償付法」（the Hoover moratorium）激怒了法國，因爲這一償付法必然涉及減少戰爭債務（最後目的是取消債務）的問題，美國也會深受其苦。到最後，世界各國競相貶價貨幣，一九三三年世界經濟會議（the 1933 World Economic Conference）中對美元和英鎊匯率產生嚴重意見分歧，遠景堪虞。

此時，整個世界秩序瓦解成各個相互競爭的小單位：以英國貿易模式爲主的英鎊區，以一九三二年渥太華會議（the 1932 Ottawa Conference）確定的「帝國優惠制」爲基礎；以法國爲首的金本位區；以日本爲中心的遠東日圓區；以美國爲首的美元區，在羅斯福下臺後也開始拋售黃金；以及遠離這些地雷區的蘇聯「一國社會主義」。由此可見，經濟獨立政策早在希特勒宣布建立一個自給自足的千年帝國之前就已盛行了。（希特勒認爲對外貿易只是一種特殊交易或「以物易物」而已。）由於法國強烈反對由英、美兩國處理德國賠款問題，羅斯福抱怨美國在與英國打交道時總是處於下風，以及張伯倫在公開個人觀點之前早就認定美國的政策全是「空話」，所以民主國家不可能同心協力去應付在一九一九年混亂的世界秩序中，領土爭端所造成的巨大壓力。

舊世界的政治家和外交家總是很難理解和處理經濟問題。到了一九二〇年代和一九三〇年代，輿論對於國際事務的影響日益增加，對於仍然留戀十九世紀祕密外交的人來說也許是個壞消息，但在某些方面卻是無法避免的。早在第一次世界大戰之前，歐洲各政治團體就不斷地批評老式的祕密外交，並要求加以革新，讓國家事務接受人民及其代表的監督。這種要求因一九一四年至一九一八年的戰爭而變得更加強烈，原因很多。其一，在戰時要求社會總動員的政治領袖發現，社會也會相對提出要求，以補償他們所付出的犧牲，並希望在太平時期享有發言權；其二，協約國的宣傳機構聲稱他們是在爲民主制度和民族自決權而戰，而戰爭的結果也確實摧毀了中歐和東歐的專制帝國；其三，儘管法國總理克里蒙梭和英國首相勞合喬治威脅要取得完全勝利，美國總統威爾遜卻利用其權勢和號召力一再施加壓力，呼籲建立一個開明的世界新秩序。

但是，自一九一九年以後，「輿論」的發展在許多方面與威爾遜和葛拉斯頓（William Gladstone）等人的想法大相逕庭。他們假設人民是寬宏大度的、有教養的、公正的，具有國際主義和實利主義視野，並尊重法治。然而，正如梅耶（Arno Mayer）所指出的，導致第一次世界大戰的「老式外交」（這一點已得到普遍承認）在一九一七年以後不僅受到威爾遜改良主義的挑戰，同時也受到布爾什維克針對現有世界秩序的系統化批判，因而對於兩大交戰國陣營中有組織的勞工階級具有相當大的吸引力。像勞合喬治等精明的政治家因此不得不提出一連串積極的內政和外交政策，來抵制威爾遜的號召力，並阻止勞工傾向於社會主義，而協約國陣營中更保守、更具有民族主義思想的人則出現完全不同的反應。在後者看來，爲了國家的「安全」，必須堅決反對威爾遜原則，以強硬的態度調整邊界，攫取和瓜分殖民地；由於列寧的威力驚人，必須毫不留情地將它摧毀在布爾什維克的心臟地帶以及（尤其是）在西方崛起的蘇維埃中。換句話說，當時謀求和平的政治和外交過程是在一個極其錯綜複雜的意識形態和國內政治背景下展開的，其複雜程度是一八五六年和一八七八年的國際會議上所想像不到的。

不僅如此，到一九二〇年代後期，在西方民主國家裡，第一次世界大戰留給人的印象普遍是死亡、破壞、恐怖、浪費和毫無意義。一九一九年簽訂了對戰敗一方條件苛刻的《迦太基式和約》；政治家們在戰時開出對人民付出的犧牲要給予報償的支票無法兌現；數以百萬計的人民成了殘廢退伍軍人和戰爭遺孀；一九二〇年代經濟出現許多問題；信仰普遍喪失；維多利亞式的社會和人際關係蕩然無存等等——人們把這一切歸咎於一九一四年七月的愚蠢決策。雖然世界各地彌漫著厭惡戰爭和反對軍國主義的情緒，而且有不少人希望國際聯盟能阻止類似災難的重現——戰後英美文學也造成這種幻覺，但是並非所有的參戰者都有這種信心。對於歐洲大陸上成千上萬在前線作戰過的士兵來說，儘管失業、通貨膨脹和對戰後資產階級統治秩序的厭倦使他們幻想破滅，這場戰爭是既冷酷無情卻又代表某些積極的東西，例如軍人的價值、戰士的友情和暴力行動的刺激等。尤其在戰敗國德國和匈牙利，在欲望沒有得到滿足的戰勝國義大利，以及在法國的一些右翼派系中，新法西斯運動具有很奇特的吸引力，即要求秩序、紀律和民族榮耀，消滅猶太人、布爾什維克、頹廢派知識分子和高傲的自由中產階級。在這些人（以及他們的日本盟友）的眼裡，鬥爭、力量和英雄主義是生命的永恆象徵，而威爾遜式國際主義則是虛假和過時的。

所有這些意味著一九二〇年代和一九三〇年代期間的國際關係，仍然深受意識形態和國際社會分裂所困擾。國際社會被劃分成若干政治集團，其中部分政治集團的劃分與上述經濟區是一致的。一方面，西方民主國家，尤其是英語國家，對於第一次世界大戰的恐怖記憶猶新，正集中全力解決國內事務，特別是社會經濟問題，並大規模縮減國防編制；法國雖然出於對德國東山再起的恐懼仍維持一支龐大的陸軍和空軍，但是，很明顯地，許多法國人民也痛恨戰爭，渴望重建家園。另一方面，蘇聯雖然在許多方面孤立於全球政治和經濟體系之外，但是對其在西方的崇拜者卻具有相當的吸引力，因爲它提供了一種新的文明形式，確保蘇聯免遭世界經濟大蕭條之苦——當然，也有不少人憎恨蘇聯。最後就是由德國、義大利和日本組成的法西斯「修正主義」集團，這個集團至少在一九三〇年代已初具規模。它們不僅惡毒地攻訐布爾什維克，同時也譴責於一九一九年重建起來的自由資本主義現狀。這些五花八門的理論使得民主國家的政治家幾乎無法推行他們的外交政策，因爲他們既不擁護布爾什維克，也不支持法西斯，只是渴望回復那種已經遭到戰爭嚴重破壞的愛德華七世時代的「常態」。

與上述種種問題相比，一九一九年以後在熱帶地區發生的問題，對於以歐洲爲中心的世界來說，威脅要小得多，但仍然是不可忽視的。在這裡，我們也能找到一些在一九一四年以前發生的事件，如埃及的帕夏（Arabi Pasha）叛亂、一九〇八年以後青年土耳其黨的暴動、印度的提拉克（Bal Gangadhar Tilak）試圖使大黨激進化的運動以及中國孫中山反對西方宰制的行動；歷史學家們還會注意到，像日本在一九〇五年打敗俄國和同年俄國發生的流產革命這樣的事件，對於亞洲和中東其他地區的典型民族主義勢力具有強烈的吸引力和催化作用。非常諷刺而又可以預見的是，殖民主義愈是滲透進低度開發的社會，將它們拉進世界商業和金融運作網路並接觸西方思想，就愈激起當地人的反抗，反抗形式可能是部落暴亂，反對限制他們的傳統生活和貿易方式；也可能是由受過西方教育的律師和知識分子組織群眾黨派，發起民族自決運動。最後的這種形式更富有意義，但不管哪種形式，其結果都是對歐洲殖民統治日益加強的挑戰。

第一次世界大戰在各方面都加速了上述這些傾向的發展。首先，由於殖民主義加緊對熱帶地區原料的經濟剝削，並且迫使殖民地爲宗主國的戰事貢獻人力和稅收，所以不可避免地，殖民地人民會提出「補償」的問題，就和歐洲勞工階級的做法一樣。再者，西非、西南非和東非，中東以及太平洋地區本來就對於殖民帝國的可行性和永久性心存懷疑，現在由於協約國對「民族自決」和「民主」口號的宣傳以及德國對馬格里布、愛爾蘭、埃及和印度進行的反宣傳，反殖民主義傾向便發展得更快了。到一九一九年，當歐洲列強正在爭取其國際聯盟委任統治權時——泰勒（A. J. P. Taylor）曾稱之爲用精心製作的遮羞布來掩蓋帝國野心——「泛非大會」已在巴黎召開，並提出自己的觀點，華夫脫黨（Wafd Party）在埃及成立，五四運動在中國風起雲湧，凱末爾（Kemal Ataturk）已跨出其創建現代土耳其的腳步，突尼西亞「憲政黨」正在重新制定策略，印尼的「伊斯蘭教聯盟」已有二百五十萬人加入，而印度的甘地正在推動各方力量反對英國人的統治。

更重要的是，這些「反叛西方」的運動並沒有遭遇西方強國的聯合討伐，強國之間不論存在什麼樣的分歧，與低度開發國家勢不兩立的時代畢竟已經一去不復返了。這也是自柏林西非會議召開以來出現的又一巨大變化。由於日本躋身強國之列，西方強國的這種團結早就變得多餘了。早在一九一九年，日本的一些思想家就開始醞釀建立東亞「共榮圈」，不過這個夢想被列寧和威爾遜各自提出的「新外交」主張見解所粉碎——這兩位得到群眾狂熱擁護的領袖雖然政治意見分歧，卻都不喜歡舊的歐洲殖民秩序並想要用別的東西取而代之。儘管基於種種原因，他們都不能在國際聯盟委任統治權的掩護下阻止舊殖民秩序的進一步擴展，但是他們的言論和影響力在殖民帝國的統治區內流傳甚廣，激勵著當地的民族主義者。在一九二〇年代後期的中國表現得尤其明顯，舊歐洲秩序的一套東西——條約特權、商業滲透和砲艦行動等開始撤退，取而代之是俄國、美國和日本競相提出的「新秩序」和中國民族主義的高漲。

但這並不表示西方殖民主義馬上就會崩潰。一九一九年英國在印度阿姆利薩（Amritsar）的強硬措施，一九二〇年代後期荷蘭監禁蘇卡諾和其他印尼民族主義領袖並解散工會，法國對於越南因水稻和橡膠快速發展而發生的東京灣騷動所採取的強硬立場——都證明了歐洲軍隊和武器的殘餘力量仍很強大。毫無疑問地，一九三〇年代中期義大利帝國對阿比西尼亞的入侵也可以證明這一點。只有第二次世界大戰的巨大震撼才會使這些帝國真正放鬆對殖民地的控制。儘管如此，這些發生在殖民地的騷亂對於一九二〇年代，特別是一九三〇年代的國際關係還是有其重要性。首先，騷亂分散了某些大國的注意力（和資源），使它們不能全心關注歐洲的均勢。英國是個明顯的例子，英國領袖更關心的是巴勒斯坦、印度和新加坡，而不是蘇臺德區（捷克）或但澤（波蘭）——這種優先考慮反映在英國一九一九年以後的「帝國」國防政策中。對非洲的干預同樣也分散了法國和義大利的軍事力量。此外，歐洲以外出現的問題以及殖民地問題或多或少動搖了一九一四年至一九一八年形成的聯盟結構：帝國主義問題使美國人對英法的政策更加不信任；一九三〇年代義大利入侵阿比西尼亞和日本侵略中國等事件使義、日兩國和英法分道揚鑣，因而爲德國修正主義者提供了可能的盟友。上述種種問題使得國際事務更難以按照「老式外交」的慣例去處理了。

戰後不穩定狀態的最後一個主要原因是德國問題不僅沒有得到解決，反而變得更加棘手和更尖銳化。一九一八年十月，當德軍仍然控制著從比利時到烏克蘭這一大片歐洲土地的時候，德國卻突然宣布投降，這使民族主義者和右翼勢力極爲震驚，他們歸咎於「內神通外鬼」，使德國蒙受無條件投降的恥辱。《巴黎和約》的條件曝光後，德國民眾紛紛譴責這個「奴隸條約」，認爲那些同意該條約的威瑪民主政治人物應對此負責。賠款問題以及隨之而來的一九二三年惡性通貨膨脹更使德國人的不滿達到了頂點。其中表現最爲激烈的是國家社會黨，在一九二〇年大部分時間裡，他們的行動都是以一種瘋狂的、蠱惑人心的和偏激的作風在德國出現。不過，話說回來，當時在德國幾乎很少人不是修正主義者，只是表現形式不同而已。賠款、波蘭走廊問題、對三軍部隊的限制以及割讓若干德語區等屈辱，德國人是不能永遠忍受的。所有這些問題歸納起來有兩個：需要多久才能解除這些限制？需要多大程度的外交努力（而不訴諸武力）才能改變德國現狀？一九三三年希特勒上臺只是加速了德國走向修正主義的速度。

德國在歐洲的「恰當」地位問題，又因戰後國際權力分配不均而變得更爲複雜。儘管德國喪失了領土，軍事上受限制，經濟又不穩定，但在一九一九年以後，從潛力上看，仍然是一個強國。我們將在後面的章節裡更詳盡地分析其優勢和弱點，但是在這裡值得注意的是：德國人口仍然遠超過法國，鋼鐵生產能力約是法國的三倍，化工廠、電子工廠以及大學和理工學院都和國內交通網一樣，絲毫沒有受到損害。「德國在一九一九年是被打垮了，目前的問題是德國的軟弱，但是經過幾年的『正常』生活以後，德國的強大將會再度製造問題。」此外，正如泰勒所指出的，可以限制德國擴張主義的歐洲大陸勢力平衡已經不復存在。「俄國撤離了，奧匈帝國消失了，只剩下法國和義大利，這兩個國家在人力和經濟資源上都處於劣勢，而且都被戰爭弄得筋疲力竭。」隨著時間的演進，先是美國，然後是英國，愈來愈不願意干預歐洲大陸事務，同時也不贊同法國壓制德國。然而，正是這種不安全感促使法國千方百計防止德國復活。它堅持德國必須償還全部賠款，同時本身維持一支規模龐大而又費用高昂的武裝部隊，盡力使國際聯盟成為一個能夠維持現狀的組織，並且堅決抵制任何允許德國按照法國標準「武裝」起來的建議。可以想見，法國的這些動作激起了德國的不滿情緒，而且有助於右翼極端分子進行煽動。

法國的另一個外交和政治策略是與東歐「新興國家」保持聯繫。從表面上看，支持波蘭、捷克斯洛伐克和該地區從一九一九年至一九二一年各項和約的受益國，既是一個合乎情理的計畫，也是一個有利可圖的戰略。這樣做可以在各個側翼抑制德國擴張主義。但是，在實際施行上卻是困難重重。這個地區在歷史上是由各個多元民族的帝國統治著，所以各民族在地理上是散居的，要在一九一九年達成一個領土解決辦法來促成民族團結幾乎不可能。又由於有許多族群的少數民族犬牙交錯地居住在各國的邊界區域，於是這一狀況既成了國內的弱點，又是產生國外不滿情緒的根源。換句話說，要求修正《巴黎和約》的不是只有德國；即使法國堅持維持現狀，美國和英國也不願意對該地區倉促而不規則的邊界劃分背書。正如英國在一九二五年所作的聲明，在東歐不會出現任何羅加諾式的保證。

東歐和中歐的經濟狀況使得戰後局勢更加惡化，新興國家紛紛建立海關和關稅壁壘，加深了地區性競爭，並阻礙歐洲的全面發展。戰前，歐洲獨立的貨幣有十四種，現在增加到二十七種，新增加的邊界線有一萬二千五百英里，許多邊界切斷了工廠和原料、鋼鐵廠和煤礦以及農場和市場之間的臍帶。此外，雖然一九一九年以後英國和法國的銀行家和企業陸續進駐這些新興國家，但是一旦德國在一九三〇年代經濟能夠復甦，那麼這些國家的「天然」貿易夥伴便只有德國了。德國不僅在地理位置上更靠近東歐，在交通上（公路和鐵路）與東歐的聯繫更加密切，而且能夠很輕易地吸收這一地區的剩餘農產品，例如用它們急需的機械和軍事裝備換取匈牙利的小麥和羅馬尼亞的石油，而農產品過剩的法國和實行帝國優惠制的英國卻是鞭長莫及。再加上由於這些國家跟德國一樣也存在著貨幣流通的問題，所以它們之間展開「以物易物」就更容易了。從經濟角度來看，中歐也可能逐漸再次淪爲德國控制的地區。

一九一九年巴黎會議的許多與會者都意識到上述問題中的某些重點（顯然不是全部），但是他們跟勞合喬治一樣，認爲新建立的國際聯盟「會治療、修補和處理這些問題……會像上訴法庭一樣糾正殘暴的、不道德的和不公正的行爲。」他們認爲，國家間任何尚未解決的政治和經濟爭端，都可以由一群理智的專家在日內瓦的一張圓桌旁加以解決。這種想法在一九一九年似乎還說得過去，但是面對殘酷的事實就站不住腳了。美國根本沒有參加國際聯盟；蘇聯被視爲三流國家而遭除名；還有那些戰敗國也被排除在外，（至少頭幾年是如此）；到了一九三〇年代，修正主義國家開始侵略行動，自然也很快就退出了國際聯盟。

此外，由於從一開始法國和英國就對於國際聯盟的角色定位意見不一——應該是警察呢還是調解人？所以這個機構缺乏實施決議的強制力，也沒有可以確保集體安全的機制。因此，十分諷刺的是，國際聯盟的實際作用不是嚇阻侵略者，而是使民主國家陷入混亂狀態。在西方，國際聯盟幾乎家喻戶曉，但是它的創立也使許多人以爲從此以後沒有必要再從事國防建設了，國際聯盟會設法預防未來戰事的發生。結果，由於國際聯盟的存在，西方國家的內閣和外交部長們無所適從，在「老式」外交和「新式」外交之間游移不定，到頭來往往沒有一種外交可以給他們帶來好處。滿洲事件和阿比西尼亞事件充分說明了此一情況。

鑑於上述種種難題以及歐洲在《凡爾賽和約》簽訂後才二十年就又捲入另一場大戰，歷史學家把這一時期看作是「二十年的休戰」，並把它描述成一個黯淡、破碎的時期，充滿了危機、欺詐、暴行和恥辱，這是不足爲奇的。但是，如果用「破碎的世界」、「失去的和平」或「二十年的危機」等標題來描繪這整整二十年的歷史，那麼很可能會造成一個險境，即忽略了一九二○年代和一九三○年代之間存在的重大差異。這裡不妨重複一下前面提過的：到了一九二○年代後期，由於《羅加諾公約》和《凱洛格——白里安公約》（the Kellogg-Briand Treaty，即《巴黎公約》）的簽訂，法德之間許多紛爭的解決，國際聯盟的多次集會以及經濟的普遍復甦，就國際關係而言，似乎都顯示第一次世界大戰終於過去了。然而，僅僅過了一、兩年，金融和工業就出現毀滅性的崩潰，和平的短暫曙光再度消失，與之呼應的則是日本、德國以及隨後加入的義大利對現存世界秩序的挑戰。刹那間，戰爭烏雲密布，整個國際體系的基礎受到威脅，而民主國家卻在心理上和軍事上都毫無準備，在行動上則處於一九一九年和解以來最不協調的狀態之中。因此，不管哪個「姑息主義者」在不幸的一九三○年代有多麼錯誤，多麼愚蠢，我們也應該了解，在那十年裡政治家面臨的問題確實空前複雜。

在討論這一時期的國際危機如何發展成戰爭之前，我們有必要對每個強國的優勢和弱點進行分析。這些強國不僅都深受第一次世界大戰的摧殘，而且也都受到兩次世界大戰之間經濟和軍事發展的影響。關於後者我們將引用表6-2至表6-7的數字加以說明，這些數字顯示了強國間生產力量消長的變化情況。這裡先就重整軍備所涉及的經濟學問題發表兩點看法，作爲下文的引子。第一點涉及不同的成長率問題。強國的經濟成長率在一九三〇年代要比從前（例如一九一四年前的十年裡）提高很多；由於世界經濟分裂成各種集團並採取不同的政策（如有的擬定四年計畫，有的行「新政」，也有的採取古典的通貨緊縮預算），所以產量和財富可能在一個國家中成長，而同時在另一個國家中急遽衰退。第二，軍事科技在兩次大戰之間的發展使得武裝力量更加依賴於國家的生產力；沒有一個欣欣向榮的工業基礎，尤其是沒有一支規模宏大的、國家可以隨時動員起來以便與世界新武器同步發展的先進的科技大軍，要在另一場大戰中取得勝利簡直是不可想像的。用史達林的話來說，如果未來是掌握在強大的軍隊手中的話，那麼軍隊日益依賴的則是現代科技和大規模生產。

世界秩序的挑戰者

在一九三〇年代，如果你要找一個經濟實力薄弱卻又野心勃勃的國家，第一個浮上腦海的一定是義大利，它是最明顯而易見的例子。首先我們會注意到它的外交活動。墨索里尼的法西斯政權把義大利從外交舞臺的偏僻角落推向世人矚目的中心。和英國一樣，義大利是一九二五年《羅加諾公約》的保證國；和英國、法國和德國一樣，它又是一九三八年慕尼黑協定的簽字國。爲了實現稱霸地中海的慾望，它進攻科孚（Corfu，一九二三年），大力「平定」利比亞，並出兵五萬干預西班牙內戰。在一九三五年到一九三七年間，墨索里尼公然蔑視國際聯盟的制裁和西方的敵視態度，爲一雪阿杜瓦（Adowa）慘敗之恥，血洗阿比西尼亞。而有的時候，墨索里尼又贊成維持現狀，一九三四年出師勃倫納山口（Brenner），以阻止希特勒接管奧地利；一九三五年欣然同意在斯特雷薩（Stresa）簽署反德協議。在一九二〇年代，墨索里尼滔滔不絕地抨擊布爾什維克主義，贏得了許多國外政界人物（包括邱吉爾在內）的讚揚，他在隨後的十年裡成了各方討好的對象，甚至到了一九三九年一月，張伯倫還不辭辛勞專程趕到羅馬，試圖阻止義大利加入德國陣營。

但是，外交上的聲望並不是衡量義大利重新崛起的唯一標準。這個法西斯國家廢除了多黨政治，實行「統合主義」（corporatism）經濟計畫來解決勞資糾紛，並且全力配合政府的行動。這些積極做法似乎給絕望的戰後歐洲提供了一個新的模式，對於懼怕布爾什維克「模式」的人來說是十分具吸引力的。從一九一五年到一九一八年，由於各協約國的投資，義大利的工業化進展神速，至少在生產武器的重工業領域裡是如此。在墨索里尼的統治下，全國推行一項雄心勃勃的現代化計畫：抽乾龐廷（Pontine）沼澤的汙水，全力發展水力發電，以及改善鐵路系統等。同時，電化學工業得到進一步發展，人造絲和其他人造纖維工業蓬勃興起，汽車產量不斷提高，航空工業也進入世界先進之林，在飛機的速度和高度上都創造了一連串新的紀錄。

軍事力量也是義大利崛起的指標。雖然在一九二〇年代墨索里尼並沒有在軍備上花費太大的開支，但是他對於武力和征服的迷信以及對於擴張義大利領土的強烈意願，使他在一九三〇年代大幅度地增加國防支出。到了一九三〇年代中期，義大利百分之十以上的國民所得和三分之一的政府收入用來發展軍備，按比例比英國和法國都多，美國則更難望其項背。精銳的新型戰艦不斷地建造，以便與法國海軍和英國的地中海艦隊相抗衡，並實現墨索里尼使地中海成爲義大利「內海」的野心。義大利參戰時已經擁有一百一十三艘潛艇——「可能是除了蘇聯以外世界上最龐大的潛艇部隊」。在一九四〇年之前，空軍的花費更是驚人，其目的也許是要實現法西斯主義早期強調的現代性、科學性、高速度和冒險性。在征服阿比西尼亞和干預西班牙內戰時，義大利都出動了其新式空軍，向全世界展示，竟使外國觀察家相信他們擁有世界上最先進的空軍。相對於海軍和空軍的軍費預算，陸軍的經費就少多了，但是在一九三〇年代後期，陸軍的三十個師經過嚴格的精編整訓，並配備了新式坦克和大砲。此外，墨索里尼認爲，義大利還應當建立大批的法西斯行動部隊和訓練有素的分隊，如此便可以在下一次的總體戰中，宣稱擁有「八百萬大軍」。這些都是第二羅馬帝國誕生的預兆。

然而，這一切只不過是癡人說夢，因為從強權政治角度來看，法西斯義大利的基礎十分薄弱，關鍵在於「它在第一次世界大戰結束之時經濟上只能算是個半開發的國家」。一九二〇年，其平均國民所得只達到英國和美國在十九世紀初期的水準，或是法國的十九世紀中期水準。根據國民所得的資料，我們還可以發現一個事實：義大利北部的平均所得比平均值高出百分之二十，南部則比平均值低百分之三十，而且差距愈來愈大。在兩次大戰之間，由於義大利人口不斷外流，人口年成長率只有百分之一左右；又由於國內生產毛額的年增率為百分之二，所以平均國民所得的年增率也只有百分之一，這個數字雖然不能說是太糟糕，但也很難當作是一種經濟奇蹟。義大利的致命傷是過於依賴小規模農業。一九二〇年農業在國民生產毛額中所占的比重為百分之四十，並占勞動人口總數的一半。甚至到了一九三八年，義大利家庭的大部分支出仍用在購買食物，這又是經濟落後的一個徵象。法西斯主義非但沒有改變這種落後的經濟比例，反而強調農村生活優點，採取一連串措施，如保護關稅、大面積開墾土地和國家控制小麥市場等，來全力支持農業。在法西斯政權推行的各種政策中，首要重點是盡量減少對國外糧食的依賴和阻止農民進一步流入城市，以防止城市失業總人數上升和社會問題增多，結果卻是造成農村極為嚴重的失業和各種相關問題，如低生產力、文盲以及城鄉差距等等。

義大利的經濟相當落後，又寧願把錢花在軍備和農業上，對企業的投資自然就少了。如果說第一次世界大戰已經減少了國內資本的累積，那麼經濟蕭條和保護主義的盛行則是對國內資本累積的另一記當頭棒喝。雖然飛機或卡車製造公司因政府的支持而獲利甚豐，但是整體而言，義大利的經濟不可能從閉關自守的政策中振興。關稅只保護了生產效率低的製造商，曾協助推動義大利工業化的外國投資卻因新重商主義的盛行而減少了。到了一九三八年，義大利的製造業只占世界總產量的百分之二點八，鋼產量占世界總產量的百分之二點一，生鐵占百分之一，鐵砂占百分之零點七，煤占百分之零點一，能源消耗率比任何其他強國都低很多。另外還有一點值得注意的是：一方面墨索里尼迫不及待地要和法國開戰，甚至還想與英法兩國同時較量一下，而另一方面卻不得不依賴肥料、煤、石油、廢鐵、橡膠、銅和其他主要原料的進口，其中百分之八十要經過直布羅陀海峽或蘇伊士運河，而且不少是由英國船隻運載的。而義大利根本就沒有制定出一個緊急計畫來應付這些物資一旦停止進口所出現的局面；再說，義大利不可能儲備這類戰略原料，因爲到一九三〇年代後期，它連支付眼前需求的外匯都沒有。經常性的通貨短缺同樣也解釋了爲什麼義大利無力購買德國工作母機，而這類工作母機對於生產一九三五年以後研發出來的最新式飛機、坦克、大砲和艦艇是無比重要的。

墨索里尼政權把全部精力和資源都投入軍備建設，但是部隊的實際表現和狀況卻不盡理想，而且每況愈下，其原因也是在於經濟落後。義大利海軍可以說是三個軍種中裝備最精良的，但是還沒有強大到可以把英國皇家海軍逐出地中海。它沒有航空母艦（因爲墨索里尼禁止建造），因此不得不依賴空軍，但是軍種之間缺乏協調；巡洋艦只能在天候良好時出航；大隊潛艇全是過時的裝備，可以說是投資的浪費：「艇上缺少攻擊計算儀器；空調系統若遭深水炸彈攻擊而管線破裂時會釋出有毒氣體；下潛速度很慢，若遇敵機迫近則令人心跳加快。」空軍的裝備也很落後。雖然在對阿比西尼亞部落的轟炸中（儘管不是百發百中）表現出色，在西班牙內戰中也給許多觀察家留下深刻印象，但是到一九三〇年代後期，其飛雅特ＣＲ４２型雙翼機面對英國和德國嶄新的單翼機則黯然失色，連轟炸機也遠不如人，只有輕型和中型兩種，引擎馬力很小，炸彈也不太靈光。然而，上述這兩個軍種所占的國防預算比例卻在不斷增加。相比之下，陸軍在國防預算中所占的比例從一九三五年到一九三六年度的百分之五十八點二下降到一九三八年至一九三九年度的百分之四十四點五，而這個時期正是義大利陸軍迫切需要補充新式坦克、大砲、卡車和通訊設備的時候。在第二次世界大戰中，義大利陸軍的主力坦克是重量只有三點五噸的飛雅特 L—3 型，沒有無線電設備，視野狹窄，機槍只有兩挺，而德國和法國的最新式坦克都接近二十噸，所配備武器的火力也大得多。

法西斯統治下的義大利經濟有這麼多幾乎無法克服的弱點，要打敗另一個強國實在不太可能。再看清下面這個事實，義大利的前景就更加暗淡無光：它的軍隊都是早期武器換裝過程中的犧牲品，那時候的武器過不了多久就全都過時了。關於這個問題，我們將稍作討論，然後再繼續分析義大利的弱點，因爲在一九三〇年代這是一個相當普遍的問題，對法國和俄國同樣產生了很大的影響。

這一時期的主要特點是科學和技術廣泛用於軍事發展，改變著所有軍種的武器系統。例如，戰鬥機從雙翼機迅速轉變爲單翼機，前者雖然便於操縱，但是以膠布作外殼，而且武器裝備不足，飛行時速約爲二百英里，而後者則以鋁合金作外殼，配備多挺重機槍和機砲，座艙有防彈鋼板保護，自封式燃料箱，飛行時速可達四百英里，只是需要較大的引擎馬力。在經濟實力雄厚的國家裡也在進行轟炸機的改良，從雙引擎的短程中型轟炸機轉變爲造價昂貴的四引擎、載彈量大、活動半徑達兩千英里的轟炸機。和以前的戰艦相比，《華盛頓公約》簽訂以後出現的戰艦（如喬治五世號、俾斯麥號和北卡羅萊納號等），航速加快了，防護能力加強了，防空火力系統也強大得多。新式航空母艦體積龐大，設計完善，比一九二〇年代發明的水上飛機母艦和戰鬥巡洋艦的攻擊力更大。坦克設計師們不斷地設計出加重型、武器裝備更好和鋼板防護力更強的坦克，這種坦克需要的引擎馬力也比一九三五年以前的輕型實驗坦克大得多。此外，由於電子通訊導航設備和反潛偵搜設備的改良以及正在興起的雷達設施和改良的無線電裝備，這些武器系統的精準度大幅提升。這些技術改良不僅使新式武器更加昂貴，而且武器的製造也更加複雜。試問，有足夠的新式工作母機、計量儀器和焊接平臺去適應這些裝備改革嗎？現有的兵工廠和發電廠能滿足日益增加的需求嗎？有足夠的後備工廠和訓練有素的工程師嗎？各國敢於停止生產傳統卻又可能已經過時的武器，而等待新式武器經過試驗後再投入量產嗎？最後——也是最關鍵的一個問題，這種瘋狂的武器更新行動應如何符合國家經濟狀況、國內外資源來源以及國家財政的支付能力呢？當然，這些難題並不是在一九三○年代才冒出來的，但是對於這一時期的決策者來說，其壓力和迫切性卻比以往任何時候都要大。

一九三○年代強國武器換裝的不同情況，唯有在這樣的科技和經濟（還有外交）環境中才能夠最透徹地加以理解。雖然各國在這十年裡的年度國防經費統計方式不盡相同，但是表6-2仍足以客觀地反映出當時的情況。

透過表6-2所顯示的對比，可以很清楚地發現義大利的問題所在。在一九二○年代前半期，雖然義大利比任何一個國家（除蘇聯以外）更需要把較多的國民所得投入國防軍備，但是從比例來看，其軍備支出並不很高。反而曠日費時的阿比西尼亞戰爭，再加上參與西班牙的內戰，使義大利的國防經費從一九三五到一九三七年大幅增加，而且其中一大部分是用於當時的軍事行動，而不是部隊建設或軍事工業的發展。結果卻適得其反，義大利在阿比西尼亞和西班牙的冒險行動造成實力的嚴重折損，這不僅是源於消耗在戰場上的傷亡，而且戰鬥持續得愈久，就更需要進口昂貴的戰略原料，導致一九三九年義大利銀行的準備金幾乎涓滴不剩。在一九四○年之前的二、三年，因無力購買空軍和陸軍現代化所需的工具機和其他設備，義大利的國力更為薄弱了。為此，義大利對陸軍進行了整編，但也無濟於事，因為每一個師從三個團減少到兩個團，結果師的數目增加一半，許多

表6-2 列強的國防經費（1930-1938年）

（以當時的百萬美元爲單位）

年代＼國家	日本	義大利	德國	蘇聯	英國	法國	美國
1930	218	266	162	722	512	498	699
1933	183	351	452	707	333	524	570
	（356）	（361）	（620）	（303）	（500）	（805）	（792）
	[387]						
1934	292	455	709	3,479	540	707	803
	（384）	（427）	（914）	（980）	（558）	（731）	（708）
	[427]						
1935	300	966	1,607	5,517	646	867	806
	（900）	（966）	（2,025）	（1,607）	（671）	（849）	（933）
	[463]						
1936	313	1,149	2,332	2,933	892	995	932
	（440）	（1,252）	（3,266）	（2,903）	（911）	（980）	（1,119）
	[488]						
1937	940	1,235	3,298	3,446	1,245	890	1,032
	（1,621）	（1,015）	（4,769）	（3,430）	（1,283）	（862）	（1,079）
	[1,064]						
1938	1,740	746	7,415	5,429	1,863	919	1,131
	（2,489）	（818）	（5,807）	（4,527）	（1,915）	（1,014）	（1,131）
	[1,706]						

註：由於資料來源不一，統計數字差異較大，兩種括弧內的數字爲另一來源的統計。

軍官獲得晉升，部隊效率卻沒有相對提高。空軍依靠生產力還不及一九一五年至一九一八年間水準的重工業來支撐（如果「支撐」這兩個字用得恰當的話），號稱擁有八千五百餘架飛機，但事實上一共只有四百五十四架轟炸機和一百二十九架戰鬥機，而且和其他國家的空軍相比，幾乎沒有一架可以稱得上是第一流的。墨索里尼在義大利沒有像樣的坦克、高射砲、高速戰鬥機和航空母艦，沒有靈敏的雷達和炸彈，也沒有充足的外匯和後勤支援的情況下，於一九四〇年把義大利推入另一場列強戰爭中，甚至想當然耳以爲自己必勝無疑。只有奇蹟（或者說是德國人）才能使義大利逃過一場空前的大災難。

以上分析強調的是武器和數字，並沒有考慮領導能力、人員素質和國民對於戰爭的態度等因素。不幸的是，這些因素不但沒有彌補物質上的不足，反而突顯了其相對弱點。從一九〇〇年到一九三〇年，義大利社會和政治文化除了增添了一些膚淺的法西斯教條以外，陸軍對具有才能和雄心壯志的青年沒有多大的吸引力；相反地，陸軍的整體效率低落，缺乏開創精神，一味追求個人前途，其嚴重程度使德國軍官團和軍事觀察家驚愕不已。而且，陸軍對墨索里尼並非百依百順，不但經常違抗墨索里尼的命令，不願按時完成指派的任務，而且還搬出各種理由來爲自己開脫；而另一方面，又時常不經過事先協商就自行投入戰鬥，理由是那裡有「任務」要去完成。這樣的軍隊，既沒有受過嚴格訓練的高級軍官來指揮，又缺乏富有經驗的士官作爲骨幹，一旦捲入列強戰爭，下場必是悲慘的。義大利的海軍（除了有冒險精神的袖珍潛艇之外）的狀況也好不了多少。而在空軍方面，即使有受過良好教育和訓練的軍官和飛行員，也無法施展才能，因爲他們駕駛的是舊式的飛機，這種飛機的引擎承受不起絲毫的損傷，投彈不準，火力更是小得可憐。至於海、陸、空三軍的協調，或重要防務事宜的磋商（且不談解決），義大利連一個參謀首長聯席會都沒有，不過這也是意料中的事，無需贅述。

最後談到墨索里尼本人。在戰略上，他本身就是一個最不利的因素。有人曾經下過這樣的結論：墨索里尼不像希特勒是個全能的領袖，卻擺出一副全能的架勢來。義大利國王維多伊曼紐三世（Victor Emmanuel III）努力維護其君主特權，並且成功地使許多行政官僚和軍官對他保持忠誠。羅馬教廷對於許多義大利人來說也是一個獨立的、有威望的權力中心。然而，到一九三〇年代，大企業家和頑強的農民都對墨索里尼政權的支持熱誠消褪，而法西斯黨本身，至少那些地方上的法西斯頭頭們，關心的似乎只是職位，而不是國家的榮耀。即使墨索里尼的統治是絕對的，義大利的情況也不會因此好轉，因爲這位「元首」常常自欺欺人，言過其實，滿口謊言，辦事不力，思維遲鈍，管理無方……，不一而足。

在一九三九年到一九四〇年間，西方盟國一直在考慮一個問題的利弊得失：是維持義大利的中立地位呢，還是乾脆讓它站在德國那邊去？整體而言，英國的三軍參謀長寧願讓義大利置身於戰爭之外，以保持地中海和近東地區的和平，但是也存在著強烈反對意見——事後證明這些反對意見是正確的。在人類戰爭史上，幾乎不曾發生過這樣的情況：多一個人參加敵方，給敵方造成的損害大於給己方造成的損害。然而，在這一方面，墨索里尼的義大利卻開創了獨一無二的先例。

日本對現狀的挑戰也非常獨特，但是當時的列強卻沒有把它當一回事。一九二〇年代和一九三〇年代的世界帶有強烈的種族和文化偏見的色彩，西方世界的許多人看不起日本人，把他們視爲「小黃種人」，只有當日本對珍珠港、馬來亞和菲律賓發動毀滅性攻擊之後人們才看清，那種把日本人看成是鼠目寸光、發育不良和不諳工業的民族的陳腐觀點完全是一派胡言。事實上，日本海軍訓練非常刻苦，既練習白天作戰，又訓練夜間打仗，而且成效卓著；此外，日本駐外武官還源源不斷地將所蒐集的情報傳回東京，供決策者和船艦設計者使用和參考。日本的陸軍航空隊和海軍航空隊也都訓練有素，擁有大批優秀的飛行員和具獻身精神的勤務人員。至於陸軍，士兵人人富於「武士道」精神，而意志堅強和極度愛國的軍官則個個身先士卒；這樣的部隊無論是進攻還是防禦，都令人望而生畏。日本人可以狂熱到去暗殺（據說）意志不夠堅強的大臣，這種狂熱情操到了戰場上就轉變成無畏的勇氣了。世界上的任何一支軍隊都高喊「堅決戰鬥到最後一人」，而日本士兵不只是喊喊而已，而且身體力行。

但是，日本人不同於非洲祖魯族（Zulu）的戰士，其區別在於前者不僅勇猛，而且還擁有軍事科技優勢。日本在一九一四年以前開始的工業化過程，因第一次世界大戰而一日千里，一半是因爲協約國向日本人大量訂購軍需品並且迫切需要日本船舶來運送，一半是因爲日本趁西方不能繼續供應商品之機打入亞洲市場。戰爭期間，日本進出口增加兩倍，鋼材和水泥產量增加一倍多，化學和電機工業的發展也突飛猛進。和美國一樣，日本在戰爭期間還清了外債，成爲債權國。它也成了一個主要造船國，下水噸位從一九一四年的八萬五千噸上升到一九一九年的六十五萬噸。根據國際聯盟出版的《世界經濟概覽》（*World Economic Survey*），戰爭對於推動日本製造業的貢獻比對美國還大。從一九一九年至一九三八年，日本製造業持續成長，發展速度居世界第二位，僅次於蘇聯。（參見表6-3）

事實上，到一九三八年，日本不僅在經濟上比義大利強大，而且所有製造業和工業生產指數都超過法國（見表6-3至表6-7）。如果日本軍方領導中心沒有在一九三七年發動對中國的戰爭，以及在一九四一年發動那場災難性的太平洋戰爭的話，我們可以斷定日本的產量在一九六〇年代以前絕對會超過英國。

這並不表示日本毫不費力地克服了所有的經濟難題，只能說它的強大令人刮目相看。由於其銀行體系比較原始，所以在第一次世界大戰期間當一個債權國並非易事；另外，在貨幣供給額的操作上曾出現過嚴重的通貨膨脹，尤其是一九一九年發生的「大米騷動」。當歐洲恢復了和平時期的紡織品、商船和其他商品的生產量時，日本面對的競爭壓力就更大，而且日本的製造業產品成本在這一時期普遍比西方高。再者，絕大多數日本人民仍然從事小農經濟，農民的利益不僅因臺灣和朝鮮米進口量大增而受到傷害，而日本重要的絲織品出口貿易因美國在一九三〇年之後的需求減少而發生的崩盤，也造成農民慘重損失。野心勃勃卻又憂心忡忡的日本政客們，一直試圖透過帝國主義擴張手段來緩和這些困境。例如，征服滿洲代表著軍事上和經濟上的雙重利益。另一方面，當工業和

表6-3 製造業產量的年度指數（1913-1938年）

（以1913年等於100爲準）

年代＼國家	世界	美國	德國	英國	法國	蘇聯	義大利	日本
1913	100.0	100.0	100.0	100.0	100.0	100.0	100.0	100.0
1920	93.2	122.2	59.0	92.6	70.4	12.8	95.2	176.0
1921	81.1	98.0	74.7	55.1	61.4	23.3	98.4	167.1
1922	99.5	125.8	81.8	73.5	87.8	28.9	108.1	197.9
1923	104.5	141.4	55.4	79.1	95.2	35.4	119.3	206.4
1924	111.0	133.2	81.8	87.8	117.9	47.5	140.7	223.3
1925	120.7	148.0	94.9	86.3	114.3	70.2	156.8	221.8
1926	126.5	156.1	90.9	78.8	129.8	100.3	162.8	264.9
1927	134.5	154.5	122.1	96.0	115.6	114.5	161.2	270.0
1928	141.8	162.8	118.3	95.1	134.4	143.5	175.2	300.2
1929	153.3	180.8	117.3	100.3	142.7	181.4	181.0	324.0
1930	137.5	148.0	101.6	91.3	139.9	235.5	164.0	294.9
1931	122.5	121.6	85.1	82.4	122.6	293.9	145.1	288.1
1932	108.4	93.7	70.2	82.5	105.4	326.1	123.3	309.1
1933	121.7	111.8	79.4	83.3	119.8	363.2	133.2	360.7
1934	136.4	121.6	101.8	100.2	111.4	437.0	134.7	413.5
1935	154.5	140.3	116.7	107.9	109.1	533.7	162.2	457.8
1936	178.1	171.0	127.5	119.1	116.3	693.3	169.2	483.9
1937	195.8	185.8	138.1	127.8	123.8	772.2	194.5	551.0
1938	182.7	143.0	149.3	117.6	114.6	857.3	195.2	552.0

商業在一九三〇年代因重整軍備和剝削東亞市場而得以恢復之後，日本對進口原料的依賴與日俱增（至少在這一方面日本與義大利有相似之處）。隨著鋼鐵工業的發展，對於中國和馬來亞生鐵和礦石的需求量也增加了；煤和銅的國內供應量無法滿足工業的需要。但是，問題最嚴重的還是石油燃料幾乎完全仰賴進口。正是這種對於「經濟安全」的追求（在狂熱的民族主義者和軍國主義統治者的眼裡，這是一種不言而喻的利益），驅使著日本不斷向前，但是結果並非盡如人意。

儘管存在著這些經濟問題，而且也由於這些經濟問題的存在，一九三〇年代早期日本大藏省在高橋內一主持下仍不惜一切舉債，以便撥給軍隊更多的款項，結果軍費在政府支出中的比例從一九三一年至一九三二年度的百分之三十一上升到一九三六年至一九三七年度的百分之四十七。高橋內一終於驚恐地發現此一舉動造成的經濟後果，並試圖限制軍費的進一步擴大，卻立刻遭到軍國主義分子的暗殺，此後軍備支出便加速飆漲。第二年，軍費占政府支出中的比例高達百分之七十，就比例而言，超過任何一個遠比日本富裕的民主國家。也因此，到一九三〇年代末，日本軍隊不僅比義大利軍隊精良得多，而且或許還超過了法國和英國。根據《華盛頓公約》，日本帝國海軍的規模只能略略超出英國或美國海軍的半數，但實際上其規模遠超過這個限制。早在一九二〇年代和一九三〇年代初，當英美兩個主要海軍國家縮減海軍經費時，日本海軍已經達到公約所限制的規模，而且悄悄地突破了這些限制甚多。例如，重巡洋艦的排水量超過公約規定的八千噸，而達到一萬四千噸。日本的主要戰鬥艦航速都很快，並且配備威力強大的武器，就連舊式戰鬥艦也都加以現代化。到了一九三〇年代後期，日本開始建造大和級巨艦，其噸位之大爲世界之冠。日本海軍最具威力的是強大而有效的海軍航空部隊（但日本艦隊將領們當時並沒有充分了解到這一點），擁有三千架飛機和三千五百名飛行員，主要部署在十艘航空母艦上，也有一部分部署在陸上一些攻擊力極高的轟炸機和魚雷機中隊上。日本的魚雷無論在威力上還是在品質上都是天下無敵的。最後，日本還擁有居世界第三位的龐大商船隊，只是有一點令人費解，日本海軍竟然忽略了反潛艇戰術。

由於實行徵兵制，日本陸軍可以隨時獲得人力補充，並訓練新兵遵循絕對服從命令和精忠報國的傳統。早年日本一直維持著固定的陸軍規模，但是後來就推行擴軍計畫，陸軍從一九三七年的二十四個師和五十四個飛行中隊，擴大到一九四一年的五十一個現役師和一百三十三個飛行中隊。此外還有十個新兵訓練師（用於訓練士兵）以及大批的獨立旅和衛戍部隊，大約相當於三十個師。到戰爭前夕，日本陸軍人數已超過一百萬，並有將近二百萬訓練有素的後備部隊作爲堅強後盾。它的坦克部隊不夠強大，因爲東亞許多地區的地形和木橋不適合使用坦克，但是這支部隊有優良的機動大砲，而且受過叢林作戰、強渡河流和兩棲登陸的良好訓練。日本陸軍還擁有兩千架作戰飛機（跟海軍的一樣），其中包括令人生畏的零式戰鬥機，其速度和活動性能可以和當時歐洲生產的任何一種飛機相媲美。

由此可見，日本的軍事實力非常強大，但也不是無懈可擊。一九三〇年代，日本各派系之間相互傾軋，文武官員之間意見不和，再加上頻頻發生暗殺事件，導致日本政府的決策變化無常，有時甚至前後矛盾。再者，陸軍和海軍之間也缺乏適當的協調。雖然這種情況在世界上並非新鮮事，但是發生在日本就變得更加危險了，因爲日本的陸軍和海軍各自有假想的敵人和作戰區域，海軍預料今後的戰爭會在日本和英國或美國之間發生，而陸軍則把目光鎖定在亞洲大陸以及蘇聯對日本在亞洲大陸的利益所構成的威脅上。由於陸軍在日本政壇中勢力較大，而且控制著最高統帥部，所以其觀點一般說來總是占上風的。一九三七年，日本陸軍在中國蓄意製造盧溝橋事變，並執意要對中國採取進一步行動。這一決定並沒有遭到海軍和外務省的積極反對，只是同意得有點勉強而已。於是日本從滿洲向華北發動大規模侵略，並在中國沿海採取了登陸行動。然而，日本軍隊很快發現要取得決定性勝利是不可能的。蔣介石雖然損失了大批軍隊，但仍繼續奮戰，並且在日本突擊縱隊和飛機的追擊下，不斷向內地轉進。對於日本帝國最高統帥部來說，問題不在於戰爭造成多大損失（陸軍傷亡約只有七萬人），而是這場沒完沒了的戰爭所消耗的巨額支出。到一九三七年底，日本派往中國的軍隊人數已超過七十萬，而且還在不斷增加（根據威爾莫特〔H. P. Willmott〕提供的數字，到一九三八年日軍人數達一百五十萬，不過似乎稍嫌誇張）。儘管如此，日軍仍無法迫使中國人投降。這場東京稱之爲「支那事變」的戰爭每天的費用是五百萬美元，導致整個國防經費更大幅度成長。一九三八年，日本不得不實行配給制，同時推行一連串相關法令，使日本步上了打一場「總體戰」的道路。政府只好靠借貸來支付巨額軍費，國債以驚人的速度上升。

使得此一戰略行動難以堅持下去的因素是日本外匯和原料貯存的耗損，以及對美國、英國和荷蘭進口的更大依賴，更何況這些國家根本就反對日本的行動。由於日本空軍在中國戰爭中耗費了大量燃料，政府「就命令工廠、船隻和機動車輛分別減少百分之三十七、百分之十五和百分之六十五的燃料消耗」。日本人認為蔣介石的軍隊之所以能夠堅強抵抗，是因為能夠經由緬甸公路、法屬印度支那和其他路線得到西方源源不絕的補給。對此，日本人覺得更難以忍受。因此，日本人心中自然產生一種想法，就是日本必須南進，一方面孤立中國，一方面牢牢控制住東南亞、荷屬東印度群島和婆羅洲的石油及其他原料。當然，這是日本海軍早就要實施的計畫；而陸軍雖然曾主張重點對付蘇聯和進一步擴大對中國的軍事行動，此刻也被迫承認南進對於保障日本經濟安全的重要性。

然而，此時卻產生了一個最最嚴重的問題。以日本在一九三〇年代後期建設起來的軍事實力來看，他們可以輕而易舉地把法國人趕出中南半島，把荷蘭人趕出東印度群島；甚至英國也發現，要抵擋日本人的攻擊並不容易（關於這一點，英國政府的戰略決策者曾在一九三〇年代私下承認過），而且歐洲也已爆發戰爭，英國想兼顧遠東也是鞭長莫及。但是，與蘇聯或是美國作戰，對於日本人來說則完全是另外一回事了。例如，一九三九年五月到八月間，在諾蒙罕（Nomonhan）地區發生的日軍與蘇聯紅軍持續而血腥的衝突中，蘇聯在大砲、飛機、重型坦克的火力等方面明顯占有優勢，使日本帝國最高統帥部大為震驚。鑑於關東（滿洲）軍所擁有的師團在數量上不及蘇聯在蒙古和西伯利亞所部署的一半，而且愈來愈多的日本部隊在中國陷入困境，即使是十分極端的日本陸軍軍官也不得不承認，日本必須避免和蘇聯交戰——至少在國際形勢對日本不利的情況下。

北進戰爭暴露了日本的侷限性，那麼如果發動一場南進戰爭，冒著美國捲入戰爭的危險，是不是也會造成同樣的結果呢？如果東京占領荷蘭東印度群島和馬來亞，以擺脫依賴美國的經濟壓力，那麼本來就對日本在中國的行動強烈不滿的羅斯福政府會袖手旁觀嗎？然而，一九三八年六月實施限制航空物資出口的「道義禁運」，第二年美日商務條約的廢除以及英、荷、美三國在日本於一九四一年七月占領中南半島之後聯合實施的石油和鐵礦禁運（這是最爲重要的），都顯示了日本只有不惜同美國開戰才能換取「經濟安全」。可是美國人口將近日本的兩倍，國民所得是日本的十七倍，鋼產量是日本的五倍，煤產量爲七倍，而機動車產量則是八十倍。美國的工業潛力，即使在像一九三八年那樣不景氣的年月裡也是日本的七倍，在平常時期則可能是日本的九倍或十倍。就算把日本人的狂熱愛國主義考慮進去，再加上歷史上兩次打敗遠比自己強大的對手的輝煌戰績（一八九五年對中國和一九〇五年對俄國），這一次籌劃的戰爭也是不可思議，甚至是荒謬絕倫的。事實上，像山本五十六將軍那樣務實的日本軍事家已經意識到，進攻像美國這樣強大的國家似乎是愚蠢的，尤其在大部分日軍顯然必須駐留在中國的情況下更是自絕生路。然而，在一九四一年七月之後，日本若不與美國決一雌雄，就只能屈服於西方的經濟勒索，而這也是令人無法容忍的。既然沒有退路，日本軍事領袖就決定鋌而走險了。

一九二〇年代，在所有對戰後領土和經濟協商感到不滿的強國中，德國似乎是受創最深、麻煩最多的國家。它受到《凡爾賽和約》軍事條款的束縛，背負著賠償戰爭損失的沉重包袱，戰略上因部分邊界地區拱手割給法國和波蘭而受到鉗制，國內面臨通貨膨脹、尖銳的階級緊張以及混亂的選舉和黨派等問題，因此在外交事務上享受不到義大利和日本所擁有的行動自由。到了一九二〇年代後期，由於世界恢復繁榮，施特萊斯曼又透過外交手段成功地提高了德國的地位，德國各方面的情況都有了很大的改善。但是，一九二九年至一九三三年的金融和商業危機對其不穩定的經濟和惡名昭彰的威瑪民主都是一記重擊，使德國在政治上仍陷於困境，只能算是個「半自由」強國。

接著是希特勒上臺，他在幾年內就改變了德國在歐洲的地位。說到希特勒，必須先回顧一下前面曾提到過的幾點情況。首先，幾乎每個德國人都是「修正主義者」，只是程度不同而已；許多早期制定的納粹外交政策只是過去德國民族主義者和受壓制的軍隊野心的延續。其次，一九一九年至一九二二年間的中歐東部邊界協定並沒有滿足許多國家和民族的願望，他們早在納粹掌權之前就強烈要求改變現狀，並且願意和德國共同來加以修訂。再者，德國雖然領土縮小，人口和原料減少，但仍維持著成爲歐洲第一強國的工業潛力。最後，抑制德國擴張主義復活的國際均勢愈來愈不協調，遠遠不如一九一四年以前來得和諧。由此看來，希特勒之所以上臺不久就能在改善德國外交和軍事地位方面取得傲人的成就，一方面是個人因素，另一方面則在於客觀條件，當時許多情況顯然有利於希特勒毫不留情地擴張勢力。

就本書所涉及的內容而言，希特勒政權的「獨特之處」表現在兩個方面。其一，希特勒矢志要創建的「國家社會主義的德國」具有極端性和狂熱性。這個社會要達到種族「純潔化」，因而必須滅絕猶太人、吉普賽人和其他在他看來屬於非條頓族的種族；這個純潔化的民族應對他的政權赤膽忠心，完全取代階級、教會、地區和家庭等舊式的忠誠觀念；社會的經濟應不論何時何地，只要元首一聲令下就能動員起來發揚德意志精神，與世界列強抗爭；社會的意識形態應是暴力、鬥爭和仇恨，以粉碎敵人爲快樂，決不心慈手軟。縱觀二十世紀德國社會的規模和複雜性，毋需強調也知道，這純屬不切實際的妄想。事實上，希特勒在全國的「權力是有限的」。那些在一九三二年至一九三三年間曾支持過他的個人和團體，甚至包括那些直到一九三八年或一九三九年還支持他的人，對他的熱誠擁護不斷在下滑；毫無疑問地，除了公開反對希特勒政權的人以外，還有許多人心懷抵抗情緒，只是沒有公開表現出來而已。雖然如此，同樣不容置疑的是，國家社會主義政權受到普遍的歡迎，更重要的是，它對於整個國家的資源握有絕對的支配權。德國當時的政治文化重心集中在戰爭和征服上，政治經濟受到嚴重的扭曲，以至於一九三八年政府支出的百分之五十二和國民生產毛額的百分之十七都投入擴充軍備。因此，德國走了一條不同於其他西歐國家的道路。《慕尼黑協定》簽訂那一年，德國的軍費支出比英、法、美三國的總額還多。在國家機器能夠控制的範圍內，德國所有的力量都被動員起來，準備打一場新的戰爭。

其二，希特勒重新武裝德國是建立在一個極不穩定的國民經濟基礎之上。正如前面所指出的，一九三〇年代後期，義大利和日本的經濟也出現一些類似的問題，法國和英國的經濟在追趕快速發展的軍備擴充時也遇到了同樣的問題。但是，沒有一個國家的軍隊成長速度像德國那麼快。一九三三年一月，按規定德國陸軍人數不得超過十萬，而實際上，在希特勒上臺之前，軍方即已在祕密籌劃把七個師的部隊擴大到二十一師，同時還暗中準備重建空軍部隊、坦克部隊以及《凡爾賽和約》所禁止的其他兵種部隊。一九三三年二月，希特勒對馮．弗立契（von Frisch）下達指示，要「創立一支最強大的軍隊」。此一指示立即被擴軍計畫的制定者們當作通行的綠燈，堂而皇之地把先前制定的計畫付諸實施，而不受財力和人力上的任何約束。一九三五年，德國宣布徵兵，陸軍人數驟增到三十六個師。一九三八年，德國收編奧地利部隊，接管萊茵區的憲兵部隊，建立起裝甲師，並整編了戰時後備軍，使陸軍人數節節上升。在一九三八年底的危機時期裡，德國現役部隊達到四十二個師，預備部隊八個師，戰時後備軍二十一個師；第二年夏季戰爭爆發，德國野戰集團軍的戰鬥隊形顯示，部隊人數已達到一百零三個師，僅僅一年之內又增加了三十二個師。德國空軍的擴充更是迅速。一九三二年德國年產飛機僅三十六架，一九三四年和一九三六年分別上升到一千九百三十八架和五千一百十二架；據一九三三年七月統計，飛行中隊只有二十六個，但到戰爭爆發時已激增為三百零二個，並有前線作戰飛機四千架。德國海軍的規模並不是很大，主要是因為建立一支強大的戰鬥艦隊至少要花一、二十年的時間。不過，到一九三九年，海軍上將雷德爾

（Erich Rader）指揮的已經是一群現代化的戰艦了，海軍人數是一九三二年的五倍，海軍支出爲希特勒掌權之前的十二倍。不論在海上、陸地，還是空中，德國都在積極推行重整軍備計畫，以盡快改變歐洲權力的均衡。

雖然這一切從外表看上去轟轟烈烈，但德國內部卻極不穩定。由於種種原因，如《凡爾賽和約》有關領土的規定對於德國經濟的打擊，一九二三年出現的嚴重通貨膨脹、戰爭賠償以及重新進入一九一四年以前的國際市場的艱難等等，德國在一九二七年至一九二八年這段時間內，總生產量僅恢復到第一次世界大戰前的水準，而且這短暫的復甦如曇花一現，隨之而來的嚴重經濟危機立刻將之破壞。在這場危機中，德國受到的衝擊比其他國家都要大；一九三二年，德國工業產量只及一九二八年的百分之五十八，進出口額只有一九二八年的一半多一點，國民生產毛額從八百九十億馬克下降到五百七十億馬克，失業人口從一百四十萬增加到五百六十萬。希特勒上臺後立即著手解決失業問題，使他在早期享有很高的聲望。他主要是藉由大規模的修路、電氣化和工業投資等計畫大幅度降低了失業人口的總數，後來又利用徵兵解決了其餘的失業人口。然而，到一九三六年，德國經濟的復甦又不斷地受到擴充軍備的天文數字的支出所影響。從短期來看，這種瘋狂的軍備支出似乎近似凱因斯經濟學原理，由政府來促進資本投資和工業成長，但是從中期看（且不提長期），其經濟後果是十分可怕的。如果是美國，或許還可以承受這種軍備支出所產生的壓力，可是德國是絕對無法承受的。

不過，當時最嚴重的問題是國家社會主義的決策結構陷於極度混亂之中（這一點連外國觀察家都未曾看出）。這種混亂狀態似乎是希特勒刻意造成的，以保持他最高權威的地位。儘管政府公布了四年計畫，但卻缺乏一個全國性連貫的綱領可以把擴充軍備和德國經濟能力密切地結合起來，或是恰當地調節軍種之間的軍費分配；名義上負責四年計畫的空軍元帥戈林（Hermann Goring），實際上是個草包。因此各個部門自行其事，亟思擴大自身的實力，制定出新的（常常是荒謬的）計畫，然後爭奪資本投資，尤其是原料供給。要不是政府對勞動力實行嚴格管制，強迫私人企業將其利潤再投資到國家支持的製造業，並且透過增稅、赤字舉債以及控制工資和個人消費等措施強行把更多的國民生產作為資本投入到軍事工業的話，德國的形勢當會更混亂。但是，儘管政府在一九三八年把軍備支出調高到占國民生產毛額的百分之三十三（大部分私人企業確實照國家的要求進行投資），也無法滿足軍方各種重複的非分要求。就以海軍要建造的「Z計畫艦隊」來說，它需要六百萬噸燃油，相當於一九三八年德國燃油的總消耗量；而空軍計畫到一九四二年要擁有一萬九千架（！）前線作戰飛機和後備飛機，所需要的原油相當於「當時世界原油產量的百分之八十五」。同時，每個軍種都爭相要求提供技術人員、鋼材、滾珠軸承、石油和其他重要戰略物資。

除此以外，還有一個問題：大規模的擴軍備戰與德國對進口原料的嚴重依賴之間產生了矛盾。這個帝國只有煤礦還算豐富，但缺乏大量的鐵砂、銅、鋁土、鎳、石油、橡膠等現代工業和現代武器系統賴以生存的基礎。美國、大英帝國和蘇聯的情況則相反，在上開各項目都擁有豐富的資源。一九一四年以前，德國可以大量外銷製造業產品來支付上述原料的進口，但是在一九三〇年代就行不通了，因為德國的工業都已轉而為軍隊生產坦克、槍砲和飛機了。此外，德國參加第一次世界大戰的支出、戰後的賠款以及傳統出口業的崩潰，實際上已經把德國所有的外匯存底都耗盡了。一九三八年，德國僅占世界黃金和金融準備的百分之一，而美國卻占了百分之五十四，法國和英國各占百分之十一。因此，為了避免用黃金和外匯去支付重要原料的進口，有關機構實行嚴格的通貨管制，進行以物易物以及其他各種特殊的「交易」辦法；為了減少對進口原料的依賴，德國在四年計畫期間大量生產合成代用品，如石油、化學肥料等。事實上，每一種措施都產生了一定的效果，但是沒有一個能夠滿足擴充軍備的需求，即使結合所有的辦法也無濟於事。由於國家儲存的原料已經用罄，而爲了補充新的原料又把資金花費殆盡，因此德國軍事工業一而再、再而三地發生危機。雷德爾於一九三七年曾警告說，除非能夠獲得更多的原料，否則不得不停止整個海軍建設。一九三九年一月，當國內經濟正在爲了累積外匯存底而打一場「外銷戰役」的時候，希特勒親自下令，大量裁減軍隊的鋼、銅、橡膠和其他重要原料的配額。

上述諸多問題爲德國的國力和政策造成三個相關的影響。第一，德國在一九三八年到一九三九年的軍事力量並不如希特勒所吹噓的（也不是西方民主國家所恐懼的）那麼強大。德國野戰集團軍在戰爭開始時號稱擁有二百七十五萬人，實際算得上裝備精良的機動部隊只有少數幾個師，其餘的則是裝備落後的預備師，這些新兵急需大批經驗豐富的軍官和士官來加以訓練。軍需品的儲備也少得可憐，就連赫赫有名的德國裝甲師團在戰爭開始時所擁有的坦克還不如英法聯軍的總數。計畫在一九四〇年代中期投入戰爭的德國海軍對自己下了個持平的結論：「要和英國大打出手，我們的裝備根本不夠格。」情況確實如此，德國戰艦完全不能和英國相比，即使把潛艇算進去也無法縮小此一差距。至於德國空軍，它之所以強大，主要是因爲敵人長期耗弱，不過其預備隊和後勤支援經常短缺。在一九三〇年代晚期的國際危機中，德國空軍從來沒有像它的對手想像的那麼強大，而且航空工業和空勤人員要跟上「第二代」飛機的發展已經感到很吃力。例如，「隨時可投入軍事行動的」空勤人員的人數已經比慕尼黑危機時所謂的「前線」部隊少很多了——至於要把倫敦轟炸成平地，則純屬異想天開。

儘管如此，我們也不能完全同意最近盛行的一種修正論調，認爲一九三九年德國倉促上陣，對戰爭毫無準備。歸根究柢，軍事實力只是相對的，幾乎沒有任何軍隊會說自己的需求已經都得到滿足，德國的弱點必須與敵人的弱點加以比較才能知道它究竟弱到什麼程度。然而，經過比較以後，我們會發現形勢似乎對德國有利得多，尤其是它的三軍部隊都已達到臨戰狀態的效率：陸軍隨時可以集中坦克部隊投入戰鬥，在戰場上發揮優勢，並有無線電系統指揮和聯絡；空軍雖然較常執行「戰略」任務，但也可以協助陸軍發動突擊；潛艇部隊規模雖小，在戰術上卻是靈活多變。所有這些都彌補了原料的不足，例如橡膠庫存的短缺。

接下來談到第二個影響。由於德國三軍部隊重整軍備的速度太快，以致經濟遭到嚴重傷害。希特勒爲了擺脫經濟困境，極力主張發動一場戰爭。他非常清楚，占領奧地利不僅能給德國帶來五個師的兵力、若干鐵礦和油田以及相當規模的金屬工業，而且還有價值兩億美元的黃金和外匯存底。已爲德國吞併的蘇臺德區並無多大經濟價值（儘管那裡煤礦豐富），所以當德國在一九三九年初外匯形勢岌岌可危時，希特勒把貪婪的目光瞄準捷克斯洛伐克的其他地區，並於一九三九年三月向布拉格發動猛攻，得手之後立即清點戰利品。希特勒的這一舉動絲毫不會令人感到意外。德國人除了掠奪捷克國家銀行存有的黃金和外匯資產外，還奪得了大量的礦石和金屬，並且用來發展德國工業。同時，德國把規模龐大、利潤豐盈的捷克軍事工業的產品賣給巴爾幹半島諸國，以賺取外匯。另外還接收了捷克軍隊的飛機、坦克等武器，用來裝備新建立的德軍師或變賣以換取外匯。這些再加上捷克斯洛伐克的工業生產，大大地增強了德國在歐洲的力量，使希特勒瘋狂的（多少有點勉強維持的）重整軍備計畫得以繼續進行下去——直到再次出現危機。正如梅森（Tim Mason）所指出的，「這個因獨裁統治和重整軍備而充滿緊張和危機的政權，唯一的出路是繼續進行獨裁和擴軍。……進行一場掠奪人力資源和原料的戰爭，完全符合國家社會主義統治下的德國經濟發展的可怕邏輯。」

第三個影響，同時也是個難題：德國願意只推行征服和掠奪政策而不進行大規模的領土擴張嗎？只要德國一旦開始實行重整軍備計畫，只要其三軍部隊配備了現代化武器，那麼占領弱小鄰國以及攫取新的土地、原料和外匯的計畫就順理成章地展開了。到一九三九年四、五月間，波蘭顯然是德國的下一個目標。但是，即使波蘭能很快被征服，德國應如何面對法國和英國的干預？也就是說，大德意志帝國能夠在依然嚴重依賴進口原料的情況下發動一場對於其經濟是更大挑戰的戰爭嗎？證據顯示，一九三九年希特勒甘冒與西方民主國家開戰的風險，希望這些國家再次網開一面，讓他再發動一次有限的掠奪戰，目標僅止於波蘭；一旦如願，將有助於德國經濟發展，為它在一九四〇年代中期在某個地區挑起第一場列強戰爭做好準備。從一九三九年法國和英國在經濟和戰略力量的薄弱，以及兩國領導中心的優柔寡斷來看，德國即使準備不夠充分也值得冒一次險。但是，如果軍事行動再次僵持在第一次大戰的戰線上，那麼德國在現代軍備上的優勢也許會慢慢地耗損；如果美國向盟軍伸出援手，德國勝算就會減少；如果軍事行動再擴展到俄國，那麼俄國廣闊的國土就代表著一場漫長而勝負難分的戰爭，這對德國的經濟將是雪上加霜。

另一方面，既然納粹政權靠征服為生，希特勒得寸進尺，胃口愈來愈大，那麼何時何地才是止境呢？按照希特勒狂妄的邏輯，只要在歐洲，甚至全世界，還有一個國家對德國構成挑戰，那麼他就不會罷手。只有這樣，敵人才會被粉碎，「猶太人問題」才能得到解決，千年帝國也才會在堅實的基礎上建立起來。儘管希特勒與腓特烈和俾斯麥等前輩一脈相傳，但是這位元首在奪取世界霸權的野心和踢開一切絆腳石的決心上，比起他的祖先有過之而無不及。他一方面受到這些瘋狂而遙遠的計畫鞭策，另一方面又受到眼前種種危機的困擾，因此，跟日本人一樣，他一心一意地要盡快改變現有的世界秩序。

法國和英國

法國和英國面臨一場來勢凶猛的狂風暴雨，處境日趨艱險和困難。儘管兩國之間存在著許多重大分歧，但都屬於自由資本主義的民主國家，在第一次世界大戰中都飽受創傷，也竭盡全力試圖恢復記憶中美好的愛德華時代的政治經濟狀況，卻都徒勞無功；兩國都感受到國內勞工運動日益壯大的壓力，老百姓都強烈要求避免另一場大戰的發生，他們關心的都是國內社會問題，而非外交事務。但這並不表示英法兩國的外交政策完全相同。由於所處的地緣戰略位置不同，兩國政府所受到的壓力也不同，所以在如何處理「德國問題」上，這兩國民主國家常常意見不一。不過他們只是在處理手段上爭論不休，而最終目的還是一致的。在一九一九年之後的動盪年代裡，法國和英國顯然仍是有能力維持現狀的兩大強國。

一九三〇年代初，法國的實力和影響力似乎都有所加強，至少在主要的歐洲舞臺上是如此。當時，法國擁有一支規模僅次於蘇聯的陸軍，在列強中名列第二位，空軍也是第二位，也僅次於蘇聯。在外交上，法國仍具有強大的影響力，尤其是在日內瓦和東歐。不過，在一九一九年以後的幾年裡，法國曾經歷過嚴重的經濟危機，被迫調整法郎以適應當時危急的情況，因為這時候法國已經不能再依賴英美的援助，而且德國實際付出的戰爭賠款又遠低於法國的期望。一九二六年，彭加勒（Raymond Poincare）推行穩定貨幣的政策，使法國工業起飛，生鐵產量從一九二〇年的三百四十萬噸激增到一九二九年的一千零三十萬噸，鋼產量從三百萬噸激增到九百七十萬噸，汽車從四萬輛進步到二十五萬四千輛，化學、染料和電器產品都已擺脫了戰前德國產品壟斷的局面。法郎幣值的穩定促進了法國的貿易成長，法蘭西銀行豐富的黃金準備使法國的影響力遍及中歐和東歐。即使當「經濟大恐慌」發生時，法國所受到的衝擊也最小，一方面是由於法國手中擁有大量的黃金，並且有效地控制了貨幣流量，另一方面則是因為法國經濟不像別的國家（如英國）那樣依賴國際市場。

然而，一九三三年之後，法國的經濟一步一步地走向崩潰。當其他主要貿易國「拋售」黃金時，法國極力避免法郎貶值，卻徒勞無功。這表示法國的出口產品愈來愈沒有競爭能力，致使對外貿易崩潰，進口額和出口額各下降百分之六十和百分之七十。經濟癱瘓了兩年之後，一九三五年法國決定緊縮通貨，結果使奄奄一息的工業產業受到更沉重的打擊；一九三六年，法國人民陣線政府強制執行一週四十小時工作制和增加薪資的政策，使法國工業再受重創。一九三六年十月，法郎大幅貶值，再加上工業一再受挫，致使已經在外流的法國黃金更加速流失，嚴重損害了法國的國際信用。在農業方面，法國有一半人口從事耕作，但生產效益卻一直是西歐最低的。產量過剩造成價格下跌，進而降低了本來已經很低的國民平均所得。這個狀況因大量失業人口從城市回流農村而更趨惡化。人口回流農村的唯一好處（？）和義大利一樣，只是掩蓋了實際的失業人數。在其他方面，建築業急速衰退，新興工業（如汽車製造業）處於停滯狀態，而別的國家卻都在復甦之中。一九三八年，法郎價值只達一九二八年的百分之三十六，工業產值是十年前的百分之八十三，鋼鐵產量是十年前的百分之六十四，而建築面積則為百分之六十一。對於身為列強之一的法國來說，最可怕的也許是法國在簽定《慕尼黑協定》那年的國民所得比一九二九年下降了百分之十八，而這時正是德國變得愈來愈危險的時候，也是法國必須大規模加強軍事實力的關鍵時刻。

因此，從上述經濟情況來看，我們很容易理解為什麼法國的軍事力量在一九三〇年代如此薄弱了。一九二〇年代後期，法國經濟短暫復甦，而且對德國暗中重整軍備感到憂心忡忡，於一九二九年至一九三〇年和一九三〇至一九三一年兩個預算年度裡，大幅增加國防經費（尤其是陸軍）。然而，可悲的是，法國對日內瓦裁軍談判抱有過於不切實際的幻想，之後又受到經濟蕭條的衝擊，使法國蒙受慘重損失。到了一九三四年，雖然法國的國防經費仍占國民所得的百分之四點三（和一九三〇年至一九三一年度一樣），但是因爲經濟嚴重衰退，金額減少了四百多萬法郎。勃魯姆（Leon Blum）領導的「人民陣線」政府試圖扼止軍費支出不斷減少，但直到一九三七年才突破了一九三〇年的國防預算水準，這筆增加的軍費大部分用來增補野戰軍團的大批缺額和加緊構築工事。而在那個關鍵時期，德國卻在經濟和軍事上大步前進。有人做過這樣的比較：「法國在汽車生產上落後英國和德國；飛機製造業在不到十年的時間裡從第一位降到第四位；鋼鐵產量在一九三二年到一九三七年間僅僅成長百分之三十，而同樣在這五年裡，德國的工業生產卻成長了百分之三百；法國的煤產量在這段時間內暴跌，許多人認爲這是由於法國在一九三五年初把薩爾煤田歸還給德國的緣故，德國的產量當然就因此上升了。」由於法國經濟迅速衰退，而且外債以及第一次大戰的撫恤金又占了政府預算總額的一半，所以儘管法國把預算的百分之三十用來充實國防（如一九三七年和一九三八年），也無法滿足三個軍種擴充軍備的需要。諷刺的是，法國海軍的經費是其中最高的；到一九三九年已擁有一支均衡發展的現代化艦隊，然而當德軍在陸地上痛擊法國時，它卻一點都派不上用場。在三個軍種中，受經濟影響最大的是空軍，由於缺乏資金，僅靠一個規模小而分散的航空工業勉強維持。從一九三三年到一九三七年間每月只生產五十到七十架飛機，大約是德國的十分之一。以一九三七年爲例，德國生產了五千六百零六架飛機，而法國只生產了三百七十架（也有別的資料說是七百四十三架）。法國政府到一九三八年才開始把資金投入飛機製造業，然而這突如其來的擴充也帶來了不可避免的問題，各個環節都出現瓶頸，更不用說設計新型和試飛高性能飛機的困難了。例如，空軍部隊直到一九四〇年一月才收到訂購的五百二十架「德沃廷」（Dewoitine）式戰鬥機中的首批八十架，所以當德國發動閃電戰時，法國飛行員還在練習駕駛這種新式飛機。

許多歷史學家認爲，在經濟和生產困難的背後隱藏著更深刻的社會和政治問題。法國在第一次世界大戰中損失慘重，戰後又不斷在經濟上受到打擊和挫敗，階級關係和意識形態分歧日益加深，政治家們徒勞而無功地與貨幣貶值、緊縮通貨、每週四十小時工作制、重稅政策以及軍備擴充等問題搏鬥著，因此在一九三〇年代，法國在公共道德和社會團結方面愈來愈糟糕。當法西斯主義在歐洲興起時，法國不僅沒有形成「神聖的聯合」，反而在意識形態上進一步分裂（這種情況至少一直延續到西班牙內戰爆發）：極右派寧要希特勒而不要勃魯姆，左派中有許多人既不贊成增加軍費支出，也不支持廢除每週四十小時工作制。除了這些意識形態的衝突以外，法國的政黨也變化無常，兩次大戰間的法國政府極不穩定，在一九三〇年到一九四〇年間便更換了二十四次。因此，有的時候法國給人的印象是已經瀕臨內戰。最起碼來說，法國已經沒有能力阻擋希特勒的狂妄行動和墨索里尼的離經叛道了。

這一切影響到軍隊和民眾的關係以及軍隊在社會上的地位，這在法國政治中是屢見不鮮的。法國政府中除了瀰漫著猜疑和沮喪的氣氛外，還存在著一籮筐明顯的弱點：法國缺乏像英國國防委員會或參謀首長小組委員會那種有效的機構，可以讓政府的非軍事部門和軍事部門共同制定有系統的戰略計畫，或調解軍種之間的分歧。法國軍界領袖，如甘末林（Gustave-Maurice Gamelin）、喬治、魏剛（Maxime Weygand）以及（在幕後的）貝當（Philippe Petain），大都已經六、七十歲，傾向防禦戰術，個個老成持重，對戰術革新毫無興趣。他們不但反對戴高樂提出的建立一支小規模現代化坦克部隊的建議，而且也不願花力氣去掌握各種新式武器在戰爭中的使用方法。聯合兵種政策從未在法國實施過，作戰管制和通訊（如無線電）中存在的問題很少有人過問，飛機的任務受到輕視，法國情報部門提供的許多有關德國動向的情報都不受重視，大規模裝甲部隊的有效戰鬥力（和德國裝甲部隊一樣）遭到公開懷疑，分送到部隊圖書館的由德軍將領古德里安（Heinz

Wilhelm Guderian）著《小心坦克》的譯本竟無人問津。所以當法國工業界全力投入製造數量龐大的坦克時（其中許多坦克都是品質一流，如索米亞—35型），法國部隊卻沒有正確的理論來指導如何使用這些坦克。法國軍隊在指揮和訓練上存在這麼多弊端，一旦發生一場新的大戰，恐怕無法拯救法國免於社會政治墮落和經濟衰退。

和一九一四年之前出現的情形一樣，這些問題是無法經由外交上的手段或制定一個聯盟戰略就能克服的。相反地，在一九三〇年代，隨著時間的演變，法國對外政策中的矛盾愈來愈明顯。當然，最明顯的是：一方面法國於《羅加諾公約》簽訂之後在馬其諾防線上採取戰略性防禦，另一方面又要按照公約在必要時出兵援助歐陸盟邦，以阻止德國向東歐擴張。事實上，即使法國軍事領袖願意採取攻擊行動，也不可能出兵，因爲德國在一九三五年已經收復薩爾地區，而且重新占領了萊茵非軍事區。不過，這個打擊跟一九三六年法國在外交和戰略上遭到的一連串挫敗比起來，實在不算什麼。一九三六年，法國和義大利對阿比西尼亞問題發生爭執，使義大利這個潛在的盟邦變成了潛在的敵人；西班牙爆發內戰，表示法國後方又要出現一個法西斯政權；比利時出於戰略上的考慮而退居中立。在這多災多難的一年結束的時候，法國已經無法再把注意力只集中在東北邊區上，而必須瞻前顧後；至於出兵萊茵區去援助一個東方的盟國，就根本不可能了。因此，在慕尼黑危機時期，許多法國領袖一想到可能要對捷克斯洛伐克履行義務，就不寒而慄。《慕尼黑協定》簽訂之後，法國發現，蘇聯對於與西方合作懷有更深的敵意，所以不再願意認眞履行一九三五年簽訂的《法蘇條約》了。

法國的外交、軍事和經濟如此不景氣，以至於戰略上不得不完全依賴英國的支持，來應付未來與德國的戰爭，這是不足爲奇的。這裡面顯然有經濟上的原因：法國百分之三十的煤、百分之百的銅、百分之九十九的石油、百分之百的橡膠，以及其他許多重要原料都是仰賴進口的，而其中大部分來自大英帝國，並且靠英國商船運輸；如果「總體戰」發生，疲軟的法郎也將需要英格蘭銀行的資助才能勉強維持，事實上，在一九三六年和一九三七年，法國已經嚴重依賴英國和美國的財政支持了。從另一個角度來說，德國的海外補給來源也只有英國皇家海軍才能切斷。所以，在一九三○年代後期，法國在向英國要求派遣遠征軍的同時，也要求英國皇家空軍提供援助。有人認爲，法國的這些被動策略是出於長遠考慮；假定德國對西方的攻擊能夠像在一九一四年那樣受到壓制，那麼，英法兩國所擁有的優勢資源終將占到上風，而且毫無疑問地，歐洲東部暫時淪陷的捷克和波蘭領土也必將收復。

然而，法國這種「等待英國」的戰略不一定是明智之舉。它顯然是把主動權拱手讓給希特勒，而希特勒在一九三四年之後也不斷顯出他非常懂得如何利用這種權力。再者，這一戰略也束縛了法國的手腳〔雖然有許多證據顯示，像博內（Bonnet）和甘末林這樣的人甘願受束縛〕。自一九一九年以來，英國一再敦促法國對德國採取一種較爲溫和、妥協的政策，並且明白表示對高盧人強硬態度的厭惡。在希特勒剛上臺的幾年裡，英國政府及人民都不贊同法國的安全防衛政策，尤其是法國對東歐新興國家承擔軍事上的義務。當英國迫於形勢不得不和法國合作時，就向法國施加壓力，要法國放棄它所承諾的義務。甚至在捷克危機出現之前，英國就已經暗中破壞法國對德國一貫推行的強硬政策。然而，英國卻沒有給予法國任何實質性的回報，直到一九三九年春，兩國才眞正靠攏，形成一個正式的軍事同盟。即使如此，雙方之間的政治嫌隙也沒有完全排除。不過，這裡要說句公道話，英國雖然目光短淺，只爲自己打算，但並沒有做出什麼「背信忘義」的事情，更何況本身也深受一連串內政和殖民地問題所困擾。關於這些情況，後文將會詳細討論。這裡要說的是英國不過是法國在對付德國擴張主義時能夠抓住的一根細弱的、不牢靠的救命稻草而已。

或許，法國人的最大失算是他們以爲在一九三○年代末期，英國還能夠像一九一四年時一樣來幫助法國制止德國的挑釁。當然，英國仍然是一個具有相當實力的大國，享有許多戰略優勢，其製造業產量和工業潛力是法國的兩倍。但是，英國的地位與二十年前相比已經大不如前了，甚至有點自身難保。從心理因素來看，第一次世界大戰給英國國民造成莫大的心理創傷，戰後的「迦太基式」和平沒有達到預期成效，老百姓深感失望。他們厭惡軍國主義，不願英國捲入歐洲大陸的紛爭，不再關心列強間的權力鬥爭，而這一切恰好和英國議會民主時代的來臨（因一九一八年到一九二八年公民權的擴大而興起）及英國工黨的崛起同時出現。在這段二十年的時間裡，英國的政治與法國相比，似乎較爲關心「社會」問題。這可以從英國的政府經費分配上看出來：英國三軍部隊的預算在一九三三年只占公共支出的一小部分（百分之十點五），而社會服務項目卻占了百分之四十六點六。當時的英國閣員鮑德溫（Stanley Baldwin）和張伯倫經常告誡他們的內閣同僚，不要試圖插手複雜的東歐國家事務來爭取選票，這是一個燙手山芋，這些國家的邊界（在英國政府眼裡）並非那麼神聖不可侵犯。

即使對那些關心外交事務甚於社會問題或競選事務的政治團體和戰略專家來說，一九一九年以後國際舞臺上的種種關係也必須謹慎應付，不可輕率從事。第一次世界大戰剛結束，許多自治領就迫切要求重新確定其政治地位。一九二六年的《貝爾福宣言》（the Balfour Declaration）和一九三一年的《西敏寺法案》（Statute of Westminster）滿足了它們的要求，讓它們實際上成爲獨立的國家，享有獨立自主的外交政策。這些自治領沒有一個對歐洲爭端感興趣，有些自治領，如愛爾蘭、南非、甚至加拿大，根本不願意捲入任何國際糾紛。如果英國還希望維持大英帝國統一的形象，那麼它必須找到一個能贏得自治領支持的藉口，然後爲此而參戰。即使由於德國、義大利和日本的威脅與日俱增，緩和了英國的這種孤立處境，英國人仍然意識到這些自治領——歐洲以外的重要地盤——在英國外交決策中所占有的分量。純就軍事意義而言，對英國更重要的是其陸軍和空軍在印度、伊拉克、埃及、巴勒斯坦等地區的「帝國警察」行動。事實上，在兩次世界大戰之間的大部分時期中，英國陸軍又回復到維多利亞時代所扮演的角色：應付俄國對印度構成的威脅（對英國來說這是最大的戰略威脅），以及維持當地居民的安定。英國的這種大戰略思想在後來的行動中進一步強化，皇家海軍因此派遣一支主力艦隊到新加坡，以保護這個距離遙遠且容易受到日本攻擊的殖民地。

英國在戰略上的雙重顧慮，幾百年來一直如此，似乎也不成問題。但是，目前的情況卻令人異常擔心，因爲它現在是在極爲薄弱的工業基礎上執行這種戰略。英國的製造業到了一九二〇年代已逐漸蕭條，原因之一是英鎊回復金本位的比率太高。一九二九年後出現世界性經濟不景氣，英國遭受的災難雖不如德國和美國那麼大，但依然動搖了其脆弱的經濟根基。占輸出品百分之四十的紡織品產量減少了三分之二，占出口品百分之十的煤減產了五分之一；造船業承受的打擊最重，一九三三年時的生產慘跌到戰前的百分之七；鋼鐵生產從一九二九年至一九三二年下跌了百分之四十五，生鐵產量下跌了百分之五十三。由於國際貿易停滯並且爲貨幣集團所取代，英國在全球貿易中所占的比例繼續呈下滑趨勢，從一九一三年的百分之十四點五，下滑到一九二九年的百分之十點七五，一九三七年再跌到百分之九點八。再者，英國在過去一個世紀中一直從航運、保險和海外投資中獲得許多無形收入，來彌補數目相當可觀的貿易逆差，而現在也行不通了。到一九三〇年代初，只能靠本身的資本來維持局面。一九三一年出現的經濟危機導致工黨政府垮臺，接著又決定拋售黃金，終於使政治人物正視英國經濟的脆弱性。

不過，在某種程度上，這些領袖也許是過慮了。到一九三四年，英國經濟開始緩慢復甦。在北方的舊工業停滯不前的同時，新興工業，如飛機製造業、汽車製造業、石油化工和電器工業卻在不斷成長；英國出口商在「英鎊地區」內的貿易業績有了起色；英國消費者從食品和原料的降價中深受其利。但是，對於英國財政部來說，這些治標的措施絕對不夠，它擔心英國在海外的信用破產以及英鎊擠兌的情況會進一步發生。在財政官員看來，當務之急是保持英國在世界上的財政實力，那麼就必須平衡政府財政收支，降低稅收到最低限度，並控制國家的支出。甚至在一九三二年因中國東北的危機而使得政府放棄了著名的有關軍事預算的「十年規定」時，財政部立即發表聲明：「絕不能將此一舉動解釋爲可以不顧當前緊張的財政和經濟形勢而增加國防預算。」

由於國內政治和經濟壓力交織在一起，英國在一九三○年代初期不得不跟法國一樣削減國防經費。而在此同時，獨裁國家則不斷增加國防經費。過了好幾年，直到一九三六年，英國才發現自己的國防力量不足，同時又受到希特勒公然重整軍備以及阿比西尼亞危機的雙重震撼，於是開始實際增加軍費支出，但同年英國的軍費支出仍少於義大利，甚至只有德國的三分之一或四分之一。在這一階段，由於財政部的控制和政治人物對國內輿論的擔心，英國的全面擴充軍備仍然受到強烈反對。眞正的擴充軍備直到一九三八年危機時才開始。事實上，在這之前，英國軍方早就發出警告，說他們已無法保衛「英國的貿易、領土和重要利益，使之免遭德國、義大利和日本的侵犯」，並敦促英國政府「減少潛在的敵人，爭取潛在盟邦的支持」。換句話說，英國需要以外交手段——綏靖外交——來保衛這個經濟耗弱、戰略範圍太廣的帝國免遭來自遠東、地中海以及歐洲大陸的威脅。英國三軍的參謀首長已經感覺到，無論與哪個國家發生戰爭，英國都不夠強大。更使人憂慮的是，德國空軍以驚人的速度發展，使英倫三島的居民第一次直接暴露在敵人的軍事侵略範圍之內。

由此可見，英國的三軍參謀首長和其他國家的軍事領袖一樣，對自己國家的前途也是憂心忡忡。第一次世界大戰的經驗使他們變得小心謹愼和悲觀失望。不過，事實也確實如此，到了一九三六年和一九三七年，英國的空中武力已經落後德國，它那支規模小、服役期卻很長的陸軍部隊在歐洲大陸已經不可能有什麼作爲，而海軍將一支主力艦隊派往新加坡後已經沒有餘力再去控制歐洲水域。也許使決策者更爲不安的是，他們已經很難找到三軍參謀首長們所企求的「潛在盟國」了。英國爲對付拿破崙而曾精心編組的聯盟，以及在一九○○年以後成功地建立起來的協約國和友好關係，如今都已不復存在。日本已經從盟國變成了敵人，義大利也是。俄國在傳統上一直和英國同仇敵慨反對歐洲大陸霸權，號稱英國的「側翼」，如今陷於外交孤立，並且對西方民主國家懷有很深的猜忌。至少對處處受挫的英國政府來說，美國在一九三○年代初期和中期政策變化無常，令人無法捉摸，譬如說它避免承諾任何外交和軍事義務，至今仍不願加入國際聯盟，還強烈反對英國爲收買修正主義國家而拋出的各種誘餌（如承認日本在遠東的特殊地位、向德國提供特別付款或匯率協商等），甚至在一九三七年通過中立法案，使英國不能再如一次世界大戰期間一樣向美國金融市場貸款來維持戰爭等等。因此，美國始終在干擾著英國的整體戰略，正如英國不斷干擾法國的東歐戰略一樣（不過，美國的干擾也許是無意的）。這樣算下來，英國的潛在盟國只剩下法國和大英帝國的自治領。但是，法國在外交上需要英國對中歐承擔義務，而這是自治領所強烈反對的，也是整個「帝國防衛」體系所無法承受的；另一方面，英國把注意力和資源都放在大英帝國在歐洲以外的那部分利益上，因此也無力去遏止德國的威脅。因此，在一九三○年代，英國陷入了全球外交和戰略上的困境，很難找到一條滿意的出路。

然而，這並不意味著鮑德溫、張伯倫等英國領袖已完全束手無策，也不表示英國除了綏靖政策以外不再採納邱吉爾和其他評論家所提的方案。許多跡象都顯示英國並非到了山窮水盡的地步，但是政府中確實長期存在著對納粹政權採取「合理」方針的強烈傾向。基於對共產主義的極度厭惡，英國從來沒有把俄國當成是反法西斯聯盟的潛在成員，同時也低估俄國的地位；對弱小的東歐國家，如捷克斯洛伐克和波蘭，英國認爲是一個麻煩，少碰爲妙；對困難重重的法國，則缺乏同情心；卻總是高估德國和義大利的實力，聞風喪膽；至於自己，英國一味強調防禦上的種種弱點，並以此作爲按兵不動的藉口。英國對歐洲各國的這些看法都是十分膚淺短視，只顧自身利益。像邱吉爾這樣對綏靖政策持批評態度的人，在當時也遭到刻意打壓，理由是所謂的順應民意。因此，不管英國政府有多麼理直氣壯，並搬出一大套客觀的理由來爲自己避免與獨裁國家發生衝突而辯護，人們也會懷疑，英國政府的本質是自私和狹隘的。

另一方面，只要看一看英國的經濟和戰略事實，我們也不得不承認，在一九三〇年代末，即使英國政府改變態度，或甚至更換首相，也不能解決那些影響英國整體戰略的根本性問題。事實上，張伯倫愈是迫於形勢——由於希特勒擴大侵略和英國國民群情激昂——而傾向於放棄綏靖政策，英國的這些根本矛盾就愈會突顯出來。一方面三軍參謀首長堅持要求大規模增加國防預算，另一方面財政部卻認爲增加預算必將導致經濟崩潰。其實在一九三七年，英國和法國一樣已增加了國防支出，在國民生產毛額中所占比例超過一九一四年之前危機年代的水準，然而這個比例對於英國國防安全發揮不了任何實質性的改善作用。原因很簡單，因爲德國正在瘋狂地擴充軍備，其軍事費用遠遠超過英國。當英國試圖迎頭趕上，國防經費從一九三七年占國民生產毛額的百分之五點五上升到一九三八年的百分之八點五，乃至到一九三九年的百分之十二點五，脆弱的經濟就承受不住了。就拿武器生產來說，政府剛多花了點錢生產武器，工廠不足和缺乏專業工程師等問題就暴露出來，於是不得不放慢製造期待已久的飛機、坦克和戰艦的速度。而由於生產速度減緩，可是軍隊對武器的需求孔急，只好被迫向中立國家，如瑞典和美國，訂購愈來愈多的武器、鋼板、滾珠軸承及其他物資，於是進一步消耗了英國的外匯存底，影響收支平衡。由於國家黃金和美元儲備的減少，英國的國際信用也逐漸破產。一九三九年四月，英國政府提出新的軍備擴充方案，而財政部卻反應冷淡，並指出：「如果我們以爲自己還有能力像一九一四年時一樣再打一場持久戰的話，那麼我們無異是把頭埋進沙子裡。」這對於英國來說是個不祥的預言，因爲戰略制定者自知不能速戰速決，只寄望於在持久戰中取勝。

戰爭前夕，英國在軍事方面也顯露出同樣嚴重的矛盾。一方面英國於一九三九年再次承諾對法國的「大陸義務」，並同時決定把海軍部署的重心從新加坡轉移到地中海，以解決長期存在的戰略問題；但另一方面，英國在遠東的利益就完全暴露在日本侵略的威脅之下了。此外，英國於一九三九年春首先保證維護波蘭的安全，繼而又保證希臘、羅馬尼亞和土耳其的安全，顯示英國在歐洲大陸的權力均衡中再次發現了東歐和巴爾幹半島的重要性，但實際上，一旦德國決心攻占這些國家，英國的三軍部隊根本無力阻擋。

總之，不管是張伯倫在一九三九年三月之後對德國採取了較爲強硬的政策，還是邱吉爾在一九四〇年五月取代了張伯倫，都不能「解決」英國在戰略和經濟上的困境。因爲他們所做的只不過是換湯不換藥而已。對於一個強弩之末的全球性帝國來說——仍控制著地球四分之一的土地，卻只占世界百分之九到百分之十的工業製造能力和「戰爭潛力」——綏靖政策或是反綏靖政策都會造成不良後果，看來只能兩害相權取其輕了。英國在一九三九年決定抵抗希特勒的進一步侵略行爲，無疑是正確的選擇。但這個時候，反對英國在歐洲及遠東利益的各種力量正在聯合起來，對英國非常不利。所以，要把握戰勝法西斯，必須要爭取中立大國的參與，然而即使做到了這一點，恐怕也會出現新的問題。

檯面下的超級強權

如前文所述，在一九三〇年代，英國和法國的決策者在外交和戰略上遇到許多困難，其中最大的困難就是拿不準俄國和美國——這兩個像巨人一般卻又有點孤立的大國——到底採取什麼立場。他們是否值得盡一切努力，甚至不惜做重大的讓步，並且冒著在國內遭到批評的風險，去說服這兩個大國加入反法西斯聯盟？在這兩個國家中，應該主要拉攏哪一個呢？又應該從哪一方面去拉攏呢？如果公開採取行動，譬如說對蘇聯表示友好，那麼會不會適得其反，不僅沒有發揮嚇阻德國和日本的作用，反而挑起它們的反擊？對德國和日本來說（暫不提義大利），俄國和美國的態度也是極爲重要的。如果希特勒對中歐發動侵略，這兩個大國會袖手旁觀嗎？若是日本在中國進一步擴張並且對原先屬於歐洲帝國的東南亞殖民地採取軍事行動，這兩個國家會有什麼反應？美國會不會像一次世界大戰期間一樣，至少向西方民主國家提供經濟援助？蘇聯是否可能透過經濟或領土交易而被收買？最後，這兩個神祕莫測、超然傲立的大國眞的那麼舉足輕重嗎？它們到底有多強大？在世界秩序的變化中究竟能發揮多大作用？

以蘇聯這樣一個「封閉」的社會而言，要找到上述問題的答案並不容易。但是，蘇聯在那個時期的經濟成長和軍事力量概況還是比較清楚的。最明顯的就是俄國的國力在第一次世界大戰以及隨之而來的革命和內戰中嚴重斷喪，其程度超過其他任何強國。國內人口從一九一四年的一億七千一百萬急遽降到一九二一年的一億三千二百萬。由於失去了波蘭、芬蘭和波羅的海沿岸諸國，同時也失去許多工廠、鐵路和農場，剩下的也因長期戰火而大都遭到破壞。工業製造業產值在一九二〇年暴跌，只達一九一三年的百分之十三，導致許多主要商品生產快速的崩潰：「鐵砂生產量僅爲戰前的百分之一點六，生鐵爲百分之二點四，鋼鐵爲百分之四，棉花爲百分之五。」其對外貿易完全停止，糧食總產量不及戰前的一半，平均國民所得下滑了百分之六十，幾乎引起全國恐慌。所有的問題都是由一九一七年到一九二一年間的社會和政治動盪引發的，所以蘇維埃統治的確立（實際上任何一種統治方式的確立）必然有助於生產的恢復。布爾什維克（蘇共）從戰前和戰時發展起來的工業中接過來一大批工廠、鐵路和煉鋼設備，另外還有鐵路、公路和電報線路等基礎設施；有大量產業工人，一旦內戰結束即可返回工廠工作；還有相當規模的農業生產，以及農村向城鎮和都市地區銷售糧食的傳統，只要列寧決定（如一九二一年的新經濟政策）放棄毫無效果可言的「共產化」，准許建立私人農場，一切便可恢復正常。因此，到了一九二六年，蘇聯的農業產量回復到戰前的水準，工業產量在兩年後也達到了戰前水準。戰爭和革命使俄國的經濟發展延誤了十三年，現在是迎頭趕上的時候了。

但是，這個「趕」不可能是很快的（當然，對於愈來愈專制的史達林來說，再快也不算快），因為蘇聯是在脆弱的傳統經濟下費力地向前邁進的。由於缺乏外國投資，只好千方百計從國內籌集資金，來發展規模工業，並在充滿敵意的世界中建立一支龐大的軍隊。由於蘇聯消滅了中產階級（這樣做也許是為集中資本，或是為了剝奪其手中的財富），而百分之七十八的蘇聯人口（一九二六年）仍然從事占國民經濟大部分比例的農業生產，大部分的農業又掌握在私人手裡，所以在史達林看來，國家要籌集資本並加速農業的工業化，出路只有一條，那就是實行農業集體化，強迫農民加入公社，消滅富農，控制農產品的生產，規定農場工人的工資，統一糧食轉賣的價格（遠高於收購價）。於是，國家就置身於農村生產者和都市消費者之間，殘酷地兩頭撈錢，這是連沙皇政權也不敢做的事。更有甚者，價格可以人為飛漲，捐稅方式五花八門，老百姓被迫購買國家債券以示忠誠。根據非正式的總體經濟統計，這些措施的結果是：蘇聯用於個人消費的支出只占國民生產毛額的百分之五十一或五十二，低得令人難以置信，因為在其他同樣處於工業化起步階段的國家，用於人消費的比例卻達到百分之八十左右。

這種社會主義計畫經濟的極端做法產生了兩個相反的、但也是可以預見的經濟後果。第一個後果是在富農（及其他一些農民）因抗拒強迫性的集體化而遭到消滅的同時，蘇聯的農業產量出現災難性的暴跌，農場牲口尚未長成就遭屠宰——「馬匹從一九二八年的三千三百五十萬匹減少到一九三五年的一千六百六十萬匹，牛隻從七千零五十萬頭減少到三千八百四十萬頭」——因而造成肉類和穀物嚴重短缺，使本來就已經十分貧困的生活水準更爲低落，直到赫魯雪夫時期才得以恢復。我們曾經試圖做一個數字比較，一邊是國家透過農業集體化和物價管制所獲取的那一部分國民所得比例，另一邊是國家後來以牽引機或電氣化形式償還給農民的那部分國民所得比例，但是這種計算方法太複雜了，很難進行下去，因爲（舉個例子來說）建立牽引機工廠的眞正目的是要轉變成兵工廠來生產輕型坦克；反正農民在遏止德軍進攻上是沒什麼多大作用的。不管怎樣，有一點是不容置疑的：蘇聯當時的農業生產已經澈底崩潰，尤其是一九三三年的大飢荒，奪去了幾百萬人的生命。蘇聯的農業生產到一九三〇年代後期才逐漸恢復，但這是投入幾十萬部牽引機和大批農業科學家以及建立無數個控制嚴格的集體農場的結果，但是從人力的角度來看，其代價是無法衡量的。

第二個後果則較具有正面意義，至少對蘇聯的經濟和軍事實力來說。蘇聯把國民生產毛額的個人消費比例壓低到也許是現代史上最低的水準（絕對比納粹黨曾期望在德國實行的還要低得多），換言之，就可以把大約百分之二十五的國民生產毛額投入工業投資，而且還有相當可觀的一大筆資金用於教育、科學和軍隊。從一九二八年到一九四〇年的十二年間，蘇聯農業人口從百分之七十一降低到百分之五十一，同時城市人口的工作條件有了大幅的改善，愈來愈多的人（以驚人的速度）接受教育。這對蘇聯來說是至爲重要的，因爲和別的國家相比，例如德國或美國，蘇聯的工業從業人員一向缺乏訓練，文化素質不高，可以指導和「持續改善」製造業部門的工程師、科學家和經理更是少得可憐，而現在幾百萬工人在工廠辦的學校或技術學院裡接受訓練，後來隨著多所大學的增設，又有許多人進入大學深造，蘇聯終於有了維持經濟發展所需的中堅力量。例如，在「國民經濟」部門中，從學校畢業的工程師由一九二八年的四萬七千人增加到一九四一年的二十八萬九千九百人。雖然這一時期蘇聯宣傳機構所公布的數字有點誇大，並且刻意掩飾了不少弱點，但是蘇聯把大量人力、物力和財力投入經濟發展，這一點是無庸置疑的；而且蘇聯也確實在烏拉山脈以東建立了許多大型發電廠、鋼鐵廠和其他工廠（這些工廠建立在那裡可以免遭西方或日本的攻擊）。

蘇聯在製造業和國民所得方面的好轉，即使按照比較保守的估計，也是工業史上史無前例的。由於蘇聯原先的實際產量數額和產值都非常低（如一九一三年，更不必提一九二〇年了），所以用百分比來顯示現在的變化幾乎是毫無意義的——雖然表6-3已說明了「大蕭條」時期蘇聯製造業生產的擴張情況。不過，如果我們把範圍縮小到兩個五年計畫（一九二八年到一九三七年）的十年之內，就會發現蘇聯的發展的確是突飛猛進的。它的國民總所得從二百四十四億盧布上升到九百六十三億盧布，煤產量從三千五百四十萬噸提高到一億二千八百萬噸，鋼產量從四百萬噸增加到一千七百七十萬噸，供電容量成長七倍、機械用具二十多倍，牽引機幾乎達四十倍。到了一九三〇年代末期，蘇聯的工業產量不僅遠遠超過法國、日本和義大利，而且還可能超過了英國。

然而，在經濟起飛的背後仍然潛伏著許多危機。雖然農業產量在一九三〇年代中期開始緩慢成長，但是蘇聯的農業比以前更沒有能力來供養整個國家，每英畝產量少得可憐，根本談不上有剩餘產品可供出口，雖然增加了鐵路交通的投資，但整個系統仍很落後，無法滿足經濟發展的需求。各行各業在許多方面嚴重依賴外國公司和專業技術，尤其是美國。工廠和製造程序過於龐雜，很難迅速調整產品結構和引進新設計。有些工業的擴展計畫與原料儲備或熟練人力脫節，難免會造成瓶頸現象。一九三七年以後，蘇聯調整經濟方向，進行大規模軍備計畫，使工業的連續性受到影響，整個工業計畫也遭到破壞。尤其遭人物議的是大整肅運動，史達林向數量如此龐大的國人發動瘋狂襲擊，無論基於什麼理由，都會給經濟帶來嚴重後果。「政府官員、工廠經理、技術人員、統計人員、甚至連廠房小工頭」都被送進集中營，致使蘇聯已經嚴重缺乏技術人員的狀況更是雪上加霜。這種恐怖政策確實使許多人對蘇聯現行制度表示斯達諾夫式（Stakhanovite）的忠誠，但同時也阻礙了技術革新、科學實驗、公開討論和建設性的批評，「最簡單的辦法就是迴避責任，凡事徵求上司的批准，不顧實際情況而機械式地服從上級命令。」這樣做雖是最保險不過，卻傷害了蘇聯經濟的整體發展。

蘇聯這個國家在戰爭中誕生，對波蘭、日本和英國這些潛在敵人的威脅特別敏感，所以在一九二〇年代裡蘇聯把相當大的一部分國家預算（百分之十二至百分之十六）撥作國防經費。在第一個五年計畫的前二、三年裡，國防經費的比例縮小，正規軍人數降低到六十萬左右，而以數量兩倍於正規軍，但效率低落的民兵組織爲後盾。然而，中國東北危機的爆發和希特勒的上臺，促使蘇聯迅速擴充軍隊規模，一九三四年軍隊人數達九十四萬，一九三五年達到一百三十萬。連續幾個五年計畫提高了工業產量和國民所得，大批坦克和飛機也相繼出廠。當時，蘇聯出現了一批如圖哈契夫斯基（Mikhail Tukhachevsky）等富有革新精神的軍官，他們樂於研究（即使不是完全接受）杜黑（Douhet）、富勒、哈特、古德里安以及其他西方軍事理論家的思想。到了一九三〇年代初期，蘇聯不僅擁有坦克部隊，而且還擁有一支龐大的傘兵部隊。蘇聯海軍規模較小，戰鬥力也不強，但是航空工業規模卻十分驚人，早在一九二〇年代末期就已經創立，其飛機年產量曾一度超過世界上其他所有強國的總和。（參見表6-4）

不過，這些數字也隱藏了許多令人吃驚的弱點。蘇聯「大量化」生產的必然後果是過分強調數量。在計畫經濟的指導下，蘇聯在一九三〇年代初期製造了大批飛機和坦克，如一九三二年，生產坦克三千多輛，飛機二千五百多架，比世界上任何一個國家都來得多。一九三四年之後，由於正規部隊數量遽增，很難找到足夠的受過良好訓練的軍官和士官來帶領坦克營和飛行中隊。而農民過

表6-4　1932-1939年列強的飛機產量

國家＼年代	1932	1933	1934	1935	1936	1937	1938	1939
法國	（600）	（600）	（600）	785	890	743	1,382	3,163
德國	36	368	1,968	3,183	5,112	5,606	5,235	8,295
義大利	（500）	（500）	（750）	（1,000）	（1,000）	（1,500）	（1,850）	（2,000）
日本	691	766	688	952	1,181	1,511	3,201	4,467
英國	445	633	740	1,140	1,877	2,153	2,827	7,940
美國	593	466	437	459	1,141	949	1,800	2,195
蘇聯	2,595	2,595	2,595	3,578	3,578	3,578	7,500	10,382

剩，卻嚴重缺乏熟練工人，所以要將人員配置於現代化陸軍或空軍也很困難。儘管蘇聯推廣大規模的教育計畫，但仍有大量工人和士兵沒有受到足夠訓練，這是蘇聯在一九三〇年代一個主要弱點。再者，蘇聯和法國一樣，是對一九三〇年代初期的飛機和坦克進行瘋狂投資的受害者。當西班牙內戰暴露出第一代武器在速度、機動性、射程和耐強度方面的局限性時，各國競相製造速度更快的飛機和威力更強的坦克，但是蘇聯的軍事工業卻像大海中的巨輪無法及時改變航向，在試製新型飛機和坦克的同時，卻無法停止生產現役的各型飛機和坦克。（關於這一點，在此不妨指出一個有趣的現象：「一九四一年六月，在二萬四千輛投入戰鬥的蘇聯坦克中，只有九百六十七輛的威力可與德國坦克比擬或超過德國的水準。」）更有甚者，史達林的「大整肅運動」使百分之九十的將軍和百分之八十的校級軍官遭到殘酷迫害，不但毀了大批專業軍官的前途，也爲整個軍隊帶來嚴重的惡果。在清算了圖哈契夫斯基等「現代戰爭」的熱中者，並剷除專精德國作戰方法和英國戰爭理論的專家之後，蘇聯紅軍的控制權落到了一些政治上可靠但智力遲鈍的人手中，如伏羅希洛夫（Voroshilov）和庫魯克（Kuluk）。最先顯現出來的後果包括：七個機械化軍團遭到解散，理由是西班牙內戰證明了坦克部隊在戰場上不能獨立達成攻擊任務，因此這些坦克被分配到各個步兵營，以加強步兵的戰鬥力；TB—3型戰略轟炸機也遭到同樣的命運，被認爲對蘇聯毫無用處。

由於蘇聯空軍的大部分裝備已經過時，裝甲部隊也被解散，而且各軍種深怕遭到整肅而盲目服從上級，因此蘇聯兵力在一九三〇年代後期比五年前甚至十年前還要薄弱。而在此同時，德國和日本卻大幅提高了武器數量，好戰傾向也愈來愈明顯。一九三七年之後蘇聯的五年計畫顯然全力投入武器裝備的大規模擴充，計畫規定的武器數量與德國相等，在許多方面，如飛機產量，甚至超過德國。史達林意識到，蘇聯正在通過一個「危險區」，這個「危險區」對蘇聯構成的威脅至少和一九一九年至一九二二年時期一樣嚴重，於是蘇聯開始轉而投資建立規模更大、裝備更精良的軍事武力。外界局勢的變化也使得蘇聯的外交政策有所轉變。史達林面臨著兩個潛在的戰場，相距幾千英里，一個是侵占了中國東北的日本，使史達林憂心忡忡；另一個是納粹德國，尤其令他坐立難安。（順便一提，英國決策者面臨著戰略上同樣的困境。）史達林把他的外交重心放在西方，一九三四年蘇聯加入國際聯盟，一九三五年分別與法國和捷克斯洛伐克簽訂條約，但是這些舉動並沒有加強史達林所期望的集體安全（collective security），因為沒有波蘭的同意，蘇聯無法援助法國和捷克斯洛伐克；反過來也是如此，法國和捷克斯洛伐克要是沒有波蘭的合作，也不能支援蘇聯。英國對蘇聯建立這種反德外交「統一戰線」（popular front）的做法表示不滿，因此史達林在西班牙內戰期間表現得十分謹慎；蘇聯擔心，如果西班牙變成社會主義共和國，就有可能迫使英國和法國向右轉，同時蘇聯也有可能與佛朗哥的支持者——義大利和德國——公開發生衝突。

到了一九三八年和一九三九年，史達林一定感受到了外在局勢的威脅（這使得他的整肅運動也變得更加愚蠢和不可思議）。《慕尼黑協定》的簽訂不僅證實了希特勒對東歐懷有野心，更令人擔憂的是，也顯示了西方不想與希特勒正面衝突，而要把德國的力量轉移到東方邊陲的企圖。由於這兩年蘇聯和日本在遠東發生了較大規模的邊界衝突（迫使蘇聯在西伯利亞部署更大的兵力），所以史達林決心也對德國實行「綏靖政策」，也就是和其意識形態上的敵人一同坐下來談判。其實，蘇聯對東歐也有政治野心，只要能夠撈到豐盈的收穫，莫斯科對於瓜分這一地區的獨立國家是不會有所保留的。一九三九年八月，蘇聯和德國簽訂了震驚世界的《德蘇互不侵犯條約》，如此一來，至少給了蘇聯在西部邊界一個緩衝地帶，並爲蘇聯擴充軍備爭取更多時間，而這個時候西方卻正由於希特勒進攻波蘭而與德國處於交戰狀態。套句邱吉爾的話，讓鱷魚吃幾小塊肉，總比葬身鱷魚之腹好得多。

根據上述我們還是很難判斷蘇聯在三○年代末年究竟有多少實力，尤其是有關「相對戰爭潛力」的數據反映不出軍隊內部的士氣、三軍部隊的人員素質狀況以及所處地理形勢的優勢。顯而易見的，蘇聯紅軍不再是「令人望而生畏的強大現代化部隊，具有精良的武器裝備和極頑強的戰鬥人員」（最後一點除外），但是到底衰弱到什麼程度仍不甚清楚。一九三九年到一九四○年蘇聯和芬蘭的「冬季大戰」顯示蘇軍的力量異常薄弱，但是一九三九年與日本在諾蒙罕發生的幾次不太引人注目的衝突中，給人的印象卻是一支指揮得宜且戰鬥力很強的現代化部隊。另一個情況是，史達林震懾於德國在一九四○年成功地發動毀滅性閃電戰，因而更不願意激怒希特勒而捲入戰爭。同樣使史達林感到困惑的是東京會在遠東的什麼地方發動攻擊。儘管對蘇聯來說日本並不是一個十分強大的敵手，但是保衛西伯利亞必定會消耗蘇聯很多精力，從而進一步削弱抵禦德國的能力。因此，蘇聯不得不使出一種戰略欺騙的手段，在遠東邊區與日本簽訂停戰協定，隨後立即召回朱可夫的裝甲部隊，以支援一九三九年九月入侵波蘭的行動。另一方面，紅軍所遭受的損失已經得到迅速補充，部隊人數不斷增加，到一九四一年已達四百三十二萬。整個經濟體系都經過了調整，爲戰爭做好準備，大批新工廠在蘇聯中部興建，新式飛機和坦克（包括十分威猛的T—34型坦克）正在加緊測試，國防支出占財政預算的比例從一九三七年的百分之十六點五激增到一九四○年的百分之三十二點六。蘇聯跟其他列強一樣，在與時間賽跑，史達林比一九三一年時更急切地敦促他的人民縮小蘇聯與西方在生產力上的差距。「放慢速度就代表著落後，落後了就會挨打……」，沙皇俄國「不斷挨打」就是因為工業生產力和軍事力量落後於西方。在史達林更獨裁、更殘酷的領導下，蘇維埃政權不顧一切決心迎頭趕上。那麼，希特勒會讓蘇聯如願以償嗎？那就很難說了。

美國在兩次世界大戰之間的這段時間裡，在國際事務中展現出來的國力恰與蘇聯和德國相反，也就是說，在一九二〇年代異常強大，到了一九三〇年代出現經濟蕭條，比任何一個強國的衰退都來得快，一直到一九三〇年代終了前才開始復甦，而且只是部分復甦。這似乎有點奇怪。其實並不。美國在頭十年裡表現傑出的原因，前面已經說得很清楚了，因為除日本以外，美國是唯一從第一次世界大戰中獲得益處的列強。它本來就是世界上最大的製造業和糧食生產國，現在它又成了世界上最大的金融和債權國，擁有世界上最多的黃金儲備。美國的國內市場也非常大，大企業、大公司如魚得水，可以從事各種大規模的經濟活動，其中特別是新興的汽車工業受惠最多。美國的高生活水準和迅速有效的資本投資相互影響，使製造業獲得更多的投資，而由於消費者需求能夠吸收所有的產品，這又推動了生產力的發展。例如，一九二九年，美國生產了四百五十萬輛汽車，而法國只生產了二十一萬一千輛，英國十八萬二千輛，德國十一萬七千輛。為了滿足蒸蒸日上的製造業的需求，美國自然也大幅提高了橡膠、錫、石油和其他原料的進口額。在整個一九二〇年代，美國的出口額不斷增加，特別是汽車、農業機械和辦公室設備等時髦商品，並且隨著海外投資的迅速成長而不斷發展。下面的比較數字都是眾所周知的，但仍令人震驚：在這十年裡，美國的「生產量比其他六個列強加總起來還要多」，「美國製造業的國民平均生產毛額幾乎是英國或德國的兩倍，是蘇聯或義大利的十幾倍。再次證明美國的生產力占有絕對優勢。」

上述評論的作者接著又指出：「雖然美國在世界上的政治影響力與其強大的工業水準極不相稱，但是這在一九二〇年代中無關緊要。」首先，美國人民毅然拒絕在世界政治中扮演主角，因為充當主角勢必要捲入各種外交和軍事的糾紛。只要商業利益不受到其他國家行爲的不利影響，那麼美國就沒有理由干涉他國的事務，尤其是發生在東歐和非洲角落的事件。其次，儘管美國的出口額和進口額都有所增加，但在國民經濟中只占很小的比例，因爲美國是自給自足能力很強的國家，實際上「美國製造業的出口額占總產量的比例從一九一四年的近百分之十下降到一九二九年的近百分之八，對外直接投資的淨值在國民生產毛額中的比例保持不變。」這就說明了爲何美國原則上普遍接受國際市場的概念，而所制定的經濟政策仍然傾向國內需求的原因了。對於美國的經濟繁榮來說，除了某些原料以外，國際市場並不十分重要。最後，在一九一九年之後的十年裡，國際事務並不對美國的利益構成直接威脅；歐洲人仍然在爭吵，但與一九二〇年代初比較起來，已可算是和諧了；俄國陷於孤立；日本沒有什麼動靜；列強間海上武力的競爭因《華盛頓條約》的簽定而受到限制。在這樣的形勢下，美國雖然仍讓空軍建立一支規模較大的現代化部隊，也同意海軍發展航空母艦和重型巡洋艦，但陸軍人數減到相當低的規模（常備軍約十四萬）。三軍將領抱怨國會撥款太少，並且指責政府的一些措施危害國家安全（如國務卿史汀生（Henry Stimson）在一九二九年以「君子不閱他人信」爲由下令停止了密碼破解制度）。儘管如此，美國在這十年中仍然是個具有中量級軍事武力的經濟巨人。美國那時候還沒有建立一個像大英帝國國防委員會或自己後來成立的「國家安全會議」的高級文武官員聯合機構，來研究思考各種戰略問題，這足以說明此一時期局勢的平靜。老實說，既然美國人民排斥任何戰爭的觀念，也就沒有必要建立這樣的機構。

前面已經提到，美國在一九二九年的金融崩潰中首當其衝，尤其從國家力量的對比上來看，持續的蕭條和關稅戰爭使美國遭受的傷害比任何一個列強都要嚴重。究其原因，固然是由於美國資本主義具有不易控制和變化無常的特徵，但也與一九三〇年通過的史穆特——霍利關稅法案此一貿易保護主義的致命政策有很大關係。雖然農民和若干工業利益團體抱怨外國的不公平競爭，事實上從美國工業和農業生產力來看，貿易順差的情況是很明顯的，所以世界貿易秩序的瓦解會使美國出口商受到更大的傷害。「一九二九年美國國民生產毛額爲九百八十四億美元，三年之後驟降到一半。一九三三年製造業的產值不到一九二九年的四分之一。近一千五百萬工人失業，生活沒有著落……同期，美國出口商品的價值從五十二億四千萬美元跌到十六億一千萬美元，下降了百分之六十九。」當其他國家也迅速加入貿易保護集團之後，美國那些嚴重依賴出口的工業遭到毀滅性破壞。「小麥出口值在十年前爲兩億美元，而到一九三二年僅值五百萬美元，汽車出口值從一九二九年的五億四千一百萬美元遽降到一九三二年的七千六百萬美元。」世界貿易體系出現全面崩潰，但美國的外貿額占有率萎縮得最快，從一九二九年的百分之十三點八縮減到一九三二年的不及百分之十。更糟糕的是，當其他列強從一九三〇年代中期至末期經濟穩定復甦時，美國經濟卻在一九三七年又遭到嚴重打擊，使前五年的努力幾乎前功盡棄。不過，這一次美國的不景氣對其他國家並沒有太大的連鎖反應，這是由於所謂「世界經濟脫節」的緣故，也就是說貿易保護集團的會員國比一九二〇年代具有更大的獨立性。這些事情的影響是，在慕尼黑危機時期，美國製造業在世界製造業總產量中所占的比例是一九一〇年以來最低的。（參見表6-5）

由於這次不景氣對美國經濟的打擊很大，再加上外貿額在國民生產毛額中的比例下降，在胡佛總統，以及尤其是羅斯福總統執政時期，美國政策更著重在國內的問題。既然孤立主義的呼聲甚囂塵上，羅斯福又面臨一連串如此緊迫的國內難題，自然無暇顧及國際事務，儘管當時的國務卿赫爾（Cordell Hull）寄望羅斯福這麼做。然而，美國在世界經濟中處於關鍵性的地位，所以必然會招致各種批評，而且有些批評不是沒有道理，譬如說「美國只顧自己國內的經濟復甦，做任何事情都要立竿見影，因此制定政策往往是頭痛醫頭，腳痛醫腳，根本不管對別的國家產生什麼影響」等等。一九三四年，美國發布禁令，不分青紅皀白地禁止貸款給任何不履行戰爭債務的外國政

表6-5　1929-1938各國在世界製造業總產量中所占比例（百分比）

國家＼年代	1929	1932	1937	1938
美國	43.3	31.8	35.1	28.7
蘇聯	5.0	11.5	14.1	17.6
德國	11.1	10.6	11.4	13.2
英國	9.4	10.9	9.4	9.2
法國	6.6	6.9	4.5	4.5
日本	2.5	3.5	3.5	3.8
義大利	3.3	3.1	2.7	2.9

府；一九三五年，美國國會通過法令，宣布一旦爆發戰爭就要實行武器禁運，不久又宣布禁止向任何交戰國提供貸款。美國的這些法令和禁令使得英法兩國在抵抗法西斯國家的行動中更加施展不開。一九三五年，美國政府在譴責義大利的同時，又供應更多的石油給墨索里尼政權，使英國海軍部錯愕不已。美國對德國和日本實行貿易限制，這一方面是懲戒他們的侵略行徑，另一方面卻「產生了反作用，因爲它也不可能向被侵略國家提供有效的援助。羅斯福的經濟外交只會樹立敵人，卻沒有贏得任何朋友或支持未來的盟國。」最嚴重的影響應該是倫敦和華盛頓在獨裁國家向世界秩序挑戰的關鍵時刻，卻互不信任，互相猜疑——當然，責任需要雙方共同承擔。

到一九三七年和一九三八年，羅斯福本人似乎也對法西斯的威脅開始感到擔憂，然而美國的輿論和經濟困境卻阻止他發揮主導作用。無論如何，他對德國和日本的態度變得較爲強硬，對英國和法國則轉爲熱誠的支持（雖然短期內不會對這兩個民主國家有什麼幫助）。一九三八年，英美兩國海軍就如何對付日本和德國的挑戰舉行了祕密會談。羅斯福總統的「封鎖論」演說是一個警訊，表示他將對獨裁國家施以經濟制裁。最重要的是，羅斯福此時竭力主張大規模增加國防預算。正如表6-2所顯示的，即使在一九三八年，美國用於軍備上的支出遠不及英國或日本，與德國和蘇聯相比就更少了。儘管如此，美國的飛機生產量在一九三七年和一九三八年間增加了一倍。

一九三八年美國國會通過了《海軍優先法案》，准許海軍大規模擴充艦隊。這時候，美國航空工業也正在測試B—17轟炸機，海軍陸戰隊正在修正其兩棲作戰理論，陸軍（雖然沒有像樣的坦克）則研究裝甲車戰鬥可能出現的問題，並集結一支龐大的裝甲部隊。當戰爭在歐洲爆發時，美國各軍種都還沒有做好萬全準備，不過從現代戰爭的要求來講，至少要比一九一四年要強多了。

美國採取了這些擴充軍備的措施，但經濟實力並沒有受到絲毫影響。一九三〇年代後期，美國經濟面臨的主要問題是它的潛力還沒有充分發揮。一九三九年，雖然美國失業人數爲一千萬左右，但是由於對輸送帶和電動機（代替了蒸汽機）的投資以及管理技術的改善，每工時（即一個人一小時完成的工作量）工業生產力卻有了極大的提升，不過這個情況因爲工作時數的減少而沒有在絕對生產量的數字統計中顯示出來。爲了刺激經濟，充分利用生產潛力，美國政府實行了各種「新政」（New Deal）計畫，但是效果普遍不佳，主要原因是需求下降，尤其是一九三七年至一九三八年間的衰退更是雪上加霜。例如，一九三八年美國鋼產量爲二千六百四十萬噸，遠超過德國的二千零七十萬噸、蘇聯的一千六百五十萬噸及日本的六百萬噸，但問題是，後三個國家的鋼鐵工業是全線生產的，而美國卻有三分之二的鋼鐵廠無活可幹。這種情況因大規模擴充軍備而很快得到改善。一九四〇年，美國海軍決定將戰艦的數量加倍（！），陸軍航空部隊計畫建立八十四個大隊，並擁有七千八百架戰鬥機，陸軍打算藉由「徵兵制」和「訓練法案」建立一支有近百萬人的部隊。這些得到政府同意的計畫都對經濟產生了影響。美國的經濟體制不同於義大利、法國和英國，後者的經濟都深受體制問題所困擾，美國則是因爲經濟不景氣而未能充分發揮潛力。正是由於美國的這種潛力，而其他列強的經濟都已過熱，所以要理解未來這場世界大戰的結果，值得參考的重要數字不是一九三八年的鋼鐵或工業總產量的統計數字，而是國民所得（表6-6）和「相對戰爭潛力」（表6-7）——雖然後者不太精確，但卻能說明問題。這兩個數據將提醒我們，美國在大蕭條

表6-6　1937年列強的國民所得與國防支出的比例

國家＼項目	國民所得（以10億美元計）	國防支出所占比例
美國	68	1.5
大英帝國	22	5.7
法國	10	9.1
德國	17	23.5
義大利	6	14.5
蘇聯	19	26.4
日本	4	28.2

表6-7　1937 年列強的相對戰爭潛力

美國	41.7%
德國	14.4%
蘇聯	14.0%
英國	10.2%
法國	4.2%
日本	3.5%
義大利	2.5%
	（七大國共占90.5%）

時期遭遇到的經濟問題主要是比例失調。用日本海軍大將山本五十六的話來說，美國仍然是個沉睡的巨人。

一九三八年，尤其是一九四〇年以後，這個巨人甦醒了。美國的甦醒說明了在軍備競賽中「時機掌握」（timing）是個關鍵，也說明了那個時期戰略預測的重要性。現在，美國跟早先時候的英國和蘇聯一樣，努力去彌補軍備上因法西斯國家搶得先機和龐大的國防預算而造成的差距。如果國內有這種政治意願的話，美國的國防開支可以超過任何國家，從下面的統計數字中可以清楚地出來：直到一九三九年，美國的國防支出只占總預算的百分之十一點七，僅占國民生產毛額的百分之一點六，遠低於任何一個列強。如果美國把國防支出占國民生產毛額的比例提高到接近法西斯國家的水準，那麼它自然就成爲世界上最強大的軍事國家了。另外有許多跡象顯示，德國和日本知道美國的這種發展趨勢必將使它們的擴張行動受到限制。先說希特勒，他一方面鄙視美國，認為它是一個墮落和種族混雜的國家，另一方面他也不能等到一九四〇年代中期再去實現他的征服野心，因為到時英法美陣營將會取得軍事優勢。再看日本，它很認真地將美國當做一個對手，因此考慮問題也較精細。日本海軍部預測：如果一九四一年年底日本戰艦力量為美國的百分之七十的話，那麼「到一九四二年將下降到百分之六十五，一九四三年降到百分之五十，而到了一九四四年就會降到悽慘的百分之三十。」日本和德國一樣，在戰略上有一種強烈的動機，迫使它必須盡快採取行動，因為它只是一個中等強國，只有先發制人才能擺脫美蘇兩個超級強國與日俱增的威脅。

危機的開端：一九三一—一九四二

如果我們把每一個強權的優勢和劣勢以整體來看，並根據其特定時期的經濟和軍事技術狀況加以分析的話，就比較容易了解一九三〇年代的國際外交局勢了。但這並不表示不同地區出現的危機——如瀋陽危機（九一八事變）、衣索比亞危機、蘇臺德危機等——彼此沒有關聯，也不是說只要列強之間調和一致就不會出現國際問題了。事實上，當某個地區性危機發生時，各強權國家的領袖不得不從更大範圍的外交舞臺以及（特別是）國內重要的問題著眼，來考慮如何因應。英國首相麥唐納（James MacDonald）在評述一九三一年滿洲事件對英鎊危機和第二屆工黨政府倒臺的影響，向他的閣僚鮑德溫說了一段非常中肯的話：「我們都為日常的瑣事而分心過多，從來沒有機會對整個局勢做一個全面的探討，並苦心想出相對應的政策，但是我們又不得不生活在一個接一個的焦慮中。」

麥唐納的說法反映了許多政治家的情況，他們關心的問題往往是眼前的、實際的，而不是長遠的、戰略上的。當英國政府剛從滿洲事件中喘一口氣之後，並不考慮改變一下過於保守的對日政策。英國領袖考慮的是國內經濟問題以及民眾對捲入遠東事務的厭惡情緒，雖然他們也知道自治領強烈要求和平的願望，而英國在當地的國防力量因日本享有戰略優勢而顯得非常薄弱。當時許多英國人贊成讓日本來對付想排除列強勢力的中國民族主義者，也有許多人希望保持與日本的良好關係。即使這種想法因日本擴大侵略而有所轉變，英國政府仍不願採取較為強硬的立場，唯一可行的辦法是依靠國際聯盟或者與其他列強共同採取行動。

但是，國際聯盟本身，不管它所倡導的基本方針多麼受到肯定，除了幾個主要成員國的軍隊以外，沒有任何有效的辦法可以制止日本對滿洲的侵略——頂多成立一個調查委員會——李頓委員會（the Lytton Commission），這個委員會卻成了各強權國家延緩行動的藉口，在此同時日本仍繼續它的侵略活動。現在讓我們看看各個強權國家的態度。義大利與遠東地區沒有真正的利害關係。德國雖然與中國有貿易和軍事關係，但寧願先袖手旁觀，看看日本的「修正主義」能否開創一個有用的先例，以便它在歐洲實施侵略計畫。蘇聯倒是很關心日本的侵略行為，可是別的國家不可能邀請它一起合作，它也不想單獨採取行動。法國的處境進退維谷，這是可以想像的。它一方面不願看到有人率先開例改變現行的領土邊界或藐視國際聯盟的決議，另一方面又對德國祕密重整軍備十分擔憂，希望維持歐洲現狀，所以一想到在遠東地區出現的複雜局面就不寒而慄，害怕人們對德國的注意力，甚至對付德國的軍事力量，都會轉移到遠東去。因此，巴黎在公開場合上口口聲聲表示堅決維護國際聯盟的原則，私下卻向日本大送秋波，表示完全理解日本在中國的種種問題。相形之下，美國政府——至少以國務卿史汀生為代表的國務院——絲毫不寬宥日本在中國的所作所為，直指日本的行為是對美國生活方式和門戶開放政策的威脅。但是，史汀生對日本的強烈譴責既沒有引起胡佛的重視，也沒有受到英國政府的關注，前者害怕美國會捲入紛爭，後者一心想裁減自己的

「遠征軍」。結果是史汀生和胡佛爭執不休（這在他們各自的回憶錄中皆有敘述），更嚴重的是華盛頓和倫敦之間埋下了互不信任的種子。這一切都印證了某位學者說過的話：「對外政策是有其限度的。」

日本軍隊在一九三一年入侵滿洲究竟是由日本政府授意的，還是擅自行動的，並不重要。重要的是，此一行動成功了，並且進一步擴大，而西方國家卻未能採取任何實質性的步驟去制止。更重要的是，滿洲事件證明了國際聯盟不能有效制止侵略，西方三大民主國家也不能採取聯合行動。正在日內瓦召開的有關裁減陸軍和空軍的會議中也可以明顯看出此一弱點。美國依然缺席，但是英國和法國在如何解決德國要求的「平等」對待問題上意見分歧，而且英國對法國的疑懼仍是不予理睬。這些都意味著希特勒新政權可以肆無忌憚地退出會議，並且撕毀所有現行條約，而不必害怕會遭到任何報復。

一九三三年，德國的威脅再度升高，世界經濟會議破裂，英、法、美三國各自建立貨幣和貿易集團，它們之間的外交合作更是困難重重。雖然法國受到德國的威脅最為直接，但眞正感到行動自由受到侵犯的卻是英國。一九三四年，英國內閣和國防軍需委員會都認為，日本對英國的危險較為直接，但是從長遠來看，德國將形成更大的威脅。由於英國的力量不足以同時對付兩個敵人，所以有必要與其中一方達成妥協。有人主張與日本改善關係，以便全力抵抗德國，而外交部則認為，英日在遠東地區達成諒解會破壞英國與美國之間的微妙關係。海軍人士主張優先加強英國在東方的防務，但實際上卻行不通，因為英國不可能完全不理會法國對德國修正主義的憂慮，尤其在一九三五年之後，英國要是漠視日益壯大的德國空軍所造成的威脅，將是一個致命的錯誤。因此，在一九三〇年代後半期，英國的決策者一直在絞盡腦汁，想出一個可以擺脫東、西方兩個潛在敵人的戰略困境的方法。

然而，在一九三四年和一九三五年，這種情況雖然令人困擾，卻也不十分嚴重。希特勒竟然出乎意料地表示願意與波蘭簽訂和約；無論如何，德國在軍事上畢竟不如法國和蘇聯。而且，一九三四年奧地利總理陶爾斐斯（Engelbert Dollfuss）被暗殺後，德國首度出兵奧地利，卻招致墨索里尼派重兵鎮守布倫納山口，宣稱絕不坐視不管。義大利表示願與維持現狀的列強聯合起來的強烈意願，尤使法國感到欣慰。法國在一九三五年四月甚至試圖在「史垂薩陣線」（the Stresa Front）中促成一個反德聯盟。而幾乎就在同時，史達林也表示願意與「愛好和平」的國家聯合。到了一九三五年，蘇聯不僅加入國際聯盟，而且與法國和捷克簽訂了安全條約。雖然希特勒明確表示反對「東方羅加諾公約」，但是似乎也無可奈何，因爲德國的前後左右都被嚴嚴密密地圍堵了。在遠東地區，日本則顯得平靜。

但是，到了一九三五年下半年，這種令人欣慰的和諧局勢迅速自行瓦解，根本無需希特勒的舉手之勞。英國和法國對「安全問題」的歧見不僅擴大而且公開化。對於英國來說，法國和蘇聯恢復關係使它感到不安；而法國則對英國和德國海軍在一九三五年六月簽訂協約深感不悅。英國和法國各自採取行動，是爲了取得更多的安全保障。法國想把蘇聯拉進歐洲的平衡局面，英國則急於從歐洲海域抽調出部分海軍部署到遠東。可是這兩個國家都認爲對方似乎給希特勒發出一個錯誤的信號。不過，英法之間的矛盾雖然有害於歐洲安全，但並不是毀滅性的。眞正悲慘的關鍵是墨索里尼在衣索比亞出現一連串地區性衝突之後決定入侵這個國家，並且妄想建立新的羅馬帝國。這又是一個地區性衝突產生嚴重後果的絕佳例證。對於法國來說，整個衣索比亞事件是一場大災難，他們一想到剛爭取過來的反德盟國眼看要變成一個凶狠的敵國，便不禁憂急攻心。法國絕不能聽任國際聯盟的原則公然遭到踐踏，也不能聽任墨索里尼隨心所欲，予取予求，天曉得他下一步又有什麼瘋狂舉動。但另一方面，從嚴格的政治角度來看，法國也絕不能把義大利推到德國那邊，這樣做是愚蠢至極。然而，富於理想主義的英國人則對法國的後一種考慮不屑一顧。英國政府的處境還是一樣困難，因爲它不僅要應付國內民眾因義大利破壞國際聯盟原則而產生的強烈不滿，而且還要考慮：一旦西方介入地中海糾紛，日本將會在遠東地區如何行動。英國擔心，和義大利翻臉會促使日本進一步在亞洲擴張，尤其日本正在打算廢除海軍條約以便不受限制地擴大艦隊。而法國也有自己的擔憂，害怕與義大利鬧僵會導致希特勒趁機出兵萊因區。廣義而言，英國和法國的想法都不無道理，問題還是跟以前一樣：應該如何協調眼前利益和長遠利益。

事實首先證明了法國的擔心並非多餘的。一九三五年，英國和法國同意在非洲東北部進行對義大利有利的領土調整，他們簽訂的《霍爾——賴伐爾協定》（the Hoare-Laval Pact）激起了英國大眾的憤怒。倫敦和巴黎一方面忙於安撫國內激烈的情緒反彈，另一方面又基於戰略和經濟考慮，堅持不與義大利交戰的立場。這時候希特勒決定趁機重新占領非軍事化的萊因區（一九三六年三月）。在軍事上，這對法國不算是個沉重打擊，英法在這個時候不大可能對德國發動反攻。但是，這件事情卻使得《凡爾賽和約》的效力更加薄弱，也使《羅加諾公約》形同具文。於是引發一個問題：到底什麼才是（或者不是）能夠爲國際社會所接受的改變現狀的方式呢？國際聯盟由於主要會員國無法制止墨索里尼在一九三五年至一九三六年的侵略行爲而灰頭土臉，現在已經發揮不了任何作用了。例如對西班牙內戰和日本於一九三七年公開侵略中國，國際聯盟都束手無策。看來若要制止或至少控制住邊界的進一步變動，只有靠主張「維持現狀」的列強採取果斷行動對抗「修正主義」國家了。

然而，沒有一個主張維持現狀的列強認爲訴諸武力或威脅是切實可行的辦法。事實上，這些國家之間愈來愈不和，各走各的路，而法西斯國家卻團結在一起，墨索里尼宣布義大利——德國軸心正式成立，不久（一九三七年十一月）德國和日本簽訂了反共產國際協定。美國雖然對日本侵略中國和轟炸美國船隻潘奈號（Panay）表示不滿，然而一九三七年對羅斯福來說是多災多難的一年。雖然他很想在國際事務中有所作爲，卻是無能爲力。美國經濟再次出現不景氣，美國國會通過了更爲嚴苛的中立法案，羅斯福對國際事務只是給予譴責，並不採取任何行動，這種對外政策只會「加深英國和法國對美國可靠性的懷疑」。史達林此時也在全力處理國內事務，只是方式不同而已，蘇聯的大整肅運動和公審秀正處於高潮階段。對於國際事務，史達林曾向內戰中的西班牙共和國提供援助，但是他心裡明白，許多西方國家厭惡「紅衫隊」甚於「黑衫隊」，他也明白，蘇聯若被推上第一線與軸心國公開作戰將是十分危險的。又由於日本在遠東地區的行動以及反共產國際協定的簽訂，史達林變得更加謹慎了。

在一九三六年至一九三七年間，法國實力的削弱無疑是最嚴重的，它不但經濟萎縮，政治上嚴重分裂，已（有的觀察家認爲）達到瀕臨內戰的程度，而且它在歐洲精心建構的安全體系幾乎完全瓦解。德國重新占領了萊因區，使法國不再可能採取進攻姿態對柏林施加壓力；法國本身的空軍裝備愈來愈落後，戰事一旦爆發，將完全處於挨打的地位；阿比西尼亞事件和義大利——德國軸心的形成，使法國的潛在盟國義大利變成一個難以預料且又具有威脅性的敵人；比利時退出國際舞臺，不與外界接觸，使法國北部邊區的防衛計畫遭到破壞，同時又困於經費而無力擴展馬其諾防線來填補這個缺口；西班牙內戰給法國蒙上可怕的陰影，因爲這表示它的後方可能又要出現一個親軸心國的法西斯國家；在東歐，南斯拉夫正在向義大利靠攏，在法國鼓吹之下建立起來的「小協約國」眼看就要壽終正寢。

在這種近乎癱瘓的慘淡情況下，英國的角色便突顯出來了。一九三七年五月，張伯倫取代鮑德溫成爲英國首相，他既擔憂英國弱質的經濟和戰略，又對戰爭的前景感到恐慌，於是決定「主動」給法西斯國家一些甜頭，以平息獨裁主義者的不滿，防止歐洲發生危機。張伯倫對蘇聯深具戒心，對羅斯福的「光說不練」嗤之以鼻，對法國強硬而被動的愚蠢外交感到厭煩，對國際聯盟的無能則十分不齒，所以他著手推行自己的政策，希望透過綏靖主義來贏得持久的和平。事實上，在此之前，英國就宣稱要在貿易和殖民地方面對德國讓步。而張伯倫的做法就是加快腳步向德國示好，表示願意考慮改變歐洲的版圖。他知道德國是最大的危險源頭，因此極力改善與義大利的關係，試圖使義大利脫離軸心國。當然，這些措施引起了廣泛的爭議。尤其是張伯倫的外交大臣艾登（Anthony Eden）於一九三八年初辭職，英國國內日益增多的反綏靖主義者（雖然仍占少數）對張伯倫提出責難，美國和蘇聯也愈來愈懷疑倫敦的政策。雖然在世界外交史上也有許多極富爭議性的大膽舉動，但歐洲有識之士（不是大多數）指出，張伯倫策略的眞正缺點在於他萬萬沒有想到，希特勒並非綏靖主義可以對付得了的，此人決心要建立一種新的領土秩序，小恩小惠是滿足不了其慾望的。

希特勒眞正的野心到了一九三九年就已明朗化，到一九四〇年和一九四一年則完全暴露出來了。但是，在一九三八年的緊要關頭，英國政府，甚至連法國政府，都沒有加以認清。這一年春季德國吞併奧地利，便是個不祥預兆，證明希特勒偏好不宣而戰，不過在這件事上希特勒也許還可以兩個日耳曼民族國家的合併論自圓其說。張伯倫對這件事的反應是必須盡快解決捷克斯洛伐克德語區的少數民族問題，否則英國和其他列強會因此被拖向戰爭邊緣，甚至捲入戰爭。不可否認，蘇臺德區的問題相當具有爭議性，德國對它垂涎，捷克當然有權維護主權，更何況這一主權是得到國際保證的。西方列強想滿足希特勒對這個地區的占有慾，不過此時西方的這種想法是爲消極的、自私的恐懼所驅使，而不是什麼崇高的理想。當時的情況是，希特勒是歐洲國家中唯一準備打仗的「元首」，雖然他在慕尼黑會議上得到了英國和法國的讓步，卻使得他武裝占領捷克的計畫落空，令他十分惱怒。不過，話說回來，列強戰爭總得有兩列強才打得起來，在一九三八年希特勒卻找不到一個願與他交戰的對手，但是又何奈。

既然西方的政治人物和民眾都不願打仗，就沒有必要對下述問題進行無休止的爭論：假設英國、法國和捷克斯洛伐克併肩與德國交戰，會出現何種情況？但是，有一個情況是值得注意的，就是慕尼黑會議之前的軍事平衡並不如綏靖政策的支持者所聲稱的那樣對德國有利，然而慕尼黑交易之後，形勢顯然對希特勒更有利了。西方國家也獲得相當的有利因素。如英國的武器生產有了相當數量的成長，英國和法國的軍事合作更加密切，英國和自治領的輿論傾向於奮起抵抗希特勒等等。但是，一九三九年三月捷克斯洛伐克淪陷，德國獲得了這個歐洲中等國家的軍備、工廠和原料，而在此同時史達林對西方的猜疑加深，這些不利情況抵銷了對西方有利的因素。除此之外，張伯倫使義大利脫離軸心國以及阻止義大利侵略巴爾幹國家的努力宣告失敗（一九三九年一月），但墨索里尼基於眼前的需要，將不會立即與其獨裁夥伴一起投入反對西方列強的戰爭中。

因此，當一九三九年春末希特勒開始向波蘭施加壓力時，戰爭似乎一觸即發，而且一旦戰爭爆發，英國和法國獲勝的希望很小。一九三九年三月德國併吞捷克斯洛伐克的其他地區，一個月之後義大利出兵阿爾巴尼亞，逼得民主國家政府不得不在國內強烈輿論的壓力下，出面「制止希特勒」，向波蘭、希臘、羅馬尼亞和土耳其提出安全保證，如此一來西歐與東歐就成了共同體，這是英國政府始料未及的。然而，西方民主國家不可能直接援助波蘭，連間接援助也只是小規模的，因爲法國此時已經實行戰略防衛方針，而英國正集中大量資源改善本土的空中防衛能力。波蘭所能得到的唯一直接援助只有來自東方，但是張伯倫政府並不熱中與莫斯科訂立協議，波蘭也堅決反對蘇聯紅軍踏進其領土。至於史達林和希特勒這兩個獨裁者，儘管意識形態南轅北轍，卻都對犧牲波蘭以做成一筆「交易」甚感興趣，因爲史達林最關心的問題是不惜代價爭取時間以避免戰爭，而希特勒則希望對其他國家施加更大的壓力，迫使它們放棄波蘭。於是，在一九三九年八月二十三日簽訂了轟動一時的《莫洛托夫——李賓特洛甫協定》（the Molotov-Ribbentrop Pact）。這個協定的公布不僅加強了德國的戰略地位，而且一場波蘭戰爭也在所難免。無論從經濟上還是從軍事上看，此時此刻比前幾年更有必要避免一場列強戰爭的爆發，但是英法兩國已經不能再使用「綏靖主義」的老辦法了。

第二次世界大戰終於爆發了，英國和法國又聯合在一起共同對抗德國。和一九一四年的情況一樣，英國派出一支遠征軍橫渡英吉利海峽與法國軍隊併肩作戰，英法兩國海軍對德國實行海上封鎖。但是，在許多方面，這場戰爭的戰略形勢又不同於第一次世界大戰，而且對同盟國不利。首先，這一次缺少了東部戰線。其次，德國和蘇聯除了達成瓜分波蘭的協議以外還有兩國間的貿易協定，因此各種原料源源不斷地從蘇聯運往德國，使英國和法國的海上封鎖對德國經濟不產生任何影響。在戰爭的第一年，德國的石油和其他原料的貯存確實不多，但是代用品生產、瑞典的鐵礦和來自蘇聯不斷增加的原料彌補了這方面的不足。此外，同盟國在西線消極應戰，並未對德國的石油和武器需求產生什麼壓力。最後，這一回德國不必像在第一次世界大戰時一樣，還必須支撐一個像奧匈帝國那樣礙手礙腳的盟國。如果義大利在一九三九年九月就戰的話，那麼它的經濟困境會給第三帝國有限的資源帶來額外的負擔，而且必然會破壞德國於一九四〇年向西進攻的機會。如果義大利果眞參戰的話，一定會使英國和法國在地中海的處境變得複雜，不過也很難說；如果保持中立，倒是對德國提供了一條貿易的管道。難怪德國的許多決策者希望墨索里尼自始至終當個局外人。

到目前爲止的幾場「預備戰」（phony war）並不能證明德國經濟的脆弱性，但卻有助於德國改善它那一套攻無不克的戰略戰術，包括作戰學、聯合兵種、戰術空中優勢和分散攻擊戰術等。後來的戰役，特別是波蘭戰役，證明了閃電戰的有效性，改善了一些弱點，並加強了德國人對運用突擊的速決戰術和集中空中及裝甲部隊武力而取勝的信心。這些戰術的威力對與丹麥和荷蘭的速戰速決中再次得到證實。在與挪威的交戰中，由於地形不利裝甲師的進擊，同時挪威又受到英國海軍的保護，所以一開始情勢很不穩定，直到德國空軍取得絕對優勢之後局勢才逐漸明朗。在一九四〇年五月至六月的法國戰役中，德國軍事理論和戰術的優點得到了最充分的證明。在這場戰役中，盟國的步兵和裝甲部隊規模浩大，但組織極差，被古德里安指揮的德軍坦克群和機械化步兵打得潰不成軍。在所有的戰役中，進攻的一方都享有很大的空中優勢。總之，在一九一四年到一九一六年間的戰鬥中，雙方都缺乏新的戰略戰術，而一九四〇年的戰役卻顯示了德國的種種優勢，這些優勢彌補了德國經濟無力承受一場長期戰爭的弱點。

此外，德國的戰爭機器在一九三九年至一九四〇年間所取得的決定性勝利，大幅增加了其石油和原料來源。它不僅可以（也確實做到了！）從戰敗國大肆掠奪財富，而且在占領了法國之後，英國也力不從心，德國不會再遇到大規模戰役來消耗它的物資貯備了。現在又有了一條內陸交通線可以從西班牙運回原料，瑞典的礦石來源也不再受到盟軍的阻截，蘇聯則出於對希特勒速戰速決的恐懼而增加了原料供應。在這樣的情況下，義大利投入戰爭（正值法國崩潰之時），對德國經濟沒有帶來太大的負擔。儘管義大利打起仗來節節敗退，根本不像它在一九三〇年代所吹噓的那麼厲害，但也確實助了德國一臂之力，因爲它的參戰迫使英國將原料由歐洲轉運到近東地區。

如果這場戰爭只是在英國、德國和義大利三個國家之間進行下去，那麼就很難說會持續多久。英國在邱吉爾領導之下決心繼續奮戰，並且進行大規模動員人力和貯備武器彈藥。例如，在一九四〇年，英國的飛機和坦克產量都超過了德國。雖然英國缺乏足夠的黃金和美元來支付美國提供的物資，但羅斯福設法取消具破壞性的中立法案，並勸說國會透過各種途徑來支持英國，因爲支持英國就是爲了美國本身的利益。其中包括租借法案、「以驅逐艦代替基地」行動以及護航等。如果戰爭照這樣打下去的話，結果是兩個主要交戰國誰也不能獲得決定性的勝利。如果「不列顛戰役」成功地阻止德軍橫渡英吉利海峽入侵英國的話，那麼德國在歐洲大陸上的優勢也會阻止英國進軍歐陸。英國轟炸機雖然可以空襲德國，提高士氣，在初期階段卻無法對德國造成大規模的破壞。德國的海上艦艇雖然偶爾進犯北大西洋，卻不是英國皇家海軍的對手，不過由於鄧尼茨（Karl Donitz）採取新的戰術並增加了潛艇數量，德國的潛艇戰還是很厲害的。在北非、索馬利亞和阿比西尼亞，英國軍隊很容易就能收復義大利控制的陣地，但要應付隆美爾（Erwin Rommel）的非洲軍團使用的爆炸式戰術（駐紮希臘的德軍也常用這種打法）卻極爲困難。因此，在這場被稱之爲「歐洲最後一次戰爭」的第二年，打來打去盡是防禦性或小規模的勝利，從未出現過猛烈的激戰或史詩般的場面。

一九四一年六月，希特勒決定入侵蘇聯。不可避免的，這一重大決定改變了整個戰爭的局面。從戰略上而言，德國此時要在好幾條戰線上同時作戰，因而重蹈第一次大戰的覆轍，使德國空軍負擔沉重，不得不把戰鬥飛行中隊分散在西面、東面和地中海等幾個地方。另外，希特勒本來只須派遣執行巴巴羅沙行動計畫（Operation Barbarosa）的四分之一陸軍和空軍部隊就能攻克英軍在中東的陣地，而現在已無力做到這一點。英國在中東的地位依然如舊，在以後的戰鬥中將發揮跳板的作用，向希特勒發動反攻。然而，對德國而言最危險的是，它要深入蘇聯好幾百英里作戰和提供後勤支援，如此必然會破壞德軍的最大優勢，無法在有限範圍內發動突擊，在自己的補給開始短缺和戰爭機器減速之前就壓倒敵人。一九四一年六月，德國在前線集結了大量兵力和物力，但這一次德國的後備部隊和補充物資都相當匱乏，尤其在道路崎嶇的情況下就顯得更差了。德軍也沒有作好冬季作戰的心理準備，因爲原本以爲三個月內便可結束戰鬥。一九四一年德國的飛機產量遠不如英國和蘇聯，更不用說美國了；陸上的坦克也比蘇聯少得多；石油和彈藥的供應在大範圍的作戰中很快就會銜接不上。所有這些問題並沒有因爲德軍在頭四個月裡取得輝煌戰果而解決——史達林在抵抗壓境的敵軍時指揮無方，以致三百萬蘇聯人被打死或俘虜。蘇聯蒙受重大的人員傷亡和裝備損失，喪失了百萬平方英里的土地，但並沒有被打敗，即使莫斯科被占領，史達林被俘獲，蘇聯也不會投降，因爲它有異常強大的後備力量。因此，對蘇聯戰爭將是一場無限的戰爭，第三帝國縱然取得輝煌無比的戰績，也打不贏這場戰爭。

假如蘇聯遭到兩面夾攻，一面是德國兵臨莫斯科城下，另一面是日本重兵攻打西伯利亞，那麼蘇聯能否生存下去，就是另外一回事了。這也許會引起廣泛的猜測，不過誰也沒有肯定的答案。日本在一九四〇年九月和德國和義大利簽訂了三方條約，一九四一年四月又與蘇聯簽訂中立條約，以便防阻蘇聯，然後集中力量南下擴張勢力。但是，許多日本人聽到德國進軍莫斯科的消息之後，也躍躍欲試，主張對蘇聯宣戰。如果日本眞的放棄南進計畫，而進攻其亞洲宿敵的話，那麼羅斯福就很難說服美國人民完全參與這場戰爭，而邱吉爾能夠給予蘇聯的援助將是極少的。史達林當然不想同時應付兩個可怕的戰場，於是在一九四一年下半年把訓練有素和不懼寒冷的西伯利亞部隊抽調過來抵抗德軍，並且展開反攻。由日本的角度來看，其南進計畫是完全符合邏輯的。由於日本侵占了法屬印度支那，西方於一九四一年七月對日本實施貿易禁運，並且凍結其資產，因而日本陸軍和海軍都強烈意識到，他們只有兩種選擇，一是屈從美國的政治要求，一是南下奪取東南亞的石油和原料，否則日本經濟在幾個月內就會崩潰。因此，從一九四一年七月起，日本對蘇戰爭已經不可能了，而南下擴張則是勢在必行。然而，對於日本占領婆羅洲、馬來亞和荷屬東印度群島的軍事行動，美國必然不會袖手旁觀，所以日本必須摧毀美國在西太平洋的軍事設施和駐紮在珍珠港的艦隊。日軍將領憑著在「支那事件」大獲全勝的氣勢，決心對幾千英里以外幾乎連聽都沒有聽到過的目標區進行大規模的軍事行動。

一九四一年十二月是這場已經演變成全球性戰爭的第二個大轉折點。同月蘇聯從莫斯科周圍開始發動反攻，證明了德國的閃電戰徹底失敗。日本在頭六個月的太平洋戰爭中給予盟國一連串重擊，但是從大戰略的角度來看，領土的淪陷（如新加坡和菲律賓）對於盟國並非致命傷。在這一階段中極為重要的一件事情是，日本的行動和希特勒公然對美國宣戰，使世界上最強大的國家終於也加入了這場戰爭。誠然，僅僅靠工業生產力是無法確保軍事效力的，而僅從人力和財力上來比較實力也是愚蠢的（德國的戰術已經證明了這一點）。但是，英、法、美的「大同盟」——正像邱吉爾喜歡稱呼的那樣，在物質方面遠遠超過軸心國，生產基地也遠離德國和日本的武裝部隊攻擊範圍，依靠這些資源和有利地勢將迅速建立起壓倒一切的軍事力量，令法西斯侵略者望塵莫及。不到兩年之內，托克維爾在一八三五年預言的兩極世界即將在地球上出現了。

第三篇　現代和未來的戰略與經濟

第七章　兩極世界的穩定與變遷：一九四三—一九八〇

美國參戰的消息傳來，邱吉爾禁不住喜形於色——他完全有理由如此高興。他解釋說：「希特勒和墨索里尼都插翅難飛了。至於日本人，他們將會被碾得粉碎。我們現在要做的只是利用優勢而已。」然而在一九四二年，甚至到了一九四三年上半年，在同盟國方面持保留態度的人仍然認爲邱吉爾似乎過於樂觀。日本軍隊在偷襲珍珠港以後的六個月裡，橫行於太平洋和東南亞地區，席捲歐洲國家在該地區的殖民地，從南面包圍了中國，並瞄準印度、澳洲和夏威夷。在蘇聯戰場上，德國軍隊等一九四一年和一九四二年之交的冬季一過就重新發動殘酷的攻擊，直逼高加索地區。而在此同時，隆美爾指揮的小規模精銳部隊在北非挺進到離亞歷山卓港不到五十五英里的地方。德軍潛艇對盟國護航艦隊的襲擊更是密集，使同盟國商船在一九四三年春季蒙受最慘重的損失。英國和美國運用戰略轟炸的方式對德國經濟實行的「反封鎖」，不僅沒有達到預期效果，反倒使自己的空勤人員損兵折將。如果說一九四一年十二月之後軸心國的失敗命運已經注定了的話，那麼從上述種種跡象看來，他們顯然還沒有意識到這一點。

「利用優勢」

儘管如此，邱吉爾的推測完全是正確的。由於這場衝突從歐洲戰爭演變成爲名副其實的全球大戰，因此英國拆東牆補西牆的戰略行動變得愈發複雜起來（許多歷史學家指出，新加坡之所以淪陷，是因爲英國把飛機和精銳部隊集中到地中海戰區的緣故），世界武力的均衡在新參戰國家的力量全部動員起來之後也將會發生根本變化。另一方面，德國和日本的戰爭機器仍然可以繼續運轉，但是他們的戰鬥範圍愈大，就愈是缺乏力量來應付同盟國正準備進行的反攻。

反攻行動首先從太平洋開始，一九四二年五月，尼米茲的海軍航空部隊阻止了日軍對珊瑚海的進攻，接著在六月的中途島之役又重挫日軍，顯示在海上戰鬥中海軍航空部隊的重要性。一九四二年底，日軍被逐出瓜達康納耳島，美澳聯軍推進到新幾內亞。一九四三年下半年，同盟國軍隊從中太平洋海域發動反攻，美軍兩支強大的作戰艦隊向吉爾伯特群島（Gilberts）進攻，並有四支快速航空母艦特遣艦隊（共十二艘航空母艦）掩護，掌握著絕對制空權。英國軍隊在一九四二年十月與德國交戰時更是占盡優勢，澈底粉碎了德軍在阿拉曼（El Alamein）的防線，並把隆美爾的部隊趕回突尼西亞。蒙哥馬利下達反攻命令時擁有六倍於敵軍的坦克，三倍於敵軍的部隊以及絕對制空權。第二個月，艾森豪指揮的十萬英美聯軍在法屬北非登陸，從西面向德義聯軍發動「鉗形攻擊」，並於一九四三年五月迫使大批敵軍投降。就在同時，鄧尼茨的潛艇部隊在與同盟國商船護航艦隊的交鋒中損失慘重，因爲這時盟軍護航艦隊已經有了「解放者」式超遠程護航母艦以及裝有最新式雷達和深潮炸彈的反潛護航艦隊的保護，而且盟軍還破解了「超級」密碼電報，掌握了德軍潛艇的活動情況。盟軍在取得制海權之後，還須進一步奪取歐洲上空的制空權。這就困難多了，需要的時間也較長，但是盟軍生產的「野馬」式遠程戰鬥機迅速解決了這個問題。這種飛機於一九四三年十二月開始服役，爲美國空軍轟炸機群護航，在短短幾個月內就把德國空軍完全擊潰，使它們再也無法去保護第三帝國本土的士兵、工廠和平民百姓了。

東部戰線的情況更使德軍最高指揮部頭痛。早在一九四一年八月，當許多觀察家預言蘇聯的列強地位將很快消失的時候，哈爾德將軍（Franz Halder）就已經在參謀日誌中憂心忡忡地寫道：「我們曾經估計敵軍有二百個師，而現在卻發現有三百六十個師……。雖然他們的武器裝備不如我們，戰術指揮也往往不當，但是……如果我們摧毀了他們十幾個師，他們就會很快又補充十幾個師……。時間……對他們有利，因爲他們靠近自己的資源，而我們卻離我們的後援愈來愈遠。」

在這樣一場規模浩大、瘋狂、殘酷的戰爭中，傷亡人數甚至超過第一次世界大戰的傷亡總數。在蘇德戰爭的頭五個月裡，德國聲稱擊斃、擊傷和俘虜的蘇軍人數遠超過三百萬。即使如此，當史達林和蘇聯最高統帥部籌劃在莫斯科近郊發動第一波反攻時，紅軍的作戰部隊仍有四百二十萬人，坦克和飛機數量也遠遠超過德軍。當然，蘇軍的作戰能力無論在陸上還是空中都不如德軍（甚至到了一九四四年，蘇軍仍須犧牲五至六人才能消滅一個德國士兵）。因此，當一九四一年與一九四二年之交的嚴寒冬季過去之後，希特勒再次發動攻勢，這一回的目標是史達林格勒，結果卻是慘遭失敗。史達林格勒戰役之後，德軍於一九四三年夏季再次集結了整整十七個裝甲師，把庫爾斯克（Kursk）圍得水洩不通。這是第二次世界大戰中規模最大的坦克會戰。紅軍投入三十四個裝甲師，以四千輛坦克對決德軍的二千七百輛。蘇軍雖然在一週內損失一半以上的坦克，但也殲滅了希特勒的大部分裝甲部隊，並且著手準備向柏林展開全面大反攻。在此同時，盟軍在義大利登陸，希特勒便趁機退出這場災難性的戰鬥。種種跡象顯示，盟軍已經準備收緊他們的包圍網。

難道這些勝利成果僅僅是因爲同盟國懂得如何「正確利用優勢武力」而取得的嗎？顯然，經濟力量從來都不是影響軍事效力的唯一因素，即使在這場完全機械化的歐陸總體戰爭中也是如此。用軍事專家克勞塞維茲的話來說，經濟與戰爭的關係就像鑄劍手藝與擊劍技巧的關係一樣。德國和日本領袖在一九四一年以後犯下了許許多多嚴重的政治和戰略錯誤，使他們付出了高昂的代價。就德國而言，有小錯誤也有大錯誤。小錯誤如一九四三年年初派增援部隊到北非，結果全數被俘；大錯誤如愚蠢地把烏克蘭人和其他蘇聯少數民族當罪犯看待，這些人本來歡迎德軍把他們從史達林統治中解放出來，結果卻挨了納粹的當頭一棒。這些錯誤有的是出於傲慢，有的是因爲觀念上的偏見。前者如德軍認爲他們的「依尼格瑪」（Enigma）密碼是永遠無法被破解的；後者如德國不許婦女在兵工廠工作，而它的敵人卻在充分利用每一個可以運用的勞動力。除此之外，德軍內部高階層將領的明爭暗鬥使得他們無暇認眞判斷希特勒諸多瘋狂計畫的正確性，如攻打史達林格勒和庫爾斯克。問題最嚴重的是「多頭管理」，也就是說政府各個部門和眾多的獨立團體（陸軍、黑衫隊、地方官員、經濟部門等）相互傾軋，政府因此無法統一事權和分配資源，也不能像其他國家那樣制定出一個「大戰略」計畫。

日本犯的戰略錯誤並不大，後果也沒有那麼嚴重，不過也十分令人驚訝。由於日本實行的是陸軍主張的「大陸戰略」，所以在太平洋和東南亞投入的兵力很少，只有十一個師。而派駐滿洲的有十三個師，在中國則有二十二個師。即使美國在中太平洋發動反攻時，日軍亦遲遲才派出增援部隊和空軍，而且數量很少，相比之下，日本於一九四三年至一九四四年間大規模入侵中國時投入的力量要多得多。諷刺的是，當一九四五年初尼米茲的部隊已經逼近日本，並對日本城市展開大轟炸時，日本卻仍有一百萬軍隊滯留在中國，另有七十八萬左右的軍隊駐在滿洲。等到他們想撤離時卻爲時已晚，美國潛艇已經有效地封鎖了他們的退路。

日本海軍也難辭其咎。在一些重大戰役中，如中途島之役，作戰指揮錯誤百出。甚至當航空母艦在太平洋戰爭中顯露出無比的威力之後，許多日本海軍將領在山本五十六死後仍然偏愛使用戰鬥艦，企圖再次締造類似日俄對馬海戰的佳績，譬如說一九四四年的雷伊泰灣（the Leyte Gulf）海戰就是如此，而「大和」號戰鬥艦的自殺性出航更是日本的傳統戰略。日軍的潛艇具有威力強大的魚雷，可是並沒有用來切斷敵軍的補給線，而僅作爲戰鬥艦的偵搜艦或是爲被圍困的島嶼駐軍運送補給品。日本比英國更依賴進口原料，可是卻疏於保護自己的商船，在護航方式、反潛戰術、護航母艦，及海軍機艦聯合反潛作戰編組方面都相當落後。在一九四一年至一九四三年間，由於海軍偏重於戰鬥艦，並把大量資金投入到「大和」級巨型戰艦的建造上，因而沒有造出一艘護航驅逐艦來。相比之下，美國在此期間則建造了三百三十一艘驅逐艦。日本在情報偵蒐、密碼水準和破解技術等方面也完全輸給同盟國。這些政策錯誤對日本維持「大東亞共榮圈」造成的負面影響，就跟德國犯的錯誤對其「千年帝國」的夢想所造成的影響一樣。

我們無法知道這些錯誤的「因數」（用經濟學家的話來說），也很難斷言如果軸心國沒有犯這些愚蠢的錯誤會是怎樣的局面。不過，從長遠來看，同盟國因其優越的生產力最後還是會獲勝的，除非他們也犯了同樣嚴重的政治和戰略錯誤。假如德軍於一九四一年十二月攻占了莫斯科，無疑將會危害蘇軍的作戰能力和史達林政權；但是在面對大屠殺的命運，而東部幾千英里的地方仍然有強大的生產資源和軍事力量的情況下，蘇聯人民會就地投降嗎？「巴巴羅沙行動」曾使蘇聯經濟損失慘重（煤產量下降百分之五十七，生鐵下降百分之六十八），但是值得注意的是，蘇聯在一九四一年生產的飛機仍然比德國多四千架，一九四二年多一萬架，更何況蘇聯所有的飛機都集中火力在一個戰場上，而德國卻要分散在三條戰線上。由於蘇軍在兵力、坦克、大砲和飛機方面愈來愈占優勢，到了大戰的第二年，紅軍已經能夠承受五比一，甚至六比一的損失，並且在傷亡慘重的情況下繼續挺進，不斷與日漸疲軟的德軍周旋到底。到一九四五年年初，僅從白俄羅斯和烏克蘭戰場來看，「蘇軍的優勢是絕對的、驚人的：兵力是敵軍的五倍，裝甲車為五倍，大砲七倍多，而空中武力則達十七倍之多。」

雖然在法國作戰的英美聯軍幾個月以前就已經取得「極大的優勢，坦克為敵軍的二十倍，飛機為二十五倍」，但是德國人卻出乎意料地堅守了很長一段時間，而且打了很多漂亮的仗，到一九四四年底（和一九一八年九月時一樣）德軍占領的土地比第三帝國本身在大戰初期所擁有的國土還大得多（見地圖7-1）。對此，軍事史家的答案幾乎是口徑一致：其一，德國的作戰理論強

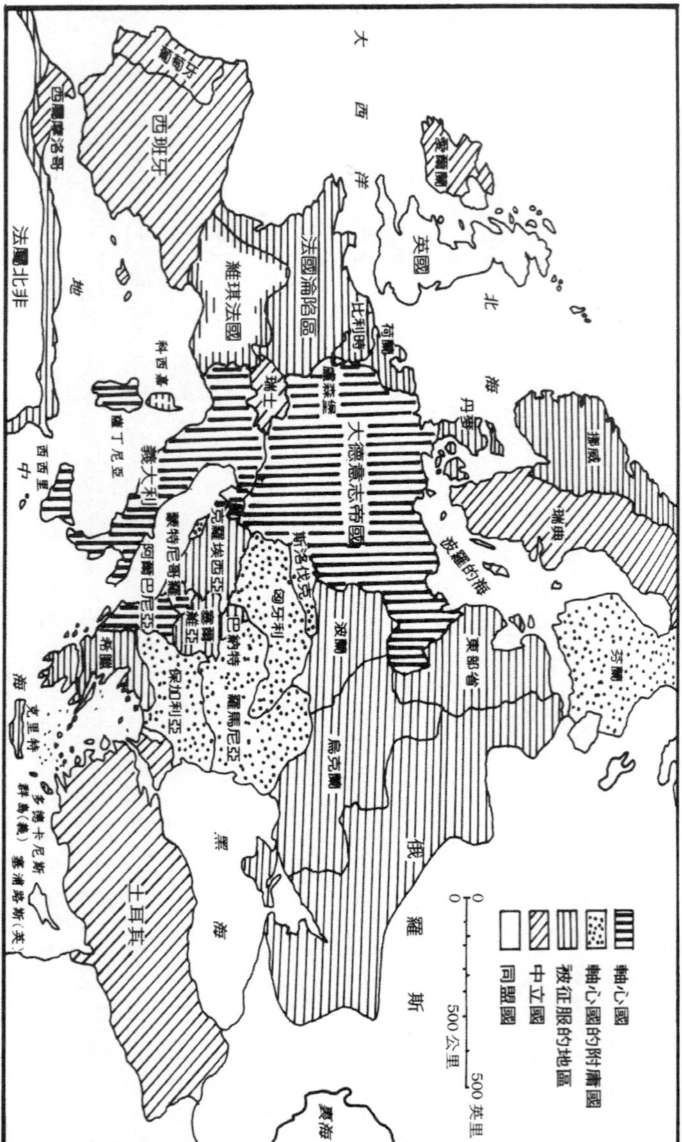

地圖7-1　1942年希特勒權勢達到顛峰時的歐洲

調現場指揮的靈活機動和決策分層負責，這比任何一個同盟國的戰術都來得高明。英國軍隊墨守成規；蘇聯軍隊不惜代價地施展人海戰術；而美國人則在衝殺中表現出轟轟烈烈的精神卻技術不精良。其二，德國軍隊在兵種聯合作戰方面的經驗比任何盟軍都要豐富。其三，德軍參謀人員和士官的素質和技能都非常高，即使在戰爭的最後階段依然表現突出。

讚揚德軍作戰英勇的書到處可見，而且似乎愈來愈多。然而，本書要提醒讀者注意以下這個明顯事實：德國和日本一樣，把戰線拉得太長了。據喬德爾將軍（Alfred Jodl）估計，一九四三年十一月，德軍在東線有三百九十萬軍隊（其中只有二十八萬三千名軸心國友軍）與五百五十萬蘇軍作戰，在芬蘭的駐軍有十七萬七千人，在挪威和丹麥有四十八萬六千人，在法國和比利時的占領軍有一百三十七萬，「還有六十一萬二千人被牽制在巴爾幹半島，四十一萬二千名戰鬥人員駐紮在義大利……希特勒的軍隊分散在歐洲的東西南北，因而每一條線上的人員和裝備都處於劣勢」。日本的軍隊也是如此，拖拖拉拉地分散在從緬甸到阿留申群島的整個遠東地區。

即使軸心國在那些似乎「改變戰爭過程」的戰役中戰勝了同盟國，恐怕也只能說是延緩了失敗的命運。例如，尼米茲在一九四二年中途島海戰中損失了幾艘航空母艦，同年就能得到補充——三艘新航空母艦、三艘輕型航空母艦和十五艘護航母艦；要是發生在一九四三年，那麼他可以得到五艘新航空母艦、六艘輕型航空母艦和二十五艘護航母艦；要是在一九四四年，則有九艘新航空母艦和三十五艘護航母艦。在大西洋戰役中，盟軍於一九四二年和一九四三年分別損失八百三十萬噸和四百萬噸的船隻，但是這些損失很快就由新下水的七百萬噸和九百萬噸的商船彌補過來。這主要歸功於美國驚人的造船速度。到了一九四二年中期，美國製造出來的船隻數多於被德國潛艇擊沉的船隻數。因此，一位著名的權威人士曾經這樣描述：「在第二次世界大戰中，德國的潛艇戰只能延緩戰爭的結束，卻不能左右戰爭的結局。」地面作戰的情況也是如此。在歐洲戰場上進行的主要是砲

表7-1　1944年各國坦克產量（輛）

德國	17,800
蘇聯	29,000
英國	5,000
美國	17,500（1943年爲29,500）

戰和坦克戰，但是德國的大砲、自走砲和坦克產量都比蘇聯少得多，自然更不如所有同盟國加在一起的大砲和坦克總數了。（參見表7-1）

不過，最能說明問題的還是飛機的產量（參見表7-2）。眾所周知，沒有制空權，陸軍和海軍就不具有眞正的戰力；有了制空權，不僅能夠贏得勝利，還可以痛擊敵方的戰時經濟。

但是，這些數字卻掩蓋了一個事實：英國和美國生產的飛機中一大部分是四引擎重型轟炸機。如果我們把同盟國飛機的重量和發動機數量與軸心國做比較的話，那麼同盟國的優勢就更大了。這可以解釋爲什麼德國人雖然竭盡全力地維持制空權，而他們的城市、工廠和鐵路卻仍然受到嚴重破壞。這同樣也解釋了日本遇到的問題－它遭到的破壞更嚴重，整個本土的空中保護網喪失殆盡。我們還可以從中得到其他許多答案，如爲什麼鄧尼茲的潛艇不敢露出水面；爲什麼史利姆將軍（William Slim）在緬甸的部隊能夠順利地增援英帕爾平原；爲什麼美國航空母艦能夠在整個西太平洋對日軍基地發動密集的攻擊；爲什麼每當盟軍部隊遭到德軍頑抗時，空軍就會及時馳援，讓進攻得以繼續。另外還有一件事值得一提：在盟軍反攻歐陸的第一天（一九四四年六月六日），德軍在西線一共只集結三百一十九架飛機去對付盟軍的一萬二千八百三十七架飛機。以克勞塞維茲的話來說，擊劍就像戰爭，需要技巧和經驗，但是如果擊劍手把劍都用完了，那麼技巧再好，經驗再豐富也無濟於事了。在這場「擊劍」比賽中，同盟國明顯地占了上風。

即使在德日兩個帝國開始進行擴張政策之後，交戰雙方的經濟和生產能力對比仍然是不平衡的，甚至比第一次世界大戰時更不平衡。粗略的統計顯示，一九三八年大德意志帝國在世界製造業產量和「相對戰爭潛力」所占的比例分別相當於英法的總和，但是在整體資源和戰爭潛力上可能遜於英帝國和法帝國的總和。但是，這兩國在大戰爆發時不像德國已經做好充分的戰爭動員和準備，而且如前文所述，在重要的作戰技術方面也沒有得到應有的重視。德國在一九三九年，尤其是在一九四〇年，奪取了大批土地，使它的實力大幅超過邱吉爾領導下遍體鱗傷的英國孤島。法國的淪陷和義大利的參戰，更使大英帝國面對一種凝聚力強大的聯合軍事武力，這支力量的戰爭潛力可能兩倍於英國。從軍事上看，德義軸心國的地面部隊可以說達到固若金湯的程度，只是海上力量遜一些，空中力量則與英國大抵相同。所以，當時英國寧願選擇在北非開戰，而不在歐洲。德國剛開始進攻蘇聯時，上述武力的均衡似乎沒有發生什麼變化，可能是蘇聯紅軍遭受嚴重傷亡並且大片領土和工廠被德軍占領的緣故。

然而，一九四一年十二月發生的若干重大事件完全改變了這種均勢。蘇聯在莫斯科發動反攻，宣告德國閃電戰的失敗；日本和美國先後捲入全球大戰，一個具有龐大工業生產力的「大同盟」得以形成。這些一時還不能影響戰爭的發展，因爲德國仍然十分強大，其力量足以在一九四二年夏季對蘇聯發動新的攻勢，同時日本也在與美國、荷蘭和大英帝國的戰鬥中，給對方一個措手

表7-2　列強的飛機產量（1939-1945年）

國家＼年代	1939	1940	1941	1942	1943	1944	1945
美國	5,856	12,804	26,277	47,836	85,898	96,318	49,761
蘇聯	10,382	10,565	15,735	25,436	34,900	40,300	20,900
英國	7,940	15,049	20,094	23,672	26,263	26,461	12,070
大英國協成員國	250	1,100	2,600	4,575	4,700	4,575	2,075
同盟國總計	24,178	39,518	64,706	101,519	151,761	167,654	85,806
德國	8,295	10,247	11,776	15,409	24,807	39,807	7,540
日本	4,467	4,768	5,088	8,861	16,693	28,180	11,066
義大利	1,800	1,800	2,400	2,400	1,600	—	—
軸心國總計	14,562	16,815	19,264	26,670	43,100	67,987	18,606

不及，在頭六個月輕而易舉地贏得了勝利。但是，德國與日本的這些勝利不能抹煞一個事實：即使我們把淪陷的法國也算進德國陣營中，同盟國的製造工業實力仍兩倍於軸心國（由於一九三八年的統計數字不太精確，美國的製造工業實力很可能更高），戰爭潛力三倍於軸心國，國民所得也三倍於軸心國。到了一九四二年和一九四三年，同盟國的這些戰爭潛力就充分發揮出來，生產出大批飛機、大砲、坦克和軍艦。而到了一九四三年和一九四四年間，在美國每天可以造出一艘船來，每五分鐘可以生產一架飛機！此外，同盟國還發明出許多新式武器，如「超級堡壘」式轟炸機、「野馬」式戰鬥機和輕型航空母艦等，而軸心國只能生產少量的先進武器，如噴射戰鬥機和二十三型潛水艇等。

瓦根菲爾（Wagenfuhr）對主要參戰國武器產量的統計最能說明這些力量的根本性變化。（參看表7-3）

從以上統計來看，英國的武器產量在一九四〇年遠遠落後於德國，但成長速度很快，到一九四一年已經略占優勢，輪到德國必須拚命趕上去了。德軍在史達林格勒戰役和北非戰役中接連失利，給予德國極大震撼，這時施佩爾（Albert Speer）接管經濟部大權，便於一九四三年全力擴充武器生產。同年日本的武器生產也增加一倍多。儘管如此，英國和蘇聯從一九四一年到一九四三年增加的武器數目加在一起，等於軸心國在同期增加的全部武器數目（英國和蘇聯增加一百億美元，軸心國增加九十八億美元），因此在武器總產量上仍領先軸心國。再說美國，它在一九四一年到一九四三年間武器產量驚人地成長了八倍以上，也就是說，一九四三年同盟國的武器總產量爲軸心國的三倍。這些應該都是大戰初期「戰爭潛力」和國民所得的不平衡所產生的必然結果。不管德軍在東線和西線運用什麼樣的戰術進行反撲，到頭來必然爲盟軍的武器優勢所壓倒。一九四五年，英國和美國每天派出好幾千架飛機去轟炸德國，蘇聯紅軍的幾百個師已經整裝待發，隨時準備

表7-3　列強的武器產量（1940-1943年）

（單位；10 億美元，按 1944 的幣值計算）

國家＼年代	1940	1941	1943
英國	3.5	6.5	11.1
蘇聯	(5.0)	8.5	13.9
美國	(1.5)	4.5	37.5
同盟國總計	3.5	19.5	62.5
德國	6.0	6.0	13.8
日本	(1.0)	2.0	4.5
義大利	0.75	1.0	—
軸心國總計	6.75	9.0	18.3

攻占柏林和維也納。英美聯軍和蘇聯紅軍從不同的角度證明了一個眞理：在曠日持久的大規模聯盟戰爭中，誰的財力雄厚，誰就可以取得最後的勝利。

日本在太平洋戰爭中失敗的原因也足以印證這個眞理。我們已經知道，一九四五年原子彈的使用代表了世界軍事史上一個轉捩點，使人們擔憂一旦一場以原子彈爲武器的列強戰爭爆發，人類是否還能繼續生存下去。但是，就一九四五年的情況來看，原子彈的使用只不過是美國爲了迫使日本投降而採取的一連串軍事手段之一。這些軍事手段還包括了美國的潛艇戰，使日本面臨饑餓的威脅；B-29轟炸機的大規模空襲，把無數日本城鎮夷爲平地（以一九四五年三月九日對東京的空襲爲例，約有十八萬五千人傷亡，二十六萬七千座建築物被炸毀），以及美國和其盟國準備大規模攻入日本本土的計畫等。美國政府不顧一些人的疑慮，終於還是決定投下原子彈，這是出於許多動機——爲了減少盟軍的傷亡，爲了警告史達林，爲了證明耗費巨資研發的原子彈是值得的等等。這種種理由究竟是否成立，至今仍有爭議，無需贅述。這裡只想指出一點：當時，只有美國擁有如此強大的生產能力和科技資源，不僅可以打贏兩場大規模的傳統戰爭，而且還有餘力投入大批科學家、原料和資金（約二十億美元）去研發一種未知的新式武器。廣島的毀滅以及柏林陷入紅軍之手，既象徵了又一場大戰的結束，又代表了世界新秩序的開始。

新戰略局勢

當第二次世界大戰還在如火如荼進行的時候，美國的軍事決策者就已勾勒出戰後世界新秩序的輪廓。有一份美國政策文件這樣寫道：「這場對抗當前敵人的戰爭一旦勝利結束，一個嶄新的世界將會出現在我們眼前，各國的軍事實力將會發生深刻的變化，變化之大是自西羅馬帝國滅亡以來的一千五百年中發生的任何變化無法比擬的。……日本被擊敗之後，美國和蘇聯將成爲世界上最強大的兩個軍事大國，這是由其各自的地理位置、遼闊的土地和龐大的武器生產潛力所決定的。」

歷史學家可能提出異議，認爲在過去的一千五百年裡沒有發生過任何一樁在性質上可與第二次世界大戰相比的事件。但是，至少有一點是沒有爭議的：戰後世界列強間的均勢將會完全不同於戰前。昔日的兩個強權——法國和義大利——已經黯然失色，德國稱霸歐洲的野心也告失敗，日本征服遠東和太平洋的計畫宣告瓦解，英國儘管有邱吉爾的領導卻已光環漸退，人們在十九世紀末和二十世紀初經常預言的兩極世界終於來到，世界秩序（用德波特〔A. DePorte〕的話來說）「從一個體系轉變成另一個體系」。現在，似乎只有美國和蘇聯稱得上是舉足輕重，而在這兩個「超級強權」中，美國又享有極大的優勢。

由於世界的大部分地區不是被第二次世界大戰搞得筋疲力盡，就是仍處於殖民統治的「低度開發」狀態，所以美國在一九四五年的實力和一八一五年的英國一樣，只能用「超級」來形容，而且絕對是史無前例的。美國的國民生產毛額在龐大戰爭支出的刺激下，若以一九三九年的美元幣值計算，從一九三九年的八百八十六億美元上升到一九四五年的一千三百五十億美元；若以現值計算，則上升到二千二百億美元。「新政」措施未能根除的經濟不景氣現在終於澈底消失，原本未能充分利用的資源和人力現在都得到了適當的運用。「戰爭期間，美國的工廠規模擴大了近百分之五十，產量則增加了百分之五十以上。」從一九四○年到一九四四年，美國的工業發展速度最快，年成長率超過百分之十五，可以說是空前絕後的。成長雖然大部分集中在軍需品生產方面（從一九三九年的百分之二遽增至一九四三年的百分之四十），但是非軍用物資的生產也有所成長。美國的生活水準和國民平均生產力並沒有像其他參戰國受到的影響那麼大。在世界列強中，只有美國沒有因為戰爭而變得窮困，反而更富裕，而且速度驚人。大戰結束時，美國的黃金準備為二百億美元，幾乎占世界黃金總準備量三百三十億美元的三分之二。再者，「……美國承擔了世界製造工業一半以上的生產，製造出各式各樣的產品，占世界總產品的三分之一。」因此，美國在戰爭結束時也成了世界上最大的出口國，即使在數年後，其出口額仍占世界出口總額的三分之一。又由於美國大規模發展造船業，因此船舶噸位占了世界的一半。在經濟上，整個世界成了美國的囊中物。

這種經濟力量也反映在軍事實力上。大戰結束時，美國擁有一千二百五十萬名現役軍人，其中七百五十萬駐在海外。雖然在和平時期軍隊人數自然會縮減（到一九四八年，美國陸軍人員只有四年前的九分之一），但這並不代表眞實的軍事潛力，而只是出於政治上的需要而已。由於美國於戰後的最初幾年裡在國外擔任的角色有限，所以我們從它所擁有的現代武器上比較可以看出它的實力來。這時，美國海軍無疑是「天下無敵」的，擁有一千二百艘大型軍艦（以幾十艘航空母艦而不是戰鬥艦爲主力），規模遠遠超過英國皇家海軍，其他國家的海軍則更是瞠乎其後。美國的航空母艦特遣隊和海軍陸戰隊能夠開赴世界上任何海路可以到達的地方。更了不起的是美國的「制空權」，它擁有兩千多架曾把希特勒的歐洲炸爲焦土的重型轟炸機，一千架曾把許多日本城市夷爲平地的B-29型超遠程轟炸機，以及像B-36型轟炸機那樣更具威力的噴射戰略轟炸機。當然，最令人喪膽的還是美國所獨家發展的原子彈，它可以對任何敵人施以像廣島和長崎那樣可怕的澈底破壞。不過，軍事分析家後來指出，美國當時的軍事力量並不像人們想像的那麼強大。它只有幾枚原子彈而已，而且使用原子彈會引起很大的政治牽連；美國也難以動用軍事力量去影響像蘇聯這樣遙遠而令人捉摸不定的國家。雖然如此，由於有許多國家向美國要求貸款、提供武器和軍事援助，美國一直維持著超級優勢的形象，直到韓戰爆發才有所改變。

對熟悉國際政治史的人來說，美國既然占有如此有利的經濟和戰略地位，那麼它在一九四五年以後對外的勢力擴張是不足爲奇的。隨著舊強權紛紛淡出江湖，美國很快塡補了這個眞空。在登上世界頭號強國的寶座後，美國自然不甘心把自己限制在本國國土內，甚至不願意限制在北半球內。事實上，第二次世界大戰本身已經使得美國的勢力和影響力擴大到世界上來了。例如，一九四五年，美國在歐洲的駐軍就有六十九個師，在亞洲和太平洋地區有二十六個師，而在美國本土卻一個師都沒有。原因很簡單，因爲美國負有重整日本、德國和奧地利的政治責任，所以它的部隊就「駐在那裡」；也因爲美國軍隊是一個島嶼接著一個島嶼打進太平洋地區的，然後一步一步地推進到北非、然後是義大利，最後才攻進西歐的，所以在所有這些地方也都駐有軍隊。但是，許多美國人（尤其是軍人）希望這些部隊能盡快撤回本國，使美國三軍部隊的部署恢復到一九四一年以前的狀況。雖然這種想法使邱吉爾等人感到驚慌，而且對奉行孤立主義的共和黨人士具有相當的吸引力，但是要使時光倒流是不可能的。美國和一八一五年之後的英國一樣，發現自己在這些地方的非正式勢力變得愈來愈正式，愈來愈無法擺脫；同時也發現無論把「邊界線」劃到哪裡都只是「不斷推進中的新邊界」。一個「美國支配下的和平」（Pax Americana）時期已經開始。

這個新時期的經濟情況應該是可以預知的。在大戰期間，一些研究國際問題的專家（如赫爾）曾指出，一九三〇年代的全球性危機主要是由於世界經濟機能失調而引起的，如保護關稅、不公平的經濟競爭、原料的取得受到限制，以及閉關自守的政策等。因此，十八世紀啓蒙運動的一種理念，即「不受阻礙的貿易就代表和平」，不僅再度風行，而且更受到出口工業界的歡迎，因爲他們擔心，如果美國不開闢新的國外市場來吸收迅速成長的本國產品的話，那麼隨著戰後美國政府支出的減少，出口工業會因此而衰退。此外，美國軍方也堅決主張（甚至大張旗鼓地宣傳）要確保美國能夠控制或不受限制地獲得重要戰略原料，如石油、橡膠和金屬礦藏等。有鑒於此，美國必須致力於建立一種新的世界秩序，以滿足西方資本主義的需要，並促進西方資本主義國家的高度繁榮。經濟學家亞當・史密斯早就指出：「不受阻礙的貿易能夠提高資源分配的效率，同時也全面提高生產力，進而提高每個人的購買力。」因此，在一九四二年至一九四六年間，出現了一連串精心設計的國際經濟組織，如國際貨幣基金會（IMF）、國際復興開發銀行以及隨後成立的關稅暨貿易總協定（GATT）等。在這種新的經濟架構下，如果想獲得用來重建和發展的資金，就得按照美國的規矩，先同意自由兌換貨幣和開放自由競爭（例如英國雖然點頭同意，但仍盡力維護其帝國優先的做法）；如果不同意這麼做的話，那就只好靠邊站（例如蘇聯就與這一新經濟架構劃清界線，因爲它認爲這是與社會主義經濟制度不相容的。）

但是這種架構也有缺點。其一，這些機構提供的資金不足以彌補這場歷時六年的總體戰爭所造成的澈底破壞。其二，這種完全自由放任的經濟體制必然對競爭力最強的國家有利，也就是對沒有遭受戰爭破壞而且生產力奇高的美國有利，而對其他競爭力較低的國家有害——這些國家都遭到戰爭的破壞，疆界改變，家園遭炸毀，難民成群無家可歸，機器老舊，債務如山，市場流失。這種情形一直延續至美國終於意識到歐洲的普遍不滿和蘇聯影響力的擴大，於是提出「馬歇爾計畫」，同意提供鉅額資金給「自由世界」，做爲工業的實質性發展。然而，這時美國經濟勢力的擴張和建立軍事基地以及訂立全球安全條約一樣，已經成爲美國的主要政策了。這與英國在一八一五年之後四處設立軍事基地和訂立條約關係的情況有許多相似處。但最明顯的差別在於英國能夠避免和其他主權國家建立過於固定或曖昧的聯盟關係，而美國現在卻無法避免。雖然由於冷戰方興未艾，美國必須「對一些事件有所回應」，但是無論如何，美國還是違背了早期的意願而過度介入國際糾紛。這是一個不爭的事實。

在一九四五年，這些似乎並沒有引起美國決策者的不安。相反地，許多人認爲這是「天意」，美國應當抓住這個天賜良機來重整被舊列強搞得亂七八糟的世界秩序。盧斯（Henry Luce）在美國《生活》雜誌上欣喜地寫道：「美國的經驗是通向未來的關鍵。……美國在人類的大家庭中應該是老大哥。」不僅中國（美國寄予極大的希望），而且所有其他後來被稱爲「第三世界」的國家，都應該效法美國的理想——自助自立、奮發圖強、自由貿易和民主精神。赫爾甚至預言：「這些原則和政策對於公正和權利意識以及自由國家人民的福利都有很大幫助和吸引力。用不了幾年的時間，整個世界的運作將會令人滿意。」所有的人都會對此表示感激，無論是死硬派的英國或荷蘭帝國主義者，歐洲的左傾政黨還是冷酷的莫洛托夫（Vyacheslav Molotov），都會在美國的恩威並施下屈服，加入美國的陣營。一位美國官員公開說道：「現在該輪到我們在亞洲發威了。」他也許還應該加上世界上的大部分地方。

然而有一個地方，美國的影響力是很難滲透進去的，那就是蘇聯控制下的地區。蘇聯在一九四五年（及其以後）聲稱自己才是反法西斯戰爭的眞正勝利者。根據紅軍公布的統計數字，蘇聯共殲滅德軍五百零六個師；在大戰中傷亡和被俘的一千三百六十萬德軍中，東線占了一千萬。然而事實卻是這樣的：早在第三帝國崩潰之前，史達林就調了數十個師的兵力到遠東地區，準備一旦時機成熟就下手取代在滿洲的日本關東軍。因此，在美國投擲原子彈到廣島之後三天蘇聯就對日宣戰，這是意料中事。在西線，長期的戰事不僅扭轉了蘇聯於一九一七年之後在歐洲極為不利的地位，實際上使蘇聯恢復到一八一四年至一八四八年間的地位（當時俄國龐大的軍隊在東歐和中歐扮演憲兵的角色）。蘇聯的版圖擴大了：在歐洲北部占領了芬蘭一部分領土，在中部又割取了波蘭一部分領土，在南部則吞併了羅馬尼亞的比薩拉比亞。波羅的海國家愛沙尼亞、拉脫維亞和立陶宛重新併入蘇聯。東普魯士的一部分和捷克斯洛伐克東部（羅塞尼亞）的一小塊地區也被劃入蘇聯，為的是打開一條直接進入匈牙利的通道。如此一來，蘇聯的西面和西南面，就形成了一道由其衛星國構成的屏障——波蘭、東德、捷克斯洛伐克、匈牙利、羅馬尼亞、保加利亞、南斯拉夫和阿爾巴尼亞。這些國家與西方之間便出現了世人皆知的「鐵幕」，「鐵幕」的後面是共產黨高幹和祕密警察的天下，他們決心在這裡全面實施與美國截然不同的政策。遠東的情況也大致雷同。蘇聯很快占領了中國東北、北韓和庫頁島，不僅報了日俄戰爭的一箭之仇，而且建立了與毛澤東領導的中國共產黨聯絡的管道，毛同樣拒絕接受自由資本主義的理論。

蘇聯擴大勢力範圍的舉動雖然成功，但是它的經濟基礎受到戰爭的嚴重傷害，和美國繁榮的經濟相比就大為遜色。蘇聯在大戰中的傷亡人數十分驚人：陣亡軍人達七百五十萬，慘遭德軍殺害的平民為六百至八百萬，再加上因糧食配給減少、強迫勞動和無限制延長工作時間等緣故而造成的「間接」傷亡，使蘇聯「在一九四一年至一九四五年間約有二千至二千五百萬公民死於非命。」由於傷亡者主要是男性，因而出現男性和女性比例失調，嚴重破壞了國家的人口結構，出生率急遽下滑。至於被德國占領的蘇聯歐洲部分，如烏克蘭和白俄羅斯，物資損失之大超乎想像：占領區的一千一百六十萬匹馬中有七百萬匹被宰或掠奪，二千三百萬頭豬中有二千萬頭被屠宰，另外還有十三萬七千部牽引機、四萬九千部收割機以及多數的牛舍和農場建築物被毀壞。運輸線也遭到嚴重破壞：六萬五千公里長的鐵軌被毀，一萬五千八百部火車頭和四十二萬八千節貨車車廂受損，四千二百八十艘內陸船隻被沉，以及一半的鐵路橋被炸。百分之五十的城市房屋（一百二十萬幢）被毀，農村房屋則有三百五十萬幢遭到破壞。許多城鎮變成廢墟，成千上萬個村莊被夷為平地，人們只能住到地洞裡去。

因此，當蘇聯軍隊開到他們在德國的「占領區」時，自然也搜括了一切可搬走的資產、工廠和鐵軌等，並且要求東歐國家用原料來賠償在戰爭中的損失（羅馬尼亞用石油，芬蘭用木材，波蘭用煤賠償給蘇聯）。

雖然蘇聯在軍火生產和前線作戰方面都勝過大德國，但是它的勝利完全依賴大規模軍事工業生產和大幅度削減其他工業部門的生產，如消費品、零售產品和農產品（其中糧食的減產主要是由於德國人掠奪造成的）。所以，基本上，一九四五年的蘇聯是軍事上的巨人，經濟上的侏儒——貧困潦倒。由於租借法案的中止，蘇聯又因附帶的政治條件而拒絕接受美國的資金援助，因此它只好回復在一九二八年之後用過的老方法，利用本國資源強力發展經濟。同樣把發展重心放在生產設備及原料（重工業、煤炭、電力和水泥等）和運輸業上，減少了消費品工業和農業生產，自然也削減了軍事預算。結果，就重工業而言，在克服了起步階段的困難之後出現了「經濟小奇蹟」——重工業產量在一九四五年至一九五〇年間增加了一倍。為了重建國家實力，史達林政權想盡辦法，甚至不惜把大多數老百姓的生活水準降低到革命前的水平。這裡必須指出的是，蘇聯大部分工業生產的「恢復」與一九二二年以後的情況一樣，只是回復到戰前的產量。例如，烏克蘭在一九五〇年的冶金工業和電力工業產量只達到或稍稍超過一九四〇年的水平。由於戰爭，蘇聯的經濟成長再次被延誤了十年左右。長期而言，更嚴重的問題是命脈所繫的農業繼續遭到冷落。隨著戰時應變措施的取消，而且由於投資嚴重不足，造成農業生產萎縮，糧食產量遽降。史達林至死都未改變對農民擁有自留地的強烈反對態度。因此，蘇聯農業一直處於低效率、低生產力的狀態。

與此相反，史達林在戰後仍一直全力維持強大的軍事力量。雖然在一九四五年之後，基於重整經濟的需要，規模龐大的紅軍裁減了三分之二，但它仍然是世界上最大的一支國防軍隊，擁有一百七十五個師、二萬五千輛坦克和一萬九千架飛機。在蘇聯看來，這樣做是必要的，因爲它必須嚇阻可能的侵略者，更要保持對東歐衛星國和遠東占領區的控制。然而，儘管蘇聯紅軍的規模龐大，其中一部分卻是虛有其表，頂多只能算是衛戍部隊而已。此外，面對愈來愈先進的軍事科技，蘇聯軍隊的裝備顯然太落後（沙皇俄軍在一八一五年後也曾遇到這種情況）。要克服這一點，必須一方面整編軍隊，並且實施現代化，另一方面把國家的經濟和科學資源投注在研發新式武器方面。一九四七年至一九四八年間，具有強大戰鬥力的米格十五型噴射戰鬥機正式服役，一支效仿美國和英國的長程戰略空軍部隊也正式成立，被俘的德國科學家和技術人員被迫研發各種導向飛彈，大量資源用來發展原子彈（事實上，這項研究工作在戰爭期間就已著手進行了），在對德戰鬥中發揮了輔助作用的海軍也得到大幅改善，擁有新式重型巡洋艦，甚至還有遠洋潛艇。雖然大部分武器裝備都是仿製的，用西方標準來衡量並不算先進，但是蘇聯已下了決心不再落於人後，這一點是毋庸置疑的。

蘇聯的實力得以繼續維持還有一個原因，就是史達林再次強調一九三〇年代後期曾實施過的內部紀律和絕對服從。這是由於他日益嚴重的偏執狂，還是想藉由老謀深算以加強他的獨裁統治；或是兩者兼而有之，就不得而知了；但是事實如此。在蘇聯，任何與外國有關的人都遭到懷疑；遣返的戰俘都被槍決；在以色列建國之後，猶太人有了自己的國家，致使蘇聯境內再次掀起反猶太浪潮；軍隊的領導地位被削弱，德高望重的朱可夫元帥於一九四六年被解除蘇聯地面部隊司令的職務，共黨的內部紀律和入黨條件變得更爲嚴格；列寧格勒的地方黨部領導階層（史達林一向不喜歡他們）於一九四八年全部遭到整肅；檢查制度更加嚴厲，檢查範圍從文學藝術擴大到自然科學、生物學和語言學等領域。蘇聯內部制度的全面「緊收」自然與農業再次集體化和冷戰局勢日趨緊張密切相關，蘇聯宰制下的東歐諸國自然也出現類似的思想僵化和極權統治現象：反對黨派被取締，公開審判成了家常便飯，個人權利遭到否定，私人財產一律沒收。這些嚴苛的措施，尤其是波蘭和捷克斯洛伐克（一九四八）的民主力量遭壓制，使得西方對蘇聯制度的迷熱之情大為減退。不過，這一切到底是蘇聯周密策劃的行動（從邏輯上分析，蘇聯上層領導分子很希望把他們的衛星國和蘇聯國內人民與西方思想和富裕生活隔絕），或是僅僅反映了史達林臨死之前日趨嚴重的偏執狂，我們並不清楚。不管是什麼原因，事實上世界上還存在著一大片不受「美國支配下的和平」影響的地區，為世界提供了另類選擇。

蘇聯帝國的發展似乎證實了麥金德（H. J. Mackinder）等地緣政治學家的預言：一個龐大的軍事強權將控制歐亞大陸「心臟地帶」，並繼續向「邊緣地帶」擴張；只有各個海上強權起來反抗，才能保持全球勢力的平衡。直到幾年之後，美國政府受到韓戰的震撼，才完全放棄了原先「一個世界」的觀點，而承認國際舞臺上已展開兩大超級強國的鬥爭局面。實際上，這種局面在一九四五年就已經突顯出來了。正如托克維爾所預見的，美國和蘇聯成為操縱半個地球命運的兩個國家，而且都信奉向世界施加政治影響力的「全球主義」。莫洛托夫在一九四六年聲稱：「蘇聯現在是世界上最強大的國家，沒有蘇聯的參加，任何重大的國際關係問題都不能得到解決。」這些話是針對美國早些時候發表的聲明之回應。當時史達林和邱吉爾在莫斯科會晤，並有可能就東歐問題私下達成協議，美國因此發表聲明：「在這場全球戰爭中，沒有一個問題，無論是政治的還是軍事的，是美國不感興趣的。」顯然一場利益的嚴重衝突是免不了了。

而那些昔日的列強，如今的中等國家，其情況如何？它們的崩潰是不是因為超級大國崛起而造成的？首先應該說明的是，德國、義大利和日本這些法西斯戰敗國在一九四五年後的狀況與英國和法國不同。大戰一結束，同盟國就實行自己的計畫，以確保德國和日本不再對世界秩序構成威脅。其中包括對德、日兩國的長期軍事占領，德國還被分成四個占領區，幾年後合併成兩個德國。日本正如一九四三年的義大利一樣，被剝奪了所有的海外領地，德國則失去了它在歐洲所侵占的土地以及原先占有的東部領土（西里西亞和東普魯士等）。這兩個國家曾遭到戰略性轟炸，運輸系統過度使用，房屋短缺，原料不足，出口市場萎縮，眞是滿目瘡痍，再加上工業生產完全由同盟國控制，更是雪上加霜。德國的遭遇更慘，連工廠都遭到拆遷的命運。一九四六年，德國的國民所得和國民生產毛額還不及一九三八年的三分之一。日本的經濟也出現衰退，如一九四六年的實質國民所得只及一九三四年至一九三六年間的百分之五十七，製造業的實質工資是同時期的百分之三十；一九四八年的對外貿易總額中，出口額只剩一九三四至一九三六年間的百分之八，進口額則是百分之十八，海運業幾乎被戰爭破壞殆盡，紗錠從一千二百二十萬枚減少到二百萬枚，煤產量減少一半。無論在軍事上還是經濟上，德國和日本的強權時代似乎已經過去了。

義大利雖然在一九四三年改變了立場，但是它的經濟命運也同樣慘淡。有整整兩年，義大利半島遭到盟軍襲擊和轟炸，使本來因墨索里尼的戰略冒險行動已經元氣大傷的義大利幾乎一蹶不振。「一九四五年，義大利的國民生產毛額倒退到一九一一年的水準；與一九三八年相比，實際下降達百分之四十。但人口並沒有因爲戰爭造成的傷亡而減少，反而由於殖民地的移民被遣送回國以及向外移民的中止而大量增加。義大利的生活水準降低到駭人的程度，如果沒有國際援助，尤其是美國的援助，許多人就會活活餓死。」一九四五年，義大利的實質工資降到只有一九一三年的百分之二十六點七。事實上，在戰後這段時期內，上述這些國家幾乎完全依賴美國的援助，簡直就是美國的經濟衛星國。

從經濟角度來看，法國的情況幾乎跟德國一樣。它遭到德軍的洗劫長達四年之久，到一九四四年又受到幾個月大規模戰鬥的破壞，「大部分水道和港口被堵塞，橋梁被摧毀，大部分鐵路線暫時無法使用。」福倫（Fohlen）的經濟指數顯示，一九四四年至一九四五年法國進出口總額爲零，同時期的國民所得只有一九三八年的一半（而一九三八年本身就是慘淡的一年）。法國的外匯儲備枯竭，法郎不能在外匯市場中使用。一九四四年法郎與美元的比率爲五十比一，一年內就下滑到一百一十九比一。到一九四九年，情勢雖逐漸穩定，法郎與美元的比率仍高達四百二十比一。法國的政黨政治。尤其是共產黨的角色，明顯地影響了復元、國有化以及通貨膨脹等純粹的經濟問題。

另一方面，「自由法國」曾是反法西斯「大聯盟」中的一員，參加過許多重要戰役，並在西非、地中海東部和阿爾及利亞反抗維琪政府的「內戰」中獲勝。鑑於法國曾爲德國所占領，而且戰時法國人的政治觀點嚴重分裂，所以戴高樂不得不高度依賴英國和美國的援助。對於英美，戴高樂一方面甚爲怨恨，一方面卻又要求他們增加援助。英國則希望法國在歐洲重建成爲一個軍事強國（而不指望沒落的德國）去抗衡蘇聯，因此法國得到了許多大國所享有的待遇和地位，例如它在德國擁有占領區及在聯合國安全理事會中擔任常任理事國等等。在殖民地問題上，它雖然沒有能力恢復對敘利亞和黎巴嫩的委任統治權，但也恢復了在中南半島的地位以及對突尼西亞和摩洛哥的保護國地位。有了這些海外領地，並建立了政府海外部，法國仍是世界上第二大殖民帝國，而且決心努力保持這個優勢。許多外國觀察家（尤其是美國人）認爲，法國在經濟上如此虛弱不堪，依賴美國援助到如此程度，卻仍然想恢復其世界第一流強國地位的虛名，眞是「瘋狂至極」。事實上也是如此。但這樣做也許可以在幾年內掩蓋世界戰略局勢已經在戰後發生變化的事實。

對於一九四五年的國力比較，大多數英國人都會感到憤憤不平，不過從表面看來，英國仍然是世界強權之一，這不但掩飾了戰後出現的新戰略均勢，同時也使得英國決策者無法在心理上正視英國政治衰落的事實。大英帝國是唯一全程參加第二次世界大戰的列強，在邱吉爾的領導下，它不愧爲世界「三強」之一。在海上、空中、甚至地上的戰績都遠遠超過第一次世界大戰中的表現。到一九四五年八月，英國所有的屬地（包括香港）都回到英國手中；英國部隊和空軍基地廣布於北非、義大利、德國和東南亞；英國海軍雖然損失嚴重，但仍擁有一千多艘戰艦、近三千艘小型軍艦和近五千五百艘登陸艇；英國空軍轟炸機司令部仍然擁有世界上排名第二的戰略空中武力，正如巴內特（Correlli Barnett）所指出的，「勝利」並不是「英國保持國力的同義詞。擊敗德國（及其盟國）只是保持國力的一個因素——即使是個很重要的因素。德國是被擊敗了，但是英國的國力也耗盡了。關鍵不在於贏得多大的勝利，而是勝利後出現什麼樣的環境，尤其是英國所處的環境……。」實際狀況是，爲了贏得勝利，英國大量消耗了國力，黃金和美元準備枯竭，工業設備嚴重損壞，雖然全國人口和資源都已完全投入動員，但仍然不得不加深依賴美國提供的武器彈藥、船隻、食品和其他物資來支撐戰事。隨著進口額逐年成長，英國的出口貿易卻逐漸萎縮，到一九四四年出口額下降到一九三八年的百分之三十一。當工黨政府於一九四五年七月上臺時，第一批待處理的文件就是凱因斯關於國家正面臨著「財政危機」的備忘錄，其中警告說，英國貿易逆差龐大，工業基礎嚴重衰弱，海外機構過於龐大，因而急需大量的美國援助，以取代即將中止的「租借法案」。要是沒有美國援助，「我們只得採取歷史上最爲嚴厲的戰時緊縮措施」。因此，第一次世界大戰後曾出現過的情況又發生了：英國政府不得不修改其戰後和平及舒適生活的允諾。時到如今，人們不可能再相信英國仍是世界政治的中心了。

然而，英國的強權地位仍然存在許多英國人的幻覺之中，甚至那些一心想建立一個「福利國家」的工黨閣員也做如是想。在往後的幾年裡，英國才開始認眞解決下述棘手的問題：提高國內生活水準，發展「混合型經濟」，減少貿易逆差，同時維持大片的海外基地（如在德國、近東和印度等地），以及維持一支龐大的軍隊以應付與蘇聯日益惡化的關係。詳盡的研究報告顯示，艾德禮（Clement Attlee）政府在許多方面的施政成績斐然，如提高工業生產力，縮減貿易逆差，實行社會改革，穩定歐洲局勢等等。對外關係方面，工黨政府也十分謹慎，自印度撤軍，擺脫了巴勒斯坦這個燙手山芋，放棄了對希臘和土耳其的保證，都至少可以減輕一些沉重的海外負擔。從另外一個角度來看，英國經濟得以復甦，主要是因爲凱因斯於一九四五年和美國協商申請巨額貸款，馬歇爾計畫又使英國得到大量的援助，而且英國大部分的商業競爭對手此時正忙著收拾自己國內的爛攤子。因此，這種經濟復甦的基礎依然是十分脆弱。長遠看來，英國一九四七年從海外殖民地撤離的行動並非完全明智。英國確實甩掉了一些包袱，而且希望藉由放棄若干領地，英國可以更靈活、更切合自身利益地處置海外勢力——放棄巴勒斯坦爲的是保留蘇伊士運河，放棄了印度就可以得到阿拉伯的石油。在這個時候，英國絕不願放棄大英帝國的其他領地，因爲這些地區在經濟上，對於英國的重要性甚於以往。只不過後來由於許多突發事件，而且保留這些地區的代價愈來愈高，英國才被迫重新評估自己在世界上的地位。但是，英國仍是一個負擔過重卻又具有重要戰略地位的國家；面對兩大權力集團的對峙局勢，它的安全還必須依賴美國，而同時也是美國最忠實的盟國——一個重要的戰略合作者。

「歐洲時代的結束」已經成了定局，任憑英法兩國政府如何努力，時代是不會回頭的。戰爭期間，美國的國民生產毛額實質成長了百分之五十以上，而整個歐洲（不包括蘇聯）卻下跌了百分之二十五。歐洲在世界製造業總產量中所占比例低於十九世紀以來的任何一個時期，甚至到了一九五三年，當大多數遭到戰爭破壞的工業都已恢復元氣，歐洲的製造業比例仍只占世界總產量的百分之二十六，美國則達到百分之四十四點七。歐洲的人口只占世界總人口的百分之十五至十六。

一九五〇年，國民平均生產毛額只及美國的一半左右。相較之下，蘇聯卻趕了上來，大幅縮小了差距。有關各國國民生產毛額情況，請參見表7-4。

歐洲列強的衰落更明顯地表現在軍事人員和經費方面。如一九五〇年，美國的國防支出爲一百四十五億美元，軍事人員爲一百三十八萬人；蘇聯的國防支出略高，爲一百五十五億美元，軍事人員則超過甚多，達四百三十萬人。無論在國防支出或是軍事人員上，美蘇兩強都遠遠超過英國（二十三億美元，六十八萬人）、法國（十四億美元，五十九萬人）和義大利（五億美元，二十三萬人），當然，德國和日本仍處於非軍事化狀態，沒得比。韓戰期間，歐洲中等強國於一九五一年大幅增加了國防支出，但與美國和蘇聯相比仍是小巫見大巫——美國的國防支出高達三百三十三億美元，蘇聯二百零一億美元。如果把該年英國、法國和義大利三國的國防預算加起來，也不及美國的五分之一或蘇聯的三分之一；這三個國家的軍事人員總數也只及美國的一半或蘇聯的三分之一。無論在經濟實力還是在軍事實力上，歐洲國家似乎已經到了一敗塗地的地步。

核子武器和長程飛彈系統的出現，更證實了歐洲的衰敗。根據歷史記載，許多最初參與研發原子彈的科學家都很清楚，他們從事的研究將在人類戰爭史、武器發

表7-4　1950年列強的國民生產毛額總數與平均國民生產毛額一覽表

（用1964年的基準）

國家＼數字＼項目	國民生產毛額總數（計算單位：10億美元）	平均國民生產毛額（計算單位：美元）
美國	381	2,536
蘇聯	126	699
英國	71	1,393（1951年）
法國	50	1,172
西德	48	1,001
日本	32	382
義大利	29	626（1951年）

展史和摧毀能力方面，開創一個劃時代的新紀元。一九四五年七月十六日原子彈在阿拉摩戈多（Alamogordo）試驗成功，許多觀察家如此評論：「一種巨大和嶄新的東西出現了。它的重要性遠遠超過曾經影響我們生存的電和其他任何發明。」當「猶如世界末日來臨一般的強大、持續而令人膽寒的巨響」在屍橫遍野的廣島和長崎上空迴蕩時，再也沒有人懷疑原子武器的威力。原子彈的出現使得美國的決策者必須考慮許多與未來有關的現實問題：原子彈對傳統戰爭會造成什麼影響？應該在戰爭一開始就祭出原子彈，還是當作最後的殺手鐧？發展大型核子武器（氫彈）和小型核子武器（戰術原子武器）有多大的意義和潛力？原子彈的技術知識是否應該讓別的國家分享？……。美國的成功無疑刺激了蘇聯正在進行中的核子武器研究工作。美國原子彈在廣島上空爆炸的當天，史達林就委派鐵腕人物祕密警察頭子貝利亞（Lavrenty Beria）負責原子彈的研發。雖然當時蘇聯在原子彈和飛彈系統方面都明顯落後美國，但是他們的追趕速度超出美國的預估。在一九四五年之後的一段時間裡，美國的核武優勢的確「壓倒」了蘇聯。但是，不久之後蘇聯就迎頭趕上，並與美國並駕齊驅，而且證明了他們的推斷：美國的核子武器獨占只是暫時的。

核子武器的誕生改變了世界戰略局勢，因爲誰擁有核子武器，誰就具有大規模殺傷能力，甚至毀滅人類的能力。從狹義和直接意義來說，這種新武器科技的來臨爲傳統的歐洲國家帶來更大的壓力，他們只有兩種選擇：急起直追或甘願當二流國家。當然，德國、日本和經濟與科技都十分落後的義大利根本沒有資格加入核子俱樂部。至於英國，在艾德禮接任首相之後，也一直想獲得這種武器，這不僅因爲核子武器是一種嚇阻手段，也因爲它是「科學與技術優勢的展現，而這種優勢是人力資源缺乏的英國所賴以生存的基礎」。換句話說，核子武器對英國來說是保持其獨立強權地位的一種較爲廉價的途徑。法國隨即也基於同樣的考慮而步其後塵。但是，這種想法雖然具有吸引力，實際上卻有三個不利因素。其一，這兩個國家在幾年內都不可能擁有核子武器和飛彈；其二，即使擁有這類武器，其數量與超級強權相比仍無足輕重；其三，隨著科技的神速發展，他們剛獲得的核子武器很可能就已過時了，儘管英國和法國（後來還有中國）都雄心勃勃地想加入核子俱樂部，但是在一九四五年之後的一、二十年內，這種努力就像一九一四年之前奧匈帝國和義大利想擁有「無畏」型戰鬥艦一樣，難以實現。事實上，這不是實力的反射，反而是虛弱的表現。

最後要指出的是，傳統的多極世界現在已經變成兩極世界，這從戰略上和政治上看都是如此，因爲意識形態在其中扮演非常重要的角色。事實上，早在十九世紀的傳統外交中，意識形態對政策制定就曾發揮一部分影響力，梅特涅、尼古拉一世、俾斯麥和葛拉斯頓所推行的政策都充分說明了這一點。意識形態的作用在兩次大戰之間的時期更爲突顯。極右和極左思潮向盛行的「中產階級自由中心」思想發出挑戰。但到了一九三〇年代末，複雜的多元化競爭使得人們很難從意識形態角度加以解釋，如邱吉爾等英國保守黨人士希望與共產主義的蘇聯結盟以對抗納粹德國；自由主義的美國人一方面支持歐洲的英、法民主國家，另一方面又企圖瓦解英、法在歐洲以外的殖民勢力。大戰期間，政治原則和社會原則的分歧都爲了當務之急——與法西斯搏鬥——而暫時擱置。史達林於一九四三年解散了共產國際，西方國家讚揚蘇聯人民抵抗「巴巴羅沙行動」的英勇行爲，這些現象似乎都沖淡了原先存在的相互猜忌。尤其是美國，《生活》雜誌在一九四三年曾輕鬆地描述道：蘇聯人「長得像美國人，想法也像美國人」；《紐約時報》在一年後宣稱「馬克思主義在蘇聯已經銷聲匿跡」。不管這些想法有多麼天眞，卻有助於我們深入了解爲什麼大多數美國人不願意接受戰後的世界並非如他們想像的那般和諧的事實。舉例來說，邱吉爾在一九四六年三月發表著名的「鐵幕」演說之後，許多美國人都爲之痛苦和憤慨。

但是，時隔一兩年，蘇聯與西方冷戰的意識形態本質就暴露出來了。愈來愈多的跡象都顯示了這一點。蘇聯不允許議會式的民主在東歐出現，蘇聯軍隊規模不斷擴大，希臘、中國和許多國家的共產黨都在進行內戰，「紅色威脅」、蘇聯的間諜活動和對西方的顛覆活動日益增多，以及其他許多類似的事件都改變了美國大眾的看法，杜魯門政府也果斷地加以回應。杜魯門在一九四七年三月發表「杜魯門主義」演說，表達了他對英國從希臘和土耳其撤軍後蘇聯可能乘虛而入的擔憂，並描繪了世界面臨不同意識形態準則的兩種抉擇：「一種生活方式是以大多數人的意志爲基礎的。它的特點是自由社會體制、代議制政府、自由選舉、保障個人自由、言論自由與宗教自由、免於政治迫害的自由等。另一種生活方式是以少數人的意志強加於大多數人爲基礎。這種方式依靠的是恐怖與迫害、對新聞的控制、指名選舉和壓制個人自由。」杜魯門還指出，美國的政策應該是「幫助自由的人民維護其社會制度和主權完整，反對企圖將極權政權強加於他人的任何侵犯自由的行爲」。自此以後，世界局勢就像是一場善惡之爭。用艾森豪的話來說：「歷史上很少像今天這樣正義和邪惡勢力同時聚集一堆，而且演變成武裝對峙。這是自由與奴役、光明與黑暗的對抗。」

毫無疑問地，這種言論多半都有其對內目的，不僅美國如此，英國、義大利、法國和其他許多國家也是一樣。任何一個維護自身利益的保守勢力都會使用這類語言來抹黑對手，或是攻擊政府對「共產主義手軟」。結果必然造成史達林對西方產生更多的疑懼。蘇聯報界迅即予以反擊，宣稱西方欲染指蘇聯在東歐的勢力範圍，在蘇聯的四周到處樹立新敵，在世界各地建立反蘇基地，支持反動政權排除共產勢力，並且企圖操縱聯合國等等。莫斯科指控：「美國對外政策的新方針不過是重彈反蘇老調，目的在挑起戰爭，以武力建立一個由英國和美國宰制的世界。」同樣地，蘇聯的言論也是喊給國內聽的，可以藉此鎮壓國內的異議分子，加強對東歐的控制，強力推行工業化，並增加軍備支出。因此，雙方都祭出意識形態的招牌，想從冷戰的對內對外政策中獲得好處。而且由於自由主義和共產主義都是全球性的思想體系，是「水火不容」的，所以雙方都把整個世界視爲（或者說描繪成）一個舞臺，在這個舞臺上意識形態之爭不可能與政治權力的鬥爭區隔開。不是屬於美國陣營，就是屬於蘇聯陣營，沒有中間路線，在史達林和麥卡錫的時代，中間路線是大逆不道的想法。這就是新的戰略局勢，任何人都必須調整自己去適應這個現實，不管是被分割成東西兩部的歐洲，還是亞洲、中東、非洲、拉丁美洲。

冷戰與第三世界

如前文所述，在第二次世界大戰之後的二十年間，國際上各種政治勢力都在努力調整自己以適應蘇美對抗的新情勢，當然也受到局部的排斥。起初，冷戰的重心在於如何重劃歐洲疆界，事實上，這還是與「德國問題」有關，因爲這個問題關係到一九四五年的戰勝國能對歐洲發揮多大的影響力。蘇聯人民在二十世紀上半葉由於德國的侵略以及史達林的瘋狂大整肅，遭受到比世界上任何國家都要悲慘的苦難。因此，他們決心不再讓歷史在二十世紀下半葉重演。促進共產主義世界革命雖然是蘇聯的第二個任務，但也絕不是無關緊要，因爲如果蘇聯能夠成功地扶植更多信仰馬克思主義的附庸國，那麼其戰略和政治地位將會獲得提升。蘇聯在一九四五年以後的對外政策制定恐怕主要出於上述考慮，而不是如帝俄時期幾百年來只想尋找不凍港。當然，蘇聯的這種政策會使許多問題無法得到澈底的解決。首先，蘇聯決心廢除一九一八年至一九二二年間簽訂的各項領土協定，以便爲自己的戰略目標「掃除障礙」。這表示蘇聯將重新獲得對波羅的海各國的控制權，將波蘇邊界向西推移，一筆勾消東普魯士，以及呑併芬蘭、匈牙利和羅馬尼亞的部分領土。對此，西方並不感到擔心，因爲其中許多是在戰時已協議定案的。眞正使西方憂心的是蘇聯企圖把中、東歐的獨立國家轉變成「親莫斯科」的政權。

在這方面波蘭首當其衝，而其命運又預告了其他國家的命運。這對西方來說可眞是五味雜陳，因爲英國早在一九三九年就承諾爲保衛波蘭領土完整而戰，而且波蘭部隊（及流亡政府）戰時曾在西方作戰過。最初，邱吉爾曾因爲下列事件而懷疑過蘇聯的意圖：在卡滕（Katyn）發現了埋葬波蘭軍官的大片墓地，蘇聯對華沙的暴動持否定態度，史達林堅持要改變波蘭邊界，以及親莫斯科的波蘭派系在盧布林（Lublin）出現。幾年之後，蘇聯在波蘭扶植起一個傀儡政權，並且從這個政權的各級權力機關中剷除了親西方分子。邱吉爾的不安至此得到證實。

莫斯科在處理波蘭問題上的各個層面都涉及到德國。在領土方面，波蘭邊界的西移不僅縮小了德國的領土（東普魯士已遭併吞），如果德國將來企圖改變奧得河—奈塞河（Oder-Neisse）臨時邊界，波蘭的戰略位置可以抵擋；在戰略方面，蘇聯堅持把波蘭變成一個安全「緩衝地帶」，這樣就可以確保自己不再像一九四一年受到德國的直接攻擊，因而蘇聯也決心要親自安排德國人民的命運，這是相當合乎邏輯的；在政治方面，蘇聯既然支持盧布林的親蘇波蘭人，當然也要對流亡在國外的德國共黨人士給予支持，以便他們回國後可以發揮同樣的影響力；在經濟方面，蘇聯嚐到了剝削波蘭及其東歐鄰國的滋味之後，自然也要進一步掠奪德國的財富。但是，當蘇聯發現，使德國人窮困就無法贏得他們的友誼時，便停止了對德國資產的掠奪，莫洛托夫的語氣也變得較爲溫和友善。不過這些只是策略上的轉變，眞正重要的是蘇聯要求在決定德國前途的問題上享有主要發言權，即使不是唯一的發言權。

在波蘭和德國問題上，蘇聯的政策絕對會與西方的政策發生牴觸。在政治和經濟上，美國、英國和法國都同意以自由市場觀念和民主的選舉作爲整個歐洲的規範（雖然，比起自由主義的美國，英法兩國主張國家機關應擁有較多的權力）。在戰略上，西方和蘇聯一樣都堅決防止德國軍國主義復活，特別是法國，其擔驚受怕的心境一直延續到一九五〇年代中期。但是沒有一個西方國家願意看到蘇聯紅軍取代德軍來宰制歐洲。雖然一九四五年之後法國和義大利政府都接納共產黨人士，但是對於馬克思主義政黨握有實權——不管發生在哪個國家，西方都持極不信任的態度。東歐國家陸續肅清非共政黨，更加深了西方的不安。雖然仍有人呼籲蘇聯和西方和解，但事實上雙方的種種目標在各方面都會發生衝突。只要一方有某項計畫成功，另一方就會覺得受到威脅。至少在這個意義上，冷戰是無法避免的。要避免冷戰，雙方就必須同意對所有問題進行妥協。

因此，這裡沒有必要詳述世界緊張關係是如何一步一步升高的，就像前面分析世界權力變遷過程的一章中不必詳述梅特涅的所有外交活動一樣。然而，一九四五年以後冷戰的主要特點還是值得研究，因爲時至今日這些因素仍然影響著國與國之間的關係。

第一個特點是歐洲兩大集團的裂痕加深。這種分裂在一九四五年後沒有立即發生是可以理解的，當時的主要任務——無論對同盟國占領軍或是那些在德軍撤離後從四面八方回到祖國的「繼任」政黨來說——是解決迫在眉睫的行政事務，如恢復交通和通訊等公用設施、運送食品到城市、安頓難民、追捕戰犯等等。這些工作不具意識形態界線：在德國占領區，美國人跟法國人發生爭執的次數與跟蘇聯人一樣多；在歐洲各國剛成立的國民議會和政府內閣中，社會黨員和共產黨員（如東歐國家），或是共產黨員和基民黨員攜手共事（如西歐國家）。但是到了一九四六年末和一九四七年初，隔閡開始擴大，而且愈來愈公開化。在德國各地舉行的地方選舉和公民投票顯示，「西德和東德之間開始出現明顯不同的政治色彩」。針對波蘭、保加利亞和羅馬尼亞排擠非共黨人士，法國於一九四七年四月迫使共產黨員退出內閣，導致國內政治危機的發生。一個月後，義大利也發生了類似事件。在南斯拉夫，狄托（Tito）實行極權統治（取代了戰時同盟國協議規定的分權統治），西方認爲這是蘇聯計畫中的又一次擴張行動。上述事件，再加上蘇聯不願加入國際貨幣基金會和國際復興開發銀行，尤使那些希望在戰後與蘇聯保持友好關係的美國人深感困擾。

因此，西方又多了一項疑慮，認爲史達林計畫在時機成熟的時候控制西歐和南歐，並且正在全力營造有利形勢。雖然蘇聯對土耳其加強施壓使西方擔憂，並促使美國於一九四六年在東地中海部署了一支海軍特遣艦隊，但是蘇聯不可能以軍事力量去實施它的計畫，而是透過其附庸國利用戰爭造成的經濟混亂和政治紛爭來謀取利益。在西方的眼裡，希臘共產黨的暴動和法國由共產黨支持的罷工就是其中之二。蘇聯迎合德國輿論的做法也受到西方質疑。最令西方擔憂的是義大利北部共產黨勢力的迅速壯大。不過，研究這些問題的歷史學家現在都懷疑這些事件是否眞的與蘇聯的「偉大計畫」有關。希臘共產黨、狄托和毛澤東最關心的是其當地的對手，並不是全球的馬克思主義制度；而西方國家的共產黨和工會領袖首先要考慮的是其國內支持者的想法和情緒。另一方面，如果任何一個西方國家眞的讓共產主義占了上風而不引起一場大戰的話，蘇聯自然會拍手叫好。所以，我們不難理解爲什麼肯南（George Kennan）等蘇聯問題專家提出「圍堵」政策的建議時會引起人們的共鳴。

在迅速演化形成的「圍堵策略」要素中，最爲引人注目的有兩個。第一是向某些地區提供明確的軍事保證，以便向蘇聯表示，美國「不允許這些地區落入敵視我們的人手中」。肯南認爲這種做法只具有消極作用，卻逐漸得到軍方將領的贊同。在美國的軍事援助下，這些地區將提高自己的防衛能力，任何來自蘇聯的攻擊都將被視爲對美國的宣戰。第二個因素則具有較大的積極意義。美國認爲抵禦蘇聯顚覆的力量之所以薄弱，是因爲第二次世界大戰「嚴重地消耗了物質資源和精神元氣」，因此從長期來看，圍堵政策的最重要內容是美國大規模提供經濟援助，使得歐洲和日本能夠重建滿目瘡痍的工業、農業和城市。如此一來，歐洲和日本受共產主義階級鬥爭和革命理論誘惑的可能性就會降低，同時也有助於世界權力的天秤朝有利於美國的方向發展。肯南的地緣政治理論很有參考價值，我們不妨用這種理論來分析一下形勢。他說，「從國家安全的角度來看，世界上有五大工業和軍事權力中心，對我們是十分重要的。」它們是美國本身、其對手蘇聯、英國、德國與中歐，以及日本。只要美國能夠保持後三個中心在西方陣營內，並且壯大它們的實力，那麼在武力總合方面，蘇聯將永遠處於劣勢。顯然，史達林對此一戰略非常感冒，尤其是因爲其中包括了重建蘇聯的兩個新敵人——德國和日本。

因此，如前面所述，這裡沒有必要詳述在一九四七年這個「轉捩年」期間或之後雙方的行動內容。重要的是其整體結果。美國代替英國承擔了對希臘和土耳其的保證，其象徵意義是前任的世界警察將其職責移交給新上任的世界警察，同時也顯示英國與美國的想法基本上是一致的。美國也藉此證明適用於世界任何地區的「杜魯門主義」具有正當性。然而，在歐洲，美國公開允諾要「幫助自由國家人民維持其社會制度」，但當務之急卻是要解決襲擊整個歐洲大陸的經濟大蕭條、食品短缺和燃煤不足等問題。美國政府採取的解決方法便是所謂的「馬歇爾計畫」，向所有歐洲國家——無論是共黨國家還是非共產主義國家——提供大量經濟援助，「使歐洲在經濟上獨立自主」。不管這種援助對蘇聯是否具有吸引力，卻達到了與西歐國家採取聯合行動的目的，而蘇聯這時已經實行僵硬的國有化和集體化政策。不過，顯而易見地，馬歇爾計畫的目的是要讓全歐洲的人相信，私人企業要比共產主義更能帶來繁榮。所以，莫洛托夫退出了討論馬歇爾計畫的巴黎會談，蘇聯並阻止波蘭和捷克斯洛伐克申請加入該計畫，結果歐洲分裂得更爲嚴重。在西歐，由於美國提供數十億美元的援助（英國、法國、義大利和西德獲得最多），經濟成長神速，形成了北大西洋貿易體系；而東歐方面，共產黨的控制日益緊迫，一九四七年成立共產黨情報局（the Cominform），實質上是換湯不換藥的半公開化「共產國際」。一九四八年，共黨發動政變推翻了布拉格的多黨政府。除狄托的南斯拉夫得以躲過史達林的幽閉恐懼症之擁抱外，東歐其他衛星國都遭到整肅，並在一九四九年被迫加入「東歐經濟互助理事會」（Comecon，簡稱經互會），這個組織絕不是蘇聯的馬歇爾計畫，而是「榨取衛星國資源的一臺新機器」。邱吉爾在一九四六年的「鐵幕」理論也許早了一些，然而兩年之後，他的預言便應驗了。

隨著東西方經濟對抗的激烈化，軍事關係也日趨緊張。在這方面，德國又成了爭端的焦點。一九四七年三月，英國和法國簽訂了《敦克爾克條約》，條約規定凡一方遭到德國攻擊，另一方應全力提供軍事援助。不過當時英國外交部認爲「突發事件」只是「書面文字而已」，他們更關心的是西歐內部的耗弱。一九四八年三月，這個條約擴大爲《布魯塞爾條約》，加入了荷蘭、比利時和盧森堡三國。條約中沒有直接提及德國，但事實上，西歐各國（尤其是法國）的許多政治人物主要縈繞著的還是「德國問題」，而非「蘇聯問題」。這種以過時的眼光看問題的落後策略在一九四八年終於再奏效。就在《布魯塞爾條約》簽訂的同月，蘇聯退出共同管理德國的「四強管理委員會」，宣稱他們與西方國家在德國的經濟和政治前途問題上存在著無法調解的歧見。三個月後，爲了杜絕德國的貨幣黑市交易和結束貨幣混亂狀態，美英法三國宣布發行新馬克，蘇聯對這個片面行動立即有回敬動作，不僅禁止西德馬克在蘇聯占領區內流通，也禁止自由出入柏林——這個西方勢力深入到蘇聯占領區內一百英里的「孤島」。

一九四八年至一九四九年間發生的柏林危機使得西方國家終於意識到東西方對抗的嚴重程度。英美兩國的官員已經在商討如何團結歐洲各國、自治領以及美國，應付可能與蘇聯發生的衝突。在希望歐洲不僅在馬歇爾計畫的支持下獲得經濟自主而且在軍事上也能擬定一個安全計畫的同時，美國到了這個地步也不得不認眞應付共產主義的挑戰。由於美國國內普遍出現「恐共症」，所以在對外政策上就採取更強硬的態度。一九四八年三月，杜魯門甚至要求國會同意恢復徵兵制。同年六月，國會通過「選徵兵役法」，滿足了他的要求。西方的這些行動都是在蘇聯封鎖柏林之後採取的。在陸路恢復通行之前的十一個月裡，美國和英國以飛機運送民生物資到西柏林，以應付史達林的虛張聲勢；在此同時，也有許多人主張派遣軍隊護送物資，強行開進柏林。如果當時眞的這麼做，一場戰爭可能會因此而爆發。結果，美國根據一項新條約，把一個B—29轟炸機群停放在英國空軍基地上，以示對於此一事件的嚴重關切。

在這樣的形勢下，即使是反對本國參與國際紛爭的孤立主義派參議員也不得不支持成立北大西洋公約組織（NATO）的建議。其中主張美國正式加入北約，並且規定該組織的首要戰略目的是一旦蘇聯發動侵略，北美國家應支援歐洲各國。北約在剛成立的幾年裡，主要關心的是政治問題，而不是具體的軍事行動，象徵著美國外交政策的歷史性改變，從奉行英國式的傳統外交，轉變成西方所仰賴的「側翼」強國，致力於維持歐洲權力的平衡。從美國和英國政府的角度來看，成立北約的主要目的是聯合美國與加拿大和《布魯塞爾條約》締約國，並把相互軍援的範圍擴大到挪威和義大利等也感到不安全的國家。在《北大西洋公約》正式簽訂的時候，美國在歐洲實際上只有十萬駐軍（一九四五年有三百萬），西方只部署了十二個師（法國七個師，英國二個師，美國二個師和比利時一個師）來阻止蘇軍向西推進。蘇聯在這一時期的兵力並不如西方誇大宣傳者所宣稱的那麼強大，但兩大陣營的總兵力相較之下的確相差甚多。不久，西方又流傳一種說法，說共產黨可能會像韓戰中跨過鴨綠江那樣迅速地占領德國北部平原，更是弄得人心惶惶。因此，北約不僅在戰略上更依賴美國長程轟炸機的「大規模報復」來抵抗蘇聯入侵，而且還要擴大傳統部隊的武力。這樣一來，美國、加拿大和英國這三個西方「側翼」強國就必須對歐洲大陸長期承擔軍事義務，其程度足以使這三個國家的一九三〇年代時期的戰略規劃人員大吃一驚。

北大西洋公約組織在軍事上發揮的功效就如同馬歇爾計畫在經濟上的功效一樣。它的成立使一九四五年分裂成兩大陣營的歐洲產生更大的裂痕，只剩下傳統的中立國家瑞士和瑞典保持中立，佛朗哥的西班牙以及一些特殊情況的國家（芬蘭、奧地利和南斯拉夫）沒有加入任何一方。針對北大西洋公約組織，蘇聯不久也成立了由它宰制的華沙公約集團（Warsaw Pact）。東西方分裂的加深使得德國統一的前景更渺茫。到了一九五〇年代後期，儘管法國仍然顧慮重重，西德的武裝部隊獲准在北約架構內建立起來。西方爲了縮小總兵力上的差距，重新武裝西德是合理的做法，但爲了權力的均衡，蘇聯必然會在東德也建立一支受其嚴格控制的軍隊。由於東西德分別加入了各自的軍事聯盟，所以德國今後若想保持中立，會使北約和華約同時感到震驚和猜疑，因爲他們會認爲這是對其本身安全的打擊。從蘇聯方面來看，雖然史達林於一九五三年去世，上述觀點不但沒有改變，反而更根深蒂固，這是因爲蘇聯出現了一個新的理念：任何共產主義國家都應堅持共產主義，絕不允許任何放棄此一信條的行動。這就是後來所謂的「布里茲涅夫主義」。一九五三年十月，美國國家安全會議不公開的看法認爲，東歐衛星國「只有透過全面戰爭或由蘇聯決定才能重獲自由」。巴特雷（C. J. Bartlett）則十分悲觀地指出：「恐怕兩種情況都不可能發生。」果不其然就在一九五三年，東德發生了一次暴動，但很快遭到鎮壓。一九五六年匈牙利決定退出華沙公約，蘇聯立即派遣軍隊開進布達佩斯，血腥鎮壓獨立運動。一九六一年，由於無法遏止東德人大量逃往西德，赫魯雪夫下令建造柏林圍牆，以阻止人才流失。一九六八年，捷克的布拉格之春改革運動的下場跟十二年前的匈牙利一樣，只是所流的血少一些。蘇聯領袖無力抵擋西方在思想和經濟方面的吸引力（儘管蘇聯官方不斷進行抹黑宣傳），只好採取上述這些措施，結果只會進一步加深兩大集團之間的嫌隙。

冷戰的第二個主要特點是在世界各地也有逐漸升高的現象，這是必然的結果，不足爲奇。在第二次世界大戰的大部分時間裡，蘇聯把全部精力放在對付德國威脅上，但這並不代表蘇聯放棄了未來在土耳其、波斯和遠東地區的政治利益（早在一九四五年八月，蘇聯的野心就已顯露無遺）。蘇聯與西方在歐洲問題上的爭端不會侷限於歐洲範圍，因爲雙方爭論的原則都具有全球性的觀點，例如，應實行自治還是以國家安全爲重，應實行自由經濟或社會主義計畫經濟等等。更重要的是，這場大戰掀起社會和政治巨浪，波及世界各地，西到巴爾幹半島，東到東印度群島，甚至在那些未直接受到戰火蹂躪的國家（如印度和埃及），也因爲人力、物力和思想上的總動員而發生了深刻的變化。傳統的社會秩序遭到澈底破壞，殖民政權威風不再，地下民族主義政黨如雨後春筍般地活躍，反抗運動也風起雲湧。這些政黨和組織不僅致力於軍事上的勝利，還要從事政治改革。換句話說，一九四五年的世界形勢是一片政治混亂，這對於想盡快恢復和平時期穩定局面的列強來說是一種威脅。不過，這種情況也可能是一個轉機，它們可以推銷各自的全球理論，以拉攏那些試圖從崩潰的舊秩序廢墟上重建自信的人。大戰期間，同盟國曾對各種抵抗德國和日本統治的行動提供援助。一九四五年戰爭結束後，這些組織自然希望繼續得到支援，儘管它們此時正忙著與敵對組織爭權奪利。問題是這些組織中有些是共黨游擊隊，有些則堅決反共，這使得蘇聯和美國的決策者不得不以各自的全球戰略考慮來處理這些地區性爭端。希臘和南斯拉夫就是很好的例子，說明地區性的內部爭端可以迅速發展成爲國際性的衝突。

蘇聯與西方之間對於歐洲以外地區的第一個爭論是戰時某些特殊安排所遺留下來的問題。在一九四一年至一九四三年間，伊朗由美國、英國和蘇聯三國共同軍事保護。這種安排一方面是爲了確保伊朗留在同盟國陣營，另一方面是任何一國都不能企圖從伊朗政府榨取不當的經濟利益。一九四六年初，莫斯科非但沒有從伊朗撤軍，反而支持伊朗北部親共產黨的分離主義運動。英國本來就反對蘇聯在這個地區擴大影響力，現在對蘇聯的不滿情緒更爲強烈。接著，杜魯門政府更進一步向蘇聯提出了強烈抗議。之後，蘇聯軍隊撤離伊朗，美國對此洋洋自得，認爲杜魯門關於對付蘇聯必須採取「強硬立場」的觀點得到了證實。蘇軍撤離後，伊朗軍隊立即開進北部省分並且鎮壓了當地的共產黨。這整個伊朗事件，用烏拉姆（A. Ulam）的話來說，「在圍堵蘇聯的理論正式出爐之前就顯示了它的效力」，從此美國在面對蘇聯在其他地方的類似行動時有了最佳對策——

只須如法炮製即可。因此，希臘持續的內戰、蘇聯在使用兩個海峽和卡爾斯（Kars）邊界爭端問題上對土耳其施加壓力迫其讓步，以及英國政府於一九四七年宣布終止對希臘、土耳其兩國的義務等事件，都引起了美國民眾的強烈反應（事實上，這就是萌芽中的杜魯門主義）。早在一九四六年四月，美國國務院就力言必須支持英國以及大英國協之間的聯盟。此一觀點逐漸爲美國決策者所接受，他們也同意應聯合處理那些在地理上可以阻止蘇聯向東地中海和中東擴張的北部國家所發生的各種危機。這顯示美國對外政策中的理想主義成分已經迅速地與地緣政治考量結合在一起了（即使還沒有完全爲地緣政治所取代）。

西方列強在上述地區察覺到共產主義的全球性擴張的同時，也注意到了遠東地區的變化。首先，荷蘭人被蘇卡諾領導的民族主義運動趕出印尼（荷蘭人稱之爲他們的「東印度群島」），法國人則和胡志明領導的「越盟」發生武裝衝突，英國人也在馬來亞捲入反顛覆的游擊戰爭。這些老牌殖民主義國家的反應都一樣，即使在沒有共產黨的蘇伊士運河東部，也不會有所改變。（不過，一直到一九四○年代末，只要聲稱暴亂是由蘇聯操縱的，就會得到美國的同情，甚至法國還可以得到軍事援助。）但是，這些發生在南亞的事件對美國的震撼都不如「失去」中國來得大。自十九世紀美國傳教士來到中國之後，美國就對這個幅員遼闊而且人口眾多的國家投入了大量文化和心理資本（財政投資倒是不多），第二次世界大戰期間國民黨政府的報紙曾加以誇大宣傳。美國自認對中國這片土地負有一種超越宗教意義的「使命」。儘管美國國務院和軍事專家認爲國民黨腐敗無能，但是美國輿論卻拒絕接受這種看法，尤其是共和黨右翼。這些右翼分子到了一九四○年代末期開始用僵硬的「非白即黑」眼光來解讀國際政治。

東方在這幾年中普遍出現的政治動盪和不安的局面，一再使美國陷入進退維谷的境地。一方面，美國不想成爲那些腐敗的第三世界政權或是殖民帝國的保護者，另一方面，它也不願看到

「革命勢力」繼續壯大，因爲（據說）那樣會提高莫斯科的影響力。但是對美國來說還是有一些較爲輕鬆的任務，如一九四七年支持英國人撤離印度，因爲這只是把權力移交給尼赫魯領導的內閣制民主政權；又如一九四九年敦促荷蘭人離開印尼，儘管美國仍對共產主義顛覆勢力在當地的發展感到擔心（美國對一九四六年獨立的菲律賓也同樣不放心）。可是在其他地方，美國就拿不定主意了。例如，美國本來計畫在日本推行全盤社會改革和非軍事化政策，後來卻改變心意，決定透過大企業來重建日本經濟，甚至決定幫助日本建立軍隊，藉以減輕美國的經濟和軍事負擔，並確實使日本成爲亞洲的一個反共堡壘。

到了一九五○年以後，美國的立場轉趨強硬，原因有兩個。其一，杜魯門和艾契遜（Dean Acheson）較有彈性的「圍堵」政策不僅受到共和黨人士和迅速竄升的「扣帽子專家」麥卡錫的抨擊，而且還受到政府內部新強硬派（如強生、杜勒斯、魯斯克和尼茲等）的批評。這些都迫使杜魯門採取更爲果決的做法，以確保國內政治的安定。其二，一九五○年六月北韓越過北緯三十八度線攻打南韓，美國立即認爲這是蘇聯策劃的總侵略計畫的一部分。基於這些原因，美國內部主張採取強硬、甚至好戰政策的人占了上風。一位頗具影響力的記者艾爾索普（Stewart Alsop）說：「我們將很快失去亞洲。」他還做了一個通俗的比喻，如果美蘇鬥爭是一場十個木瓶的保齡球比賽，克里姆林宮就是野心勃勃的強勢投球者。「第一個木瓶是中國，它已經倒下。第二排的兩個木瓶是緬甸和中南半島，如果它們倒了，那麼第三排的三個木瓶泰國、馬來亞和印尼也絕無法倖免。在這些木瓶全倒之後，必然產生心理、政治和經濟影響，幾乎可以十拿九穩地把第四排裡的四個木瓶全部擊倒，分別是印度、巴基斯坦、日本和菲律賓。」

美國人這種心境上的變化影響到美國的東亞政策。其中最明顯的表現是加強對南韓軍事援助，雖然南韓是一個聲名狼藉而且壓制民主的政權。南韓原本對這場戰爭的爆發也應負一部分責任，但是美國在當時卻認爲南韓是無辜的受害者。原先美國只派遣空軍和海軍支援，可是旋即又派出了陸軍和海軍陸戰隊，藉此麥克阿瑟得以發動大規模反攻（仁川），直到聯合國部隊的北進導致中國於一九五〇年十月至十一月間出兵干涉爲止。由於不能使用原子彈，美國只得打和第一次世界大戰時一樣的壕溝戰。截至一九五三年六月停戰協定簽訂之時，美國已在韓戰中耗費約五百億美元，先後投入二百萬以上的部隊，五萬四千餘人死亡。雖然阻止了北韓的進攻，但是美國也給自己背上了一個軍事包袱，從此對南韓負有長期而且是實質性的軍事義務，想甩也甩不掉。

這場戰爭導致了美國對亞洲其他地區政策的重大變化。一九四九年的時候，杜魯門政府中許多人士已經放棄對蔣介石的支持，他們討厭蔣介石，輕視他在臺灣的「殘餘」政府，並考慮仿效英國承認毛澤東的共黨政權。然而，事隔一年，臺灣又得到美國的支持，受到美國艦隊的保護，中共則被視爲不共戴天的敵人。美國甚至主張爲了制止中國的侵略，可以不惜使用原子武器（至少這是麥克阿瑟的觀點）。對於印尼，由於它是美國重要的原料和食品供應國，所以美國決定提供其新政府大量援助，以消滅共黨叛亂分子。對於馬來亞，美國則要求英國也大力支持。在中南半島，美國一方面敦促法國建立一個更有代表性的政府，另一方面自己也準備投入武器和資金以抵抗「越盟」。鑑於美國文明在道德和文化方面的吸引力已經不足以阻止共產主義的傳播，美國決定改爲簽訂軍事—領土條約，尤其在杜勒斯出任美國國務卿之後。一九五一年八月，美國與菲律賓簽訂條約，美國獲得菲律賓海、空軍基地的使用權，同時也要承擔保衛菲律賓群島的義務。幾天之後，華盛頓與澳洲和紐西蘭簽訂三邊安全協定。又過了一週，美國與日本締結和平條約，在法律上結束了太平洋戰爭，並恢復日本的主權國家地位，同時還簽訂了安全條約，美軍得以常駐日本本土諸島和沖繩島。華府對中共政權仍然持非常敵視的態度，對臺灣則提供愈來愈多的援助，甚至支持蔣介石堅守金門和馬祖等前線小島。

冷戰的第三個主要特點是兩大集團之間的軍備競賽愈演愈烈，而且各自成立了許多相關的軍事聯盟組織。從軍事支出上看，各國的差異很大。（參見表7-5）

美國在一九五〇年以後的幾年裡，國防經費大幅度增加，明顯反映了美國在韓戰中的龐大支出，也顯示了美國在這個危機重重的世界重整軍備的決心。一九五三年之後國防支出減少，是因爲艾森豪政府試圖抑制「軍事工業複合體」（military-industrial complex），以防對社會和經濟造成危害。一九六一年到一九六二年柏林圍牆危機和古巴飛彈危機的發生，國防支出又再度大幅成長。一九六五年後則因爲參與東南亞防務，又達到另一個高峰。蘇聯的數據都是估算出來的，因爲其政策總是蒙上一層神祕色彩，無法一窺

表7-5　1948-1970年列強的國防經費一覽表

（單位：10億元）

年分	美國	蘇聯	西德	法國	英國	義大利	日本	中國
1948	10.9	13.1		0.9	3.4	0.4		
1949	13.5	13.4		1.2	3.1	0.5		2.0
1950	14.5	15.5		1.4	2.3	0.5		2.5
1951	33.3	20.1		2.1	3.2	0.7		3.0
1952	47.8	21.9		3.0	4.3	0.8		2.7
1953	49.6	25.5		3.4	4.5	0.7	0.3	2.5
1954	42.7	28.0		3.6	4.4	0.8	0.4	2.5
1955	40.5	29.5	1.7	2.9	4.3	0.8	0.4	2.5
1956	41.7	26.7	1.7	3.6	4.5	0.9	0.4	5.5
1957	44.5	27.6	2.1	3.6	4.3	0.9	0.4	6.2
1958	45.5	30.2	1.2	3.6	4.4	1.0	0.4	5.8
1959	46.6	34.4	2.6	3.6	4.4	1.0	0.4	6.6
1960	45.3	36.9	2.9	3.8	4.6	1.1	0.4	6.7
1961	47.8	43.6	3.1	4.1	4.7	1.2	0.4	7.9
1962	52.3	49.9	4.3	4.5	5.0	1.3	0.5	9.3
1963	52.2	54.7	4.9	4.6	5.2	1.6	0.4	10.6
1964	51.2	48.7	4.9	4.9	5.5	1.7	0.6	12.8
1965	51.8	62.3	5.0	5.1	5.8	1.9	0.8	13.7
1966	67.5	69.7	5.0	5.4	6.0	2.1	0.9	15.9
1967	75.4	80.9	5.3	5.8	6.3	2.2	1.0	16.3
1968	80.7	85.4	4.8	5.8	5.6	2.2	1.1	17.8
1969	81.4	89.8	5.3	5.7	5.4	2.2	1.3	20.2
1970	77.8	72.0	6.1	5.9	5.8	2.4	1.3	23.7

究竟，不過下列推斷應該不致於太離譜：蘇聯在一九五〇年至一九五五年間國防支出增加，是由於蘇聯擔心一旦與西方發生戰爭，其本土將會遭到毀滅性的空中攻擊，因此必須擴大生產飛機和飛彈。一九五五年到一九五七年，蘇聯國防經費減少，則反映了赫魯雪夫的「和解」（detente）外交政策和增加民生消費品生產的努力。一九五九年至一九六〇年間國防支出又遽增，則顯示蘇聯與西方的關係惡化，古巴飛彈危機中的難堪局面，以及決心強化蘇聯各兵種的力量。中共的國防經費較少，大都反映在其他層面的經濟成長。一九六〇年代國防支出的增加顯示中共與莫斯科決裂所付出的代價。至於西歐各國，表7-5數字顯示英國和法國在韓戰期間大幅增加了國防經費，法國因捲入中南半島戰事而經費持續成長到一九五四年，但是自此以後，這兩個國家以及西德、義大利和日本的國防支出只有略微增加，偶而還會減少。除了中共逐年增加以外（其數據也極精確），一九五〇年代和一九六〇年代的軍備支出狀況仍然反映出兩極世界的特徵。

也許比數字更能說明問題的是軍備競賽的多層次和多元化。一九四九年，蘇聯成功地製造了原子彈，使美國大為震驚，但一般仍然認為在核子武器大戰中美國較占上風。另一方面，正如具有強烈意識形態色彩的美國國家安全會議一九五〇年一月第六十八號備忘錄所指出的，美國必須「盡快全面提高本身及盟國的海陸空軍力，以減少對核子武器的過度依賴」。事實上，一九五〇年至一九五三年間，美國地面部隊兵力激增了三倍。雖然這大部分是由於美國徵調了後備部隊到韓國戰鬥，但也顯現了美國把北約從一般性軍事義務組織轉變為地面部隊聯盟的決心。美國的目的是為了阻止蘇聯占領西歐——這是英美兩國決策者當時最擔心的事情。根據一九五二年的《里斯本協定》，北約應在規定的防線上部署多達九十個師的兵力，這並不切合實際。但是，整體而言，北約各國對歐洲所盡的軍事義務都有顯著增加。到了一九五三年，美國駐軍從一個師增至五個師，英國同意在德國部署四個師。一九五〇年代中期，西德軍隊擴充規模，代替撤走的部分英法軍隊。如此一來，北約與華約的軍力天平基本上達到了平衡。此外，北約方面還投入巨額經費以擴建空軍，到了一九五三年擁有飛機約五千二百架。在此同時我們不太清楚蘇聯陸軍和空軍的發展情況，但是有一點是顯而易見的，即朱可夫在史達林死後著手進行大規模軍事整頓：遣散大批非正規部隊，整編正規部隊使之更有戰鬥力、更富機動性、更加精良、以飛彈取代大砲等等。總之，蘇聯軍隊的攻擊能力遠遠超過一九五〇年至一九五一年的水準（當時西方最擔心遭到蘇聯的攻擊）。還有一點也很明確，就是蘇聯把大部分軍事預算用於防衛性和攻擊性的空中武力上。

東西方軍備競賽也在海上開闢了第二戰場，競賽方式也很不合常規。美國海軍在太平洋戰爭中大獲全勝，洋洋自得，因爲其快速航空母艦任務編隊和潛艇部隊的表現非常傑出。英國皇家海軍也認爲自己打了一場「出色的仗」，和第一次世界大戰期間的那場海上拉鋸戰比起來更乾淨俐落。但是，由長程戰略轟炸機和飛彈攜帶的原子彈（尤其在比基尼島對各型戰艦進行測試之後）時代的來臨，使海上戰爭的傳統武器，甚至包括航空母艦在內的前途蒙上了一層陰影。一九四五年後，由於緊縮國防經費以及軍隊的「合理化重組」，將各個軍種由國防部統籌指揮，美國和英國的海軍受到很大壓力。然而韓戰的爆發多少緩和了這種壓力，海軍施展兩棲登陸和以航空母艦爲基地的空中突擊戰術，充分發揮西方國家的海權威力。不久，美國海軍也加入了核子俱樂部，因爲它成功地建造出新式的大型航空母艦，可裝載攜帶核子武器的攻擊轟炸機，並在一九五〇年代末按計畫建造出能夠發射長程彈道飛彈的核子動力潛艇。英國海軍雖然無力建造現代化航空母艦，但也成功地改裝了「突擊者號」航空母艦，足以應付小規模戰爭，並且跟法國一樣，也在努力建立一支以潛艇爲主力的嚇阻武力。到了一九六五年，西方海軍擁有的戰艦和海軍人數少於一九四五年，但是戰鬥力則提高甚多。

但是，促使西方海軍不斷增加經費的最主要原因是蘇聯艦隊的日益壯大。在第二次世界大戰期間，蘇聯海軍雖然擁有一支龐大的潛艇部隊，戰績卻乏善可陳，因爲其大部分兵力都投入地面作戰，或是支援陸軍渡河前進。一九四五年以後，史達林下令按照德國先進的設計型式，建造更多的潛艇，以保衛蘇聯廣闊的沿海區域，但是史達林同時又主張設立更大規模的水上艦隊，包括主力艦和航空母艦。這個計畫後來遭到赫魯雪夫喊停。他認爲在核子飛彈時代建造龐大而昂貴的戰艦完全沒有意義。在這方面，他的觀點和西方許多政治家和空軍將領的看法一致。但是這種觀點又被許多成功實例所動搖，例如西方國家多次利用水上艦隊達成任務；一九五六年，英法聯合海軍攻擊蘇伊士運河地區；一九五八年，美國海軍在黎巴嫩登陸（制止了蘇聯支持的敘利亞勢力的擴張）；尤其在一九六二年古巴飛彈危機中，美國戰艦包圍古巴形成嚴密的封鎖線。克里姆林宮（在強勢海軍司令戈謝科夫〔Sergei Georgievich Gorschkov〕的力言之下）從這些事件中記取了教訓，發現唯有擁有強大的海軍，蘇聯才不會在世界權力鬥爭中處於劣勢。一九六〇年代初期美國發展出可以攜帶「北極星」飛彈的潛艇，更加強了蘇聯擴充海軍的信念。於是，蘇聯海軍不僅大規模生產各級艦艇，如巡洋艦、驅逐艦、各類型潛艇和混合航空母艦等，而且大舉擴張蘇聯在國外的海軍兵力部署，向西方海上優勢挑戰，甚至把矛頭指向地中海和印度洋等史達林從未想染指的地方。

不過，蘇聯的挑戰只能算是傳統式的。各國觀察家把蘇聯海軍司令戈謝科夫的艦隊建設與四十年前鐵必制（Alfred von Tirpitz）的德國海軍艦隊做了多次比較，可以清楚地說明這一點。就算蘇聯全力投入這場新的「海軍競賽」，也要花上幾十年的時間才能趕上美國海軍耗費巨資建設起來的大規模航空母艦艦隊。然而，一九四五年以後眞正「革命性」的軍備競賽焦點並不是在海上，而是在核子武器和發射核子武器的長程飛彈系統。儘管原子彈曾在廣島和長崎造成可怕的傷亡，但是仍有許多人並不認爲核子武器的強大毀滅性開創了武器史上新紀元，而只把它看做是一種新型炸彈。一九四六年曾有人提出過巴魯克計畫（Baruch Plan），建議將原子能的發展予以國際化，但是這個計畫後來流產。美國因此暗自慶幸，認爲美國將擁有核子獨占權，靠「戰略空軍司令部」的轟炸機就可以抵銷（甚至壓過）蘇聯地面部隊的優勢。西歐各國也都認爲，如果蘇聯膽敢發動軍事侵略，美國（後來還有英國）將以核子武器在空中還擊。

技術革新，尤其是蘇聯的技術革新，粉碎了這些夢想。一九四九年，蘇聯成功地試爆了第一枚原子彈（比大多數西方人預料的要早得多），打破了美國的核子壟斷。更使美國震驚的是蘇聯推出長程轟炸機，尤其是「野牛」式轟炸機。到一九五○年代中期，有人估計蘇聯不僅轟炸能力已經趕上美國，而且（錯誤地認爲）轟炸機數量也遠遠超過美國，因而出現一種「轟炸機差距」。人們對此爭論不休，一方面很難得到關於蘇聯空軍作戰能力的精確情報，另一方面美國空軍往往誇大了蘇聯空軍的力量。不管實際情況到底如何，幾年之後美國的風光歲月便成了過去式。一九四九年，美國政府批准製造一種新式的「超級」炸彈（氫彈），殺傷力甚至超過原子彈。美國似乎再度取得了絕對優勢。一九五○年代初期和中期，杜勒斯（John Foster Dulles）發表了駭人聽聞的演說，美國空軍也擬定作戰計畫，宣稱如果再發生戰爭，他們就對蘇聯或中國進行「大規模報復」。這種正式的宣言引起許多政府官員私下表示不安（杜魯門和艾森豪政府中都存在這種不安情緒），他們主張建設傳統武力和發展戰術核子武器，以避免一場生死大決戰。但是這種傳統戰略不久便受到來自蘇聯的衝擊。一九五三年，蘇聯也進行了氫彈試爆，與美國在時間上只相差九個月。不僅如此，蘇聯還投入相當數量的人力、財力和物力研製德國在戰時開發的火箭技術。到了一九五五年，蘇聯已經能夠大規模生產SS-3中程彈道飛彈。一九五七年，蘇聯成功地發射洲際彈道飛彈，射程五千英里，並於同年十月用同一個火箭推進器將世界上第一顆人造衛星史普尼克（Sputnik）送上地球軌道。

華盛頓對蘇聯的驚人發展十分震驚，而且意識到美國的城市和轟炸機群很容易遭到蘇聯的突襲，於是也全力發展洲際飛彈，以縮小所謂的「飛彈差距」。但是核子軍備競賽並不僅限於這些方面。一九六〇年以後，雙方又很快具備了從潛艇發射彈道飛彈的技術，並且生產出各式戰術核子武器以及短程火箭。在此同時，雙方「智囊團」的戰略制定者和分析家，就如何在「彈性反應」新戰略中把握武器升級的每一個階段，進行一場智力的較勁。不過，他們的計畫再周詳，也無法解決一個棘手的問題，即如何平衡核子武器的使用和傳統非核武戰爭的關係（因為這些專家心裡有數，如果在戰爭中使用核子武器，可以把大半個德國夷為平地）。假如戰爭到了蘇聯和美國必須互擲高殺傷力的氫彈的地步，那麼雙方的傷亡和破壞程度將是空前的。用邱吉爾的話來說，世界正處於「恐怖平衡」的階段。由於新武器的發明無法走回頭路，因此，美國和蘇聯只好硬著頭皮把無數的財力和物力投入到核子科技上，準備打一場核子戰爭。儘管英國和法國在一九五〇年代也全力發展原子彈和飛彈系統，但是從飛機、飛彈和核子武器的現代化來看，似乎仍是美蘇兩個超級強權的天下。

冷戰的最後一個主要特點是蘇聯和西方各自組成全球性軍事聯盟，並且到處拉攏新夥伴，或至少阻止第三世界國家倒向另一個陣營。剛開始的時候，美國較為活躍，並充分利用它在一九四五年獲得的優勢地位。當時，它已經在西半球以外的許多地區駐有軍隊及設立空軍基地，而且許多國家都希望美國提供經濟甚至軍事援助。相較之下，蘇聯正忙著重建家園，其對外政策主要是穩住自己的地盤，再從中謀利，因為它沒有經濟和軍事實力去進一步擴大勢力範圍。雖然它在波羅的海、芬蘭北部和遠東地區得到一點領土上的利益，但是畢竟它還是一個內陸型超級大國。現在看來，史達林當時對外界抱持著非常猜疑和謹慎的態度，不僅對西方如此，因為他擔心西方不會容忍蘇聯公開進行共產主義擴張（如一九四七年對希臘）；對狄托和毛澤東等共黨領袖也是如此，因為這些人不願當「蘇聯傀儡」。雖然一九四七年成立了「共產黨情報局」，甚至還仿效一九三〇年代（甚至一九一八年至一九二一年）的做法，大肆宣傳支持世界革命，但實際上蘇聯在這個時期是盡量避免捲入國際糾紛的。

但是，從美國的角度來看，認為蘇聯正一步一步地推行共產主義一統天下的全球計畫，因而必須加以「圍堵」。一九四七年美國對希臘和土耳其提供安全保證就是美國政策轉變的第一個跡象。一九四九年成立北大西洋公約組織，則是最明顯的標竿。一九五〇年代，北約成員國激增，美國承擔的義務也隨之增加，它要「保衛大部分歐洲和一部分近東地區，從斯匹茲卑爾根群島到柏林圍牆，甚至東到土耳其的亞洲邊界」。不過，這只是美國過度伸張的開端，更多的義務還在後頭。之後，美國又簽訂了《里約條約》（the Rio Pact），還與加拿大簽訂了特別協定，這表示整個西半球都成了美國的責任防衛區。《澳紐美安全條約》（ANZUS treaty）的簽訂又使美國承擔了保衛西南太平洋的義務。一九五〇年代初期在東亞發生的軍事對抗，促使美國簽訂了許多雙邊協定，又將亞洲大陸「邊緣地帶」（日本、南韓、臺灣和菲律賓）納入責任範圍。一九五四年成立東南亞公約組織（SEATO），美國與英國、法國、澳洲、紐西蘭、菲律賓、巴基斯坦和泰國共同擔負相互支援的義務，以對抗在這個廣大區域出現的侵略行為。在中東地區，美國發起並成立一個區域性集團，一九五五年簽訂《巴格達條約》，後來擴大為中央公約組織（CENTO），會員國有英國、土耳其、伊拉克、伊朗和巴基斯坦，宗旨在對付顛覆和侵略。在中東其他地區，美國先後與以色列、沙烏地阿拉伯和約旦締結特別協定，前者是由於美國人與猶太人之間的密切關係，而後兩者則是在一九五七年的「艾森豪主義」的驅使下，美國許下了對阿拉伯國家提供援助的承諾。一九七〇年初，一位觀察家提出下列數字：「美國在三十個國家駐軍一百萬，是四個地區性防衛聯盟的會員，也是另外一個聯盟的積極參與者。它與四十二個國家簽訂了雙邊防衛條約，是五十三個國際組織的會員，並向全世界近一百個國家提供軍事或經濟援助。」如此繁重的國際義務，就連路易十四和帕瑪斯頓（Lord Henry John Temple Palmerston）也無法承受。然而，在一個迅速縮小而又相互依賴的世界裡，這一個又一個的義務似乎都在情理之中。那麼，在這個兩極世界上，美國防務的底線究竟在何處？美國曾宣稱韓國並不是一個重要的國家，可是第二年共產黨卻對韓國發動攻勢。一九六五年五月，魯斯克（Dean Rusk）辯稱：「我們這顆行星已經愈來愈小了。我們必須關心它的一切，關心所有的陸地、水域、大氣和太空。」

在史達林時期，蘇聯對外擴張的勢力並不強大，但是在史達林死後，蘇聯在這方面的發展非常值得注意。顯然赫魯雪夫希望蘇聯受到世界的讚賞，甚至愛戴，而不是令人恐懼。他也希望減少軍費，多增加農業投資和民生消費品的生產，其整體外交政策反映出他希望「解凍」冷戰的願望，他不顧莫洛托夫的反對，堅持從奧地利撤軍，把波卡拉（Porkkala）海軍基地和旅順海軍基地分別歸還給芬蘭和中國，並且與南斯拉夫改善關係。他主張「通向社會主義的道路不只一條」——這個論點引起許多蘇維埃主席團成員和毛澤東的不安。雖然由於西德加入北約促使華約於一九五五年正式成立，赫魯雪夫還是願意與西德建立正式的外交關係。他也急切希望與美國改善關係，可是他反覆無常的行爲以及美國長期以來對蘇聯的不信任，使眞正的「和解」無法實現。同年，赫魯雪夫出訪印度、緬甸和阿富汗。從此以後，蘇聯開始重視第三世界，也就是這個時候，愈來愈多的亞非新興國家宣告獨立。

但是事情的發展並不像充滿理想的赫魯雪夫期待的那樣完美、順利。一九五六年四月，由史達林主義者所掌控的「共產黨情報局」解散。然而令人尷尬的是，兩個月後，赫魯雪夫不得不沿用史達林的鐵腕政策，對於想脫離社會主義走「另一條道路」的匈牙利暴動予以無情鎭壓。此外，隨著蘇聯與中國之間歧見日益加深，共產主義世界的裂痕也愈來愈大（關於這一點，將在下文中進一步討論）。與西方「和解」的努力，因U-2飛機事件（一九六○年）、柏林圍牆危機（一九六一年）和由於蘇聯在古巴部署飛彈所引起的緊張情勢（一九六二年）等一連串事件，而全部付諸東流。然而，這些事情都不能阻止蘇聯再度邁向世界舞臺。從蘇聯與新興國家建立的外交關係以及在聯合國和這些國家的接觸來看，蘇聯加強與外界的聯繫是必然的趨勢。再者，赫魯雪夫迫切希望向世界證明蘇維埃制度比資本主義優越，因此全力在世界各地尋找新朋友。一九六四年之後，他的繼任者更奉行實用主義，極力想打破美國對蘇聯的封鎖，同時也防止中國勢力的擴大。此時許多第三世界國家都急於擺脫「新殖民主義」的影響，寧願放棄西方的援助而實行計畫經濟，不要自由經濟。這些新的動向促使蘇聯外交政策更加明顯地「向外擴張」了。

一九五三年十二月，蘇聯決定與印度簽訂貿易協定（正好與美國副總統尼克森訪問新德里的時間不謀而合），接著又在一九五五年幫助印度興建比萊鋼廠（Bhilai），並提供大量軍事援助。蘇聯與第三世界最重要的國家之一建立了良好關係，卻使美國和中共感到不悅。蘇聯的舉動同時也是對巴基斯坦加入《巴格達條約》的一種懲罰。幾乎在同一個時期，即一九五五年至一九五六年間，蘇聯和捷克斯洛伐克開始援助埃及，在爲建造亞斯文水壩而籌措資金方面，取代了美國。蘇聯的貸款也不斷流向伊拉克、阿富汗和北葉門。迦納、馬利和幾內亞等宣稱反帝國主義的非洲國家也得到了蘇聯的支持。一九六〇年，蘇聯在拉丁美洲也有重大突破，與卡斯楚執政的古巴簽訂了第一個貿易協定，當時古巴已與憤怒的美國交惡。赫魯雪夫下臺後，蘇聯繼續推行這種政策。既然已經樹立反帝國主義的鮮明旗幟，蘇聯自然要和任何擺脫殖民統治的新興國家簽訂「友好條約」，提供貿易貸款，派遣軍事顧問。在中東地區，蘇聯因美國支持以色列而漁翁得利，例如在一九六〇年代對敘利亞、伊拉克和埃及擴大援助。蘇聯也由於在軍事和經濟上援助北越而贏得好評，甚至在遙遠的拉丁美洲，它也可以以民族解放運動的堅強後盾自居。在這場爭奪世界勢力範圍的鬥爭中，蘇聯已經完全擺脫了史達林時代偏執而又過於謹慎的政策，可謂成績斐然。

美國和蘇聯為了爭取整個世界而展開激烈競賽，透過條約、貸款和武器輸出等方式，相互傾軋以擴大勢力。難道兩極世界的模式就是一切重大國際事務由兩個敵對的超級強權的權力鬥爭所決定嗎？在杜勒斯和莫洛托夫看來，世界秩序本應如此。然而，就在這兩大集團爭霸世界的同時，一種新的力量在雙方於一九四一年時皆未曾注意到的地區發展起來。這就是第三世界。這個世界裡的許多成員剛擺脫了傳統歐洲帝國的控制，不想再成為某個遙遠的超級強權的衛星國，即使這個超級強權可以提供有用的經濟和軍事援助。

因此，二十世紀強權政治的主流——超級強國的崛起，與另一種新的趨勢——全球的政治力量的分裂，兩者之間開始相互發生影響。在一九〇〇年前後的這段時間裡，社會達爾文主義和帝國主義思潮在國際社會中占有主導地位，人們自然認為世界權力會集中到少數幾個國家手中（見第五章開頭幾頁）。但是，西方帝國主義的傲慢與野心也為自己播下了毀滅的種子。羅德斯（Cecil Rhodes）的大民族主義、俄羅斯的泛斯拉夫主義和奧匈帝國的軍國主義，都遭到布耳人、波蘭人、塞爾維亞人和芬蘭人的頑抗。民族自決的思潮使得德國、義大利順理成章地完成了國家的統一；一九一四年協約國決定援助比利時，也是打著民族自決的旗號。這種民族自決思想迅速向東和向南傳播開來，一直到埃及、印度和中南半島。由於英國、法國、義大利和日本等帝國在一九一八年戰勝了德、奧、匈三國，並在一九一九年拒絕了威爾遜建立世界新秩序的構想，所以民族主義運動只得到這些帝國的部分支持。東歐各國可以擁有民族自決權，因為它們畢竟是歐洲的一部分，是「文明」國家。中東、非洲和亞洲各國則不適合這種民族自決原則，因為帝國主義列強在這些地區擁有數不盡的殖民利益，不能容許任何獨立運動。一九四一年以後，這些帝國在遠東地區的勢力四分五裂，為了維護戰時列強在附屬國內進行經濟及軍隊動員的權利，再加上大西洋憲章的意識形態上的影響，以及歐洲各國的衰落，凡此種種都釋出新的力量，促使世界發生變化，而在一九五〇年代發展爲所謂的「第三世界」。

之所以稱之爲「第三」世界，是因爲這些國家認爲自己既不屬於美國控制的集團，也不屬於蘇聯宰制的集團。但這並不表示一九五五年四月萬隆會議的與會國家都和超級強國沒有關係或是沒有承擔任何義務。以土耳其、中國、日本和菲律賓來說，它們都出席了萬隆會議，但都不能歸於「不結盟」國家之列。另一方面，與會國都催促加快反殖民化的腳步，要求聯合國重視冷戰緊張狀態以外的種種問題，並且改變仍由白人宰制的世界經濟狀況。一九五〇年代末和一九六〇年代初，反殖民化運動進入第二個主要階段，許多新成員加入第三世界。這些新獨立的國家曾遭受幾十年甚至幾百年的外國統治，獨立後又面臨殘酷的事實——嚴重的經濟問題有待解決。由於第三世界國家數量激增，逐漸在聯合國代表大會上取得優勢。原先聯合國只有五十個會員國（絕大部分是歐洲和拉丁美洲國家），然後逐步發展成爲一個擁有一百多個會員國的組織，其中許多是新獨立的亞非國家。雖然這種情況並不能限制身爲安全理事會常任理事國的列強的行動——因爲它們有否決權（這是史達林所堅持的），但任何一個超級強國想得到「世界輿論」的支持（例如美國在一九五〇年曾要求聯合國支援南韓），就必須得到名義上不隸屬於美蘇的一大批會員國的同意。鑑於一九五〇年代和一九六〇年代的國際爭端中反殖民化問題占最重要地位，而且要求剷除「經濟落後」根源的呼聲愈來愈高（這是由於蘇聯的鼓勵），因此第三世界輿論帶有明顯的反西方色彩，不管是一九五六年的蘇伊士運河危機還是後來的越南問題、中東戰爭、拉丁美洲問題和南非問題都是如此。即使在不結盟國家的高峰會議上，討論的重點也逐漸偏重於反殖民問題。會議的召開地點也說明人們關心的焦點已經不再集中在歐洲了，如一九六一年在貝爾格勒舉行，一九六四年在開羅，一九七〇年在尚比亞首都盧色佳（Lusaka）。世界政治的議程也不再由擁有最強大軍事和經濟實力的列強一手操縱。

不結盟運動中最著名的倡導人物當屬狄托、納瑟（Gamal Abdel Nasser）和尼赫魯，他們領導的國家象徵了第三世界的發展。南斯拉夫可說是不結盟國家的典範，與史達林決裂（早在一九四八年南斯拉夫即遭共產黨情報局開除），卻仍保持了國家的獨立，而且未導致蘇聯入侵。史達林死後，南斯拉夫繼續奉行特立獨行的政策，第一次不結盟國家高峰會議地點選擇在貝爾格勒舉行，不無道理。納瑟因在一九五六年公開與英國、法國和以色列衝突而在阿拉伯世界中聲名大噪。他尖銳批評西方的帝國主義，也欣然接受蘇聯援助，但他又不是莫斯科的傀儡，不僅「在國內對共產黨採取了強硬政策，並於一九五九年到一九六一年間在電臺和報紙上鼓動猛烈的反蘇宣傳」。泛阿拉伯主義，尤其是伊斯蘭教的基本教義派，並非無神論唯物主義的當然夥伴。即使當地的馬克思主義知識分子極力想把這兩者撮合在一起，也無濟於事。至於印度，長期以來一直是不結盟國家「溫和派」領袖的象徵，它不斷得到蘇聯經濟和軍事援助，尤其在中印戰爭和印巴戰爭之後獲得的援助更多。但是，這並不能封住尼赫魯在其他問題上對蘇聯的批評，也不能改變他對印度共產黨的猜疑態度。他譴責英國的蘇伊士運河政策，是因爲他反對任何列強干涉他國內政。

在這幾年中，許多新興獨立國家進入國際社會，蘇聯急於煽動它們切斷與西方的關係，卻又不十分了解這些國家的具體情況，因而蘇聯在外交上有所「斬獲」的同時，也有所「損失」。最明顯的例子是中國，後文中將詳細說明。其他例子也不少。一九五八年，伊拉克發生政變，蘇聯趁機與之建立友好關係，並提供貸款，可是四年之後伊拉克復興黨再度發動政變，隨即對伊拉克共產黨施以血腥鎮壓。蘇聯也不斷向印度提供援助，不可避免地觸怒了巴基斯坦；蘇聯爲了討好一方只得失去另一方。在緬甸，蘇聯人最初很受歡迎，但是後來緬甸驅逐所有外國人，把蘇聯人也掃地出門。蘇聯在印尼的情況更糟糕。蘇卡諾政府曾從蘇聯和東歐獲得不少援助，卻於一九六三年背叛了莫斯科，投入中共懷抱。兩年之後，印尼軍方以極凶殘的手段消滅了共黨勢力。幾內亞總統杜爾（Sekou Toure）於一九六一年將蘇聯大使遣送回國，指稱他與當地的一次罷工有牽連，而且在古巴飛彈危機期間拒絕蘇聯飛機在康納克立（Conakry）機場加油，該機場是由蘇聯援助擴建的。蘇聯在一九六〇年的剛果危機中支持盧蒙巴（Patrice Lumumba），反倒使他下臺得更快，莫布杜（Joseph Mobutu）上臺後立即關閉了蘇聯大使館。一九七二年，沙達特下令將二萬一千名蘇聯顧問逐出埃及，這是蘇聯受到的最大挫折，也是對蘇聯勢力的嚴重打擊。

因此，第三世界與「兩大世界」的關係十分複雜，而且變化多端。有些國家長期親蘇，如古巴和安哥拉，也有的堅定親美，如臺灣和以色列，這是因爲它們感受到來自鄰國的威脅。還有一些國家效法狄托，奉行正宗的不結盟政策。有的國家由於接受某個集團的援助而向其靠攏，但並不完全依賴。除此以外，在第三世界中還不斷發生革命、內戰、政權更替和邊界衝突，令蘇聯和美國不知所措。在塞浦路斯、歐加登（Ogaden）、印巴邊界和柬埔寨發生的爭鬥使超級強國深感爲難，因爲任何交戰的一方都尋求他們的支持。跟從前的列強一樣，美蘇都面臨頭痛的問題，因爲他們宣揚的「全球主義」理論不會自動地爲其他社會與文化所接受。

兩極世界的瓦解

當時序進入一九七〇年代的時候，美蘇關係對國際事務依然十分重要。蘇聯的軍事實力已經相當接近美國，兩國仍然遙遙領先其他國家。例如，一九七四年，美國國防支出爲八百五十億美元，蘇聯爲一千零九十億美元，分別是中國（二百六十億美元）的三倍和四倍，歐洲主要國家（英國九十七億美元，法國九十九億美元，西德一百三十七億美元）的八倍至十倍。美蘇三軍部隊人數分別爲二百多萬和三百多萬，遠超過歐洲國家。中國軍隊人數也有三百萬，但遠不如蘇美

表7-6　列強的核子武器發射工具一覽表（1974年）

類型＼數量＼國家	美國	蘇聯	英國	法國	中國
洲際彈道飛彈（枚）	1,054	1,575	—	—	—
中程彈道飛彈（枚）	—	600	—	18	約80
潛艇發射飛彈（枚）	656	720	64	48	—
長程轟炸機（架）	437	140	—	—	—
中程轟炸機（架）	66	800	50	52	100

軍隊的裝備精良。這兩個超級強國都有五千多架作戰飛機，是上述列強所擁有飛機數的十倍以上。一九七四年，美蘇作戰艦艇的總噸位分別是二百八十萬噸和二百一十萬噸，遠遠超過英國（三十七萬噸）、法國（十六萬噸）、日本（十八萬噸）和中國（十五萬噸）。但是，最大的差距在核子武器發射工具的數量上，參見表7-6。

由於兩個超級強國都擁有足以摧毀對方（以及任何其他國家）的能力——這種狀態被稱之爲「相互保證毀滅」狀態（Mutually Assured Destruction, MAD），美國和蘇聯開始考慮採取各種方式來控制核子軍備競賽。在古巴飛彈危機之後，華盛頓和莫斯科之間建立了一條「熱線」，以便再次發生危機時可以相互聯繫溝通。一九六三年，美國與蘇聯，加上英國，簽訂了禁止核子試爆條約，禁止在大氣層、海底和太空進行核子試爆。一九七二年，雙方簽訂了第一階段的限制戰略武器條約（SALT），限制各方擁有洲際彈道飛彈的數量，並使蘇聯停止建設反彈道飛彈系統。一九七五年，雙方在海參崴又進一步擴大了這個條約的內容。一九七〇年代末，美蘇兩國展開了第二階段限武條約的談判（該條約於一九七九年六月簽署，但是始終未獲得美國參議院的批准）。然而，這種種措施，以及促使雙方在一些問題上取得共識的經濟動機、國內政治動機和外交政策的動機，都無法停止軍事競賽。如果說有什麼效果的話，那就是禁止或限制了某種武器，轉而投資開發另一種武器。從一九五〇年代晚年起，蘇聯持續不斷地增加三軍部隊的經費。美國的國防支出因代價昂貴的越戰以及國內的反戰情緒而時高時低，但整體而言還是呈現上漲的趨勢。無論是美國還是蘇聯，每隔幾年總有新的武器出現，例如多彈頭火箭、飛彈潛艇，以及各種新式中程或戰域核子武器（TNW），如用來對付蘇聯SS-20式飛彈的美國「潘興II」飛彈和巡弋飛彈。美國研發這些飛彈是為了打破和蘇聯在戰略飛彈方面的僵持局面（歐洲也為這種僵持局面感到擔憂，認為美國不會用長程飛彈反擊蘇聯對西方的攻擊，因為蘇聯會因此使用核子武器來攻擊美國的城市。）因此，軍備競賽和名目繁多的限武談判只是一體的兩面而已，不管哪一面美蘇都遙遙領先。

在其他方面，美蘇對抗也不斷白熱化。前文已經提到，蘇聯自一九六〇年以來擴充軍備的一個主要重點是在水面艦隊。從構造來看，有威力強大的飛彈驅逐艦和巡洋艦、中型直升機母艦和普通航空母艦；從地理位置來看，派遣數量龐大的軍艦到地中海和更遠的地方，如印度洋、西非、中南半島和古巴，這些地方的蘇聯海軍基地日漸增多。此一趨勢反映了美蘇的競爭已經伸向第三世界，蘇聯成功地闖入了一直屬於西方勢力範圍的地區。在中東地區，由於局勢持續緊張以及一九六七年和一九七三年爆發了以阿戰爭（在這些戰爭中美國對以色列的武器供應具有決定性的影響），阿拉伯國家（敘利亞、利比亞和伊拉克）仍然寄望蘇聯的援助。南葉門和索馬利亞由共產主義政權統治，因此提供了海軍基地供蘇聯海軍使用，使蘇軍在紅海獲得了新的海上據點。但是，跟以往一樣，有進展同時也會有挫折。由於蘇聯明顯偏袒衣索匹亞，一九七七年索馬利亞驅逐蘇聯工作人員及船隻（幾年前蘇聯在埃及有同樣遭遇）。由於蘇聯在這個地區的進展，美國在阿曼和迪亞戈加西亞（Diego Garcia）增加了兵力，在肯亞和索馬利亞建立了海軍基地，並且加強運送武器給埃及、沙烏地阿拉伯和巴基斯坦。不過，往南的一些地區，蘇聯則一再得手。在安哥拉，蘇聯和古巴對其人民解放運動部隊提供軍事援助；利比亞的格達費政權在蘇聯的支持下企圖向別的國家輸出革命；在衣索比亞、莫三比克、幾內亞、剛果和其他西非國家，都建立起了共產主義政權。這些都顯示蘇聯在全球勢力的競爭中正在節節獲勝。一九七九年蘇聯出兵阿富汗——這是蘇聯自第二次世界大戰以來首次在東歐以外地區展開的直接擴張行動——以及古巴對尼加拉瓜和格瑞那達左翼政權的支持，在在使人們意識到美蘇競爭是沒有止境的。蘇聯的舉動促使華盛頓採取進一步對策，並增加了國防支出。一九八〇年，美國新上任的共和黨政府譴責蘇聯是一個「邪惡的帝國」，並宣稱唯有使用龐大的國防武力和果斷的政策才能加以對付。似乎自杜勒斯當政以來，美國的政策並沒有發生太大變化。

雖然在一九六〇年到一九八〇年間美蘇關係是世界舞臺的重心，而且起伏不斷，但是國際上也出現了其他的新動向，使得世界權力體系兩極化的程度大爲減弱。例如第三世界的出現不僅使國際關係複雜化，而且美蘇兩大集團內部也發生重大分裂。其中最具有決定性意義而且影響最深遠的是蘇聯與中共之間的分裂。事實證明，即使號稱是「科學的」和「放諸四海皆準」的馬克思主義理論，遇到當地的實際環境、文化背景和不同經濟發展階段，也會行不通——畢竟，列寧本人爲了鞏固一九一七年革命的成果，也曾偏離辯證唯物主義的理論。一些研究毛澤東在一九三〇年代和一九四〇年代領導的共產主義運動的外國觀察家發現，至少毛澤東不會盲從史達林有關工人和農民之相對重要性的教條式觀點。他們也認爲蘇聯並非全心全意地支持中國共產黨，甚至到一九四六年和一九四八年還試圖阻止中國共產黨與蔣介石的國民黨對抗。從蘇聯的角度來看，這樣可以防止「在一個人口幾乎是蘇聯三倍的國家中出現一個不是在紅軍支持下誕生的新共產黨政權。這樣有力的政權不可避免地會在國際共產主義運動中與蘇聯競爭。」

然而，中蘇之間產生如此嚴重的分裂使大多數觀察家深感意外，在好幾年裡美國甚至懷疑其中藏有全球性的共產主義陰謀。無可否認地，由於韓戰爆發和中共與美國對臺灣問題的明爭暗鬥，美國並未多注意中蘇之間的冷淡關係。那時候，史達林給中國的援助爲數不多，卻得到在蒙古和中國東北的特權作爲補償。雖然毛澤東在一九五四年與蘇聯談判時恢復了中蘇的平衡關係，但仍因金門和馬祖等沿海島嶼問題而對美國採取敵視態度，並且恪守（至少當時是如此）社會主義終將與資本主義大對決的信念，因此對赫魯雪夫早期的「和解」政策存有相當大的疑心。蘇聯則認爲，蘇聯在一九五〇年代末期沒有必要刺激美國（尤其美國當時擁有明顯的核子優勢）；蘇聯在一九五九年中印邊界衝突中支持中國，造成蘇聯外交上的另一個挫折，因爲印度在蘇聯的第三世界政策中具有舉足輕重的地位；而蘇聯支援中國的核子計畫卻未要求得到任何控制權，這也是極不明智的做法。回顧了上述的雙方立場，毛澤東仍對蘇聯深表不滿，認爲蘇聯背叛了中國。一九五九年，赫魯雪夫取消了與中國的原子能協議，並且對印度提供大量援助，數目遠遠超過蘇聯曾向中國提供過的援助。第二年，這場「分裂」終於在莫斯科舉行的世界共黨會議上公開化。到了一九六二年和一九六三年，兩國之間的關係更形惡化：毛澤東指責蘇聯在古巴問題上屈服於美國壓力，並譴責蘇聯與美國和英國共同簽署的局部禁止核子試爆條約；接著，蘇聯中斷了對中國及其盟友阿爾巴尼亞的一切援助，卻增加了對印度的資助；中蘇邊界首次發生了衝突（雖然不如一九六九年的衝突那麼嚴重）。在所有這些事件中，最重要的還是中國人在一九六四年成功地試爆了第一顆原子彈，並致力於發射系統的研究發展。

從戰略上看，蘇中分裂是一九四五年以來最重大的國際事務。一九六四年九月《眞理報》登了一則令人震驚的消息：毛澤東不但要求收回中國在十九世紀割讓給俄國的亞洲領土，而且還譴責蘇聯占有千島群島、部分波蘭領土、東普魯士以及部分羅馬尼亞領土。按照中國的算法，蘇聯版圖要縮小一百五十萬平方公里。沒有人知道這位頑固獨斷的中國領袖究竟在打什麼主意，但可以肯定的是，中國的非分要求，再加上邊界衝突和中國原子武器的迅速發展，已經使得克里姆林宮深感威脅。蘇聯在一九六〇年代擴充軍備至少有一部分是針對於此，同時也是對甘迺迪政府強化國防的回應。「蘇聯在蘇中邊界上部署的兵力從一九六七年的十五個師增加到一九六九年的二十個師，一九七〇年更增至三十個師。」蘇聯在一九七〇年大規模調兵遣將是由於一九六九年三月在珍寶島發生了嚴重衝突。到一九七二年，蘇聯在長達四千五百英里的邊界上共部署了四十四個師（在東歐只有三十一個），有四分之一的空軍部隊從西部調往東部。由於中國已經擁有氫彈，種種跡象顯示蘇聯正在考慮對中國羅布泊的核子設施進行出其不意的攻擊——這迫使美國不得不擬定自己的應變計畫，因爲美國不能容許蘇聯單獨實施消滅中國的行動。自一九六四年以來，美國一直在考慮與蘇聯一同採取「先發制人的軍事行動」來阻止中國發展成爲核子大國。

雖然如此，毛澤東統治下的中國尚未發展成爲羽翼已豐的第三個超級強權。在經濟上，中國仍然存在許多問題——「文化大革命」的爆發使這些問題變得更加嚴重，致使經濟停滯不前，局勢動盪不安。雖然它擁有世上最龐大的軍隊，但其民兵部隊恐怕不是蘇軍機械化步兵師的對手。中國的海軍和蘇聯擴充迅速的艦隊比較起來則微不足道。空軍規模雖然龐大，但大部分是老式飛機。核子發射系統則還停留在起步階段。儘管如此，蘇中之間發生任何小規模的戰鬥（這裡且不談蘇聯準備不顧美國干涉和冒犯世界輿論，對中國發動大規模核子攻擊）都會造成巨大的傷亡。對於中國來說，小規模的戰鬥自然較有把握，但是布里茲涅夫時代的蘇聯政治家並不想小打。因此，在蘇中關係日益惡化的同時，蘇聯積極與西方舉行限制核子武器會談，並且加快腳步改善和西德等國家的關係（西德這時在布蘭德〔Willy Brandt〕執政下似乎比艾德諾〔Konrad Adenauer〕時期更加樂於和解），也就不令人意外了。

在政治和外交領域，蘇中分裂使得克里姆林宮的地位更加尷尬。雖然赫魯雪夫本人曾表示可以容忍「循不同道路邁向社會主義」（只是不得偏離太遠），但是有些事情就不能容忍了，如中國公開指責蘇聯已放棄眞正馬克思主義原則、有人鼓動蘇聯的衛星國和保護國脫離束縛，以及蘇聯在第三世界的外交努力因中國的反宣傳和提供更多援助而變得複雜（尤其毛澤東以農民爲本位的共產主義招牌比蘇聯強調工業無產階級更具有吸引力）。但蘇聯帝國的東歐基地並未因此而動搖——事實上只有阿爾巴尼亞倒向中國。但是，當中共譴責蘇聯於一九六八年鎮壓捷克自由化改革命運以及一九七九年出兵阿富汗時，仍使蘇聯十分難堪。此外，在第三世界，中國抵制蘇聯勢力的辦法終於奏效。在北葉門，中國與蘇聯展開激烈的競爭；在坦尚尼亞，中國藉著協助修築鐵路而擴大其影響力；並且譴責蘇聯未曾協助北越和越共抵抗美國；中國和日本不但恢復邦交，中國還警告東京不要與蘇聯在西伯利亞進行太多的經濟合作。不過，這仍然不是一場勢均力敵的鬥爭。因爲蘇聯可以向第三世界國家提供較多的貸款和先進武器，也可以透過代理人古巴和利比亞來拉攏他國。然而，蘇聯同時與美國以及另一個馬克思主義兄弟國家競爭，確實是很傷腦筋的，比二十年前那種可以預測的兩極鬥爭更令人頭痛。

中共強硬的獨立路線導致其外交關係更加複雜，而且也無法預測，尤其是在亞洲。中國曾因爲蘇聯討好印度而感到不悅，中印邊界衝突以後蘇聯又運送軍用物資給印度，使中國更覺受到傷害。因而，在巴基斯坦與印度發生衝突時，中國向巴基斯坦提供援助，並且對於蘇聯入侵阿富汗表達強烈抗議。一九七〇年代末期，蘇聯支持北越擴張，吸收北越加入經互會，並且派遣更多的海軍駐紮在越南的港口，使得中蘇的關係更爲緊張。一九七八年十二月，由於越南入侵高棉，中共和越南在邊界爆發流血衝突，中共卻沒有撿到便宜。爲此，越南反而撈到好處，從蘇聯手中得到大量的武器彈藥。在這種情勢下，蘇聯甚至企圖拉攏臺灣，而中共則要求美國在印度洋和西太平洋增加海軍兵力，來對抗蘇聯的海軍艦隊。中國在批評蘇聯對西方太軟弱之後僅二十年，政策就一百八十度大轉變，反而要求北約加強防衛武力，並告誡日本和歐洲共同體不要加強與蘇聯的經濟關係！

相比之下，西方陣營自一九六〇年代以來的分裂主要是因爲戴高樂抵制美國霸權而引起的。雖然從長遠來看，這種分裂並不太嚴重，但仍然可以意識到兩大陣營都在發生分裂的事實。戴高樂親身經歷了第二次世界大戰，記憶猶新，因此認爲美國並未平等看待法國。他對於美國在一九五六年蘇伊士運河危機中所採取的政策也表示不滿。至於杜勒斯在處理類似金門事件的問題上動輒就以核子武器相威脅，戴高樂更是看不慣。雖然在一九五八年之後戴高樂爲了法國撤出阿爾及利亞一事焦頭爛額，但仍然沒有忘記批評西歐對美國利益的遷就。和十年前的英國人一樣，戴高樂希望核子武器能夠爲法國提供一個保持強權地位的機會。因此，法國於一九六〇年首次試驗原子武器成功，戴高樂的興奮之情自不待言。戴高樂決心使法國的核子嚇阻力量保持完全的獨立，憤怒地拒絕了美國提供的「北極星」飛彈系統（美國曾向英國提供過類似武器），因爲甘迺迪政府提出了種種附加條件。儘管這麼一來法國爲實施核子武器計畫需耗費更多的國防預算（約百分之三十），但是戴高樂及其繼任者都認爲這個代價是值得的。而在此同時，法國逐漸脫離北約的軍事架構，並迫使北約總部於一九六六年從巴黎撤走，而且關閉了美國在法國領土上的所有軍事基地。另一方面，他努力改善與蘇聯的關係，此舉受到熱烈歡迎，而且以畢生的精力宣傳其歐洲必須獨立自主的理念。

戴高樂這些十分戲劇性的行動，並非靠他的絕佳口才，也不是法國文化的高傲自大。馬歇爾計畫和美國其他援助的推動，再加上一九四〇年代末期之後歐洲的全面經濟復甦，法國經濟蓬勃發展了將近二十個年頭。在中南半島（一九五〇年至一九五四年）和阿爾及利亞（一九五六年至一九六二年）的殖民戰爭一時消耗了法國大量的資源，但不久就得到補充。一九五七年，歐洲經濟共同體（EEC）成立，法國透過談判贏得了十分有利的條件，使法國能夠從這個大市場上得到許多利益，得以改善本國的農業和建設現代化工業。雖然戴高樂對美國持吹毛求疵的態度，而且堅決抵制英國加入歐洲經濟共同體，卻在一九六三年與西德達成了戲劇性的和解。他自始至終主張歐洲獨立自主，擺脫超級強國的宰制，牢記歐洲光榮的歷史（在這方面法國是當然的帶頭者），以整手邁進同樣光明的今天。這些話有點言過其實，但是在「鐵幕」內外都得到極大的迴響，受到許多同時厭惡蘇聯和美國政治文化和外交政策的人的歡迎。

然而，到了一九六八年，戴高樂的政治生涯因學運和工運而受到挫折。工業現代化引起各方面的緊張關係，而且法國經濟規模僅屬中等（一九六三年占世界製造業產量的百分之三點五），因此法國仍缺乏足夠的實力來擔任如戴高樂所希望的重要角色；而且即使他提供西德再優惠的特別協議，後者依然不敢放棄與美國的密切關係，因為西德知道，美國才是最穩固的靠山。再者，捷克的改革運動在一九六八年遭到蘇聯無情的鎮壓，可見蘇聯不允許屬於其勢力範圍以內的國家特立獨行，更不能容忍它們成為法國主導的全歐聯盟的一員。

儘管戴高樂這個人狂妄自大，但是他象徵了一股不可阻擋的潮流。西歐國家在軍事上與美蘇相比顯得比較薄弱，若是和戰後初期相比，它們的武裝力量已強大許多，其中有兩個國家擁有核子武器，並正在發展發射系統。在經濟上，「復興歐洲」已經取得了輝煌的成就，下文中將詳細討論。除此之外，雖然蘇聯在一九六八年入侵捷克斯洛伐克，整體而言，歐洲因冷戰而分裂成為兩大封閉集團的時代即將過去。布蘭德實行和解政策，先後與蘇聯、波蘭和捷克斯洛伐克，尤其在一九六九年至一九七三年間和東德政權（雖然起初有點勉強）媾和，承認一九四五年劃定的國界為永久疆界，開啓了東西歐頻繁接觸的新時期。西方的投資和科技衝破鐵幕流進東歐，經濟上的「和解」又擴展到文化交流層面，《赫爾辛基人權公約》的簽訂（一九七五年），促使東西歐一同努力去消除可能導致軍事行動的誤解以及實現共同裁軍。對於這些活動，超級強國基於自身利益的考慮都給予支持，當然也不可避免地做了某些保留，尤其是蘇聯。但是，最重要的是，這種敦親睦鄰的構想是由歐洲各國提出的。因此，即使美蘇關係再度陷入僵局，這個發展趨勢也不可能再走回頭路。

兩強之中，美國比蘇聯更能夠適應這種新的多元化國際環境。儘管戴高樂的反美傾向十分明顯，但是美法之間絕對不會和中國與蘇聯一樣發生邊界衝突，或取消雙邊貿易，或展開意識形態謾罵，或甚至在全球進行外交爭奪（一九六九年，有的觀察家認爲蘇中關係已經達到只有透過戰爭才能解決的程度）。不管美國政府對法國的行動有多麼不滿，美國沒有必要因爲這些爭執而重新部署其三軍部隊。畢竟法國仍然允許北約享有飛越法國領空的權利和保留法國境內的輸油管系統；而且仍然維持與西德議定的特別防衛措施，因此一旦華約軍隊攻向西部，仍可以調動法國軍隊進行抵抗。再說，美國自一九四五年以來所奉行的外交政策就是基於一項原則，即一個獨立和強大的歐洲（當然指獨立於蘇聯的控制）是符合美國長遠利益的，同時也有助於減輕美國的防衛負擔——即使這樣一個歐洲有可能成爲美國在經濟上或外交上的競爭對手。基於這個原因，華府支持有助於實現歐洲統合的各種措施，並且敦促英國加入歐洲經濟共同體。如果西方出現一個強大的歐洲聯盟，蘇聯的反應就會截然不同。它不僅會產生軍事上的不安全感，也擔心這個組織可能會對羅馬尼亞、波蘭和其他衛星國人民具有吸引力。不過，莫斯科正在與西歐進行選擇性的和解與經濟合作的政策，卻是不爭的事實。蘇聯之所以這樣做有幾個原因。一是因爲這種政策能帶來科技和貿易方面的利益，二是因爲這樣可以促使歐洲脫離美國的遙控，另一個原因就是中共在亞洲對蘇聯的挑戰。然而，從長遠來看，歐洲的振興和繁榮會使蘇聯在除軍事以外的各個方面黯然失色（軍事上也許會變得更強大），這是不符合蘇聯最高利益的。

美國雖然比蘇聯更能適應世界局勢的變化，但是如果我們仔細回顧一下歷史，不難發現美國在一九六〇年代初期也有適應上的困難。首先，當美國人看到毛澤東的中國取代了赫魯雪夫的蘇聯成爲世界革命的鼓動者之後，便對「亞洲共產主義」產生一種揮之不去的厭惡感。一九六二年的中印邊界衝突（美國跟蘇聯一樣也希望向印度表示友好）加深了美國人因金門和馬祖諸島的衝突而產生的中國是侵略者的印象。毛澤東在一九六〇年代初譴責蘇聯在古巴問題上屈服於美國的壓力，並指責蘇聯與西方勾結簽訂限制核子武器試爆條約，因而美國根本不可能和中國進行和解。最後，一九六五年到一九六八年間的文化大革命造成的大動亂使中國陷於長期不穩定，並在意識形態上更仇視美國。這些事件都顯示「中國不可能大幅改善與美國的關係」。

當然，最使美國頭痛的是這幾年美國因捲入越戰而面臨許多棘手的問題。對大多數美國人來說，北越和南方越共只是四處蔓延的亞洲共產主義的新徵候而已，因此必須在它進一步造成危害之前予以澈底消滅。由於這股革命勢力得到中國和蘇聯的支持和援助，所以西方把這兩個國家（尤其是嚴酷的中共政權）視爲反對和敵視「自由世界」的馬克思主義聯盟的兩大支柱。當詹森政府不斷增兵越南的時候，美國的決策者一直在評估其行動的極限而不至於引起中國的出兵干預，像韓戰那樣。可以想像得到，在整個一九六〇年代，中國內部一定進行著激烈的辯論，到底誰對中國更具危險性：是在北方與中國衝突不斷的蘇聯呢？還是在南方採取不斷升級的軍事和空中作戰行動的美國？事實上，中國與越南的關係在傳統上一直是敵對的，因此中國對於蘇聯提供北越大量軍事裝備深感疑慮。但是在甘迺迪和詹森政府執政時期，大多數西方人對這種緊張關係一直是視而不見。

美國在越南及東南亞其他地區進行的長期軍事行動，對國際權力體系以及美國國民的心理所產生的巨大影響是難以衡量的，這種影響涉及各個層面，無論是表面的還是實際的。至今，大多數美國人對美國在世界上扮演何種角色的看法仍然在不同程度上受到這場戰爭的影響。事實是，這是一場由「開放社會」指揮的戰爭，五角大廈機密文件的外洩以及電視臺和報刊每天對戰爭傷亡情況和各種雞毛蒜皮事情的報導，使得這場戰爭更加透明化；這也是美國第一個確確實實吃了敗仗的戰爭；它使得美國人對第二次世界大戰中獲得的勝利感到困惑，也摧毀了許許多多人——從四星上將到「最聰明和最傑出」的知識分子——的榮譽感；這場戰爭還「生不逢時」，恰好發生在美國人民對美國社會發展目標和重點的看法產生分裂之際，不僅大幅加深了這種分裂，還帶來了通貨膨脹、史無前例的學生示威活動和城市騷亂，以及後來發生的水門事件，乃至一段時間內總統的威信盡失；這場戰爭似乎使許多人陷入痛苦和反諷的矛盾之中，愧對建國先賢流血奮鬥所教誨的一切，也使美國在世界大半地區不受歡迎；即使在戰後，從越南回國的美國大兵既感到臉上無光，又受到冷落的待遇，並於十年後在美國社會上引起迴響，戰爭回憶錄、書籍、電視紀錄片和個人悲劇的敘述再一次將這場戰事呈現在人們的眼前，不斷衝擊著大眾的良知。由此可知，越戰雖然在傷亡人數上遠不及第一次世界大戰，但是在對美國人民的影響上完全可以和第一次世界大戰對歐洲各國人民所發生的影響相比。其影響遍及每一個美國人，更廣義地說，可以看成是美國文明及其憲政體制所發生的一場危機。因此，這場戰爭的重要性超越本身的戰略意義和對美國的影響，成爲歷史上醒目的一頁。

不過，上述的戰略意義和越戰對美國的影響是本書的主要內容之一，所以必須在此進一步加以闡述。首先，這場戰爭具有正面意義，它證明軍事裝備和經濟生產力的絕對優勢並不一定能夠轉變爲軍事效率。這與本書一直強調的觀點並不衝突，即在大規模和持久的（通常是結成聯盟的）列強戰爭中，如果雙方獲勝機會均等的話，那麼經濟和科技就是決定勝負的關鍵。在這場戰爭中，從經濟上看，美國的生產力可能是北越的五十至一百倍；從軍事上看，美國擁有的火力，套某些鷹派分子的說法，可以把敵國炸回到石器時代——當然，這裡指的是核子武器，也可以讓整個東南亞從地球上消失。但是，美國的這些優勢在這場戰爭中卻不能有效地發揮出來。美國的敵人是一個永遠不可能對美國構成嚴重威脅的國家，使用原子彈將會激起國內和世界輿論的強烈反彈。美國政府還擔心，若是在這場合法性和有效性都成問題的戰爭中造成重大傷亡，必然會引起美國民眾的反對，因此使用傳統戰爭的打法也受到許多束縛，譬如說空中轟炸要有一定的範圍，不可占領穿過中立國寮國的「胡志明小徑」，不可扣押運送武器到海防港的蘇聯船隻等。對於美國來說，絕不能刺激兩個主要的共黨國家，以防它們加入這場戰爭。如此一來，戰爭的層面只能降低爲一連串小規模的叢林戰和稻田戰，美國的火力優勢很難在這樣的地勢上發揮，直升機也無法有效發揮機動性，因此美軍不得不依靠叢林戰術和部隊之間的配合——對精銳部隊來說這並不構成太大的問題，但對於頻頻換防的新兵部隊來說就完全不同了。雖然詹森繼甘迺迪之後源源不斷派遣軍隊前往越南（到一九六九年官兵人數達到最高峰，爲五十四萬二千人），但永遠滿足不了魏摩蘭將軍（William C. Westmoreland）的需求。美國政府一直認爲這是一場有限戰爭，拒絕動用預備部隊，事實上也沒有把美國經濟轉入到戰時編制。

美國在不利於本身實際軍事實力的困難條件下打仗，反映了一個更大的政治問題，即手段與目的之間的脫節（引自克勞塞維茲）。北越人和越共爲了他們所堅定信仰的統一事業而戰，即使那些缺乏信心的人也受到極端民族主義政權的紀律約束。相較之下，南越政權則腐敗透頂，不得民心，受到佛教和尚的抵制，得不到遭受恐嚇和剝削以及厭倦戰爭的農民的支持，而忠於政府的人員占少數，因爲即使本國部隊戰績再輝煌也沒有用，這個政權已經爛到了骨子裡。隨著戰爭的升高，愈來愈多美國人對於是否能夠打贏這場爲西貢政權而打的戰爭感到懷疑，並且爲美國士兵在戰地日益墮落而感到擔憂——美軍的士氣愈來愈低，厭世主義抬頭，士兵紀律鬆散，有的吸毒，有的嫖妓，歧視原住民，甚至在光天化日之下施暴，嚴重破壞了美國的形象以及整體戰略考量。胡志明曾公開宣稱，他們的官兵願以十比一的傷亡代價來戰鬥，而且當他們大膽地走出叢林進攻城市的時候（像一九六八年農曆新年攻勢那樣），他們確實做到了。胡志明甚至表示，縱然傷亡慘重，他們也要繼續戰鬥下去。這種無畏精神在南越方面是看不到的。美國社會也見不到這種精神，因爲他們被這場戰爭所引發的種種矛盾所困擾，不願意犧牲一切去爭取勝利。既然這場戰爭對雙方來說都要冒很大的危險，這種情緒是可以理解的，不過美國人也必須承認一個事實：像美國這樣一個開放的民主國家，打一場半推半就的戰爭是不可能成功的。這就是越戰的最根本矛盾所在。不論是麥納馬拉的系統分析法，還是以關島爲基地的B-52轟炸機群，都無法消除這個矛盾。

西貢陷落（一九七五年四月）之後十餘年，雖然關於這場戰爭各個層面的書籍有如過江之鯽，但這場戰爭對美國在世界上的地位所造成的影響仍然很難評估。假設我們從將來的某個時間，例如由二〇〇〇年或二〇二〇年回顧歷史，我們也許會發現，這場戰爭對美國自詡征服全球的驕傲（引用參議員傅爾布萊特〔William Fulbright〕的話——「權力的驕傲」〔the arrogance of power〕）產生了一種有利的衝擊，促使美國重新考慮它在政治上和戰略上的優先次序，並且通情達理地加以調整，以適應一個從一九四五年以來已經重大變化的世界。換言之，和俄國人在克里米亞戰爭中或英國人在布耳戰爭中所受到的衝擊一樣，可以迫使他們進行有效的改革和正確的評估。

然而，這場戰爭造成的短期影響，我們也不能視而不見。首先，巨額的戰爭開銷，再加上美國正在爲詹森總統的「大社會」內政措施而投入大量資金，使美國經濟受到極大影響，具體情況將在本章末尾討論。再者，當美國把大量錢財消耗在越戰上的時候，蘇聯卻不斷增加核子部隊和海軍的預算，其核子武力基本上已與美國勢均力敵，海軍在這幾年裡也一躍成爲蘇聯推行全球性砲艦外交的主要力量。由於美國人民在七〇年代轉而反對增加軍事預算，使這種不平衡狀況更趨嚴重。一九七八年，美國「國家安全支出」僅占國民生產毛額的百分之五，創三十年來的最低紀錄。美軍部隊因越戰本身以及戰後的軍費削減而士氣一落千丈。中央情報局和其他機構的大改組，不管對清除弊端有多麼重要的意義，都先削弱了這些機構的效率。美國把精力都集中在越戰，連其忠實盟友都感到不安；而且爲保衛一個腐敗的政權而戰，也因此失去了西歐和第三世界忠實輿論的支持。這場戰爭使美國忽視了拉丁美洲，逐漸取消了甘迺迪所倡議的「進步聯盟」，取而代之的是對非民主政權的軍事援助以及對革命的壓制（如一九六五年對多明尼加共和國的干涉）。越戰之後，立刻掀起了一場公開辯論：美國今後是不是還會爲全球其他地區而戰？各種揣測使美國的盟友不安，其對手則暗中喝采，也使得一些政策動搖的中立國家不得不考慮是否應該與另一方聯合以確保自身的安全。在聯合國大會的辯論中，美國代表受到許多國家代表的圍攻，陷入愈來愈孤立的境地。曾幾何時，美國的老大哥地位已搖搖欲墜。

越戰對強權政治造成的另一個影響是，美國在長達大約十年的時間裡完全忽略了中蘇分裂的嚴重程度，因此也錯過了擬定對策以應付此一新形勢的機會。不過，令人更爲吃驚的是，堅決反共的尼克森於一九六九年一月就任美國總統之後迅速地糾正了這項政策錯誤。這是因爲，用加迪斯教授（J. L. Gaddis）的話來說，尼克森具有一種「把僵硬的意識形態與政治上的務實主義結合在一起的特異功能」。他的務實主義在和其他強權打交道時最能表現出來。例如，雖然他厭惡國內的激進分子並敵視阿葉德（Salvador Allends）在智利實施的社會主義政策，但是在處理全球外交事務時則不受意識形態支配。對他來說，一九七二年下令擴大轟炸北越以迫使河內接受美國撤出南越的條件，與同年訪問並與毛澤東談和這兩事情並沒有什麼太大的矛盾。另外值得注意的是他任命季辛吉爲國家安全顧問（後來任國務卿）。季辛吉以歷史主義和相對主義的角度來處理世界事務：他主張從更大的範圍去分析情勢及各種相關事件：評斷某個強國要看它的所作所爲，而不是國家意識形態；用絕對主義去看待安全問題是烏托邦式的幻想，因爲這樣做會使別人都感到不安全——能夠指望的應該是相對安全，基於世界武力的合理分布，確實承認世界永遠不可能達到完全和諧，並且誠心誠意與其他國家協商談判。季辛吉和他所評論過的政治家如梅特涅、卡思利（Robert Steward Castlereagh）、俾斯麥一樣，認爲「知道何時適可而止乃是運用智慧處理人類和國際事務的開端」。他的格言是帕瑪斯頓式的「我們沒有永遠的敵人」和俾斯麥式的「如果我們和中蘇的關係比中蘇相互之間的關係更爲緊密，那麼中蘇的敵對對我們最有利」。他的觀點不同於自肯南以來美國的外交政策，但是他卻比這位十九世紀歐洲的政治家擁有更大的機會去實現自己的信念。

最後，季辛吉承認美國的國力也有其限度。他知道美國不可能既在東南亞的叢林打一場持久戰，同時又要維持自己在其他方面更重要的利益。他和尼克森總統都看出，世界權力的關係正在發生變化，新興勢力正在削弱兩個超級強國的霸權地位。從軍事力量上看，兩個超級強國仍然遙遙領先，但在其他方面，世界已經變得更爲多元化。季辛吉在一九七三年曾如此評論：「在經濟上，世界至少有五個主要類組。在政治上，已經出現了許多新的勢力中心……。」他附和肯南關於世界有五個重要地區的觀點（但稍加修正），分別是美國、蘇聯、中國、日本和西歐。他和許多官方人士及蘇聯政府不同，對於世界局勢的這種變化抱持歡迎的態度。他認爲，幾個強權和諧共存，相互制衡，誰也不能控制誰，是一個比兩極世界「更安全、更完好的世界」，因爲在兩極世界中，「一方有所得，另一方就有所失」。季辛吉相信自己有能力在這樣一個多元世界中捍衛美國的利益，因此他敦促美國在外交上進行澈底的改革。

一九七一年後，中國與美國的關係開始穩定發展。這場外交革命對全球權力的相互關係產生了深遠的影響。起初日本對美國的舉動十分訝異，後來很快發現它終於能夠與中共建立關係，並進一步推動其如日中天的亞洲貿易。亞洲的冷戰到此便結束了，或者說得更確切些，變得比以前更複雜了：由於巴基斯坦在中共和美國祕密交往時充當中間人，因此，在一九七一年印巴衝突中同時得到了這兩個國家的援助，印度則得到蘇聯的援助。在歐洲，權力關係也發生了變化，克里姆林宮對中共的敵意正感頭痛之際，又發現季辛吉與中共進行祕密外交而愣頭愣腦，於是決定迅速與美國締結第一階段限武條約，並全力改善和鐵幕以外國家的關係。季辛吉在美蘇因一九七三年以阿戰爭而緊張對峙之後開始他的「穿梭外交」，以緩和埃及與以色列的關係，並且有效地阻止蘇聯在該地區發揮任何有實際意義的角色。對此，蘇聯並沒有採取強硬的反制手段。

如果尼克森沒有因爲水門醜聞案而在一九七四年八月被趕出白宮，美國人民也沒有因爲這件事而更加不信任他們的政府，那麼季辛吉的俾斯麥式外交戲法不知道還要上演多久。雖然他在福特政府中繼續留任國務卿，但是處理事務的自由已日漸減少。國會經常削減政府的國防預算。美國對南越、高棉和寮國的新援助到一九七五年二月全部切斷，幾個月後這些國家全部淪陷。戰爭權力法案的通過大幅削減了總統在海外用兵的權力。蘇聯和古巴在安哥拉進行聯合干涉行動之後，美國國會投票通過決議，只同意由中央情報局提供資金給當地親西方的派系。由於共和黨右翼對美國在海外國力的式微大表不滿，並且指責季辛吉放棄美國國家利益（指巴拿馬運河）和拋棄美國的老朋友（指臺灣），他的地位在福特於一九七六年大選失敗之前就已經開始動搖。

鑑於美國在整個一九七〇年代面臨嚴重的社會經濟問題，其國際地位逐漸下降，國內各政治團體不得不努力調整心態以適應新的局面，因此美國的對外政策必然會變化無常，不像局勢平靜時候那樣穩定。這種狀況延續了好幾年，美國政策不時出現十分明顯的「搖擺」。卡特執政後，抱持著葛拉斯頓和威爾遜所宣揚的建立一個「比較公正」的世界秩序的信念，高高興興地登上國際舞臺，但舞臺上的其他許多角色（尤其在世界的「麻煩地區」）都無意按照猶太教和基督教的教義來實行他們自己的政策。面對第三世界對貧窮國家和富裕國家之間經濟差距的不滿（一九七三年的石油危機更拉大了這個差距），卡特以審慎和寬大的態度推動南北合作，並就重開巴拿馬運河條約談判取得共識，而且不再把拉丁美洲每一個改革運動都與馬克思主義劃上等號。他還以中介者的姿態爲一九七八年以埃大衛營協議的簽訂穿針引線。他爲此遭到其他阿拉伯國家的強烈批評（對此，他不應該感到訝異），也使蘇聯趁此機會來加強與中東激進國家的關係。儘管卡特政府立意甚佳，但仍然碰了不少釘子，因爲這個複雜的世界愈來愈不願意聽從美國的擺布；卡特政府的好意也因爲本身政策缺乏連貫性（往往是由於內部爭執造成的）而不能達到預期的效果。當全世界都在譴責若干右翼的威權政權踐踏人權，並對它們施加壓力的時候，華盛頓卻繼續支持薩伊總統莫布杜、摩洛哥國王海珊二世和伊朗國王巴勒維——美國對巴勒維的支持，至少延續到一九七九年國王死亡爲止，結果反而造成人質危機，隨後美國又匆忙採取行動解救人質，卻是功敗垂成。在世界其他地區，從尼加拉瓜到安哥拉，美國對當地的馬克思主義革命運動又下不了對抗的決心，因爲找不到值得支持的民主勢力。在國防經費方面，卡特希望維持一個低水準，但是當他發現與蘇聯和解並不能阻止蘇聯擴大軍備和在第三世界的活動時，便又猶豫不決。到一九七九年底，卡特政府已經開始大規模增加國防預算了。此時蘇聯入侵阿富汗，於是美國退出限制戰略武器第二階段談判，停止出售糧食給蘇聯，並且開始推行（尤其在布里辛斯基成功地訪問中國和阿富汗之際）「權力平衡」政策——僅僅四年前卡特還曾對這種政策加以譴責！

如果說卡特上臺時帶著一套應付複雜世界的簡單策略，那麼其繼任者雷根在一九八〇年上臺時也同樣單純，只不過情況完全不同而已。雷根相當了解美國在過去二十年裡所犯下的一切「過失」，因此當他以壓倒性優勢贏得大選之後立即積極採取行動（他之所以在大選中獲勝主要是由於美國在伊朗人質危機中蒙羞），從意識形態角度去駕馭世界局勢，扭轉國家的政策方向。「和解」政策已不再適用，因爲這只是爲蘇聯擴張主義提供一道護身符；全面加強軍備建設；人權問題不再排上待辦事項表；「獨裁政權」又受到了支持；甚至連美國打的「中國牌」也遭到質疑，因爲共和黨右翼支持臺灣。其結果可想而知，這種頭腦簡單的做法在複雜的現實世界中碰了一鼻子灰，更別提國會和美國民眾的反對了——他們喜歡總統平實的愛國心，但是懷疑他的冷戰政策。雷根政府對拉丁美洲或任何叢林地區的干涉，總是使人回想起越南，因而不斷遭到抵制。核子軍備競賽的升高引起了普遍的不安，民眾紛紛要求重新展開裁軍會談，尤其雷根政府的支持者宣稱美國在核子對抗中可以打敗蘇聯，這種呼聲就更高了。熱帶地區的獨裁政權往往因爲和美國政府牽扯不清而更加不得人心，一個接一個地垮臺。歐洲人對美國政府的邏輯感到困惑：美國一方面禁止他們向蘇聯購買天然氣，另一方面卻又允許本國的農民出售農產品給蘇聯。在中東，雷根政府無法對比金（Begin）的以色列政府施壓，也不能把阿拉伯世界拉攏過來組成一條反蘇陣線。在聯合國，美國似乎比以往任何時候都要孤立。到一九八四年，美國退出聯合國教科文組織，如果羅斯福還活著的話，會大吃一驚。美國的國防預算在這五年裡增加了一倍以上，比一九八〇年擁有更多的軍事裝備，但五角大廈付出這麼高的代價卻不一定會得到正面的肯定，對於國防部是否有能力解決各軍種間的勾心鬥角也存在不少懷疑。美國入侵格瑞那達的行動被雷根政府譽爲偉大的勝利，但是從這次軍事行動的各個層面來看，根本就是一場鬧劇。最後一點（但並非不重要），雷根政府內部各派系爭吵不休（甚至國務卿海格退休之後仍是如此），雷根本人很少過問重大事務，而且帶著民族優越感的眼神去觀察世界，因此連最保守的觀察家都懷疑這屆政府能否制定出一套連貫而令人滿意的策略出來。

以上談到的許多問題還要在本書最後一章中討論。這裡把卡特政府和雷根政府遭遇的種種麻煩問題列在一起，目的是要指出，所有這些苦難整體而言可以轉移美國政府的注意力，使它忽視了世界上那些正在形成全球強權政治的重要勢力，還有兩極世界已經轉化爲多元世界的事實——而季辛吉很早就發覺到了這一點，並曾因此著手調整美國的政策。（順便一提，西歐、中國和日本等三個新的政治和經濟權力中心的出現，並不表示它們沒有自己的問題，但這與現在討論的問題無關，將在後文加以闡述。）更重要的是，美國把注意力集中在尼加拉瓜、伊朗、安哥拉、利比亞等國家的突發事件上，因而又忽視了一個事實，即受一九七〇年代世界政治局勢變化影響最大的也許是蘇聯。在結束本節之前，有必要對這一點再做個簡要的分析。

顯然地，蘇聯在這幾年裡加強了自己的軍事實力。但是，如烏拉姆教授所指出的，由於世界上出現了新的狀況，強大的軍事實力只是「使蘇聯和美國在一九四〇年代和一九五〇年代不安地發現，軍方的增強並不能保障一個國家的安全，尤其在核子時代更是如此。無論我們從哪個角度去看蘇聯，經濟上或政治上，絕對意義上或相對意義上，布里茲涅夫執政的蘇聯比史達林時代要強大得多。但是，在蘇聯增強實力的同時，世界上也出現了新的情勢，導致新的外交承諾，使得蘇聯比以往（如一九五二年）更容易受到外在危險和世界政治動盪的傷害。」

再者，美國的國防建設在卡特政府的最後一、兩年裡已經完全恢復，雷根上任後繼續快速發展，旨在恢復美國在戰略核子武器方面的軍事優勢，加強美國的海上霸權地位，並且投入空前的力量發展先進科技。蘇聯對此十分惱怒，竭力不讓其軍事經費或武器裝備被美國所壓倒，然而這樣做會對經濟造成更大的壓力，而蘇聯的經濟發展早已落後甚多，根本無力與美國大幹一場高科技競賽。到了一九七〇年代末，蘇聯已經陷入必須進口大量糧食的窘境，再也無暇顧及科技競賽。東歐衛星國家也愈來愈不安分，只有蘇聯挑選的共黨幹部保持他們的忠誠。波蘭人的不滿尤使蘇聯感到頭疼，但是採取一九六八年入侵捷克的手段並不能解決問題。在南邊，蘇聯眼看其緩衝國阿富汗就要落入外國勢力（很可能是中國）的手中，便在一九七九年策劃發動武裝政變，結果反而在軍事上陷入泥沼，蘇聯的國際地位也因此受到可怕的影響。蘇聯在捷克斯洛伐克、波蘭和阿富汗的所作所爲，減弱了蘇聯「模式」對其他國家的吸引力，不管是西歐國家，還是非洲國家。中東地區的伊斯蘭教基本教義派也是蘇聯的一大夢魘，他們不僅威脅親美團體，而且也威脅當地的共黨分子（如伊朗）。最讓蘇聯傷腦筋的當然還是中國的敵視態度，而且在一九七〇年代末由於阿富汗事件和越南事件，比一九七〇年代初更變本加厲。如果說美蘇之中有一個已經「失去了中國」，那就是蘇聯。最後，蘇聯的統治者都年事已高，器量小而多疑心，死守著自負的民族優越感，還有許多既得利益者阻礙著社會大改革，因此蘇聯想調整自己以適應新的世界局勢，恐怕要比美國困難得多。

這些情況應該能使美國多少稍得寬心。在外交問題上（即使有的時候這類問題會出人意料或令人不悅），美國可以採取較爲放鬆和成熟的態度。例如臺灣問題，雷根政府確實修正了先前的支持態度，而變得較爲務實和妥協。儘管如此，雷根仍然不能完全違背他在一九七九年至一九八〇年大選期間的承諾，因爲他當時說的話並不只是譁眾取寵，而確確實實是他對世界秩序和美國天命地位的基本看法。歷史證明，任何國家在爲某種情感所驅使的時候，很難客觀地處理對外事務，而是按照自己的主觀想法去處理一切。

世界經濟平衡的變遷：一九五〇—一九八〇

一九七一年七月一日，尼克森總統在堪薩斯城對一群新聞界主管演說時重申，當今世界存在著五大經濟力量——美國、蘇聯、日本、中國和西歐，「這五大力量將決定世界經濟在本世紀最後三分之一時間裡的前途，並且由於經濟力量是其他權力的基礎，也將決定世界其他方面的前途。」如果經濟力量確實這麼重要，就有必要深入研究一下自冷戰開始以來世界經濟的變遷情況，因爲我們可以發現一些基本的長期發展趨勢，這些趨勢有可能決定未來的世界政局——儘管有時會出現意外動亂（尤其在一九七〇年代）而影響國際貿易和繁榮。

前文已經多次指出，本書所引用的有關經濟的比較統計數字不可能十分精確。自從穆霍爾（Mulhall）的《統計學辭典》出版以來，世界各國和各國際組織延聘的統計專家愈來愈多，採用的統計技術也愈來愈複雜，因此無法做眞正的比較。「封閉」社會不願意公布各項數字，各國對

表7-7　世界製造業產量統計數字（1830-1980年）

（以1900年為100）

年代＼項目	總產量	年成長率
1830年	34.0	(0.8)
1860年	41.8	0.7
1880年	59.4	1.8
1900年	100.0	2.6
1913年	172.4	4.3
1928年	250.8	2.5
1938年	311.4	2.2
1953年	567.7	4.1
1963年	950.1	5.3
1973年	1,730.6	6.2
1980年	3,041.6	2.4

所得和產量的統計方法不盡相同，再加上匯率隨時會發生變動（尤其是一九七一年放棄金匯兌本位制而實行浮動匯率之後），使得任何一種經濟統計資料都被貼上「可能不正確」的標籤。但是，另一方面，也不可能所有的統計數字都不詳實，我們還是應該相信某些統計數字，把它們對照使用，從中發現某個階段的整體發展趨勢。

第二次世界大戰之後幾十年中，世界經濟變化的第一個特點，也是最重要的特點，就是貝羅克（P. Bairoch）所謂的「世界工業產量完全空前的成長率」。一九五三到一九七五年間，世界工業產量平均年增率達到百分之六（國民平均產值為百分之四），即使在一九七三至一九八〇年期間，也達到百分之二點四，這個數字按照歷史上的標準來看也是相當可觀的。貝羅克製作的「世界製造業產量」統計數字表—與羅斯托（W. Rostow）的「世界工業產量」數字大致吻合——更顯示了驚人的成長率（參見表7-7）。貝羅克還指出：「一九五三到一九七三年的世界工業產量總和相當於從一八〇〇年到一九五三年整整一個半世紀的世界工業產量總和」。之所以會產生如此大的變化，是由於：戰後破敗經濟的復興，新興科技的發展，經濟重心由農業不斷轉向工業，在「計畫經濟」架構下對國家資源的開發利用，以及第三世界的不斷工業化。

基於同樣的原因，一九四五年以後世界貿易額的成長也相當驚人，與兩次世界大戰期間被扭曲了的世界貿易形成鮮明的對比。（參見表7-8）

表7-8　世界貿易額（1850-1971年）

（以1913年爲100）

1850年	10.1	1938年	103
1896-1900年	57.0	1948年	103
1913年	100.0	1953年	142
1921-1925年	82	1963年	269
1930年	113	1968年	407
1931-1935年	93	1971年	520

表7-9　世界生產量成長的百分比（1948-1968年）

年代／項目	1948-1958年	1958-1968年
農產品	32%	30%
礦產品	40%	58%
製造業	60%	100%

艾許渥思（W. A. Ashworth）指出，經濟最蓬勃的時期是一九五七年，世界製造業產品的貿易額有史以來第一次超過了原產品貿易額，這是因爲在戰後的十幾年裡世界製造業總產量的成長速度大幅超過農產品和礦產品——但後者的成長速度也相當快。（參見表7-9）

這種貿易額的差異在某種程度上是由於先進工業國家（尤其是歐洲經濟共同體會員國）製造業貿易額的大幅度成長所致。但是，先進工業國家對原產品需求的增加，以及愈來愈多的第三世界國家開始實行工業化，皆說明了大部分第三世界國家的經濟近十幾年的發展速度要比二十世紀的任何時期都快。儘管西方帝國主義對世界其他地區的社會造成危害，但是這些社會的出口貿易和總體經濟成長也主要受惠於工業化國家的擴張。福爾曼佩克（J. A. Foreman-Peck）認爲，十九世紀低度開發國家（LDCs）的經濟在先進國家的「開放」經濟（如英國）迅速向外擴張時也得以迅速發展；反之，當工業化世界在一九三〇年代陷入大蕭條時，低度開發國家的經濟受到的衝擊也最大。到了一九五〇和一九六〇年代，這些國家的經濟又迅速復甦，這是因爲已開發國家的經濟再度繁榮，對原料的需求增加，工業化持續進行。貝羅克指出，若以一九五三年爲起點來統計第三世界製造業產量占世界製造業總產量的比例，一九五三年爲百分之六點五，一九六三年爲百分之八點五，一九七三年爲百分之九點九，而到了一九八〇年則達到百分之十二。根據美國中央情報局估計，低度開發國家占世界生產毛額的比例也不斷上升，從一九六〇年的百分之十一點一，到一九七〇年的百分之十二點三，乃至到一九八〇年的百分之十四點八。

但是，從第三世界的人口來看，這些比例仍然偏低，這些國家仍然極爲貧困。一九八〇年，工業化國家平均國民生產毛額爲一萬零六百六十美元，像巴西這樣的中等所得國家爲一千五百八十美元，而第三世界最窮的國家，如薩伊，則只有二百五十美元。其原因是，雖然低度開發國家製造業產量在整體上不斷上升，但是各個國家的受益程度並不平均。熱帶地區的貧富差距尤爲懸殊，即使在殖民主義者撤出之後情況還是沒有改善（有些國家甚至在帝國主義時代之前就已經如此）。由於世界對低度開發國家產品的需求量不均衡，這些國家獲得的外援也不相等，再加上氣候變化、政局不穩、惡劣的環境品質以及難以控制的經濟因素，使貧富差距進一步擴大。旱災可能使一個國家的田園連年荒蕪；內戰、游擊隊活動和強迫農民遷居都可能造成農業減產、貿易萎縮；國際市場價格下跌（如花生、錫等）幾乎可能導致單一產品國家的經濟停滯不前；利率高漲或美元升值是對低度開發國家的嚴重打擊；西方醫學在防治疾病方面的成就可以使人口數量不斷上升，卻因此擴大對糧食需求的壓力，並可能消耗掉任何新增加的國民所得。另一方面，有一些國家經歷了「綠色革命」，農業產量因耕種技術的改良和新品種的培植而大幅提高。還有一些國家因盛產石油而在一九七〇年代成爲暴發戶，是另一種經濟類型的國家（這些所謂OPEC-LDCs國家在一九八〇年代初由於油價下跌而吃足了苦頭）。最後，在所有重要的新興勢力中，有一組第三世界國家和地區，羅斯克蘭（R. Rosecrance）稱之爲「貿易國」（the trading states），即南韓、臺灣、新加坡和馬來西亞。它們模仿日本、西德和瑞士的企業家方法和精神，爲了世界市場而努力生產各種工業製造品。

低度開發國家之間的差距顯示，世界上不同國家的經濟發展速度也不同，小國如此，工業化強國也是如此，這就是過去數十年全球總體經濟變遷的第二個特點。縱觀數百年的歷史，經濟成長速度不一，必將對國際權力均勢產生重大影響。因此，近幾十年來世界主要國家受到的影響十分值得加以詳細討論。

毫無疑問，一九四五年以後數十年的日本經濟，在現代化建設方面的成就是世界上最傑出的範例。它不僅幾乎超過了所有先進國家，成爲商業和科技的強大競爭者，也爲亞洲其他「貿易國」樹立了一個效法的榜樣。事實上，日本在一個世紀以前就是亞洲第一個仿效西方經濟和（對日本來說是致命的）軍事與帝國主義的國家。雖然日本在一九三七至一九四五年的戰爭中遭到嚴重破壞，喪失了傳統市場和原料供應，但仍擁有可以修復的工業基礎設施以及有才華、受過良好教育並具有社會凝聚力的人民，他們奮發圖強的決心在大戰之後可以轉化爲對和平經商的執著追求。一九四五年之後的最初幾年，日本淪爲被占領國，依賴美國的援助。到了一九五〇年，情況發生變化。諷刺的是，美國在戰中的龐大軍備需求刺激了日本出口型公司的發展。以豐田公司爲例，正當它瀕臨倒閉之際，美國國防部送來了首批卡車訂單，使它得以起死回生。日本許多其他公司都有類似的經歷。

當然，除了美國在韓戰（還有越戰）中的軍備需求造就了「日本奇蹟」以外，還有其他許多因素。日本到底是如何發跡，如何成爲其他國家的楷模，對這些問題的研究報告難以勝數。日本成功的一個主要原因是它堅決相信自己能夠引用（並改良）西方的管理技術與生產方法，達到最高水準的品質管制。日本政府在全國推行高級技術教育，培養出大批電子、汽車和機械工程師。不僅擁有大財閥也建立了一大批優秀的小型企業；並且帶動勤奮工作、忠於公司以及透過妥協和彼此尊重來調解勞資糾紛等社會風氣。爲了獲得大量資金以維持經濟的持續成長，實施鼓勵個人儲蓄的財政和租稅政策，使儲蓄率達到極高水準，可以用於各種投資（雖然這些政策是經濟奇蹟的關鍵，但另外還有一個原因，就是日本在戰後成爲「非軍事化」國家，處於美國的保護傘之下，因而國防經費幾乎爲零）。通產省（ＭＩＴＩ）也發揮了不少作用，一方面逐漸淘汰落後的企業，另一方面積極扶持新興產業和科技發展。這些政策都有助於日本的繁榮，在方法上卻與美國的自由放任方式完全不同。

日本奇蹟的發生除上述原因之外，有些日本問題專家認爲主要是文化和社會因素的緣故，也有人認爲日本人時來運轉靠的是民族自信心和堅強意志力等抽象的「附加因素」。一九五〇年至一九七三年間，日本國內生產毛額（ＧＤＰ）年平均成長率達到驚人的百分之十點五，遠超過任何一個工業化國家。即使在一九七三年至一九七四年間世界經濟受到石油危機深沉打擊的時候，日本經濟絲毫不受影響，在以後的幾年裡其成長率爲主要競爭對手的兩倍。就製造業而言，日本逐漸成爲世界主要生產國，產品包羅萬象——照相機、廚房用品、電器、樂器、摩托車等等，應有盡有。日本產品令瑞士的鐘錶工業備受威脅，使德國光學工業黯然失色，還令英國和美國的摩托車工業一蹶不振。日本造船業在不到十年的時間裡所製造的船舶噸位數占世界一半以上。到了一九七〇年代，日本現代化鋼廠的產量已經趕上美國。日本汽車工業的變化更爲驚人。在一九六〇年到一九八四年間，日本汽車在國際市場的占有率從百分之一上升到百分之二十三，數以百萬計的日本小汽車和卡車湧入世界各地。日本產品穩紮穩打地從低技術向高科技邁進，電腦、電信、太空、機器人以及生物工程等尖端科技相繼出爐。貿易順差直線上升，使日本不僅成爲工業工人，而且也成爲世界的金融巨擘，在國際生產和市場中的占有率不斷擴大。一九五二年，當盟軍結束軍事占領時，日本的國民生產毛額只略高於法國或英國的三分之一，但是到一九七〇年代末，其國民生產毛額已相當於英國和法國的總和，或是美國的一半以上。不到三十年，日本在世界製造業產量和國民生產毛額中所占的比例就從百分之二至三激增到約百分之十，而且還在繼續上升。世界上只有蘇聯在一九二八年之後的數年中曾有過類似的傲人成就，不過遠不如日本那樣輕鬆自如、令人印象深刻和基礎深厚。

相比之下，其他強國的經濟發展就顯得緩慢多了。然而，中共在一九四九年建國之後開始初露鋒芒，幾乎所有觀察家都在密切注意其發展。這種情形反映了傳統上對於所謂「黃禍」的憂慮，因爲一旦這個沉睡的東方巨人甦醒，把全國八億人口組織起來，無疑將是國際舞臺上一支舉足輕重的力量。更重要的是，中共從一開始就一直對外國強權採取十分惹眼（更別說是挑釁）的行動，這也許是對本身處境的一種「過度反應」吧。它和美國在韓國、金門和馬祖的問題上發生衝突；進軍西藏；與印度發生邊界糾紛；憤然與蘇聯決裂，並在具爭議性的地區和蘇聯發生軍事對抗；與北越進行流血衝突；在批判西方帝國主義和「蘇聯霸權主義」時（尤其在毛澤東時期）語氣強硬；另外還在全球大肆鼓吹民族解放運動。這些充滿敵意的舉動都使得中共比處處小心翼翼的日本更受矚目，更令人難以捉摸。光從中國擁有世界四分之一人口這一點而言，就不能不密切注意其政治傾向。

但是，用嚴格的經濟標準來衡量，中國似乎又是典型的經濟落後國家。例如，一九五三年，中國在世界製造業中所占比例僅百分之二點三，「整體工業潛力」相當於英國在一九〇〇年工業潛力的百分之七十一！中國每年增添數以千萬計的人口，而貧窮的農民占中國人口的絕大多數，其國民平均產值低得驚人，上繳給國家的「剩餘價值」少得可憐。中國在歷史上歷經軍閥混戰，遭受日本侵略，在一九四〇年代後期又內戰不斷。一九四九年之後，中國農民成立公社，從地主手中奪回土地，但仍未能結束經濟混亂狀態。儘管如此，中國的經濟前景並不是完全沒有希望。它擁有公路、輕便鐵路等基礎設施，紡織業也頗具潛力，城市和港口已經成爲工商業中心，尤其是東北地區因一九三〇年代日本的開發而較爲發達。中國的工業要想快速發展，必須具備兩個條件，即長期安定和巨額投資。在一九五〇年代，由於共產黨的統治和蘇聯的援助，這兩個條件在一定程度上都得到了實現。一九五三年開始的第一個五年計畫，主要模仿史達林時代的蘇聯，優先發展重工業，提高鋼、鐵和煤的產量。到了一九五七年，工業產量增加了一倍。但在另一方面，中國的資金，無論是國內籌集的，還是從蘇聯貸款來的，都遠遠不能滿足經濟發展的需要。後來中蘇關係破裂，蘇聯突然中止了對中國的貸款和技術援助。此外，毛澤東制定了一些錯誤的政策，如「大躍進」，鼓勵開辦鄉村鋼鐵廠，以及發動「文化大革命」，使技術專家、專業管理人員和傑出的經濟學家受盡凌辱，都阻礙了中國的發展。最後，在整個一九五〇年代和一九六〇年代，中國實行對抗性外交，幾乎和所有鄰國都發生軍事衝突，因此不得不把大部分本來就有限的資源用於軍費支出。

從經濟角度來看，「文化大革命」時期並非只造成負面的影響。中國至少強調了農村地區的重要性，改進了農業技術，促進了小型工業的發展，爲鄉村提供了基本醫療和社會福利。但是，中國要使國民生產向前邁進，必須進一步實行工業化，改善基礎設施，擴大長期投資，而要做到這些又必須結束文化大革命，和美國、日本及其他經濟先進國家拓展貿易關係。於是，中國加速開發煤礦、石油和其他許多重要礦藏。到了一九八〇年，鋼產量達三千七百萬噸，遠超過英國和法國。其現代能源消耗爲歐洲任何一個主要國家的兩倍。在世界製造業中所占比例從一九七三年的百分之三點九上升到一九八〇年的百分之五，接近西德。但是，這些年來的經濟蓬勃發展並非完全沒有問題，而且共黨領袖也不得不向下調整國家實現「四個現代化」的目標。這裡也必須強調，如果按人口平均數來統計中國的財富或產量，那麼中國在經濟上仍然相當落後。雖然如此，這個亞洲巨人顯然終於甦醒了。不僅加強經濟基礎建設，也願意眞正扮演一個世界強權的角色。

尼克森在一九七一年七月的談話中所指出的第五個經濟權力中心是「西歐」，唯西歐並不像中國、蘇聯和美國那樣是個統一的實體，而是地理上的概念。僅從「西歐」這個名詞來看，就有不同的解釋，它可以指在蘇聯歐洲勢力範圍以外的所有國家（包括斯堪的納維亞國家、希臘和土耳其）；也可以是草創時期的（或擴大了的）歐洲經濟共同體，它至少擁有一個共同的經濟決策機構；或是指舊列強，如英國、法國、德國和義大利（美國在對蘇聯或中東採取一項新的政策之前，必然會徵詢這幾個國家的意見）。這樣的解釋恐怕仍然不能釐清「西歐」這個概念，因爲英國人一般認爲「歐洲」應該從英吉利海峽的彼岸算起，還有一些主張歐洲統合的人士（還有德國民族主義者）認爲一九四五年之後出現的歐洲大陸分裂只是暫時的狀態，將來有一些雙方陣營的國家一定會合併成爲大聯邦。因此，無論從政治上還是從法律上來說，「歐洲」或「西歐」這個名稱充其量只能說是一個文字概念，或是一個含混的人文地理概念而已。

不過，從經濟角度來看，歐洲各國這些年來確實有其基本的共同點。最明顯的一點是「經濟持續高速度地成長」。一九四九年至一九五〇年間，大多數歐洲國家已恢復到戰前的生產水準，有的國家（尤其是戰時中立國家）甚至明顯地超越了戰前。之後，歐洲製造業生產量逐年上升，出口額增加達到空前水準，就業率顯著提高，可支配所得和投資金額創新紀錄，使歐洲成爲除日本以外世界上經濟成長最快的地區。一九五〇年至一九七〇年間，歐洲各國的國內生產毛額年平均成長率爲百分之五點五，國民平均產值成長率爲百分之四點四，而世界年平均成長率則分別爲百分之五和百分之三。工業生產量的成長率更爲驚人，爲百分之七點一，世界平均成長率僅爲百分之五點九。因此，一九七○年歐洲國民平均產值幾乎是一九五○年的二點五倍。有趣的是，這種成長風潮遍及歐洲各個角落，不管是西北歐工業中心地區，還是地中海沿岸或東歐地區都是如此，就連長期成長緩慢的英國經濟在這個時期也以空前的速度向前發展。因此，自本世紀初以來一直呈下降趨勢的歐洲很快在世界經濟中占得一席之地。「一九五○年至一九七○年間，歐洲在世界商品和服務業產值（GDP）中所占的比例從百分之三十七上升到百分之四十一，工業產值所占比例則更大，從百分之三十九上升到百分之四十八。」美國中央情報局一九六○年至一九七○年的統計數字顯示（不過這些數字是有爭議的），歐洲共同體在世界生產毛額（GWP）中所占比例大於美國，是蘇聯的兩倍。

現在回過頭來看，歐洲經濟能夠得到復興一點也不足爲奇。長期以來，大多數歐洲國家飽受侵略、戰爭和被占領之苦，城市、工廠、公路和鐵路遭到轟炸，食物和原料因封鎖而嚴重不足，千百萬人在戰爭中犧牲，千百萬頭牲畜被屠殺。即使在戰前，歐洲經濟的「自然」發展也受到具有民族主義傾向的強權國家的扭曲。（所謂「自然」經濟發展，就是經濟隨著新的能源和生產原料的出現、新市場的開發以及新科技的傳播，而一個地區接著一個地區地發展起來。）愈來愈多的關稅壁壘把產品供應國與市場隔離開來了；爲了保護本國低效率的公司和農業，政府不得不採取補貼政策；爲了打仗，大量的國家財政收入挪用於軍備支出，而不是發展商業。在這一種「相互封鎖、孤立無援、經濟民族主義和損人利己」的情況下，歐洲的經濟不可能有成長的機會。一九四五年之後，歐洲不僅出現了像莫內（Jean Monnet）、史巴克（Spaak）和霍爾斯坦（Hallstein）等「新歐洲人」，決心不再重蹈覆轍，建立新的經濟結構，而且美國也願意透過馬歇爾計畫和其他各種基金提供財政援助，共同復興歐洲的經濟。

因而，這個飽嚐戰爭和政策之苦而不能發揮經濟潛力的歐洲，現在終於有機會來彌補過去的不足了。整個歐洲，無論是東歐還是西歐，都決心「重建家園」，並且從一九三〇年代的愚蠢行爲中汲取教訓。每個國家的規劃，不管是凱因斯主義式的還是社會主義的，都展現了推動社會和經濟發展的意願。舊體制已經不得人心，紛紛瓦解，革新運動得以順利開展。美國不僅按照馬歇爾計畫提供給歐洲數十億美元的援助——說它是「雪中送炭」並不爲過，而且還在軍事上提供了一把保護傘——雖然英國和法國在韓戰期間以及非殖民化前的一段時間裡把大量資金投入國防支出，但是如果沒有美國的保護，西歐恐怕還要動用更多的有限資源來擴充軍備。由於貿易壁壘的減少，各國的公司和個人都能夠在更大的市場裡各顯神通，尤其是已開發國家之間的貿易行爲（當然這些歐洲國家本身都是已開發國家）更是有利可圖，因爲這些國家相互間的需求更大。在這數十年間，歐洲國家的對外貿易比其他領域要發展得更快，主要是因爲他們的貿易絕大部分是與鄰國進行的。在一九五〇年後，經過一代的努力，歐洲國民平均所得的成長額已相當於前一百五十年成長額的總和。社會經濟的發展速度也十分驚人，例如：西德從事農業、林業和漁業的人口比例從一九五〇年的百分之二十四點六下降到一九七三年的百分之七點五，法國從百分之二十八點二下降到百分之十二點二（到一九八〇年降至百分之八點八）；可支配所得隨著工業化的發展而急遽增加，西德的國民平均所得從一九四九年的三百二十美元大幅度上升到一九七八年的九千一百三十一美元，義大利則從一九六〇年的六百三十八美元激增到一九七九年的五千一百四十二美元；從每千人的汽車擁有數量來看，西德從一九四八年的六點三輛增至一九七〇年的二百二十七輛，同期法國從三十七輛增至二百五十二輛。不管從哪個角度看，也暫時不論地區差異的存在，歐洲確確實實是在突飛猛進之中。

雖然歐洲經濟普遍繁榮，但各國發展速度不盡相同，產生的影響也不同。我們可以從舊列強的變化過程中分辨出其中的差異。在阿爾卑斯山以南的義大利，出現了奇蹟式的高速度發展。這個國家的實質國民生產毛額在一九四八年之後幾乎以三倍於戰時的速度竄升，直到一九六三年才緩和下來。在這段時間內，其經濟發展比日本和西德以外的任何國家都要快。其實這一點也不足爲奇，因爲義大利一直是歐洲四強之末，也就是說它的發展潛力一直沒有得到充分利用。現在，擺脫了法西斯主義荒謬的經濟政策，再加上美國的大量援助，義大利製造業者得以利用本國的低廉工資和產品設計的優良名聲，以驚人的速度製造出口產品，銷往歐洲共同市場。水力發電和廉價進口石油彌補了義大利煤礦的不足。汽車製造業對推動義大利經濟的起飛更是貢獻卓著。由於國內汽車消費量的增加，飛雅特汽車製造廠長時間一直壟斷國內市場，並且大舉開進阿爾卑斯山以北的國家。傳統製造業，如製鞋業和高級服飾業，都不斷推陳出新。六〇年代，義大利電冰箱暢銷整個歐洲。不過，這一切成功並不表示沒有缺陷。義大利南北之間的差距依然存在，市中心區和窮鄉僻壤的社會條件皆遠遠不如北邊的國家。政府不斷更迭，黑市經濟龐大，財政赤字高人一等，再加上超出各國平均值的通貨膨脹率，都影響了里拉的幣值，並且顯示義大利的經濟復甦基礎仍然十分脆弱。如果把歐洲各國的所得或工業化程度做個全面比較，義大利比不上更先進的鄰國；如果只比較經濟成長率，那麼義大利的數字則相當傲人，可見義大利經濟的起跑點落後他國一大截。

相形之下，英國在一九四五年遙遙領先，至少在歐洲列強中是如此。不過，從某種意義來說，這也是英國在以後的四十年裡經濟相對衰退的原因之一。換言之，英國（跟美國一樣）沒有遭到戰爭的嚴重破壞，因此它的經濟成長率不可能和那些從軍事占領和破壞中振興起來的國家一樣高。在心理上，如前文所述，英國認爲自己在大戰中沒有被打敗，仍然是「波茨坦三強」之一，而且重新成爲世界性的帝國，因此英國國民看不到其經濟制度需要澈底改革的必要性。英國在戰後不但沒有建立起新的體制，反而保留了許多傳統的制度，如傳統的工會組織、行政機構以及古老的大學。

一九四五年至一九五一年間，英國工黨政府曾推行國有化和建立「福利國家」的計畫，但是並沒有對傳統經濟制度的陋規和工作觀念進行深入的改革。英國仍然自信在世界上具有特殊的地位，繼續依賴其專屬的殖民地市場，拚命維持英鎊價格（卻枉費心機），保留海外的大量駐軍（浪費了巨額資金），拒絕加入歐洲統合的過程，並且大規模增加軍費支出，其國防預算在北約組織中僅次於美國。

在一九四五年之後的最初幾年裡，由於其他國家的經濟比英國更脆弱，再加上英國撤出印度和巴勒斯坦，短期內的出口成長，以及在中東與非洲的帝國地位得以維持，所以英國在經濟和國際上的弱勢情況沒有完全顯現出來。在一九五六年因蘇伊士運河問題受挫之後，英國人深受震撼，因爲這不僅暴露了英鎊的疲軟無力，而且也點明了一個殘酷的事實。即英國在沒有得到美國支持的情況下根本沒有能力在第三世界採取軍事行動。儘管如此，英國衰落的事實仍不夠明顯。在國防方面，英國在一九五七年以後開始採行核子嚇阻政策，雖然遠比維持龐大的傳統武力省錢，卻可以顯示其列強地位依然屹立不搖；在經濟方面，英國也分享了歐洲在一九五〇年代和一九六〇年代的普遍景氣的果實。儘管英國的經濟成長率在歐洲幾乎是最低的，但是總比前幾十年的擴張時期要好，因此麥克米倫（Harold Macmillan）在大選時對英國選民說：「你們過的日子從來沒有像今天這樣好！」如果拿可支配所得、洗衣機或小汽車數量來比，麥克米倫的聲言的確不假。

然而，如果與其他一些發展更快的國家來比，那麼英國似乎正爲一種疾病所苦，德國人直言不諱地稱之爲「英國病」，也就是一種綜合症：過於激進的工會、劣質的管理、時冷時熱的經費政策以及好逸惡勞、不求進取的工作態度。在經濟普遍繁榮的形勢下，設計精良的歐洲產品和價廉物美的亞洲商品大量湧進英國市場，使英國的收支失去平衡，英鎊出現危機和貶値，通貨膨脹火上加油，因此要求增加工資的呼聲愈來愈高。英國歷屆政府都採取了控制市場價格、制定薪資法規以及緊縮銀根等措施來制止通貨膨脹，並營造有利環境來維持經濟成長。可是這些措施很少能夠長久地順利運作。英國汽車工業不斷受到外國競爭者的打擊，一度欣欣向榮的造船工業幾乎只靠海軍的訂單苟延殘喘，電氣製品和小型輕機車已經失去競爭能力，只有少數幾個公司（如帝國化學公司）能夠擺脫此一頹勢，倫敦商業區的金融機構尚能維持，零售業也還十分暢旺，但是整體而言，英國的工業基礎已經遭到損壞。一九七一年，英國加入歐洲共同市場，但並未得到它所期望的萬靈丹，反而使國內市場門戶大開並捲入更激烈的製造業競爭中，農產品價格也受到共同體農業政策的牽制而居高不下。北海石油也不全然是上帝的恩賜，它雖然爲英國賺進大量外匯，卻使英鎊升值，因而傷害了製造業產品的出口。

統計數字顯示，英國確實如貝羅克所說的，出現了「大不列顛工業加速衰退」的現象。英國在世界製造業產量中所占的比例從一九五三年的百分之八點六下降到一九八〇年的百分之四，在世界貿易中所占比例從一九五五年的百分之十九點八急遽下降到一九七六年的百分之八點七。一九四五年英國國民生產毛額居世界第三位，但是後來逐漸被西德、日本和法國超過。其國民平均可支配所得也慢慢地被歐洲許多富裕小國趕上，到了一九七〇年代末期只及得上地中海國家的水準，遠遠落在西德、法國以及比利時、荷蘭和盧森堡之後。英國之所以在世界的貿易和國民生產毛額中所占比例大幅下降，無疑是因爲過去它享有特殊的技術和歷史境遇，因而擁有多得不成比例的世界財富和貿易量。而現在，這些特殊境遇都沒有了，其他國家也都在開發自己的工業化潛力，英國在世界上的地位自然大不如前。至於會糟到何種程度，就很難說了。與歐洲鄰國相比，是不是會愈來愈落後，也很難預測。不過，到了一九八〇年代初，英國經濟情勢似乎逐漸穩定，它的經濟實力仍居世界第六位，軍事方面也有相當的實力。然而，與勞合喬治時代相比，甚至與一九四五年的艾德禮時代相比，英國現在只是個普通的中等大國，不能算是強權國家。

在英國經濟衰落的同時，西德正在上演「經濟奇蹟」。這裡要指出，相對來說，西德的經濟發展也是很「自然」的。即使在整個德國分裂的狀態下，西德仍擁有歐洲最進步的基本設施，有著豐富的國內資源（無論是煤礦還是機具廠），具有高教育程度的人口，管理人員、工程師和科學家的陣容尤其堅強，東德人才移入西德更壯大了這支隊伍。在過去的半個多世紀裡，德國的經濟力量完全被國家軍事的需要所支配。現在，它能夠和日本一樣把全部力量投入經濟發展，唯一的問題只是該發展到何種程度。德國的大型企業歷經第二帝國、威瑪共和以及納粹統治，現在則必須適應新的環境，吸收美國的管理思想。大銀行能夠再一次扮演工業指導的角色。化學工業和電子工業很快再度崛起，成為歐洲工業中的巨人。大型汽車公司的成功（如福斯和賓士汽車），同時又帶動數以百計的小型汽車零配件供應廠的蓬勃發展。隨著出口額的驟增，德國成為僅次於美國的出口貿易大國，愈來愈多的大財團和地方企業不得不引進外籍勞工來滿足非技術性工作的迫切需要。這是一百年來德國第三次成為歐洲經濟發展的「權責」。

從統計數字來看，德國似乎連連奏捷，即使在一九四八年至一九五二年間，德國的工業產量也成長百分之一百一十，實質國民生產毛額成長百分之六十七。由於德國的總投資額為歐洲最高，所以國內生產廠商從源源不斷的投資中獲得極大利益。鋼鐵產量在一九四六年幾乎為零，然而很快就躍居歐洲首位，一九六○年產量超過三千四百萬噸，其他工業也都成就非凡，國內生產毛額每年都創下最高紀錄。德國的國民生產毛額在一九五二年還只有三百二十億美元，十年後便躍居歐洲第一，約八百九十億美元，到了一九七○年代末期則已超過六千億美元大關。它的國民平均可支配所得在一九六○年只有一千一百八十六美元（美國為二千四百九十一美元），到了一九七九年竟達到一萬零八百三十七美元，高於美國的九千五百九十五美元。年復一年，德國出口盈餘愈積愈多，馬克價格不斷向上攀升，實際上成了一種準備貨幣。面對效率更高的日本的競爭，西德自然會擔心，但是德國無疑已經是世界第二大最成功的貿易大國。就一個流失百分之四十的土地和百分之三十五人口的國家而言，西德的成就更是令人嘆爲觀止。諷刺的是，德意志民主共和國在數以百萬計的人才流向西德的情況下，仍然是所有東歐國家中（包括蘇聯在內）國民平均勞動生產力和工業化程度最高的國家。一旦恢復一九三七年的邊界，那麼一個統一的德國將會再次把歐洲所有競爭對手遠遠地拋在腦後，而且與龐大得多的蘇聯相比，恐怕也不會相差多少。

正是由於德國是戰敗國並遭到分割的命運，再加上其國際地位（以及柏林的地位）繼續受到「條約國家」的管制，所以強大的經濟力量並沒有轉化成爲政治影響力。西德對北約和華約關係的冷熱非常敏感，因爲覺得自己對東部的德國人負有理所當然的責任。西德和東德及蘇聯保持密切的貿易關係，然而一旦戰爭爆發，它顯然又處於最前線。蘇聯和法國（稍次於前者）對「德國軍國主義」的任何一點復活跡象都十分警覺，這表示西德永遠不可能成爲核子國家。它對波蘭和捷克等鄰國抱有內疚感，認爲自己很容易受到蘇聯的攻擊，對美國則是嚴重的依賴。另一方面，西德對戴高樂倡議的法德特殊合作關係表示歡迎和感激，但卻又無法運用經濟力量去糾正法國過於固執的政策。德國人時常反省自己的歷史，因此他們甘於在國際事務中擔任密切配合的隊員，而不願充當制定決策的頭頭。

西德與法國在戰後的世界中（確切地說，應該是一九五八年戴高樂任法國總統以後）所扮演的角色形成強烈的對比。如前文所述，一九四五年後以莫內爲首的決策者致力於發展法國經濟，但始終受到殖民戰爭、政黨傾軋和法郎疲軟的影響。不過，即使在中南半島戰爭和阿爾及利亞戰爭期間，法國經濟成長仍然相當迅速。幾十年來，法國人口第一次有了成長，國內需求也相對提高。自一九三〇年代以來，法國一直是一個富有、多采多姿的國家，卻只能列入半開發國家之林，經濟總是停滯不前。戰後法國得到了美國的援助，將公用事業國有化，並且有廣大市場的刺激，經濟才得以發展。再者，法國和義大利一樣，經濟以城鎮小工業和農業爲主，因而國民平均工業化水準不是很高，這代表其經濟指數上升得相當快：從一九五三年的九十五上升到一九六三年的一百六十七，又上升到一九七三年的二百五十九（以英國一九〇〇年的指數爲一百做爲比較標準）。法國經濟的年成長率在一九五〇年代平均爲百分之四點六，到了一九六〇年代在歐洲共同市場的推動下上升到百分之五點八。由於法國加入了共同市場，其農業不僅免於世界市場價格波動的衝擊，而且也得到一個如此龐大的歐洲市場。西方世界全面的景氣也帶動了法國傳統高附加價值商品的出口，如服裝、鞋子、葡萄酒和珠寶等，後來又加上飛機和汽車。一九四九至一九六九年間，法國汽車產量增加十倍，鋁增加六倍，牽引機和水泥增加四倍，生鐵和鋼鐵產量增加二點五倍。法國本來就相當富裕（只是工業化水準不高），現在則變得更富有、更現代化。

但是，法國的發展並不像西德是以廣泛的工業爲基礎的，龐畢度總統希望法國迅速超越西德的想法完全不切實際。法國除了在電氣、汽車和航太工業方面有幾家大公司以外，其他公司幾乎都是小型的，投資也不足，而且產品價格遠高於西德。雖然法國農業推行了「合理化」改革，但仍然存在著諸多小農場經濟現象，而且，事實上，它的農業必須依賴共同市場的補貼政策才能維持發展。改革也帶給法國農業相當大的壓力，再加上工業現代化造成的社會緊張情勢（如關閉舊的鋼鐵廠等），引起法國工人階級的不滿，在一九六八年爆發了著名的「五月風暴」事件。由於缺乏燃料補給，法國愈來愈依賴進口的石油，因此（儘管法國的核能計畫雄心勃勃）財政收支受到世界石油價格波動的嚴重影響。其與西德的貿易赤字直線上升，因而必須不時地（有時很不情願地）讓法郎對馬克貶值。所以，要衡量法國的經濟地位，用馬克法郎比價要比美元法郎比價更可靠些，因爲美元對法郎的匯率經常出現劇烈震盪。法國經濟即使在持續成長的時候也會出現震盪。一旦出現經濟動盪，許多精打細算的中產階級家庭便帶著全部積蓄越過邊界躲到瑞士去了。

雖然法國僅占世界國民生產毛額的百分之四，但是它對國際事務的影響遠遠超過人們的預期，不僅在戴高樂任總統時候如此，在其他時候也是一樣。其原因可能是法國民族文化所固有的自信心，而且這個時候適逢英美的影響力有逐漸衰頹之勢，蘇聯愈來愈失去吸引力，德國也中規中矩地按照條約行事，如果西歐需要一個領袖或發言人的話，那麼法國顯然是個比孤立主義的英國和卑躬屈膝的德國更合適的候選人。此外，法國歷屆政府都意識到，法國可以說服共同市場採行特殊政策來強化自己不夠強大的力量，例如農業關稅、高科技、海外援助、聯合國架構下的合作、對以阿衝突的政策等等。這樣一來，法國既可以有效地利用這個世界上最大的貿易集團，又可以在時機成熟時採取獨立的行動而不受以上各個方面的限制。

歐洲四個較大的國家以及與它們毗鄰的較小國家，這幾十年來都在財富和生產上享受豐碩的果實，但這並不能保證永久的幸福。本來大家都希望實現愈來愈緊密的政治和憲法上的統合，唯不久就遭到各會員國民族主義的抵制，首先是戴高樂的法國，隨後是那些懷著小心謹慎心情中途加入歐洲共同體的國家（英國、丹麥和希臘）。各國在經濟問題，尤其是高價格農業政策上的歧見，常常使得共同體在布魯塞爾和史特拉斯堡召開的會議陷於癱瘓。由於中立的愛爾蘭加入共同體，因此西歐國家也不可能實行一個共同的防衛政策，這一任務只能交給北約去完成，而法國此時已經退出北約的指揮機構。一九七○年代石油價格上漲，給予歐洲的打擊尤爲嚴重，使先前的樂觀氣氛一掃而空。在高科技方面，雖然共同體各國普遍有所警覺，並在布魯塞爾會議上一再協商規劃，但還是拿不出一整套發展高科技的政策來對抗日本和美國的挑戰。不過，雖然西歐國家面臨種種困難，從歐洲共同體的經濟規模來看，世界經濟情勢已經和一九四五年或一九四八年時候大不相同了。歐洲共同體已經成爲世界上最大的貿易進出口地區（儘管一大部分是歐洲內部的貿易）。到了一九八三年，它已擁有世界上最多的國際貨幣和黃金準備，汽車產量（占世界產量百分之三十四）

高於日本（百分之二十四）和美國（百分之二十三），水泥產量是世界上最高的，粗鋼產量居世界第二位，僅次於蘇聯。一九八三年歐洲共同體十國人口總數遠遠超過美國，幾乎相當於蘇聯——達二億七千二百萬。歐洲共同體的國民生產毛額和在全球製造業產量中的占有率均遠遠大於蘇聯或整個經互會集團。如果說歐洲共同體在政治上和軍事上尚不成熟，那麼它在世界經濟中的地位絕對比一九五六年強大得多。

蘇聯從一九五〇年代到一九八〇年代這段時間裡的發展情況恰恰相反。如前文所述，這幾十年來蘇聯不僅擁有了一支強大的陸軍，而且在核子戰略武器上與美國分庭抗禮，建立起一支遠洋海軍，並將其勢力範圍伸展到世界各個角落。然而，在經濟方面，蘇聯就無法與美國在國際舞臺上競爭。諷刺的是，馬克思強調生產基礎對於決定社會發展的重要性，而蘇聯這個自稱是世界共產主義國家的老大哥，卻愈來愈受到一連串經濟困境的折磨。

但我們也不能否定蘇聯自史達林後期以來在本國及其宰制下的東歐集團傲人的經濟成就。這幾十年來，在許多方面，這個地區的變化比西歐還大，其原因可能主要是它們起步時非常貧窮落後。不管怎樣，從粗略統計來衡量，蘇聯的成績仍然值得喝采。鋼鐵產量從一九四五年的一千二百三十萬噸上升到一九六〇年的六千五百三十萬噸，到了一九八〇年則飆漲到一億四千八百萬噸，成爲世界最大的鋼鐵生產國。同期，發電量從四千三百二十萬瓩/小時上升到二億九千二百萬瓩/小時和一九八〇年的十二億九千四百萬瓩/小時；汽車產量從七萬四千輛激增到五十二萬四千輛和二百二十萬輛。我們可以列出一張長長的單子來詳述蘇聯在各方面的類似成就。從工業總產量來看，一九五〇年代的年平均成長率爲百分之十；假設一九五三年的成長指數爲一百，到了一九六四年，就達到四百二十一，這是個很了不起的數字。蘇聯在人造衛星、太空計畫和軍事裝備方面的發展同樣傑出。到赫魯雪夫下臺時，蘇聯的經濟比史達林時期要繁榮得多，雄厚得多，而且持續穩定成長。

然而，蘇聯有兩個嚴重的缺陷掩蓋了上述成就的光芒。首先是經濟成長率持續下降，自一九五九年以來的工業生產成長率逐年下滑，從兩位數一直降到一九七○年代末的百分之三至四，並且繼續在下滑。回顧歷史，我們可以發現這種下滑趨勢是很自然的，因爲當初蘇聯大量投入勞力和資本，所以年成長率很高，而現在蘇聯已經充分利用了現有的勞動力（更何況軍隊和農業也迫切需要勞動力），工業生產成長率自然就下降了。至於資本投資，蘇聯將大量資金投入大型工業和與國防有關的工業，而且重量不重質，導致其他許多經濟部門資金短缺。雖然赫魯雪夫及其繼任者提高了蘇聯的國民平均生活水準，但是消費者的需求並不能如西方國家一樣地可以刺激經濟的成長，因爲蘇聯的個人消費受到人爲控制，消費量一直很低，以確保重工業和軍事工業可以得到所需要的物資。最後一點，就是蘇聯的農業一直受著僵化的體制和惡劣氣候的影響。在一九五○年代，農業淨產量的成長率爲百分之四點八，一九六○年代爲百分之三，而到了一九七○年代，儘管蘇聯決策者和主管部長們想盡辦法，而且還大量投資，結果依然下降到百分之一點八。由於蘇聯農業在經濟中占很大比例，再加上蘇聯人口在一九五○年後的三十年裡增加了八千四百萬，因此其平均國民生產的成長速度遠低於工業生產的成長速度，而且連後者的速度也是在「強制」的情況下所產生的。

第二個嚴重缺陷是蘇聯經濟的「相對」停滯，這也是預料之中的。在一九五○年代和一九六○年代初，蘇聯在世界製造業產量和世界貿易額中占有很大的比例，因此赫魯雪夫聲稱馬克思主義的生產模式是最優越的，有朝一日將「埋葬資本主義」。他的話在當時似乎有幾分道理，但是自此以後，世界局勢的變化卻更令蘇聯憂心。歐洲共同體在西德這個工業上的「半個巨人」帶領下不斷衝刺，在生產力水準和富裕程度上讓蘇聯望塵莫及。日本這個小小的島國也迅速崛起，其國民生產毛額超過蘇聯只是個時間問題。雖然美國的工業相對衰退，但在總產量和財富上仍居世界首位。在國民平均生活水準方面，蘇聯及其東歐附庸國無法縮小與西歐之間的差距，以至於生活在馬克思主義經濟制度下的東歐人民無不對西歐心存羨慕。西歐的新科技，如電腦、機器人和電訊設備，都把蘇聯及其衛星國給比了下去。蘇聯的農業生產力和以前一樣低落。一九八〇年，美國一個農人生產的糧食可以滿足六十五個人的需要，而蘇聯農民則只能養活八個人。因此，處境困難的蘇聯不得不進口愈來愈多的糧食。

蘇聯的衛星國也面臨許多和蘇聯一樣的經濟困難。它們在一九五〇年代和一九六〇年代初也是高速成長，其原因也是起點比西方國家低，而且強調中央計畫經濟，優先發展重工業，實行農業集體化。雖然東歐各國的繁榮程度大異其趣，成長速度也不同（至今仍然如此），但是整體走勢是一樣的，就是一開始的時候衝得很快，然而都後勁不足，使信奉馬克思主義的決策者大傷腦筋。蘇聯曾想出一些辦法來克服經濟困難，如開墾荒地來獲得更多的農田，可是北方的嚴冬和南方的沙漠限制了這種可能性，我們或許還記得，赫魯雪夫當年自信滿滿地號召開墾的「處女地」，轉眼之間都成了不毛之地。同樣地，大面積開採自然資源來解決原料不足的問題（如石油儲量不足），也成效不彰，因爲挖掘凍土區的成本不斷上升。另外一個辦法就是將更多的資金投入工業和科技，但是這樣就必須從國防預算中挪用大量資金，這是行不通的，因爲不管蘇聯的領導階層如何更換，國防永遠擺在第一位；還有就是從消費品中汲取資金，然而在這方面的任何微小變化都會引起老百姓的不滿（特別是東歐國家），尤其此時西歐國家的繁榮富裕景象因雙方資訊傳播的改善完全呈現在東歐人民的眼前，引起普遍的豔羨以及對國家政策的質疑。最後，蘇聯及其共產黨政權的盟友可以考慮的就是採取一連串改革措施，不僅要根除貪汙腐敗，消滅官僚主義，而且要改變制度本身，提供個人工作誘因，引進切合實際的價格機制，發展個體農業，提倡公開討論，鼓勵開發新科技等等。換言之，要向「垂死的資本主義」靠攏，就像匈牙利在一九七〇年代的變通做法一樣。但是，根據捷克在一九六八年的經濟顯示，這種「自由化」措施將危及習於一手遮天的共產黨政權的領導地位，布里茲涅夫時代的共黨理論家和軍方人士都大力反對。所以，蘇聯只好十分謹慎保守地慢慢扭轉經濟衰退的頹勢，但這麼一來就看不到明顯的進步了。

也許，克里姆林宮決策者唯一值得安慰的是，其主要對手——美國——自一九六〇年代以來也陷入經濟困境，也很快就失去其一九四五年在世界財富、生產量和貿易等方面的絕對優勢。這裡重提一九四五年，是為了有助於了解美國衰退的重要事實。如前文所述，美國在這個時候的經濟地位是空前的，但也是由人為因素所造成的。它之所以位居世界首位，部分是因為本身的生產力衝刺，也是因為其他國家暫時的耗弱。當歐洲和日本的生產力恢復到戰前水準，形勢的改變便開始對美國不利；隨著世界製造業產量的全面擴張（在一九五三年至一九七三年間增加了三倍以上），變化速度更快，新的工廠和工業設備四處林立，美國還想保持其一九四五年占世界製造業產量一半的比例是不可能的。據貝羅克統計，到了一九五三年，美國的占有率已經降到百分之四十四點七，到一九八〇年為百分之三十一點五，而且還在繼續下滑。同樣地，中央情報局的經濟統計數字顯示，美國在世界國民生產毛額中所占比例從一九六〇年的百分之二十五點九下滑到一九八〇年的百分之二十一點五（美元在世界貨幣市場上的短期升值使這個比例在以後的幾年內一度回升）。但這並不表示美國的生產力大幅降低（除了西方世界普遍衰退的工業以外），而是其他國家的生產力明顯提高了。汽車工業或許最能說明此一情況：一九六〇年，美國製造了六百六十五萬輛，占世界汽車產量（一千二百八十萬輛）的百分之五十二；到了一九八〇年，美國製造的汽車數量雖然增加到六百九十萬輛，但由於世界汽車產量到三千萬輛，所以在世界總產量中僅占百分之二十三。

美國的情況與七十年前的英國一樣，雖然占世界總產量比例開始下降，但實際產量並沒有減少，這多少也是一種安慰。但是，這種狀況總是令人擔憂。眞正的問題不是「美國一定會衰退嗎？」而是「美國一定會如此迅速地衰退嗎？」事實上，早在「美國支配下的和平」的全盛時期，其競爭地位已經因爲國民平均產出的年平均成長率比較低而受到影響，尤其和前幾十年相比更加明顯。（參見表7-10）

表7-10　1948-1962年國民平均產量的每年平均成長率

國家 ＼ 年代	1913-1950年	1948-1962年
美國	(1.7)	1.6
聯合王國（英國）	(1.3)	2.4
比利時	(0.7)	2.2
法國	(0.7)	3.4
西德	(0.4)	6.8
義大利	(0.6)	5.6

我們也許可以說，這種發展趨勢在歷史上是「自然」的。貝爾福（Michael Balfour）指出，在一九五〇年以前的幾十年裡，由於美國在產品標準化和大規模生產方面進行了大刀闊斧的革新，所以其產量的增加比其他國家都快。結果是「在滿足人民需要方面美國的表現十分令人滿意，按每小時每人平均產量來計算，它的生產效率也相當高，但是，在運用新方法或機器來提高產量方面，其可能性就比其他國家小。」除此以外，還有一些長期存在的現象影響著美國的經濟：美國的財政和稅收政策在鼓勵高消費的同時卻降低了個人儲蓄率；對軍事目的以外的研究和發展（R&D）的投資，與其他國家相比呈下降趨勢；而國防經費占國民生產毛額的比例卻比西方集團中任何一個國家都要高。此外，愈來愈多的美國人從產業部門轉而投入服務業，也就是低生產力的領域中去。

在一九五〇年代和一九六〇年代，美國的上述這些缺點大部分都被欣欣向榮的景象所掩飾：高科技（尤其是外太空）的輝煌成就，消費者對華麗小汽車和彩色電視的需求造成市場高度繁榮，以及美元以對外援助、軍事支出或銀行和公司投資等方式源源不斷流向世界較貧窮地區等等。在這方面，我們應該回憶一下一九六〇年代中期出現的對美國的普遍恐懼，也就是謝爾溫—施賴伯（Jean-Jacques Servan-Schreiber）稱之爲的「美國式挑戰」：美國資金大量湧入歐洲（以及世界其他地區），大有要把這些國家變成美國之經濟衛星國的態勢；以美國爲基地的龐大跨國公司，如埃克森石油公司（Exxon）和通用汽車公司（General Motors）不受歡迎；另外還有美國各商業院校所傳授的先進管理技術以高姿態向世界各地強迫推銷。從經濟角度來看，美國投資和生產的轉移標示著美國經濟力量的強大和現代化，它可以利用較低的勞動成本，並且攻占廣大的海外市場。但是，隨著時間的推移，資金外流達到一定的程度便開始超過製造業產品、食品和「無形」服務業的出口所帶來的貿易盈餘。到一九五〇年代後期，美國即因不斷增加的收支逆差而導致黃金開始外流。由於美元是主要的準備貨幣，所以大多數外國政府寧願保有更多的資金，而不要求以黃金來支付。

到了一九六〇年代，美國的美好時光正式宣告結束。雖然越戰耗費了美國的大量資金，但是甘迺迪政府，尤其是詹森政府，仍繼續擴大美國在海外的軍事支出，而且不僅限於越南一地。這兩屆政府也承襲了一九六〇年以前的政策，一味擴大國內支出。同時，它們又不願冒政治風險，以增加稅收的手段來應付無法避免的通貨膨脹。結果是聯邦赤字逐年上升，物價飆漲，美國的工業競爭力逐漸減弱。然後又進一步導致更大的國際收支逆差，詹森政府只好限制美國公司的對外投資，使得這些公司不得不轉而使用歐洲美元。在這一時期，美國占世界黃金準備（不包括經互會國家）的比例急遽下降，從一九五〇年的百分之六十八降到一九七三年的百分之二十七。由於整個國際支付和貨幣流通體系因這些錯綜複雜的問題而開始動搖，再加上戴高樂對他所稱的美國「轉嫁通貨膨脹」的憤然反擊，使這個體系更加脆弱，因此尼克森政府不得不決定終止私人市場上美元與黃金的掛激，採取美元對其他貨幣的匯率自由浮動的措施。美國金融勢力鼎盛時期所創立的布萊頓森林體系（the Bretton Woods system），終於由於其主要支柱再也不能承受巨大壓力而土崩瓦解了。

一九七〇年代美元自由浮動的詳細情況此處不再贅述。另外，美國歷屆政府如何盡量避免引起過多的政治陣痛而努力控制通貨膨脹和刺激經濟成長的曲折過程，也不再詳細討論。這裡只是簡單地敘述當時的情況。在一九七〇年代，美國高於平均數的通貨膨脹率導致美元對德國馬克和日圓的疲軟，而到了一九八〇年代初，石油危機重重地打擊了過度依賴石油輸出國家組織供應油源的國家（如日本和法國），世界各地發生政治動亂，以及美國實施高利率政策，都使得美元又再度堅挺。上述這些變動過程都很重要，而且很可能造成世界經濟不穩定，但是就本書的目的而言，更值得探討的是那些長期的、嚴酷的經濟發展趨勢；首先是生產力成長的減退，美國私營企業從百分之二點四（一九六五年至一九七二年）下降到百分之一點六（一九七二年至一九七七年），接著又下降到百分之零點二（一九七七年至一九八二年）；其次是預算赤字日益上升，這雖然可以造成凱因斯式的經濟「起飛」，美國卻因此付出了高昂的代價，因爲美國從國外吸收太多的資金（高利率吸引了大量資金湧入），以至於美元價格不正常的升高，使美國從債權國變成了債務國；最後，美國製造業者面臨愈來愈多的困難，完全無法和進口的汽車、電氣製品、廚房用具等種種商品競爭。美國的國民平均生產毛額曾經名列世界之最，現在排名開始下滑自然也就不足爲奇了。

如果從宏觀的角度來認識美國的經濟和需求，而不只以美國與瑞士的所得和日本的生產力進行小範圍比較的話，美國經濟仍然還有一些可取之處。正如卡里奧（D. Calleo）所指出的，美國政策自一九四五年以來確實達到了一些基本而重要的目標：與一九三〇年代的蕭條相比，美國國內也的確是一片繁榮景象；沒有發動戰爭就達到了遏制蘇聯擴張的目標；幫助西歐以及日本復興經濟，恢復了民主傳統，建立了「一個逐漸整合的經濟集團」以及「一連串多國參與的組織……來處理共同的軍事和經濟事務」；促使「舊殖民地國家成爲獨立國家，並與世界經濟保持密切聯繫」。總之，美國維持了自由世界的秩序（美國本身也依賴這種秩序）；儘管它在世界產量和財富中所占比例逐漸萎縮，甚至萎縮得比預期還要快，但是世界經濟權力重新分配後的形勢對美國開放市場和資本主義這兩大傳統並沒有太大的損害。即使說美國在經濟上的領導地位由於某些國家的經濟高速成長而受到削弱，然而其真正國力的所有層面幾乎都對蘇聯保有相當大的優勢，而且由於美國堅守自己的企業家信念，它在管理上的開創精神和科技上的革新仍然使前景看好，而這些都是它的馬克思主義對手難以匹敵的。

上述這些經濟動向的意義將在最後一章加以討論。不過，這裡有必要列出一些統計數字（表7-11）以顯示全球經濟權力平衡的本質：低度開發國家的局部復興使之在世界產品市場中占有一定的比例；日本的經濟顯著成長，而中國的經濟成長程度則稍遜；歐洲經濟共同體在世界經濟中所占比例下降，但仍是世界上最大的經濟集團；蘇聯的比例則持續下滑；美國在快速衰退的情況下經濟實力卻仍然比其他國家強得多。

到一九八〇年，即表7-11中的最後一年，世界銀行關於人口、平均國民生產毛額和國民生產毛額的統計數字顯示，世界經濟權力出現多元分配的現象。參見表7-12。

最後，值得一提的是，這些生產力平衡的長期變化情況就其本身來說並沒有多大意義，但是如果與強權政治一併比較，就可看出其重要性了。列寧在一九一七年至一九一八年間曾指出，正是由於各國之間經濟成長率的不平衡，才導致了一些列強的興起和另一些列強的衰落。他說，「半個世紀之前，就資本主義力量而言，德國和當時英國相比，是一個無足輕重的可憐國家。日本和俄國相比也同樣毫無分量。在十年或二十年之後，帝國主義列強的相對實力絕不可能保持不變。」儘管列寧的話是針對資本主義和帝國主義國家而發，但是這個規律似乎也適用於所有國家。不管政治經濟制度有多麼不同，經濟成長率的不平衡遲早會引起世界政治和軍事均勢的變化。這正是四個世紀以來世界強權國家發展的基本情況。因此，近二十至三十年來世界生產中心異常迅速的變動，不可避免也會對當今

表7-11 1960-1980年不同種類國家與地區在世界生產毛額（GWP）中的占有率

年代 國家	1960年	1970年	1980年
低度開發的國家	11.1	12.3	14.8
日本	4.5	7.7	9.0
中國	3.1	3.4	4.5
歐洲經濟共同體	26.0	24.7	22.5
美國	25.9	23.0	21.5
其他已開發國家	10.1	10.3	9.7
蘇聯	12.5	12.4	11.4
其他共黨國家	6.8	6.2	6.1

表7-12 1980年的人口、平均國民生產毛額、國民生產毛額（GNP）

項目 國家	人口 （百萬）	平均GNP （美元）	GNP （10億美元）
美國	228	11,360	2,590
蘇聯	265	4,550	1,205
日本	117	9,890	1,157
歐洲經濟 共同體十二國	317	—	2,907
西德	61	13,590	838
法國	54	11,730	633
聯合王國	56	7,920	443
義大利	57	6,480	369
西德加東德	78	—	950
中國	980	290或450	284或441

第八章 邁向二十一世紀

回顧與預測

本章以「邁向二十一世紀」爲章題，不僅僅表示年代上的變遷，而且更重要的是「方法論」上的變化。對於歷史學家來說，只要是發生過的事情，即使是最近的過去，同樣是歷史。雖然偏見和資料等問題會使研究近十年歷史的專家「難以區分事物的暫時現象和本質」，但仍隸屬於歷史學術領域的研究。但是，要論述現在將會如何演變成未來，即使只是討論業已出現的趨勢，也不能斷言它就是符合歷史的眞理。不僅原始資料——從以檔案紀錄爲依據的專著到對未來經濟的預測和政治的預言——會發生變化，而且寫出來的東西是否正確也很難說。在研究歷史事實時，歷史學家雖然總會遇到許多處理方法上的困難，但是諸如皇太子被刺或某個失敗的軍事行動之類的歷史事件確實已經發生了。而研究未來，就不會有這些已確認發生的事情。無法預料的事情、偶發事件、某個趨勢的中斷等等都會使原本最爲合理的推測前功盡棄。如果說在研究過程中沒有出現上述各種情況，我們只能說這位學者的運氣甚佳。

因此，本章只能對當前世界經濟和戰略的發展趨勢做一個合理的推測，但不能保證所有的推測（或其中任何一個推測）必然會變成事實。在過去幾年裡，國際美元價格時起時落，一九八四年後石油價格下跌（對蘇聯、日本和石油輸出國家組織產生了不同的影響）。這些事情給了我們一個忠告，就是不能根據經濟動向來下結論。再者，國際政治和外交也從來不是一成不變的。許多專著中曾用整整最後一章來評論國際現勢，但是過不了幾年，又得根據新的發展加以修改。如果本章能夠安然不改，將成爲天下奇聞。

也許，要預測未來會發生什麼，最好的方法是簡要地回顧過去五個世紀以來世界列強的興衰史。本書的第一個論點是，世界上一直存在著一種變革的動力，這個動力主要是由經濟和科技的發展所驅使，對社會結構、政治制度、軍事力量，以及個別國家和帝國的地位都產生顯著的影響。全球經濟變遷速度並非始終如一，原因很簡單，因爲科技革新和經濟成長步調本身並不規則，而且受到各種因素的影響，如某個偉大的發明家或企業家的出現，以及氣候、疾病、戰爭、地理條件和社會結構等等。同樣地，全球不同地區和社會的成長速度有快有慢，這不僅是由於科技、生產和貿易形態的改變，而且也由於某個地區或社會對增加產量和財富的新方式的接受能力。不管是相對的還是（有時是）絕對的，有些地區發展了，有些地區衰落了。這是不足爲怪的。由於人類的天性就是要改善本身的狀況，所以世界的發展從來沒有停止過。自文藝復興時期以來，人類智慧的不斷突破，一直到啓蒙運動和工業革命因「精密科學」的問世而發揚光大。事實顯示，變革的動力變得愈來愈強大，愈來愈持久。

本書的第二個主要論點是，經濟成長速度的不平衡，對不同制度國家之軍事力量的消長和戰略地位都產生了重要和長遠的影響。這也是一種十分平常的看法。這個論點實際上在前文已經多次提及，只是重點和表達方式不同而已。世人並非到了恩格斯時代才知道「沒有什麼比陸軍和海軍更依賴於經濟條件」這個眞理。文藝復興時期的君主也好，今日的美國國防部也好，都非常清楚，軍事力量仰賴的是雄厚的財富作爲後盾，而財富的累積必須依賴興盛的生產基礎、健全的財政金融和先進的科技。如前文所述，經濟繁榮並不一定能夠或是立即轉化爲軍事力量，這牽涉到許多因素，如地理位置、民族精神、軍事上的領導統御手腕以及戰術才能等。然而，世界軍事力量的消長都是隨著生產力均衡的變化而發生變化的，而且國際體系中各大小國家的興衰總是與列強間的戰爭有關，勝利總是由擁有最雄厚物質資源的一方獲得。

以下要討論的不再是歷史，而是對未來的預測。這種預測是近五百年來一脈相承，而且可能繼續發展下去的重大動向為依據的。這個國際體系，不管是由六大強權或兩個超級強權所宰制，仍然處於「無政府狀態」，也就是說世界上還沒有一種比利己的主權民族國家更大的權威。在每一個特定的時期裡，總會有一些國家擴大或縮小了它們的相對權力，到了二〇〇〇年，世界不會像在一八七〇年或一六六〇年那樣處於停滯狀態。相反地，有些經濟學家以為，世界的生產與貿易結構正在以空前的速度發生變化：農業和原料產品正在失去其相對價值，工業「生產」和工業「就業」愈發無法取得平衡，知識密集型產品在所有先進社會占有支配地位，國際資本的流動和貿易方式愈來愈脫節。所有這些變化以及許多科學上的新發展，必然會影響國際事務。總之，除非上帝干預或突然發生毀滅性的核子戰爭，否則世界的權力——尤其在科技和經濟發展變遷的推動下——將會繼續發生變化。如果關於電腦、機器人和生物科技等科學對人類影響的預測是正確的，如果關於第三世界「綠色革命」會獲得成功的預測成為事實（譬如說，印度、甚至中國成為真正的糧食出口國），那麼到了二十一世紀初，整個國際社會將變得更富強。即使科技進步的幅度不大，世界經濟也會照樣繼續向前邁進。人口結構的變化和對需求產生的影響，以及對原料更充分地加以利用，都是經濟會進一步成長的最大保證。

顯而易見的是，這種成長速度將會參差不齊，有的地方快，有的地方慢，視變革的條件而定。因此，我們的預測只能是暫定的。例如，我們不能保證日本經濟近四十年來的驚人成就會在今後二十年裡得以繼續；而誰也不敢斷言，自一九六〇年代以來持續下降的蘇聯經濟成長率，在改革了本國經濟政策和結構之後，會在一九九〇年代起死回生。但是，從目前的發展趨勢來看，我們可以預測日本經濟停滯不前或蘇聯經濟欣欣向榮這兩種狀況都是不大可能的。換句話說，如果從現在到二十一世紀初，日本和蘇聯都出現了上述情況，那麼唯一的可能是因爲環境和政策發生了劇烈的變化，足以推翻我們根據現存情況所做的合理推斷。不過，也不能因爲對十五年或二十五年之後的世界情況的預估可能出現偏差，就放棄了以當前重要的發展動向爲依據所做的合理預測而寧可相信模稜兩可的猜測。

譬如說，當今世界眾所周知的「全球性動向」之一——太平洋地區的崛起，在雄厚的基礎下，今後很可能會繼續發展下去。這樣的預測相當合理。遠東地區不僅包括經濟強國日本，還有中國大陸這個快速轉變中的巨人；不僅包括欣欣向榮的工業國家澳洲和紐西蘭，也包括在工業化方面成就驚人的亞洲四小龍臺灣、南韓、香港和新加坡，以及東南亞國協（ASEAN）的其他成員馬來西亞、印尼、泰國和菲律賓。廣義而言，還應包括美國和加拿大太平洋沿岸的各行政區。這個廣大地區的經濟發展如此迅速，是因爲受到了許多有利因素的綜合影響：一些以出口爲主的地區之工業生產力激增，推動了外貿、航運和金融行業的起飛；新科技不斷湧現，廉價的勞動密集型製造業蓬勃發展；農業生產（尤其是穀物和牲畜）在加倍的努力下成果豐碩，增產速度超過人口增長速度。這些成就相互影響，使得該區的經濟成長率近年來遠遠超過傳統西方列強以及經互會國家。

例如，亞太地區（不包括美國）一九六〇年的國內生產毛額（GDP）僅占世界生產毛額的百分之七點八，而到了一九八二年則增加一倍以上，達到百分之十六點四，此後成長速度一直超過歐洲、美國和蘇聯。預估到了二〇〇〇年，它在世界生產毛額中所占比例可能突破百分之二十，與歐洲或美國的產值相等，即使其成長率低於過去二十五年的水準，也仍然可以取得上述的成就。太平洋盆地在這段時間裡的迅速發展也可以從美國本身經濟情況的變化中顯示出來。一九六〇年，美國和亞太地區的貿易額僅及與歐洲（指經濟合作暨發展組織〔OECD〕國家）貿易額的百分之四十八，但到一九八三年就達到了百分之一百二十二，而且此時美國人口分布和所得分配也擴及其太平洋沿岸地區。即使這個地區某個國家的出現景氣低迷，或某項工業陷入困境，其整體發展趨勢依然不會改變。因此，有位經濟學家充滿自信地如此預測：目前，整個太平洋地區的國民生產毛額（GNP）占世界的百分之四十三，到二〇〇〇年時將高達百分之五十。他還斷言：「由於亞太地區已成爲世界經濟的主要中心力量之一，世界經濟的重心將迅速地移向這個地區。」雖然自十九世紀以來不斷出現類似的論調，但直到一九六〇年以後這個地區的商業和生產力開始蓬勃發展，這項預測才眞正成爲事實。

同樣地，我們也可以合理地預測，另外一個較不引人注目卻更爲廣泛的趨勢將會在今後幾十年裡繼續發展下去，這就是軍備競賽的費用將因爲國際上的各種對抗和研發新式武器的高昂代價而呈倍數上升。有人曾做過這樣的評述：「有一種現象在歷史上是很少見的，即世界各國的軍事支出始終保持成長趨勢。」如果說十八世紀因戰爭和軍備競賽而使軍事支出不斷上升（雖然有短期的起伏，而且武器科技發展緩慢）證明了上述論點的話，那麼二十世紀的情況更是一個最好的例證：二十世紀出現的每一種新式武器，如飛機、戰艦和坦克等，都是一代比一代昂貴，即使在扣除通貨膨脹因素的情況下也是如此。愛德華七世時代的政治家對於一九一四年以前可以用二百五十萬英鎊造出一艘戰艦深感訝異，要是他們知道英國海軍部現在花費一億二千多萬英鎊來建造一艘新型巡防艦的話，一定會嚇一大跳。美國國會議員在一九三〇年代末曾爽快地批准生產數千架B-17型轟炸機的預算，而現在他們聽到五角大廈要耗資二千億美元生產一百架新式的B-1型轟炸機時，便退避三舍，這是可以理解的。在所有方面，軍事經費都是呈倍數上升：「與第二次世界大戰時期相比，轟炸機的成本是過去的二百倍，戰鬥機是一百倍，航空母艦爲二十倍，戰鬥坦克爲十五倍。第二次世界大戰時期一艘G級潛艇的造價是每噸五千五百美元，而現在一艘三叉戟潛艇的造價每噸達一百六十萬美元。」

使情況更複雜的原因是今天的軍火工業愈來愈脫離商業和自由貿易市場的範圍。軍火工業交易往往集中在幾家與國防部有特殊關係的大公司，不僅在美國、英國和法國是如此，連「指令性經濟」的蘇聯也不例外，其產品只供應本國或友好國家，政府通常以獨占契約和超成本保障等方式來保護軍火生產免受市場活動的干擾；而商業性和市場取向的公司，甚至像ＩＢＭ和通用汽車等大公司，也不得不投入激烈的競爭當中，以便在品質要求、消費者口味和產品價格瞬息萬變的國內和國際市場上贏得一席之地。爲了滿足軍隊對最先進武器的需求，以應付各種可能發生的（甚至想像不到的）戰爭，軍火市場生產出來的武器成本愈來愈高，構造愈來愈複雜，數量愈來愈少；而在產品價格方面，除了初期研發階段必須大量投資之外（如家庭用品、辦公室電腦等），接下來要不斷壓低平均生產成本，以利於市場競爭和大規模生產。自十九世紀後期以來新科技的爆炸性突破迫使軍火製造商與政府之間必須加強合作，這雖然違背了「自由市場」的原則，卻是不可避免的趨勢。這一來，預算的狂飆已到達了令人咋舌的程度。有些憤世嫉俗的人甚至預言，到了二〇二〇年五角大廈的全部預算可能只夠製造一架飛機。美國已經提出了各種「軍事改革」的計畫，或許可以阻止這種情況的發生。但是，再怎麼努力也不能扭轉軍火工業的發展趨勢：成本愈來愈高，而生產的武器則愈來愈少。

當然，產生這種情況的主要原因是武器本身日趨精密複雜，譬如說一架新型戰鬥機包含的零件就可能多達十萬件，另外也因爲軍備競賽的範圍已擴大到各個層面：陸地、海上、空中，甚至外太空。除了北約組織和華約組織之間進行的世界上最大的軍備競賽之外（這兩集團在兩個超級強權的支持下，軍備投資幾乎占世界總數的百分之八十，擁有的飛機和艦艇占世界的百分之六十至七十），還有許多小規模的但也相當重要的軍備競賽（這裡暫且不談戰爭），例如在中東、非洲、拉丁美洲以及從伊朗到韓國的亞洲地區。結果第三世界的軍事經費急遽增加，連最窮的國家也在擴充軍備；在此同時，軍火交易愈做愈大，武器彈藥紛紛流入這些國家。到了一九八四年，世界武器交易額高達三百五十億美元，竟超過了世界糧食貿易額（三百三十億美元）。值得注意的是，一九八五年，世界軍事支出總共達到了九千四百億美元，這個數字遠超過地球上較爲貧窮的那一半人口的總收入。再者，世界武器裝備費用的成長速度，要比世界經濟和大部分國家的國民經濟發展速度還快。美國和蘇聯在這方面獨占鰲頭，每年的國防經費都遠超過二千五百億美元，不久將達到三千億美元。在大多數國家裡，軍事費用占政府預算和國民生產毛額的比例不斷上升，只有在經濟不景氣或缺乏強勢貨幣等情況下才勉強節制軍事支出（例外的情況極少，只有日本和盧森堡基於其他原因才控制軍費），幾乎沒有任何一個國家是自願削減軍費的。世界動向研究所（the Worldwatch Institute）稱之爲「世界經濟的軍事化」（militarization of the world economy）。這種軍事化比三十年前以更快的速度發展者。

上面提到的兩種趨勢——世界經濟的不平衡發展（全球生產力量較集中於太平洋盆地）以及軍事支出的激增——應該是各自獨立的，但是兩者顯然會逐漸相互影響，而事實上它們已經在互相影響了。這兩種趨勢都是由科技和工業變革所推動的（當然，個別的軍備競賽也可能有政治或意識形態的動機），也都對國民經濟產生重大的衝擊：第一種趨勢導致各國的財富和生產力以不同速度成長，有快也有慢，社會的繁榮程度也因此有差別；第二種趨勢則消耗國家資源，這不僅表現在投資和原料上，同時也更具體地表現在從事軍事工業生產（與商業和出口型工業相比）的科學家、工程師和研究與發展人員的比例上。雖然國防經費能爲商業經濟產生一些副產品，但是過多的軍費支出絕對會妨害經濟成長。那些特別重視國防的當今社會都面臨種種經濟困難，其實只不過是重蹈腓力二世時期的西班牙、尼古拉二世時期的俄國以及希特勒德國的覆轍。一個龐大的軍事帝國就像一塊巨大的紀念碑，看上去威風八面，根基卻一點也不牢固（這裡的根基是指生產力旺盛的國民經濟），將來有倒塌的危險。

廣義而言，這兩種趨勢都具有深刻的社會經濟和政治意義。一個國家若是經濟發展緩慢就會使人民感到沮喪，引發不滿情緒，甚至抱怨政府的財政分配不均；另一方面，科技和工業的高速發展也會產生影響，尤其對仍未實現工業化的社會產生的影響更大。大規模的軍事支出一方面能爲部分特定工業帶來益處，另一方面會占用其他部門的資源，並且削弱本國經濟面對他國商業挑戰的應變能力。除非敵人已經打到家門口，否則過於龐大的國防支出常會引起「要大砲還是要奶油」的爭論。另外，還會引發一種爭論，也許不那麼普遍，但對本書來說意義更爲重大，就是如何正確處理經濟實力與軍事力量之間的關係。

因此，歷史上曾經出現過不止一次的矛盾現象在這個時代又出現了：一個國家同時生存在無政府狀態的軍事政治世界和自由放任的經濟世界裡；一方面國家爲了尋求戰略安全，必須把巨額資金投入最新武器的研發，並提供大量國家資源給三軍部隊；另一方面爲了經濟安全，必須繁榮國家，而要繁榮國家需先促進經濟發展（透過生產革新和創造財富等方法）、增加產量和擴大國內外需求——而這些都曾因巨額軍事預算而遭到擱置。正是因爲過於重視國防建設會減緩經濟成長的速度，減少國家在世界製造業產量中所占比例，以及在世界財富和世界權力中的地位，所以爭論的焦點還是在於應該動用大規模國防武力來尋求短期安全，或是提高生產和所得以取得長治久安。

這個矛盾現象到了二十世紀後期更加尖銳化，因爲有各式各樣的公開「模式」可以仿效。一方面，有極爲成功的「貿易國」模式，主要在亞洲，如日本和香港，也包括瑞士、瑞典和奧地利。這些國家和地區得益於一九四五年以來世界生產的蓬勃發展和商業的相互依賴，其對外政策強調與其他社會建立和平與貿易關係。因此，他們把國防支出壓低到只要能維護國家主權的水準即可，因此有更多的資源用於國內投資和高消費。另一方面也有各種「軍事化」經濟模式，如東南亞的越南、連年戰火不斷的伊朗和伊拉克、以色列和對其虎視眈眈的中東鄰國，以及蘇聯等國家。這些國家每年的國防預算高達國民生產毛額的百分之十以上（甚至更多）。它們深信如此才能確保軍事上的安全，實際上卻消耗了大量可用於生產與和平目的的資源。我們不妨打個比方，世界的一頭是商人國家，另一頭是武士國家，而居中的國家大多數既不相信世界已經太平到可以把軍事預算降低到像日本那樣低，也不贊同大規模擴大軍備支出，耗費社會和經濟的資源。他們相信，短期軍事安全和長期經濟安全之間是可以協調的。至於那些國際負有無法推卸的軍事義務的國家來說（與日本形成鮮明的對比），問題就複雜得多。許多強國的決策者都很清楚，在提高國防支出的同時，還必須考慮生產投資和日益擴大社會需求（尤其是這些國家的人口普遍高齡化），財政預算的合理分配因而更加困難。

因此，如果在二十一世紀保持列強的地位，必須先具備三個條件：能夠爲國家利益提供軍事安全保障（或其他可行的方式來保障安全），滿足國民的社會經濟需求，並確保經濟的持續成長。最後一個條件尤爲重要。從積極面來看，它能提供國家當前所需要的大砲和奶油；以消極面來看，它能防止國家經濟衰退，以免損害國民未來的軍事和經濟安全。由於世界科技和商業發展不平衡以及國際政治的動盪，如果在某個時期內實現上述三個條件中的前兩個或前兩個中的一個，卻不具備第三條件，長期而言必然會導致國家的衰弱。所有經濟成長緩慢的國家和地區都會因爲不能適應世界權力的脈動而面臨衰敗的命運。有位經濟學家曾明白指出：「如果一個國家的生產力的成長，一百年來一直以百分之一的速度落後於其他國家，那麼這個國家將會從世界數一數二的工業領袖地位下降到今天的二流經濟國家地位。英國就是一例。」

世界列強實現這三個壯舉的方法，不管成果如何，都是本章下面各節所要討論的重點。不容諱言，國防支出與軍事安全、社會與消費者的需求，以及經濟發展所需資金這三個方面必然會相互競爭，以搶食國家資源大餅，而且恐怕找不到一個十全十美的辦法來解決這個難題。最佳的辦法是各方都退一步以取得大致的平衡。但是，這種平衡並不是單靠理論上的定義就能達到，而大半是由國家的環境所決定的。一個四面強敵環伺的國家與受到威脅較小的國家相比，自然要在軍事安全方面多做投資；一個天然資源豐富的國家當然也比別的國家有更多的資金可以消耗在大砲和奶油上；一個爲趕上別的國家而致力於經濟發展的國家與一個瀕臨戰爭的國家相比，在財政分配重點方面絕對有不同的考慮。地理、政治和文化的不同，各個國家的「解決方法」自然也有差異。儘管如此，基本上若是一個國家不能使國防、消費和投資三方面的需求達到大致的平衡，就不可能長久保持其列強地位。

中國的平衡術

中國對下列三個方面的壓迫感比任何一個國家都要強烈：武器的現代化、人民的社會需求以及現有資源投入非軍事性的生產。而同時，中國是當今列強中最窮的，可能也是戰略地位最差的國家。中國長期以來一直爲各種問題所困擾，現在其領導階層似乎已擬定了一個龐大而全面的策略，其連貫性和前瞻性超過蘇聯、美國和日本，尤其是西歐。雖然中國的物資短缺十分嚴重，但是其不斷衝刺的經濟發展正足以彌補這個缺點，如果此一情況得以持續下去的話，那麼數十年之間中國的面貌將會大大改觀。

中國的弱點眾所周知，這裡只簡單敘述幾點即可。在外交和戰略上，北京始終認爲自己處於被孤立和被包圍的處境（這種想法自有其道理）。一方面是由於毛澤東對鄰國採取的政策，另一方面也是由於在過去數十年世界上其他列強在亞洲地區的野心和競爭。中國人對日本侵華的痛苦仍記憶猶新，因而對日本近年來的高度發展持審慎保留態度。與美國的關係雖然已在一九七〇年代解凍，但中國對美國仍然心存疑慮，尤其是對美國的共和黨政府不放心，因為共和黨政府似乎特別熱中於建構反蘇聯盟，也對臺灣過於友善，並且對北京所支持的第三世界國家和這些國家的革命運動過分干涉。臺灣和幾個近海小島的前途是中國的棘手問題之一，至今懸而未決。中國與印度的關係一直十分冷淡，又由於雙方與巴基斯坦和蘇聯的關係使問題更加複雜。蘇聯近年來曾多次向北京示好，但是中國始終認為蘇聯是它的主要外來威脅，不僅是因為中蘇邊界上部署了龐大蘇聯軍隊和飛機，同時也因為蘇聯入侵阿富汗，以及越南在蘇聯支持下在中國南方的中南半島大肆軍備擴張——後者尤其令中國擔憂。因此，中國在某種程度上與本世紀初的德國十分類似，在努力提高自己在世界上列強地位的同時也深感自己受到「圍堵」。

其次，面臨這麼多棘手和多邊問題的中國，和其主要對手相比，無論在軍事上還是經濟上都不算強大。中共軍隊的規模倒是不小，但適用於現代戰爭的武器裝備卻少得可憐。大部分的坦克、大砲、飛機和戰艦都是多年前根據蘇聯或西方武器仿製的，當然不能與最新的先進武器相比。中國既缺少強勢貨幣又不願過分依賴他國，從外國購買武器的數量因而一直保持在最低程度。更令各領導人擔憂的是中共軍隊的戰力較低，這是毛澤東主義者抨擊軍隊專業化的觀念並且過於偏重農村民兵的結果——這種偏差使得中共軍隊在一九七九年中越邊境戰爭中遭富有戰鬥經驗和訓練有素的越南軍隊重創，二萬六千人陣亡，三萬七千人輕重傷。在經濟上，中國更為落後。根據西方概念和經濟度量法，即使對官方公布的數字加以修改，中國的平均國民生產毛額也不可能超過五百美元，而許多先進資本主義國家的平均國民生產毛額已經遠遠超過一萬三千美元，蘇聯也達到五千美元以上。由於中國人口到了二〇〇〇年很可能從現在的十億上升到十二億或十三億，所以個人所得大幅增加的可能性不大。即使到了二十一世紀，與現在的列強相比，中國的平均生活水準仍然偏低。此外，要管理這樣一個人口眾多的國家，要使這麼多的派系（黨、軍隊、官僚、農民等）能夠調和，要在不引起社會和思想動亂的情況下達到國家的成長，自是困難重重，這是不言而喻的。即使對手腕最靈活、最富於才智的領導階層來說，也是個嚴酷的考驗。更何況中國近一百年來從未出現過一個可資借鏡的長期發展策略之先例。

儘管如此，中國在最近六至八年的時間裡所推行的改革和自我改善仍然值得深切注意。總有一天，歷史學者會將鄧小平時期和柯伯（Colbert）時期的法國、腓特烈大帝在位的前期或明治維新後數十年黃金時期的日本相提並論。也就是說，在鄧小平的領導下，中國正在努力運用每一個務實的方法來加強國家實力（各方面的實力），以進取精神、開創精神和革新精神來謀求國家利益，以便盡快地及順利地實現國家目標。推行這種策略，必須確實使政府政策的各個方面能夠相互配合。因此也應該具備一種高超的平衡技巧，能夠審慎地判斷以何種速度才能保證各項改革順利進行，資源的分配要以何種比例才能滿足短期需求、長期需求和國內外需求，以及如何調整意識形態和實際經驗之間的關係——後者特別重要，因為中國仍屬於「經過修正的」馬克思主義體系。儘管中國仍面臨種種困難，而且將來還會出現新的難題，但是到目前為止中國所取得的成就值得喝采。

例如，在許多方面，中共軍隊在歷經一九六〇年代的動盪之後正在進行一連串的變革。人民解放軍（包括海軍和空軍）按計畫從四百二十萬裁減到三百萬，反而增強了軍事實力，因為原來的許多編制是後援部隊，只負責修建鐵路和盡公民義務。裁員後留下來的則是較精銳的部隊，他們換上新制，恢復軍銜（曾被毛澤東視為代表「小資產階級意識」而遭廢除），使之面貌一新。不過這支軍隊還有待進一步加強，如用徵兵制來取代大部分的志願役人員以提高素質，改組軍區，精簡參謀人員，以及改進軍事院校的教育訓練等（這些軍事院校也是在毛澤東主義者失勢之後才成立的）。而在此同時，還要實行大規模武器裝備的現代化。中共軍隊的武器雖然數量可觀，其中一大部分卻是過時的廢物。海軍已獲得若干新式船艦，包括驅逐艦、護航艦和快艇，甚至還有氣墊船，此外還建立了一支規模相當龐大的傳統潛艇部隊（一九八五年有一百零七艘潛艇），居世界第三位。坦克已經配備了雷射測距儀，飛機也改裝為配備有現代化雷達的全天候機型。除了提高武器裝備水準以外，中共軍隊還展開因應現代化戰鬥的大規模軍事演習，如一九八一年的演習投入了六至七個軍的兵力，還有飛機支援——而在一九七九年的中越衝突中尚沒有飛機可供調派。中共軍隊還對中蘇邊界實行的「前線防衛」戰略重新考量，計畫加以再部署以便在漫長且毫無屏障的邊界展開反擊。海軍演習的規模也相當具有震撼性。一九八〇年，一支由十八艘艦艇組成的特遣艦隊航行了八千哩到南太平洋，執行一項與中國試射洲際彈道飛彈有關的任務。這等於是中國自十五世紀初鄭和下「西洋」以來又一次展現其海上武力的舉動。

中國躋身世界軍事強國之列，更令人印象深刻的是它以超乎尋常的速度發展核子科技。雖然中國在毛澤東時代就已首次成功地完成了核子試爆，但毛本人卻公開譏笑核子武器，而大肆讚揚「人民戰爭」的威力。與此相反，以鄧小平為首的領導中心則全力使中國盡快躋身於世界現代化軍事國家之林。早在一九八〇年，中國就已測試了射程達七千海哩的洲際彈道飛彈，這不但使蘇聯全境，而且也使美國的一部分暴露在射程以內。一年之後，中國的一枚火箭成功地發射了三顆太空衛星，這顯示中國已經掌握了多彈頭火箭技術。雖然中國的大部分核子武器是陸上的，而且主要為中程，而不是長程，但是新的洲際彈道飛彈以及一支配備飛彈的潛艇部隊——從核子嚇阻意義來看，這才是最重要的——已加入核子武器行列。自一九八二年以來，中國一直在試驗潛射彈道飛彈，並且致力於提高射程和命中率。另外還有報導說，中國也在測試戰術核子武器。除此之外，中國還擁有規模龐大的核子研究機構。中國拒絕承認國際禁試條約，以免其核子武器發展遭到「凍結」，因爲這個條約只對現有的核武大國有利。

雖然中國在軍事技術方面取得了驚人成就，但是它的弱點也不容忽視。它從研發一種武器的原型，經過試驗、檢定和最後量產給部隊使用，中間的時間拖得相當長。主要原因是資金不足和科學研究設施不全。其間也曾經受到許多挫折——在測試潛射飛彈時險些引起潛艇爆炸；多次取消或延緩一些武器研發計畫；在合金技術、製造先進的噴射發動機、雷達、導航和通訊設備等方面都缺乏專門技術知識等。這些缺點都有礙於中國在軍事上趕上蘇聯和美國。海軍方面雖然成功地進行了太平洋演習，但缺少一支遠洋海軍，其飛彈潛艇部隊仍會有一段很長的時間落後於兩個超級強權，而美蘇兩強正在斥資製造巨型潛艇（如「俄亥俄」級和A級核子動力潛艇），這種巨型潛艇比任何一種潛艇的潛航深度更深、航速更快。在財政方面，中國的國防支出只有超級強權的八分之一左右。如果繼續維持這個數目，就不可能與超級強權勢均力敵，因此它也不可能獲得所有種類的武器或解決所有可能的威脅。

雖然如此，中國現有軍事力量可發揮的影響力已經比幾年前大得多。軍隊的訓練、編制和裝備都有所改善，在地區性衝突上（例如越南、臺灣或印度）處於比二十年前更強大的地位，即使與蘇聯對峙，軍事優勢也不會再由蘇聯獨享。即使中蘇因亞洲的糾紛而發生戰爭，莫斯科領導中心也無法下令發動核子戰，因爲這樣做會引起全世界的強烈反應，而且美國的反應如何也無法預測。即使蘇聯眞的使用了核子武器，也不大可能在中國採取報復行動之前就摧毀中國所有的陸上和（尤其是）海上的飛彈基地。倘若只是傳統戰爭，蘇聯仍將陷於困境之中。蘇聯在烏拉山以東的兩個軍區部署了約五十個師（包括六至七個坦克師），這足以證明蘇聯對發生戰爭的可能性是認眞看待的。據稱，蘇聯的這些部隊能夠對付人民解放軍部署在邊境地區七十多個師的兵力，但是從軍事上看，蘇聯無法取得完全的優勢，因爲中國可以放棄土地，拖延時間來抵擋蘇軍的閃電攻勢。許多觀察家認爲，中亞目前存在著一種「大致平等」的局面，也就是說一種「武力均勢」的局面。假如情況果眞如此，那麼其戰略上的影響層面將直達蒙古地區。

但是，中國的長期作戰能力並非僅止於此，主要是因爲過去數十年來經濟迅速發展，軍事力量因而大幅增加。前面一章已經提到過，中國的製造業在共產黨建立政權之前就已具有相當的實力，只是被廣大的國土、占人口絕大多數的農民，以及戰爭和內戰的破壞拖垮了。馬克思主義政權的建立和國內和平的出現爲生產發展提供了有利條件，政府採取了促進工業和農業發展的積極措施——雖然在毛的統治下，這些措施有時並不切實際。一位觀察家曾在一九八三年至一九八四年間曾公開下列數字：「自一九五二年以來，中國的工業和農業的年成長率已經分別達到百分之十和百分之三左右，國民生產毛額的年平均成長率爲百分之五至六。」這些數字雖不能與新加坡和臺灣等以出口爲主的亞洲「貿易國」相比，但從遼闊的國土和眾多的人口來看，這些成就還是很突出的，中國將會很快成爲一個具有相當實力的經濟大國。據估計，到了一九七〇年代後期，中國的工業經濟規模已經趕上一九六一年的蘇聯和日本。值得再次一提的是，這個結果把下面這些時期都已計算在內：一九五八年至一九五九年的大躍進，一九六〇年代初中蘇分裂以及蘇聯撤回資金、科學家和工程設計，以及文化大革命的動亂——這場動亂不僅破壞了中國的工業規劃，而且延誤了幾乎一代（約三十年）人的教育和科學。如果這些事件都沒有發生，那麼中國經濟的全面發展會更快。從鄧小平主導的改革運動頭五年所取得的成就可以證明上述說法：在這五年裡，中國農業的年平均成長率爲百分之八，工業年平均成長率則爲百分之十二。

另一方面，農業仍然是中國極大的機會和弱點所在。東亞地區的水稻種植方法每公頃的產量很高，但是勞力密集程度也很高，不適合採行美國大平原地區的那種大規模機械化耕作方式。然而，中國農業只占國內生產毛額的百分之三十，農民卻占了全國人口的百分之七十，所以農業的衰退（或甚至發展稍微緩慢）便會拖垮整個國民經濟（蘇聯就曾出現過類似情況）。這種情況又因為中國人口的這顆定時炸彈而變得更加複雜。目前，中國以二億五千萬英畝的可耕地來養活十億人口（相比之下，美國可耕地有四億英畝，人口只有二億三千萬）。到了二〇〇〇年，中國將會更依賴進口糧食來養活新增加的二億人口。如果大量進口糧食，又會使中國的戰略成本和收支平衡都受到影響。對於這個關鍵性問題，要得到明確的答案是很難的，更何況專家的看法也不一致。近三十年來，中國食品的出口額逐年下降，到了一九八〇年已經完全變成了一個進口國。另一方面，政府正在努力仿效印度的模式，動用大量科技資源來達成「綠色革命」的目的，再加上鄧小平提倡市場經濟改革的刺激，農產品收購價格的提高（不把負擔轉嫁給城市居民）等等，中國近五年來的糧食產量有了明顯的增加。一九七九年至一九八三年間，正當許多國家的經濟處於蕭條之際，中國八億農民的所得增加了約百分之七十，從飲食中攝取的熱量幾乎達到巴西人或馬來西亞人的水準。「一九八五年，中國生產的穀物比十年前增加了一億多噸，創下歷史的新高。」隨著人口的增加以及人們需要愈來愈多的肉類（和穀類）消費量，農產品消費量所承受的壓力也就愈來愈大，然而中國的可耕地面積仍然沒有增加，老是靠化學肥料來提高產量也不是辦法，總有一天產量還是會減退。然而事實證明，中國使用精湛的平衡技術來解決農業方面的問題，成績耀眼。

中國的工業現代化對於國家的前途雖然至為重要，但也是一個相當棘手的內政問題。其困難不僅在於消費者的購買力低落，同時也和中國多年來一直跟隨蘇聯和東歐實行高壓而拙劣的計畫經濟政策有很大的關係。近年來中國採取了一些「自由化」措施，例如讓國營企業因應品質、價格和市場需求等特性來決定生產，同時鼓勵建立小型的私人企業以及擴大對外貿易等。這些措施大幅提高了生產量，但也帶來了許多問題。成千上萬個個體戶突然湧現，使得共產黨的意識形態理論者大感恐慌；物價上漲（可能是必要地反映市場成本，也可能是經常為人所詬病的「哄抬物價」或「牟取暴利」所致）引起了都市工人的抱怨，因為他們的所得沒有農民和企業家漲得快。此外，由於對外貿易迅速擴展，使得進口產品激增，導致貿易赤字。一九八六年，當時的國務院總理趙紫陽宣稱，事態發展有些「失控」，有暫時加以「鞏固」的必要性，並宣布要降低一些過熱的發展指標。這些都顯示中國內政和意識形態方面都還存在著嚴重的問題。

值得注意的是，中國雖降低了成長率指標，但數字依然相當可觀——百分之七點五（一九八一年以來一直是百分之十）。如果照此發展下去，國民生產毛額在不到十年的時間內就能增加一倍（如果以百分之十的速度成長，則只需七年）。經濟學者認為這個目標是可以達到的。首先，一九七〇年以來，中國的儲蓄率和投資一直占國民生產毛額的百分之三十以上。雖然這會帶來一些問題（如儲蓄和投資的擴大就縮小了消費的金額，為了彌補這一點就必須保持物價穩定和拉平工資待遇，但這樣卻不利於企業的發展），但也意味著國家將有大量資金可用於生產投資。其次，中國在降低生產成本方面尚有相當大的潛力。例如，中國在能源消耗上一直十分浪費，其石油儲量因而不斷下降，但是自從一九七八年實行能源改革以來已大幅降低了工業的主要消耗量，省下許多資金可用於其他方面的投資或消費。再者，中國已經開始擺脫文化大革命造成的不良影響。在長達十年的文革期間，大學和研究院遭到關閉或者被迫從事完全違背生產規律的活動，但是可以預料，經過一段時間之後中國會趕上世界科學技術的水準。幾年前曾有人如此評論：「只有在這樣的背景下，人們才能體會一九七〇年代後期數以千計的中國科技人員到美國或其他西方國家留學一、二年或更長時間的重要意義。……到了一九八五年（當然到一九九〇年亦然）中國將擁有數千人的科技幹部，在各個領域從事尖端科技研究，數以萬計由國家培養出來的或在國外留學過的科技人員將會分配到各研究機構或企業工作，致力於提高中國的工業技術水準，至少在戰略性領域裡可以達到國際水準。」直到一九七八年之後，中國才開始選擇性地鼓勵對外貿易和吸引外資，管理人員和企業家有機會從西方國家和公司所提供的科學儀器、專利和生產設備中選擇對自己有用的東西（西方政府和公司高估了中國的市場消費能力）。或者更明確地說，由於北京政府要控制對外貿易的規模和項目，所以對進口產品須加以謹慎選擇，以促進經濟發展。

中國為了促使經濟「狂飆」而採取的最後一個措施，或許也是最值得注意的，就是嚴格控制國防支出，禁止軍隊消耗其他方面所需要的資源。在鄧小平看來，國防應該排在中國大肆宣傳的「四個現代化」的最後一位，也就是在農業、工業和科技的後面。雖然我們很難得到中國國防支出的確切數字（主要是由於計算方法不同），但是有一點似乎是比較清楚的，就是在過去的十五年裡國防支出占國民生產毛額的比例已大幅度下降，從一九七一年的百分之十七點四（根據某一資料）降到一九八五年的百分之七點五。這可能會引起軍方的不滿，也會使得國內對於經濟建設重點和經濟政策的爭論更加激烈。如果北方或南方發生嚴重的邊界衝突，國防支出還是會增加。無論如何，目前政府將國防支出擺在次要地位，足以說明中國全力發展經濟的決心，而且與蘇聯拚命追求「軍事安全」和雷根政府大量增加國防預算形成鮮明的對比。許多專家指出，從中國現有的國民生產毛額以及國內儲蓄和投資所占的比例來看，中國完全有能力投入比目前的三百億美元預算更多的錢在國防建設上，但是政府沒有這樣做，這反映了一個信念，就是只有在目前的生產量和財富呈倍數增加之後才能獲得長期的安全保障。

總之，除非發生中蘇戰爭或者像文化大革命那樣的長期政治動盪，中國的發展趨勢應該不會再度停止。雖然中國在管理、能源和農業等方面都有嚴重的問題，但是這些都是開發中國家在成長過程中會遇到並且能夠克服的問題。如果這是對中國前景的一種樂觀描述的話，那麼《經濟學人》同期的預測則更為樂觀：中國經濟若是保持年平均成長率為百分之八（該週刊認為這是可能的），不

到二〇〇〇年就能遠遠超過英國和義大利的國民生產毛額，到二〇二〇年則超過任何一個歐洲國家。（見圖8-1）

不過，這種預測中還包含了許多易變因素，它不是絕對精確的。然而整體趨勢還是不會變的，中國將在短時期內（如果不發生重大災難的話）擁有非常高的國民生產毛額。從國民平均生產毛額來看，中國還是相當貧窮，但絕對要比現在富裕得多。

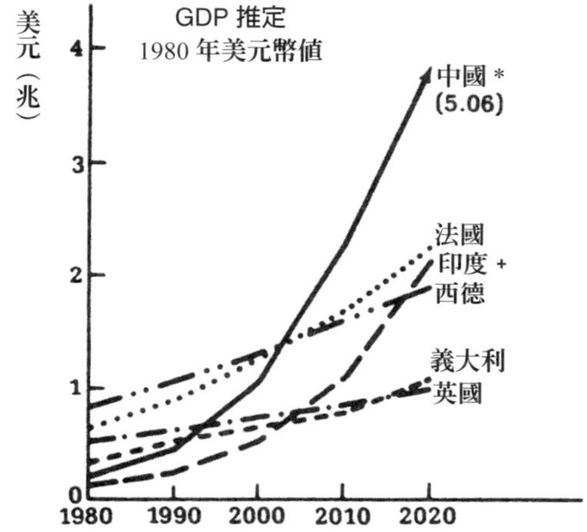

* 假定 1980-1985 年間的年增率爲 7%，此後爲 8%。
\+ 假定 1980-1985 年間的年增率爲 5.5%，此後爲 7%。
其他國家的年增率，假定保持 1970-1982 年間的水準。
資料來源：《經濟學人》／國際貨幣基金組織。

圖8-1　中國、印度和某些西歐國家1980-2020年的國內生產毛額預測

至於中國未來會對國際舞臺產生什麼影響，有三點值得一提。第一點，也是最不重要的一點，就是儘管中國的經濟成長會促進對外貿易，但還是不可能成爲第二個西德或日本。像中國這樣一個腹地遼闊，國內市場廣大、人口眾多、原料豐富的國家，絕不會像一個較小的海上「貿易國」那樣依賴國外市場。中國勞力密集式的農業規模龐大，而且政府下定決心不過度依賴糧食進口，也使得中國不可能過分發展對外貿易。不過中國卻可能成爲一個重要的低成本商品生產國，如紡織品。如此一來就有能力支付引進西方甚至蘇聯技術的費用。但北京的決心十分明顯，決不依賴國外資本、製造業或市場，尤其不依賴某一個國家或某一個供應商。中國從國外引進技術、設備和生產方法，都是爲了滿足其平衡術的全面需要。這和中國最近加入世界銀行和國際貨幣基金組織並不互相矛盾，而且它還有可能加入關稅暨貿易總協定和亞洲開發銀行。中國成爲這些組織的一員並不代表它有意加入「自由世界」，這正是其精明之處：如此它可以透過世界組織而不是與某個大國或私人銀行進行單獨「交易」，可以輕易打入國外市場；換句話說，中國既可進入國外市場，又能維護自己的地位和獨立。第二點也和第一點有關，就是目前的中共政權不同於一九六〇年代的毛澤東政權，那時候似乎較熱中於頻繁的邊界衝突，而現在則致力於與鄰國甚至有敵意的國家保持友好的關係。如前文所述，和平對於鄧小平的經濟策略是極爲重要的。任何一場戰爭的爆發，即使只是地區性衝突，都會使資源轉移到軍隊，因而改變了中國「四個現代化」的優先順序。另外，前面也提到過，中國對於中蘇關係已不像先前那麼緊張，因爲它的軍事力量已經大幅提升，在中亞地區大致達到了「勢均力敵」的狀態。有了這種「力量的彼消此長」，或是至少具有相當的防衛能力，中國更可以全神貫注於經濟建設了。

中國有充分的誠意追求和平，但是它也決心維護自己的完全獨立，反對兩個超級強權軍事干涉他國，甚至對日本也保持警惕，限制對日本的進出口貿易額，並警告日本不要過度參與開發西伯利亞。對美國和蘇聯，中國的態度雖較爲審愼，但仍帶有批判眼光。蘇聯要求改善與中國關係的所有建議，甚至包括一九八六年初提出的蘇聯工程師和科學家回到中國工作的建議，都沒有改變北京的基本立場：蘇聯必須對下面三個主要爭端做全部或局部的讓步，中蘇關係才能獲得眞正改善，即蘇聯入侵阿富汗、蘇聯支持越南的問題以及長年存在的中亞邊境安全問題。另一方面，美國在拉丁美洲和中東的政策遭到北京的一再抨擊（蘇聯在熱帶地區的挑釁行爲也遭到中國抨擊）。雖然中國並不是第三世界運動的正式成員，而且對帝國主義侵略行爲的抨擊不如一九六〇年代毛澤東主政時激列，但是其經濟屬於低度開發國家之一，並對白色人種控制全球的企圖多所疑懼，因此中國對兩個超級強權的任何干涉行爲反應強烈是理所當然的。中國一方面對蘇聯在亞洲的野心心存警惕，另一方面也對美國希望打「中國牌」表示懷疑。中國認爲，有必要在美蘇兩強中選擇一方當作靠山，但由於中蘇關係不睦，中國自然較傾向美國，兩國甚至共同監視蘇聯的核子測試以及交換有關阿富汗和越南的情報。當然，對北京來說，最理想的情況還是與美蘇保持相等的距離，並接受它們的示好。

在這一點上，由於中國在處理與其他列強的關係上所表現的獨特「風格」，更突顯它在當今（以及未來）國際舞臺上扮演一個眞正獨立角色的重要性。波拉克（Jonathan Pollack）對此曾做過絕妙的評述如下：

> 如果只是從武器、經濟實力和潛力來看，很難解釋中國在世界權力平衡中的重要性。即使戰略地位十分重要，經濟各方面也都發揮得很好，我們還是無法解釋爲什麼美蘇兩強在制定政策時必須顧慮中國的反應，以及爲什麼世界上其他主要國家都密切注意中國的一舉一動。答案在於表面上中國假裝自己是一個受到威脅和受盡委屈的小媳婦，但實際上它一直在精明而厚顏地運用各種可以利用的政治、經濟和軍事手段。對於超級強權，中國在不同時期有不同的戰略方式，如對峙和武裝衝突、局部和解、非正式的結盟以及近乎超然的中立態度、偶爾還會罵上幾句刺耳難聽的話，文攻武嚇交錯運用。結果，誰也摸不清它到底葫蘆裡賣什麼藥，許多國家甚至乾著急，很想知道中國眞正的長遠打算和今後的方向。

可以確定的是，這種含糊的策略有時會招致很大的政治和軍事風險，但也相當有助於中國確立自己的列強地位。中國經常藐視兩個超級強權的利益或需求而獨立行事，有時還會擦槍走火，不按牌理出牌。雖然它看上去似乎不很強大，但對美國或蘇聯都沒有表現出卑躬屈膝的樣子。……由於上述種種原因，中國在國際上享有獨特的地位，它不但參與戰後許多重要的政治和軍事衝突，而且也很難從政治或意識形態上確定其歸屬。……事實上，從某種意義來看，中國應該是可以憑自己的力量而一躍成爲候補超級強權的，它既不模仿蘇聯，也不對美國亦步亦趨，而是完全依靠自己在全球政治中的獨特地位。長遠看來，中國代表了一種政治和戰略力量，這種力量非常強大，我們不能把它視爲蘇聯或美國的附庸，或是一種中間力量。

最後，必須再次強調，雖然目前中國嚴格控制國防支出，但是它絕對無意在將來繼續在戰略上屈居於「輕量級」國家。正好相反，中國愈是以柯伯的國家主義方式來推動經濟擴張，其發展就愈具有強權政治的含義。中國對發展科學技術的重視程度，以及在科技水準仍十分落後的情況下，研發火箭和核子武器等方面已經成就驚人，就可以更清楚地了解這種強權政治的含義了。目前，中國犧牲對武器的投資來換取國家經濟的發展，自然會引起軍方人士的不滿（和任何國家的軍人一樣，他們追求的是近程安全，而不是長期安全）。《經濟學人》對此有精闢的評論：「如果中國軍方人士耐心等待的經濟改革計畫能夠順利完成，如果中國的生產毛額能夠如期在一九八〇年至二〇〇〇年間增加四倍，那麼在十年至十五年的時間裡，民間經濟將儲備足夠的力量來推動軍事工業更迅速發展。那到時，中國的軍隊，它的鄰國和世界列強都必須認眞思考未來的世界動向。」這一切都只不過是個時間問題。

日本進退維谷

日本在國際上一直奉行（自稱的）「全方位和平外交」——有人戲稱之爲「面面俱到」的外交。現在，這種外交模式開始受到挑戰，而中國對東亞情勢的密切關注更增加了這種壓力。日本的困境也許可以歸納如下：

日本自一九四五年以來經濟發展迅速，使它在世界經濟和強權政治中享有特殊而有利的地位，但這也是一種微妙而脆弱的關係（日本人自己也感覺到這一點），因爲一旦國際情勢發生變化，這種地位就會受到嚴重威脅。日本當然希望那些當初造成日本「奇蹟」的各種有利因素能夠繼續存在。但是，這個世界是一個「不滿意」者和「滿意」者相互推擠爭占的無政府狀態之世界，科技和商業的變遷迅速異常，所以日本期望永存的那些有利因素將會愈來愈少，甚至完全消失。日本意識到自己的微妙處境，所以不願公然抗拒變遷所加諸的壓力，而是透過外交妥協加以減緩或疏導。一旦發現自己夾在其他國家間的政治爭鬥之中時，它總是主張和平解決國際爭端，以免自己受害或處境尷尬。日本希望在愈來愈富裕的同時，也與世界上所有國家保持友好關係。

日本經濟迅速發展的原因在前面已經討論過了。在過去的四十多年裡，日本國土一直受到美國核子武力和傳統武力的保護，海上航線也受到美國海軍的保護，所以日本得以擺脫軍國主義的擴張並且削減高額的國防預算，而將大把精力和資源用來持續發展經濟，尤其是擴大出口市場。日本的成就當然與人民的創新精神、品質管制和艱苦奮鬥有絕對的關係，但另外也存在一些特殊因素，例如幾十年來日本一直刻意壓低日元幣值以擴大對外貿易，正式或非正式地限制購買進口的外國製成品（當然不包括國內工業迫切需要的原料），以及國際自由貿易生態幾乎使日本產品暢行無阻——美國爲了減輕負擔，照樣對日本產品大開方便之門等。因此，近二十五年來，日本始終享有各種有利條件，得以發展成爲全球經濟巨人，而不須承擔任何政治責任，也不受到任何有關領土問題的困擾（從歷史上看，一個國家經濟發達了就會出現政治或領土糾紛）。難怪日本不願意看到世界形勢起變化。

既然日本現有的成就都發生在經濟領域，那麼最嚴重的問題自然也都發生在經濟層面。一方面，科技和經濟的發展使日本的政治經濟在即將到來的二十一世紀處於最佳狀態，大多數的專家對此都持相同看法。另一方面，日本在科技和經濟方面的成就，已經對以出口爲主的經濟擴張本身產生了一種「剪刀效應」。這把剪刀的一個刃是亞洲其他雄心勃勃的新興工業國家紛紛仿效日本，如南韓、新加坡、臺灣及泰國等，還有正在急起直追的（如紡織業）中國大陸。這些國家的勞動成本都遠比日本低，它們都在那些日本不再享有絕對優勢的產業裡（如紡織品、玩具、民生用品、造船、甚至少數鋼鐵和汽車）對日本構成強勢的挑戰。當然，這並不表示日本的造船、小汽車、卡車和鋼鐵工業已經沒落，但是這些產品必須不斷精益求精（如高級鋼材和更先進的大型汽車等），才能擺脫其他國家的嚴重威脅。日本通產省更重要的任務是制定出一個計畫，來逐步淘汰那些不再具有競爭力的（夕陽）產業，不僅要使這種淘汰不致造成太大的創傷，也要妥善安排，將這些產業的物資和人員轉移到其他在國際上更有競爭力的產業中。

這把剪刀的另一個刀刃更值得日本擔憂，那就是美國人和歐洲人對日本產品無孔不入地傾銷，並輕易打入他們的國內市場而日漸感到不滿。日本的鋼鐵、機具、摩托車、小汽車、電視機和其他電氣製品源源不斷地流入這些國家繁榮的市場，日本對歐洲經濟共同體和美國的貿易順差也逐年擴大。歐洲國家對此的反應較爲強烈，採取制定進口配額及明令禁止某些產品進口等措施，如法國規定日本電氣製品只有在通過設於普瓦提（Poitiers）的人員不足的海關之後才可進口。美國對禁止或限制日本產品進口有點猶豫不決，只是採取了一些模稜兩可的所謂「自願」限制措施，因爲美國政府本身一直主張開放性的世界貿易體系。但是，即使是最堅定的自由貿易擁護者面對日益惡化的形勢也深感不安。美國供應日本食品和原料，而日本輸往美國的卻是工業製成品，這幾乎使美國淪爲「殖民地」或「低度開發」的貿易國家。美國對日本的貿易逆差不斷增加，在一九八六年三月三十一日結束的會計年度內，貿易逆差高達六百二十億美元。那些在來自太平洋彼岸的競爭中首當其衝的美國工業因此陷入困境。美國在上述壓力之下也逐漸採取了一些措施來扭轉這種不平衡關係，例如要求提高日元的匯率、大幅增加美國對日本的出口等等。由於西方世界傾向半保護主義政策，限制美國紡織品和電視機的總進口額，所以日本不得不和其亞洲貿易對手共同瓜分這個逐漸縮小的市場。

至此，日本政府官員才意識到日本的市場占有率和榮景正在受到威脅：許多產業受到亞洲新興工業國家日益增強的挑戰，出口受到西方政府的限制，日圓迅速升值，以及各式各樣的壓力——要求改變稅法，要求把儲蓄資金轉爲消費資金，要求大幅增加進口等等。一般認爲，這些難題可能代表日本以出口爲導向的經濟繁榮的結束、貿易順差的減少以及經濟成長速度的減緩，事實上日本經濟的成長速度，隨著經濟的「成熟化」和發展潛力的消褪，早已放慢腳步。在這方面，日本擔心的又不僅是經濟的「成熟化」，而是人口年齡結構的變化，因爲到了二〇一〇年，日本「工作年齡人口（十五歲到六十四歲）的比例將是主要工業國家中最低的」，日本的社會保險支出額勢必因而增加，而且有可能喪失經濟發展潛力。另外，任何引導日本消費者購買外國商品的做法（享有可靠聲譽的外國商品除外，如賓士汽車）都會引起國內的政治紛爭，而且將導致政治共識的瓦解，而這種共識一直是日本以出口爲導向的經濟持續發展不可或缺的動力。

雖然日本的經濟成長率會因爲進入更加成熟的階段而下降，而且其他國家也不會讓日本繼續保有其一貫的出口額劇增之經濟優勢。但是，未來日本仍然可能比其他列強發展得更快，主要原因如下：首先，日本是一個極度依賴進口原料的國家（百分之九十九的石油、百分之九十二的鐵和百分之百的銅是靠進口的），隨著世界貿易關係的變化，日本將從中獲得極大的利益；一九八〇年和一九八一年之後世界石油價格下跌，日本得以每年節省數十億美元的外匯，何況這只不過是原料和食品價格下跌的一個顯著例子而已。其次，雖然日圓迅速升值有可能使日本喪失一部分海外市場（主要取決於需求的彈性），同時也會大幅減少進口成本，使得日本工業保持競爭力，並維持低的通貨膨脹率。此外，一九七三年的石油危機促使日本人尋找各種節約能源的方法，更加提高了日本工業的效率。單從近十年來說，日本對石油的依賴程度就減少了百分之二十五。而且，這場危機促使日本不斷開闢新的原料供應地，並且對這些地區投入大量資金，這和英國在十九世紀向海外大量投資一樣。我們雖然無法確信日本這樣做一定能獲得源源不絕的低價原料供應，但是其前景無疑是樂觀的。

更重要的一個原因是，日本工業正在不斷發展二十一世紀初最有前途（而且也是最有利可圖）的經濟產業，也就是高科技工業。換句話說，當日本逐漸撤出紡織業、造船業和原鋼的生產，並將之讓給低勞動成本的國家之後，自然希望在先進科技產品製造業中起（如果不是說唯一的）帶頭作用，因爲這種產品具有更高的附加價值。日本在電腦領域的成就已經舉世聞名。在半導體生產上，日本最初從美國大量引進技術，後來日本公司充分利用本國優勢（如受到保護的國內市場、通產省的大力支持、較佳的品質管制以及有利的日幣對美元匯率）全力發展半導體工業，最後以低於成本的價格「傾銷」，攻占大多數美國公司原有的市場，不管是十六K和六十四K隨機存取記憶體（RAM），還是後來的二五六K都是如此。

更令美國電腦工業憂慮的，是日本顯然下定決心要在兩個新的（也是更有利可圖的）領域中占得一席之地。一個是先進電腦的生產，尤其是非常精密和昂貴的「第五代」超級電腦的生產。這類電腦比現有的最大型的電腦還要快幾百倍，而且具有多種功用，從破解密碼到設計飛機，無所不能。美國專家對於日本如此迅速地進軍此一領域，以及通產省和日立、富士通等大公司投入巨額資金，皆表現出目瞪口呆的表情。在電腦軟體界也發生類似情況。到了一九八〇年代初，美國公司（還有一些歐洲公司）都備感威脅。當然，超級電腦和軟體的研發比起半導體的生產是一個更加龐大的工程，對於日本的研究人員來說也是極大的考驗。同時，美國和歐洲公司（後者得到政府的大力支持）正在摩拳擦掌以迎接這個商業挑戰。美國國防部也打算全力支持，以確保美國公司在超級電腦的研究和生產中保持領先。不過，美國認爲日本在這些領域中絕對無法超前的想法，恐怕是過於樂觀。

有關日本進軍高科技深層領域的情況，許多知名的期刊和報紙，如《經濟學人》、《華爾街日報》和《紐約時報》，都已刊載過諸多的論述，這裡無需贅述。日本三菱公司與美國西屋公司的結合，被視爲日本插手核能發電工業的前奏。生物科技也是日本相當興趣的一個領域，因爲這種科技能夠提高農作物產量。對於未來更重要的應該是日本航空發展株式會社和美國波音飛機公司聯合製造一種可供一九九〇年代使用的新一代省油飛機——對此，一位美國專家斥之爲「浮士德的交易」，日本只提供少數資金，卻公然攫取了美國的科技和專業知識。不過，最令美國感到芒刺在背的（以純粹產量來看）或許是日本在工業機器人方面已經取得的領先地位。日本許多工廠已經（或者正在試驗）完全由電腦、雷射和機器人控制和管理，這是解決日本缺乏勞動力的最佳辦法。最新統計顯示，「日本工業界使用的機器人數目相當於世界上其餘國家的總和，數倍於美國。」還有一份調查報告顯示，日本人使用機器人的效率也遠比美國人高。

除了上述這些高科技的成就以外，還有一些較明顯的結構性因素使得日本在和其主要對手競爭時占盡優勢。某些外國觀察家認爲，日本通產省的角色相當於著名的普魯士參謀本部，這也許有點誇張，但是沒有人會懷疑它在指導日本經濟發展中所扮演的角色。通產省不僅爲企業的發展擬定研究計畫，提供所需的資金，並且爲衰敗的企業處理善後。這種做法比美國的自由放任方式更好也更先進。第二個因素是日本撥給研究與發展工作的巨額（而且日益增多的）資金——這也是決定某個公司或企業興衰的重要因素之一。「在這十年內，日本的研發資金在國民生產毛額中所占比例預計將增加近一倍，從一九八〇年的百分之二上升到一九九〇年的百分之三點五。美國的研發預算，在國民生產毛額中所占比例一直維持在百分之二點七左右。但是，如果把軍事研究排除在外，那麼日本投入研發工作的人員及時數已經與美國看齊，而且費用的支出額也很快就會趕上美國。如果照目前的情況發展下去，到一九九〇年代初，日本的非軍事研發預算將後來居上。」更值得注意的是，日本的研發支出有相當一部分是由工業界自己負擔的，其比例遠遠超過歐洲和美國企業所負擔的比例；在歐洲和美國，這些支出大部分是由政府或大學負責的。換句話說，日本的研發工作直接針對市場需求，而且可以迅速收到成效。「純」科學的研究在日本不屬於企業界的分內事，只有在具有明顯的商業價值的時才進行研究。

第三個有利因素是日本的國民儲蓄率極高，這一點和美國形成鮮明的對比，部分原因是兩國的稅收制度不一樣，美國向來鼓勵個人的借貸和消費行爲，而日本則提倡個人儲蓄。另外，整體而言，日本國民也必須積蓄來養老，因爲日本的退休福利並不豐厚。這些現象的結果是日本銀行和保險公司的資金淹腳目，可以大筆地對企業界低利貸款。日本的所得稅和社會保險金在國民生產毛額所占比例遠低於其他主要的資本主義福利國家。日本執意維持這種狀況，顯然是爲了有更多的錢用於投資。任何歐洲國家想仿效日本，就必須先大幅削減社會福利支出。美國若是對日本制度感興趣，不僅要大幅削減國防和社會福利經費，還要取比先前更激烈的措施來改變稅制。

第四個因素是日本公司的國內市場一向受到保障（特殊製造業除外）。而大多數美國公司和歐洲公司（雖然歐洲國家也採取了保護主義措施）已經享受不到這種有利環境了。日本的國內市場之所以有保障，主要是由於行政管理上的一些慣例和法規，有利於日本廠商在國內市場的經營，然而即使沒有這些重商主義的慣例和法規，日本消費者也不願購買外國貨，除非是原料和基本食品。總之，日本消費者購買本國貨的習慣、強烈的文化自尊心以及國內配銷通路的複雜性等等，都是這種狀況繼續存在的原因。

最後，日本勞動力的素質非常高——至少以各種數學的和科學的性向測驗來衡量都是如此。他們不僅在具有激烈競爭性的學校教育體系中受到良好的教育，而且也在公司內部接受系統化的訓練。甚至連十五歲的學生在一些學科的測驗中（如數學測驗）也比大多數西方國家同齡學生的表現好得多。在高級學術領域裡，差距則有所不同。日本沒有獲得諾貝爾獎的科學家，但是培養出來的工程師令西方國家望塵莫及（比美國多大約百分之五十）。日本還擁有近七十萬名研發人員，比英國、法國和西德的總和還要多。

對於上述五個因素所造成的影響，我們無法用統計數字來與其他強國作比較。但是，這幾個因素結合在一起，顯然爲日本工業發展奠定了非常紮實的基礎。日本的全體員工是日本勞資關係和諧的主要動力，他們吃苦耐勞，勤奮工作，團結和睦，這種氣氛似乎在日本所有企業和公司中都能看到。公司的工會只是要追求勞資體系的共識，所以幾乎沒有罷工現象。當然也有明顯的不足之處：工作時間過長，對公司文化的普遍盲從（從做早操開始就是如此），缺少眞正獨立的工會，居住空間擁擠以及強調階層與服從等。除了這些體制內的缺失以外，在企業外圍也存在一些弊端，那就是日本學生大多數都持激進的態度。對於日本社會的這些不安定現象，西方許多觀察家曾做過不少評論，有些甚至帶著恐懼和憂慮審視這些現象，就像歐洲人在十九世紀初對英國的「工廠制度」的看法一樣。換句話說，以產量（即創造財富）的角度來看這的確是一種較佳的對員工和社會的管理方式，但對傳統的規範和強調個人獨立的行為模式卻是一種困惑和挑戰。因為如果要取得和日本的工業奇蹟一樣的成就，不僅僅是將一些技術或管理方法照章行事即可，而且要模仿日本的社會制度。對此，觀察家哈伯斯坦（David Halberstam）如此評論道：「這是美國在本世紀結束前所遇到的最新和最棘手的挑戰，……一場比與蘇聯進行政治和軍事競爭更艱難、更激烈的競爭……。」

日本似乎還嫌自己的工業不夠強大，它在極短的時間內又一躍成為世界主要債權國，每年對國外的資金輸出達數百億美元。這個變化是從一九六九年開始的，那一年日本通產省解除了對日本貸款的出口管制，並建立了鼓勵海外投資的財政優惠制度。日本進行這次變革出於兩個根本性的原因；其一是由於個人儲蓄額非常高，日本人的薪資有百分之二十以上儲存在銀行裡，因此到一九八五年，「日本家庭的平均儲蓄總額首次超過年平均所得。」因此，日本金融機構擁有大量資金可以不斷向國外投資，以獲得更高的報酬。其二是近年來日本的出口貿易獲利甚豐，因而使貿易順差達到空前水準。日本大藏省擔心如此驚人的盈餘（如果轉用於國內）會使國內的通貨膨脹火上加油，便鼓勵大銀行向海外大量投資。一九八三年，日本資本的淨外流額達一百七十七億美元，一九八四年暴增到四百九十七億美元，到了一九八五年又增加到六百四十五億美元，使日本成為世界上最大的債權國。日本國際經濟研究所所長預言，到一九九〇年世界各國欠日本的債將達到史無前例的五千億美元。又據野村研究所預測，到一九九五年日本在海外的總資產將超過一兆美元。日本的銀行和保險公司理所當然地成為世界上最大和最昌盛的金融機構。

日本資金大量輸出對世界經濟有利也有弊，對其本身或許也是如此。這些資金中相當一部分是投資全球的各種基礎建設（如英吉利海峽隧道）以及開闢新的鐵礦礦場（例如在巴西），日本將因此獲得直接和間接的利益。其餘一部分則是由日本公司用來設置海外子公司（尤其是從事生產的子公司），這樣就可以利用某些國家的廉價勞動成本來製造產品以維持競爭力，或者在歐洲經濟共同體國家或美國境內設立工廠以逃避保護主義關稅。不過，大部分的資金都變成了短期債券（尤其是美國財政部發行的國庫券）。一旦這些錢大量回流日本，就會打亂整個國際金融體系（和一九二九年的經濟危機一樣），而且對美元和美國經濟造成巨大壓力，因為這筆錢本來是要用來融通雷根政府的龐大預算赤字。但一般而言，日本不太可能把這些剩餘資金收回國內，而是讓它保持循環流動，進而從事新的海外投資。

近年來日本成為世界主要債權國，而美國則從最大的債權國變成最大的債務國，這一切發生得太快，所以我們很難評估此一變化的全部影響。「從歷史上看，債權國一直是全球經濟發展各個階段的領導人，因此，日本的時代已經來臨。」日本很可能與早期的荷蘭、英國和美國一樣，以世界首席銀行家的身分進一步促進國際商業和金融的中期和長期繁榮。但目前值得注意的是，和（例如）英國一樣，日本膨脹的「無形」金融角色在強大的「有形」工業優勢地位受到重創之前就已經形成了。雖然這種狀況有可能發生劇烈變化——如果日幣升值過高，日本工業長期處於「成熟期」，製造業景氣低迷，以及生產力成長率下滑的話。但是，即使變化真的發生，太多的證據顯示（理由在上面已經提及），身為一個製造業為主的國家，日本地位的沒落將會非常緩慢。一個明顯的事實如下：由於日本到了二〇〇〇年將一如預期擁有龐大的海外資金，其國際收支經常帳的餘額可以由海外投資的巨額收益來增補。因此，無論如何，日本一定會變得更富裕。

到了二十一世紀初，日本在經濟上會強大到何種程度呢？如果排除大規模戰爭、生態災難和類似一九三〇年世界經濟蕭條及保護主義的可能性，日本絕對會比現在強大。在電腦、機器人、電信、小汽車、卡車、船舶等方面，可能還會在生物工程、甚至航空太空方面，日本都將執世界之牛耳。在金融方面，日本可能自成體系。據報導，日本的平均國民生產毛額已經超過美國和西歐國家，其生活水準幾乎是世界上最高的。我們無法預測日本將在世界的總產值或世界的國民生產毛額中占多大比例。這裡讓我們回顧一下歷史：一九五一年，日本的國民生產毛額僅僅是英國的三分之一，美國的二十分之一（！）。但是三十年以後已經是英國的一倍和美國的一半左右。的確，由於日本的特殊狀況，其經濟成長速度在這數十年中是相當快的。許多人估計，在今後的數十年裡，日本經濟成長率每年仍然能夠比其他經濟大國高出百分之一點五至百分之二（中國當然除外）。因此，一些學者，如卡恩（Herman Kahn）和傅高義（Ezra Vogel）等認爲，日本將在二十一世紀初成爲獨步全球的經濟大國。對此前景，許多日本人非常自豪。這個國家只擁有世界人口的百分之三和可居住土地的百分之零點三，能夠取得如此成就簡直不可思議。人們或許會說，要不是靠著新科技的無限前景，日本早已用盡了其人力和土地資源的最大潛力，而且總有一天會像其他較小的邊緣國家或島國（葡萄牙、威尼斯、荷蘭、甚至英國）一樣，被擁有更豐富資源的國家超過，這些國家只需抄襲日本的成功經驗就可以了。然而，在可預見的將來，日本經濟高成長率所形成的弧形拋物線還會持續攀升。

不管人們如何估計日本現在和將來的經濟實力，有兩個事實是十分明顯的。第一，其生產力非常強大，經濟十分繁榮，而且會愈來愈發達。第二，其軍事力量和國防支出獨立於世界經濟秩序。日本擁有相當規模的海軍（包括三十一艘驅逐艦和十八艘巡防艦）和自衛空軍，以及中等規模的陸軍，但是與其他列強相比，其軍事力量仍然偏低，不僅遠低於一九三〇年代，甚至還不到一九一〇年代的水平。以「負擔均分」的觀點來看，日本國民個人平均負擔的國防支出就更小了。根據《軍力平衡》（*The Military Balance*）的統計數字，一九八三年日本的國防預算爲一百一十六億美元，法國、西德和英國達到二百一十億至二百四十億美元，美國則高達二千三百九十億美元。因此，人頭計算，那一年每個日本人平均負擔的國防經費僅爲九十八美元，而英國四百三十九美元，美國一千零二十三美元。雖然經濟十分繁榮，但是基於下列兩個原因，日本仍然可以輕易地擺脫許多應該負擔的國防支出：一是日本以其他國家（即美國）爲靠山，受他們的保護；二是其國防經費本來就低。由於國防經費偏低，日本才能維持低水準的政府支出，並爲其本土的製造業提供更多的資源，使美國和歐洲的競爭對手受到嚴重傷害。

假如日本爲了因應美國政府的壓力和其他西方國家的抨擊，將國防預算提高到歐洲北約組織會員國所負擔的水準（約占國民生產毛額的百分之三至四），那麼日本的經濟狀況將會發生很大的變化，（中國亦同）成爲世界上第三軍事大國，國防支出每年將超過五百億美元。而且，從現有的科技和生產資源來看，日本有能力（舉例來說）爲海軍建立一支航空母艦特遣隊或者爲建立核子嚇阻武力而添購長程飛彈。而像三菱等大公司可以從中矣得暴利，日本也將成爲另一支在遠東對抗蘇聯的強大武力，並減輕美國過重的負擔。

然而，日本這樣做的可能性不大，它更可能會千方百計地迴避外在壓力，或者至少在不與美國關係破裂的情況下盡量壓低國防預算。日本之所以壓低國防經費，並不是爲了象徵性地控制在占國民生產毛額的百分之一以內，事實上按照北約的標準（包括軍人退休金在內）日本早已超過這個下限，一九五〇年代初期的日本國防預算就已經在國民生產毛額中占了相當大的比例。而日本的這種措施和一九五一年《美日安保條》約也沒有太大關係，該條約只是美國在日本駐軍的合法依據，目的是爲了迫使日本進一步拓展貿易，而不是擴大戰略力量，畢竟韓戰時期的局勢不同於一九八〇年代。在日本政府看來，眞正的原因是日本國內和其他一些國家反對日本大幅增加國防支出，同時也反對日本修改憲法，因爲現行憲法規定日本不得派遣軍隊到海外（也不得出售武器）。日本國民對於一九三〇年代國軍主義的大肆擴張、戰爭造成的傷亡，尤其是原子彈攻擊的慘狀皆記憶猶新，因此他們討厭並懷疑戰爭和戰爭工具，其強烈程度至少與第一次世界大戰之後西方的和平主義者不相上下。不過，隨著時間的演進，人們的看法也會改變，年輕而更富自信的新新人類在不久的將來很可能要求日本政府以「自衛隊」的名義，把國防支出提高到適當的水準。

除了上述這些道德和意識形態上的原因，另外有一些經濟上的原因。在日本商界和政界中，仍有相當多的人反對增加公共支出（如前文所述，日本在這方面的支出遠低於任何一個ＯＥＣＤ國家）。在他們看來，國防預算若是增加一倍或兩倍，這筆錢勢必要擴大公共支出赤字或增加稅收來支付，而這些都是他們所不樂見的。他們也認爲，一九三〇年代日本擁有龐大的陸軍和海軍，但無論是軍事上還是經濟上都沒有給日本帶來「安全」。如果現在增加國防預算，恐怕仍無法避免阿拉伯石油來源的中斷，這在戰略上遠比假想的核子冬天更危險。因此，每當中東地區發生危機時，日本總是盡量「壓低姿態，一句話也不說」。由此可見，日本放棄使用武力而用和平方式去解決所有國際爭端，老老實實地當一個世界性「貿易國家」豈不更好？既然現代戰爭的代價如此昂貴，又會破壞生產力，日本人乃認爲其「全方位和平外交」具有許多優點。

日本也很清楚，一旦大規模擴充軍備，其許多鄰近國家會感到緊張並且反應激烈。第一個顯然會是蘇聯，因爲蘇聯畢竟是美國要求日本「分擔防務」一同對抗的國家，而兩國對北方諸島的隸屬問題仍有爭論，加上中國勢力的抬頭使得蘇聯覺得在遠東地區備受威脅。另外還有那些曾被日本占領過的地區，如韓國、臺灣、菲律賓、馬來西亞、印尼及澳洲和紐西蘭，都對於日本出現的任何民族主義和武士道精神復活的蛛絲馬跡都感到緊張，並且敦促日本「採取經濟上的非軍事方式來加強東南亞的和平與安全」。對日本來說，最重要的應該是先消除中國的疑慮，不過成功的可能性不大，因爲中國對日本於一九三七年至一九四五年期間在中國犯下的暴行依然記憶猶新，而且還警告日本不要過分熱中於開發西伯利亞（果真如此，日蘇關係會更爲複雜），也不可以支持臺灣。

日本的經濟擴張雖然提供鄰國所急需的投資以及開發基金，並促進了觀光業的發展，反而更令許多鄰國感到不安，總覺得正在一步一步踏進一個關係更加微妙的新「大東亞共榮圈」的陷阱之中。尤其是日本從鄰國進口的東西不多（除了原料以外），卻向這些國家大量出口成品，更加深了這種感覺。在這一點上，態度最爲強硬的還是中國。對於日本在一九七〇年代末期擴大對華貿易和投資，中國曾大開方便之門，後來就開始大幅度縮減，其原因可能是因爲中國出現國際收支赤字，也可能是因爲中國要避免在經濟上依賴某一個國家而使自己處於被動狀態。一九七九年，鄧小平對於美國對華貿易也曾指示過「只可保持在與日本相同的水平上」，以防依賴另一個變相的日本「自由貿易的帝國主義」。

上述這些在目前只不過是「蛛絲馬跡」，但已令日本政府坐立難安。他們不得不絞盡腦汁去考慮應該如何制定一個理想的對外策略，能使日本順利邁向二十一世紀。毫無疑問地，隨著經濟力量的不斷發展，日本將會成爲第二個威尼斯，不僅可以擴展貿易，也有能力保護自己的海上交通線，以及創造一個日本可以半依賴的海外環境。但是，由於國內外都反對出現一個強大的日本，所以日本不會因循帝國主義的老路去侵占領土，也不會大規模地擴充軍備。但後者又會使那些主張日本應在西太平洋「平均分擔防務」的美國人不高興。因此，諷刺的是，不管日本大幅增加國防預算與否，都會遭到批評或譴責。任何一種做法都會給日本所謂「低風險、高利益的外交政策」帶來麻煩。這再次說明爲什麼日本希望東亞地區在軍事和政治上都能盡量維持穩定，即使經濟成長腳步加快也最好不要出現過於劇烈的變化。但日本卻因此陷入進退維谷的境地，因爲即使是一個非馬克思主義者也很難想像，當亞洲在經濟上發生天翻地覆的巨變時，其他領域還能保持原狀，不受一絲影響。

因此，日本最大的顧慮也許是人們很少公開討論的一些問題（之所以沒有公開討論，部分原因是基於外交上的謹慎，另外也是爲了防止事態擴大），例如關係到東亞地區未來權力均衡的重點問題。日本的「全方位外交政策」目前的成效尚佳，一旦美國因負擔過重而撤回對亞洲的義務，或是不能保證阿拉伯石油供應源源不斷，那麼這種外交政策就毫無用處了，而如果韓戰再度爆發，或是中國控制了東亞地區，甚至日薄西山的蘇聯喪心病狂地採取侵略行動，日本又該如何因應？當然，對於這些令人膽顫心驚的假設，沒有人可以提出肯定的答案。但是，即使日本只是一個擁有一小支「自衛隊」的純「貿易國家」，總有一天還是必須面對其中的一些問題。其他國家的經驗已經告訴我們，在這個毫無秩序的國際強權政治世界裡，單靠商業專才和金融財富有時並不能保證永遠立於不敗之地。

歐洲經濟共同體的潛力與問題

在當今世界的五大經濟和軍事重鎮之中，唯一不是以主權民族國家姿態出現的就是歐洲，同時也突顯了這個地區在邁向二十一世紀初新興霸權體制時所面臨的主要問題。當我們討論歐洲大陸的未來展望時，並不把東歐由共產黨政權控制的國家考慮在內（出於一些實際原因，也必須如此），另外一些國家則隸屬於某個經濟政治組織（歐洲經濟共同體），但不是北約會員國，有的是隸屬北約，但非歐體會員國；還有的是中立國，獨立於上述兩個組織之外。由於存在著這些不同情況，本節將集中討論歐洲經濟共同體（以及主要會員國）的政策，而不是整個非共產國家的歐洲，因爲只有歐洲經濟共同體才具備（至少在潛力上）組織和結構上的條件，可以稱得上是世界第五個權力中心。

但是，正因爲這裡討論的是歐洲經濟共同體的潛在力量，是現實狀況，所以要預測歐洲經濟共同體到了二〇〇〇年或二〇二〇年會變成什麼樣子就比較複雜了。從某些角度看，歐洲經濟共同體的情形非常類似日耳曼邦聯在十九世紀中期所面臨的局勢，只是規模較大。當時，邦聯內部形成了一個關稅同盟，在推動貿易和工業的發展上極為成功，並迅速吸引了新成員的加入。顯然，如果這個邦聯形式的經濟實體能夠變成一個政治上的強權國家，則在國際舞臺上將扮演更重要角色，而其他列強也將被迫適當地調整其政策。可是這個變局並沒有發生。關稅同盟成員之間在進一步實行經濟整合的問題上歧見頗深，更何況政治和軍事的整合。各政治派系和壓力團體之間為了領導權和利益分配的問題爭吵不休，因此該同盟始終處於分裂狀態，不僅不能發揮潛力，也無力與列強分庭抗禮。儘管時代和環境不同，但上個世紀的「日耳曼問題」就是當今「歐洲問題」的縮影。

從潛力上看，歐洲經濟共同體顯然具備成為強權國家的財富、規模及生產能力。在西班牙和葡萄牙加入之後，其會員國達十二個，總人口有三億二千萬，比蘇聯多五千萬，是美國的一倍半。人民文化素質之高無出其右，擁有數百所大學和學院以及數以百萬計的科學家和工程師。雖然會員國之間的平均國民所得差距頗大（例如西德和葡萄牙），但整體而言比蘇聯富裕，有些會員國的富裕程度比美國還高。如前文所述，歐洲經濟共同體是世界上最大的貿易區域（雖然大部分是歐洲內部的貿易），衡量歐洲經濟共同體經濟實力的較佳辦法是比較其生產量，例如在汽車、鋼鐵和水泥等產量上，都超過了美國、日本和（鋼鐵除外的）蘇聯。根據近六年來每年的統計數字和美元對歐洲貨幣匯率的劇烈震盪，歐洲經濟共同體的國民生產毛額在一九八〇年和一九八六年幾乎與美國相等，一九八三年與一九八四年間約是美國的三分之二。占世界國民生產毛額的比例和製造業產量比蘇聯、日本或中國都要高出許多。

在軍事上，我們也不能小看這些國家。僅以歐洲四個最大的國家來說（西德、法國、英國和義大利）共有正規軍隊一百多萬，還有一百七十萬預備役人員，總數雖不及蘇聯和中國，但超過美國甚多。另外，這四個國家還擁有好幾百艘大型水面戰艦和潛艇，數以千計的坦克、大砲和飛機。法國和英國還都擁有核子武器以及海、陸發射系統。這些軍事力量的作用將在下文詳加討論，這裡僅指出一點：如果這幾個國家的軍事力量聯合起來，將會相當驚人，而且國防支出目前約只占國民生產毛額的百分之四，若是整個歐洲經濟共同體的國防預算和美國一樣達到百分之七的話，其軍事力量就會更強大，國防經費可以達到數千億美元，足以與兩大超級軍事強權相抗衡。

但是，歐洲在世界上的實際實力遠低其經濟力量和軍事力量所顯示的程度，原因十分簡單，就在於歐洲的不統一。例如，歐洲各國的三軍部隊之間有很大的語言障礙（這種情況在日耳曼邦聯從未有過），還有武器裝備情況也不同，軍隊素質和訓練水準的差距尤其懸殊，如西德陸軍和希臘陸軍、英國皇家海軍和西班牙海軍完全無法相提並論。儘管北約組織一直試圖將各會員國的陸軍、海軍和空軍標準化，但收效甚微。不過這些問題跟政治上的障礙（指對外政策和防衛政策之爭）比起來就小巫見大巫了。愛爾蘭傳統的（也是過時的）中立立場使得歐洲經濟共同體無法討論防衛問題，即使開始討論，也常因希臘的反對而無法繼續進行。土耳其的軍事實力堅強，卻不是歐洲經濟共同體會員國，而且土希兩國之間的心結甚至比和華沙公約國之間的戒心更深。法國的獨立政策（下文即將討論這一情況）在軍事上有利也有弊，卻導致防衛和外交政策的協商更加複雜化。英國和法國都對「歐洲之外」的軍事行動十分感興趣，事實上兩國也都在海外保有許多軍事基地和軍隊。對於西德來說，最優先的國防問題是東部邊界的安全，其全部兵力都集中於此。這些會員國各有各的利益和傳統做法，很難共同制定出一個統一的歐洲對外政策，例如巴勒斯坦問題，甚至對美國的政策，意見都不能一致，常常鬧得不歡而散。

從經濟上的統合來看，尤其是實施經濟決策的憲章和體制，歐洲經濟共同體顯然優於其他世界組織，但「經濟共同體」的統一程度當然比不上一個主權國家。政治的意識形態總是影響其經濟政策和經濟施政的優先次序。例如，有的會員國由社會黨執政，而另外一些會員國則是保守黨當

表8-1　1979-1983年實質國民生產毛額成長情況表（%）

國家	1979年	1980年	1981年	1982年	1983年
美國	2.8	–0.3	2.6	–0.5	2.4
加拿大	3.4	1.0	4.0	–4.2	3.0
日本	5.1	4.9	4.0	3.2	3.0
中國	7.0	5.2	3.0	7.4	9.0
歐洲經濟共同體（十國）	3.5	1.1	–0.3	0.5	0.8

政，那麼要協調各種經濟政策是十分困難的（如果可能的話）。雖然貨幣整合比以前順利得多，但有時仍不得不加以重整（通常是讓德國馬克升值），由此可知歐洲經濟共同體會員國之間還存在著不同的財政制度和信用等級。爲了制定共同政策來處理種種問題，如解除航空班次的限制和金融服務等，共同體執行委員會曾提出過多項建議，但進展不大。在會員國之間的許多共同邊界上仍設有海關檢查站，耗時很長，卡車司機對此極爲不滿。甚至連農業——歐洲經濟共同體的消費大宗，世界上少有的「共同市場」——也是會員國爭執不下的焦點。如果世界糧食生產繼續成長，印度和其他亞洲國家的產品不斷湧入出口市場，那麼要求改革歐洲經濟共同體價格補貼制度的壓力就會愈來愈大，直到這個問題發展成爲白熱化的衝突。

最後，令人憂心忡忡的是歐洲歷經戰後幾十年的經濟發展之後，已開始出現停滯現象，甚至有可能進入衰退狀態。一九七九年石油危機造成的各種問題，如燃料價格飛漲，國際收支平衡受到壓力，以及全球的需求、產量和貿易普遍不振等，對歐洲的打擊似乎比世界上其他許多主要經濟國家都要沉重。參見表8-1。

歐洲國家最關切的問題之一是這次經濟不景氣對失業率的影響。近年來，西歐失業人數之多，是一九四五年以來所僅見的，例如，從一九七八年到一九八二年，歐洲經濟共同體內的失業人數由五百九十萬激增到一千零二十萬，使得本來就已經高得嚇人的社會預算進一步膨脹，也大幅減少了投資額。類似美國和日本在一九八〇年代創造新的就業機會高峰的情況，從未在歐洲出現（美國主要是在低工資服務業，而日本則是在高科技領域和服務業）。對此，各方解釋各異。有人把這一切歸咎於缺乏商業誘因、生產成本過高，勞動市場缺乏生機，以及官僚主義的過度僵化（這往往是右翼分子的觀點）；也有人認爲是由於國家規劃失誤和投資不足（左翼分子通常持這種看法）；還有人認爲上述兩種原因都有，結合在一起造成致命的後果。在許多評論家看來，最爲嚴重的問題是歐洲在高科技方面的發展已經落後美國以及（尤其是）日本等競爭對手。歐市執委會在《一九八四—一九八五年度經濟報告》中發出警告：「與美國和日本相比，歐洲經濟共同體在高速發展的工業新科技方面已處於劣勢，必須面對嚴峻的挑戰。……共同體在電腦、微體電子技術和設備等領域的世界貿易中面臨愈來愈惡化的局面，這已是公認的事實了。」也許，這種「歐洲硬化症」和「歐洲悲觀主義」的情勢遭到過度渲染，畢竟還有許多跡象顯示歐洲仍具有高度競爭能力，例如在高級汽車、民航機和戰鬥機、人造衛星、化工、通訊系統、金融服務業等方面。不過，還有兩個最急迫的問題需要解決。一個問題是：由不同社會政治體制構成的歐洲經濟共同體是否能夠像其競爭對手一樣去處理迅速出現的嚴重失業現象，或者說，它是否打算採取更多短期的人道措施來減少那些缺乏競爭力的產業（如農業、紡織業、造船業、煤炭業和鋼鐵業等）所受到的經濟影響，即使將來必須承擔不利的後果？另一個問題是：歐洲經濟共同體在自己的公司規模遠不如美國和日本的大型公司，以及必須由十二個各懷鬼胎的會員國政府以及歐市執委會（不像日本是由通產省）來制定任何「工業策略」的情況下，是否能夠動員本身的科技和財政力量來保持高科技領域中的競爭地位。

如果不以整體角度來研究歐洲經濟共同體，而是扼要觀察歐洲三個主要國家的軍事和政治形勢，我們可以更清楚地發現，歐洲經濟共同體的「潛力」正在受到眾多「問題」的威脅。其中以德國的前途最爲起伏不定，主要是基於歷史上的原因以及歐洲的現存結構仍然是「臨時性」的緣故。

雖然許多德國人對於西德在二十一世紀初的經濟展望感到擔憂，但這並不是一般人關切的焦點（尤其與其他國家所面臨的經濟困難相比較的話）。其勞動力總額只比英國和法國多一點，但國民生產毛額卻高出許多，顯示西德的勞動生產力長期以來一直偏高。在歐洲經濟共同體中，西德一直是鋼鐵、化學製品、電氣產品、汽車和牽引機的最大生產國；由於英國的衰退，它甚至也成爲商船和煤炭的最大生產國。而通貨膨脹率很低，勞資糾紛又少，所以儘管德國馬克不斷升值，其出口商品仍然在價格上保持高度競爭力（其他國家也逐漸承認德國馬克的升值只是反映了西德的高效益經濟）。德國有著重視工程與設計的傳統（相比之下，美國則是重視財政金融），其產品品質享譽國際，因此貿易順差愈來愈高，在世界上已僅次於日本。外匯存底高於世界上任何一個國家（也許日本除外，因爲近來日本的外匯存底激增），因此許多國家把德國馬克作爲準備貨幣使用。

在這些前提下，我們現在可以討論一下德國人爲什麼對前景悲觀了。歐洲經濟共同體的農產價格補貼制度對德國納稅人來說一直是個負擔，因爲原料從最具有競爭力的產業轉移到競爭力最低的產業——不僅僅是西德（當地的小農場多得驚人），而且還有南歐的農業部門。這種做法雖然有其社會價值，但是和美國（甚至日本）對農業提供的保護相比，西德所承受的負擔顯然過於沉重。此外，西德的失業率一直居高不下（這說明西德的傳統工業所占的勞動力比例相當大），也對經濟產生很大影響，造成社會救濟支出在國內生產毛額中持續占有很大比例。在失業者當中，年紀比較輕者可由擴大開辦職業訓練或以學徒制度來紓解失業問題，但其效果卻因人口高齡化的速度而大打折扣，而人口高齡化也令德國人憂心忡忡。有人說日耳曼民族將會「老死」而滅絕，這顯然是無稽之談，可是出生率的急遽下降會對西德經濟產生不利影響，靠養老金生活的人占全國人口比例愈來愈大，這都是不可否認的事實。另外還有兩個不是非常明顯的問題。一是「新生代」的德國人已不再像他們的前輩從戰爭廢墟中建設國家那樣，對工作認真執著；一是德國人的工資比日本人高，工作時間卻較短，不久的將來西德的生產力成長將會低於日本和其他太平洋盆地國家。

儘管西德面臨這麼多問題，但是只要德國人能夠保持低通貨膨脹率、高品質產品、對新科技的高投資、優良的設計和銷售方法以及勞資和諧相處，這些問題都是可以克服的。（如果上述這些問題影響了西德的經濟，那麼競爭能力低的鄰國在經濟上受到的損失絕對不止於此！）難以預測的是，自四○年代末期以來一直存在的複雜而特殊的「德國問題」是不是還會延續到二十一世紀。也就是說，分別屬於敵對聯盟的兩個德國是否會繼續存在下去（雖然兩國間的關係日趨密切）？一旦東西方關係惡化，戰爭爆發，北約組織（西德是其主要會員國）是否有能力保護西德使其免遭破壞？如果美國因國力大不如前而裁減駐在歐洲的兵力，西德及其北約和經濟共同體夥伴有沒有足夠的實力來接替四十年來一直發揮良好作用的美國這把戰略上的保護傘呢？這些相關的問題並非迫在眉睫，但都引起廣泛的注意。（譯者按：德國已於一九九○年十月三日統一。）

從目前的情況來看，兩個德國的關係也許是所有問題中最難論斷的。我們在前面幾章中曾加以剖析，日耳曼民族在歐洲國家中的地位問題，至少在過去一個半世紀內一直令歐洲政治家深感頭痛。如果所有講德語的人組成一個民族國家（這是近兩百年來許多歐洲人的願望），那麼其人口和工業實力足以使它成爲中西歐的經濟中心，卻不一定能成爲宰制歐洲的軍事強國，在歷史上德皇威廉一世和二世以及納粹都曾企圖稱霸歐洲而宣告失敗。目前兩極世界在軍事上仍然由美國和蘇聯把持，任何列強的侵略行爲都得冒核子戰爭的風險。而且一九四五年之後的東西德都是由「非納粹化」的新一代政治家掌權，因此認爲將來德國還會要求「稱霸歐洲」的觀點似乎已經不合時宜。即使說德國有此企圖，也會遭到歐洲其他國家（還有全世界）的反擊。因此，理論上，應該讓六千二百萬「西德」人和一千七百萬「東德」人重聚一堂，尤其當他們逐漸發現東、西德之間的共同點多於分別與監護人——兩個超級強權——之間的共同點，在這種情況下，兩個德國的統一絕對是利多於弊。

然而，可悲的是，不管這種解決方法從各種角度來看有多麼合理，也不管兩個德國的人民逾越意識形態鴻溝表示願意享有共同的傳統與文化，目前的政治現實仍然阻止他們聯合，甚至連組成一個像十九世紀的鬆散邦聯都不行（曾有人提出這項建議）。更嚴酷的事實是，東德是蘇聯控制東歐緩衝國家的戰略壁壘（也是向西方推進的跳板）。由於克里姆林宮的領導人仍然以帝國主義的「現實政治」來思考問題，所以讓德意志民主共和國向西德靠攏（或是合併）被視爲是對蘇聯的一記重拳。一位權威人士曾根據現有的軍力下評論指出：一個統一的德國將擁有六十六萬正規軍、一百五十萬準軍事部隊和後備部隊。這樣一來，蘇聯的西側將出現二百萬德國軍隊，對此沒有人可以泰然處之。另一方面，人們覺得一個以和平方式統一的德國不應擁有規模如此龐大的軍隊，這樣只會升高冷戰的緊張局勢。輿論也認爲，蘇聯領導當局不應該一方面強調要從第二次世界大戰中吸取教訓，而另一方面卻仍在四處散播流言，宣稱西德正在立志復仇雪恥和縱容新納粹主義（自布蘭德執政以後，西德實行這種政策的機會幾乎等於零）。顯然，蘇聯極不願意放棄任何一個勢力範圍，也十分擔憂德國統一之後會出現的政治後果。一個統一和獨立的德國不僅會成爲一個經濟強國，其國民生產毛額將非常接近蘇聯（至少以美元來算是如此），而且也會在貿易上對蘇聯的所有東歐鄰國產生相當大的吸引力。更關鍵的問題是，蘇聯若是從東德撤走，必定會引起連鎖反應，導致蘇聯也必須自捷克斯洛伐克、匈牙利和波蘭撤走，蘇聯的西部會因此出現一條無法劃定的波蘭／烏克蘭邊界線，這對於五千萬烏克蘭人來說也是一大誘惑。

因此，目前一切都懸而未決，一切都會隨時發生變化。兩個德國之間的貿易關係會進一步發展（偶而也會因兩個超級強權之間的緊張關係而蒙上一點陰影）；兩個德國都比鄰國更爲豐饒和富裕；雙方都表示效忠於各自的超國家軍事組織（北約和華約）和經濟組織（歐洲共同體和經互會），但彼此之間又簽訂一些特別協議。我們很難預測，一旦蘇聯內部出現動亂，西德會採取什麼對策，同樣地，一旦華約國家向西方發動攻勢，東德將會有什麼反應也無法預知。從蘇聯對於東德軍隊的「控制性」配置，以及東德軍隊的每個師都有了一個蘇聯機械化步兵師如影隨形來看，就連克里姆林宮那些強硬派也不願意見到德國人打德國人（他們確實應該如此認爲）。

西德目前所面臨的較爲具體而直接的問題——也是自德意志聯邦共和國誕生之日起一直面臨的問題，就是制定出一個切實可行的國防政策以應付歐洲可能出現的戰爭。從一開始西德及其歐洲盟國就擔憂占有絕對優勢的蘇聯紅軍會向西方進攻，並且迅速長驅直入，因此它們一直依靠美國的核子嚇阻力量來保護自己的安全。但是，自從蘇聯也擁有洲際彈道飛彈可以直攻美國本土以後，這種戰略就引起廣泛的懷疑。倘若蘇聯以傳統武力對西德北部平原發動攻勢，美國是否眞的會以核子武器反擊嗎（儘管美國官方並沒有放棄此一戰略）？同樣地，假使蘇聯使用短程或中程飛彈（SS-20族）來攻擊歐洲目標，美國是否會對蘇聯實行戰略核子襲擊（而蘇聯也將回敬美國城市）？爲了應付緊急情況，確實曾提出過許多建議來實施「可靠的嚇阻武力」，例如部署「潘興II」式飛彈和各種巡弋飛彈系統來對付蘇聯的SS-20飛彈，或生產一種高放射能炸彈（或稱中子彈）來消滅入侵的華約部隊而不毀壞建築物和基礎設施，或（法國建議）建立一支由法國指揮的嚇阻部隊，以便在美國防衛系統失靈的情況下可以加入緊急作戰等等。但是，所有這些建議本身就存在許多問題。除了可能引起的政治連鎖反應以外，以核子武器來說，它具有一種獨特的自相矛盾的性質，誰使用了核子武器，自己的勢力範圍就更可能遭到侵犯。

因此，有一點不足爲奇，就是西德歷屆政府口頭上一再強調北約核子嚇阻戰略的重要性，並且信誓旦旦地絕不發展核子武器，事實上卻一直致力於建設一個強大的傳統防衛系統。西德國防軍不僅擁有北約會員國中最強大的陸軍（三十三萬五千人的正規軍和六十四萬五千人受過訓練的後備部隊），而且士兵都訓練有素，裝備精良；美中不足之處在於制空權無法掌握在自己手上。另一方面，西德的人口出生率急遽下降，國防軍常常無法保持全額編制；同時西德政府極力把國防支出壓低到只占國民生產毛額的百分之三點五到百分之四，致使軍隊難以獲得急需的新武器裝備。一旦形勢需要，這些缺點都是可以克服的——就像裝備不足的駐德盟軍部隊一樣，只要政治上下了決心，馬上就可以得到改善。儘管如此，兩個德國仍然面臨一個令人不安（甚至無法容忍）的困境：只要中歐發生大規模戰爭，立刻會在德國的國土上造成無法估計的流血犧牲和物質損失。

所以，自布蘭德出任總理以來，西德政府一直在積極尋求歐洲的和解，這是理所當然的。西德不僅改善與「兄弟之邦」德意志民主共和國的關係，也力求與東歐其他國家以及蘇聯取得諒解，以消除他們對於強大德國的傳統恐懼。同時也比北約組織其他成員更積極參與和資助東西方貿易，因爲它堅信柯布敦（Richard Cobden）的信條：經濟上的相互依賴可以降低戰爭發生的可能性（當然也因爲西德的銀行和工業處於有利地位，方便進行貿易）。但是這並不代表兩個德國都在實行「中立化」（這是左翼的社民黨和綠黨的一項強烈主張），因爲還得蘇聯點頭答案才行，然而這幾乎是不可能的。不過，這卻顯示西德在考慮安全問題時把注意力幾乎全部集中在歐洲，無意謀求「歐洲以外」的利益，更不用說像法國和英國一樣，仍然熱中於對歐洲以外地區偶而採取軍事行動了。更坦白地說，西德不願意別人強迫它介入近東地區和其他更遙遠地區的爭端，而分散自己的注意力，因此與美國之間常常產生歧見，美國認爲保衛西方安全不能只限於中歐地區。在處理與蘇聯和東德的關係，以及與歐洲以外地區的關係方面，西德發現自己很難（甚至不可能）採取雙邊外交；它必須顧及美國（通常還有法國）的反應。西德在國際權力體系中處於一種尷尬而特殊的地位，因此不得不爲此付出相當的代價。

如果說西德在應付經濟挑戰方面比處理外交和國防事務容易的話，那麼英國的情況就不同了。英國的對外政策也受到歷史和地理位置的重大影響，但是，正如前面幾章所提到的，英國的經濟和社會情況，使得英國成爲列強中最難適應一九四五年之後數十年中（在許多方面也包括一九四五年之前的數十年）科技和製造業的變遷形勢的國家。在歷史上，英國曾因爲製造業的發達而贏得「世界工廠」的美譽，而現在，在所有的經濟產業中，受到全球性變遷影響最爲嚴重的也是製造業，雖然許多經濟先進國家的製造業生產都逐漸萎縮，失業人數不斷增加，其他行業方面（如服務業）則有所進展，但英國製造業則是直線下滑的。在世界製造業生產值中所占的比例也迅速而大幅地降低。更令人震驚的，是英國製造業外貿收支的大逆轉。《經濟學人》曾刻薄地評述道：「英國從一九八三年至今，製造業外貿收支一直處於赤字逆差狀態，這是自古羅馬入侵英國以來首次出現的情況。」我們很難證明這種評論是否屬實，不過，即使在一九五〇年代晚期，英國製造業的出口額也是進口額的三倍，如今這種外貿順差的美好景象已經一去不復返了。更有甚者，失業率不斷上升，這不僅發生在傳統工業，而且也出現在「新興」的高科技產業。

雖然英國製造業競爭力自一世紀以前就有下降的趨勢，但北海石油的發現顯然加快了其下降的速度，因爲北海石油雖然可以增加收入來彌補一些看得見的貿易逆差，但也使得英鎊成了「石油貨幣」，英鎊幣值頓時飛漲，導致許多出口商品失去競爭力，甚至在北海石油開採完之後，英鎊幣值持續下降，也很難使英國的製造業再度復甦，因爲工廠已經被拆除，國外市場已經淪陷（可能是永久性的淪陷），商品的國際競爭能力由於單位勞動成本高於平均水準而大爲下降。英國轉而拓展服務業，雖然前景看好，但是情況可能跟美國一樣，許多服務業（從清理門窗到速食業）既不能賺外匯，也不具有什麼生產性。即使在不斷發展的高收入領域，如國際金融、投資、商品交易等，情況也不樂觀，因爲競爭顯然更加激烈。在過去三十年裡，「英國在世界服務業的貿易中的占有率已經從百分之十八降至百分之七。」由於銀行業和金融業已變成全球性行業，而且日益受到美國和日本大公司的操縱（這些公司在紐約、倫敦和東京都擁有巨額資金作為後盾），所以英國所占的比例將會愈來愈小。最後，電信系統和辦公室設備的不斷改善已經顯示，西方白領階級將很快步上藍領工人的後塵，工作機會將愈來愈少。

英國人希望，這些困境不會造成政治大災難。雖然英國經濟在世界產量中所占比例逐漸縮小，國民平均生產毛額被愈來愈多的國家超過（諸如義大利、新加坡），但是世界產量和貿易額的普遍成長將會使英國經濟繼續隨波逐流。如果英國政府大幅增加社會支出而不是生產性投資，那麼經濟衰退將會導致稅收的加重、商業信心的下跌和貨幣發行量的激增。如果英國政府採取較為寬鬆的貨幣政策，制定一個連貫的「工業策略」，並且在符合市場需求的商品領域中與歐洲夥伴合作，經濟衰退的速度就會緩慢下來。有一位經濟學家斷言，英國已經進入「工業復興」階段，它的製造業現在更有彈性、更合時宜也更具有競爭力了。這種說法也許是對的，但是從各種徵兆來看，都不利於英國經濟邁向正軌：勞動市場死氣沉沉而且缺乏完整訓練，單位成本過高，製造業生產規模很小（連英國最大的幾家製造企業與別的國家比起來也算是小的），這一切都阻礙了英國經濟的發展。英國培養的工程師和科學家人數也相當少，對於研究與發展的投資更是少得可憐：一九八〇年代初，西德投入研究與發展的資金是英國的一．五倍，日本是三倍，美國則是八倍，更何況英國的研發投資中有百分之五十是用在非生產性的國防研發活動上，相比之下西德只有百分之九，而日本則更少了。英國的研究與發展工作與其主要競爭國家（美國除外）形成鮮明的對比，其研發結果不但與工業需求並不密切相關，也沒有在工業領域中產生太大的成效。

英國把一大部分投資用在軍事研究與發展上，也是其陷入困境的原因之一。如果它是一個沒有野心、默默無聞、與世無爭、安於現狀的國家，那麼其工業患了慢性貧血症雖然令人同情，卻與國際權力體系無關。然而事實上，英國仍然是（或者說自稱是）世界上主要的「中等」強國之一（雖然自維多利亞全盛時期以來已日漸衰敗）。其國防預算居世界第三位或第四位（視中國大陸的國防預算計算方式而定），海軍和空軍軍力也都占世界第四位。但這些數字和它的國土面積（僅二十四萬五千平方公里）、人口（五千六百萬）和占世界生產毛額的偏低比例（一九八三年爲百分之三點三八，而且還在不斷下降）極不相稱。再者，儘管這個「日不落國」的光環已經消褪，在國外卻依然擔負大規模的戰略承諾，不僅爲保衛北約中央戰線而在西德駐有陸軍和空軍六萬五千人，而且在世界各地都駐有部隊和海軍基地，如貝里斯、塞浦路斯、直布羅陀、香港、福克蘭群島、汶萊和印度洋。儘管英國曾多次宣稱要撤出這些地方，但迄今爲止仍未付諸行動。

英國萎縮的經濟和過於膨脹的戰略地位之間的不協調性十分嚴重，其程度超過蘇聯以外的任何一個列強國家。因此，英國在國防支出上尤其受到影響：武器價格以比通貨膨脹率還要高百分之六到十的速度攀升，特種新式武器都比老舊的武器貴三到五倍。除此之外還有國內政治力量對國防預算的限制。保守黨政府要削減軍費以降低赤字，其他政黨如果執政的話亦是如此，而且只會有過之而無不及。除了這種政治上的困境以外，英國不可避免地（馬上就會面臨到）必須做出根本抉擇：削減各個軍種的預算，降低所有軍隊的效率；或是減少海外的部分防衛承諾。

但是，只要有人提出上述建議，各式各樣的障礙就會出現。首先，制空權是一國安全的樞紐，因此皇家空軍的預算理所當然地應該多於其他軍種，甚至在新式歐洲戰鬥機的成本飛漲的時候也不得加以削減。其次，英國在海外所承擔的最大義務是在西德和柏林的駐軍，耗費約四十億美元。這支擁有五萬五千名士兵、六百輛坦克以及三千輛其他裝甲車的部隊士氣雖高，但也在抱怨裝備不足。若是縮小英國駐在萊茵地區的軍隊規模，或是想辦法把一半部隊部署在英國而非德國，很可能會引起各種政治影響：西德將會十分擔憂，比利時會仿效英國的做法，而美國則會大爲惱怒，總之不會產生什麼好的結果。另一個辦法是減少水面艦隊的規模——這是英國國防部曾在一九八一年試圖實行的方案，後因福克蘭群島危機而夭折。雖然這個辦法得到政府權力中心的積極支持，但是現在再次提出恐怕時機不對——蘇聯的海軍力量日益強大，對西歐是個挑戰；美國對北約提出更多要求，強調北約應向外擴大勢力。此外，那些主張加強北約在歐洲之傳統武力的人士也絕對不會同意縮小北約在大西洋第二支最大的防衛艦隊的規模。一個比較切合實際而且可行的「削減」辦法是，減少英國對福克蘭群島承擔的昂貴而過重的義務（雖然在感情上這種情況是可以理解的），不過要對這個緊縮措施下最後的決定恐怕也要拖上好幾年。最後一個問題是英國對「三叉戟」潛艇發射彈道飛彈系統的巨額投資，其費用似乎在逐步增加。由於保守黨政府十分熱中於建設一支先進而「獨立」的嚇阻力量（而且「三叉戟」潛艇也可能改變整個核子武器均勢），所以要做成削減這方面支出的決定只有在英國政府更換執政黨之後才有可能，即使這麼做也可能會給英國未來的國防政策帶來新問題。

事到如今，不管英國採取什麼措施都困難重重。《星期泰晤士報》（*Sunday Times*）評述道：「英國必須要盡快提出個辦法，否則其國防政策只能用愈來愈少的錢去完成同樣的任務，對英國和北約只有百害而無一利。」英國的政治家（不管是什麼政黨）面臨如下抉擇：減少部分海外負擔，並自負其後果，或是進一步增加國防預算——英國的國防支出已經比北約歐洲夥伴（希臘除外）都要來得多（占國民生產毛額的百分之五點五），而對生產發展的投資會因此減少，使經濟復甦的長期展望更加黯淡。與大多數衰弱的列強一樣，英國所做的任何抉擇都可謂舉步維艱。

位於英吉利海峽彼岸的鄰國——法國也同樣陷於困境，只是因爲法國的安全政策在國內沒有受到嚴苛的批評，而且經濟狀況自一九五〇年代以來比英國大有起色（但問題也不少），所以其困境並不明顯。但基本上，法國跟英國一樣都面臨同樣的問題，即它現在只是一個「中等」強國，卻必須維護廣泛的國家利益，並且承擔海外義務，而愈來愈高的軍備費用使其難以保衛這些利益和履行這些義務。法國的人口與英國差不多，但國民生產毛額和平均國民生產毛額都比英國高。它生產的汽車和鋼都比英國多，航太工業規模也頗大。與英國不同的是，法國一方面必須大量進口石油，另一方面又有相當多的剩餘農產品，必須接受歐洲經濟共同體的大量補貼。在一些重要的高科技領域，如電信、太空衛星、飛機和核能發電等，法國竭盡全力維持自己在國際上的競爭力。一九八〇年代初，由於社會黨政府盲目追求成長，使法國經濟受到嚴重打擊（同時期，其所有貿易夥伴都在縮減財政支出）。此後，法國實行嚴格控制的政策，使通貨膨脹率下降，貿易赤字縮小，法郎幣值趨於穩定，這些措施使法國經濟的振興與發展重獲生機。

但是，如果把法國經濟結構和潛力與西德或是日本相比，我們就會立刻發現法國經濟事實上並不穩固。法國雖然在戰鬥機、酒類和穀類等的出口貿易上表現出色，但是「在製造業的普通產品外銷方面卻比較薄弱」。大部分客戶是政治情勢不穩定的第三世界國家，這些國家不是要你幫助修建大型工程（如水壩），就是訂購昂貴的產品（如「幻象」式戰鬥機），然後對你說付不起這麼多錢。相形之下，「打入」法國的工業產品都是小汽車和電器製品，說明法國的這些商品缺乏國際競爭力。法國對西德的貿易逆差逐年擴大，由於法國物價漲得比西德快，所以必然導致法郎不斷貶值。法國北部的工業仍屬一些傳統而逐漸式微的工業，如煤、鐵、鋼和造船業等，汽車工業也大都不甚景氣。新科技似乎頗具潛力，卻不能解決法國嚴重的失業問題，也無法獲得必要的投資來趕上西德、日本和美國的科技水準。更令人憂心的是法國在經濟上過度依賴農業（雖然在心理上更依賴進口產品），一旦出現全球性穀類、乳製品、水果、酒類等農牧產品過剩，法國經濟就會受到影響。如果繼續維持農產品補貼的價格政策，法國和歐洲經濟共同體會受到愈來愈大的壓力；如果降低價格，就有可能發生社會動亂。幾年前，法國還能夠利用共同體的基金來改善農業的體質，而如今，大部分基金都轉而撥給西班牙、葡萄牙和希臘的農民。上述種種情況使得法國在今後二十年內沒有足夠的資金來擴大從事研究與發展的工作，也不能保持高科技經濟的發展。

在我們討論了法國今後發展的主要趨向之後，就可以轉而檢視對於法國國防政策的各種意見。近幾年來，法國的戰略及軍事行動在許多方面都令人印象深刻。由於法國開始懷疑（而且也公開表示出來），美國戰略核子嚇阻武力的可靠性，所以自己著手建立起「三位一體」的發射系統，以備在蘇聯發動侵略時使用。如此一來不僅能夠將核子嚇阻武力的一貫作業（從生產到發射核子武器）都掌握在自己手中，並且在嚇阻失敗的情況下，可以動用全部飛彈部隊來對蘇聯放手一搏。巴黎因此而感覺更有把握遏制住克里姆林宮的野心。同時，法國還擁有一支龐大的地面部隊，在西德西南部駐有相當多的兵力，並且分擔援助西德的義務。儘管法國並不在北約的指揮系統之內，並且對戰略問題時常發表「代表歐洲」的獨立見解，但是它仍然承諾，一旦蘇聯發動攻擊就立即增援北約中央戰線。法國在歐洲以外地區也扮演一定的角色，有時還能發揮蘇聯和美國所不及的影響力（或援助）：偶爾在海外採取軍事干涉行動，在第三世界國家駐紮軍隊或派遣顧問，並且成功地推銷其軍火產品。法國的做法有時會激怒美國，它在南太平洋進行核子試爆使鄰近國家十分惱怒，對於高盧人特立獨行的種種做法（有的甚至完全無法預測），蘇聯顯然也不怎麼高興。此外，由於法國的右翼和左翼人士都贊同法國在國際上扮演與眾不同的角色，所以其各種主張和行動並沒有在國內引起批評，如果是發生在西方其他國家的話，必然會掀起軒然大波。因而外國觀察家（當然也包括法國人在內）都認爲法國政策非常合乎邏輯，並且強硬而實際。

然而，法國的政策並非完全沒有問題——有些法國評論家也開始公開承認這一點。對於熟悉法國歷史的人來說，這種政策會使人聯想到一九一四年和一九三九年之前法國國防政策在理論與實際之間所存在的歧異。首先，仔細觀察，我們便會發現法國的各種獨立姿態在相當大的程度上都是以美國的保護以及對西歐的承諾（包括傳統武力和核子武力）爲前提的。艾宏（Raymond Aron）曾經指出，高盧人的強硬政策之所以得以實行，是因爲這是法國在二十世紀內第一次處於非前線的位置。如果這種安全環境消失，也就是說，如果美國核子嚇阻武力確實不夠可靠，法國應如何自處？如果美國逐步從歐洲撤出其部隊、坦克和飛機，那會發生什麼事？在某種意義上，美國的這種做法也許會受到歡迎，然而鑑於蘇聯最近的政策，法國可能不會如此樂觀，近年來，蘇聯不斷加強其核子武力和駐歐洲的傳統武力，對東歐衛星國加緊嚴密的控制，並對西德發動「和平攻勢」，其目的很可能是要引誘西德脫離北約組織而採行中立主義。許多跡象顯示，法國推行的所謂「新大西洋主義」——對蘇聯採取更強硬態度；抨擊德國社會民主黨人士的中立主義傾向；與西德達成協議，在西德前線部署快速行動部隊（可能配備戰術核子武器），加強與北約組織的密切關係等——都是基於對未來的考慮。除非蘇聯改變立場，否則巴黎必然會擔憂蘇聯有可能在美國撤出歐洲之後（甚至在此之前）攻進西歐。

假設上述威脅的可能性增加，法國可以採取哪些實際步驟？當然，它可以進一步擴充傳統武裝部隊，和西德一起組成一支法德聯軍，即使美國部隊不能給予多少支援（甚至無法給予支援），也足以抵擋蘇聯的攻擊。在西德總理施密特看來，這不僅是法德達成協定的合理發展，也是世界局勢的必然趨勢（例如美國力量的削弱）。但是要實行法德聯合行動的計畫會有種種政治上和組織上的困難，如指揮權、語言、兵力部署以及西德今後若由中間偏左的政黨執政在態度上可能出現的變化，還有十分棘手的法國戰術核子武器的使用問題等等。即使克服了所有困難，這個戰略也會在一個無法避免的問題上「觸礁」，那就是資金問題。法國目前的國防預算占國民生產毛額的百分之四點二（美國爲百分之七點四，英國爲百分之五點五），但是鑑於法國經濟比較虛弱，其國防支出的比例不會增加太多。另外，由於法國獨自發展自己的核子武器，所以其戰略核子部隊的支出占國防預算的百分之三十，剩下的資金根本不足以維持AMX戰鬥坦克、先進的飛機和飛彈、新式核子動力航空母艦以及「精敏」的戰鬥武器等等。雖然法國會擴充三軍部隊，但是這些資金也絕對無法滿足所有的需求。跟英國一樣，法國也面臨著困難的抉擇：或是完全停止某些武器的使用和研發，或是從國民經濟中排擠一些資金來發展武器。

同樣使人憂慮的是法國核子嚇阻武力在技術和戰略層面上究竟能發揮多大作用。其「三位一體」的核子武器系統有一部分已經過時（如陸上飛彈、尤其是飛機），就連斥巨資進行的現代化和改良武器也可能趕不上世界先進武器的技術發展。如果美國在戰略防禦優勢（Strategic Defense Initiative, SDI）上有了重大的技術突破，蘇聯也跟著建立起更加龐大的彈道飛彈防禦系統，那麼法國的武器落後問題就更爲嚴重了。最令法國不安的，是兩個超級強權不斷地加強本身的防禦力量，而歐洲卻仍然陷於易遭受攻擊的危險。爲此，法國大力加強其潛艇發射的彈道飛彈系統。然而，有一條鐵則是無法避免的：先進科技的發展會使現有的武器失去效用，而更換武器系統則必須耗費更龐大的資金。不管怎樣，法國和所有擁有核子武力的國家一樣，拿不準自己的核子嚇阻武力到底有多大的可靠性。如果法國認爲一旦西德邊界遭到侵略，而美蘇之間進行戰略核子武器大戰的可能性愈來愈小，那麼它自己爲了西德的利益而用核子武器的可能性有多大呢？（西德人認爲法國不可能這樣做。）就算高盧人爲了保衛法國這塊「聖地」而決定向蘇聯發射所有的飛彈，也要視下述的一個前提而定，即面對被核子武器毀滅或被傳統武力擊敗這兩種可能性，而法國人民寧願選擇前者。「砍掉北極熊的一條胳臂」這句話很中聽，但是如果有人這麼做，一定會被熊大口吞噬，更何況這頭北極熊擁有反飛彈防禦系統，可以減少受損程度。顯然，法國現有的核子戰略短期內是不會有所改變的，但是我們不禁懷疑，在東西方關係惡化以及美國勢力衰弱的情況下，法國的核子戰略究竟能發揮多少實際作用？

由此看來，法國的問題是國家資源不豐，卻必須承受如此多的需求。從法國人口和經濟結構的發展趨勢來看，社會保障制度將繼續在國民所得中占有相當的比例，也許還會擴大，農業也將需要更多的資金，同時軍隊的現代化也需要大量錢財。而且還要兼顧研究與發展工作以及先進工業發展所迫切需要的大量資金。如果後者的資金不足，那麼不久之後國防建設、社會安全保障以及其他所有方面都會陷入危機。顯然，法國並不是唯一面臨這種困難的國家。不過，主張歐洲人要在國際經濟和國家安全問題上具有「歐洲」立場喊得最響的是法國人，因此最清楚歐洲人苦衷的也應該是法國人。也同樣基於這個原因，巴黎總是帶頭提出新的政策，如加強法德軍事合作、生產歐洲「空中巴士」和衛星等等。法國的許多計畫時常遭到其鄰國的懷疑，認爲高盧人好大喜功，妄自尊大，法國公司會吸走歐洲資金的大部分。不過，其中部分計畫仍具有一定的價值，而且前途無量。

當然，歐洲的「問題」遠超過上面討論到的這些，還有人口高齡化問題，工業設備的陳舊及工業前景中衰，城市中心區的種族不滿，富裕的北方和貧窮的南方之間的差距，以及比利時、額斯特（Ulster）和西班牙北部的政治和語言糾紛等等。持悲觀態度的觀察家有時還認爲某些歐洲國家（如丹麥、西德）有可能「芬蘭化」，並且認爲如果出現這種情況，這些歐洲國家就會更向蘇聯靠攏。由於上述可能性只有這些國家在政治上的左傾之後才會發生，所以現在很難對此下判斷。事實上，如果我們把歐洲——主要以歐洲經濟共同體爲代表——看成是全球體系中的一支強權政治勢力，那麼它所面臨的最重要的問題顯然就是本文在前面所討論過的：如何爲下一個世紀制定一共同的安全政策，即使在國際權力均勢發生重大變遷的年代裡也能發揮效用；如何在面臨新科技和新商業競爭對手激烈挑戰的情況下仍然保持旺盛的競爭力。至於本章所涉及的四個地區和國家，我們不妨依據目前的情況對它們今後可能出現的變化做個概括性的預測：日本和中國的地位很可能會提高，蘇聯和美國都會開始走下坡。但是，歐洲的未來依然撲朔迷離。如果歐洲共同體能夠團結一致，則它在世界上的地位將會獲得增進，其軍事和經濟地位都可大幅提升。反之，則注定會持續削弱——這是合乎邏輯的推測。

蘇聯矛盾重重

「矛盾」一詞是馬克思主義中非常特殊的一個術語，指的是資本主義生產體系所固有的，並最後導致資本主義死亡的緊張關係。因此，這裡用此一術語來描繪世界上第一個共產主義國家蘇聯目前的處境，好像是故意要挖苦蘇聯似的。不過，在許多極為重要的層面，蘇聯的國家目標與手段之間確實存在著鴻溝，而且這些鴻溝也似乎在日益擴大。政府宣稱必須提高工業和農業產量，但集體化和拙劣的規劃能力卻阻礙了工業和農業的發展。它主張世界和平是至高無上的，而大規模擴充軍備以及和「革命」國家的密切聯繫（再加上極力維護自己的革命傳統）卻導致國際緊張局勢升高；它認為必須保證本身廣大邊界地區的絕對安全，而至今卻一直對鄰國採取強硬政策，無視鄰國的安全，導致與西歐、東歐、中東國家、中國和日本的關係惡化，這又使自己產生了「被包圍」的不安全感。蘇聯信奉國際事務辯證發展的原理，認為這種發展是由科學技術和新的生產方法所驅動，而且不可避免地會引起各種政治和社會變革，然而卻任憑專橫霸道和官僚主義橫行，給予黨的領導幹部特權，限制知識的自由交流，缺乏鼓勵個人發揮主動性的體制，造成尖端科技高速度發展的前景黯淡，而這種形勢在日本和美國加州已經發生了。最嚴重的，是蘇聯共黨的領導人經常強調蘇聯絕不能在軍事上再居劣勢地位，同時又加緊敦促蘇聯國民努力提高生產，自己卻不能協調好這兩者的關係，更無法改變歷史上把大量國家資源用於軍事的傳統，結果是對自己與他國進行商業競爭的能力產生不良影響。「矛盾重重」一詞也許是上述種種問題的最佳註解。

馬克思主義哲學強調存在的物質基礎。諷刺的是，蘇聯今天面臨的最大困難就在於經濟基礎結構，然而，西方專家蒐集到的證據顯示（這也是蘇聯領導人自己不得不承認的事實），蘇聯的實際情況的確相當糟糕。赫魯雪夫在一九五○年代曾信心十足地預言，蘇聯將在經濟上超越美國，而且將「埋葬」資本主義。他要是能夠聽到戈巴契夫先生在一九八六年蘇共第二十七次大會上的發言，不知道會有何感受。戈巴契夫是這樣說的：

> 七○年代，經濟困難開始加重，經濟成長率明顯下滑，結果是黨綱中規定的經濟發展目標未能實現，甚至連第九個五年計畫及第十個五年計畫規定的較低目標也未能達到。這一階段的社會發展計畫我們也沒有認真貫徹執行，因而科學、教育、衛生、文化和生活服務等物質基礎方面的發展遠遜於預期。
>
> 雖然我們全力投入，但是尚未能完全扭轉情勢。工程技術、石油、煤炭、電子工程、鐵類金屬以及化學品等基本建設方面都非常落後。主要經濟效率指標和提高人民生活水準的目標也都沒有達到。
>
> 在我們所面臨的所有問題中，不管是近期的還是長期的，是經濟的還是社會的，是政治的還是意識形態的，是國內的還是國外的，最關鍵的問題就是要加速發展我國的社會經濟。

對於戈巴契夫所說的最後一句話，我們認爲，是世界上任何一個政府都可以說的話，而且僅僅承認經濟困境並不一定能解決這些問題。

從蘇聯的整個歷史來看，其經濟最薄弱的一環始終是農業。如果我們回顧一百年前俄國的狀況，就會感到十分驚訝。俄國是當時世界上兩大穀物出口國之一，而自從一九七○年代以來。蘇聯每年必須進口數千萬噸小麥和玉米。如果世界糧食產量保持目前的水準，蘇聯（以及東歐一些社會主義國家）將在短期內與一部分非洲和近東國家一樣，從糧食出口國變爲糧食進口國，必須依賴大量進口糧食才能維持生計。蘇聯糧食生產陷入困境並不是因爲不夠重視或努力。自史達林去世之後，每一位蘇聯政府領袖都強調糧食產量，以滿足消費者的需求並兌現提高生活水準的諾言。蘇聯人民的生活水準確實提高了不少，普通老百姓顯然要比一九五三年朝不保夕的處境好得多。可是令人沮喪的是好景不長，數十年來蘇聯試圖趕上西方的生活水準，現在又再度落後了——儘管蘇聯對農業發展投下了大量資源，如農業投資約占國家全部投資的百分之三十（美國只有百分之五），農業勞動力占全國的百分之二十（美國爲百分之三）。光是爲了維持生活水準，蘇聯不得不每年對農業投資大約七百八十億美元，另外再加上五百億美元作爲糧食價格補貼。雖然如此，蘇聯似乎「與其曾經擁有過的糧食出口國地位漸行漸遠」。正好相反，它現在必須再拿出幾十億現金來進口穀類和肉類，以彌補農業產量的不足。

蘇聯農業產量不夠穩定，生產力只有美國農民的七分之一左右，這其中有自然條件方面的原因。雖然在地理上蘇聯似乎與美國有諸多相似之處，都位於北半球，幅員遼闊，但是蘇聯的緯度要高得多，烏克蘭與加拿大南部同處一個緯度。這樣的環境不僅不利於玉米生長，而且蘇聯的小麥種植區比美國的堪薩斯州和俄克拉荷馬州還要熬過更寒冷的冬天，並且較常發生旱災。一九七九年至一九八二年間，蘇聯農業的狀況尤爲糟糕，致使蘇聯政府羞於公布農業產量的詳細數字（不過，蘇聯每年平均進口三千五百萬噸穀物已經說明一切了）。即使是一九八三年的所謂「豐」年也不能使蘇聯糧食自足，更何況第二年又是一個寒冷和乾旱的年分。再者，蘇聯試圖開墾「處女地」來擴大小麥種植面積和提高產量的努力，總是受到北方霜凍和南方乾旱的阻礙。

然而，外國觀察家都認爲，蘇聯農業境況差不只是由於氣候的原因，主要是由於蘇聯實行農業的「社會化」。爲了使老百姓滿意，蘇聯政府以補貼政策來壓低食品價格，例如國家以四美元的代價購得一磅肉，卻以八十美分的價格出售，這樣一來農民寧願買麵包和馬鈴薯來餵養牲畜，而不願自產穀物來飼養，因爲這麼做更划算。國家對農業確實擬定了大規模的投資計畫（如水壩、排水系統），而不是僅投資在普通農民所需要的穀物或現代化的小型牽引機。耕種和投資等等問題不是由種地的農民自己決定，而是由政府管理人員和官僚決定。造成農業產量低、長期效率不彰以及巨額浪費的最主要原因，很可能是因爲農民已不再具有主動性和責任心。此外貯藏設施不足和交通運輸落後也是造成浪費的一個原因，「由於貯藏、交通及配銷上的問題，致使大約百分之二十的穀物、水果和菜以及多達百分之五十的馬鈴薯都在途中爛掉。」如果蘇聯澈底改革現行體制，也就是說把農業集體化轉變爲農民個體化耕作，那麼情況就會好轉。蘇聯農民的自留地只占全國可耕地的百分之四，而產量卻達到農業總產量的百分之二十五，這就是明證。

然而，不管蘇聯最高當局的「改革」呼聲有多高，各種跡象顯示他們並不想仿效鄧小平對農業進行重大改革，以達到中國式的「自由化」程度——即使蘇聯的農業產量明顯落後於它那富於冒險精神的鄰國。（見圖8-2）

雖然克里姆林宮不會公開說明它爲什麼不顧農業集體化的低效率而拘泥於此一制度，但有兩個原因是不言可喻的。其一，如果擴大自留地的範圍，開放更多的自由市場，提高農產品的價格，那麼農民所得在國民所得中所占的比例勢必大幅增加，這將有害於都市居民的利益及引起他們的不滿，同時也有可能對工業投資不利。換句話說，其結果將是布哈林（Nikolay Bukharin）政策（即主張農業改革）的最後勝利和史達林偏執政策的破產。其二，廢除農業集體化制度，意味著蘇聯農業的管理人員和官僚權力的衰弱，並影響到其他所有的決策部門。毫無疑問地，農民每天都要根據市場行情、天氣變化和農作物收成情形來決定因應的措施，他們的智慧遠遠超過蘇聯的中央官僚機構——不管這個機構設計得有多合理，官員的素質有多整齊，發揮的功用卻相當有限。對於「社會主義」與「食品短缺」之間長期存在的矛盾，蘇共政治局不可能不注意到。然而，在他們看來，即使必須進口更多的食品，堅持「社會主義」農業（也就是集體化農業）也要比承認共產主義制度失敗而放棄對龐大的農民階層的控制更安全、更穩當。

同樣地，蘇聯若想推行工業改革，也將會困難重重。有些觀察家認爲，蘇聯並沒有必要推行工業改革，因爲蘇聯自一九四五年以來表現十分傑出，而且許多方面的工業產量超過了美國，例如機械用具、鋼鐵、水泥、化學肥料和石油等等。但是，也有許多跡象顯示，蘇聯的工業發展已經處於停滯狀態，可以輕鬆發展工業的時代已經結束（蘇聯總是先訂定一個宏大的生產目標，然後投入大量財力和人力加以達成），這一部分原因是蘇聯缺乏勞動力和能源——我們將在下面分別討論這兩個問題。另外一個重要原因是蘇聯工業受到官僚主義規劃太多的限制，過於強調重工業發展，而且不能根據消費者的喜好和市場的需求來調整生產計畫。如果水泥工業占用了其他工業的大量資金，生產過程中也要消耗大量的能源，而水泥成品又必須長途運輸至全國各地，加重鐵路系統的負擔，或是將水泥浪費在數以千計難以竣工的指令性建設工程上，那麼生產大量的水泥不一定是件好事。蘇聯龐大的鋼鐵工業也是如此，大量鋼材被白白浪費掉了，出現了「高產量卻供不應求」的奇怪現象，令人費

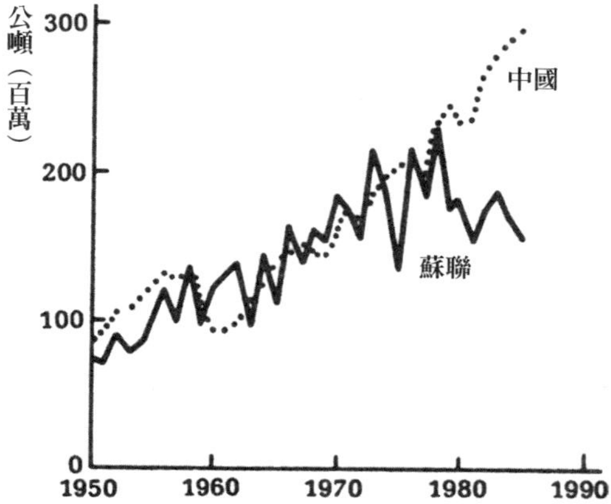

資料來源：美國農業部

圖8-2　1950-1984年蘇聯、中國穀物產量的比較

表8-2　1979-1980年創造一千美元的國內生產毛額所消耗的煤和鋼

（單位：公斤）

國家＼項目	煤	鋼	國家＼項目	煤	鋼
蘇聯	1,490	135	英國	820	38
東德	1,356	88	西德	565	52
捷克斯洛伐克	1,290	132	法國	502	42
匈牙利	1,058	88	瑞士	371	26

解。當然，蘇聯工業也有效率高的部門，這些部門通常與國防有關，可以支配大量資源，而且必須全力與西方競爭。但是，蘇聯整個工業體系只顧生產，卻對市場價格和消費者的需求視若無睹，因此十分不景氣。蘇聯的工廠不像西方，可以自己決定生產或停業，所以缺乏提高生產效率的刺激。如果蘇聯不改變現有的「計畫經濟」制度，無論如何東塡西補來促進工業發展速度，其工業永遠不會出現突破性的進展。

蘇聯目前的工業效率已低得離譜（或者以蘇聯政府嚴厲的口吻來說，愈來愈令人難以忍受），但還會有三種壓力造成工業效率更加低落。第一種是能源供應不足：蘇聯自一九四〇年代以來工業產量劇增，主要靠的是大量煤炭、石油和天然氣的供給，幾乎不惜任何代價。這是一個愈來愈明顯的事實。其結果是，與西歐各國相比，蘇聯及其主要衛星國的「能源浪費」和「鋼材浪費」十分嚴重。參見表8-2。

蘇聯能源供給比較充足，相對來說也比較容易獲得，因此濫用能源似乎還情有可原。然而，不幸的是，現在的情況已今非昔比了。美國中央情報局曾在一九七七年做過一次預測，認爲蘇聯的石油產量不久就會到達頂點，然後急遽下降。這一預測雖然稍嫌過早，但是到了一九八四年和一九八五年，蘇聯石油產量確實有所下降——這是自第二次世界大戰以來首次出現這樣的情況。更糟糕的是，蘇聯剩餘的石油（儲量還不小）都在很深的地層裡，或是像西伯利亞那樣永凍層地區。戈巴契夫在一九八五年說，近十年來蘇聯每開採一噸石油就要增加百分之七十的成本，而且情況正在日益惡化。因此，蘇聯竭盡全力擴大核能發電容量，到了一九九〇年核能發電量占總發電量的比例已提高了一倍，即從百分之十提高到百分之二十。然而，車諾比事件破壞了此一計畫，其影響難以評估。車諾比核電廠四個反應爐的發電量占蘇聯全部核能電力的七分之一，它的關閉必然會增加其他核電廠的負擔。顯而易見，這一事件將會提高發電成本（要採取更多的安全措施），並且減緩核能工業發展的原定速度，還有一個棘手的問題是蘇聯已經對能源部門投入了龐大資金（占全部工業投資的百分之三十），而且這個比例還會持續迅速上升。最近有一份報告指出：「如果繼續保持對石油、煤炭和電力的最近投資數目，再加上對天然氣所增加的投資指標，那麼就會消耗掉蘇聯從一九八一年至一九八五年的工業發展所增加的全部投資。」這似乎令人難以置信，因爲其他工業部門將因此蒙受極大的損失。然而，整體情況已經十分明顯：只要蘇聯維持適度的經濟成長速度，那麼能源需求量就無可避免地會在國民生產毛額中占有更大的比例。

第二種壓力，對蘇聯領導人來說，是高科技領域（機器人、超級電腦、雷射、光學器材、電信設備等）的挑戰。在這個領域裡，蘇聯已經逐漸被西方遠遠拋在後面。僅以軍事上看，蘇聯正面臨嚴重的威脅。西方在「精敏」戰鬥武器和先進偵蒐系統方面的高科技足以消除蘇聯在軍事裝備方面的數量優勢：超級電腦可以破譯蘇聯的密碼，測出蘇聯潛艇的位置，應付瞬息萬變的戰鬥情況，還可以保衛美國的核子基地（如雷根總統對「星戰計畫」的聲明）等等；先進的雷達、雷射和導向控制技術可以使西方的飛機和砲兵（或火箭）部隊發現並摧毀敵方的飛機和坦克，而自己卻免受傷亡（以色列經常用這種技術來對付敘利亞的俄式武器系統）。如果要在這些高科技領域趕上西方，蘇聯必須對與國防有關的工業部門投入空前的科技和工程人員。

在民生工業方面，問題更爲嚴重。由於蘇聯的傳統「投入」（如勞動力和資金的投入）已經達到極限，高科技的發展對蘇聯提高工業產量無疑是至爲重要的。僅以電腦爲例，大規模地使用電腦可以使蘇聯在能源勘探、生產和流通方面減少浪費。但是採用這種高科技需要巨額投資（從何處得到這筆巨款？），而且對高度保密、官僚主義和中央集權的蘇聯制度也是一大挑戰。電腦、文書處理機和電信設施都是知識密集型工業。如果一個國家擁有受過高科技訓練的國民，而且鼓勵他們自由自在地實驗，並且廣泛地交流新思想和新觀念，那麼這個國家就能充分利用這些工業。日本和美國的加州在這方面做得很好，但是如果蘇聯這樣做，國家對各種資訊的壟斷控制就有鬆動之虞。即使在今天，蘇聯的高級科學家和學者也不准私下使用複印機（複印部門均由KGB的人員控制），我們很難想像蘇聯會普遍使用文書處理機、電腦網路系統及電子郵件，而不澈底放鬆它的治安控制和檢查制度。因此，蘇聯工業改革面臨的基本障礙與農業一樣，即蘇聯的經濟基礎和思想意識。不克服這些障礙，蘇聯政府承諾的「現代化」以及投入更多資金和人力的願望將難以實現。

相比之下，蘇聯對引進科技和進口機械的日益依賴（不管是合法貿易，還是非法從西方偷來的），就算不上是個根本性的問題了——雖然還是相當嚴重。對於蘇聯基於軍事或商業目的而從事的工業和科技間諜活動，數量上的估計雖不夠精確，不過這種活動都顯示蘇聯擔心自己落後於西方。透過正當貿易途徑，以原料來換取西方的科技及東歐的產品，是蘇聯力圖「塡補鴻溝」的一個傳統方法。俄國在一八九〇年至一九一四年間就是這麼做的，到了一九二〇年代蘇聯也曾採用這個方法。現在的不同之處只是進口產品比較現代化而已，例如石油探勘設備、軋製鋼材、輸送管、電腦、機械用具、化工產品和塑膠產品等等。然而，在蘇聯學會運用西方技術需耗費較長的時間，正式使用的效果也沒有在西方好，這一點使蘇聯謀事者十分頭痛。另一個問題就是蘇聯缺少現金來購買西方技術設備。以往，蘇聯克服這一障礙的傳統辦法是從經互會衛星國那裡進口製造業產品（可以不用現金），可是如今這些國家的產品已經愈來愈落後。儘管如此，蘇聯仍然必須接受這些產品，以防東歐經濟的崩潰。蘇聯通常是以物易物或直接出售剩餘石油，以從西方進口大部分科技產品，然而，由於石油價格不穩，蘇聯本身也需要更多的能源，再加上製造業生產科技日益複雜，國際上以原料換取製成品的貿易條件因而發生了變化。所以蘇聯的外貿前景愈來愈黯淡（東歐國家也是如此）。在此同時，蘇聯出售石油和其他原料的收益不斷減少（也許天然氣除外），而各類進口產品的價格仍然偏高。可以想像，蘇聯對工業的投資規模必然會因爲上述困難而縮小。

阻礙蘇聯未來經濟成長的第三個壓力是人口問題。這個問題十分嚴重，一位學者最近寫了一篇題爲「人口與勞動力」的調查報告，其中他直言不諱地指出：「無論從近期看或長期來看，到二十世紀末蘇聯人口和人力資源的發展前景都相當令人沮喪。出生率的下降和死亡率的急遽上升都將比預期嚴重。勞動力來源不斷減少，勞動力分布不均，而且人口相對高齡化，都使蘇聯政府一籌莫展。」上述情況都很嚴重，而且相互影響，但是最令人震驚的是蘇聯自一九七〇年代（或更早）以來平均壽命愈來愈短，嬰兒夭折率卻愈來愈高。由於醫療保健情況逐漸惡化，衛生設備不足，公共衛生水準低落，以及酗酒風氣盛行，蘇聯人口死亡率（尤其是男性勞動力的死亡率）不斷上升。「今天，蘇聯普通男性只能活到六十歲左右，比一九六〇年代中期減少了六年。」更令人吃驚的是嬰兒死亡率的上升，這在工業化國家中是絕無僅有的。儘管蘇聯醫生人數非常多，嬰兒的死亡率卻是美國的三倍。一方面蘇聯人口逐漸減少，而出生率卻在急速下降。蘇聯人口出生率之所以呈下降趨勢（尤其是俄羅斯民族），很可能是因爲地區的都市化，婦女加入勞力市場的人數增加，較差的居住環境以及其他一些不利的因素。這些現象造成的結果是蘇聯的男性人口幾乎沒有出現過成長的情形。

這些殘酷的事實使得蘇聯領導人憂心忡忡，現在他們決定鼓勵生育，禁絕酗酒行爲，並且努力說服年紀較大的工人繼續留在廠裡工作。首要任務是把大量資源投入醫療保健和社會保險，尤其在蘇聯人口趨向高齡化的時候更應如此。在這一點上，蘇聯和其他工業化國家是一樣的（除了高死亡率），不過這又引發了資金分配的優先次序問題。第二，蘇聯勞動力的急遽減少甚至也影響到工業部門和三軍部隊。據統計，一九八○年至一九九○年間蘇聯勞動力淨增人數僅爲五百九十九萬人，而在前十年裡增長人數爲二千四百二十一萬七千人。這裡暫將軍事問題放在一邊，先回顧一下一九五○年代至一九七○年代蘇聯的工業發展情況，當時工業產量之所以迅速成長主要是因爲投入了大量勞動力，而不是由於生產效率高。從現在起，蘇聯的工業發展不能再依靠大量增加勞動力了。當然，如果有更多的青壯男性勞力從農村流入城市，也能在相當程度上緩和這個情況。問題是斯拉夫民族地區的許多青年早已離開農村進入城市，非斯拉夫族的各加盟共和國雖有剩餘勞動力，但教育水準不高，且俄語不通，在進入勞力市場前尚需經過培訓，而培訓所需的資金又是一大問題。最後一點使蘇聯決策者感到不安的是中亞各加盟共和國（如烏茲別克）的人口出生率爲斯拉夫民族和波羅的海諸國人民的三倍，因而從長遠看，蘇聯人口的結構將會發生重大變化。到二○○○年，俄羅斯人在全國人口中所占的比例將從一九八○年的百分之五十二下降到百分之四十八，不再具有多數優勢，這將是蘇聯歷史上絕無僅有的現象。

也許有些評論家會認爲，把蘇聯的情況描寫得這麼淒慘未免過於悲觀。許多與軍事相關的工業生產仍然值得喝采，而且這些產品因激烈的軍備競賽而仍然不斷地改進當中。一位歷史學家指出（很可能是在一九八一年），不應完全從負面的角度來研究蘇聯，蘇聯在近五十年內所取得的經濟成就也相當驚人。他還指出，西方觀察家有個習慣，時而誇大蘇聯的力量，時而誇大蘇聯的弱點。然而，不管蘇聯自列寧時代以來進展多麼神速，事實總是令它難堪，因爲它始終無法趕上西方，實質生活水準與西方的差距自布里茲韋夫執政後期以來一直在擴大，國民平均生產毛額和工業效率也逐步被日本和其他一些亞洲國家超過，而經濟成長率正在不斷下降，人口嚴重老化，能源供給和農業生產都困難重重，天公也不作美，凡此種種都使蘇聯領導階層的偉大計畫蒙上了陰影。

只有對照上述情況，我們才能完全了解戈巴契夫所說的：「在我們面臨的所有問題中，最關鍵的問題就是要加速發展我國的社會經濟。」蘇聯若想仿效中國也來個「大躍進」的話，除了自然條件方面的困難以外（如永凍層等），還有兩個主要的政治障礙。一是蘇聯共產黨的黨員、政府部門的官僚以及其他領導階層的分子，這些人都身居要職，大權在握，依據職位高低而享有各種特殊待遇，免受奔波生計之苦。分散制定計畫和價格的權力，解除集體農場對農民的控制，賦予工廠經理更大的自主權，按照工作能力而不是對黨的忠誠來將獎勵個人，關閉過時的工廠，拒絕接受粗劣的產品，允許較為自由的資訊交流——這些改革措施都會被那些當權者視為對其地位的嚴重威脅。蘇共官員雖然也呼籲搞好經濟，擬定較具彈性的計畫，對各個部門增加投資，並且加強紀律，反酗酒和腐化，但是卻又強調所有這些變革都要「在科學的社會主義的框框裡」進行，不允許「走向市場經濟或私人企業」。一位最近訪問過蘇聯的人曾如此評述：「蘇聯必須以低效率來維持蘇維埃制度。」果真如此的話，那麼戈巴契夫針對蘇聯制度需要「深切改革」的呼籲恐怕不會對蘇聯今後的經濟發展發揮多少作用。

第二個政治障礙是蘇聯的國防支出在國民生產毛額中占據了太大的比例。西方分析家克服許多困難來計算蘇聯的國防支出總額，並設法與西方國家的國防支出做一比較，美國中央情報局在一九七五年曾宣布按盧布幣值計算之蘇聯武器總值是原先估計的兩倍，並推測蘇聯的國防支出很可能占國民生產毛額的百分之十一至十三，而非百分之六至八——因而造成許多誤解。然而，確切的數字還不如明擺著的事實更能說明問題（也許蘇聯決策者自己也不知道到底確切數字是多少）：雖然一九七六年之後蘇聯的軍備支出成長率開始下降，克里姆林宮投入這方面的資源仍是美國的兩倍左右，即使在雷根政府加強軍備的情況下也不例外；這亦表示蘇聯的武裝部隊占用了大量本來可以用於民生經濟的人力資源、科學家、機器設備和資金。但是（如同某些人對蘇聯經濟所做的預測）即使蘇聯大幅度削減國防經費，經濟成長率也不一定就能夠很快竄升。原因很簡單，舉個例子來說，一家T-72型坦克裝配廠，如改建生產其他產品，必定需要很長一段時間才能辦到。另一方面，如果蘇聯和北約的軍備競賽迫使蘇聯國防支出占國民生產毛額的比例不斷增加，到二〇〇〇年由目前的百分之十四增到百分之十七，那麼更多的設備（如機器製造和金屬加工設備）將被軍隊占用，原本用於地方工業的資金也將被軍隊挪用。雖然經濟學家認爲「蘇聯決策者正在想辦法去應付這個棘手的問題」，所有跡象都顯示，蘇聯國防預算的成長率仍將比國民生產毛額的成長率快，因而對蘇聯的繁榮和民生消費造成不利影響。

因此，蘇聯必須與其他列強一樣，就國家資源分配的問題在下列各方面做一選擇。其一，滿足軍方的需求，也就是說把軍事力量提高到能夠滿足蘇聯安全的需要。其二，滿足蘇聯國民對更多的消費品、更高的生活水準和更好的工作條件的需求（當然還包括改善社會服務，降低死亡率和罹病率）。其三，農業和工業都需要進一步投資，以實現經濟現代化，提高產量，趕上其他先進國家，長期而言也要滿足國家的國防和社會需求。雖然這一選擇對於相關決策者來說是很困難的，但是，不管消費者對經濟現代化的需求有多麼大，多麼迫切，蘇聯在傳統上對軍事安全的關切似乎已經決定了優先順序。除非戈巴契夫政權眞心要進行改革，否則大砲總是比奶油優先，甚至在必要時也比經濟成長優先。這項特性（以及其他種種原因）使得蘇聯完全不同於日本和西方，甚至也不同於中國和美國。

以歷史觀點來分析，今天的克里姆林宮擁有一支與世界上任何列強同等強大（甚至更強大）的軍隊，完全繼承了羅曼諾夫王朝和史達林的衣缽。蘇聯當前的軍事力量極爲強大是無可置疑的。我們無法提供蘇聯國防預算的確實數字，這是因爲一方面蘇聯官方公布的數字低得令人無法相信，它用其他名目（如科學、太空計畫、治安、民防、建築等）來掩飾高得驚人的國防相關費用，而另一方面西方估算出來的數字也受到種種影響，例如美元和盧布的匯率經常受到人爲的操縱，西方對蘇聯預算程序的了解也不夠，用美元來計算蘇聯武器的人力成本相當困難（如美國中央情報局就發現這樣做很困難）；以及一般人對蘇聯制度上的和意識形態上的偏見等等。結果大家只好憑自己的「猜測」做成各式各樣的「估計」。不過，有一個事實是無庸置疑的：蘇聯的海、陸、空三軍部隊，不管是核子部隊還是傳統部隊，都在進行大規模的現代化建設。只要檢視一下蘇聯陸上和海上戰略飛彈系統的迅速發展，或是蘇聯擁有的數以千計的飛機和數以萬計的作戰坦克，或是其海軍艦艇部隊和潛艇艦隊、特殊行動小組（飛行中隊、水陸兩棲部隊、化學作戰部隊、情報和「反情報」部隊等），都能得出相同的結論。蘇聯在這些方面的經費也許和五角大廈一樣多，甚至更多。但無疑地，蘇聯因此而獲得了只有另外一超級強權美國才能擁有的軍事實力。這種實力不是二十世紀軍事上的波坦金村（Potemkin village），不是裝飾的門面而禁不起任何考驗。

從另外一方面看，蘇聯戰爭機器也有其弱點和問題，因而不應當視爲一支萬能的軍隊，可以迅速完成任何交付下來的軍事任務。既然本章討論了其他列強的戰略決策者所面臨的困難，這裡也應對蘇聯軍事和政治領導階層所面臨的種種困難加以研究——當然，不能再以極端的角度來衡量，認爲蘇聯的「壽命」不會太長了。

從中長期來看，蘇聯軍事決策者所面臨的困難主要是由經濟和人口問題引起的（關於經濟和人口問題，上文已經提及）。首先討論科技問題。自彼得大帝時代以來——這裡要重複前面幾章已經提到過的一個論點——只要軍事科技發展速度比較緩慢，武器裝備、部隊編制和作戰戰術的標準化受到重視的時候（不管是十八世紀的步兵縱隊，還是二十世紀中期的裝甲師），俄國就比西方國家享有更多的軍事優勢；但是，當軍事科技急速發展，品質的重要性大於數量的時候，其軍事優勢就消失了。我們必須承認，蘇聯現在已經大幅縮小了沙皇時代與西方之間存在的科技差距，而且蘇聯軍方能夠優先享有國營經濟的科學和生產資源，然而有證據顯示，西方在許多科技領域裡遙遙領先蘇聯。其中有兩個跡象最爲明顯。一是數十年來在中東和其他地區發生的超級強權代理人戰爭中，俄式武器往往比美製武器略遜一籌，尤其令蘇聯坐立難安。當然，北韓、埃及、敘利亞和利比亞的飛行員與坦克兵員素質不高，即令他們水準整齊，恐怕也無法對付配備有極先進的航空電子、雷達、超小型導航系統等設備的美製武器。西方的蘇聯軍事問題專家指出，也許正是基於這個原因，蘇聯一直致力於提升武器品質，而每當美國研發出一種新武器，幾年後蘇聯往往也能加以仿製。不過，蘇聯決策者將因此陷入一個循環（西方的防禦計畫也遭遇同樣的困難）：武器裝備愈是尖端，研發的時間就愈長，維修就愈複雜，重量就愈大（有時是如此），造價就愈昂貴（總是如此），生產數量則愈來愈少。對於蘇聯來說絕不是件好事，因爲它在傳統上一直依賴數量龐大的武器去完成各種戰略任務。

　　蘇聯對其科技落後而憂心忡忡的第二個跡象與雷根政府提出的「戰略防禦優勢」（ＳＤＩ）有關。不過這個計畫是否眞會使美國免受核子攻擊，當無定論（例如，該計畫無法應付低空飛行的巡弋飛彈），但確實能夠保護美國的飛彈發射基地和空軍基地，並帶給蘇聯極大的壓力，迫使蘇聯提高國防預算來生產更多的火箭和彈頭，以期在數量上壓倒美國的ＳＤＩ系統。這對克里姆林宮來說可不是一件輕鬆的事情。更令克里姆林宮不安的也許是ＳＤＩ計畫對高科技傳統戰爭的種種影響。一位評論家指出：「一個能抵擋蘇聯生產的百分之九十九核子彈頭的防禦系統並不能令人完全滿意，因爲剩下的百分之一仍具有駭人的摧毀力。……但是，如果美國能夠取得科技優勢，摧毀蘇聯大量的飛機、坦克和軍艦等傳統武器設備，那麼蘇聯在數量上的優勢就不復存在了。美國戰略防禦優勢中不甚理想的科技，於傳統戰爭中也許正好可以派上用場。」正因如此，蘇聯不得不投入更多的資金去研發雷射、光學、超級電腦、導航系統以及航海等方面的先進科技。正如一位蘇聯發言人曾說過的，「將在較高的科技水準上展開一場新的軍備競賽。」從蘇軍前參謀長奧加科夫元帥（N.V. Ogarkov）在一九八四年對蘇聯科技落後於西方可能造成的可怕後果所發表的警告來看，蘇聯紅軍似乎對於自己能否贏得這場競爭不具很大的信心。

在另一方面，蘇聯人口問題對其傳統的數量優勢，也就是兵力優勢，是個潛在的威脅。如前文所述，造成這種結果有兩個原因：蘇聯人口出生率的普遍下降和非俄羅斯地區出生人口的比例不斷上升。如果這個事實對蘇聯農業和工業勞動力分配會造成困難，那麼長期而言對徵兵工作則更是雪上加霜。按理，每年從二百一十萬適齡男性國民中徵召一百三十萬至一百五十萬新兵應該是不成問題的，但是在這些新兵中來自土耳其斯坦的亞洲青年人數愈來愈多，其中大部分不精通俄語，不懂機械方面的技術（更別提電子技術了），有的還受到伊斯蘭教很深的影響。只要略爲研究一下蘇聯軍隊的民族構成，我們可以發現大半的軍官、士官以及火箭部隊、空軍、海軍和技術兵種中均爲斯拉夫人。紅軍的一級戰鬥師成員自然也主要是斯拉夫人。相比之下，二級師和三級師以及大多數運輸後勤部隊的人員則大多由非斯拉夫人組成。這就引起一個耐人尋味的問題：蘇聯若與北約發生傳統戰爭，當一級師需要大量增援部隊時，這些「後備」部隊能發揮多大作用？許多西方評論家認爲這是「種族偏見」和「大俄羅斯民族主義」。從嚴格的軍事角度來看，這是什麼樣的偏見並不重要，重要的是參謀總部認爲軍隊中有相當大一部分人員是不可靠且無能的。不過，這種判斷也許是對的。根據各種報導，南部地區伊斯蘭教基本教義派的勢力很大，而且當地的部隊對於蘇聯爲何侵略阿富汗一直百思不解。

換言之，蘇聯領導人的處境與八十年前的奧匈帝國或帝俄時期一樣，面臨著一個「民族問題」，這種民族問題的嚴重性並沒有因爲馬克思主義的出現而減輕。當然，現在的控制機器要比一九一四年以前嚴格得多，某些說法（如烏克蘭是不滿的「溫床」等）或許也已經有點過時了，但是人們一定還記得一九四一年烏克蘭人曾熱烈歡迎德國的入侵，讀到過關於波羅的海沿岸民族不滿的報導，以及喬治亞共和國人民在一九七八年抗議俄語被列爲該國的第一語言而舉行的成功的暴力示威，還有在中蘇邊界居住著「腳踏兩條船」的數百萬哈薩克人和維吾爾人，以及在土耳其、伊朗和阿富汗動盪不安的邊界地區居住著四千八百萬伊斯蘭教徒的事實。所有這些情況都使蘇聯領導階層苦惱不已，加深了他們的不安全感。具體而言，蘇聯領導人愈來愈爲如何安排那些人數日益減少卻又「十分可靠」的斯拉夫族青年而發愁。是把他們送進軍隊，編入一級戰鬥師或其他一流的部隊裡，而不顧工業和農業戰線同樣迫切需要輸入訓練有素和思想忠誠的新血？還是提高紅軍中非斯拉夫人的比例而不顧部隊戰鬥力的下降，以便將俄羅斯和斯拉夫青年投入到民間的建設？鑑於蘇聯有「安全第一」的傳統，蘇聯領導人很可能會選擇前者，然而這只是一種兩害相權取其輕的選擇，無助於蘇聯擺脫困境。

如果蘇聯戰略家所謂的「武力相關性」中的經濟成分使得蘇共政治局憂慮的話，那麼迅速變遷的全球權力均勢中的軍事形勢也不會使這些領導人感到振奮。不管蘇聯的軍事機器在外國觀察家眼中如何強大和驚人，我們仍然應該把這些力量和蘇聯軍隊所承擔的戰略任務做一個比較。

在此同時，我們最好把傳統戰爭和核子戰爭分開來討論。基於某些顯而易見的原因，人們對軍事均勢的內容最關注是各列強手中擁有的戰略核子武器，尤其是美國和蘇聯，它們擁有的核子力量足以摧毀整個地球。我們不妨看一看國際戰略研究所於一九八六年公布的美蘇戰略核子彈頭數（參見表8-3）。

對於上述數字，不同的人有不同的看法，有些人只關心數字，對於超級強權分別擁有的大量戰略核子武器特別感興趣。而大多數非官方的時事評論家和一般民眾則認爲，這兩個超級強權在其

表8-3　美蘇戰略核子彈頭數（估計）

項目＼國家	美國	蘇聯
洲際彈道飛彈彈頭	2,118	6,420
潛艇發射彈道飛彈彈頭	5,536 +	2,787 +
飛機運載彈頭	2,520 +	680 +
合計	10,174	9,987

軍火庫裡儲藏了這麼多毀滅性的核子武器，只能說明兩國的政客不是政治無能就是喪心病狂，他們對全人類的一切生活造成了威脅，他們所擁有的核子武器應當盡快全部銷毀或大量減產。另外也有爲數不少的時事評論家（在學術界、大學或國防部當中）認爲，核子武器很可能被當作國家戰略手段之一來使用，因此他們貢獻自己的智慧和精力，深入研究各種武器系統、節節升高戰略與作戰演習、軍備控制與查核協議的利弊，以及「投射重量」、「航空器預定降落地區」、「相等的百萬噸核彈爆炸威力」等攻擊目標方案，和「第二次攻擊」沙盤推演。

本書涵蓋五百年的列強興衰史，因此要同時剖析「核子問題」顯然並不容易。也許由於核子武器的存在，或者更確切地說，由於核子武器的大規模部署，以傳統觀念來考量戰爭、戰略、經濟等問題是否已經不合時宜？一旦爆發全面核子戰爭，對於北半球（也許還包括南半球）的人來說，再來評估核子武器對國際事務中「權力均勢變動」的影響是否已經毫無意義？列強之間的競爭不時演變成公開戰爭的傳統模式是否到了一九四五年就已經不再出現了？

顯然，誰也無法對這些問題提出明確的答案。然而，種種跡象顯示，雖然有核子武器的存在（在很大程度上應該說「由於」有核子武器的存在），今日的列強仍在考慮以傳統方法運用武力。首先，兩個超級強權之間現在似乎存在著——或者說已經存在了好幾年——核子軍備的均勢狀態。撇開「機會之窗」和「首次攻擊」能力等爭論不談，顯然美國和蘇聯都不能保證在消滅對方的同時，自己不會也受重創，即使運用

「星戰」計畫的科技也不能大幅改變這個事實。尤其是雙方都各自在潛艇上部署了大量潛艇發射的彈道飛彈，這是很難探測的一種飛彈，因此誰都不能確定自己能一舉摧毀對方的所有核子武器裝備。這些實際情況以及對「核子冬天」的恐懼，使得超級強權的決策者不敢輕舉妄動，除非出現意外發生的核子升級狀況。結果是，雙方都陷入了無法掙脫的核子僵局，既不能收回已經發明出來的核子科技，也不可能單方面（或雙方）放棄擁有核子武器而自廢武功，因爲任何一方的核武系統都是針對另一方的核武系統而研發的，或者說任何一方出現某種核子系統，另一方就部署了相對反制措施。因此，誰要是實際使用這些武器，就必須承擔風險。

換句話說，超級強權雖繼續擁有各自規模龐大的核子武器，但除偶發事件以外都無法使用它們，因爲使用核子武器違反了自古以來就存在的一條原則：戰爭與其他大多數事情一樣，在手段與目的之間應取得一種平衡。一旦爆發核子戰爭，人類將遭到空前浩劫，因此這種手段根本不可能達成任何政治、意識形態和經濟目的。雖然有一些人絞盡腦汁去研究「核子戰爭的戰鬥策略」，但是他們無法反駁傑維斯（R. Jervis）的觀點：「合理部署核子武器戰略的想法本身就是矛盾的。」只要發射了第一枚飛彈，美蘇之間「互爲人質」的局面就不復存在——自美國失去核子獨占權之後這種局面就出現。核子戰爭造成的災難實在太大，任何尚有理智的政治領導人都不會率先跨出這一步。除非由於人爲錯誤或技術故障而引發核子戰爭（這種可能性是存在的），美蘇雙方都不會冒險動用核子武器。萬一眞的發生了衝突，雙方的政治和軍事領導人物將會努力把衝突「限制」在傳統戰爭的範圍內。

在今後二十年或更長的時間內，這兩個敵對的超級強權也許會面臨一個更嚴重的問題：核子武器將擴散到世界上情勢較不穩定的國家和地區，如近東、印度半島、南非和拉丁美洲。由於這些國家不在強權體系之列，所以它們在地區性衝突中使用核子武器的可能性，本書將不做討論。整體而言，美國和蘇聯都想阻止核子武器的擴散，因爲世界政局將會因核武的擴散而變得空前複雜。這也許可以說是美蘇兩國的共同利益吧。

從蘇聯的角度來看，中國、英國和法國核子武器的迅速發展應該另當別論。僅僅數年前，一般還認爲這三個國家在核武賽局中的地位無足輕重，而且它們的核子戰略也不具「可信度」，頂多在遭到蘇聯核武攻擊時，給蘇聯造成一點有限的毀壞。可是事情的發展很快地改變了這種看法。最令人吃驚的（當然又是以蘇聯的角度來看）是中共核子力量的膨脹。對此，蘇聯已經有整整二十五年寢食難安了。如果中共不僅發展出更先進的陸上洲際彈道飛彈系統，而且還發展出以潛艇爲發射基地的長程彈道飛彈系統，如果中蘇雙方不能圓滿地解決爭端，那麼可能會爆發一場中蘇邊界武裝衝突，而這種衝突又有可能升級成爲核子戰爭。從目前的實力來看，一旦核戰爆發，中國的損失必定極爲慘重，但是蘇聯也會遭到相當數量的中國核子飛彈襲擊（到了一九九〇年代將會更多）。

英國和法國核子發射系統及彈頭的發展也許在政治上不具太大的威力，但在技術上卻更令人擔憂。從目前來看，英國和法國的戰略核子武器系統到底能發揮多大的「嚇阻」效果，尚待證實。假設它們捲入一場與蘇聯對抗的核子戰爭（這種可能性很小），而美國又保持中立（這正是英法兩國發展核子武器的理由），那麼它們只得以整個國家爲賭注去參戰，而自己的小規模發射系統只會造成蘇聯一些局部損失。但它們顯然不會這麼做。然而，再過幾年之後，這兩個中等強國對蘇聯的威脅程度將會呈倍數增加，因爲到那時候它們將大幅加強潛射彈道飛彈系統的質與量。例如，英國將擁有配備三叉戟—II型飛彈系統的潛艇（這種潛艇造價昂貴，但攻擊力很強，《經濟學人》周刊戲稱之爲「核子飛彈的勞斯萊斯」），這是一支幾乎攻無不克的嚇阻力量，可摧毀蘇聯三百五十餘個目標（目前只能摧毀十六個以上）。而法國配備 M-4 型多彈頭長程飛彈的「靈敏號」新式潛艇能夠打擊蘇聯九十六個目標，比法國的五艘老式核子潛艇能夠摧毀的總數還要多。如果其餘的潛艇也都配備了M-4型飛彈，法國的戰略核子彈頭將增加五倍，理論上法國將具備從數千萬里以外打擊蘇聯數百個目標的能力。

當然，英國和法國核子武力的增強到底會有什麼結果，沒有人可以預測。英國的許多重要人物已經發現，認爲英國能夠獨立使用核子武器對抗蘇聯的想法簡直是「不可思議」的。他們也不接受以下的說法：核子武器的發展至少可以使英國在自殺的同時造成蘇聯更嚴重的破壞。在法國，輿論和一些戰略評論家也認爲法國政府所宣稱的嚇阻政策不具太大的說服力。另一方面，蘇聯軍事決策者關於核子戰爭爆發的可能性曾加以認眞評估，而且也對最近的局勢發展惶恐不安。他們將面臨四個（而不是只有美國）對蘇聯心臟地區造成嚴重（也許非常嚴重）威脅的國家，而且也必須考慮如果蘇聯和其中之一（例如中國）發生核子戰爭，而其餘三國坐山觀虎鬥，那麼接下來的世界軍事平衡將會發生什麼樣的變化。因此，蘇聯一再堅持，在與美國簽訂任何一個全面的戰略武器限制條約時，都必須將英國和法國的核子武力列入考慮，而且還要保留相當的核子武力來對付中國。因此，在克里姆林宮看來，蘇聯於實施「合理」的軍事政策時，核子武器卻成了愈來愈難把握的工具了。

然而，如果這些互相牽制的情勢迫使蘇聯只能以傳統武器作爲軍事力量的主要手段，以及捍衛國家政治目標的主要工具，那麼蘇聯決策者在當前的國際軍事平衡中一定會缺乏安全感。這樣的論點似乎有些過於武斷，因爲一般認爲，蘇聯的飛機、坦克、大砲、步兵師等傳統武器的總數遠遠超過美國，北約部隊若是在歐洲進行一場大規模傳統戰爭的話，必定不能堅守城池，而且短時間內就會被迫使用核子武器。可是，近來許多關於世界軍事力量的專題研究報告顯示，我們的評價較切合實際情況，也就是說，當前世界的形勢是「雙方都沒有足夠的實力可以取得全面勝利」。這樣的結論是經過詳盡的比較分析（例如對美國裝甲師與蘇聯坦克師的比較分析），也考慮到一些更廣泛和無法確定的因素（如中國所扮演的角色和華沙公約組織的可靠性等）。這裡只能概括性地總結這些觀點。即使我們提出的證據只是大致屬實，恐怕也會使蘇聯決策者感到不舒服。

第一點要指出的，也是最明顯的，是對任何傳統武力平衡的分析都應以整體來衡量各個敵對聯盟，對歐洲尤其如此。我們會發現，北約組織內的非美部分絕對優於華約組織內的非蘇聯部分。一九八五年度英國國防白皮書指出：「歐洲國家為北約前線部隊提供了大部分兵力和武器裝備——百分之九十的兵力，百分之八十五的坦克，百分之九十五的大砲，百分之八十的作戰飛機以及百分之七十以上的大西洋和歐洲海域上的主力艦。……歐洲國家可動員兵力近七百萬人，而美國只有三百五十萬人。」當然，美國也在德國部署了二十五萬的部隊，一旦歐洲爆發戰爭，這些立即可以跨越大西洋的陸軍師和空軍中隊也是十分重要的增援力量，而且整個北約還要仰賴美國的核子嚇阻武力和海軍力量。問題的關鍵在於北約的兩大支柱力量比較均衡，而華約則是頭重腳輕地倒向莫斯科。值得一提的是，美國的北約盟國所負擔的安全支出比蘇聯的華約盟國高六倍；事實上，英國、法國和西德這三個國家中的任何一個國家所負擔的軍備支出都要高於所有除蘇聯以外華約國家的總和。

如果我們把這兩大聯盟以整體來衡量，而不是和一些西方聳動的報導一樣，任意誇大或刪改，雙方在歐洲的地面部隊數量大體相等，地面部隊總數和後備地面部隊總數也差不多。以整體計算，華約的兵力為一千三百九十萬人（其中主力部隊六百四十萬，後備部隊七百五十萬），北約的兵力為一千一百九十萬人（主力部隊五百萬，後備部隊六百八十萬）。相比之下，前者的兵力並沒有超過後者很多，況且華約軍隊中還有相當一部分是三級師和紅軍的後備部隊。雖然在極為重要的「中央戰線」上，蘇聯的裝甲師和機動化步兵師在數量上遠超過北約軍隊，但這並沒有給華約帶來多大優勢，因為要在人口稠密的德國北部進行一場快攻式的「機動戰爭」是很困難的，更何況蘇聯的五萬二千輛主力坦克大部分是老舊的 T-54 型，只能發揮阻塞道路的作用。北約只要有足夠的彈藥、燃料和武器等儲備，就能比一九五〇年代占有更爲有利的陣勢來抵擋蘇聯傳統武器的攻擊。

其次，在比較傳統武力時還要考慮各軍事聯盟的整合和凝聚力等無法以數字來表達的因素。北約有許多弱點，這是不容否認的：大西洋兩岸經常爲了「軍費分攤」問題而爭論不休，各國政府曾針對在緊急情況下發射核子飛彈的微妙問題反覆進行磋商等等。西德、英國、西班牙和希臘等國的「中間偏左」政黨中有不少人主張中立，並有反北約情緒，同樣也引起人們的不安。如果將來北約與華約西部邊界接壤的國家中有一個國家（當然，尤其是西德）「芬蘭化」的話，蘇聯將獲得極大的戰略利益，並且減輕其經濟負擔。然而，即使理論上這種假設情況有可能發生，蘇聯目前更擔心的，是它在東歐的「帝國」到底是否牢靠。波蘭的「團結工聯」運動擁有廣泛的群眾基礎、東德要求與西德改善關係的強烈意願、匈牙利出現的「資本主義演變」以及影響波蘭、羅馬尼亞乃至整個東歐的經濟災難，都是蘇聯領導階層所面臨的特別棘手的問題。這些問題不是動用紅軍就能即刻解決的，也不是再祭出「科學社會主義」的法寶就能令東歐人滿意的。儘管克里姆林宮近來大力鼓吹現代化和重新檢討馬克思主義的經濟政策，卻看不到它在放鬆對東歐的控制方面有任何動靜，這些政治上的不滿情緒和經濟上的種種危難必然使蘇聯更加懷疑華約組織裡非蘇聯軍隊的可靠性。例如，一般都認爲波蘭部隊不可能會增強華約的軍事力量；因爲波蘭部隊只會發揮倒戈相向的作用，一旦戰爭爆發，蘇聯還得派紅軍去嚴密監視當地的人民以及重要公路和鐵路線。同樣地，捷克和匈牙利的軍隊恐怕也不會乖乖聽令積極去攻打北約陣地。甚至連最現代化和最有戰鬥力的東德軍隊在接獲向西進攻的命令時，態度也可能會發生變化。誠然，在華約軍隊中大部分是蘇聯人（占五分之四），在與西方的傳統戰爭中真正衝鋒陷陣的也將是蘇聯部隊，但紅軍指揮官的責任不輕，他們又要指揮作戰，又要監視一百多萬東歐士兵，這些人大多數戰鬥力不強，有的甚至不可靠。北約亦極有可能展開反攻（譬如說攻入捷克斯洛伐克）來回敬華約的攻擊。不管這種可能性有多少，都給蘇聯在軍事和政治上更添煩惱。

再者，自一九六〇年代初期開始，蘇聯決策人士必須小心翼翼地應付另外一個更可怕的問題，也就是面臨同時與北約和中國捲入大規模衝突的危險。如果成爲事實的話，蘇聯的增援部隊支援不同戰線的能力將非常有限（雖然並非不可能）；即使戰爭只是在一個地區進行，克里姆林宮也不敢從技術上中立的區域抽調兵力，因爲那裡雖然暫時採取中立立場，但沿邊界上也部署重兵。事實上，蘇聯大約部署了五十個師和一萬三千輛坦克來應付可能發生的中蘇衝突。雖然蘇聯軍隊要比中國更現代化，更具機動能力，但是要澈底打敗兵力四倍於自己的敵軍談何容易，更不用說長期占領了。以上都是以傳統戰爭爲前提而進行的討論。由於蘇聯曾暗示要毀滅中國，這種前提本身也許就是錯誤的。如果中蘇之間眞的爆發了核子大戰，蘇聯的決策人士就應當仔細考慮，戰後的蘇聯與仍然保持中立而又十分強大的西方比起來，是不是會處於劣勢。同樣地，在與北約打完一場核子戰爭或大規模傳統戰爭之後，蘇聯難免大傷元氣，在兵疲馬困的情況下如何去應付中國的挑戰。

中國幅員的遼闊，是蘇聯除北約以外的最大煩憂，但是事實上，整個亞洲「側翼」都令蘇聯不安。從地緣政治上看，俄羅斯在亞洲逐步擴張領土的古老政策似乎已經壽終正寢。中國的東山再起、印度的獨立與壯大、日本經濟的復甦（以及那些較小的亞洲國家），也足以平息人們對十九世紀俄國企圖逐步掌控整個亞洲大陸情景重演的擔心。（今天的蘇聯參謀總部視當時的局勢如一場夢魘）當然，這些並不能阻止蘇聯在邊陲地區撈點好處，阿富汗就是一例。但是，阿富汗衝突持續的時間以及在當地及其他地區挑起的敵對情緒，蘇聯任何擴張領土的行動都必須付出無法估計的軍事和政治代價。一個世紀之前，沙皇曾信心十足地宣稱要完成他的「亞洲使命」，而如今克里姆林宮的統治者卻不得不擔心伊斯蘭教基本教義派從中東向蘇聯南部邊界的滲透、中國的威脅，以及在阿富汗、韓國和越南出現的複雜局面。不管蘇聯在亞洲部署了多少個師，似乎都不足以確保其漫長邊界線的「安全」，尤其是西伯利亞大鐵路極易遭到火箭的襲擊，一旦這條鐵路中斷，蘇聯在遠東地區的軍隊將陷入絕地。

由於俄國政府傳統上以保衛本土的安全爲第一要務，所以蘇聯的海上和海外兵力相對來說要小得多。但我們不能否認蘇聯海軍在過去二十五年的重大發展，各種新式而威力強大的潛艇、水上艦艇和試驗性航空母艦不斷推陳出新。蘇聯商船隊、漁船隊的迅速擴大以及它們所扮演的重要戰略角色也不容忽視。但是，蘇聯海軍的攻擊能力仍無法與美國海軍所擁有的十五個航空母艦任務編隊相提並論。而且，如果我們比較一下兩大軍事集團的海軍艦隊，而不是比較兩個超級強國的話，我們就會發現北約的非美國海軍力量要比華約的非蘇聯海軍力量強大太多。（參見表8-4）

表8-4　北約與華約的海軍實力對比

組織	華約			北約		
項目＼國家	蘇聯盟國	蘇聯	總計	總計	美國	美國盟國
核子潛艇	—	105	105	97	85	12
柴油動力潛艇	6	168	174	137	5	132
主要水上艦艇	3	184	187	376	149	227
海軍飛機	52	755	807	2,533	2,250	283

如表8-4所示，即使把中國排除在外，西方盟國的主要水上戰艦是華約的兩倍，海軍飛機爲三倍，潛艇的數量大致相同，而蘇聯海軍百分之七十五的人員是充員兵，因此蘇聯在短期內恐怕很難奪得「制海權」。

最後，如果蘇聯海軍的新式大型水面戰艦的實際任務是充當「海洋堡壘」（例如在巴倫支海），以保護其核子飛彈潛艇免遭北約襲擊的話，也就是說，如果蘇聯艦隊的主要任務是保衛其海洋上的戰略嚇阻武力的話，那麼它顯然已經沒有多餘的力量（舊式潛艇除外）去切斷北約的海上通路了，因此，如果蘇聯與西方發生大規模衝突，其散布在世界各地的基地和部隊將得不到太多的援助。事實上，儘管一般人大肆渲染蘇聯向第三世界滲透的野心，但事實上蘇聯的海外駐軍很少（也就是說在東歐和阿富汗以外的駐軍很少），主要海外基地也只有越南、衣索比亞、南葉門和古巴，而這些國家向蘇聯需索無度，使蘇聯難以招架。蘇聯很可能已經意識到，一旦與中國發生衝突，西伯利亞大鐵路極易遭到破壞，因此目前正有計畫地開闢一條經印度洋到其遠東領土的海上交通路線（ＳＬＯＣ）。然而，這條航線似乎也不很可靠。蘇聯的勢力範圍無法與美國（再加上英國和法國）遍布全球的軍事基地和艦隊相比，其數量少而防禦能力又差的海外基地在戰爭中絕對不堪西方的一擊。如果再把中國、日本和一些較小的親西方國家考慮進去，形勢對蘇聯就更不利了。當然，對蘇聯來說，退出第三世界的勢力競爭在經濟上並不會造成嚴重打擊，因爲它在第三世界的貿易、投資和貸款額本來就極小，和西方比起來微不足道，不過這也顯示蘇聯根本不算是個全球性的強權國家。

雖然以上的情況似乎在誇大蘇聯的不利形勢，但是值得注意的是，蘇聯決策人士的確已經考慮到「最壞的打算」，其限武談判代表反駁蘇聯軍事力量應與美國相等的觀點，因爲蘇聯軍隊要「保留餘力」來對付中國，以保證本國八千英里邊界線的安全。任何一個洞察情勢的外國觀察家都認爲，蘇聯早已擁有足夠的防衛力量，如果堅持不斷發展新式武器系統，只會令別人不安。克里姆林宮的決策者繼承了軍國主義而且緊守近乎偏執狂的治國傳統，總認爲其邊界——無論是與東歐和中東北部接壤的地帶，還是與中國接壤的漫長邊界——會在頃刻之間崩潰，然而即使部署了這麼多的陸軍和空軍來保衛這些邊界，卻仍然得不到他們所要的安全感。他們也不願從東歐撤軍或在邊界問題上對中國讓步，不僅因爲在這些地區會引起連鎖反應，同時也不會暴露其缺乏意志力的弱點。克里姆林宮在爲保衛漫長的邊界而與傳統「領土安全」問題進行苦戰的同時，還必須竭盡全力在火箭、衛星運載武器以及太空探險等高科技領域與美國進行激烈競爭。因此，蘇聯，或者更精確地說是蘇聯的馬克思主義制度，在邊界權力的較勁中，正同時面臨數量和品質上的考驗。它很不願意自己陷入這樣的處境。

但是，如果蘇聯的經濟情況能夠稍微轉好，那麼這種處境（或者說「力量消長」）絕對會改善。如此一來又回到蘇聯的老問題上了。經濟對蘇聯的軍事至爲重要，不僅因爲他們是馬克思主義者，懂得經濟能帶來武器和工資，而且也因爲他們明白經濟在持久的列強聯盟戰爭中的重要性。一九七九年出版的《蘇聯軍事百科全書》認爲，全球性列強聯盟戰爭將是短暫的，尤其在使用核子武器的時候更是如此。這種說法也許是對的，「但是，考慮到敵對聯盟所擁有的巨大軍事和經濟潛力，也不能排除持久戰的可能性。」如果眞的是一場持久戰，那麼蘇聯經濟能支持多久便成了關鍵，以往的大型聯盟戰爭又證明了這一點，對此，蘇聯領導階層一定不會感到寬心，因爲蘇聯的國民生產毛額只占世界的百分之十二至十三（即使加上華約衛星國也大約只有百分之十七），其國民生產毛額不僅遠低於美國和西歐，而且也即將被日本趕上，也有可能在三十年後被中國趕上（假設兩國的經濟成長率長期保持目前水準）。如果有人覺得這樣的預測過於誇張的話，不妨讀一段《經濟學人》的客觀評述：一九一三年「帝俄時期每工時的實際產值是日本的三點五倍，然而經過近七十年的社會主義洗禮之後卻衰退甚多，只及日本的四分之一。」因此，無論蘇聯現在的軍事力量如何，蘇聯到下個世紀初將退居世界經濟大國的第四位或第五位，這對其長遠國力的影響之鉅，令蘇聯領導階層忐忑不安。

然而，這並不代表蘇聯即將崩潰，也不是說蘇聯是個具有超自然力的國家，而是蘇聯正面臨著困難的抉擇。一位蘇聯專家曾如此評論：「布里茲涅夫時代的政治基礎——大砲、奶油和經濟成長政策已經不再管用了。……即使在較為樂觀的形勢下，蘇聯仍將面臨比一九六〇年代和一九七〇年代遇到過的更為嚴重的經濟危機。」因此，可以預料的是，蘇聯將繼續全力發展經濟。可是，即使出現一個精力充沛的蘇聯政權，也不可能放棄「科學社會主義」來發展經濟，更不可能大幅度削減國防預算而影響蘇聯的軍事核心，因此蘇聯擺脫其面臨的種種矛盾的可能性不大。蘇聯若是失去其強大的軍事力量，將在世界上無足輕重；若是加強其軍事力量，則會引起別人的恐慌，同時也傷害本身的經濟發展。這眞叫蘇聯左右為難。

然而，西方不能對此感到幸災樂禍，因為以民族性和傳統特質來說，俄國人都無法接受祖國沒落的事實。從歷史上看，本書所討論的每一個到處擴張的多種族帝國——鄂圖曼帝國、西班牙帝國、拿破崙帝國和大英帝國都是因為在列強戰爭中戰敗，或是因為在戰爭中受到重創而必須暫時退出國際政治舞臺的中心（如一九四五年之後的英國），才心甘情願退回自己國土去的。那些對蘇聯目前的困境暗自竊喜和希望蘇聯自行崩潰的人，應該考慮到，這種轉變通常是在付出重大代價之後才會發生，而且也不一定總是一如預期。

美國相對衰落

當我們分析和預測美國目前和未來形勢的時候，最好對照一下蘇聯所面臨的困難，因為其中有兩個不同點。第一，雖然在過去的幾十年裡，美國衰落的速度可以說比蘇聯快，但是它所面臨的問題也許遠不如蘇聯那麼嚴重，而且其絕對實力（尤其在工業和科技方面）仍然比蘇聯強大得多。第二，美國社會的結構非常鬆散和自由（當然也有弱點），比蘇聯僵化且嚴密控制的社會更容易適應世界環境的變化，不過這也要取決於美國領袖能否理解當今世界上出現的種種潮流，而且在努力順應全球環境變遷的同時，也要認清其本身的優勢和弱點。

儘管美國目前仍然在經濟上，甚至在軍事上執世界之牛耳，但卻仍無法逃避兩個重大的考驗（任何一個在世界事務中居「頭號」地位的列強都要通過這些考驗來確定其國家壽命）：其一，在軍事或戰略上，是否能夠在國家安全需求和履行這些義務的手段之間保持合理的平衡；其二，與第一點密切相關，它是否能夠在世界生產形態不斷變遷的情況下，使自己的科技和經濟基礎在相對衰落中仍然保持相當的實力。這對美國的能力是更大的考驗，因為美國與一六〇〇年前後的西班牙帝國或是與一九〇〇年前後的大英帝國一樣，繼承了為數眾多的戰略承諾，這些承諾都是數十年前美國擁有影響世界事務的巨大政治、經濟和軍事能力的時候所許下的。現在，美國必須冒「戰線過長」的風險——這對研究列強興衰史的歷史學家來說，又是一番熟悉的景象，也就是說，美國的決策者必須面對一個棘手而長久存在的事實，即美國的全球利益和它所承擔的全部義務都已經遠遠超過其承受和保衛的能力了。

美國除了像早期的列強一樣必須應付戰略擴張過多的問題，還要面臨核子毀滅的危險。如果一場大規模核子戰爭真的爆發，那麼再去考慮美國的「前途」就完全沒有意義了——即使美國因其防禦系統和地理位置的優勢而處於比其他國家——如法國和日本——更有利的地位。另一方面，一九四五年之後的軍備競賽顯示，雖然核子武器對東方和西方都構成致命威脅，但同時也是無法使用的。這也是列強國家繼續增加傳統軍備支出的一個主要原因。然而，如果列強間發生一場傳統戰爭，不論是地區性的還是較大規模的，那麼今日的美國與昔日的西班牙帝國或愛德華七世時代的大英帝國在戰略環境上就有明顯的相似之處。這幾個衰落中的一流強國都面臨著威脅，但這種威脅並非直接針對其本土安全（以美國而言，它被外國征服的可能性很小），而是針對海外利益的，這些利益所在過於廣泛，所以很難同時全部加以保護，也很難放棄其中某個利益而又不冒風險。

美國的海外利益，幾乎每一種都是在當時因正當的理由（往往也是十分緊迫地）而承擔下來的，而其中大多數的理由至今尙未完全消失。對於美國的決策人士來說，美國目前在世界某些地區的利益也許比幾十年前更大。

例如在中東的義務就是如此。這個地區西起摩洛哥，東至阿富汗，美國都面臨許多衝突和棘手的問題。一位觀察家曾經如此形容：數一數這些衝突和問題就「使人呼吸困難」。中東地區占世界石油供給量的絕大部分，（至少從地圖上看）很容易受到蘇聯的滲透；美國國內有一個有組織的強勢遊說集團要求政府堅定立場，支持孤立無援但軍事戰鬥力卻很強的以色列；當地的阿拉伯國家（如埃及、沙烏地阿拉伯、約旦和波斯灣各酋長國等）既受到來自國內的伊斯蘭教基本教義派的壓力，又受到來自國外的威脅（如利比亞）；不管他們之間如何互相敵視，都一致反對以色列對巴勒斯坦的政策。因此中東地區對美國來說極爲重要，但美國卻也無法用單一的政策來處理這個地區的事務。除此之外，中東也是世界上戰爭最頻繁的地區（至少在部分地區）。而且，阿富汗又是蘇聯唯一企圖使用武力征服的中東國家。因此，中東一直被認爲是美國必須在軍事上和外交上密切關注的地區。但是，由於一九七九年美國在伊朗解救人質引起的混亂和一九八三年在黎巴嫩冒險行動的失敗仍然記憶猶新，再加上美國在這個對立地區所採行的複雜外交政策（譬如說如何支持沙烏地阿拉伯而又不造成以色列的恐懼）以及在阿拉伯國家中不受歡迎等原因，美國政府要在中東推行一個連貫而長期的政策極爲困難。

在拉丁美洲，美國的國家利益也逐漸面對重大的挑戰。如果世界上發生大規模國際債務危機，並對世界信用體系，尤其給美國銀行造成嚴重衝擊的話，那麼這場危機很可能就是從這個地區開始。事實上，拉丁美洲的經濟問題不僅使許多著名的美國銀行降低其信用等級，而且使美國對該地區的製成品出口額大幅下降。這裡跟東亞一樣出現一種危機：世界上先進的富裕國家正逐步提高關稅來減少低勞動成本製品的進口，而提供海外援助的意願也逐漸降低。這些都引起極大的關切。除此之外，近數十年來，拉丁美洲在經濟上和社會上均發生了閃電般的變化，而且當地許多國家人口爆炸也對現有資源以及傳統和保守的政府體制產生更大的壓力。同時還引發了廣泛的社會和憲政改革運動，甚至引起激烈的「革命」（主要是因為受到古巴和尼加拉瓜激進政權的影響）。由於反革命的政府想要與國內共產主義別苗頭，並呼籲美國幫助它們實現這個目標，所以反而又導致了保守主義的風潮。拉丁美洲發生的社會和政治動亂往往使美國難以抉擇，到底應該加強拉丁美洲國家的民主正義，還是打壓當地的馬克思主義；同時美國也必須考慮採取何種手段，是透過政治和經濟手段來到其目的，還是採取軍事行動（例如格瑞那達）。

然而，最令人憂慮的是美國以南的問題，其嚴重性可以使蘇聯面臨的波蘭「危機」微不足道。目前墨西哥與美國的關係簡直是世界上獨一無二的。墨西哥的經濟瀕於崩潰，拖欠美國巨額債務，國內經濟危機導致每年有成千上萬的墨西哥人非法湧入美國，與美國之間最有利可圖的貿易已經轉化成血腥的毒品走私，而美國與墨西哥的邊界卻仍然是這類交易最暢通無阻的路線。

儘管美國的東亞利益所受到的挑戰在距離上過於遙遠，但這個廣大地區的重大意義並沒有因此而減低。東亞地區居住著世界上最多的人口；美國大量的對外貿易是與「太平洋邊緣」國家進行的，而且正在日益增加；世界上未來的強權國家有兩個——中國和日本——位於這個地區，蘇聯也直接和間接地（透過越南）屬於這個地區；還有亞洲的新興工業國家，這些脆弱的準民主國家一方面澈底接受了資本主義的自由放任思潮，另一方面以低廉價格與美國的工業產品競爭，從紡織品到電子工業品，無所不包；而且，美國在當地仍然承擔相當多的軍事義務，大部分都是冷戰早期的產物。

我們只需把這些義務列成一覽表，就能知道美國在這個地區的利益有多廣泛。幾年前，美國國防部曾試圖就美國在東亞的利益撰寫一份摘要，然而這份報告十分簡短，奇怪的是，其中列出的戰略承諾似乎沒有極限：

「東亞和太平洋地區安全對於美國的重要性顯示在與日本、韓國和菲律賓簽訂的雙邊條約上；也顯示在馬尼拉協定（將泰國拉入夥）以及與澳洲和紐西蘭簽訂的美澳紐安全條約上。美國在韓國和日本部署了陸軍和空軍部隊，第七艦隊則部署在西太平洋前線，也進一步顯示了此一地區的重要性。我們在這個地區的最高目標，是與我們當地的朋友和盟國一起」

「維護重要海上航線以及美國在這個地區利益的安全；保持我們履行對太平洋和東亞的條約承諾的能力；阻止蘇聯、北韓和越南干涉他國事務；與中國建立持久的戰略關係；支持友好國家穩定和獨立。」

然而，這份措辭謹慎的摘要背後還隱藏了許多極爲敏感的政治和戰略問題，例如如何與中共建立良好關係而又不放棄臺灣，如何既「支持友好國家的穩定和獨立」又盡量控制這些國家的外銷產品大量湧入美國市場，如何使日本承擔更多的西太平洋防衛責任而又不引起日本鄰國的不安，如何維持美國在這個地區的基地（如菲律賓）而又不激起當地人民的不滿，如何減少美國在南韓的駐軍而又不至於給北韓發出錯誤的「信號」等等。

美國更重要的海外利益，至少從軍事部署來衡量，是在西歐。保衛西歐是美國陸軍和大部分空軍及海軍最重要的戰略使命。根據一些統計數字，美國實際上將它一般任務部隊的百分之五十至六十派駐在北約領域。評論家一再指出，北約其他成員國的國防支出占國民生產毛額的比例仍遠低於美國，儘管歐洲總人口和總所得現在已經超過了美國。這裡將不詳細討論歐洲國家在「軍費分擁」辯論中的種種反對意見（如法國和西德等國認爲要維持徵兵制必須付出社會成本等），也不進一步探討如果西歐「芬蘭化」將加重美國的國防負擔等問題。從美國的戰略角度來看，有一個無法迴避的事實是西歐似乎比日本更容易感受到蘇聯的壓力，部分是因爲西歐不是個島國，另一部分是因爲蘇聯在歐洲大陸戰線上集結了超過國防和集體安全所要的陸軍和空軍力量。雖然這不表示蘇聯已經擁有征服西歐的實力，但是美國若是在這樣的情況下單方面從歐洲撤出大量地面和空中部隊將是極不明智的做法。即使世界上製造業生產最爲集中的西歐地區落入蘇聯手中的機率微乎其微，五角大廈也相信「西歐的安全與美國的安全緊密相關」。

但是，不管美國對歐洲所承擔的義務在戰略上多麼合乎邏輯，這並不能保證某些軍事上和政治上複雜的問題不會引起大西洋兩岸的爭執。雖然一方面北約組織使美國和西歐緊密結合，但從經濟角度來看，尤其在農產品市場日益縮小的情況下，歐洲經濟共同體和日本一樣是美國的競爭對手。更重要的是，儘管西歐各國的官方政策一直強調美國「核子保護傘」的重要性，但是西歐人民對於在自己土地上部署美國武器，如巡弋飛彈、潘興II式飛彈、攜帶三叉戟飛彈的潛艇以及中子彈等，深感不安。話說回來，如果兩個超級大國在爆發大規模衝突時避免使用核子武器，那麼如何透過傳統手段來保衛西歐，仍然是個很大的問題。首先，使用傳統手段將非常昂貴。其次，即使跡象顯示，北約有辦法摧毀華約的地面和空中部隊，但北約仍必須加強現有的兵力。在上述前提下，如果有人提出減少或撤出美國駐西歐的部隊——即使是因爲經濟上的壓力，或是爲了加強美國在其他地區的軍事部署，都無法令人安心。然而，美國把這麼多的軍隊部署在一個地區，要想推行其兼具全球性和靈活性的偉大戰略將極爲困難。

從上面提到的種種情況來看，對美國所承擔的義務與本身實力之間存在的差距最爲憂慮的應該是美國的三軍部隊，這是理所當然的。原因很簡單，因爲一旦戰爭爆發，如果美國的戰略弱點在戰爭的嚴酷考驗中暴露出來，那麼首當其衝的是三軍部隊。所以，五角大廈不時發出警告，反對像變戲法一樣地進行全球性的後勤大搬家，何處出現新的紛爭就得把部隊調到出事地點去。這種情況在一九八三年後期最爲嚴重。當時美國在中美洲、格瑞那達、查德和黎巴嫩重新部署軍隊，爲此美國前參謀首長聯席會議主席曾宣稱，美國兵力和戰略之間的「不協調比以往任何時候都嚴重」。實際上這個問題在幾年前就已經很明顯了。有趣的是，歷史學家發現，如果把美國軍方關於「全力伸展」的警告與「美國全球重要軍事部署圖」對照來看，那麼美國現在的狀況簡直就跟前世界霸主大英帝國在其戰略擴張尖峰時期，在世界各地擁有海軍基地和駐軍的情況一模一樣。（見地圖8-2）

另一方面，美國若是沒有許多盟友的幫助，要同時保衛所有的海外利益幾乎是不可能的。這些盟友包括西歐的北約會員國、中東的以色列以及太平洋地區的日本、澳洲，也許還有中國。從防禦角度來看，並非所有地區性的局勢都對美國不利。例如，雖然令人捉摸不透的北韓政權南侵的可能性一直存在，但是今天的中國不會對這種行爲表示歡迎，更何況南韓本身的人口已經兩倍於北韓，國民生產毛額四倍於北韓。同樣地，雖然蘇聯在遠東擴充兵力使美國感到不安，但是中國對蘇聯通往遠東地區的海陸交通線構成的威脅已逐漸增加，可以大幅消除美國的恐慌。最近，美國國防部長明白指出：「我們永遠不可能以百分之百的信心得到可以承擔所有義務的能力。」這種看法完全正確。但是，仔細考慮之下，問題並不像初看之時那麼令人擔憂，因爲世界上潛在的反蘇力量總和（美國、西歐、日本、中國、澳洲）遠遠超過蘇聯陣營的力量總和。

儘管有上述這些令人寬心的事實，美國的大戰略困境仍然存在。美國目前在世界上承擔的軍事義務和二十五年前一樣眾多，而在世界國民生產毛額、製造業產量、軍備支出和陸海空三軍人數等方面所占比例卻比以前小得多。即使在一九八五年，也就是第二次世界大戰勝利四十年之後和從越南撤出十餘年之後，美國仍有五十二萬武裝部隊（包括六萬五千名海軍）駐紮在海外，這個數字

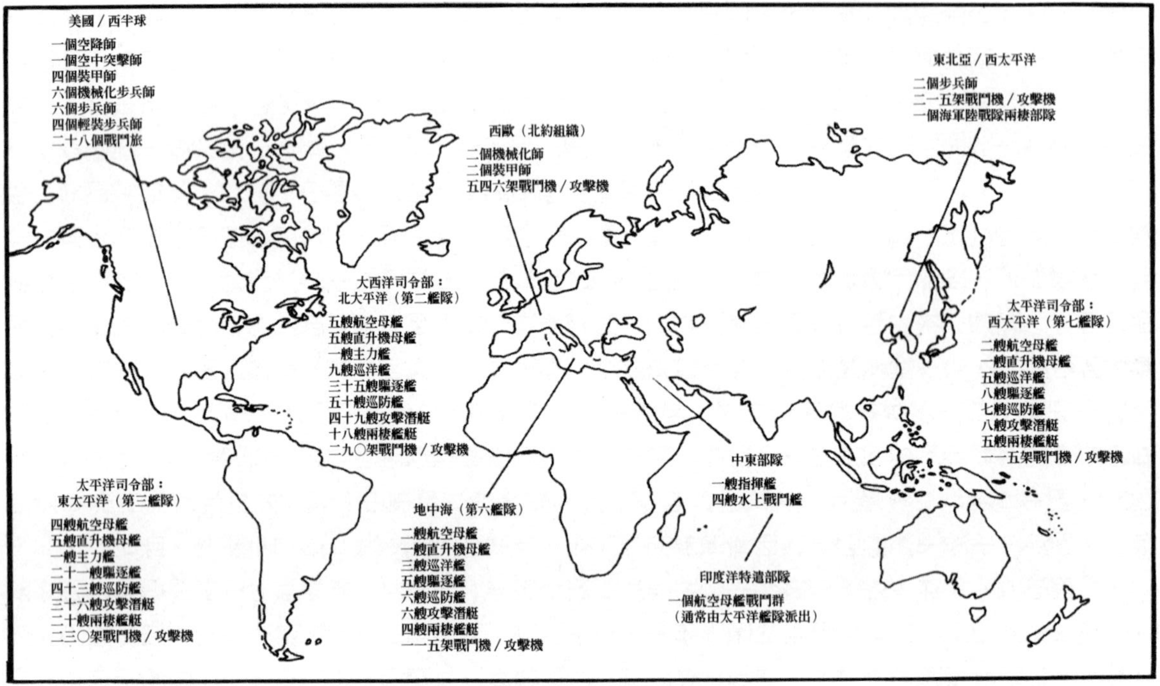

地圖8-2　1987年美國部署在全球的兵力

遠超過大英帝國全盛時期以及和平階段部署在海外的陸海軍人數。然而，美國參謀首長聯席會議和許多民間的專家認為這個數字實在是不夠。自一九七〇年代後期以來，美國的國防預算已幾乎增加三倍，但「現役部隊人數只增加了百分之五」。和英國及法國的軍隊在國家鼎盛時期的情形一樣，在海外承擔了廣泛義務的國家通常比一個只為了保衛國土才維持武裝部隊的國家面臨更為棘手的「人力問題」，而且對於主張政治自由與經濟自由放任的國家來說，由於徵兵制不得人心，所以「人力問題」就顯得更加嚴重。

如果人們對美國體制本身的「效率」不提出質疑的話（至少從越戰以來人們就提出質疑了），美國的海外利益與能力之間的差距問題也許還不至於引起這麼強烈的關切。由於這個問題在其他專題研究中已經反覆討論過，所以這裡只是簡單地加以概述，而且對「國防改革」的熱門話題也不再贅述。舉例來說，這方面的一個主要爭執在於美國軍種之間的競爭。當然，這種競爭在多數國家的三軍部隊中都可能存在，但是在美國體制中似乎已經根深蒂固，這可能是因為參謀首長聯席會議主席的權力相對來說比較小，也可能是因為大部分精力都耗在擴充及改良武器裝備上，而非戰略和戰術問題上。在和平時期，這種現象也許只被視為是「官僚作風」而不予重視，但是一旦真的打起仗來，例如要緊急派遣一支包括四個軍種的「緊急部署聯合特遣部隊」，如果缺乏適當的協調就會造成致命的後果。

說到擴充武器裝備，我們會經常聽到關於「鋪張浪費、貪汙舞弊和濫用職權」的批評。近幾年來，千奇百怪的武器採購醜聞引起大眾的關注。對此有許多聽來頗有道理的解釋：「軍事工業複合體」缺乏適當的投標競爭和市場調節，一味追求華而不實的武器系統，甚至豐厚的回扣等等。但是，擴充武器裝備的不足顯然不能與一個根本性的事實分開討論，那就是新的科技進步為軍事戰術帶來的深刻影響。由於高科技領域是蘇聯最薄弱的一環，也就是說美國的高品質武器可以用來抵銷蘇聯武器的數量（如坦克和飛機的數量）優勢，因此美國前國防部長溫伯格（Caspar Weinberger）提出的擴充武器裝備的「競爭式戰略」具有相當的吸引力。然而，雷根政府第一個任期內在研發新式飛機方面比卡特政府多支出百分之七十五的經費，卻只增加百分之九的飛機。此一事實說明，二十世紀末葉美國在擴充武器裝備方面呈現一個嚴重問題：科技發展一日千里，研發武器的經費也愈來愈多，卻生產出愈來愈少的武器。試問，在一場激烈的傳統戰爭第一階段打完之後，美國及其盟國是否還有足夠的先進卻昂貴的飛機和坦克可供使用？假設爆發第三次大西洋海戰，美國海軍在最初階段遭到重大損失之後仍有足夠的攻擊型潛艇或巡防艦嗎？如果答案是否定的，那麼戰爭結果將十分悲慘。因為，當今武器的複雜性使得武器無法和第二次世界大戰時一樣，在短期內就能得到補充。

美國的這一困境，由於制定有效的國防政策之複雜過程中存在的兩個因素而更形嚴重。第一個因素是受到預算的限制。除非外在環境構成更大的威脅，要想提高國防經費，例如提高到占國民生產毛額的百分之七點五以上，就必須興師動眾展開政治遊說，尤其龐大的聯邦赤字迫使政府把平衡收支當作首要任務，要增加國防經費就更難了。如果國防支出成長速度減慢或者甚至沒有成長，而武器費用又正好大幅上漲，則五角大廈面臨的問題就會愈來愈棘手。

第二個因素是像美國這樣的全球性超級強權必須應付各種軍事衝突事件，不同的突發事件會對美軍部隊及其使用的武器構成不同的需求。這在世界列強史上不無前例；英國軍隊曾因不時要到印度西北部或比利時作戰而疲於奔命。但是這種挑戰與今日世界上「頭號」強國所面臨的任務比起來，則是小巫見大巫了。如果說美國的第一要務是在各方面保持對蘇聯的核子嚇阻力量，就必須在下列武器裝備上大量投資：MX飛彈、B-1戰略轟炸機和B-2「隱密」轟炸機、潘興II式飛彈、巡弋飛彈、配備三叉戟飛彈的潛艇等。如果最可能發生的是一場大規模對華約的傳統戰爭，那麼這些資金就必須轉移投資方向：戰術飛機、主力坦克、大型航空母艦、巡防艦、攻擊型潛艇以及後勤補給系統。如果美國和蘇聯都避免發生直接衝突，卻更活躍於第三世界，那麼武器的配備情況又會發生變化：小型武器、直升機以及輕型航空母艦，同時美國海軍陸戰隊的角色更形吃重，成爲主力兵種。由此可見，所謂「國防改革」的爭論大部分是因爲人們對於美國可能會捲入的戰爭類型的不同看法而引起的。然而，假如那些掌握實權的人錯估情勢，後果將會如何？

關於美國制度的「效率」問題，有人提出一個重要的疑點——甚至堅決支持「重振國威」運動的人也提出同樣的問題：美國現行的決策中心是否能保證美國大戰略的正常運作？這不僅表示美國的軍事政策必須具有更佳的連貫性，以減少例如「海洋戰略」和「聯盟作戰」之間的爭執，而且也代表美國長期的政治利益、經濟利益和戰略利益必須協調一致，以避免制定決策時常出現的官僚體系的「內鬨」。最典型的例子，是對於美國應該如何以及在何地部署其海外駐軍來加強或保衛美國國家利益，所引發的頻繁而公開的爭論。國務院認爲，必須對任何威脅美國國家利益的個人或國家展開明確和堅決的回應，而國防部則不願意涉入海外糾紛（尤其是在黎巴嫩的冒險行動失敗之後），除非有特殊狀況。但是，五角大廈有時卻一反常態，例如在和蘇聯的軍備競賽中，事先不與主要盟國商量就單方面作成決定（如戰略防禦優勢計畫、放棄第二階段限制戰略武器條約等），結果給國務院留下許多爛攤子。美國國家安全會議所扮演的角色，尤其是國家安全顧問的個人角色，也是令人捉摸不定。美國的中東政策時常前後不一致，部分原因是該地區的問題（如巴勒斯坦問題）十分棘手，同時也是因爲美國基於戰略利益支持保守的親西方阿拉伯國家來阻止蘇聯在當地進行滲透，但也遭到國內親以色列遊說集團的激烈反對。關於如何使用經濟手段來支持美國外交利益的問題，（從貿易制裁、禁止科技轉移到援外許可證、武器銷售和穀物出口），美國政府各部門之間也爭論不休，因而影響了美國對第三世界、南非、蘇聯、波蘭和歐洲經濟共同體等國家和地區的政策，常常無法協調，而且相互矛盾。稍具概念的人都知道，世界上許多外交政策問題，不是每個都有現成「答案」去解決的。然而，另一方面，如果決策中心內部時常出現意見分歧，也絕對無益於美國保護自己的長遠利益。

上述的各種難題使得那些較爲悲觀的評論家對美國決策人士賴以生存的政治文化提出質疑。這個問題非常廣泛和複雜，這裡無法加以深入探討。不過，有識之士已逐漸發現，當一個國家必須依據世界事務變幻莫測的大規模變遷來修訂自己的大戰略目標時，那種每兩年就可能造成外交決策癱瘓的選舉制度似乎並不合時宜。美國的遊說集團、政治行動委員會及其他各種利益團體多少都因爲對某項政策的偏好而向政府施加壓力，但顯然效果不大。還有美國的新聞媒體對重大而複雜的國際和戰略問題一向採取的「簡單化」態度，也發揮不了太大的作用；他們對這些問題的了解受到時間和空間的限制，他們的目的主要是賺錢和吸引更多聽眾與讀者，其次才是報導新聞。在美國的社會文化中，還有相當多的「逃避主義者」仍具有相當的勢力，這從美國的「拓荒」歷史來看也許尚可理解，但是對於當今更爲複雜而整合的世界以及對於其他文化和主義思想來說，則無疑是個障礙。最後，美國憲法和決策的分權制也不一定管用。這種制度是兩個世紀之前美國在地理和戰略上處於孤立狀態的情況下特別制定出來的，當時美國必須處理的外交事務很少，也有充足的時間先進行磋商再達成協議。但是，現在美國已經成爲全球性超級強權，必須經常當機立斷來處理與一些喜愛自行其道的國家的關係。上述這些問題，若是分開來看，不會對美國連貫和長遠的大戰略造成無法克服的障礙。可是，如果所有的問題都湊在一起，並且互相產生影響，那麼美國想要調整某項損害美國特殊利益的政策，若是正巧碰上大選年，就會難上加難了。因此，在文化和國內政治領域中，美國是否能制定出一套有效的總體政策來迎接二十一世紀，將是對美國最大的考驗。

關於美國保衛全球利益中「手段與目的」之間適切關係的最後一個問題，涉及到美國所面臨的經濟挑戰。由於這些挑戰以各種不同的形式出現，所以對美國國家政策的制定造成無與倫比的壓力。美國經濟涉及的層面非常廣泛和複雜，我們很難面面俱到地討論它在各方面發生的變化，尤其是在目前，美國經濟時常發生許多矛盾的情形，在研究時將面臨更大的困難。不過，我們在前一章中提到的幾個特徵也同樣適用於美國。

第一個特徵是與世界工業產量相比，美國工業的相對衰退，不僅是紡織、鋼鐵、造船和基礎化學等一些傳統工業如此，而且機器人、航空、太空、汽車、機具和電腦等新式高科技工業在世界產量中所占的比例也不再獨領風騷（不過，對於這種工業技術競爭的最後結果，通常是很難判斷的）。這兩個方面的衰退構成一個非常嚴重的問題，也就是在傳統和基礎製造業上，美國與新興工業國家的工資水準差距太大，所以無法用「提高效率的措施」來拉近這個差距。如果美國在未來的科技競爭中眞的失敗了，那麼後果將是不堪設想。例如，一九八六年底，美國國會的一份研究報告指出，美國在高科技產品方面的貿易盈餘已經從一九八〇年的二百七十億美元下降到一九八五年的四十億美元，而且還在迅速下滑，很快就會一頭栽進紅字堆裡。

第二個特徵是農業的衰退，這也許是一般人沒有預料到的。僅僅在十年前，農業問題專家曾預言，在糧食需求和農業產量之間將出現可怕的全球性平衡。這種對飢荒和災難的看法引起了兩種強烈的反應。一種反應是美國看好海外食品市場的發展前景，自一九七〇年代起對農業投入了大量的資金；另一種則是第三世界在西方的資助下進行大規模研究工作，以科學的方法來提高糧食產量。這種研究十分成功，以致愈來愈多的第三世界國家成了糧食出口國，因此也成爲美國的競爭對手。無獨有偶的是歐洲經濟共同體因其實施農業價格補貼制度，也成爲產量過剩的主要農業生產地區。結果出現了農業專家所謂的「世界滿是糧食」的狀況，導致農產品價格急遽下跌，美國的糧食出口也大幅度減少，許多農民不得不停止生產。

因此，這些問題造成美國許多經濟部門中（包括商人、工會、農民和國會議員等）保護主義思想抬頭，也就不足爲奇了。這些主張加強保護主義者，和英國愛德華七世時代的「關稅改革」一樣，批評國外的不公平貿易做法，抨擊外國的低成本商品向美國市場「傾銷」，也反對給國外的農民大量補貼。他們主張美國應當放棄自由放任的貿易政策，而實行嚴厲的反制措施。在這些抱怨聲浪中，有許多並非空穴來風，例如日本向美國市場大量銷售低於成本的矽晶片。然而，廣義而言，保護主義思想的抬頭也反映了美國早期傳統製造業絕對優勢的風光不再。和維多利亞中期的英國人一樣，美國人在一九四五年以後也曾贊成自由貿易和公開競爭，不僅因爲他們認爲這樣可以促進世界貿易和繁榮，而且也因爲他們知道，放棄保護主義可以獲得相當大的利益。如今四十多年過去了，隨著信心的減弱，人們逐漸傾向於保護國內市場和生產者。也和英國以前的情形一樣，主張維護現行制度的人認爲，提高關稅只會削弱本國產品在國際上的競爭力，同時也會激起國際上的反彈，例如發生全球性的關稅大戰，全球性抵制美國商品，導致一些新興工業國家貨幣貶值，甚至再度出現類似一九三〇年代的經濟危機。

除了這些影響美國製造業和農業的因素以外，第三個特徵就是美國的金融體系出現前所未有的不穩定現象。美國工業產品國外競爭力的降低以及農產品出口額的減少，造成了美國有形貿易的巨額逆差——到一九八六年五月爲止的十二個月裡，貿易逆差達一千六百億美元。更嚴重的，是此一差額已經無法用「無形」貿易的收益來補償了，而無形貿易則是促進美國經濟繁榮的傳統方式（如同一九一四年之前的英國一樣）。正好相反，美國在世界上維持經濟霸權地位的唯一途徑是從國外吸收更多的資金，結果在短短數年內，美國便從世界上最大的債權國變成了最大的債務國。

根據許多評論家的看法，美國政府的預算政策不僅使上述問題更形複雜化，實際上更是這些問題的起因。早在一九六〇年代，美國就已經依靠赤字財政而不是增加稅收來支付漲幅驚人的國防支出。一九八〇年代初，雷根政府推出許多決策，如大規模擴大國防經費和大幅度降低稅收，卻沒有相對縮減其他方面的聯邦支出，導致財政赤字急遽上升，美國因此債臺高築，參見表8-5。

令人震驚的是，倘若這種情況繼續下去的話，到二〇〇〇年，美國的債務將高達約十三兆美元（爲一九八〇年的十四倍），利息支付達一兆五千億美元（爲一九八〇年的二十九倍）。雖然降低利率可以略微減輕利息負荷，但是整體趨勢仍然是不會改變的。即使聯邦赤字降到每年只有一千億美元，到了二十一世紀初，美國債務加上利息的總額仍將破歷史紀錄。在歷史上，強權國家在和平時期如此債臺高築的只有一七八〇年代的法國，當時的財政危機導致了法國國內政治危機的爆發。

表8-5　1980-1985年美國的聯邦赤字、債務和利息

單位：10億美元

項目／年代	赤字	債務	債務利息
1980	59.6	914.3	52.5
1983	195.4	1,387.9	87.8
1985	202.8	1,823.1	129.0

美國的貿易和聯邦赤字又與目前世界上一種新的現象相互產生影響。這種新現象應該被稱爲國際資金流動與商品及勞務貿易的「脫節」。由於世界經濟整合程度愈來愈高，製造業及金融服務業的貿易量比以前都大，每年的總額可能達到三兆美元。但是，世界貨幣市場上資金流動的規模卻遠超過這個數目，例如倫敦歐洲美元市場的資金流通量就「至少是世界貿易額的二十五倍」。此一趨勢不僅受到一九七〇年代固定匯率變爲浮動匯率以及石油輸出國家組織石油美元大量過剩等情況的影響而更形嚴重，而且也受到美國負債累累的影響，因爲美國政府改善收支嚴重失衡的唯一辦法是從歐洲，尤其從日本，吸收大量的流動資金。如前文所述，美國因此爲世界上最大的債務國。事實上，如果一九八〇年代初期外國資金沒有大量湧入，美國經濟恐怕很難維持下

去——雖然這種做法引起一些不良後果，如美元匯率上升，美國農業和製造業產品的出口受到創傷等。但是，這裡又出現一個令人擔心的問題：如此巨額的游資一旦撤出美國，造成美元匯率急遽下降，後果將無法想像。

不過，這些杞人憂天的假設都誇大了美國經濟問題的嚴重性，而忽略了大多數情況下的「正常發展」。例如，如果在一九七〇年代末期沒有出現以高價和高利率搶購土地風潮的話，美國中西部農業地區的狀況可能不會如此糟糕。另外，美國經濟重心從製造業轉向服務業也屬理所當然，因爲這是所有先進國家都會出現的現象；而且美國製造業產量的絕對值也一直呈上升趨勢，即使在製造業的就業率（尤其是藍領工人）不斷下降的情況下也是如此，更何況就業率下降也是「自然現象」，因爲世界經濟已逐漸從設備型生產轉向知識型生產發展。同樣地，美國的金融機構逐漸蛻變成國際型的金融機構也很正常。目前世界上共有三個國際金融中心——東京、倫敦和紐約操縱著（也得益於）大量的資本流通。美國的做法絕對可以提高國家從服務業中獲得的收益。甚至每年都出現的龐大聯邦赤字和巨額債務，在扣除通貨膨脹的因素之後，有時問題也變得不那麼嚴重了。有些人還認爲，經濟會「自然而然地」擺脫赤字，政治人物會採取各種措施，如增加稅收或撙節開支或雙管其下，來彌補差額。他們指出，過於輕率而急躁地大幅削減赤字會引起經濟大衰退。

尤其令人寬慰的是美國經濟的正成長趨勢。由於服務業的繁榮，美國近十年來創造的新就業機會比過去承平時期的任何時候都更快更多——當然也比西歐快得多。與此相關的另外一點是美國勞動力的自由流動有利於就業市場的這種變化。再者，美國在高科技領域的各種努力——不僅在加州，而且也在新英格蘭、維吉尼亞、亞利桑那以及其他各州——必將提高產量，創造出更多的國家財富（並且確保美國對蘇聯的戰略優勢）。事實上，正是由於美國經濟中存在著大量機會，因此得以繼續吸引數以百萬計的移民，造就成千上萬個新企業家，而大量流入美國的資金也可以擴大投資，尤其是對研究與發展的投資。最後，如果全球貿易的變化確實會導致食品和原料價格下跌，那麼對於仍然進口大量石油、金屬礦石及其他原料的美國經濟來說，應該是利多的——即使損害了國內一部分生產者（如農民、石油開採者）的利益。

以上許多觀點也許都有確實根據。由於美國經濟規模如此之大，項目如此之多，因此在某些產業和地區衰退的同時，其他產業和地區則可能正在蓬勃發展。我們把美國經濟情況籠統歸納爲「危機」或「景氣」是不恰當的。由於原料價格的下跌，一九八五年初美元幣值無法承受高匯率而走貶，利率也全面調低，以及上述三個發展趨勢對通貨膨脹和商業信心帶來的衝擊，某些經濟專家對未來抱持樂觀態度，這是很自然的。

然而，從美國的大戰略以及一個有效而且長期的戰略必須依賴的經濟基礎來看，前景就不是十分樂觀。首先，美國自一九四五年以來在世界上承擔了過多軍事義務，而現在它承受這些負擔的能力顯然已經遠不如從前。當時它在世界製造業和國民生產毛額中所占的比例要比現在大得多，農業也未陷入危機，國際收支狀況也比現在健全，政府預算也能夠保持平衡，而且所欠的債務也沒有目前這麼多。從這個廣泛的意義上講，許多政治社會學家把美國現在的地位與昔日「衰落的霸權」相提並論，是有一定道理的。

另外還可以再做一個具有相當意義的比較。今天美國有識之士與日俱增的憂慮心情，與英國愛德華七世時代瀰漫於各政黨的焦慮情緒，及由此引發的「國家效率」運動，有著驚人的相似之處。這個運動乃是決策者、商人和教育界，就如何恢復與其他先進國家相比正日益衰弱的競爭力這個問題展開全盤的討論。英國是一九〇〇年世界上的「頭號」國家，目前在商業技術、教育訓練水準、生產效率、所得和（小康家庭的）生活水準、衛生保健以及居住環境等方面，似乎都逐漸失去優勢，對國家的長遠戰略地位影響至深，因此全國上下，不論是右派還是左派，都強烈要求「重振」和「改革體制」。這種運動通常旨在推動各個方面的改革，不過諷刺的是，運動的出現就顯示國家正在走下坡，因爲在幾十年前當國家處於絕對領先地位的時候，這種群情激昂的情形是不會出現的。作家切斯特頓（G. K. Chesterton）曾如此加以嘲諷：一個健康的人從不擔心自己的身體，只有在虛弱的時候才會開始注意自己的健康狀況。同樣地，一個十分強大而且不可一世的強權國家，只有在相對衰落的時候才會質疑自己能否履行義務。

狹義而言，如果工業基礎持續萎縮，那麼美國的大戰略將會受到嚴重影響。一旦發生一場大規模傳統戰爭（由於交戰雙方都害怕核子戰爭會造成浩劫），我們不禁要問，在一些重要工業衰落以及藍領工人失業增多等情況持續數年之後，美國還有多少生產能力來承受這場戰爭？說到這裡，我們也許會想起休因斯（W. A. S. Hewins）在一九〇四年就英國工業衰落對於國力造成的影響所發出的警告：「如果一個國家的工業受到（國外競爭的）威脅，而這個工業正是國防體系的命脈所繫，那麼這個國家將面臨什麼樣的處境？沒有鋼鐵工業，沒有先進的工程技術，整個國家將寸步難行，因爲在現代戰爭中若是無法擁有生產工具，就不可能維持艦隊和地面部隊的戰鬥力。」

不過，美國工業能力不至於已經積弱到這種程度，因爲其製造業基礎比愛德華七世時代的英國穩固得多，更重要的是「與國防相關的工業」在獲得五角大廈大批訂單的支持下，不僅得以保留，甚至還跟上了整個製造業從設備密集型向知識密集型（高科技）的轉型腳步，從長遠看來這也有助於減少西方對重要原料的依賴。即使如此，許多產品（例如半導體產品）是在國外裝配而後流回美國市場的，有的工業（舉一個盡可能與半導體不相關的例子——造船和航運業）衰退情形嚴重，許多礦坑和油田已經關閉；一旦再發生一場持久的列強聯盟戰爭，這些趨勢一定會產生十分不利的影響。而且，如果歷史上的先例仍然具有一點教訓意義的話，我們會發現，對戰時生產「暴增」產生最大限制的領域通常是技術工人所從事的領域。而美國藍領工人（通常是技術工人）的就業機會長期大幅度地減少，更令人疑慮重重。

另外一個完全不同的問題，與維持美國大戰略同等重要，是關於經濟成長速度緩慢對美國社會和政治共識的影響。令大多數歐洲人訝異的是，美國在二十世紀竟然成功地避免了「階級」政治的形成。有人認爲，這可能是因爲許多美國人都是從其他國家嚴酷的社會環境中逃離出來的移民；而美國幅員遼闊的國土也允許對自己經濟地位失望的人「逃離」到美國西部去，如此一來也使得勞工組織的形成要比法國或英國等國家困難得多；但這片幅員遼闊的國土也提供了企業家發展的機會，促進了堅定的自由資本主義的發展，而這種自由資本主義主宰了美國的政治文化（雖然有時會爆發左派的攻擊）。結果，美國貧富之間的「所得差距」比任何一個先進工業社會都要大。基於同樣的原因，美國用於社會服務的政府預算在國民生產毛額中所占的比例比其他先進工業國家低（日本除外，因爲他們以一種更爲堅固的家庭形式來扶養窮人和老人）。

儘管美國在社會經濟方面有著明顯差異，但並沒有「階級」政治的現象，這顯然與下面兩個原因有關。一是美國自一九三〇年代以來的全面發展改善了大多數國民的生活。二是美國社會中占三分之一的最窮人口沒有被「動員」起來成爲正式的選民——這也是一個令人擔憂的現象。但是，由於白人的出生率與黑人及西班牙裔相距甚遠——何況還有不斷湧入的移民，而且美國經濟所發生的蛻變使製造業喪失了數百萬個高收入的工作機會，而服務業卻提供了數百萬個低收入的職位。所以如果政府因美元貶值和經濟成長緩慢而進入持續困難階段，那麼美國政治經濟的現行政策（低政府支出和富人低稅率）將無法繼續保持下去。這也表示，如果美國政府以增加國防經費來迎接外來挑戰，並削減現有的社會支出來因應預算危機，最後將引發政治的反彈。與本章所討論過的其他列強一樣，美國恐怕也很難找到一個辦法來解決國防、民生和投資這三者之間的緊張關係，並決定其輕重緩急。

最後我們必須討論一下低經濟成長和高國防支出之間的微妙關係。對於「國防支出經濟學」的爭論確實十分激烈，而且人們提出的證據也是來自各種不同的角度，因爲美國的經濟規模龐大且種類繁多，政府合約也相當多，武器研究還導致了技術方面的長足進步。但是對於我們所討論的目的來說，重要的是進行比較。譬如說（這個例子常被引用），雖然艾森豪政府時期的國防預算占國民生產毛額的比例達到百分之十，甘迺迪政府爲百分之九，但當時美國在世界產量和財富中所占的比例約爲今天的兩倍；更重要的是當時美國的經濟無論在傳統製造業或是在高科技製造業方面都還未陷於困境。再假設，如果美國現在繼續投入百分之七或更多的國民生產毛額用於國防支出，而其主要經濟對手，尤其是日本，其國防支出的比例甚小，那麼日本就擁有更多的「自由」資金可以投入民間投資。如果美國繼續把大量的研究與發展資源投入與軍事有關的生產當中，而日本與西德卻全神貫注於從事與商業有關的研究與發展工作；如果美國國防部占用了大量本來是從事設計和生產國際市場商品的科學家和工程師，而在其他國家這樣的人才正在爲一般消費者生產更好的產品，那麼不可避免地，美國產品在世界製造業中的占有率會不斷下降，而經濟成長率也將遠低於那些致力於商品市場，同時也不急於把資源投入國防建設的國家。

毫無疑問地，從長遠來看，這些趨勢將使美國的處境更加困難。因爲美國是個全球性的超級強權，它所承擔的軍事義務比日本和西德等地區性強權國家多且雜，它也需要規模更龐大的國防武力——這與西班牙帝國和維多利亞時代的大英帝國差不多，西班牙帝國認爲一支比同期其他國家都要強大的陸軍是絕對必要的，而大英帝國則堅持應建立一支所向無敵的海軍。再者，由於蘇聯被視爲對美國全球利益的大軍事威脅，而且蘇聯的國防預算比例顯然超出許多，所以美國決策者十分擔心在軍備競賽中終將輸給蘇聯。不過，美國決策者中的有識之士同時也看出軍備負擔正在拖垮蘇聯的經濟；如果兩個超級強權繼續把愈來愈多的國家財富用於非生產性的軍備領域，那麼就會產生一個嚴重的問題：「與日本和中國等發展迅速的國家相比，美國和蘇聯到底誰的經濟會衰退得更快？」如果美國這個全球性義務超負荷的強權國家減少對軍備的投資，那麼它在任何地方都不會感到安全；如果大舉投資，雖然得到短期的安全感，但是其經濟和商業競爭力會降低，以長遠的遠光來看也削弱美國的安全性。

在這方面，歷史上的先例不會令美國寬心。因爲歷史上任何一個「頭號」強權都會面臨這樣的困境。只要其相對經濟實力衰退，愈來愈多的國外挑戰將迫使它把更多的資源用在軍備上，因而減少對生產部門的投資，結果隨著時光的流逝，經濟成長率急遽下降，稅收愈來愈重，對優先發展項目的歧見加深，防禦能力也就削弱了。如果這的確是歷史的模式，那麼蕭伯納一句十分嚴肅的警語相當符合當前的狀況，說道：「羅馬沒落了，巴比倫沒落了，現在該輪到美國了。」

因此，廣義而言，對美國是不是能夠維持其現有地位的問題，已日漸引起爭論，但唯一的答案將是否定的，因爲歷史上沒有賦予任何一個國家永久領先其他社會的特權，因爲那樣將表示凍結自太古時代以來就一直存在著的經濟成長、科技進步以及軍事發展的種種不同模式。另一方面，引用歷史上的先例並不代表著美國注定要步西班牙或荷蘭等昔日列強的後塵，衰退到一敗塗地，無法振作的地步；或者像羅馬或奧匈帝國那樣土崩瓦解。美國實在太大了，不會發生前者的情況；其凝聚力也不小，不會重蹈後者的覆轍。即使許多當代政治社會學文獻都拿美國和英國相比，但這種對比並不恰當，因爲它們忽略了兩者規模上的差異。換言之，從英國的國土面積、人口和自然資源來看，在其他方面的條件都與他國相等的情況下，英國應當擁有世界財富和權力的百分之三或四，但是事實上這些條件不可能都與他國相等，因此特定的歷史和科技環境使英國在全盛時期擁有世界財富和權力的百分之二十五。但現在所有的有利因素都已經消失，所以英國正在回歸到更爲「自然」的規模之中。同樣地，人們可能認爲，從美國的國土面積、人口和自然資源來看，應當擁有世界財富和權力的百分之十六或十八，但是由於歷史和科技環境有利於美國，使它在世界財富和權力中所占的比例在一九四五年達到百分之四十，甚至更高。我們目前已在目睹的變化是美國從這個過高的比例回復到更爲「自然」的規模中去的一個過程。美國的衰落眞相被現有的強大軍事力量和美國資本主義與文化「國際化」的成功所掩蓋。即使完全恢復到其在世界財富和權力中占有的「自然」比例（這是在短期內不太可能發生的事情），美國仍將是多極世界中一個十分重要的強權國家。原因很簡單，就在於它的規模。

美國政治家今後數十年的任務首先要認清這些正在發展中的大趨勢，然後控制住情勢的發展，使美國衰落的速度緩慢而平穩，同時避免制定只注重近利而忽視長遠利益的政策來加速美國的衰落。自總統以降的各級決策者都必須意識到，世界上科技和（由此而來的）社會經濟變遷比以往任何時候都要快，國際社會的政治和文化比想像中更多樣化，世界上出現的種種問題並不是由美國或蘇聯提出的簡單方法就可以解決得了的，世界經濟和生產力量的對比不再像一九四五年一樣對美國絕對有利，甚至在軍事領域裡也有跡象顯示，世界武力正從兩極體系朝多極體系發展，在這種多極體系中，美國經濟和軍事的綜合實力可能仍然大於其他國家，但其差距不會像第二次世界大戰後二、三十年間那麼懸殊。回顧季辛吉關於在兩極世界中推行政策不利之處的論述，就會發現這種變化本身並不是一件壞事，尤其是當我們認識到世界權力變遷對蘇聯產生更大影響的時候。本文在討論美國時一再提到它的衰落，但也必須指出這種衰落是相對的，不是絕對的，因此也是非常自然的；而且，唯一對美國實質利益造成嚴重威脅的是美國本身不能通情達理地適應新的世界秩序。

從美國仍然具有的相當強大的實力來看，在理論上，美國今後的政府應該具備這種能力來調整美國的外交和戰略，以實現——套句李普曼（Walter Lippmann）的話——「國家義務和國家力量之間的平衡」。雖然目前世界上顯然沒有一個「新興國家」可以像美國在一九四〇年代取代英國一樣，接手美國的全球重擔，但是美國面臨的問題的確比歷史上腹背受敵的西班牙帝國，或是遭受法國和英國兩面夾攻的荷蘭，或是面臨一大群挑戰者的大英帝國，要少得多。美國在邁向二十一世紀時要接受的考驗將是十分嚴苛，尤其在經濟方面。但是，如果，美國能夠好好分配其資源，冷靜地認識到自己力量的局限和機會，那麼美國的實力將仍然相當堅強。

從某個角度來看，美國面臨的困境並不獨特。試問，世界上哪個國家在制定一項切實可行的軍事政策時，或是在大砲、奶油和投資之間進行選擇時，不曾遇到難題？然而，從另外一個角度來看，美國的地位確實很特殊。雖然它在經濟上，或是軍事上持續衰落，但是用哈斯納（Pierre Hassner）的話來說，美國仍然「在每一種權力平衡和每一個重要問題上扮演決定性的角色」。因為美國畢竟擁有如此強大的力量，而且是西方聯盟的中流砥柱和當今世界的經濟中心，所以無論它做什麼，或是不做什麼，都遠比其他任何強權國家所做的更為重要。

結語

縱觀五百年來國際體系內的列強興衰史，有必要在本書最後一節從理論和方法上做個實質性總結。筆者本應全面闡述各政治社會學家提出的種種理論，諸如「戰爭與權力消長循環」、「全球性戰爭、國債與長期景氣循環」以及「帝國的規模與持續時間」等等，使讀者對全局有一個整體認識，並對未來的發展趨勢建立一個籠統的概念。雖然本書向正從事戰爭和國際秩序變遷規律研究的學者提供大量詳盡的資料和評述，但本書並非政治學著作。

筆者也無意在本節中對當前世界形勢做個結論性的歸納，因為這樣將與本書的主要宗旨相悖。本書認為，國際體系是不斷變遷的，這些變遷不僅源於政治家的日常活動和政治與軍事事件的頻頻發生，而且也和世界權力基礎的深層變化以及這種變化隨著時間的演進而最後產生的影響有很大關係。

然而，在擱筆之前，筆者仍要總結幾點看法。本書自始至終一直在闡明這樣一個觀點，即在國際體系中財富和權力，或者說經濟力量和軍事力量總是相對的，而且也應該以這樣的角度來研究。既然這兩者是相對的，既然所有社會必然會發生變遷，那麼國際權力平衡永遠不可能是靜止的，如果認為國際權力平衡是永恆不變的，便是政治低能。由於國與國之間的對抗具有競爭性和無規律性，因此五百年來的世界歷史幾乎是一部戰爭史或至少是一部備戰史。無論是戰爭還是備戰都會消耗資源，這些資源原本可以用來為個人或民眾做許多「有益的事情」。不管經濟和科學發展到什麼階段，每個世紀都會爆發一場關於應將多少國家財富用於軍事目的的辯論，同時也記載了一場關於如何才能增進國家繁榮的辯論，這不僅因為財富的增加使國民受惠，而且也因為人們意識到，經濟的成長、生產力的提高和財政收入的增加關係到一個強權國家捲入國際衝突時的前途問題。確實，本書提及的所有主要列強持久戰爭的結果都顯示了經濟生產力的大影響，這種影響不僅表現在戰爭期間，而且也表現在兩次戰爭之間的和平時期，不同的經濟成長率使某些國家變得相對強大，有的國家變得相對弱小。一五〇〇年至一九四五年這一時期內發生的多次大規模聯盟戰爭的結局，強烈證明了經濟力量在一段較長時間內的變化。每次戰爭結束之後建立起來的領土新秩序，事實上反映了國際體系中權力的重分配。然而，和平的降臨並沒有停止這個不斷變遷的過程，強權國家的不同經濟成長速度將決定誰會興盛，誰會衰落。

在這個混亂的世界上，列強的興衰是否總是會導致戰爭，我們無法提出肯定的答案。大多數歷史著作認爲「戰爭」總是與「強權體系」相伴隨的。新重商主義和地緣政治學創始人之一麥金德（H. J. Mackinder）認爲「歷史上發生的大規模戰爭……都直接或間接地是國家之間不平衡發展的結果」。然而到了一九四五年之後，這種形態是不是已經結束了？核子武器的問世本身就是一種威脅，交戰雙方都因此會遭到毀滅性的破壞，然後終止了列強之間訴諸武裝衝突來因應權力平衡變化的一貫做法，剩下的只是一些間接的、小規模的和「代理人」的戰爭。但是，我們並不能完全排除列強之間的衝突，交戰雙方對核子武器的恐懼有可能把未來列強戰爭侷限於傳統形式——雖然現代化的傳統武器同樣會使戰爭極爲血腥殘酷。

顯然，誰也無法回答這樣重大的問題。有些人認爲人類不至於愚蠢到再打一場代價高昂的列強戰爭。對此，我們應回顧歷史，因爲十九世紀許多人也曾有過同樣的想法。安吉爾（Norman Angell）在他寫的世界暢銷書《大幻想》（*The Great Illusion*）中曾提到，戰爭對戰勝國和戰敗國的經濟都是一大災難。這部書是在一九一〇年發表的，就在那個時候，歐洲各國的參謀本部正在悄悄地完成他們的戰爭計畫。

不管列強之間爆發核子戰爭或者傳統戰爭的可能性如何，國際均勢正在發生重大變化，而且很可能比以前變得更快，這是顯而易見的事實。再者，此種變化在經濟生產和戰略力量這兩方面獨立而又相互影響地進行著。除非過去二十年來的各種趨勢有所改變，否則今後國際政治的形態將會大致如下：

第一，從世界經濟總產量和世界軍事總支出的分配上來看，目前的「五大權力中心」將發展成更多的權力中心。不過，這將是一個漸進的過程。在短期內，可能沒有一個國家能夠進入由美國、蘇聯、中國、日本和歐洲經濟共同體組成的「五巨頭體系」。

第二，這五個國家體系在世界產量中所占比例的對比已經開始失去平衡，蘇聯、美國和歐洲經濟共同體已不再擁有絕對優勢，而日本和中國逐漸取得領先。從經濟角度來看，這並不是一個「等邊五角形」。美國和歐洲經濟共同體的實力大致相等（雖然前者在軍力方面占盡優勢），蘇聯與日本也大致相等（雖然日本發展得比蘇聯快），中國仍然遠遠落在後頭，但它的經濟發展速度最快。

第三，在軍事上，當前仍是一個兩極世界，只有美國和蘇聯具有毀滅對方或其他任何國家的能力。但是，世界的兩極態勢正在逐漸減弱，這不僅表現在核子武力上，而且也表現在傳統武力上。前者是因爲核子武器在大多數情況下無用武之地，或是因爲中國、法國和英國都在擴大各自的核子武器規模；後者則是因爲中國軍力的日益壯大，也因爲西德和法國（可能還有英國和義大利）如能有效地合作，其陸、海、空三軍聯合在一起將成爲一支非常強大的武力。基於國內的政治原因，這種情況在短期內不大可能發生。但是，這種潛在力量的存在已使得「兩極」體系搖搖欲墜，至少在傳統軍事力量上如此。與上述情況相反的是，如果今後有一天日本新的政治領導中心決定把更多的經濟資源轉變成軍事力量，對於熟悉「戰爭與國際政治變遷」形態的人來說，絕對不足爲奇。

如果日本眞的決定成爲一個在軍事上更爲活躍的國家，那很可能是因爲它覺得身爲一個純「貿易國」已無法維護自己的利益，因此希望藉由擴充軍備來加強自己在世界上的實力和影響力，達到非軍事手段所不能達到的程度。然而，五百年來的國際對抗顯示，只有軍事「安全」是絕對不夠的。雖然在短期內一個軍事強國可以嚇阻或打敗敵國（大多數政治領袖和國民會因此感到歡欣鼓舞），但是如果爲了贏得勝利而在地理上和戰略上過度膨脹，即使不像軍事帝國那樣擴張，而是把大量國民所得用於「國防」，致使「生產投資」減少，那麼其經濟成長就會緩慢下來，長期而言將大幅影響其維持國民的消費需求和本身國際地位的能力。這種情形實際上正在蘇聯、美國和英國上演。而重要的是，中國和西德正極力避免投入過多資金在軍備支出上，因爲這兩個國家都認爲對軍事投資過多會影響國家的長遠發展前景。

因此，我們還是必須回到自古以來一直使戰略家、經濟學家和政治領袖頭疼的老問題上。所謂強權國家，就是力量要強大到足以對付任何國家，因此必須具備一個欣欣向榮的經濟基礎。用李斯特（Friedrich List）的話來說，「一流的強國必須具備強大的生產能力才能應付戰爭或潛在的戰爭。」然而，打仗或是把國家大部分「生產能力」用於製造「非生產力」的武器裝備，就有侵蝕國家經濟基礎的危險，尤其對於那些正集中大部分資金用於生產投資以利於長遠發展的國家來說更是如此。

政治經濟學經典著作的作者都同意這些道理。贊同亞當•史密斯學說的人往往主張壓低國防經費，而傾向李斯特「國防經濟」觀點的人則要求國家擁有強大的軍事力量。如果這些人都夠誠實的話，他們都會承認實際上這是一個困難的抉擇。當然，最理想的是「利潤」和「力量」齊頭並進。然而，政治家經常面臨一種困境：當他們處於或察覺到危險時，就強調軍事安全，結果造成國民經濟過重的負擔；在和平時期，他們壓低國防經費，結果國家利益常會受到其他國家行動的威脅。

當前的世界列強都必須面對昔日列強面臨過的兩個挑戰。第一個是經濟發展不平衡，導致列強之間的經濟和國力有差距。第二個是國際上競爭激烈，有時甚至發展為危險的局勢，迫使它們不得不在眼前的軍事安全和長期的經濟安全之間做個選擇。今天的決策者找不到一條可以指導他們行動的一般準則。如果他們忽視了國防建設，那麼當敵國利用其弱點時，他們便會束手無策；如果他們在軍備上耗費過多（往往不惜以更大的代價來維持過去承擔下來的各種軍事義務），就像一個老人超過自己的體力負荷，拚命幹活一樣，最後將體力耗盡，終至虛脫。無論如何，「戰爭費用日益增加的定律」將使得政治家的處境更加困難。以一個常引證的例子來說，即使可以防止在二〇二〇年美國空軍全年預算只夠生產一架飛機的情形出現，現代武器費用的飆漲也足以使所有國家的政府和納稅人陷入驚慌。

因此，不管是哪一個當代列強——美國、蘇聯、中國、日本或是歐洲經濟共同體，都在經歷著自古以來不斷發生的興起和衰落，面臨著生產成長速度、國際情勢和國際權力平衡的不斷變遷，追趕著科技創新急速發展和武器費用的飆漲。任何個人或國家，都無法控制這些趨勢。套用俾斯麥的一句名言，所有這些列強都在「時間的長河」中航行，這條長河是他們「不能創造也不能控制的」，他們只能「憑自己的技術和經驗駕駛船隻前進」。當代的列強如何航行，大半取決於美國、蘇聯、日本、中國和西歐各國政府的智慧。上述分析旨在向讀者指出這五大強權的可能前景，進而指出整個強權體系的可能前途。但是，歸根結柢，仍主要取決於這些列強在「時間的長河」中駕駛船隻的「技術和經驗」。

名詞對照

三畫

三皇同盟（Three Emperors' League）
大沙丘戰役（battle of the Dunes）

四畫

五分之一王室稅（royal fifth）
切斯特頓（G. K. Chesterton）
巴布爾（Babur）
日耳曼軍團（Armee de l'Allemagne）

五畫

加迪斯教授（J. L. Gaddis）
《卡托—坎布雷布條約》（Treaty of Cateau-Cambresis）
卡爾斯巴德決議（Carlsbad Decrees）
史垂薩陣線（the Stresa Front）
史普尼克（Sputnik）
史賓塞（Herbert Spener）
尼古拉耶維奇（Konstantin Nikolayevich）
布倫亨（Blenheim）
布萊頓森林體系（the Bretton Woods system）
瓦克藍島（Walcheren）
瓦拉齊亞（Wallachia）
白里安（Aristide Briand）
皮耶蒙（Sardinia-Piedmont）

六畫

托克維爾（de Tocqueville）
米爾貝格戰役（Muhlberg）
米諾卡島（Minorca）
艾宏（Raymond Aron）
艾許渥思（W. A. Ashworth）
艾默里（Leo Amery）
《西敏寺法案》（Statute of Westminster）

七畫

《貝爾福宣言》（the Balfour Declaration）
利凡特（Levant）
努科塔海峽（Nookta Sound）

希斯帕紐拉島（Hispaniola）
李斯特（Friedrich List）
李普曼（Walter Lippmann）
沙利斯伯里（Salisbury）
狄慕里葉（Dumouriez）
貝爾島海峽（Strait of Belle-Isle）
里奧格蘭德（Rio Grande）

八畫

奇沙比克灣（Chesapeake）
帕瑪斯頓（Palmerston）
拉布拉他河（River Plate）
拉米耶（Ramillies）
東居昂（d'Enghien）
法蘭琪—孔德（Franche-Comte）
波坦金村（Potemkin village）
波拉克（Jonathan Pollack）
波美拉尼亞（Pomerania）
波塔瓦大戰役（Poltava）
阿利根尼山脈（Alleghenies）
阿爾赫西拉斯會議（Algeciras meeting）

九畫

哈伯斯坦（David Halberstam）
哈斯丁斯（Hastings）
威爾遜（Woodrow Wilson）
施特萊斯曼（Gustav Stresemann）
柯布敦（Richard Cobden）
科多巴（Gonzalo de Cordoba）
科爾布魯克德（Coalbrookdale）
美國支配下的和平（Pax Americana）
神聖同盟（Holy Alliance）

十畫

馬博羅（Marlborough）
馬漢（Mahan）

十一畫

《康布雷條約》（Treaty of Cambrai）
《莫洛托夫—李賓特洛甫協定》（the Molotov-

Ribbentrop Pact）
國王衛士（Yeoman of the Guard）
基欽納（Kitchener）
康瓦利斯（Cornwallis）
張伯倫（Austen Chamberlain）
梅辛（Messing）
《紹蒙條約》（Chaumont Treaty）
統合主義（corporatism）
莫洛托夫（Vyacheslav Molotov）
麥考萊（Macaulay）
麥克米倫（Harold Macmillan）
麥金萊（McKinley）
麥金德（H. J. Mackinder）
麥唐納（James MacDonald）

十二畫

《提爾西特和約》（Peace treaties of Tilsit）
普加契夫（Pugachev）
華夫脫黨（Wafd Party）
華沙公約集團（Warsaw Pact）
華倫斯坦（Wallenstein）
華爾波爾（Walpole）
雅各賓黨人（Jacobins）
集體安全（collective security）

十三畫

《奧格斯堡和約》（Peace of Augsburg）
奧加科夫元帥（N.V. Ogarkov）
奧德納爾德（Oudenaarde）
新政（New Deal）
溫伯格（Caspar Weinberger）
路易西安那（Louisiana）
達比（Abraham Darby）
達伽馬時代（Vasco da Gama epoch）

十四畫

《維爾萬和約》（Peace of Vervins）
圖哈契夫斯基（Mikhail Tukhachevsky）
圖雷納（Turenne）
瑪麗亞德蕾莎（Maria Theresa）

蒙兀兒帝國（Mogul Empire）
赫夫頓（Olwen Hufton）
遜尼派（Sunni）

十五畫

德稅（benevolence）
德爾卡塞（Delcasse）
歐洲協調組織（Concert of Europe）

十六畫

《霍爾—賴伐爾協定》（the Hoare-Laval Pact）
霍布斯邦（Hobsbawm）
鮑德溫（Stanley Baldwin）
邁索爾（Mysore）

十八畫

薩丁尼亞島（Sardinia）

十九畫

羅克魯瓦（Rocroi）
羅舍爾（La Rochelle）

二十畫

蘇沃洛夫（Suvorov）

二十一畫

蘭克（Leopold von Ranke）
鐵必制（Alfred von Tirpitz）

經典名著文庫032

霸權興衰史

一五〇〇至二〇〇〇年的經濟變遷與軍事衝突

文庫策劃 —— 楊榮川
作　　者 —— 保羅・甘迺迪（Paul Kennedy）
譯　　者 —— 張春柏、陸乃聖
合　　譯 —— 潘文國、陸錦林、劉精忠、陳舒、單俊毅
編輯主編 —— 劉靜芬
校對編輯 —— 呂伊眞、林佳瑩
封面設計 —— 姚孝慈
著者繪像 —— 莊河源
出 版 者 —— 五南圖書出版股份有限公司
發 行 人 —— 楊榮川
總 經 理 —— 楊士清
總 編 輯 —— 楊秀麗
地　　址 —— 臺北市大安區 106 和平東路二段 339 號 4 樓
電　　話 —— 02-27055066（代表號）
劃撥帳號 —— 01068953
戶　　名 —— 五南圖書出版股份有限公司
網　　址 —— https://www.wunan.com.tw
電子郵件 —— wunan@wunan.com.tw
法律顧問 —— 林勝安律師
出版日期 —— 2014 年 4 月三版一刷（共二刷）
2018 年 9 月四版一刷
2020 年 5 月五版一刷（共二刷）
2025 年 8 月六版一刷
定　　價 —— 680 元

國家圖書館出版品預行編目資料

霸權興衰史 : 1500 至 2000 年的經濟變遷與軍事衝突 / 保羅・甘迺迪 (Paul Kennedy) 著 ; 張春柏・陸乃聖譯 . -- 六版 -- 臺北市 : 五南圖書出版股份有限公司・2025.08
面 ; 公分
譯自 : The rise and fall of the great powers : economic change and military conflict from 1500 to 2000.
ISBN 978-626-423-560-0(平裝)
1.CST: 世界史　2.CST: 近代史　3.CST: 經濟史　4.CST: 軍事史
740.24　　114008252